启真馆 出品

克尔凯郭尔传

[丹麦]尤金姆·加尔夫 著 周一云 译

S
A
K

SØREN
AABYE
KIERKEGAARD,
EN
BIOGRAFI

浙江大学出版社

1.新市二号克尔凯郭尔家的住宅，位于新市场和今著名步行街的拐角上，有四层楼和半地下室。克尔凯郭尔在这里度过他的学生时代，之后又在一八四四年返回这里，居住到一八八年，他的房间在靠法院－市政厅一侧的二楼。这座房子在一九〇八年不得不让位给商业银行巴比伦式的巨大建筑。

2. 米凯尔·皮特森·克尔凯郭尔。"一个极度忧郁的老人，在高龄时得到一个儿子，他将这忧郁作为遗产全部继承下来。"儿子在一八四六年的札记中写道。他在十一岁时告别日德兰荒原上赤贫的生活，前往哥本哈根，在那里很快就学会了靠买卖羊毛制品发财，继而成为商人、投资人和房地产投机家。约四十岁时从商业活动中退出，专注于精神方面的追求。受《旧约》约伯故事的滋养，他苦涩的幻想发展成了这样的观念：上帝要让他的孩子在三十四岁之前死去来惩罚他。七个孩子当中只有两个在他去世后还活着。

3. 安娜·克尔凯郭尔。米凯尔·皮特森·克尔凯郭尔在婚后两年失去了第一位妻子。一年以后他让家中女仆安娜·索伦斯达特·隆德怀了孕，他们匆匆结了婚。关于她，我们几乎一无所知，索伦·奥比一字不提，彼得·克里斯钦极少提起。根据有限的资料判断，她是一个和蔼的、胖胖的小妇人，有着平和快乐的性格。她不会写字，她在正式文件上的签名是由人扶着手写下的。

4. 索伦·奥比·克尔凯郭尔。和许多同时代人不同，克尔凯郭尔从来不照相——那时叫银版照相。哥本哈根人在十九世纪四十年代初得知照相技术，一位维也纳肖像画家在宽街开设了照相馆，花八塔勒就可以让自己在十五秒之内获得永生。索伦·奥比的堂兄，美术学院毕业的尼尔斯·克里斯钦·克尔凯郭尔获准给这位日后蜚声世界的亲戚画像。这幅作于一八三八年一月的侧面像上的线条富有感情，有些梦幻，在这位一本正经摆姿势的青年身上也洋溢着充沛的精力和一些贵族气息。

5. 新古典派布尔乔亚住宅和优质联排房，新旧市场共同组成排他的富人区。商人克尔凯郭尔和他的家人于一八〇九年在这里安顿下来。

6. 保尔·马丁·穆勒的遗容面模。"人类在思想的王国一定属于反刍动物"，穆勒的一条随感如是说，这尤其适用于他本人。他工作得极其缓慢，不停地修改，作品经常不自觉地以片段告终。作为哲学教授他对黑格尔的怀疑日益加深，而强调人格在哲学思想中的中心意义。他关于"装腔作势"的分析启发了克尔凯郭尔关于自欺和异化的多种形式的思想。穆勒也是克尔凯郭尔除父亲之外唯一正式题献作品的人，在《忧惧的概念》篇首穆勒被赞颂为"希腊文化快乐的热爱者"。

7. 弗里德里克·克里斯钦·希本。"他本身在内心深处非常复杂……我不知道他是否具备真正的基督教心灵和品格，尽管他可能有某种类似的东西。"八十四岁的希本这样描述克尔凯郭尔。他作为哲学教授在十九世纪三十年代初期认识了克尔凯郭尔，并参加评审后者的博士论文《论反讽概念》。克尔凯郭尔订婚期间，希本有时和这对年轻人同乘马车前往北郊的鹿苑，但此后拒绝就他们的关系发表意见，尽管，据他自己说，可以"讲述某些除我以外只有很少人知道的事情"。这里他没有戴假发。他有很多假发套，出于虚荣和哲学家的心不在焉，他有时会在戴上假发后再扣一副。

8. 大法政牧师巷的早晨，博尔赫寄宿舍的一些大学生戴着高帽子向摄影师致敬。这处寄宿舍在一八〇七年遭到英军炮击而受损，直到一八二七年才根据皮特·马林的设计图重建。沿着这条路往前走依次为厄勒斯寄宿舍和皇家寄宿舍。背景可以看到圆塔上的"天文观测台"，包括约翰·路德维希·海贝格在内的一些人从那里观测宇宙，并变成——克尔凯郭尔所说的——星相狂。

9. 埃米尔·波厄森。克尔凯郭尔唯一的知心朋友,一个"值得信赖的朋友",如他所称。他们在童年随父母参加亨胡特兄弟会的聚会时相识。克尔凯郭尔在第一次居留柏林期间给这位朋友的信里敞开心扉谈到与雷吉娜的决裂,以及《非此即彼》和《重复》等作品令他迷醉的创作开端。

10. 柔和的光线下，在证券交易所建筑构成的如画般的背景中，右边临水处是人称"六姐妹"的六座同样的布尔乔亚住宅。雷吉娜·奥尔森小姐和父母及兄姐就住在这里。这条名叫"证券交易所壕堑"的水道于一八六六年被填平，修筑了今天的城堡岛路。

11.尼尔斯·克里斯钦·克尔凯郭尔为堂弟索伦·奥比所画的另一幅肖像,作于一八四〇年前后。窄长的脸型,高颧骨,尖下巴,也是他的父亲和他喜欢的姐姐帕特丽亚的特征。他的眼睛好像永远在凝视,嘴唇线条生动。尼尔斯·克里斯钦·克尔凯郭尔后来回忆道,他的两幅素描都"未完成",因为索伦·奥比"骗我,来了两次就再也不来了"。

12 雷吉娜·奥尔森。她具备浪漫主义理想女性的一切特质，坐在这里真是十分可爱迷人。画像中的她芳龄十八，埃米尔·拜恩岑纯朴而温馨的阐释作于一八四〇年。同年与比她年长十岁的克尔凯郭尔订婚，因此无意中获得了一种文学性的不朽。她在与克尔凯郭尔断绝错配关系一年半之后与弗里茨·施莱格尔订婚。施莱格尔的职业是外交官，性格也是外交官式的，因此天生适合做丈夫。

13. 从吞吐湾朝北门方向看煤市。克尔凯郭尔曾在一八四三年计划"描写这座城市里那些洋溢着诗情画意的街区，例如煤市"。在此之前几年他曾和一个来自南日德兰的大学生合住煤市十一号的公寓。这座房子现在是"场记板"酒吧。右边第二座房子后面是玫瑰堡街，一八四八——一八五〇年间克尔凯郭尔曾住在这条街的另一头。

14. 约翰·路德维希·海贝格。在美学和文学领域里海贝格的权威相当于明斯特在神学和教会事务中的权威。克尔凯郭尔早年曾到有名又有权势的海贝格夫妇在克里斯钦港的府邸造访。他很快就在那个圈子里获得了机智优雅的名声，当有人误将克尔凯郭尔匿名发表的作品当作海贝格所作的时候，他更是受宠若惊。但是当海贝格在其评论中将《非此即彼》叫作"书之巨怪"，此后同样粗暴地对待《重复》时，克尔凯郭尔改变了方向，将海贝格的立场，连同黑格尔与歌德统统当作仇视对象。

15. 汉斯·克里斯钦·安徒生。"他太大太怪！所以活该受摆布。"童话《丑小鸭》中如是说。而他，大个子安徒生就被人摆布了，其中包括怪人克尔凯郭尔，他在一八三八年发表的第一本书，以高蹈风格和冗长句子为特征的《尚存者手记》中狠狠地批评了安徒生。据说，只有克尔凯郭尔和安徒生两人耐心读完了这本书。这两个在身后给丹麦文学带来世界荣誉，因而被相提并论的人，生前却互相回避，可能是因为他们都在对方身上看到了自己的弱点。

16. 国王新广场上尼古拉·艾格特维设计的皇家剧院，建于一七四八年，此后经过多次扩建和改建，渐渐变成倒地的大象模样。但也是在这里，奥伦施莱尔、海贝格和波诺维利庆祝他们的胜利，而克尔凯郭尔则屏息静气坐在观众席上。具有讽刺意义的是，与同时代的许多建筑不同，这座剧院没有被焚毁，直到一八七四年才被拆掉。同时拆掉的还有左边的那座建筑。

17. 以色列·莱文。"有段时间我在他那里每天八个钟头，一度每天在他那里吃饭达五个礼拜之久。"以色列·莱文在回顾《人生道路诸阶段》写作那段时间时写道。莱文是语言学家、文学家、翻译家、出版家，一个牢骚满腹、好酒贪杯、厌恶女人的人，还有其他很多身份——包括给克尔凯郭尔当秘书。身后留下为编写词典而写的十五万张卡片，成为二十七卷本《丹麦语文大词典》的必要成分。

18.《海盗船》第二百八十五期，一八四六年三月六日，礼拜五："人在思想混乱的时刻会认为尼古拉·哥白尼是个傻瓜，他竟然说地球围着太阳转，相反，天空、日月星辰、地球、欧洲、哥本哈根都围着索伦·克尔凯郭尔转。他一言不发站在中心，甚至不肯脱帽致敬。这个索伦·克尔凯郭尔是谁，究竟是什么人？成千上万听说过他这个人和他的巨著的人肯定都在问。"

19. 皮特·路德维希·穆勒。"他的私人生活少为人知；他那无情无义的性格让大多数人和他保持恰当的距离。"卡尔·布罗斯鲍尔（卡利特·埃特拉尔）就穆勒这样写道。穆勒也被称为克尔凯郭尔的魔鬼分身。他读的是神学，但和克尔凯郭尔一样把时间消磨在美学和哲学研究上，并且是咖啡馆的常客，以"毒舌"，以及对女人贪得无厌的欲望而知名。引起普遍鄙视和更多嫉妒的肯定是他将别人——包括克尔凯郭尔——只能在纸上写写的柏拉图式感官性付诸实施。

20. 迈厄·阿伦·哥尔德施密特。哥尔德施密特属于将《非此即彼》视为文学启示录的那一代年轻作家和知识分子。他作为讽刺周刊《海盗船》的编辑就这部作品撰写了一篇热情洋溢的评论。后来该刊想出恶毒的好主意，将克尔凯郭尔描绘成一个驼背、两条裤腿不一样长的人物。克尔凯郭尔和哥本哈根城中人们的关系瞬间改变了，在他们呆呆的注视下，他感到自己从思想大师降级为村里的傻子。与此同时他也从诗人上升为殉教者。本页及上页下面的四幅漫画选自《海盗船》第二百七十七和二百七十八期。

21. 步行街那时叫作"大路"，是人们去看人和展示自己，热情问候朋友和明确规避敌人的地方。古老的饭馆按照外国的榜样加以改造，并更名为异国风味的"阿皮兹""卡普利兹""卡珀齐""费里尼""拉德里"和"普莱士"的"茶室"。

22. 延·芬·吉约瓦特。"我亲口把吉约瓦特称作我的朋友,在过去三四年里的每个漫长的夜晚都和他谈话……如果他不是记者,我一定会在他身上找到那让我几乎能无话不谈的真正友情。"克尔凯郭尔在一八五〇年这样写道。然而吉约瓦特当时和后来一直是记者,并且是自由派的同情者。克尔凯郭尔的假名作品付印时曾请他做中间人。

23.《贝林时报·政治与广告版》，一八五〇年十二月二十日，礼拜五，上午版。为了避免读者被杂乱的广告淹没，卡·安·瑞策尔刊登了一则大幅启事，推出克拉拉·拉斐尔的《十二封信》、克里斯钦·温特的《新诗》和亨利克·赫尔茨的《诗集》。在所有这些之上是索伦·克尔凯郭尔的《益信词》，售价十六先令。

24. 拉斯姆斯·尼尔森。尽管克尔凯郭尔不想要任何门徒，却发现招个写作活动的入室弟子也不错。选择落到了哲学教授拉斯姆斯·尼尔森头上，一个博学的天才，对数学、化学、植物学和生理学都有兴趣。"我像是一匹拉公共马车的马，"他说，"套到别的车上就算是休息。"克尔凯郭尔号"公共马车"确实把他累趴下了。克尔凯郭尔感到尼尔森把他的思想抢去以自己名义发表，所以他一定认为，让尼尔森将帽子拿在手里的恭敬形象留给后人再合适不过。

25. 圣母教堂。在远处，北街尽头富贵街上左边第一座房子，是克尔凯郭尔最后几年从波利斯太太处租住的房间——紧贴国家主教堂。

26. 雅各布·彼得·明斯特。"你根本无法想象，明斯特是怎样一株有毒的植物。"克尔凯郭尔临死时对友人埃米尔·波厄森说。他身着权势赫赫的神职制服端坐，看上去也并非完全无害。缺牙反常地给他以鲨鱼式的凶恶。作为国家教会首领，他是谨小慎微而敏捷高效的行政管理者，保守，但不特别强调路德宗的价值和传统权威。克尔凯郭尔和"父亲的牧师"明斯特的关系极其矛盾。关于明斯特其人的看法自然分歧很大，但克尔凯郭尔肯定不是唯一有所保留的人。例如亨·尼·克劳森就在回忆录中写道："在罗马红衣主教当中，我不时会遇到类似的组合：精致典雅、优美圆滑的社交语气和颐指气使的牧师派头。"

27. 汉斯·莱森·马腾森。"我立即看出，这是一个超凡的天才，但他那不可抑制的诡辩冲动和吹毛求疵随时喷发，经常是令人厌倦的。"这是马腾森记忆中的早年索伦·奥比的形象。当时由米凯尔·克尔凯郭尔出资雇这位才华横溢、前途无量的彗星担任儿子的家庭教师。在关于真正真理见证人的冲突中马腾森只公开发表了一次意见就归于沉默，克尔凯郭尔称其为"无法从基督教的角度辩护""荒唐""自作聪明的愚蠢"和"倨傲"。这次攻击给马腾森留下了不可磨灭的印象，他在自传中将克尔凯郭尔描述为像是"审判天使"，他的论战乃是一次"最不愉快的经验"。

28. 尼考莱·弗里德里克·塞维林·格隆德维。尽管克尔凯郭尔赞赏格隆德维传奇式的博学、人格影响力和不倦的精力，但除他之外没有人在克尔凯郭尔的札记中遭到如此不敬的对待。这位北欧巨人被称作诸如"世界史级的寻衅闹事者""咆哮的铁匠""唱岳得尔调的新手""啤酒北欧战士"。格隆德维读了几期《瞬间》，将克尔凯郭尔称为"那种像冰凌一样永远悬挂在教堂屋檐下的冷酷嘲讽者之一"。

29. 彼得·克里斯钦·克尔凯郭尔。在彼得·克里斯钦·克尔凯郭尔的眼中几乎闪耀着优柔寡断的光，他的命运在某种程度上被锁定为一个天才弟弟的哥哥。他在哥廷根大学就《论谎言》的论文进行答辩，雄辩和论辩才能让他获得了"北欧魔鬼辩论家"称号。尽管才能出众，他却失去了获得哲学和神学教授的机会，有可能是因为他的神学观接近并同情不正确的格隆德维派观点。在奥尔堡担任主教近二十年后，这个心境黯淡、精神崩溃的人因为感到自己不配执掌这个职位而提交了辞呈。

30.《贝林时报·政治与广告版》，一八五五年五月二十四日，礼拜四。尽管部分字体已经放得很大，《该说的就要说》的广告还是不能直接跃入读者眼中，于是它就成为精神与市场力量之间距离的一个略带羞涩的提醒。这一页最下面是一则"丽莲妮丝"牌高效神奇美容水的广告，它不仅能让皮肤"美白细腻，容光焕发"，而且能去除"雀斑、皮癣、丘疹、肝斑、皱纹和红鼻头"。销售者吉奥·德拉勒保证该产品在十四天内有效。就这样。

31. 汉·彼·汉森作于一八五四年。同年克尔凯郭尔写道："任何聪明的脑袋，也想不出一种聪明的形式，让我的警察之眼不能一眼看穿，让我的聪明不能发现那是一个诡计。"但这并不完全正确。汉·彼·汉森的素描在双重意义上都是诡计。他坐在自己的公寓里，准备好铅笔和画纸，当克尔凯郭尔走过时为后世捕捉了这位"警察－间谍"的形象。从可以看到帽子的大部分阴影和帽檐的上面来判断，汉·彼·汉森大概是从一楼或二楼的窗户捕捉到了这个形象。很明显，克尔凯郭尔随着岁月的流逝丧失了审美的精致，他很早就衰老了，不变的是他那带着忧郁和嘲讽微笑的嘴唇。

Efter sex Ugers Sygeleie bortkaldtes Dr. Søren Aaby Kierkegaard Søndag Aften den 11te d. M. ved en rolig Død fra det Timelige, i hans Albers tre og fyrgetyvende Aar, hvilket herved paa egne og hans øvrige Families Vegne sørgeligst bekjendtgjøres af hans Broder.

P. Chr. Kierkegaard.

(Begravelsen finder Sted Søndagen den 18de Kl. 12½ fra Frue Kirke).

Efterlysning.

En lille rød og hvid Vandhund af engelsk Race med hvidt Bryst og hvide Been, samt hvid i Panden med en rød Plet i det Hvide, lydende Navnet Pion, er bortløben den 13de dennes. For dens Tilveiebringelse loves en god Douceur i Sølvgaden Nr. 416 D. i Stuen tilhøre.

Literatur.

Fra Bogtrykkeriet i Kjøge er udkommen:

Jochum Smed i Husum,

en Fortælling om, hvorledes han blev straffet for sit Hovmod og hvorledes han maatte bøde for sin Utroskab mod den stakkels Else. Priis 4 Skilling. — Endvidere:

En sandfærdig Historie om en i hele Europa berygtede og bekjendte italienske Røver og Morder

Pozolino,

der havde tolv Koner, men som fik sin fortiente Straf, da han vilde have den Trettende. Priis 6 St.

Handlende erholde 100 pCt. Rabat.

Ligeledes erholdes følgende Sange sammesteds a 4 Mk. Hundrede, flere Hundrede 3 Mk. pr. Hundrede:

Jens Vægter; Russen og Tyrken; Peders lystige og fornøielige Vise om de raske Tøse i Kjøbenhavn; Kunsten altid at blive ung; Sømanden og hans Pige; Marens Uheld; Den vægelsindede Karen; Lises Beklagelse.

Kjøge 1855. S. Oettinger.

Carl Bernhards

samlede

Noveller og Fortællinger

i en priisbillig Udgave, udkommer i 22—24 maanedlige Leveringer a 32—40 ß efter Arketallet, saaledes at Prisen neppe vil overstige Trediedelen af den oprindelige Ladepriis. Den 1ste Levering (Et Aar i Kjøbenhavn, 1ste Deel) forefindes i alle Boglader hvor Subscription modtages. J. H. Schubothes Boghandel.

Paa Universitetets Forlag er udkommet:

Almanakken for Aaret 1856. 2 Ark i 12. Mat. 7½ ß, heft. 8 ß, indb. 16 ß.

Do. paa Islandsk. 1 Ark i 16. Mat. 5 ß, heft. 5½ ß.

Do. paa Tydsk. 2 Ark i 12. Mat. 7½ ß, heft. 8 ß.

Huuscalenderen (den lille Contoircalender) for 1856. ½ Ark i 4. 4 ß.

Do. paa Tydsk. ½ Ark i 4. 4 ß.

Den store Contoircalender for 1856. 1

Damer,

hvis Udseende vanzires ved at Hjaret groer ned i Panden, anbefales et i virkelig fransk Præparat, hvo ved de selv med Lethed kunne fjern denne Uempe. Det erholdes i Stænger a 2 Mk. Stk. ved Frederiksholms Canal, mellem Nybrogade og Magstræde, Nr. 25, 2den Sal. Brugs-Anvisning medfølger.

Mærk.

Et ungt Menneske, der skriver godt, ønsker Beskjæftigelse snarest muligt. Dette Blads Contoir modtager Billet, mrk Flid 498.

Alinandre „Cement Staalpenne"

(Plumes cementées).

Vort Etablissement er blevet forsynet med nogle nye Slags Cement eller dobbelt hærdede Staalpenne. Priis pr. Æske indeholdende 1 Gros 12 Mk.

H. J. Bing & Søn.

N. Petersen,

kongelig Hof-Porcellainshandler, Kongens Nytorv Nr. 354, anbefaler sit betydelige Lager af **ægte importerede Havanna-Cigarer**, bestaaende af:

H. Upmanns 1a,
Flor la Resolution,
La Hya de la Villaserd,
El Universal, — **Regalia,**
Dos Amygos,
Jenny Lind,
Valentina,

S, Francisco de la lajas,
Dos Amygos, — **Medio Regalia.**
Valentina,

Flor La Perla,
La Viriato,
La Engelita,
El Desizuio, — **Londres.**
Intimidad,
Dos Amygos Galanos,
Manuelamares,

Ambrocia 1ma,
Trabucos do.,
H. Upmann,
El Tulipan,
Rencurel,
La Adoracion,
Henry Clay,

32.《贝林时报·政治与广告版》，一八五五年十一月十六日，礼拜五晨版。彼得·克里斯钦·克尔凯郭尔为他早逝的弟弟刊登的讣告出现在杂乱无章的日常生活广告中间，从"哈瓦那雪茄"到平价"斗篷"再到法国产"渗碳钢笔"。右边的一栏里有为女士提供"头发延伸到额头过低部位"的法式修复。在这位全国最重要思想家的讣告正下面有一则"找寻"启事，"英国种红白小公狗一只，肚子和四条腿白色"。这只走失的狗名叫"皮翁"，"送还银器街者报酬从优"。

引言

马腾森主教半掩身站在主教府一扇窗户的窗帘后面。从窗龛望出去，是以大都会学校为背景的圣母教堂广场的华美景象。大学在左，教堂在右。那是一个礼拜日，一八五五年十一月十八日。将近两点钟的时候，突然从教堂里涌出一大群穿黑色丧服的人，他们先三三两两聚集成小群，然后很快就向四面八方散去。

几个钟头之后，主教的鹅毛笔沙沙地在信笺上移动，写信给他多年的朋友和过去的学生，洛兰岛上洪赛比地方的牧师路德维希·古德。他愤慨地说："今天，克尔凯郭尔的葬礼在圣母教堂举行，参加者众多（从头到尾奏乐！反讽！）。他的家人如此轻率地将葬礼安排在礼拜日，圣母教堂的两次全国礼拜之间的空隙，几乎是闻所未闻。尽管这不能依法禁止，但可以根据众所周知的行为准则 [1] 来加以阻止，可惜能起这种作用的特利厄偏偏又不在场。他的哥哥在教堂里发表讲话（作为兄弟，不是作为牧师）。他说了些什么，怎么说的，我迄今一无所知。报纸上首先要塞满关于这次葬礼的报道。出席葬礼的大部分是年轻人，还有一些身份不明的人。至于名人政要，就我所知，一个也没有到场。"

在十一月的日子里被运送到辅助公墓里家族合墓的那具小小的棺木里安息着的那个人，曾经年累月固执地使自己成为一个死后无处安置的人。究竟应该怎样来对待这样一个逝者？他在生前的最后几年里进行过一场孤军奋战的神学革命，给牧师们冠上"食人族""猴子""睡帽"之类匪夷所思的名号。在得到祝福的土地上给这样一个人举行基督教葬礼究竟有什么意义？这同一个人身后还留下了其广度、原创性和凝练程度在同时代人当中无与伦比的著作，自然让整个情况愈发令人苦恼。

马腾森差不多写完给古德的信的时候，得到了来自辅助公墓的侦查报告，他充满甜蜜的惊愕，直播般地描述了这样一幕："此刻我经历了发生在墓前的一大

---

[1] 法文：Conduite。——译者注。以下脚注如无特殊说明，均为译者注。

ii 丑闻，克尔凯郭尔的一个外甥，大学生隆德先生在特利厄做完撒土仪式之后突然站出来，引用克氏的《瞬间》和《新约全书》作为反对教会的真理见证，说教会'为了收钱'而埋葬了克尔凯郭尔，如此等等。——目前我还没有将其纳入官方途径，但此事已经激起公愤，我看会导致严重后果。"

那火速传到主教府的谣言，其实确有其事。在不到一昼夜的时间里，这可耻的一幕就登上了哥本哈根几乎所有的报纸。《贝林时报》在晨间版按照时间顺序详细描述了事件的过程，又在晚间版刊登了逝者的兄长彼得·克里斯钦·克尔凯郭尔在教堂宣读的祭文摘要。同一个礼拜一，《飞翔邮报》和《祖国》都载着有关报道和究竟是谁应该为这样的疏忽负责的辩论文章，早早离开了忙碌的排字房。而《晨邮报》则在几昼夜之后宣战："一个宣布过自己不是官方基督徒的人，尸骨未寒，官方教会就把他不能自卫的遗体拖走了。"

马腾森作为教会的最高领袖当然不能置身事外，他要借此机会做些文章。他不会公开发表意见，那样的风险太高，但他即刻通过密探要求副主教特利厄出具一份关于此事的书面报告。葬礼以一首普通的葬礼赞美诗《哦，我的终点并不遥远》开始。关于这首赞美诗，彼得·克里斯钦·克尔凯郭尔说"非常优美而贴切"。又唱了一首赞美诗之后，灵柩被抬出教堂，由马车载着前往辅助公墓，特利厄将在那里向棺木上撒土。这仪式还没结束，年轻的医生亨利克·隆德不顾特利厄的抗议和奉命前来墓园值班的警官海尔茨和克莱恩，大声喊叫起来。面对据特利厄说的"主要由中产阶级组成的近千人群"，隆德首先强调了自己和已故舅父之间鲜为人知的密切关系，然后从舅父与官方基督教的决绝出发，展开了一番议论。最后，隆德宣读了克尔凯郭尔最后的手稿和约翰《启示录》中的一些片段。

特利厄在其报告中建议此事到此为止，不要采取进一步措施，但马腾森却不以为然，他随即要求文化部将此事作为重点案件进行调查。同时隆德也根据记忆把自己的演讲写了下来，刊登在十一月二十二日的《祖国》上，标题是《我抗议——我说过的和没说的》。隆德的言辞像滚烫的火山熔岩从陡峭的山壁上翻滚而下，流向四面八方，不过当他几天以后试图续写"下一刻，怎么办？"的时候，言辞的洪流已经凝固成了湿腻腻的陈词滥调。同时慷慨激昂的语调也换成了深深

iii 的绝望，他终于在十二月的一天里试图自杀，在最后一分钟才为其父所阻止。亨利克的父亲约翰·克里斯钦·隆德是一个勤勉富有的批发商，事后向文化部长哈尔请求免于起诉，因为其子没有道德和刑法意义上的责任能力。马腾森则出于官

方教会前途的考虑，为了维护社会礼仪，并忌惮于新闻界的放肆，而拒绝让步。

这件案子最终还是在哥本哈根第五刑法庭开审，法庭设在新市广场的老市政厅和法院，克尔凯郭尔童年故居的隔壁。检察官要把隆德送进监狱，辩护律师则试图让他无罪开释，证人们的证词互相抵牾，案子在无尽的争吵中拖了很久，直到一八五六年七月五日，法官才判决隆德缴纳罚款一百塔勒了事，这笔钱将捐给哥本哈根济贫所。年轻的医生面不改色地接受了判决。早在几个月之前他就已经向那些曾被他设定为斗争对象的机构屈服忏悔。他在一封给彼得·克里斯钦·克尔凯郭尔的信中解释说："我现在意识到，放弃这一切自寻烦恼的纷争并申请加入基督教会，是唯一正确的事情。"促使隆德做出如此重大决定的原因有可能是，他在一八五六年早春因为某种不确定的"神经系统疾病"接受了药物治疗。

葬礼上的插曲证明，即便死亡也不能将克尔凯郭尔的生活与作品分开。然而他的一些传记却能。从一八七七年勃兰兑斯的批评性作品问世算起，他的丹麦文传记屈指可数，直到一九四〇年才又出现了作家兼画家霍伦堡就同类体裁进行的独立尝试。过分强调克尔凯郭尔生平研究重要性的人则从来未曾有过——万般俱备，唯独缺此一家——在长达几十年的时间里，人们几乎是在将此人从其作品中加以系统化的驱逐。在对克尔凯郭尔的典型介绍中，人们无疑乐于居高临下地将作为个人的克尔凯郭尔当作天才著述后面的一段古怪附录。产生这种现象的原因还不仅在于，克尔凯郭尔和他的假名作品拉开距离，不鼓励读者对他这个人产生兴趣；有关人士也可能是担心生平研究会导致简单化，会将神学和哲学问题平庸地联系到作者的压抑、恋母情结或者碰上命中注定的冰凉夜壶[1]。

传记写作方面的消极迟疑与传主本人的态度是矛盾的。他不仅总是将自己带入思考和写作，而且坚信他的"生存"（Existents）比"任何丹麦作家都更加有趣"，因此，他"将在未来被阅读和研究"。他还带着强大的、非典型丹麦式的自我意识，在一八四七年十一月写下这样的札记："……因此，绝不限于我的作品，而恰恰是我的生平，整个机制的核心秘密将得到反复研究。"他的预言一开始在现实中没有占据多大位置，哲学家汉斯·布罗希纳证明，他几乎无法履行对一个朋友的诺言，就克尔凯郭尔的生平和个性写几行，而是突然就陷入恐慌："他生平中

iv

---

[1]　参见弗洛伊德精神分析派关于童年经历对人格成长影响的学说。

的外在事件可说的是那么少。他生于一八一三年五月五日，一八三〇年高中毕业，一八四〇年大学毕业，一八四一年获得博士学位，一八五五年逝世，这就是关于他生平事迹能给出的枯燥数据。尽管他的内心生活和个人发展更为丰富，但是这些最好的内容都在他的作品中得到了体现。"他就这样写出了一本单薄的传记。

曾担任克尔凯郭尔秘书多年的以色列·莱文，则从相反的即绝对内心的方面对这个问题加以考察，但他并不比布罗希纳更信任克尔凯郭尔生平研究这一方向："研究索伦·克尔凯郭尔生平的人要警惕不被烧伤，此人充满矛盾，要穿透这矛盾性格的丛林极其困难。他经常讲双重反思，而实际上他所说的一切都远不止七重。他努力使自己明晰，但他受到各种情绪的追逐，他是一个非常情绪化的人，经常写不真实的、虚假的东西。真相就是如此。"

莱文的《回忆录》很重要，因为他突出强调了原始材料多变的性质，并间接揭示了克尔凯郭尔为让自己在身后重生而进行的，贯彻始终的精心策划。因此，意欲为克尔凯郭尔做传的人必须清醒地意识到，面前摆着许多自传组成的迷宫。材料中处处潜伏着被意料之外的克尔凯郭尔神话编造者引入迷途的危险，这是为不加批判的颂歌提供的最好条件。而我的处理方式是多一点批判性和历史感，少一点虔诚和顶礼膜拜。我不仅打算展开讲述克尔凯郭尔生活中的重大事件，而且要找到细小的碎片和次要情况，这天才花岗岩上的裂缝和潜藏在下面的疯狂及其烈度，写作狂欢的经济代价和心理代价，连同这个人物的颤抖和深刻，让人对他的探索永无止境地深不可测。因此，本书准备加以描述的，是一个全面意义上复杂的克尔凯郭尔。

此外，我还打算把克尔凯郭尔重置到所处时代的脉络之中，这样他就不再是人们呆立在哥本哈根城外，从城门的钥匙孔里窥见的"那单一者"（hiin Enkelte），而是穿行在当时也住在那座城里的人群之中，那些人也并非像我们后来看到的那样不真实（部分是因为克尔凯郭尔误导了我们）。所以，我不仅用克尔凯郭尔的目光追随着别人，也让别人的目光停留在他的身上。换句话说，我试图重建克尔凯郭尔从中成长起来的生活与写作之间的活跃对话。一旦把人从作品中抽出来，作品也就失去了生命。如果我在讲述过程中需要将什么事件加以归档，那就是这位克尔凯郭尔与他的作品和同时代人之间广泛而复杂的关系。

我需要就书名说几句吗？SAK 没有意义，也和读者的任何确定想象或期待无关。SAK 乃是一声在空中呼啸着抽向拉轿车的马的号令前进的鞭子声。SAK 同

4

时也是 Søren Aabye Kierkegaard 的缩写，精细地反向刻在他的印章上。他曾果断地将它按在红色或黑色的熔化火漆上，把仅与收信人有关的信件封口。SAK 就是这样一个印章，而读者则是收信人。SAK 既是一封信又是一个严肃的书名，与索伦·奥比·克尔凯郭尔和谐一致。

在结束这篇引言之前，我要向一些朋友、熟人和主管致谢，他们耐心倾听了我的研究，或多或少审阅了本书的手稿，提出了宝贵的建议和提示。一一列举每一位的贡献将会拉得太长，所以只得委屈他们以平淡无奇的字母顺序登场：索伦·布鲁恩、尼尔斯·约恩·卡普隆、乌尔里克·海伊、耶达·克努森、克劳斯·彼·莫滕森、彼得·图瓦德、保罗·埃里克·托伊纳、宝蒂·瓦姆贝尔。

写作本书是一件爱的 [1] 工作，在晚上开始并在同一时间结束，我有幸在其中工作的索伦·克尔凯郭尔研究中心的气氛曾给我无量的灵感。我也得益于随着《克尔凯郭尔文集》出版而陆续面世的文本和多方位的注释和评论。

我还要特别感谢盖茨出版社，尤其是芭芭拉·维贝克那可敬的和蔼，充沛的幽默感和天使般的耐心。

最后，由衷地感谢我的爱妻莘尼娅——不可或缺 [2]。

至于无可避免的实际的和道德的错误缺陷，我在此承担全部责任。

[1] 意大利文：con amore。
[2] 拉丁文：sine qua non。

新版序

"正是为了追忆，为了诗化追忆的缘故，我的作品呈现为现在的样子，将来会有一天，当一位诗人讲述我完整的生活故事时，会让年轻姑娘兴奋得满脸通红。"克尔凯郭尔曾在一八四六年的一段札记中这样预言，在自己的作品和人品之间扎上一个优雅的传记蝴蝶结。这未见得能让年轻姑娘满脸通红，却足以让成年男子面如土色。克氏从双筒望远镜里看到的显然不完全是普通的历史性，他把未来的传记作者设想为一个"诗人"，后者在描述他的"生存－工场"时或多或少会根据体裁的要求在字里行间加以相机处理。

我在任何意义上都不是诗人，却也认为，一本成功的传记不能限于搜集和储存传主的行止资料，让他在海量数据的重压下再死一回，而应该让读者眼前一亮。然而《克尔凯郭尔传》也不是传记小说，而是一本用小说技法写成的，尊重事实的书。如果书中主角选择向右转，而传记作者仅仅出于更吸引人的考虑或者头脑中的自由虚构，偏偏让他沿着街道继续向左走，将无济于事。

与此相反，作为克氏一八四六年期待的一种延伸，我愿意讲述克尔凯郭尔的生活故事，或者也可以说，我将通过讲述故事如其所是地展开他的生命历程。所以，面对大师留下的汗牛充栋的材料，我不断地努力选取那些有叙述潜力的部分，不让我所掌握的那部分命运成为四分五裂的无声碎片，而是让它们融入有着清晰脉络的整体。不符合这个简单标准的材料，必须放在一边——以一种选择性的姿态放在一边，这姿态划定了传记的边界同时也容纳了传记作者的特权。

给克尔凯郭尔做传绝不是件简单的事情，它让人想起遇到——毋宁说是遇不 到——《论反讽概念》引言中的那种小精灵，苏格拉底的反讽是如此难以描绘，它就像"戴隐身帽的小精灵"一样。克氏本人在某种程度上也戴着这样一顶帽子，也是这样一个若隐若现的精灵。他喜欢穿上假名的长袍，爱解开读者的纽扣，把他们和世界上最稀奇古怪的东西一起绑在胳膊上，他的写作不仅是揭示，同时也是隐藏，也包括隐藏这个克尔凯郭尔。就像他在人行道上练习热情的曲折前进，忽而就把同行者挤上山墙，忽而逼他落入阳沟，他就这样在日记中运用一种断断续续的、小龙虾式的步态，犹豫着，给他的传记作者留下碎片、试笔、浅浅的轨迹、假门或者干脆空无一物。他持续不断地自称"诗人"，那是因为，相对于准确记录历史事实而言，他更注重于其艺术上的可转换性、人物的奇特性、情节的普遍性，以及情境的象征性。他的文本活在上天赋予他的、广阔得几乎不可思议的感性光谱上，是用这个特殊的视角来观察世界时所发出的声音。

在写作《克尔凯郭尔传》时，我既不想从事实出发，更不想违背事实来作诗，而是试图尽可能缩小真历史和好故事之间的距离。这意味着我不能允许自己像克尔凯郭尔那样漠然地处理史料。我虽然并没有幻想将传记写作简单地建立在重建史料的基础上，但还是在搜集相关史料上下了些功夫，并在写作过程中心怀感激地积极引用必要的二手文献。我的一手资料当然取自克尔凯郭尔的作品——他的日记、书简、作品，发表过的和未发表的。这些都是下面七百页左右阐释工作的基础和出发点。如果有人提出异议，《克尔凯郭尔传》因此而成为一部主观性传记，我不打算狡猾地大声抗议，但我想为自己做出如下辩解：关于一位专注于主观性的思想家的客观性的传记，在写作方法和对象之间也许并不是最美的和谐。

《克尔凯郭尔传》于二○○○年十一月三日出版，此后经过若干次再版并被翻译为若干种语言，这些都出乎很多人的意料之外，其中最感惊讶的莫过于作者。区区在写作时假定的是一个小得多的读者群，而更加匪夷所思的是，拜各位译者的高超技巧之赐，匈牙利读者居然和圆塔[1]建立了关联，美国读者和灵克宾[2]，意大利读者和澡堂巷[3]，也都建立了关联。《克尔凯郭尔传》得见天日以来的几年间，《克尔凯郭尔文集》的编辑工作结束了。因此，新版《克尔凯郭尔传》中的引文也做了相应的更新。该文集宝贵的评注、校勘和文本阐释，为揭示克尔凯郭尔作品中那近乎变态的丰富性提供了新的水准和维度，未来读者将从中获益无穷。《克尔凯郭尔传》已经大为获益。我还愿在此向各位提出过修改意见的朋友表达感谢，没有提到的，也没有被遗忘。很多人有可能知道，我曾和前同事，文科硕士彼

viii

---

[1] 圆塔（Rundetårn），哥本哈根老城中心"三位一体"建筑组合中的天文台部分，其他两部分为教堂和图书馆。建于克里斯钦四世在位时的一六三七年至一六四二年间。

[2] 灵克宾（Ringkøbing），日德兰半岛西部一座小城镇。

[3] 澡堂巷（Badstuestræde），哥本哈根老城内的街道，因自十五世纪起开设公共浴室而得名，十六世纪时为避免传染疾病而关闭。

得·图瓦德先生，有过长期的愉快合作。他就本书所提出的一系列异议，为使本书得以改进，我均在条件允许的情况下加以采纳。

在克氏诞辰二百周年即将到来之际，我愿向每一位新读者致以充满感激的问候，并且用隐藏在《忧惧的概念》后面的"哥本哈根守夜人"结束其序言的话，奉上无忧无虑的敬礼："我没有更多的话要补充了，只愿向每一个同意我观点的人和不同意的人，每一个阅读本书的人和看完序言就倒了胃口的人告别！"

尤金姆·加尔夫

二〇一二年十二月

译序

尤金姆·加尔夫（Joakim Garff）所著《克尔凯郭尔传》（*Søren Aaby Kierkegaard*，缩写 SAK）自二〇〇〇年出版后已经翻译为英、法、德等文字，本书是译为中文的初次尝试。

近代汉译的先驱者严复曾感叹，"一名之立，旬月踟蹰"。经过诸多前辈筚路蓝缕、前赴后继的努力，一个世纪之后的汉语词汇已经大为丰富，可是当我接受翻译《克尔凯郭尔传》的任务后，却发现译名仍然是需要花费相当工夫的事情。

索伦·奥比·克尔凯郭尔（Søren Aaby Kierkegaard，一八一三～一八五五），自从鲁迅于一九〇八年在《文化偏至论》中作为"契开迦尔"引入中文后，陆续有基尔克戈尔、基尔克郭尔、基尔克加德、基尔克哥、齐克果、祁克果等诸种译法。本书采用中国社会科学院哲学研究所与丹麦克尔凯郭尔研究中心的合作项目十卷本中文版《克尔凯郭尔文集》的译法。

书中涉及人名地名，已有约定俗成汉译的保留。例如安徒生、奥斯特、勃兰兑斯、哥本哈根、欧登塞、奥尔胡斯、奥尔堡、赫尔辛格、希勒勒等。需要翻译的音译人名以接近丹麦语发音为准。例如，勃兰兑斯的名字 George，根据原文发音接近"吉奥"，但"格奥尔格"已经约定俗成，而且毕竟比或许更加流行的"乔治"接近原文一些，于是采用"格奥尔格"。

地名的翻译分为音译和意译两部分，以人名和其他地名命名的地名音译，如圣彼得巷、阿梅莲街、赫尔辛格街、阿兰布拉路等。其他地名，尤其是哥本哈根老城内地名尽可能意译。因新市、老市、东街、西街、北街等其意自明，而皮匠街、肉市大街、成衣铺街等实际上是城市历史的记录，应在译文中得到体现。

一个可以称为"创举"也很可能引起争议的做法是将传主前期作品所用的笔名意译出来。主要是出于以下考虑。这些笔名都是拉丁文的，而在传主生活的十九世纪前半叶，有兴趣读哲学－神学作品的读者或多或少都接受过包括拉丁文在内的古典教育。因此这些笔名虽然有些古奥，却是有意义的。采用音译的话，"维克多·艾里米塔""约翰尼斯·克里马库斯""康斯坦丁·康斯坦丁乌斯"等全部成为无意义的音节，还要在序言、脚注，甚至正文中一一解释，似乎有些烦琐。于是笔者决定将其分别译为"怡然隐士""攀登者约翰尼斯""坚定的康斯坦丁"等。尤其是"安提·克里马库斯"，每一种译本都要解释 Anti 为什么不是"反"而是"前"，这种情况下中文反而提供了便利，索性直译为"前攀登者"。

另外需要解释几个在不同文化环境之间"换算"所产生的问题。

第一是币制。当时丹麦的货币单位是塔勒（Rigsdaler），十六世纪开始在北欧流通的货币单位，在丹麦至一八七三年废止。Rigsdaler 字面意义是"国家通货"，所以曾一度考虑将其译为"官币"或"官币×元"。但一塔勒又相当于六马克（Mark）或九十六斯基令（Skilling），因并非十进制，不好分别翻译为"角"和"分"，于是决定全部保留音译。

第二是学制。例如传主获得的学位是 Magister Artum，字面含义是"文科大师"；其兄彼得·克里斯钦在德国哥廷根大学获得的学位是 Licentiate，字面含义是"执照"，即在大学授课或在教堂布道的资格认可。两个学位略有差异，但两人在其他场合都互称和被称为 Dr. Kierkegaard，为简明起见，统一译为"博士"。书中出现其他人物，属于这两种情况的也统称"博士"。

第三是楼层。欧洲大陆的楼层数不同于中国（以及美国）习惯，相当于"一楼"的底楼另有名称，如在丹麦叫 stue，相当于"二楼"的才叫 første sal。余依此类推。书中多次出现传主所钟爱的 *beletage*，从老宅中的套间到最后住进医院的单间，中间住过的大部分公寓，包括在柏林住的 eine Treppe hoch 究竟应该根据字面直译为"一楼"，还是根据中国习惯加以换算，很费了一些斟酌。最后，参照英译本中将 første sal 译为 second floor 的前例，译为"二楼"。

原文中的斜体字用在书名、重点和外来语三种情况下，译文改用书名号标注书名，重点和外来语采用仿宋体。

翻译过程中参考的克尔凯郭尔作品的现有中译本如下：

《恐惧与颤栗》，刘继译，陈维政校；

《勾引者手记》，余灵灵等译；

《论反讽概念》，汤晨溪译；

《非此即彼》，京不特译；

《概念恐惧》，京不特译；

《爱的作为》，京不特译；

《致死的病症》，京不特译；

《重复》，京不特译。

因为人名术语等在各译本中并不一致，所以译者不得不进行选择或者另辟蹊径。译文也有所改动，并未全抄。特此向上述译者表示感谢并做说明。

书中《圣经》典故的注释采自中国基督教协会发行的《圣经》（串珠版）（南京：一九九六年）。希腊罗马神话典故的注释采自世界神话珍藏文库《古代希腊罗马神话》（魏庆征编，北岳文艺出版社、山西人民出版社，太原：一九九九年）。

根据作者要求删除了一些段落章节，所以标注的原文页码会出现跳跃的情况。

感谢（按大致时间顺序）：

中国社会科学院哲学研究所王齐博士的理解，推荐我承担这项翻译任务；

哥本哈根大学神学院教授、本书作者尤金姆的·加尔夫信任，将作品交付我翻译成一种陌生的语言；

英译者布鲁斯·H. 基尔姆泽博士（Dr. Bruce H. Kirmmse），帮助我深入理解原文，以及翻译的权限；

吴鸥博士对部分译稿的审阅；

褚朔维先生在拉丁文方面的帮助；

刘丽华女士和珊·布兰克女士（Frau Shan Blank）在德文方面的帮助；

瓦尔特·斯科先生（Mr. Walter Schou）在丹麦文方面的帮助；

京不特先生慷慨惠寄全部译稿。

至于书中的错误和遗漏则全部由我负责。

译者

二〇一六年岁末

于哥本哈根

目 录

第一部

1

第二部

一八四〇年

一八四一年

一八四二年

一八四三年

第三部

一八四六年

第四部

一八四八年

一八四九年

第一部

一八一三年至一八三四年

"克尔凯郭尔"这个姓属于多变而难以捉摸的一种，大量教堂记录证明，计有 Kirkkegaard, Kirkegaard, Kiersgaard, Kjerkegaard, Kirckegaard, Kerkegaard, Kierchegaard, Kierkegaard 等多种拼法。这个词肯定与教堂的地有关，但不是通常墓地的意思[1]。这个姓氏可以追溯到萨丁村教堂旁的两座农庄，该村位于日德兰半岛上的石楠荒原中，在灵克宾镇东南方向十几公里的地方。这两座农庄通常被叫作教堂地，因为它们紧靠着原来的教堂。一七五六年十二月十二日，佃农皮特·克里斯滕森·克尔凯郭尔的儿子米凯尔，就出生在其中的一座农庄上。老皮特采用农庄的名字作为姓氏，以强调他本人和家族的归属。一开始这个姓氏的拼法就是 Kirkegaard，但渐渐变成了 Kierkegaard，有可能是日德兰方言发音的回声。

米凯尔在家里排行老四，十四年后他和兄弟姐妹的总数达到了九个。石楠荒原的出产十分吝啬，贫穷不断地侵蚀着这个家庭。于是，米凯尔当了几年牧童之后，在十一岁时离开了父祖的农庄。西风把农庄边上的树吹得倒向东方，米凯尔沿着树干的指向前进。他和一个来自莱姆的羊贩子一同起身，出发前往克里斯钦七世[2]的哥本哈根，到那里去跟他的舅舅，在东街一间地下室里经营鞋袜店的尼尔斯·阿纳森·瑟丁学做生意。他先在舅舅的店里打杂，然后做学徒，终于在一七八○年圣诞节期间获得了开业许可，从而可以自立门户了。鞋袜商贩米凯尔·克尔凯郭尔销售的货品花式繁多，有长筒线袜、编织帽子、精制兰德斯产皮手套，以及各种冰岛货品。他经常带着这些货品到希勒勒和赫尔辛诺去贩卖。这位精神抖擞的商贩一定是渐渐学会了用这些毛茸茸的货品来赚钱发财，因为他在二十九岁那年就和生意伙伴麦茨·瑞延一同买下了肉市大街三十一号，瑞延搬了

---

[1] 墓地往往在教堂主建筑附近，原文 Kirkegård 字面意思是"教堂之地"。

[2] 克里斯钦七世（Christian VII，一七四九～一八○八年）一七六六～一八○八年间的丹麦－挪威国王，同时是神圣罗马帝国内的石勒苏益格－荷尔斯泰因公爵。

进去，而米凯尔·克尔凯郭尔则在四十三号落户后，在名为"玻璃匠克劳森地窖"的铺面开始了自己的买卖。

不仅他的店铺部分位于遮遮掩掩的地下，他的行事方式也有点阴暗。米凯尔·克尔凯郭尔的店铺开张前不久，他和其他日德兰羊毛商抢在本市的丝绸－服装商人之前，就行会会长安排的不折不扣的突袭进行申诉，因为在他们的店铺里查到了法国帆布和丝带。而日德兰羊毛商不允许出售这么精致的货品。行会会长因而对他们重判了罚款，他们不服，继续到法院申诉。这个领域的立法太复杂，以至于渐渐失去了其应有的权威。他们的申诉显然起了作用，一七八七年的裁决让鞋袜商们可以合法买卖所有种类的自制羊毛和亚麻货品，以及丹麦产毛毡和柔毛法兰绒——一种单面起绒的密织粗呢。一年以后，米凯尔·克尔凯郭尔又获准经营中国和西印度货品，如蔗糖、糖浆、咖啡豆等。可他还是继续向最高法院申诉。判决有利于原告，他们此后还可以经营棉布和丝绸一类奢侈品。日德兰羊毛商们战胜了哥本哈根丝绸商。

市场兴旺，经济繁荣，米凯尔·克尔凯郭尔可不会让赚钱机会白白溜走。他把钱投向不动产，在肉市大街附近的彼得·维特费尔巷、牛肉市、圣彼得巷、克纳桥巷、赫尔辛格街等地广置房产。而尤其令人称奇的是，这些房产在一七九五年哥本哈根大火中居然都安然无恙。一年以后，他用从富有的舅舅那里继承来的遗产在萨丁购置了一块地，为年老的父母和年幼的弟妹卡伦、西赛尔和彼得盖了一座美丽的红橡木结构房子。人人都看到，米凯尔在京城发达了。虽然他再也没回过萨丁，但一直和他离家那年出生的妹妹艾尔莎保持通信。

米凯尔·克尔凯郭尔在哥本哈根最初几年的交往圈子主要是日德兰移民同行。所以不奇怪，米凯尔·克尔凯郭尔在一七九四年五月二日和瑞延的姐妹科尔斯婷娜·尼尔斯达特结了婚。人们觉得他是到了该结婚的时候，因为他已经三十八岁了。科尔斯婷娜才比他小一岁。科尔斯婷娜自己拥有五百六十八塔勒，是个合适的对象。但他们两人的感情如何却无从知晓，结婚记录仅告诉我们以下的简单事实："鞋袜商米凯尔·皮特森·克尔凯郭尔与科尔斯婷娜·瑞延于五月二日在圣灵教堂结为伉俪。"这次婚姻仅持续了不到两年光景，也没有子女。科尔斯婷娜在一七九六年三月二十三日死于肺炎，三天以后在辅助公墓下葬。

将近一年以后，米凯尔·克尔凯郭尔把兴旺的生意移交给了堂弟米凯尔·阿纳森·克尔凯郭尔和前岳父的外甥克里斯滕·埃尔斯戈。这个决定让同行和熟人朋友们很惊讶。尽管米凯尔·克尔凯郭尔曾经时不时地抱怨各种病残，但人们都认为那不过是疑病，他的身体并没有毛病。所以，他处置产业的动机也就无从揣测。然而可以肯定的是，移交发生在这位勤谨商人焦头烂额的阶段：与所有原则和计划相冲突，他让女佣安娜·索伦斯达特·隆德怀了孕，因而不得不和她结婚。尽管一七二四年颁布的法律关于需服丧一年后方可再婚的规定仅限于寡妇，而鳏夫则只需要三个月，但米凯尔·克尔凯郭尔还是犯了错误，不仅丢人现眼，还会有不折不扣的金钱损失。他在一七九七年三月十日交给律师胡勒斯德的婚前协议中列出，夫妻将不同居。丈夫死后遗孀可以继承住所和二百塔勒的年金，另可作为母亲继承两千塔勒。下面还写着："如果发生意料之外的性格不合而必须分食分宿，我未来的妻子可以带走她的衣服和卧具，我将一次性付给三百塔勒，以供其置办必要的家居用品，并在其有生之年支付一百塔勒的年金。"此外还说明，上述情况下子女将在年满三岁时归父亲抚养。

胡勒斯德律师拒绝批准这份婚前协议。不仅因为男方的经济条件如此明显地优于他提供给妻子儿女的，而且，婚前协议包括如此详尽的离婚条款也实属罕见，他要求米凯尔·克尔凯郭尔回去重写一份不那么吝啬的协议。米凯尔·克尔凯郭尔服从律师做了修改，并且在协议上签了字。这样，那个有些不知所措的、怀有四个月身孕的女佣得以在安静的家庭婚礼上对她的前雇主承诺永远忠实。这次婚礼在登记簿上用深情的话记录下来："四月二十六日，米凯尔·克尔凯郭尔，纺织品商，鳏夫，与安娜·索伦斯达特·隆德小姐在肉市大街结为夫妇。"

安娜生于一七六八年六月十八日，是马琳·拉尔斯达特和索伦·延森·隆德夫妇最小的女儿。索伦·延森据说是个"开朗而幽默的人"，来自日德兰半岛中部的布兰德隆德。这家人拥有一头牛和四只羊，此外上天还赐予他们两个儿子和四个女儿，大女儿名叫梅达，下面的三个叫安娜、安娜、安娜。这样起名字引起混乱，于是最小的那个就干脆叫作"小安娜"。她在行过坚信礼后就前往哥本哈根，先在哥哥拉尔斯·索伦森·隆德那里帮工。拉尔斯娶了一位烧酒师傅的寡妇，连同地标街上的烧酒庄一起娶了过来。然而那里的情况非常糟糕，安娜很快就离开哥哥转到麦茨·瑞延家，一七九四年又被派到新婚的米凯尔·克尔凯郭尔家帮工。家人认为从此和她不再有多少关系。当她的第一个女儿受洗的时候，哥哥拉尔斯是教父之一，而当两年以后第二个女儿受洗的时候交往圈子更加高级了，烧酒师傅哥哥就没有再参加。根据现存的少量资料判断，她是一个胖乎乎的小妇人，有着平和乐观的心态。她可能不会写字，她在官方文件上的签名都是别人把着手写的。她也许会读一点，但不会读深奥的书籍。她拥有为数不多的几本书，其中一本是哈根的《为儿童教育而写的历史赞美诗和韵文》，另一本是林德伯格的《锡安的竖琴——给基督教区的圣诞礼物》，其中包括金格、布洛尔森、英格玛、格隆德维等和林德伯格本人写的赞美诗。她那随和的性格显然没有唤起任何诗意的灵感，或许只隐约闪现在克尔凯郭尔的作品中，在其中家庭主妇被认为是丈夫家中安静而实用的管家。索伦·奥比在札记中对她只字不提，也没有将任何作品献给她——甚至连一篇益信词也没有。

可见安娜和米凯尔从很多方面来说都是不相称的一对，但他们渐渐学会了彼此相爱，并且像夫妻一样行事：婚后五年里有三个女儿降临人世。马琳·科尔斯婷娜，生于一七九七年九月七日；妮可琳娜·克莉丝汀娜，生于一七九九年十月二十五日；还有帕特丽亚·赛维琳娜，生于一八〇一年九月七日。当一家之主[1]在一八〇二年起草遗嘱的时候，已经远比写婚前协议时慷慨。不过还是有"为上帝所禁止的"离婚条款，一旦发生这样的情况安娜可以得到此前双倍的年金，丈夫离世时她则可以继承三分之一的财产，其余部分由子女平分。同年，即一八〇二年，米凯尔·克尔凯郭尔和前妻的兄弟麦茨·瑞延在希勒勒购置了两处房产，其规模可以从名号得知，瑞延家的叫"彼得堡"，而克家搬进的那处叫"城堡客栈"，华丽的花园一直延伸到湖边。当第一个男孩彼得·克里斯钦于一八〇五年七月六日降临人世的时候，全家搬回哥本哈根，并在东街的一套公寓里安顿下来。安娜在那里怀上第二个男孩，索伦·米凯尔在一八〇七年三月二十三日出生。当尼尔斯·安德烈在一八〇九年四月三十日出生后不久，全家在夏末秋初时节搬进腓特烈贝格街和法院兼市政厅之间转角上的房子，地址为新市二号。此后的四十年里克尔凯郭尔家族住在这里。他们在这里出生，也在这里死去。

7　　　也是在这里，索伦·奥比·克尔凯郭尔获得了他人生许多开端中的一个。

小叉子

当第七个孩子在一八一三年五月五日，礼拜三，降临人世的时候，米凯尔五十六岁，安娜四十五岁。他们已经是一对经验丰富的夫妻。六月三日，礼拜

---

[1]　拉丁文：pater familias。

四，他们抱着老来子在圣灵教堂的私人洗礼上让他受洗。家庭牧师，常驻牧师布尔祝福女佣最小的一个儿子，并且给他命名为索伦·奥比·克尔凯郭尔。索伦是他那快活的外祖父的名字，而奥比则取自一位新近去世的远亲，他的遗孀阿贝隆纳·奥比是参加洗礼的人之一。

商人米凯尔·克尔凯郭尔回顾以往，那是一段动荡不安的岁月。腓特烈六世曾和拿破仑结成无望的反英同盟，英国人就在一八〇七年九月对哥本哈根进行了无情的密集炮击，使克尔凯郭尔家所在的新市附近成为一大片鬼影幢幢的废墟。同年十月，英军带着夺得的舰队驶出港口，丹麦海商史上的一个时代就此结束。国家苦于没钱，财政部长施麦尔曼全速印制钞票，将没有含金量的钞票源源不断地投入流通。恰好在索伦·奥比出生之前四个月，政府决定用价值仅为其面值六分之一的"帝国银票"取代可以兑换银圆的"通宝票"。国家破产已成事实。股票、抵押契约、债券和其他证券，其作用无非是证明持有者的破产。从一八一四年被迫割让挪威到一八二〇年止，哥本哈根共有二百四十八家公司破产，平均每周一家。

唯一避免了大幅贬值的金融手段是皇家公债，商人米凯尔·克尔凯郭尔恰恰把钱都投在这里。他确实早已将生意委托他人管理，但这并不意味着就此脱离商界。在一八〇八年为重建舰队发起的募捐中，他和其他爱国亲属出资修造了一艘重炮驳船。当丝绸及服装商阿纳斯·阿纳森·克尔凯郭尔的公司，克尔凯郭尔-奥比-康普公司于一八二〇年破产时，他推出了一套全面的止损措施，并免除了公司上交一万一千塔勒的义务。

在所属教区的洗礼及坚信礼登记册上他仍然是"袜子店主""长筒袜店主"或者干脆就是"店主"，有时候在前面加上"前"字样，但当他在预订圣餐时却提升了几级，自称"商人"。拜经济灾难所赐，他得以跻身于全国最大富翁之列。一个世代之后，他的幼子用兼带喜感和忧伤的自我意识，表达他来到人世的悖论："我生于一八一三年，大量不值钱的钞票投入流通的破产之年。我在有些方面好像很了不起，但那糟糕的经济环境注定让我无足轻重。而这样一张钞票有时会成为家门的不幸。"

索伦·奥比出生的时候有三个姐姐，分别为十六、十三、十一岁，还有三个哥哥，分别为七、五、四岁。三男三女，对称平衡，他们取了双名，更增加了宁静的和谐。索伦·奥比·克尔凯郭尔的到来打破了这个平衡，作为七个孩子中最小的一个，他的出生似乎是一个意外，就像整个事情的开端那样。他也不是个乖

8

孩子，相反，据他那些吓坏了的堂表兄弟、从堂表兄弟和四分之一堂表兄弟说，他是个易哭爱闹的小东西，最好躲他远点。其中一个曾把他形容为一个"惯坏了的可怕捣蛋鬼，永远吊在他妈妈的围裙上"，另一个则一言以蔽之："索伦照常坐在角落里生闷气。""他在家里的外号是'叉子'，因为当他被问到想要什么工具的时候，他点名要的是'一把叉子'。"那脸带雀斑的瘦弱男孩说。"为什么？""嗯，这样我想要什么就可以从桌子上叉到什么。""但是，如果我们跟着你做怎么办？""那我就扎你们。"因为那"发表讽刺性评论的早熟倾向"，"叉子"的名号就一直跟随着他。

克尔凯郭尔家曾经遭遇两次突然的重大变故，其意义或许在于，人们给予那迟到的幼子特别的关爱，有意无意地为他提供了某些长大后加以利用的特权。一八一九年九月十四日，索伦·米凯尔在瓦尔托夫医院病逝，年仅十二岁，他是在校园里和另一个男孩相撞导致脑出血而死的。一八二二年三月十五日马琳·科尔斯婷娜病逝，得年二十四岁。悲伤的父母三月十八日在《地址报》上刊登的讣告表明，她的死并非出乎意料："欣慰的上帝通过宁静而平和的死亡将我们的长女马琳·科尔斯婷娜召回天国。她二十五年的岁月中有十四年在疾病中度过，这一点我们也无须对亲朋隐瞒。"马琳·科尔斯婷娜，米凯尔·克尔凯郭尔可怕错误的结果，在过去十四年里一直患病，直到以"宁静而平和的死亡"离开。顺便说明一下，她死得并不那么平静，因为在葬礼证书上记录的死因是"抽搐"。

三月二十一日她在辅助公墓内的家族墓地落葬，她的弟弟已经孤零零地安息在那里。这两个孩子共用一块发红的平板砂石墓碑，竖立在底座之前。这是米凯尔·克尔凯郭尔在一七九八年为他的第一位妻子科尔斯婷娜·尼尔斯达特·瑞延设置的墓碑，上面标明了生卒日期。而在两个孩子的墓碑上只有马琳·科尔斯婷娜标明了生卒日期，索伦·米凯尔则没有，这几乎不可能是单纯的疏忽。毋宁说是米凯尔·克尔凯郭尔打算在家族合墓安排一次公开的忏悔，这样人人可以看到，他，这虔敬商人的女儿是在科尔斯婷娜·尼尔斯达特·瑞延离世后不到一年半降生，也就是在落葬后九个月受孕的。

疾病和死亡让家中原有的单调气氛益发沉重。玩具被看作浮浅，而"妈妈的纺锤"则是索伦唯一可以用来自娱自乐的东西。家门外的市场则完全是另一幅景象。逢集的日子，可以从窗口看到农民们载来粮食和新宰杀的牛，来自近郊瓦尔比的婆娘们则用嘶哑的声音叫卖着活鸡活鸭。每逢国王生日，广场中心喷泉顶上的金苹果就会跳舞，旧市 [1] 有很多可看的东西。三月里的第一个礼拜四，国王乘着镀金马车前来，和全国最公正的人一起主持最高法院开庭。他们鱼贯而入的场面真像童话一样。庆典结束后可以看到一群衣衫褴褛的穷人从济贫院所在的粮仓出来，用棕黑色秸秆做的扫帚清扫新旧市场和旁边的街道。

礼拜天是安息日，要去教堂。到一八二〇年为止一直由圣灵教堂的布尔牧师担任克尔凯郭尔家的牧师和忏悔师，他给克尔凯郭尔家的大部分孩子施行洗礼并给其中三个女儿主持坚信礼。一六八五年制定的《教堂仪式》规定，每一个进教堂领圣餐的人都要提前一到两天在《受戒书》上登记，简述事由，以便由牧师筛选掉那些无足轻重的小事，并让教堂执事知道要准备多少面包和酒。从这些教堂登记簿上可以看到，一八〇五年至一八二〇年间商人克尔凯郭尔和他的太太经常去教堂领圣餐。那个时期一般人每年领圣餐三到四次，而克尔凯郭尔家总是选择每礼拜五都去。克氏夫妇还遵循虔信派传统在斋戒日和家庭纪念日去领圣餐，这样在安娜的生日六月十八日和米凯尔的生日十二月十二日前后他们都要去。

布尔用一种质朴无华的语言阐述福音，特别强调基督教的伦理方面，连大诗人亚当·奥伦施莱尔都称道他是一个"难能可贵的好人"。然而米凯尔·克尔凯郭尔在一八二〇年初夏时节放弃了布尔，改选首席牧师雅·彼·明斯特为家庭牧师。后者在一八一一年就职于圣母教堂，但因该教堂遭炮轰后成为废墟，所以在一八二九年圣灵降临日重开之前一直在三一教堂布道。米凯尔·克尔凯郭尔突然将牧师换人，大概是因为明斯特的布道受到当时有钱有知识的人们喜爱。明斯特担任他的忏悔牧师到一八二八年年底，调任城堡教堂，从而不再担任三一教堂的忏悔牧师为止，但他仍然是克尔凯郭尔家所喜爱的牧师，家人反复阅读他的宗教著作和出版的布道词。有一次，克老爹甚至对小索伦·奥比许诺，朗诵明斯特布道词，奖励一塔勒，把上午在教堂听到的布道词默写出来则奖励四塔勒。可是索伦认为并不体面，断然拒绝了。

明斯特的布道词并不能驱逐克尔凯郭尔家浸淫其中的通俗宗教观念。从《圣经》中随意查到的一段话，都在现实中被当作天意对可理解事件的暗示，或必须履行的不容延误的义务，就像生死日期所连带的致命性质一样。当索伦·奥比在餐桌上打翻盐罐，险些将它打碎的时候，老爹勃然大怒，用"败家子"和其他恶

10

---

[1] 旧市与克尔凯郭尔家所在的新市实际上是连成一片的广场，新旧市场之间贯穿的道路现在是步行街的一段。

毒的话痛骂他。索伦试图尽最大努力自卫并提醒他，姐姐妮可琳娜打碎过一只贵重的盖碗，却没有挨骂。老爹回答道，那种情况下用不着骂，因为盖碗那么贵重，损失又那么明显。索伦接受了这个解释，并在多年后回顾此事时用下面的话来结尾："在这个小故事里有某种古代的伟大。"事实上，老爹在盐罐这件事上不仅小题大做，而且基于错误的前提，因为在民间迷信中撒盐意味着赔钱。

同样远离明斯特所代表的基督教的是亨胡特兄弟会，克尔凯郭尔一家每礼拜日下午都去激战街参加该教派的聚会。该会成立于一七三九年，是受到那充满奇思异想而又有组织能力的天才岑森道夫伯爵的启发而成立的。他在萨克森上劳西茨地方自己的庄园里成立了亨胡特村，该团体主张通过传教活动传播作为"心灵宗教"的基督教。心灵不应该被律法所唤醒的原罪意识所征服，而应该在其中融化，这只能通过传播拯救者和救世主基督的福音而实现。兄弟会并不是国家教会，但具有独特的新约教团观，使得组织化的教会政策变得错综复杂，并因此而受到政府和宗教界的迫害。哥本哈根的亨胡特兄弟会成员从一七七三年起在日德兰岛南部的小城克里斯钦费尔德成立了精神家园，其包括蜂蜜糕在内的优质产品甚至能在哥本哈根出售。十九世纪最初十年里哥本哈根的亨胡特兄弟会经历了一次扩张，为了能容纳全体六百名成员，不得不改建会堂。这项工作的领导任务交付给了米凯尔·克尔凯郭尔，具体实施这件任务在他终身的亨胡特精神中树立了一座丰碑。

这所装修简朴的会堂里的气氛，理性神学时代精神的抵抗者同心同德，济济一堂，严肃而热忱地侍奉上帝的情形，从彼得·萨克斯托普牧师激情澎湃的宣教词中可见一斑。接近亨胡特兄弟会的萨克斯托普从一七九五年起担任米凯尔·克尔凯郭尔的牧师。他在布道词中强调耶稣的血和伤也或多或少传达了亨胡特主义的精髓："他们将口水吐到耶稣的脸上，哦，一个可怕的侮辱；我们这些可怜的蚯蚓把别人朝我们吐口水看作巨大的耻辱和恶行。——而在这里，他们朝耶稣吐口水，有的吐到他的衣服上，有的甚至直接吐到他的脸上。哦，他受到的侮辱是多么巨大！耶稣那蒙恩的脸看上去是多么悲惨！尤其是，他的双手被缚住，不能擦掉那些脏东西。其实，这是一幅惊人的景象，神之子，天父荣耀的光芒，他的本质却显示为站在那里，脸上布满口水，这张脸曾经像太阳一样光照在塔博尔山上。"恰恰是这些来自兄弟会的阴沉画面占据了那敏感的孩子的幻想，并从此影响了他的人生观。

夏天里发生了巨大的奇迹:孩子们被送到北郊的麦茨·瑞延家里度假,住在"彼得堡",从早玩到晚。克老爹在一八二六年七月二十九日给长子的信里写道,"索伦和往常一样在腓特烈堡消磨时光"。多年以后,一八三八年七月里的一天,索伦·克尔凯郭尔再次站在那背景是森林的牢固庄园房屋旁,忽然回想起当年他穿着绿色上衣和灰色裤子在这里跑来跑去,那是一个无忧无虑的孩子,他再也无法追寻的孩子。他继续写道,"回顾童年就像面朝后乘坐马车时看到的风景,直到它即将消失之前的瞬间才会发现它的美"。

扭 曲

当成年的克尔凯郭尔回首将目光投向小索伦·奥比,以理解自己和自己的生活道路时,难得对真实的事件和具体的环境产生兴趣。相反,戏剧化的或典型的叙述充塞着他的视野——场景本身,以及象征性的表演。他的记忆力是文学化的,其主观性的程度不下于选择性,完全是随心所欲的。虚构的叙述在实际发生的事件结束的地方开始,所以,几乎无法加以区别。父亲形象就是一个大号的例证。12他忽而以无上的权威出现,足以让旧约式的父权秩序相形见绌,忽而又呈现为几乎超凡入圣的幻象,让全世界的童话显得像是凄惨的散文,让最美的林地枯萎。米凯尔·皮特森·克尔凯郭尔究竟是怎样一个人,我们并不知道,尽管我们认为克氏的著作和札记中关于他讲得很多,甚至太多。

根据有限的资料,可以勾勒出一位刻板严厉的老先生形象,他要求身边的人们服从、节俭,一丝不苟到了令人难以容忍的程度。"老爷子半点也不含糊,鞋子和靴子都得擦得倍儿亮,一丁点沙泥也不许留下,"他的一个佣人说,下面的话几乎让人能听出他仍在后怕,"他生气的时候可不是闹着玩儿的;他说话声音不高,也没脏字儿,但是他训人时的严肃劲儿,比怒吼还管事儿。脑后的小辫子一撅一撅的,声音尖锐刺耳。"所以长大后索伦说"父亲是在讨债的日子降生的"。他凡事都要从容准备,以至于提前十四天买好待客的面包!尽管家财万贯,他还是坚持日德兰式的简朴理想。孩子们穿戴朴素,近乎寒酸,尤其是女孩,很早就要照顾那些饱读诗书的弟弟。尽管米凯尔·克尔凯郭尔有一件优质长礼服,所谓"瓷器长衫",可他一直要穿到衣领快破了才拿去翻修。他的保守主义,跟崇敬一切等级秩序捆绑在一起,据说他对一个朋友波厄森有着双重的敬意,"既敬重他这个人,又敬重司法委员会"。他在很长一段时间里研读德国哲学家克里斯钦·沃尔夫的著作，尤其是他的《关于人类知性理解力，及其在认识真理中的运用和表达的理智思考》。尽管读书不多，他还是能像锋利的剃刀一样加入受高等教育的儿子们的学术讨论。"他是我所遇到的最具天赋的人"，彼得后来如是说。而神学家弗里德里克·哈默里希则称他有"奇妙的天赋"，"这位日德兰老商人是这样一个人，他可以不倦地阅读，弄通一个又一个哲学体系，可还是每天亲自到市场上去采买。我甚至见过他手里提着一只大肥鹅回家"。外孙女哈丽耶特·隆德生动地回忆道："外祖父衰老的身躯裹着灰黄色的长上衣，裤腿塞在紧窄的靴筒里，手里拿着一根结实的金头拐杖，而最让我们孩子感兴趣的是，他口袋里装满了胡椒饼干。——

13　他的身材高大，面部表情坚定而有决断，脑袋微微低下，而眼睛则似乎还在梦幻般注视着日德兰半岛上的石楠荒原。"当他出现在街上时总是穿着灰色的"上装，背心或衬衣，天鹅绒或者棉布马裤，黑的或白的，粗羊毛或者丝质长袜，有大扣襻的鞋子或者前面挂着流苏的匈牙利靴子"。在这里，和其他许多情况下一样，这幅商人米凯尔·克尔凯郭尔的肖像很大程度上是外在的形象，毫无心理学的深度，然而，我们之所以对米凯尔·克尔凯郭尔产生兴趣，不言而喻乃是想了解他的精神状态、行为模式和性格可能对儿子产生的影响。

父亲身后所获得的巨大声誉无可争辩地应该归功于他的幼子。在《非此即彼》杀青前后出现过一篇题为《普遍怀疑》[1]的半自传体草稿，其中一位名叫"攀登者约翰尼斯"[2]的青年绅士极全极广地描绘了一幅自己精神发展的图景。这篇"记述"——如其在后记中所言——中的某个地方如此精妙地浓缩了他童年的家，以至于这段文字在每一种传记里都必不可少[3]："他的家里没有多少消遣，他又几乎从不出门，所以很早就习惯专注于自己和自己的思考。他的父亲是一个非常严谨的人，表面上枯燥而乏味，同时在他的粗毛呢外套下面却隐藏着闪光的想象力，即便高龄也没有使它钝化。约翰尼斯偶尔会请求准许他出去，但多半会遭到拒绝，不过父亲有一次曾经提议拉着他的手在楼上楼下来回踱步作为酬报。初看上去这是一个可怜的替代品，然而正像那粗毛呢外套一样，里面隐藏着完全不同的东西。建议被接受了，下面就完全由约翰尼斯来决定，要到哪里去。他们走出城门，来到

---

[1]　拉丁文：De omnibus dubitandum est。
[2]　拉丁文：Johannes Climacus。
[3]　英文：must。

附近的离宫，或者到海边，或者走街串巷，一切都遂约翰尼斯的心愿，因为父亲无所不能。当他们在楼上楼下走着的时候，父亲会将看到的一切讲给他听。他们向过路的人问好，马车隆隆地驶过，淹没了父亲的声音；做糕饼的女人卖的水果比任何时候都更诱人。父亲讲的一切都那么准确，那么生动，那么巨细靡遗……对约翰尼斯来说，就像世界在谈话中生成，就像父亲是造物主，而他自己则是造物主的宠儿，可以率性地将任何笨拙的念头加进去，因为他从未遭到拒绝，父亲从不打断他，一切，随时都让约翰尼斯满意。"

这是一种可爱的、近乎田园牧歌式的轻松愉悦，克尔凯郭尔尚且能够用文学态度将童年的创伤经验与生活之间拉开距离。看不见的手移走了每一种干扰因素，并让父与子之外的一切其他声音沉默。人们很快就忘记了，这段插曲只发生过"一次"，就像人们很快就把约翰尼斯等同于索伦·奥比，而场景也就无声地滑进了新市二号的客厅。然后，用不了多久这段插曲就被算作是传主的生平事实——仅仅在一个范围内的生平事实，即任何讲述总是或多或少也在讲述它的讲述者。通过这幅在家中客厅里漫步的父亲形象，我们可以看到一个目标明确的人，他要让儿子像自己获得经济成功一样去达到智力成功。成年后的索伦·奥比还记得——而且同意！——父亲曾"一千次"向他抱怨，如果当作家能够成才，就应该"用一种欧洲语言来写作"，而不是用"乌鸦角语言"[1]——这种叫作丹麦文的玩意儿。

当成年克尔凯郭尔一步一步地引导读者走下窄而长的楼梯，进入他童年的后院时，人们才会意识到，克尔凯郭尔家中的田园牧歌色彩是一种诗性的虚构。"真可怕，"他在一八四八年秋天写道，"想到我人生最初阶段那些背景幽暗的时刻，父亲输入我灵魂的那忧惧（Angest），他自己那可怕的忧郁精神，还有许多我甚至不能形诸笔端的事情。我从基督教获得了这样的忧惧，然而我却受到强烈的吸引。"在倾诉这种令人联想到乱伦受害者吊诡的忠心矛盾情感和被误解的忠诚时，克尔凯郭尔总是插入一句，父亲是世界上最好的、最有爱心的父亲——在一八四七年六月九日的札记中就有这样一条名副其实的插入语："（仁慈的主啊，尽管父亲在忧郁中可怕地冤枉了我——一位老人让可怜的孩子承担他全部忧郁的重压，更不要说那些难于启齿的事情，但他仍然是最好的父亲）。"在同一份札记的

[1] 德文：Krähwinkelsprog。

13

后面有未标明日期的一条："这是我人生的困境。我是由一位老人用极其严格的基督教培育的，这让我的人生陷入可怕的困惑，将我置入匪夷所思、更无法言说的冲突之中。"一年以后，儿子在写作《我著述活动之观点》时正式道出了父子关系，"作为孩子我得到严格和严肃的基督教教育，从人的观点来看，疯狂的教育：在最早的童年我就承受到那忧郁的老人将压垮自己的负担转嫁给我——一个孩子，被疯狂地装扮成一个忧郁的老人。有时候，基督教向我展示其非人的残酷，然而，即便在我离它最远的时候也没有失去那崇敬，尤其是，如果我成为基督徒并不是出于自己决意的选择，那么我绝不会倡导任何人进入我所熟知，然而却从未听到和读到过的困难"。再过一年在札记中出现了弗洛伊德的先声："看到有人用漫不经心、冷漠和安全来教育孩子真是可怕。每个人本质上都在他十岁时就已经定型。你会看到，几乎所有的人在童年获得的性格缺陷到七十岁都得不到克服。而所有不幸的个性特质都源自童年获得的错误印象。啊！对人类忧郁的讽刺：管教就这样如此慷慨地装备了几乎每一个孩子，因为管教事先知道要做些什么：由'父母'来教育，也就是说，在人力所及的范围内最大限度地加以扭曲和贻误。"

克尔凯郭尔当然知道自己在说些什么，但是到目前为止他还没有说出自己所知道的。人们在他的札记中徒劳地寻找其父专横侵害的具体内容而一无所获，但这并不意味着，这些事例就从历史中消失了。恰恰相反。父亲通过其创伤性的侵害为儿子提供了艺术资本，儿子则天才地将其投放到假名作品之中。这样，要想让他交代那些秘密，严重的和不那么严重的，就要倾听这些作品里的声音，抱着怀疑态度，坚持不懈，再听一遍。

袜子索伦

"我去上学校，见到老师，拿到布置的功课，第二天要背出《巴勒教义问答》的前十行。我排除一切杂念，专心致志于生动的功课。作为孩子我有超强的记忆力，很快就把功课背了下来。姐姐听我背了几遍，确认我真的会了。我就去床上，入睡之前又自己温习了一遍，然后带着第二天早晨再读一遍的坚定决心入睡。我在清晨五点醒来，穿好衣服，拿起课本又读了一遍。此时此刻这一幕仍然活灵活现地呈现在我面前，就像是发生在昨天。我觉得，如果背不下来功课就像会天崩地陷一样，同时对我来说，即便是天崩地陷这样的大动荡也不能动摇我做功课的决心……这件事给我留下的印象，要归功于父亲的严肃，即便我不曾受惠于他别的方面，仅此一点就足以将我置于永远受惠于他的境地。儿童教育的关键不在于孩子是否学到了这样或那样的知识，而在于精神是否能够成熟，精力是否得到唤醒。" 16

这个乖乖小学生背诵巴勒主教的教义问答前十行的故事，应该归功于《非此即彼》第二卷里的威廉法官，是他在教导那个吊儿郎当的审美者"义务之意义"时讲的。鉴于克尔凯郭尔本人对其学生时代讳莫如深恰似威廉法官的滔滔不绝，人们又一次受到诱惑，对历史事实视而不见，将索伦·奥比当作威廉诗性讲述中的人物。然而，事实却是散文式的平淡。

一八二一年，索伦·奥比完成了预备班的义务教育之后在公民美德学校注册入读，那时他的两个哥哥，尼尔斯·安德烈已在高班，彼得·克里斯钦都快毕业了。所以教员们熟知"克尔凯郭尔"这个姓氏，而且，由于彼得的优异表现，他们对索伦的期待也就相当高。学校设在克拉拉街上出版家兼书商索伦·居伦戴尔老宅的三楼上，一七八七年由公民美德协会建立，旨在为富有的布尔乔亚培育更实用的人才，作为传统的圣母学校，即通常所说的大都会学校的替代选择。然而，在一八一三年至一八四四年间任校长的米凯尔·尼尔森的专断领导下，公民美德学校很快就发展成一所纯粹的拉丁学校，并获得了全国最优秀学校的名声。这名声尤其来自铁腕治校的纪律性，这位校长的座右铭是："每一个男孩穿过克拉拉街时都会发抖。"

尼尔森校长和商人米凯尔·克尔凯郭尔一样也是日德兰人，从各方面来说都是这所老学校的人。和大多数同事一样，他也是本专业的挂名教授，无疑是合格的拉丁学者。然而他的教学能力却不敢恭维，克尔凯郭尔的校友们大致都同意这一点。后来成为文学家和编辑的李本贝格回忆尼尔森校长时说他是"野蛮的严格"，法国文学教授尼·克·列·亚伯拉罕斯把他叫作"暴君和学究"，而牧师爱德华·安歇尔则把他描述为"大独裁者"，并补充道："他只教我们听话，即便是面对最荒唐的不义也要闭嘴，以及写拉丁文作文。"比克尔凯郭尔早三年毕业的奥拉·雷曼说，校长不过是个"在艰苦条件下奋斗得到了相当地位的乡下人，他的成就来自努力而不是出色的天赋才禀。这经历在他身上打下了不容误会的印记，不仅表现在粗暴的性格上，而且体现在教育观上，他用威严和责罚多于鼓励和启发"。

学生们九点钟到校，尼尔森巡视所有的教室，用一种叫作两面光的特别方法惩罚迟到者，先打手背再打手心，伴随着"糊涂虫"和"蠢驴"之类的骂人话。 17

准时观念，就这样被名副其实地敲进了这些孩子的脑袋。犯了过错会记录在班级操行簿上，放学后留校，犯大过尼尔森就用藤条抽。日常维持秩序时他经常用日德兰方言喊着"安静，安静"。只有在雷雨的时候纪律稍稍松懈一点，因为这时尼尔森会害怕，合掌说道，"上帝说话的时候我就沉默"；可是他马上会补充一句："可是我说话的时候你们要闭嘴！"除了拉丁文的变格变位，尼尔森也喜欢做下蹲和其他体育运动[1]，据说他棒球打得不错，经常和学生们一起在公共草地上打棒球。尼尔森也带学生们在小牛档海滩的雷森斯丁公共浴场上游泳课。

"我的老校长是个英雄，一个铁人，哦，哦哦！那不能立即回答问题的男孩。"克尔凯郭尔后来这样说，但他还是可以感到这位铁面无私的校长内心深处的某种情感。他在一八四三年将《益信词三篇》送给校长，献词是："公民美德优秀的领导，我青春时代难忘的导师，我后来岁月中崇敬的典范。"他还在一八四四年五月六日给校长的一封信里落款"怀着感激和爱心，您忠实的索·克尔凯郭尔"。在克尔凯郭尔最早的信函中，一封日期为一八二九年三月八日，写给当时在柏林的彼得的信里，他就用感人的柔情描述尼尔森怎样忍受着一条伤腿的病痛，无法进行日常教学的情景。学生不得不到办公室里去背书给他听，然后尼尔森给他们留了"那么多拉丁作文作业，最后连他自己也理不清了"。他的脚又在一次扑灭学校取暖炉失火的时候受了伤，这让情况更糟糕，不过他还是坚持给索伦·奥比的班上课，他每天一瘸一拐地走进教室，"一只脚穿着拖鞋，另一只脚穿着靴子"。

关于索伦·奥比是怎样一个学童，倒是有很多证明材料。最早出版克尔凯郭尔遗稿的巴尔佛德曾在十九世纪七十年代联络了一些克尔凯郭尔的老同学，请他们回忆并写下这位名人的学生时代。对他们记得的将近半个世纪前的事情，显然应该保持足够的距离，而有些特点如此频繁地重复出现，以至于开始像是可以谨慎地称之为"事实"的东西。除了少数例外，他们众口一词地说索伦·奥比爱戏弄人。那些懂得心理学的同学把戏弄人和他的身体劣势与古怪的穿戴联系起来，这些弱点使他暴露和易受伤害，并招致戏弄，他就试图通过主动戏弄人来加以阻止。索伦·奥比按照他父亲的喜好穿着黑色粗呢短襟外套。不过他的衣柜里肯定还有其他物品，一个外甥女后来提到，舅舅小时候"穿着紫甘蓝色的外衣跑来跑去"。他的裤子也短得引人注目，足以招致各种廉价的嘲讽。"我清楚地记得，"克尔凯郭

---

[1] 文字游戏。变格变位（bøjning）和下蹲（knæbøjning）是同一词根。

尔在二十多年后写道，"童年时代这些短裤子让我多么伤心，我也忘不了姐夫克里斯钦那无休无止的嘲笑。"别的男孩都穿着小皮靴上学，唯独索伦·奥比不得不穿鞋子和父亲商店里的厚羊毛长袜。他因此而得到了"袜子索伦"的绰号。他还被叫作"唱诗班男生"，因为他让人想起教会学校合唱队里那些穿黑衣的男孩。

索伦·奥比不仅爱戏弄人，而且自作聪明、粗鲁无礼。一次，宗教和希伯来文教师路·克·米勒训斥他的时候，索伦·奥比却爆发出一阵高声大笑。米勒勃然大怒，扣好上衣的纽扣，吼道："出去！不然我就走。"索伦·奥比想了一下说："那还是我走吧。"然后就走出了教室。丹麦文老师约·弗·斯托克和一位名叫夏洛特·隆德的小姐订了婚，索伦·奥比得知后玩心又起，写了一篇题为《到夏洛腾隆德去游玩》[1] 的作文。那是一篇阶段测验的自选题作文。教德文的博伊·马提亚森是个软弱的人。他的玩笑就开得太大了。那天马提亚森走进教室，见学生们围坐在摆得很漂亮的桌边，享用三明治和啤酒，不禁大吃一惊。他立即决定将这个丑闻报告校长。大部分学生都围着他求情，说再也不敢了。只有一个例外。索伦·奥比不紧不慢地说："请您也告诉教授，我们上您的课时一直这样。"马提亚森气得把告状丢到脑后，坐到书桌前就开始写辞职报告。

安静、古怪、郁郁寡欢、压抑、退缩、瘦弱和苍白——这些内向的谓词反复出现在老同学们的回忆中，与戏弄人、机智风趣、自作聪明、粗鲁无礼、爱挑逗和闪烁其词的外部描述恰成对照（但也在心理学上相匹配）。袜子索伦·奥比绝非少年得志，更不算神童。"人们对他那些出类拔萃的能力一无所知，"牧师彼·恩·林德写道，"他在回答宗教问题时和大部分人差不多，他的丹麦文写作也不出色，只不过比别的好学生细腻一点。他有一篇作文，宾德斯伯尔老师宣称是抄袭明斯特的布道词。"大概也真是这么回事。他是好学生，在班上总是考第二或者第三名，但从来没得到过第一名，那荣誉是留给安歇尔的。他还记得宾德斯伯尔老师在他们毕业那年说过的话："克尔凯郭尔很烦人，因为他还没拿到问题就已经知道答案了。"安歇尔还带着第一名的小心眼回忆，索伦·奥比很早就是作弊——或者用那时的学校语言——偷看大师，尤其在历史和地理等科目上。

面包师的儿子，班上的胖墩弗·彼·威林格也记得作弊的事情。这个在校

---

[1]　文字游戏。夏洛腾隆德（Charlottenlund）是哥本哈根城以北临厄勒海峡地方的度假游览胜地，几乎和老师的未婚妻夏洛特·隆德（Charlotte Lund）同名。

长的评语中"极其迟钝平庸"的人后来成为维堡主教堂的副主教，也是所有老同学中记忆力最好，给出的回忆最全的。威林格回忆道，索伦·奥比是个古怪的男孩，来自一个严格而阴郁的家庭。他接着说："即便经常被打得鼻青脸肿，这个总是在不停地奔跑的瘦小男孩还是忍不住自由地发挥奇思妙想，经常用听来的绰号，哈哈大笑或者做鬼脸来戏弄人。我不记得他的语言特别机智尖厉，但肯定是烦人和挑衅性的，他可以感到那效果，即便那效果经常回到自己身上。——这种突然爆发的戏弄人的愿望似乎是一种断裂，不像那个平时跟我们在一起少言寡语的人，不符合他平常表现出的退缩、内向、宁愿旁观的性格。在爆发的时刻，他最突出的本事就是让他的目标显得可笑，他选择的愚弄对象往往是那些高大魁梧的男孩……至于他后来展现出的文学天才，在孩童时代毫无迹象。当我们的同学汉·彼·霍尔斯特间或试图朗诵自己的诗歌或作文的时候，在最先抄起书本朝他头上扔去的几个同学当中总是有索伦·克尔凯郭尔。"

　　学校生活也不鼓励华美的诗章，它从上午九时持续到晚间七时，中间有一至三时的午休，供学生们回家去喝一碗荞麦粥或诸如此类的东西。礼拜三下午没有课。在预备班之后设有六个"倒数"的班级，从六班开始，到一班毕业。最高的两班为两年制，学生足够成熟就在当年的九月毕业进入大学，如果通过教授考试的话。最高班每周要上四十五节课，其中两节丹麦文、两节法文、两节德文、三节宗教、三节希伯来文、三节数学、五节历史、六节希腊文、六节作文和十三节拉丁文。索伦·奥比必须掌握一万一千行诗和一千二百五十页散文才能通过拉丁文毕业考试。不难理解，负担相当重，由于索伦·奥比的努力，随着岁月的流逝

20　他逐渐赢得了能帮尼尔森校长改其他学生拉丁作文的美誉。希腊文课程稍微轻一点，但也轻不了多少，包括一万行诗和三百多页的散文——加上《约翰福音》！索伦·奥比的希腊文老师是彼得·克里斯钦，威林格清楚地记得，"兄弟关系成为师生如何在各种不同场合带来麻烦"。希伯来文的要求是《创世记》全文和《出埃及记》的前十五章。其他课程只列出了教科书名，没有更具体的说明，但可以肯定全都要能背下来。从每周只有两节的法文课中，学生学到的只能是基本的阅读能力。克尔凯郭尔的法文成绩不错，但后来他读帕斯卡的时候还是借助于德译本。英文当时还没有列入学校课程，"一个叫埃斯帕的人"，写过一整本书来论证《严格高考制度》，正在计划引入口头和书面英语必修课，"让我感到很不舒服"——索伦·奥比在一八二九年三月二十五日给彼得·克里斯钦的信里无比沮丧地说。

事后被证明是虚惊一场，但从那以后——"因为不会英文"他不得不用德文读莎士比亚。

两个婚礼和一场火灾

当索伦·奥比埋头在书堆里的时候，他的两个姐姐妮可琳娜·克莉丝汀娜和帕特丽亚·赛维琳娜都在忙着谈恋爱。两姐妹看中的是隆德家的两兄弟，大少爷丝绸服装商人约翰·克里斯钦和三少爷银行职员亨利克·费迪南。米凯尔·克尔凯郭尔一定对女儿们的选择十分满意，因为他们的职业分别反映了他自己的兴趣——制造品和银钱交易。而吸引彼得、尼尔斯和索伦注意的，则是二少爷彼得·威廉·隆德。他也曾在公民美德学校就读，在彼得·克里斯钦之前四年毕业，后来学习医学和自然史，在一年之内写出了两篇金奖论文，一篇是关于十足类甲壳动物的血液循环系统，另一篇是关于动物活体解剖的最新研究成果。那是在一八二四年，彼得·威廉才二十三岁。次年，他前往巴西，并在此后的三年里为科学学会从事气象、生物和动物学研究，将搜集到的异域昆虫和鸟类标本定期发送给皇家自然史博物馆。当这位世界环游者在一八二九年四月里的一天回到哥本哈根城墙内的时候，他不仅积累了周游世界的经验，而且为日后的论文写作搜集了独特的材料，内容横跨从巴西巨型蚂蚁的生理机制和生活习性到栉腮目蜗牛的早期发展阶段，以及歌雀属燕雀种的肠道构造，等等。 21

在妮可琳娜一八二四年的婚礼和帕特丽亚一八二八年的婚礼之间插入了一件事，用戏剧性的方式提醒人们一切的脆弱无常。彼得·克里斯钦在日记中给出了发生的日期："一八二六年四月二日，卡利士家的房子失火，我们家也损失惨重。"那天夜里腓特烈贝格路上和克家同一个院子的药房附属化学实验室失火。警报在午夜一点一刻拉响，可是当救火队的车到达时药房已经陷入熊熊烈火之中，让人害怕这将是又一次哥本哈根大火 [1]。附近居民衣冠不整地跑到街上，克尔凯郭尔一家也如此，看热闹的人蜂拥而至，连国王弗里德里克也被惊动了，他从御榻上起身亲临现场。火势算是得到控制，但克家在新市二号的房子受到损害，彼得失去了一些文稿。当时十二岁的奥比如何反应，不见于史书，但这次经历有可能是他

---

[1] 哥本哈根城发生过多次火灾，近代有一七二八年和一七九五年的两次，一八〇七年英国军队的炮轰又烧毁了城内西北部分的大片建筑。故居民有此反应。

后来那著名的恐火症的由来。

彼得·克里斯钦在火灾后几个礼拜以优异成绩得到神学学位，仅用了三年半学习时间。延斯·穆勒教授在给彼得·克里斯钦写的推荐信中将他称为"我们大学最聪明的头脑之一"，他还确证，此前从未遇到过任何年轻人能够"像他那样经常敏锐、精神饱满而优雅地进行辩论"。此后那个夏天，彼得·克里斯钦南下在洛兰岛上西堡地方一位格隆德维派主教彼·奥·博伊森家里消磨那应得的暑假，他和主教的两个学神学的儿子建立了亲密的友谊，他的女儿，芳龄二十的玛丽·艾莉瑟当然也没有逃脱他的注意。比她小七岁的艾琳娜·博伊森跟踪着客人的行止，用她那独特的矜持风格准确地描写出了那反讽，当智力遭遇太多情感时试图自卫的反讽："他很认真地爱着她，然而他没有一天不惹她生气，像反抗她，考验她，或者别的什么。"

然而彼得·克里斯钦的客居不得不中断，他在七月中感染了伤寒症，体温高得可怕，死亡距离他仅一步之遥。不过他很快就在夏末复原了，可以开始学哲学——"淹死在康德主义里"，日记中如此记载着。他在第二年的春天继续学习，日程表上列着休谟和斯宾诺莎，但也能找到时间"长途步行"，如他在一八二七年夏天初访日德兰半岛，登上天山并访问了奥尔胡斯。

22 回家后他就开始申请入住博赫学生宿舍，却遭到拒绝，而他还在十二月底留下了令人惊奇的记载："开始学习剑术。"他那十四岁的弟弟则把时间花在准备坚信礼上。一八二八年四月二十日，礼拜日，那伟大的日子来到了。索伦作为第二十号站在四十八个男孩的队列里，等候在三一教堂里得到明斯特的祝福。索伦的成绩是"良"，没什么可吹嘘的，不过彼得·克里斯钦还是把怀表送给了他，自己则接过了他们父亲的表。教堂司事在教区坚信礼登记表上写完最后一个男孩的名字后，在整个页面上写道："明斯特博士在本堂服务期满。"将近一个世代之后发生的事情让这句话显得像是古怪的预言。

在为好友约翰尼斯·费迪南·冯格尔论文答辩时担任评议对手之后，一八二八年五月，彼得·克里斯钦和约翰尼斯开始了一次漫长的游学。他们先到柏林听取了黑格尔和施莱尔马赫等人的课。次年，彼得·克里斯钦到哥廷根大学为自己的哲学论文《论谎言的观念及其道德之卑下》[1]进行答辩，他那次出色的辩论表现

---

[1]　拉丁文：De notione atque turpitudine mendacii。

为他赢得了"北欧魔鬼辩论家"[1]的绰号。

　　然而，有一个人这位北欧魔鬼辩论家却对付不了，那就是家中老父。他通过信件遥控游子，把自己的意志毫不容情地强加给儿子。人们徒劳地在老父手里保存的几封信里寻找他那颇为自得的丰富想象力，跃入眼睑的却是他经济上的一丝不苟。彼得·克里斯钦在柏林的时候收到他一封信，附有一张开给某个"汉·弗·克莱特威格先生"的信用证，不厌其烦地指导他，取钱的时候一定不能怕麻烦：他应该交"第一个邮班"把信用证发出，附上一封"非常客气的信"，告诉克莱特威格，他将在"十月中"到达哥廷根。这意味着，根据父亲的计算，彼得·克里斯钦必须在"八月末"离开柏林，开始徒步旅行，因此他必须提前"把箱子妥善包扎加封寄走"，没有给偶然，更没有给彼得·克里斯钦自己的判断留下任何余地。"最后要求他写几个字交给下一个邮班，告诉你信已收到，为给他添的麻烦再三道歉，然后在信的结尾清楚地写上你的名字和地址。"作为奖励，彼得·克里斯钦获准"换一张二十或二十五个路易的钞票"，但是，他又得到训诫，路上只许花一半，到达哥廷根时口袋里必须还剩一半。在做了这许多实际说明之后，父亲才谈到儿子那悬而未决的论文评审问题。他听说，安德烈·哥德罗布·鲁戴尔巴赫"根本不可能"审读。不然鲁戴尔巴赫倒是才智过人，是那一代学者中最博学的之一，但他接近格隆德维的同情者，因此在更保守的圈子里声誉欠佳。这样，如果彼得·克里斯钦的论文由他来评审，将会不利于在大学的事业。父亲建议他还是选择德国神学家弗·奥·哥·托勒克——"在不显得过于冒昧的情况下。这样你必须缩短行程，在哈雷小住后直接走到哥廷根去"。

　　彼得·克里斯钦遵从父命前往哥廷根，但是在他到达之前又接到了父亲的一封多事的书简，先怪他竟然忘了给帕特丽亚·赛维琳娜祝贺生日，"引起了我们不小的惊奇"，然后大谈连日的阴雨天气及其对收成的破坏性作用，以及对谷物价格可能造成的影响。他再次问到论文的事。他已经从鲁戴尔巴赫的妹妹处得知彼得·克里斯钦已经去见过他，但不知道鲁戴尔巴赫是否有空读论文，所以要彼得·克里斯钦告诉自己，马上。

　　父亲写完这封信后，就让索伦·奥比将其抄到"副本"上去。正在抄的时候来了不速之客，索伦·奥比乘机在信纸下面写给彼得·克里斯钦："我（索伦）也

---

[1]　德文：Der Disputierteufel aus Norden。

很快就会给你写信，顺便反驳爸爸。"他没有马上写，但是不难理解他要抗议的愿望。在这封他得费事抄写的信里，他可以读到这些关于自己的话："至于索伦，我不知道该怎么说才好，让他给你写信他不肯。究竟是因为精神贫困而无话可说，出于幼稚的虚荣心没有把握得到赞扬，还是他在这方面不能完全肯定于是就干脆不写？"他把这几行抄到"副本"上时感到不那么舒服，不过，他在这些年里很"幼稚"也是彼得·克里斯钦的看法。他给在柏林经历了一次宗教危机后回到哥本哈根的姐夫亨·费·隆德的信里写道："索伦没有长大这件事就像他不写东西一样让我弄不懂，也许，更准确地说，后者可以解释前者。"

显然，写作就是成长。

一本正经大学生[1]

彼得·克里斯钦在一八三〇年夏天到达巴黎。那里的政治形势已经临近爆发点，革命突然变成了血腥的现实。他在日记中记载了七月二十八日的交火，"一个路人面带意味深长的微笑，在我手心里塞了两粒子弹"，供在即将到来的枪战中使用。家人担心会发生最坏的情况，但彼得·克里斯钦设法逃出法国，安然无恙地回到家中，提包里装着他的德国博士学位证书。

波旁王朝的垮台引发了遍布欧洲的反抗浪潮，索伦的学校生活也行将结束。母亲有些担心他的发展走向，"那年轻人满不在乎的样子"，她说。但是当他在一八三〇年十月成为大学生的时候，总成绩是"值得赞扬"[2]，丹麦文作文、希腊文、历史和法文的成绩是"优秀"[3]。尼尔森校长写的评语如下："头脑聪明，对一切要求高度兴趣的事物开放，但他在很长时间里相当幼稚，毫无严肃性，向往自由和独立，在他的行为中表现出一种温良的品性，有时是有趣的满不在乎，这些妨碍他以更大的兴趣进一步专注于事物而不是很快退出返回自己。轻率使他难以将优点发挥到成熟，或持久地追求特定目标。假以时日，这种特质在减少，使他的性格中承担了更多的严肃性，尤其在最后一年里取得了明显的进步。他优异的智力能在大学里得到更自由而无束缚的发展，成为优秀的学生，在很多方面像他的兄长。"和彼

---

[1] 原文 Studiosus Severinus 是"大学生索伦"的拉丁文形式，而索伦 (Søren) 这个名字有"严肃""正直"等含义。但克氏此时正处于反叛期，故有反讽的意思。

[2] 拉丁文：laudabilis。

[3] 拉丁文：laudabilis præ ceteris。

得·克里斯钦相提并论，本意是赞扬，但肯定还是会让索伦恼火。

在由优等生带到大学去的拉丁文评语中，尼尔森再次比较了兄弟二人，还描绘了他们可敬的父亲："他的智慧和虔诚明显地表现在一切方面，尤其是教育孩子方面，他本人也从中收获了丰硕的果实——精神的陶冶和心灵的愉悦。这位父亲在家里做出了勤劳、耐心和节俭的榜样，他教育孩子的原则是用公民美德和上帝赋予的智慧来加以培养，他谆谆告诫儿子，一切都取决于敬畏上帝和履行义务，上帝是一切智慧之源。他还教诲儿子，上帝不听没出息人的祈祷，而另一方面，不论多么聪明能干的人不祈祷也难免被诱入歧途。"最后，关于儿子是这么说的："这位青年在前辈精神的陶冶和培育下具备了公民美德和良好的品行，不曾受到轻浮时风的影响，他所具备的品格足以为他赢得同情和友善。因此，特向博学的各位郑重推荐。"

如果把这两份评语并排放在一起，让人几乎不敢相信说的是同一个人。其中一份强调的是聪明、不严肃、轻浮、开朗和有创造性，而另一份评语只说有教养、敬畏上帝、奉献、有责任感和义务感。然而，尼尔森确实发觉了隐藏在这个学生内心的东西。

毕业证书还附着一份有校长延·威·赫纳曼签名，发给索伦·奥比·克尔凯郭尔的拉丁文的"大学预科录取通知书"。四天之后，一八三〇年十一月四日，又来了一份下面打着猩红图章的文件。这是所谓"不合格遣返证明"，国王的近卫军队长约翰·海因里希·黑格曼－林登克隆宣布，兹证明克尔凯郭尔在卫队里服役三天之后根据医生意见鉴定为不合格，并根据"本人要求"将其从"队员名单"上除名。担任"国王陛下的近卫军第七连成员"的三天足以让索伦此后拒绝被迫参加队列行军之类。

这些年里克公馆的家庭生活氛围，不妨通过鲁戴尔巴赫姐妹——克里斯蒂娜和朱丽安娜给她们的哥哥安德烈的信以窥一斑。安德烈从一八二八年起就在萨克森地方一座名叫格劳豪的工业小城做主教，朱丽安娜和克里斯蒂娜自食其力在学校教书，同时也是蒙上帝恩典精力充沛、碎嘴唠叨的老小姐，写的信堪称完美的小报文章。她们是新市二号的常客，巨细不遗地报道那里的所见所闻。"老爷太太都是有福的，基督徒式的，诚实而正直的人"，这是说克氏夫妇。他们以"善意和爱心"用"葡萄酒和糕点"来招待客人，得到高度赞扬。索伦十八岁生日后两天，朱丽安娜——通常是她执笔——在给哥哥发出的信里勾勒了一幅克家气氛的素描，包括当时典型的对新"博士"的关注："我们在那里和他们的女儿女婿一起消磨了一个晚上。我发现那位博士比我第一次见到他时要英俊得多，他一定是个值得尊敬的，得到上帝恩宠的青年。让我开心的是听他在桌边多次嘲笑那有些自命不凡的弟弟，还有那——我敢说——傻傻的姐夫，笑他那些傲慢乏味的话，但他是用那样仁爱温和的态度说的，结果，至少那姐夫根本没听出来。"

那傻姐夫肯定是约翰·克里斯钦·隆德。而那自命不凡的弟弟，将会随着岁月推移做出些不同凡响的事情。

<h2 style="text-align:center">母　校</h2>

26

在大学举行的叫作"初考"的预科入学考试之后，还要参加名叫古典文献学与哲学考试[1]的复考。分两部分。第一部分是语言，索伦在一八三一年四月二十五日通过，拉丁文、希腊文、希伯来文、历史获得了"值得赞扬"[2]的成绩，初等数学的成绩为"优秀"[3]。第二部分是哲学部分，索伦在同年十月二十七日参加，纯粹哲学、实践哲学、物理和高等数学四门都得到了"优良"[4]。他要读神学，并不是写在星星上的宿命，但考虑到宗教在家里的重要性，至少是摊在塔罗牌上的。

神学院在这些年里有待改进的地方甚多，录取分数线低到接近及格水平。教授团队中有年高德劭的延斯·穆勒，据接触过他的人说，此人"与其说是研究创新不如说是寻章摘句，但就此而言无与伦比"。另一位是相对无闻的马·哈·霍伦堡，教授希伯来文。最后才是唯一的智力亮点亨·尼·克劳森，他有很高的行政效率，曾任大学校长多年，并深受学生爱戴。他和多数同行一样也是理性主义者，但他在柏林听过施莱尔马赫的课，受其影响试图将那更富有情感色彩的信仰观和对教会的批评立场统一起来。

最初几年里索伦·奥比算得上一个用功的学生，他的行踪可以从保存下来的那些神学和哲学课的考勤表中窥见一斑。他在头两个学期上了些什么课我们不知道，但是在一八三二年至一八三三年间的冬季学期（从十一月一日到次年三月三十一日）他的名字出现在克劳森前三篇福音书的两门课登记表上。一八三三年的

---

[1]　拉丁文：examen philologico-philosophicum。
[2]　拉丁文：laudabilis。
[3]　拉丁文：præs。
[4]　"优"和"特优"原文都是拉丁文，分别为 præ 和 laudabilis。

夏季学期（从五月一日到九月三十日），他听了克劳森的《新约》诠释，接着是霍伦堡的《创世记》和《以赛亚书》两门课。一八三三年至一八三四年间冬季学期的考勤表佚失，但是根据索伦的笔记可以知道他听了克劳森的《使徒行传》通读和新任教授恩格尔斯托夫特讲的《约翰福音》。他大概在这个学期和下面一个学期还听了克劳森的教义学通论的第一和第二部分。接下来的几个学期里他献身于评注《新约》里的几卷书，并翻译成拉丁文，这是训诂课考试要求的语文，但是在一八三五年至一八三六年冬季学期中间他显然厌烦了。《雅各书》只有些译文片段，供学生写评论的练习册上是些空白页。一八三五年五月一日，索伦·奥比在一则笔记中自问："如此烦琐的评注对理解《新约》到底是利大于弊还是弊大于利？" 27

　　彼得·罗尔丹一八三四年十二月四日给哥哥汉斯的信里讲的一则逸事能说明他和大学的典型关系。当一间新教室即将启用时，神学院方面打算让学生整个学期都坐在固定的编号座位上，以便于管理每个学生的到课情况。不出预料，这一建议的出台招致了那些想必是缺课最多的学生的抗议，他们当然不愿意受这么一个侵权措施的限制。彼得·罗尔丹告诉他在哈尔伯约的哥哥，那"小克尔凯郭尔"如何表现出过人的"冷静，然而严肃的反对态度"，结果院方被迫决定"不实行这些措施，一切照旧"。而旷课的学生也就可以基本上心安理得地继续我行我素。

　　而在大学的墙外，索伦·奥比的表现可就没有那么冷静。他确实自费选刚以"值得赞扬和确实优异"[1]通过神学毕业考试的汉·莱·马腾森的辅导课，和他一起通读施莱尔马赫教义学要点，但辅导的效果似乎不甚理想，因为马腾森在一个世代之后回忆说："索伦·克尔凯郭尔接受辅导有自己的方式。他无视教学大纲，只想让我为他讲述，和他讨论。于是我选择讲述施莱尔马赫的教义学要点，并和他讨论。我很快就看出，他具有超常的天赋，但他也有不可抗拒的诡辩冲动，以及吹毛求疵的游戏冲动，抓住每一个机会表现出来，经常很累人。我清楚地记得，我们在读神性选择的教义时，那可以说是为诡辩敞开大门的题目。别的方面那段时间里他和我一直很亲近。"后来这亲近感会变得无足轻重，不过在他们关系的开始阶段称得上相得益彰。友人埃米尔·波厄森在一八三六年十一月十五日给马丁·哈默里希的信中说，索伦·克尔凯郭尔到马腾森处去，并"认为他很好"，即

---

[1]　拉丁文：laudabilis & quidem egregie。

便不喜欢，他可能还是不得不"允许马腾森随心所欲地讲课"。这个任性的学生也不会喜欢辅导老师马腾森的性格，即波厄森在同一封信里说的，他很"高贵"。

28   辅导课不成功，听课笔记越来越少，并不是出于懒惰，而是出于对基督教深层本质的敏锐意识。"基督教或成为基督徒就像任何一种根治的方法一样，必须尽可能长时间地忍耐"，见一八三五年十月九日的札记。距离这段评论不远的地方有一条愤愤不平的笔记，那愤怒如此暴烈，表述它的句子几乎从中折断了："看到基督教生活中的很多现象，让我想到，基督教不仅没有给他们以力量，而且把阳刚之气剥夺殆尽——对，这种基督徒与异教徒相比，就好比骟马和种马的关系。"我们在这里陷入了古怪的时代错误而不禁要问，克尔凯郭尔难道读过尼采？后者在半个世纪之后恰恰是指控基督教阉割了人类最强者，给他们的生命意志锁上道德镣铐。在一条也是一八三五年十月的记录里，克尔凯郭尔继续发怒道："当我们遭遇基督教的时候还会遇到一种古怪的、令人窒息的气氛……每当我们把目光投向尘世的生活，他们立即插进来宣布，一切，人和自然皆有罪性；他们谈论与羊肠小道相反的阳关大道……基督徒在几乎所有的地方关注的都是未来，那些横在他面前的惩罚、破坏、毁灭、永远的折磨和苦难。基督徒在这方面的想象是如此栩栩如生且坚定不移，而关于信仰者和有福者的幸福的讲述却如此贫乏，似乎是由一个狂喜的人描述的，光芒照进他的眼睛，或者眼里充满泪水而看不清楚。"

    对于一个即将参加毕业考试的神学生来说，这几行字何止是"不当"。因此不难理解，那伶牙俐齿的马腾森为什么会觉得这反叛的学生克尔凯郭尔难以对付。人们可以明显地感到那种叛逆，对一切被宣布为有罪而产生的绝望，对父亲家中无穷的惩罚，对来世和福佑的观念，对一个专为穿着坚信礼服、油头粉面的阉人保留的领域而产生的厌恶。

33   **受气包**

    "我看索伦根本不想读学位，愿上帝以仁慈的方式拯救他脱离所有这些内心骚动并给他以灵魂的安宁。"彼得·克里斯钦在一八三五年三月的日记中如此倾诉自己的担心。这一次，他的担心完全是有理由的。学习停顿的原因很明显，大学里的课程极其乏味，不过，如果把目光投向彼得·克里斯钦这个时期的日记，就会看到，家庭情况也不特别有利于学术进步。

    这要从尼尔斯·安德烈说起。他和哥哥弟弟一样想读书上大学，但商人米凯尔·克尔凯郭尔另有打算。他把尼尔斯从公民美德学校领出来，安排尼尔斯到女婿，也即一八二四年和妮可琳娜·克莉丝汀娜结婚的丝绸服装商人约翰·克里斯钦·隆德处学做生意。尼尔斯·安德烈大概抗议过这种粗暴的干涉，但是父亲丝毫不为所动，年轻人的未来就这样被决定了。刚满十五岁，他就从新市的家里搬了出来。他和埃尔斯戈几次去汉堡建立商业联系，但他在那里不幸的程度几乎和当年父亲的幸运相当。铩羽而归之后，他在埃尔斯戈开在肉市大街和克拉拉档拐角上的"时装绸布店"工作，但他无法忍受这工作，而且和家人，尤其是父亲发生了非常激烈的冲突。据说，他是个"快乐的派对男孩"，这丝毫无助于改善父子关系。"父亲强迫他站店"，友人彼得·蒙特·布隆愤怒地写道，并补充说，这家人简直拿他当"受气包"。一八三二年七月六日，米凯尔·克尔凯郭尔夫妇带着两个儿子，彼得·克里斯钦和索伦·奥比到主教堂去领圣餐，尼尔斯·安德烈也不在场。整整一个月之后的八月六日，他去订了一份申请护照所必需的出生受洗证书副本。八月十七日，礼拜五，他独自去领圣餐。教堂执事在圣餐登记册上写着："职员尼尔斯·安德烈·克尔凯郭尔先生"。同月二十二日，礼拜三，他在《地址报》上看到一则小启事，说伊萨克·吉布斯船长将于下周内从哥本哈根起航前往"北美波士顿，诚招载货搭客"。二十三岁的尼尔斯·安德烈不再犹疑。他要到美国去，越早越好。正式的理由是去碰运气，实际上有可能——根据彼得·蒙特·布隆的版本——是"因为他无法忍受家庭"。 34

没有证据表明商人米凯尔·克尔凯郭尔对儿子的决定如何反应，但他不至于反对儿子到陌生的"机会之国"去闯荡，因为他自己早年也曾离开海风吹拂的日德兰石楠荒原闯进京城的繁华世界。然而此间的区别还是不小。仅一张跨大西洋的单程船票就需一百到一百五十塔勒。这笔钱远远超过尼尔斯·安德烈的所有。因此，实施逃亡美国的计划必须向他要逃避的那个人借钱。他在一八三二年八月十八日签了两份文件。一份是关于未来继承权的无情说明，如果安娜·克尔凯郭尔先于其夫离世情况下的条件。另一份逐项列出了父亲为这次出行支付的款项：书籍、衣服和其他必需品，三百一十二塔勒五十斯基令；货品和旅费，三百塔勒；另有四百塔勒有价证券。共计一千零十二塔勒五十斯基令。作为证人在这份公证书上签名的是比他大四岁的彼得·克里斯钦和小四岁的索伦·奥比。

一八三二年八月二十九日，礼拜三，尼尔斯·安德烈登上双桅船"普利茅斯大酋长号"，但没有直航波士顿，而是先到瑞典哥德堡，因为船长吉布斯打算再招徕一些搭乘的旅客。作为尼尔斯·安德烈未来命运的象征性警示,妮可琳娜·克莉丝汀娜在次日,八月三十日产下一个男性死婴。不到一个礼拜之后她的情况急剧恶化,以至于不得不到公民美德学校去把彼得·克里斯钦从课堂上叫来。当他赶到的时候,她比较安静,然后很快又开始说胡话。请来的医生雅克布森和巴勒赛不得不切开血管给她放血,用水蛭吸血,昼夜用冰块在她的额头和太阳穴上冷敷。第二天她的情况稍好,可以洗澡,但是在九月十日礼拜一晚上,死神抓住她,挤压出了这个发着高烧的女人的生命。根据彼得·克里斯钦的日记,明斯特在四天以后发表了一篇"宝贵的简短演说",然后大家驱车前往辅助公墓,遗体下葬在隆德家族墓地。留下三十四岁的约翰·克里斯钦·隆德和七岁的亨利克,六岁的米凯尔,五岁的索菲和两岁的小卡尔。

鲁戴尔巴赫姐妹照例在场,所以能向哥哥汇报克尔凯郭尔世家的最新消息:"可怜的一家现在陷入巨大的悲痛之中,嫁给隆德家大少爷的大姑奶奶在生产第五个孩子时死了。接生的过程极其顺利,产妇情况良好,那男婴很快就死了,可接生婆给她回奶时大意了,结果奶汁冲进脑子,那可怜的产妇疯了,十天后死去。做生意的那位少爷到北美去碰运气赚钱了。老爷太太等不到他回来。那博士也很快就要远行。可怜的父母要忧伤地度过这段时间。"小姐们的叙述中有一种戏剧化的成分,也有一些令人不快的冷漠无情。闲话说得太多的人经常会这样。

三十一岁的帕特丽亚·赛维琳娜在一八三二年十一月初写给远行弟弟的那封痛苦而凄美的信则完全不同。帕特丽亚·赛维琳娜显然不习惯书写,字头的大小写随意变换,标点符号的用法也有待改进,但恰恰是这最后一点,没有停顿符号,给这封信一种气喘吁吁的氛围,完全反映了帕特丽亚·赛维琳娜的心境。思绪从笔尖直接落到纸上形成一种意识流 [1]。"亲爱的弟弟 / 我很早就想给你写信了但我那么心烦意乱和忧伤难以执笔原因是妮可琳娜之死你走后不久发生的我想克里斯钦一定已经写信告诉你了没有人比我和克里斯钦更能感受到此事在家中造成的扩散的空虚你会这样说但在两个月之后他已经好多了而我比一开始更加思念她此事沉重地打击了我本来就很不好的情绪世界如此黑暗和悲惨我几乎沉默不语什么也不能让我高兴不错我有丈夫和孩子但愿时间会治好伤口急切地盼望着你的好消息对我有很大的意义我缺少闺中密友来倾诉不错我有特丽娜但不管我多么喜欢她还

---

[1] 英文:stream of consciousness。

是感到和姐姐不一样我看着那些可爱的孩子想到他们失去的你一定知道会变得多么忧伤。"这里，在信的一半处帕特丽亚·赛维琳娜加上了全信唯一的句号。下面 36是哥本哈根城里的新闻，但她对这一切似乎都很漠然，最重要的事情已经写下，然后就突然中断了，她甚至没有加上最后的句号。她也没有把信发出，而是随手把它放在梳妆台的抽屉里。这封信也就成为她身后关于自己的唯一书面证言。

随后的几个月里彼得·克里斯钦经常去看望那些失去母亲的孩子，也教他们一点功课，但当他提议住进他们家时却遭到米凯尔·克尔凯郭尔的阻止，"为了索伦的缘故"——老父的理由好像是这个。彼得·克里斯钦显然是唯一能够处理各种实际事务的人，但他天生的既不能决断又没有行动能力。彼得·克里斯钦经常三心二意，索伦·奥比叫他 *pusillanim*，一个古怪的拉丁词，实际的含义是：小孩或婴儿心态、胆小、娘娘腔、多虑、优柔寡断、心胸狭窄的人。当哲学教授的职位在克里斯蒂安尼亚[1] 大学出缺时，彼得·克里斯钦一度考虑过申请，但又放弃了，因为明斯特说，像他这样的人才到挪威去将是智力资源的浪费！于是他就留在哥本哈根，把智力浪费在辅导平庸的神学大学生和在公民美德学校兼课上。"他教书，"鲁戴尔巴赫姐妹在一八三一年一月二十一日写道，"在公民美德学校有每周二十四课时的拉丁文、希腊文和宗教；他还在一个训练辩论艺术的学会每周辩论两次。"当日德兰半岛上约兰地方有一个牧师职位空缺时，彼得·克里斯钦的优柔寡断又出现了，他要离开"京城和它的主要诱惑"，但当他终于着手申请时，这职位已经被别人取得了，于是他不得不申请莫斯地方的另一职位——"按照父亲的意愿，至于是不是我本人的意愿就不太清楚了"。一八三三年二月底，他知道即将得到任命，但他再次陷入不自信，于是打开《圣经》，试图从任意出现的段落中获得预兆。他翻到的段落显示吉利，但当他在三月六日出席按手礼时感到自己完全没有资格取得这个职位，便转而咨询父亲的意见，父亲干脆地说，整个这件事属于"软弱和疑病症"，他又去问格隆德维，后者建议他退出，而这样做——"谢天谢地！"——父亲没有反对。但是事情并没有就此了结。当朋友和熟人们纷纷恭喜他获得这个职位的时候，他本人不得不去求见那并不温和的国王，请求国王用温和的谴责批准他递交辞呈。这段插曲引起了轰动。"人们现在再不说别的，都在说这件事。"一只鲁戴尔巴赫家雀转动如簧之舌，喋喋不休地在给哥哥安德烈的

[1]　克里斯蒂安尼亚为挪威首都奥斯陆旧名。下同。

信里写道。科尔托夫牧师平常在日记里只记录大事件——如哪位教授听了他的讲道之类——在三月十六日简短地写下:"克尔凯郭尔告别布道生涯[1]。"

几天以后,三月十八日,尼尔斯·安德烈终于来信了。他所乘的船在哥德堡港口整整停了一个月才得以西行,所以有充裕的时间来考虑是否打消原有决定回家。吉布斯船长此行没有等到更多的乘客,所以,当"普利茅斯大酋长号"于一八三二年九月二十九日满载着瑞典产钢铁和木材起航驶往波士顿时,船上除了船长本人、大副、六个水手、两个杂役之外,只有尼尔斯·安德烈一个乘客。五十天之后,十一月十七日,礼拜六,他在波士顿登陆。这封于一八三三年三月十八日到达哥本哈根的信是他在两个月前的一月八日写的,但在伦敦的邮政总局滞留很久,因为相当于三英镑的美国邮资未付。

现在,编号六三一〇的船信终于到达了忧心忡忡的商人米凯尔·克尔凯郭尔手里,他在第一页的眉头标注了收到日期,彼得·克里斯钦也在日记中记载了这件事:"今天父亲收到了尼尔斯发自普罗维登斯的第一封信。"信的开头是许多借口,而且明显是迫于孝道而不得不写:"我曾经几次打算给您写信,但都推迟了,因为没有什么值得高兴的事情告诉您,害怕让您担心。现在我感到那时很傻,因为再没有什么比得不到我的消息更让您担心的了。"拿着没人愿意看的丹麦文推荐信往返奔波于波士顿和纽约之间几个礼拜之后,他现在在普罗维登斯一位名叫詹姆斯·里士满的神学家处,后者正在帮他找工作,但还没有找到。和成千上万满怀希望的移民一样,尼尔斯·安德烈也不得不认识到,这片据说是流淌着奶和蜜的土地上实际上奔波着试图猎取财富的人们,他们言而无信,但是兴高采烈地虚张声势尽力而为。信的作者那有限的自我感觉反映在字体上,整洁而近乎优雅,毫无个性,只有签名"您孝顺的儿子尼·安·克尔凯郭尔"的字体和父亲一样果决。

下一封日期为二月二十六日的信是回复彼得·克里斯钦报告妮可琳娜·克莉丝汀娜死讯的,尼尔斯·安德烈在信中说,他现在离开了普罗维登斯再次前往波士顿。他还是没有找到任何"本行的工作",只要有个"好工作",他宁可不要报酬。毫不奇怪,他发现新世界里百物腾贵。他感叹道,美国是"每一个手工艺人,每一个简单劳动者,和社会每一个阶级的家园,但不属于没有钱的商人和不掌握活语言的职员"。

---

[1] 德文:sucht Abschied als Prediger。

因为空闲时间很多，他开始学习英语，进步很快，已经几次被当作美国人。商贸语言西班牙语他也开始能掌握。不过他还是希望能保持住母语，但愿他的信能是和彼得·克里斯钦"活跃通信"的开始，最好能帮他改正"语法和风格方面的错误"。如果彼得·克里斯钦能让索伦·奥比也参加，会让他非常高兴——"他有很好的头脑，而且到目前为止比我用得好"。

收到第一封信后不久彼得·克里斯钦在父亲口授的基础上合写了一封信，并于三月二十三日发出，信遗失了，彼得·克里斯钦自己在五月六日写的那封信也遗失了。不过从他在日记中的摘要可以知道，他不仅批评了弟弟的"语言和历史研究等等"的无用，而且"冗长地"表达了对尼尔斯·安德烈所构思的鲁莽贸易计划的担忧。即尼尔斯·安德烈打算在波士顿做进口布料生意，因此建议其姐夫约翰·克里斯钦·隆德开始跨大西洋合作。这主意对年轻的批发商隆德是如此诱人，他不顾彼得·克里斯钦的保留态度立即将货物在哥本哈根装船发往波士顿，尼尔斯·安德烈将在那里继续运往各地。

然而，当"使节号"双桅船到达波士顿的时候却无人接受货物。尼尔斯·安德烈像是沉入地下去了。"盼来信又收不到，让我在这段时间里很不舒服"，彼得·克里斯钦在七月里既焦虑又气恼地写道。几个礼拜过去，隆德兄弟约翰·克里斯钦和亨利克·费迪南也开始为这流亡海外的妻弟担心起来，他们在给远在巴西的兄弟信中谈到妻弟的困难，而彼得·威廉则在八月二日的回信中表示，希望事情能有"良好的转机"。整个八月里得不到尼尔斯·安德烈的一点消息，彼得·克里斯钦在九月九日的信里重复了父亲在三月二十三日口授的内容。信的语气是粗暴的、训诫的，但这封信没有得到回音。

十月里得到了解释：尼尔斯·安德烈病倒了，夏天大部分时间躺在纽约西北五十公里处，新泽西州帕特森的旅馆里。这段时间里约翰·克里斯钦·隆德发出的货在波士顿到岸，但因为无人认领，六大包粗细织品在海关收没入库，至于后来怎么"被人从货架上抢走"，估计不过是信口编出的童话。约翰·克里斯钦就这样在他的跨大西洋赌博中输掉了一千塔勒。尼尔斯·安德烈是怎么跑到那儿去的，谁也不知道，估计是希望得到一份工作。一八三三年十月二十五日彼得·克里斯钦收到一封来自圣公会牧师拉夫·威利斯顿的信，日期是九月十五日。威利斯顿在信中请求他的丹麦同行让母亲准备好儿子即将离世。不到一个礼拜之后，家人获知尼尔斯·安德烈在九月二十一日去世，并在次日礼拜日葬在桑迪山上的

39

圣保罗公墓。在获知这不幸消息的次日，克尔凯郭尔家就在《地址报》上刊登了讣告："我们的爱子，尼尔斯·安德烈·克尔凯郭尔于本年九月二十一日在北美帕特森市蒙主召唤离世。得年二十四岁半。父母率其幸存兄弟姐妹泣告。哥本哈根，一八三三年十月三十一日，安·克尔凯郭尔（婚前姓隆德），米·彼·克尔凯郭尔。"这就是尼尔斯·安德烈的结局。"愿上帝给他以天国的欢乐"，彼得·克里斯钦在后来描绘其忌日时写道。

在潮水般涌来的慰问信里有一封十二月三日收到的信，是那位圣公会牧师拉尔夫·威利斯顿写的。日期是一八三三年十月十四日，写给"安娜·克尔凯郭尔太太"，这也许是她此生收到的空前绝后的一封专门写给她的信。威利斯顿告诉她，自己怎样在尼尔斯最后的日子里日夜坐在他身旁，听他如此美好地讲述自己的母亲、姐妹和兄弟。信是这样结束的："*有这样的母亲是儿子的幸福——而有这样的儿子也是母亲的幸福。*"[1]

信写得感人至深，但也很可怕，因为在和那母亲同悲的过程中，威利斯顿似乎完全忘了：尼尔斯·安德烈还有个父亲！这是疏忽、单纯的误会，还是故意隐瞒，所以是一种报复行为？商人米凯尔·克尔凯郭尔被这些念头折磨着，于是让彼得·克里斯钦与威利斯顿联系，要求他给出一个完整的解释。他照办了。彼得·克里斯钦很例外地全文抄录在日记里的这封信于一八三三年十二月二十二日发出，一式两份，分别由两班船送走。因为这件事对老父是如此重要，千万不能有半点闪失。彼得·克里斯钦请威利斯顿解释，"如果能够"，尼尔斯为什么没有提到他的父亲，"这种情况让他非常不安，并导致了许多不眠之夜"。很典型地，他又加上几句，也许他本人会是这沉默的间接原因，由于他在最后的信里谈到他们父亲的方式，尼尔斯或许会误以为他们的父亲得了不治之症，甚或早已躺在青草之下了。

彼得·克里斯钦是靠论谎言的论文获得的博士，他显然也懂得如何在紧急情况下撒必要的谎。就我们所知威利斯顿再没有回信，但是后来罗杰斯一家，尼尔斯·安德烈在帕特森的房东在那年晚些时候确认，尼尔斯·安德烈没有在任何时候给他们留下过父亲已死的印象。这种担心完全没有根据，人们也可以补充说，彼得·克里斯钦试图安慰老父的努力也落空了。米凯尔·克尔凯郭尔很不情愿地

---

[1]　原文为英文。

承认了，儿子的沉默并非出于误会，而是出于一个可怕的事实：他作为父亲被注销了。"尊敬的夫人，他认为您的宗教教育居功至伟"[1]，威利斯顿在致"安娜·克尔凯郭尔太太"[2] 的信中如是说。不容置疑的无情。

克尔凯郭尔家在一八三三年的冬天一定是悲伤和自责的地狱。屋外的雨，作为陈腐的象征几乎不间断地下了两个月。彼得·克里斯钦拿不准主意要不要申请哥本哈根大学的一个职位，但是就在他快要得到那职位的时候，却发现索湖研究所的一个职位似乎更有吸引力。他不得不辞去学校的工作，明斯特也借此机会又把他骂了一顿。春天里他和弟弟的关系也越来越紧张，日记中反复出现关于试图"与索伦和解"的报告，但尽管两兄弟比邻而居，彼此之间的距离显然很远。

多雨的冬天之后暑热登场，夏天里整座城市变成了烧热的平底锅，令人难以忍受，甚至连克家养的小鸟也受不了。彼得·克里斯钦在一八三四年七月二十三日的日记里画了一只精致的小鸟来记录它的死。他认定，小鸟的死是不祥之兆。母亲发高烧已经躺倒几个礼拜还不见好，一切都在熔化，比较富裕的人都逃出城去，其中包括索伦·奥比。他在七月二十六日出发，前往西兰岛北端的港口小镇吉勒莱，用那留在家里的大哥日记中酸溜溜的话来说，"在那里消磨十四天休养身体"。四天以后他写道："三十日，礼拜三，母亲的情况看上去不见好，我担心会是神经中风。克里斯钦·隆德的一个伙计已经被派到吉勒莱去叫索伦·奥比，但他要明天上午才能到家。"太晚了。经过漫长的、大部分时间无声无息的搏斗，安娜已经在夜间离世。她呼唤过十五年前死去的索伦·米凯尔，但没有提到尼尔斯·安德烈，尽管据说他和母亲很亲近。葬礼协议上开出的死因是"伤寒"，几个礼拜前家庭医生努佐恩做出的诊断可能就是对的。八月二日，礼拜六，《地址报》的讣告栏里刊登了署名米·彼·克尔凯郭尔的通告："七月三十日和三十一日之间的夜间，我可贵的妻子安娜·克尔凯郭尔，婚前姓隆德，在近三十八年的婚姻之后安息了，享年六十七岁。谨率子女告众亲友一体周知。" 41

礼拜一，八月四日，明斯特主持将她在辅助公墓下葬，然后对米凯尔·克尔凯郭尔表示慰问，他接受了，说："尊敬的牧师，我们一起进去喝一杯吧。"这话听上去很没有心肝，哲学家汉斯·布罗希纳说。但明斯特了解米凯尔·克尔凯郭

[1] 引文为英文。
[2] 同上。

尔，正确地把这句话理解为精神上的羞涩。彼得·克里斯钦在葬礼后回顾这段时间时，在日记中写道："我的心境变得越来越阴暗。经过一些犹豫之后我还是跟父亲和索伦在〔八月〕十五日去领圣餐。若是能行，总要尽力与众人和睦。"两兄弟之间的关系紧张，即便有许多神学上的善良愿望[1]，还是彼此难以容忍。

一八三四年十二月十二日，商人米凯尔·克尔凯郭尔应该过他的七十八岁生日。实在是没有多少可庆祝的，但他最小的女儿，即将临盆的帕特丽亚·赛维琳娜还是前来祝贺。她有着火红色的头发，是索伦·奥比最喜欢的姐姐。次日，她产下一个健康强壮的男孩，但在三天以后她的情况突然恶化。尽管她自己给孩子喂奶，人们还是担心，奶汁会冲上脑子让她发疯。她一条腿上的脓肿表明医生们为了让奶下行给她开的催吐剂是有效的。然而人们错了。新年前两天，她在剧烈的抽搐中死去。得年三十三岁。一八三五年一月四日，明斯特主持她的下葬。回到漂白池路上寂静的客厅，比帕特丽亚年轻两岁的亨利克·费迪南·隆德守着五岁的哈丽耶特，三岁的威廉，一岁的彼得和出生才十六天的男孩。为了纪念他没有见过的母亲，给他用赛维琳娜的阳性形式取名为彼得·赛维林。

帕特丽亚葬礼前两天，米凯尔·克尔凯郭尔为尼尔斯·安德烈的墓碑付了四十六塔勒。他现在失去了七个孩子当中的五个。还有他的小安娜。

---

[1] 英文：Good will。

一八三五年

死者沉默的声音

连续的家庭悲剧使彼得·克里斯钦变得迟钝，而他的弟弟表面上却没有受到影响，毋宁说还有些相反的影响。随着时间的推进越来越勤勉地书写出来的札记对几次死亡事件只字不提，保持着墓碑般的沉默。因此，下面这段话就显得特别触目："从上次给你写信以来我一直处在悲伤之中，这可以从那黑色的火漆封上看出来——尽管我通常痛恨诸如此类的外在表示——在我们悲伤的家里没有别的表示。是的，我哥哥死了；而奇怪的是，我不为他悲伤，而完全是在为多年前死去的另一个哥哥而悲伤。总的来说我的悲伤不是即时的，而是追溯以往的。"

关于悲伤的对象置换、增长和延迟的这种精准研究，有着明显的文学性和风格，因此足以让传记作者小心从事。从表面上来看，这是给一个认识的人的许多信中的一封，告知一位无名兄长的死讯——可能是尼尔斯·安德烈，就像那另一个哥哥可能是索伦·米凯尔——然而很典型地，这些字词以自身的感伤浮力漂浮在实际发生的事件之上，指向构思中的小说，或者需要借助于黑色火漆封和其他浪漫表征来加以实现的东西。克尔凯郭尔的札记就这样漂移在现实和现实的艺术性再现之间，他本人则在同一运动中加工他的悲伤并完善他的写作。

而关于他的精神状态，那一时期的所有资料都保持沉默——连鲁戴尔巴赫姐妹也不置一词！不过，马腾森在其回忆录中提到，那段时间他在国外，克尔凯郭尔几次去拜访他的母亲听取他的近况，在一次这样的拜访中，他在深深的"悲痛"中谈到自己母亲的死。马腾森说："我母亲多次确认，并不缺少生活经验的她，一生中从未见过一个这样悲痛的人。"她得出结论，马腾森继续写道，"他的深层性格一定不同寻常。她没有错。谁也不否认他这一点"。

他的深层性格中的真诚与一种羞涩连接在一起，如果其他人表达感情时过于
直白或者方式太过常规，他马上就会无声无息地将自己隐藏在伪装之中。于是，

克尔凯郭尔在其关于死去兄长的描述中就在悲伤本身和将其消解的空洞外在表现之间的扭曲关系中徘徊。他用一种怪异的现实主义描写一户人家在葬礼前一天的行动：在各种慰问的陈词滥调中插入殡葬承办人谈即将端上来的"火腿、香肠和荷兰奶酪"，一个女婿沉浸在自己的镜中形象里，拿一把小小的"镊子"拔去不合心意的灰色和红色头发，他突然站直身子，用嘶哑的声音虚张声势地模仿一位绅士说道："这个人是谁？一支单簧管，我回答道。他再也装不下去了。"札记的编辑们负责地告诉我们，这一古怪的场景或许应该看作"虚构"——他们当然是对的，尤其是，如果他们认为"虚构"是个人经验和受压抑的事件摸索着寻找形式的媒介，然而这样的话克尔凯郭尔这个时期的每一条札记或多或少都需要编辑们加上消费者指南。

如果说日记对马腾森母亲见证的悲伤保持沉默，而外在方面则对克尔凯郭尔如何通过智力化将自己从悲伤解放出来大声喧哗。那个时代的文艺首领约翰·路德维希·海贝格在一八三三年春天广而告之，将在皇家高等军事学校举办系列哲学讲座，并在请柬中说明，尽管男性总体来说有"更敏锐更连贯的智力，更强大的辩证能力，而女性则在直接感受真理方面有着更确定无误的感应"。这不能说是全错，因此欢迎有修养的女士前来"参加严肃的学术研究"，而她们的光临势必使此次活动"大为增色"。只有两位有修养的女士报名参加，讲座取消了，但那时正在讨论妇女解放问题。神学家林德写了一篇文章，《为女性的高贵起源辩护》，发表在《哥本哈根飞翔邮报》上，这份报纸日常简称为《飞翔邮报》。几个礼拜之后的十二月十七日，克尔凯郭尔以"A"的笔名在同一份报纸登场，发表了题为《也为女性的优胜能力辩护》的文章。他抓住林德用以攻击女性智力局限的廉价反讽，将关于女性优越的反讽提升到更高的层面上。"在人尚未被造的时候，夏娃就在听取蛇的哲学讲演"，他这样勇敢地出击。这是当时的典型风格，即海贝格精神。不过从其他方面来说，这不过是一个年轻大学生的试笔，为了取乐而玩的恶作剧，尤其是为日后出名奠定基础。这篇无足轻重的文章之所以值得一提，是因为它是克尔凯郭尔的文学处女作，也因为它发表的时间——帕特丽亚·赛维琳娜躺在产床上，只有几个礼拜可活了。

这究竟是应该归结为高度自恋所伴随的玩世不恭，还是不惜代价以免让自己受到影响的压抑机制，索伦·奥比不提身边发生的悲剧，无论如何是一个触目的事实。就这样，他在一八三四年九月十二日，即母亲死后一个多月，提交了一项独特研究的初步结果报告，这项研究显然已经进行了一段时间："真奇怪，（就我所知）从来没有人处理过'神偷'的观念，这个观念肯定高度适合做戏剧性处理。"他的研究不是关于"这一个或那一个具体的贼"，索伦·奥比解释道。住在法院隔壁肯定会受到影响，我们也知道，他阅读并熟知《丹麦挪威罪案档案》和双倍可怕的文章《关于被利斧斩首处决的杀人犯索伦·阿纳森·克洛普的心理学观察》等黑幕材料。他的藏书中也包括朗格的七卷本《丹麦与外国犯罪案例及其特殊诉讼程序选录》。他对这些关于又聋又哑的小偷小摸以及磨坊主寡妇被控投毒杀人之类记述的兴趣所在是罪犯的心理机制。而他的几条有关札记描述了，神偷不得不以巧思和魅力在犯罪活动和慷慨大度之间寻找平衡，并且始终为一种"理想"而生活。神偷感到不为同时代人所理解，并在一定程度上"引起既定秩序的不快"，认为他的意愿侵犯了"他人的权利"，这样他很自然地和"别人"发生冲突。读到这些描述是否会让人在某个时刻想到，他的无意识深处有一个自我预言的轮廓？

"看样子索伦的情况很好，上帝保佑，老爷太太很为他高兴"，当初在索伦·奥比中学毕业时鲁戴尔巴赫姐妹这样说过。然而到目前为止他的情况却并不好，老人也没什么可为他高兴的。他在一八三三年的夏季学期听取哲学家兼心理学家希本教授的美学和诗学课，一八三三年至一八三四年间的冬季学期继续听这同一位先生的基督教哲学课。这些当然比无所事事强，但远远不足以获得神学硕士学位。

大家都看到，索伦·奥比的精神和身体都需要换空气。他必须出城去。 45

一八三五年夏天，在吉勒莱

于是，索伦·奥比就在一八三五年六月十七日，礼拜三，北上前往吉勒莱，住进门茨夫妇开的客栈。他在这里住了两个多月，引起了人们的注意。当地人很快就开始叫他"疯子大学生"，据那位耳朵长嘴巴大的莱文说，人们仍然记得他的古怪性格造成的麻烦，"当姑娘们走进他的房间，他看人的样子让她们困惑而震撼"。他的眼睛显然具有某种威力。

他通过各种短信和老家保持联系，这些信件都已丢失，仅在彼得·克里斯钦日记里有收信记录。很可能也是他，安排将装着钱的信封、雪茄烟和装在被套里的干净衣服及时送达隐居在美景中的大学生。七月四日，老父在唯一一封现存写给索伦·奥比的信里报告了高龄带来的一切烦恼，包括他日益严重的绞痛，"越来越难以执笔"。然后，他带着远远超过给予尼尔斯·安德烈的爱心，用衰老的手颤抖着给这封短信签上名字："真心爱你的父亲——米·彼·克尔凯郭尔。"

在优美的自然环境中，远离都市尘嚣的诱惑，这位分散使用力量的大学生应该能静下心来做点神学功课。七月七日彼得在日记中写道："据索伦来信判断，他的身体复原了，正在用功。"自信，在任何时候都不会错。他在给哥本哈根的友人林德的信中说："我在城里的时候很享受在一部分学生当中得到的注意，这真的让我高兴，是我的个性所需要的。"他同时也相信，目前的离群索居很有好处，"让我专注于自己的内心，带动我专注于自己、我的自我，抓牢人生不息的流变，转动那我以往在身外寻求理解人生的凹透镜，将它对准自己。"

转动这样一面"凹透镜"绝非易事，他的镜中形象见于一封数页长信，这位二十二岁的大学生临行前开始写信给在地球另一面，迷人而危险的巴西密林深处的自然科学家彼得·威廉·隆德。日期为一八三五年六月一日的信是这样开始的："您要知道，当年我在听您讲话的时候是多么的激动，对您描述的巴西经历抱着多么高的热情。"在他第一次为时三年的巴西之行以后，隆德从一八二九年四月到十二月，以及一八三一年七月到一八三二年十月在哥本哈根，克尔凯郭尔一定是在这几段时间里听到他的讲话。现在他又回巴西去了，同德国植物学家里德尔一起实地考察了里约热内卢之后，前往库尔韦卢省的同名城市，在丹属西印度圣克罗伊岛总督彼得·克劳森——巴西人叫他"丹麦人佩德罗·克劳迪奥"[1]——的指引下，进入当地的石灰岩溶洞，考察那里的大量动物骨头和骨骼。一八三五年十月，隆德在一个名叫圣塘的村庄住下，在某个石灰岩溶洞里吃力地发掘和研究那些想必是存在于"大洪水之前"的有袋动物、贫齿目、啮齿动物、偶蹄目动物和蝙蝠化石的沉积。而随着它们实际年龄的解释，将圣经创世故事置于灾难性的长期混乱之中。

为了称颂这位亲缘和地理上的双重远亲，克尔凯郭尔在信的前半部分塞满了华丽的言辞和不得要领的修辞手法，但渐渐转入更具体的、关于他毕生事业的考虑："每个人都很自然地意欲在世界上进行符合自己能力的活动，但随之而来的问题是他意欲在一个特定的方向上发展自己的能力，即最适合他个性的方向，

[1] 葡萄牙文：Pedro Claudio Dinamarquez。

但是哪个方向？我在这里面临一个巨大的问号。我就像赫拉克勒斯站在十字路口[1]——不，我面对的歧路远不止两条，要多得多，做出正确的选择也就更加困难。也许这恰恰是我人生的不幸，我的兴趣太多，又不对哪一样特别专注；我的多种兴趣并不从属于一个兴趣，所有的兴趣都互相并列不悖。"

克尔凯郭尔对自然科学家表达了深深的敬意——不论他们是计算"遥远的星辰"还是观察"小小的蠕虫"——不过与此同时他也不得不承认，在他看来这些人经常不过是在搅动许多"个别事例"，借此在学术界青史留名，如此而已。谢天谢地，在这些毫无章法地将世界高效率地切割成碎片的科学家当中尚有少数例外。这就是那些"通过其思考找到或努力去寻找那阿基米德支点的自然科学家，这支点在世界之外，然而从那里可以观察全局，并据此来考察个别事例。在这方面我不能否认，他们给了我最有益的印象。在他们那里得到的那宁静，那和谐，那欢乐，别处难以寻觅"。这一类型的科学家他列举了物理学家奥斯特、植物学家绍尔和赫纳曼，以及彼得·威廉·隆德本人，不过克尔凯郭尔还是得出结论："我曾经对自然科学满怀热忱，现在也还是如此；但我仍然不打算把自然科学当作我的主要研究项目。凭借理性和自由的力量，最让我感兴趣的总是人生；破解人生之谜乃是我的愿望。"

47

不管破解人生之谜是多么不自量力，这宣告使得神学的选择顺理成章。然而并非如此。正统教义在克尔凯郭尔看来是泥足巨人，理性主义既不是飞鸟也不是游鱼，毋宁是一种"挪亚方舟"，如海贝格在《飞翔邮报》上说的，干净和不干净的动物并肩挤在一起。信是这样结束的："关于小小的烦恼，只能提出我在准备考神学学位，一项我毫无兴趣的活动，所以进展也就不快。我总是更喜欢那些自由的，也许因此也就不那么确定的学习……我看那博学的神学世界活像旺季礼拜日下午时分的鹿苑海滨路——人群涌动着互相擦肩而过，大呼小叫，互相嘲笑和愚弄，驱赶着马让它累死，他们的车翻了，被别的车碾过，当他们终于风尘仆仆气喘吁吁到达那游乐园时——大眼瞪小眼互相看看——就转身回家。"尽管如此他还是在继续辛辛苦苦地读书，因为他想让"父亲开心"，父亲认为——儿子用小小的，然而公开的厚颜无耻写道——真正的"迦南在神学毕业证书的另一面"。

---

[1] 根据希腊神话，赫拉克勒斯在十字路口遇到了两位女神，享乐女神和美德女神，让他在享乐而简单和艰辛但光荣的两条生活道路之间选择一条，他选择了后者。这就是"赫拉克勒斯的选择"。

关于给彼得·威廉·隆德的信的要点就说这么多。这封信到底有没有发出，我们不知道，也许这并不是一封真正的信，而不过是写给发信人自己的。不管是哪种情况，我们都可以从中看到他对自然科学的浓厚兴趣，并将自然科学置于远远高于神学的位置，但只有在思辨从属于"那世界之外的阿基米德支点"的情况下才是如此，而这个支点只有在抛弃了客观性的迷惑，转而专注于自身生存的个人那里才能找到。

然而克尔凯郭尔还是决定探索北西兰岛的自然环境，他在最初的两个礼拜里访问了艾斯罗姆、和平宫、腓特烈工程、提斯维勒等地。他还和当地牧师汉斯·克里斯钦·伦比的堂兄延斯·伦比在七月底一同做了第一次也是一生中仅有的一次瑞典之行。他们访问了穆勒莱，瑞典南方厄勒海峡沿岸库伦地方西边的小小渔村，然后造访了雄伟的克拉配鲁普城堡，拜会了居伦斯提尔纳本人，他不仅是男爵，同时还是鱼类学家，因此可以向客人炫耀他惊人的"鱼类藏品"。次日，他们前去探访高出海平面一百八十八米的"东高地和西高地"，还做了一次小小的"植物学考察"，采集植物标本。伦比牧师"对我那么好，后来把干燥后的植物标本，细心用纸包好寄给我"。将近一个礼拜之后的八月四日，克尔凯郭尔和伦比牧师一同泛舟在湖堡湖上，湖水很浅，湖底满是淤泥，很快就要淤塞了，必须非常吃力才能划动船前行，不过，"若是忽略这一点，就会发现我们置身于非常有趣的自然环境之中；两米长沉甸甸的水草和莽莽苍苍的各种水生植物让我们想象是在一个完全不同的气候环境里"。比方说，巴西。当他们俩终于来到开阔的湖面，就进行了角色分工。牧师，同时也是热心的植物学家和动物学家为研究软体动物的生活采集水生植物标本，而那大学生则浪漫地半躺在船尾，享受"野鸭、海鸥、乌鸦等等的喧嚣"，这些总的来说构成了"很舒服的印象"。他们在一座小小的湖心岛弃舟登岸，造访了玛格丽特一世女王[1]出生的湖堡城堡遗址——"开始没有看到什么新鲜东西"，克尔凯郭尔如是记录道。他后来把实际情况和旅行指南的文本——约·哥·布尔曼－贝克尔的《丹麦及诸公国古老城堡之研究》——相对照，而简短地评论道："一切都或多或少可以在贝克尔关于丹麦城堡的描述中找到。"

---

[1] 玛格丽特一世女王（Margrete Valdemarsdatter，一三五三～一四一二），丹麦（一三七五～一四一二）、挪威（一三八八～一四一二）和瑞典（一三八九～一四一二）君主，创立了该北欧三国组成的卡尔马同盟（Kalmarunionen，一三九七～一五二三）。

克尔凯郭尔离开城市，为的是去看新鲜事物和异国情调，但他却不得不承认，别人早已漫步其中，赞叹过，写到纸上，将那应该是淳朴的大自然准确地转变为巨大的诱惑。如果当时的众多画家之一，譬如威廉·本慈或者马蒂努斯·罗比在附近，他将在克尔凯郭尔身上看到一个明显的母题，可供勾勒出一幅哥本哈根知识分子在大自然中的温和讽刺画。足够典型地，也恰恰是在这样的环境里，克尔凯郭尔第一次描写了自己的外部形象，那是一个"穿现代服装，戴眼镜，嘴里叼着雪茄的人"。

这幅自画像是他住在提斯维勒时勾勒的，这个颤巍巍的病人在夏至前后做了一次圣海伦娜喷泉的朝圣之旅。传说这处泉水因一位独居的瑞典女隐士而得名。她被暴徒杀害，尸身扔进海里，但从此大自然就开始实施神奇的报复。这一切都有些异国情调，不过克尔凯郭尔想事先了解他要看的东西，他有着旅行者乐此不疲的在有关文字中得到导向的意愿，这一次是提勒的《丹麦民间传说》。提斯维勒城外不远处，栗子树林荫道的尽头立着一块三米高的洛可可式三面沙石纪念碑，铭文用丹麦文、德文、拉丁文记载着当年沙丘如何在陆地上漂浮，淹没了十桦树村的人畜。但是当克尔凯郭尔朝那些整齐干净的小房子望去时，看到的却和预期的致命灾难丝毫联系不起来。大自然因为太平和而无能为力的事情，文学却能够做到。他突然感到——或者更准确地说，他的日记这样报告——这一切都是"虚构，一种古怪的虚构：恰恰在人们寻求治愈和健康的地方，恰恰在这里，那么多人找到了自己的坟墓。这一切呈现在黄昏的微光中，在眼前成为一种可见的传奇，一种《约伯记》[1]，其中的主角有可能是十桦树村的教会"。所以，风景本身并没有多少意义，它是从观察者那里获得意义，观察者回忆起有可能和风景相似的事物，即《约伯记》，从而使风景获得了意义。没有这样一种"可见的传奇"，脚下的风景不过是寻常风景，而克尔凯郭尔本人也不过是失望的旅行者。

当他步入提斯维勒，情况也没有变好。那里并没有他所期待的那种宁静的乡村气息，却回响着德国女贩们从各自摊点发出的声嘶力竭的叫卖声。克尔凯郭尔赶紧退回海伦娜墓所在的那块地，坟墓在一小块高地上，四周环绕着沉重的巨石，但就在坟墓对面有几个旅行者安营扎寨，他们高声嘲笑着那些虔诚的朝圣者，就这样驱散了每一种"庄严肃穆的印象"。好像那伟大的、浪漫的大自然体验还没被

49

---

[1] 见《旧约·诗歌·智慧书》。

毁得彻底，突然从不知什么地方跳出来一个"督查员"，自告奋勇地要担任导游，并很快就暴露了他并不相信这整个的奇迹。克尔凯郭尔还是到达了海伦娜的陵墓，很快就被粗陋的还愿物品包围了：头发夹子、碎布、拐杖。有个小小的瞬间他似乎听到了"受苦者的呼喊，他们向苍天的祈祷"，但实际上，除了路对面帐篷里传出的噪声和呼喊，别的什么也听不到。

大自然就这样在克尔凯郭尔遭遇它时让期待失落了，他的旅行包里装着忠实的提勒，造访了据说是瓦尔德玛四世[1]建造的古尔城堡，其废墟从一八一七年起开始发掘。克尔凯郭尔眺望着狭长的古尔湖，两岸都是榉木林，更多的也看不到了，他这样记录下来："波浪拍击着岸边的景象十分独特。风中树叶的飒飒声让我们听到瓦尔德玛国王的狩猎，号角回响，猎犬欢叫，芦苇在喝彩——金发女郎赞美着骑士们矫健的身手和高贵的品貌。……大海，作为强大的精神永远在运动，即便在他最伟大的平静中也预示着剧烈的精神苦痛。古尔湖畔笼罩着一种宁静的忧伤……前者（大海）像是莫扎特的宣叙调；而后者则像是韦伯的旋律。"克尔凯郭尔从这里穿过一片美丽而茂密的树林，向海勒拜克走去，他强调，在这里"车轮压出的印迹"是他"与人类世界唯一的联系"。

50 他确实与人类世界保持着联系。这世界的踪迹无处不在，除了上面说的那样完全具体的，还以更普通的形式，作为联想追随着这位漫游的大学生，并给他的大自然经历盖上了一系列文化印记：树叶的飒飒与瓦尔德玛四世的狩猎，芦苇联想到金发美女——甚至莫扎特和韦伯也必须站出来帮助他叙述。海勒拜克城外不远的地方他登上了奥丁山，那里展示出一片可爱的风景，厄勒海峡和远处的库伦，可他甫一登上那小山，就记录下："这片风景得到许多赞美和讨论，可惜许多印象也就因此而消失了。"他还继续带着某种愤怒写道："但愿人们有朝一日会厌倦了跑来跑去，多余地指出哪里是浪漫的情境（例如，克某在和平宫）。"

括弧里这个神秘的"克某"会不会就是克尔凯郭尔本人，用疲惫的反讽与那个在和平宫一带寻找浪漫情境的自己拉开距离？

"……找到那我愿为之生为之死的思想"

克尔凯郭尔这段时间里写在绿皮日记本上的近二十条札记，大部分都写明了

[1] 瓦尔德玛四世（Valdemar Atterdag），丹麦国王，生于一三二〇年，一三四〇至一三七五年间在位。

日期，讲述这个或那个地理位置上的事情。日期为七月二十九日的一条长达三页，用清新轻快的笔调描述了克尔凯郭尔从吉勒莱客栈经黑桥，继续穿过裸露的海滨田野登上吉勒莱山头那三十米高的陡峭岩石，西兰岛的最北点："这里永远是我最喜欢的地方之一。当我在一个宁静的黄昏站在这里，从大海深处升起那平静而严肃的歌声；当我在那巨大的海平面上看不到一片风帆，只有海天相交，互为边界；同时，当人生忙碌的喧嚣沉寂下去，鸟儿们唱起它们的晚祷——为数不多的几个亲近的死者从坟墓中升起，或者更正确地说，我似乎觉得他们并没有死去。和他们在一起让我感到惬意，我在他们的怀里休息，我好像灵魂出窍，在更高的以太中和他们一起飘荡。这时，海鸥的鸣叫提醒我是独自站在这里，一切都从眼前消失，我带着一颗忧伤的心回到时间的人群之中，却不能忘怀这神圣的时刻。"

稍微仔细观察一下就会发现，很多条札记的顺序靠不住，起草时间点也不确定。不过最引人注目的却毋宁是，人们通常对旅行日记篇章的文体期待，一而再，再而三地遭遇挑战。七月八日的日记记载着一次远足，先到艾斯罗姆，从那里经坚果屋到和平宫。远足本身并不足道，却被一场突然而降的阵雨打断，日记作者不得不进入一所农舍避雨，在那里写下一段典型的文学性札记："我穿着巨大的毛绒外套踏进前厅，发现了由三个人聚成的群体正在忙着下午的事情。家具当然首先是农人喜欢用于进餐的长条大餐桌……旁边一间敞开门的房间是仓库，亚麻布、帆布、斜纹布之类横七竖八地堆在里边，让人联想到身处强盗的窝赃处，加上这房子的地点……几个人的外表也适合这想象。让我们来看一看。在那刚刚提到的长桌子的一头坐着一家之主，正在吃黄油面包，面前放着烧酒瓶。他静静地听我讲述自己悲惨的命运，不时小口啜饮着杯中的酒。他鼻子的形状和颜色显示，他经常喝酒。……农妇的个子不太高，有着一张宽脸和丑陋的大鼻子……雨早已把我们浑身淋透了，所以在这方面也就不必再着急干什么；但那在我身边的小男孩鲁道夫却很害怕。我坐在格里布森林[1]里，浑身湿透，雷电交加，大雨倾盆而下，身边有一个被雷电吓得瑟瑟发抖的小男孩；我们小跑着到了一座房子，在那里躲避。"

旅行日记在这里不再是旅行日记，而变成了克尔凯郭尔尝试小说艺术的速写本，他本人则让位给一个虚构的人物，对那长着怪鼻子的醉醺醺的农夫"讲

51

---

[1]　格里布森林（Gribskov）位于西兰岛北部，面积约5,600公顷，是丹麦第四大森林。

述自己悲惨的命运"——这似乎不太可能。那小小的"强盗窝赃处"带有牧师作家布利歇的色彩，克尔凯郭尔在一八三三年买了一些布氏新出版的《小说集》。而且，他不在乎文献学家迈德维的评论——"很漂亮，在某些领域具备有限的才能"，如饥似渴地读，并且在这里试图模仿他的文学类型画廊以及普通人的描绘方法。关于普通农民的生活场景显然是采自《商贩》这篇小说——其标题本身就足够吸引人。

另外许多条札记显然也是文学性的。尤其是那最著名的一段，克尔凯郭尔标注着"吉勒莱，一八三五年八月一日"，是这样说的："从而，我试图在前面几页所表明的，乃是我对有关问题的真实立场。然而，当我现在试图弄清关于我的人生问题，却发生了完全不同的情况。"哪些纸页属于"前面"并不清楚，也许是给彼得·威廉·隆德写的几页，但不论在什么情况下都可以肯定，问题仍然没有得到解决："我真正缺少的是对自己明确，我要做什么，而不是得到那在每次行动之前必须具备的认识。这取决于理解我的决定，看到神性真正愿意我去做的；这就涉及找到一种真理，对于我是真理，找到那我愿为之生、为之死的思想。此外它还将使我受益于能找到那所谓的客观真理；使我能够穿越哲学家们的体系，并在必要时驾驭它们；使我能够指出每一个圈子里的自相矛盾之处……使我能够发展基督教的意义，能够解释许多独特的现象，当它对我本人和我的人生没有更深层意义的时候？当真理赤裸着冷漠地站在我面前，不管我是否承认它都无所谓，令人不寒而栗，若不是充满信任的奉献，又怎么能让我从中获益呢？我不想否认，我仍然接受绝对知识（Erkjendelsens Imperativ）；通过它也会对人发生作用，但一定是那占据了我心灵的活生生的东西，才是我现在所认识到的最主要问题。这是我的心灵所渴望的，有如非洲沙漠渴望甘泉。"

作为一种原创性的宣示，这些急促的、讲究修辞的问题从此在每一篇存在主义导言中占据了不可动摇的位置。从生平研究的角度来说这条札记像是奥古斯丁或马丁·路德式的伟大突破性文本。人们几乎要叹息，这个乖僻的年轻人终于明确了自己的使命并做出了决定，剩下的不过是去实现这些宝贵的愿景。然而人们通常很少援引这条札记的后半部分，可能是因为不喜欢克尔凯郭尔下面这些话："然而，找到那思想，或者更正确地说，找到自我，并无助于更加投入世界。这正是我以前所做的。因此，我应该更加投入法学理论，让我的敏锐性在众多人生纠葛中获得发展。这里恰恰能提供让我迷失于其中的大量细节，在这里我或许能够从既定事实出发，追踪偷盗生涯的阴暗面，构建出一个总体，一种机制……所以我愿能成为一个演员，这样我就可以置身于他人的角色，得到我自己人生的一个替身。"

这条札记前半段的生存激情就这样一点一点被置换为一幅纱幕，回顾以往发生的事件并联系到学习法学理论或尝试戏剧表演的愿望。这里的书写者确实是克尔凯郭尔，但文本脱离了他具体的生活情况而变成一小段虚构的故事，它本身就这样成为他自己人生的一个"替身"。其中并没有多少生存的澄明，但是很明显，克尔凯郭尔在与自己白纸黑字写下的那些虚构的或不那么虚构的文本对话。恰恰是这些文本，是他真正的"凹透镜"。如果我们足够大胆，甚至可以在这些文本的双重反射中看到克尔凯郭尔日后假名写作的预兆。这里他已经在声名卓著的在场和毫无疑问的缺席之间走钢丝。

那个在八月二十日返回城里的年轻人也不完全就是那个在六月十七日出发的、更年轻一点的人。他为一系列闪光的感知所丰富，并在那绿皮日记本里一处地方用表面上吊诡的形式加以总结："我找到了什么？不是'自我'。"但他从否定的方面实现了，他并没有通过研究自然科学实现自我，因为这些学科不能缩小反而会扩大问题的范围，正如他所体验到的，大自然本身什么也不是，但是它不断地促使观察者返回自身并处在文化的框架之中。肯定的方面他明白了，没有人能预先部署自己真正的"自我"，而只能通过文化的与自身的弯路和迷路来趋近。到目前为止，他除了轻松地举起自己，试图在奔跑中找到那"自我"之外，还没有干别的。在这方面他很容易让人想起他在同年的一条札记中谈论的那些生灵："当他们真的想完成一件事情的时候，采用了如此伟大的步骤以至于完全错过了目标。好比童话中的小矮人，当他要追逃跑的公主和王子的时候就穿上千里靴，一路飞跑到土耳其才想起来，逃亡者可能不用同样的交通工具。"

这需要时间。而时间对克尔凯郭尔来说就是写作。他那情愿为之生为之死的思想，实际上是汗牛充栋的著述。

但他，那大学生现在还不知道。

53

一八三六年

"翻着跟头进入言论出版自由的西伯利亚荒原"

在一七八九年法国大革命和随后的骚乱影响下，专制的腓特烈六世[1] 先发制人，抢在自由与革命的同情者之前发布了一长串法规和诏令，并在一七九九年九月二十七日诏令："凡诋毁，讽刺现存宪法和政府者，散布对其仇恨与不满者，一般性诋毁君主政体者，或者动摇对上帝存在以及灵魂不死的信仰者，将判处驱逐出境、终身或有期流放的徒刑。号召改变现存政府形式或煽动民众造反者，等待他的是死刑。"

这份诏书就是书报审查的同义词，并把下笔稍微太勇敢了一点的彼·安·海贝格等人判处终身流放。只要有一次被判违反有关法规，此人就必须在其余生将所有作品送交警察总监审查。因此，当时的领袖人物当中无人跃跃欲试制订革命计划，而广大民众则一言不发，他们当中的大部分人几乎不会读写。

约翰尼斯·奥斯特曼在任何意义上都不是反叛者，他读语言学，用鹅毛笔写作，还是哥本哈根大学学生会的资深成员。他在一八三五年十一月十四日的学生会聚会上做了一次题为《我们最新的新闻文学》的演讲，一周之后这篇演讲稿在《祖国》上刊出。所谓"新闻文学"奥斯特曼指的是当时各种主要文学刊物，但也包括在哥本哈根流行的那"许多黄色报刊"，他自然要就其彻底的庸俗和粗鄙性质加以谴责。不过奥斯特曼还是以一份不入流刊物《火箭》为例，说明新闻原则上的有利性质。当然，该刊全然不合"表达之良风美俗"，但是它敢于在别的报刊沉默时发声，为人们提供了发泄"抱怨和不平"的渠道，从而带动和鼓励他们去读和写一些"中下阶级"原本不习惯的东西。此外，一份批评性刊物还有助于"那

---

[1] 腓特烈六世（Frederik VI，一七六八～一八三九），一八〇八～一八三九年在位。一七九九年时尚未正式继位，但因其父克里斯钦七世患精神病，他作为太子已实际掌权多年。

些被损害的"弃旧图新，同时具备先发制人的威慑作用，总而言之，它只会加强
法治，如果法治不限于法庭，还包括"广泛公众参与"的话。适用于公民个体的，
也同样适用于政府，奥斯特曼指出。他在这里显然激动地说："永远不要忘记，任
何好事的胜利都只能来自斗争；永远不要忘记，政府和民众一样也会犯错误。"在
君主专制下阐述最后一点必须多加小心，奥斯特曼于是补充修正如下："一个像丹
麦政府这样温和谦恭的政府，实在是无须害怕报纸上的一点点辛辣。"今天我们可
以看出，奥斯特曼对批评性刊物民主方面的清醒认识是具有前瞻性的。

然而两个礼拜之后，他遭遇到克尔凯郭尔的异议。他也要——用学生会的行
话来说——"宣读"，他要了一份奥斯特曼的讲稿，并在一八三五年十一月二十八
日提交了一份反对意见，题为《我们的新闻文学》，副标题是"正午阳光下的自然
之研究"。演讲的听众很多，结束时他们报以热烈的掌声。克尔凯郭尔进行了充
分的准备，表现出他对以《哥本哈根邮报》为代表的民族自由派报刊史有出色见
解。他的观点是，自由派报刊远不如奥斯特曼给人的印象那么活跃，实际上不过
是"从空中楼阁运行到捕鼠器，然后回家"。他没有直接说，但是可以从字里行间
读出来，当时最根本的改进来自腓特烈六世本人。简而言之，克尔凯郭尔不打算
参加他称之为"翻着跟头进入言论出版自由的西伯利亚荒原"的活动。56

奥斯特曼听了克尔凯郭尔的演讲，但他无意于和这样一个对手纠缠，"我知
道他对实际情况兴趣不大"。可见奥斯特曼很了解克尔凯郭尔，不仅在学生会里认
识，而且在哥根本哈根的咖啡馆里碰面，然后从那里出来一起沿着湖畔散步。他
那活跃的"智力"，奥斯特曼解释道，"会抓住同时代的每一个话题，用来练习他
那……出众的辩证法和机智。我［为言论自由所做］的辩护得到了正面回应这件
事把他推向对立阵营，他对那里的同盟军同样漠然置之"。

奥斯特曼是对的。克尔凯郭尔在言论出版自由辩论中的发言不啻是掀起茶杯
风波艺术的一次大规模演习。然而，也许正因为如此，当自由派的旗帜和发言人
奥拉·雷曼在《哥本哈根邮报》上发表第五篇关于"言论自由问题"的文章时，
克尔凯郭尔不懈地对他进行了迎头痛击。后来成为宪法之父的雷曼在这里提出，
近年来的许多逆境，"战争、战败、羞辱、破产、歉收"，在民众当中引发了广泛
的愁云惨雾，而又被民族主义和田园式感伤的手段强行压抑下去，"公共生活笼
罩在忧伤的黑暗之中，因此并不奇怪，人们退缩回到家庭生活之中，在紧闭的门
后面尽量寻求温暖和舒适，努力找些乐子。随之兴起了一种'静物'的艺术，将

'古老的丹麦'和'国旗'审美化的游戏"。

雷曼绝不是人民公敌，但他明白，这种民族主义的自我扩张和自我美化，"这种关于丹麦性的喧嚣"深处是一种民族自卑感，是与真正爱国主义背道而驰的戏仿。为了能够从市侩主义（spidsborgerlighed）和腐败的压迫中解放出来，民众需要呼吸新鲜空气，而批评性新闻则有助于实现这个目标。尽管雷曼按照环境的要求小心遮掩，他还是乐观地断言，"目前我们正处在人民生活和人民自由的黎明"。

六天以后，一八三六年二月十八日，克尔凯郭尔继续从雷曼停止的地方开始。他写了一篇题为《哥本哈根邮报的晨间观察第四十三号》的文章，刊登在约翰·路德维希·海贝格编辑的《飞翔邮报》上。这是当时最高雅的美学期刊，虽然发行量很小，却对舆论的形成发挥着重要作用。该刊从一开始就以提高人们对戏剧艺术的兴趣为己任，为达此目的，海贝格经常谈论和推荐皇家剧院的演出。尽管这样给《飞翔邮报》增添了一点技术的性质，而海贝格的新闻感也不允许博学的长篇大论成为读者的负担，相反他的意图是娱乐，他希望哥本哈根会成为一个像巴黎那样充满活力的都会。在一八三四年的名单上有大约一百四十名订户，其中包括年轻的王储克里斯钦；皇家忏悔牧师雅各布·彼得·明斯特；奥斯特兄弟，物理学家汉斯·克里斯钦·奥斯特和他的弟弟，法学家和未来的丹麦首相阿纳斯·桑德伊·奥斯特；自称舞蹈家的青年奥古斯特·波诺维利；还有一位法律顾问特基尔德·奥尔森，他有个女儿芳名雷吉娜。除了这些知识精英订户，名单上还有哥本哈根的许多商人和店主，包括著名的巧克力制造商凯勒，他把这份杂志放在店堂里以取悦喜爱甜食的顾客们。《飞翔邮报》和后来的《海盗船》一样，是一份人人都可以谈论的刊物，它辛辣而有趣，雄辩的作家们互相玩捉迷藏，喜欢对好奇的读者故弄玄虚，用假名或者神秘的符号来签署其投稿。海贝格自己的签名就是一个三角符号。他们乐此不疲，以至于不想让人认出来的作者们先用完了所有大小写的拉丁文字母，接着又用完了希腊文字母，最后不得不借助于号码。

"B"显然还是一个空档，于是克尔凯郭尔可以用来署名。选择标题时就已经在拿雷曼的《黎明》开玩笑，通篇都是桀骜不驯的轻灵风格。运用大致等量的论辩准确性和反讽的任意性，克尔凯郭尔接触到了雷曼文章中的一些观点，把它们搅和成荒唐的滑稽戏仿，把真实性、客观性抛到一边。反应也很快就来了。三月四日，约翰尼斯·黑伊，《祖国》杂志的年轻编辑发表了《论〈飞翔邮报〉上的论战》，他在文章中对交战双方不必要的机智表达了不满，在"B"的一面，其目的无非是"弘扬那小小的自我"。尤其令黑伊恼火的是"对安·彼·利雍格的无耻抨击",此事让上面提到的"B"有罪。安·彼·利雍格是《哥本哈根邮报》的编辑,关于他,克尔凯郭尔声称,"给《哥本哈根邮报》当编辑无异于牛刀杀鸡",因为该刊如此不足道,最合理的解决办法是在编辑的座位上放一个"完全彻底的零"——不错,克尔凯郭尔毫不怀疑,就像"人们在英国把尸体卖给解剖室",在丹麦很快就会有人"把尸体卖给《哥本哈根邮报》的编辑室"。

这个策略很不客气,几乎是出口伤人,但也很精明,因为利雍格是海贝格爱骂的眼中钉之一。海贝格经常把他叫作"缮写员"。克尔凯郭尔的策略很快见效,第二天他就得到了意料之外的支持。《国家之友》,如其刊名所示是一份保守倾向的周刊,把克尔凯郭尔以"B"的笔名所写的文章当成了海贝格的!"海贝格写过一些机智幽默的东西,但从未像《飞翔邮报》上的那篇文章这么精彩,"《国家之友》毫无保留地赞美道,"如果伟大的诗人兼戏剧批评家拉贝克还活在我们中间,他一定会将其称为无价之宝。"克尔凯郭尔高兴得几乎昏过去,他把《国家之友》的文章抄到自己的札记上,但又和原文略有出入,不是一字一句地照抄,可见他进行了彻底的研究,几乎可以背出来!为了取得全面胜利,他又加上一段逸事。保尔·马丁·穆勒也不知道谁是真正的作者,正想到街上追赶海贝格,感谢他写出了"自《飞翔邮报》转向政治以来最好的一篇文章",但埃米尔·波厄森在千钧一发之际阻止了他,并告诉他,谁才是那篇文章的真正作者。

再没有什么比被当作海贝格更大的恭维了,引起海某的注意是每一个新作家疯狂的梦想。在克尔凯郭尔则看上去不是这样,他之所以有可能被当作海贝格仅仅是因为他,克尔凯郭尔将海贝格模仿得惟妙惟肖,所以他的文章正确说来不过是一个技巧高超的模仿、复制、仿作。克尔凯郭尔的老同学,作家汉·彼·霍尔斯特也这样写道:"在他大学生活最初的日子里曾受到海贝格机智(det Vittige)观的强烈吸引。如果《飞翔邮报》上那篇机智幽默的文章没有照耀着他作为作家闪亮登场,我才会大为惊讶。我记得他怎样在那些日子里以同样的精神写各种各样的东西,并且,走在街上用他那令人羡慕的记忆力背给我听。"

受到这次成功的鼓舞,克尔凯郭尔再次胜券在握地以"B"的名义给《飞翔邮报》投了总标题为《关于〈祖国〉论战》的两篇文章,分别在三月十二日和十五日发表。随着时间推移,这件事渐渐变得如此复杂,以至于克尔凯郭尔的文章活像一场家庭纠纷的记录,到最后谁也不记得谁对谁说了什么,更不记得起因究

58

竟是什么。利雍格又挨了几拳，而黑伊被拍了个不折不扣的满脸花 [1]，因为是他竟敢说克尔凯郭尔写作不过是为了"弘扬那小小的自我"。然而海贝格则对这场血肉横飞的笔仗十分满意，他在三月十六日给克尔凯郭尔寄去长文"加印的六份"，感谢克尔凯郭尔投稿并向其保证，"一读再读，益发兴味盎然"。最后，他的落款居然是"最谦恭的约·路·海贝格"。

论战却没有就此停止。三月三十一日的《哥本哈根邮报》上刊登了奥拉·雷曼的《答〈飞翔邮报〉B 先生》，文中说"B"是一位"无疑有才能运用有力词汇和气韵生动意象"的作家，然而他的意图究竟是什么，却让人百思而不得其解。确实，他觉得"核心深藏在一层厚壳之内"，这件事不过是"以幽默方式进行的文体练习"。克尔凯郭尔给的回应《致奥拉·雷曼先生》刊登在四月十日的《飞翔邮报》上。不出所料，此文充满了轻蔑的不屑一顾。他在这场论战中首次摘掉"B"的马甲，签上"索·克尔凯郭尔"的名字，也许是因为他乐于对这些小打小闹承担责任。

克尔凯郭尔二十三岁生日的前一天，一八三六年五月四日，事情突然发生了不幸的逆转。一位匿名的先生在他所称的《幽默智慧报》上发表了三篇文章。他在第一篇文章里扯家常似的交代该报的宗旨时，明显地就是指向克尔凯郭尔，而在第二篇文章里就一发而不可收了。署名为"X 先生"的作者在攻击时的论辩身手如此矫捷，几乎让人怀疑，实际上是克尔凯郭尔本人，在新符号的掩盖下继续和自己搏斗，然而讽刺的恶意毕竟还是超过了这种可能性。文章结尾部分是这样说的："通常当我们读一位让我们感兴趣作家时，会从他所写的作品中逐渐形成一幅他的人格和面相的图像……我们经常以这种方式看见一个梅菲斯特从书籍和报刊中浮现，然而更经常的情况是一幅这样那样的漫画，夸张的傲慢，矫揉造作地卖弄学问，或者其他诸如此类的品质标在一顶傻瓜帽子上。"遗憾的是，篇幅不允许就这样一幅肖像加以展开，但以后也许会，"尤其是，如果该作者继续他的文学活动，为我们提供更多他的面相材料的话"。

阅读这些关于他身体的粗暴描述一定让克尔凯郭尔痛苦，然而更加令人不快的是，他做梦也不会想到，在本城什么地方有一个文学双胞胎，在论战中居然会比他走得更远。考虑到这次关于现时代"新闻文学"讨论的爆发，克尔凯郭尔对

---

[1] 英文：uppercut。

提高言论自由的必要性原本抱着某种居高临下的态度，现在他本人突然受到报复的威胁，继续发文章就给他戴上"傻瓜帽子"，这真是命运的反讽。在下一篇文章里危险似乎过去了，作者不再把他的观点与克尔凯郭尔联系起来。然而这位神秘的"X先生"的另一篇文章，幕启时却是"《飞翔邮报》的大学政治——扣人心弦的六场轻喜剧"。该剧用霍尔贝格式的喜剧风格，所有登场人物都是假名，但是很容易认出来，是采自《飞翔邮报》刊登的文章。剧中人的许多台词，他们自己的或者转述别人的话也都是从同一个地方借来放进嘴里的。克尔凯郭尔在演员表上的角色叫"克（原名B），一个对立派，脑袋瓜挺好使"，海贝格的忠实信徒，是他的"书记官"[1]。

在这里，不折不扣地触碰了底线。除了一小段告别台词，克尔凯郭尔没有别的机会说话，但已经足够了，因为根据这种弗洛伊德式的脐下三寸理论，他在整个春天月份里的文学活动被解释为一种内心的升华，言外之意是性冲动需要为自己找到一种更直接的生物学发泄。并非毫无理由的，他气得脸色铁青，但这反应从来没有公开发表过。究竟是谁躲藏在这个没心没肺的"X先生"后面？谁也不知道，克尔凯郭尔也不知道，但他估计是"《哥本哈根邮报》美学时期的诗人之一"。然而其他旁证，尤其是写作风格，则指向一个稍稍偏离的方向，即一位名叫皮·路·穆勒的先生。也许只有他才具备足够的模仿才能，运用自己的反讽来戳破别人的反讽气球，让克尔凯郭尔那膨胀的夸张文体瘪掉。

而恰恰是由于这种才能，穆勒在将近十年之后与克尔凯郭尔在文学领域里再次狭路相逢，将其运用得如此高效，乃至于完全改变了克尔凯郭尔的生活方向。

盘算倾斜角度——在海氏魔法圈里

尽管克尔凯郭尔的报刊论战得到了一个不怎么舒心的喜剧性续集，人们还是认为他是胜利一方。克尔凯郭尔的第一篇文章发表后短短的几天之内，彼得·罗尔丹就写道："学生会里发生了变化，他们的酋长和领袖雷曼一败涂地，连带《哥本哈根邮报》也一败涂地……胜利者是年轻的克尔凯郭尔，现在为《飞翔邮报》用'B'的笔名写文章。"牧师约翰·哈恩在五月十七日写给彼得·克里斯钦的信中说："我从方方面面听说，令弟索伦以机智幽默和力量在《飞

---

[1] 拉丁文：Amanuensis。

翔邮报》闪亮登场了。"

　　这次成功的文学亮相意味着，克尔凯郭尔获准进入海氏魔法圈。约翰·路德维希·海贝格是诗人、文学批评家、期刊编辑、剧作家，后来是皇家剧院总监，为那个时代的观众提供他们爱看的杂耍剧，一种充满了阴谋和永远不可战胜的爱情纠葛的、载歌载舞的轻喜剧。简言之，海贝格当时是优雅和风趣、反讽和文雅、良好的礼仪和精神贵族的指示标，不论是好是坏。因此海贝格是一种机制，美学的最高法庭，其判决也许不都总是公正的，但是不容挑战，因此具有生死攸关的意义。此外，海贝格还是一个有着高贵谱系的文学王朝的管理者。他的父亲，彼得·安德烈·海贝格，在一八○○年被驱逐出境时毫无争议是全国最著名的作家；他的母亲，汤玛欣娜·布恩岑，用她第二个丈夫的姓作为居伦堡夫人而知名，她在一八二七～一八四五年间匿名发表了二十四部长篇和中短篇小说；他又和约翰娜·路易丝·派特厄斯结婚，那神圣的无产阶级孩子，在十三岁的时候就成为他的专属爱欲对象，现在是丹麦舞台上无可争议的圣母，那个时代光彩耀人的缪斯。人人赞美她，崇拜她，爱上她，有些人爱得如此深切无望甚至陷入忧郁症，并且以那个时代特有的悲剧风格自杀。当她扮演奥伦施莱尔的《狄娜》一剧的主角时，哥本哈根人如此欣喜若狂，他们卸掉她套车的马，用人力把她从皇家剧院拉回家。此前只有腓特烈六世国王和雕塑家巴特尔·托瓦尔森享受过同样的待遇。海贝格夫人简直被她的粉丝们奉若神明，他们购买她的铜版画像，把她的画像绣在手帕上或者帽子上，但这些都还不够，海贝格夫人的名字还出现在雪茄烟、植物、灯具、肥皂、信纸、茶点、巧克力牌子上，甚至丹麦的圆舞曲之王汉·克·伦拜也创作了以她命名的乐曲。

62　　整整二十五年里居伦堡夫人和儿子儿媳住在一起，这不但要求双方的分寸感和彼此宽容（婆母活了八十三岁！），而且形成了一种工作伙伴关系，即刻薄的人们口中的"海贝格工厂"。儿子出版母亲的短篇小说和剧本，母亲在儿子的期刊上发表文章，晚上路易丝登台扮演丈夫和婆母为她写的角色。

　　一份到城里克里斯钦港区桥梁街三号海公馆做客的请柬，对上年纪的人来说是荣耀，对年轻人则是在哥本哈根诗坛获得成功的承诺。这里聚集着戏剧界人士和演员们，他们和海贝格一样，把振兴皇家剧院和创建独立的丹麦戏剧作为时代精神所提出的主要任务之一。才华横溢的演员卡尔·温斯劳和后来被克尔凯郭尔捧上了天的克里斯滕·尼曼·罗森基勒都属于最早的常客。作家兼剧作家亨利克·赫尔茨于一八三二年获得准入，很快就赢得了海贝格夫妇的好感，与男主人合作翻译了歌德《浮士德》的一些片段。同年六月，赫尔茨陪海贝格夫妇到北西兰岛度假，他疯狂地爱上了女主人，约翰·路德维希一转身，她就用卡尔·贝尔曼的歌诱惑他。然而，赫尔茨深谙自制之道，因此保持了自己的友人地位长达二十五年之久，不仅如此，他还带来了自己的小小帮派，法学家彼·威·雅克布森和教育家卡·阿·托尔森。二位都是充溢着审美意识的梦想家，天生具备了让名为"技巧"的谨慎来平衡每一种冲动的超级能力。他们极其挑剔，几乎到了冷漠的程度，他们痛恨一切感情的爆发，狂热地培育诗歌形式主义。万一不小心用错了韵脚或者节奏，足以让他们产生生理痛苦。斯汀·斯汀森·布利歇那段名言，"哥本哈根饼干切制行业公会"，其实更适合于讽刺这些门徒而不是海贝格本人。在年轻的明星中包括弗里德里克·帕鲁丹·米勒、汉·彼·霍尔斯特、彼·恩·林德，而那些年里属于老一代的诗人则有克里斯钦·温特、卡尔·巴格尔，当然还有现任哥本哈根大学哲学教授的保尔·马丁·穆勒，海贝格年轻时和他在一个名叫"吕克昂"[1]的辩论俱乐部里共享过许多快乐时光。最后就是索伦·奥比·克尔凯郭尔，商人的儿子，他显然，谢天谢地，除了祈祷文之外多少还知道一点别的事情。那个时候如果有人说，将来人们关心海贝格一家以及聚集在他们周围的那群人，仅仅是为了年轻的克尔凯郭尔和又瘦又高的安徒生的缘故，一定被认为是个很不高明的笑话。

我们并不清楚，克尔凯郭尔究竟在什么时候初次进入海公馆。海贝格夫人在其回忆中提到，他每隔几天就会在晚间不请自到。而亨利克·赫尔茨的日记中则记载着，克氏出席了一八三六年六月四日的晚间聚会。海氏夫妇即将出国旅行，在柏林、魏玛和莱比锡逗留后前往巴黎，海贝格将把妻子介绍给流亡中的父亲，他已经有十四年没有见过父亲了。那天晚上大家都说了些什么，赫尔茨没有提，但我们不难想象，即将来临的旅行将引导谈话进入欧洲方向并把注意力集中到巨人离去后的时代精神状况——黑格尔和歌德分别在一八三一年和一八三二年相继离世。

海贝格刚刚发表了《论哲学对现时代的意义》，他在文中将现时代定义为深陷于危机之中的时代，只有哲学才能加以超越。不是这种或那种哲学，而是哲学本

[1] 原文 Lycæum 来源于 Lyceum，希腊文 Lykeicom 的拉丁化形式。希腊古典时期献给阿波罗吕基奥斯（狼）的学校名称，原址在亚里士多德及其逍遥学派聚会讲学的地方。后世成为中学的名称。

身，因为"哲学不是别的，而是对永恒的或思辨的观念、理性、真理的认识"。尽管宗教、艺术和诗也是"无限性的实现"，哲学仍然处在那将真理作为概念涵盖其中的谱系中最高的等级。海贝格是个现代人，他对基督教的态度是尊敬的，可是宗教情感，更不要说虔诚的情感，则离他冷静的天性十分遥远。对他来说，所谓"诚实信仰者"的定义是"那些自欺而不欺人的人"。这样他对基督教的态度纯粹是思辨的，他对宗教的前景不抱幻想："我们即便想隐瞒或者美化真相也无济于事，我们必须对自己承认：今日宗教主要是未受教化人们的事情，而对已得到教化的世界来说宗教则属于过去，属于已经被超越的。"或者用挑战性的成长隐喻来说，"人的知识……从头脑中神的知识里成长起来"。

海贝格以这样的精神贵族声言，跻身于一个长长的欧洲文化传统，这传统在德国浪漫派达到顶峰并与哲学理念主义 [1] 相联系。因此毫不奇怪，他也援引歌德和黑格尔作为我们"时代无可置疑的最伟大代表"。歌德，因为他作为思辨诗人让诗意在哲学教育诗篇中得到了解释，使"关于无限性的知识，哲学知识成为诗的对象"。而黑格尔，则因为他的体系是最精致的，是制定一种完整的"中心科学"最雄心勃勃的尝试。辩证过程的目标是达到一种主观与客观、认识与对象之间的分野都得到消解的绝对知识。在此过程中宗教，作为一种较低级的阶段，也被归入哲学之中。

海贝格关于教化（dannelsen）之必要性的断言首先是一个哲学的纲领性宣言，其最终保证就是世界精神本身，而这精神也自然不是能与之辩论的。这样，教化就不仅是社交规范、良好的举止、活跃的谈话和一般的礼仪（decorum），尽管这些也都包括在内。早在《飞翔邮报》创刊后的最初几期里，海贝格就写了一系列文章，论述教化在个人和社会生活中的意义。后来将这些文章收入他的《散文集》中时，显而易见地归在"贡献于审美道德"部分。第一篇写于一八二八年，标题是《论目前公共生活中的主调》。海贝格精心选择了"文质彬彬" [2] 的笔名来写这篇文章，他的使命是向形形色色的同时代人传授一种不限于当时风尚常规的、经过严格定义的礼貌行为观念："英勇豪爽和社交礼仪是应该加以考察的外在品质，因为它们属于时髦；很少有人想过，如果这些品质不深入一个人的内心，就像把

---

[1] 原文 Idealisme，旧译"唯心主义"。
[2] 拉丁文：Urbanus。

华丽的衣服套在肮脏内衣上一样。"

海贝格让后世的礼仪书作者爱玛·加德相形见绌，使后者几乎显得像是衣冠不整的提袋女士。他似乎在完全有意识地培育一种克制的艺术，他根据黑格尔开的处方来调和矛盾，淬炼激情，使其成为一种不动感情。到这里，并不需要多少夸张就足以让良好的风度变成不过是［外表的］风度，不动感情变成矫揉造作违反自然的趋炎附势。然而问题在于，教化可以也必须由个人来死记硬背和练习，这只能通过学习有教养的行为来实现。这样的践行本身就是教化，并因此而赋予有关个人道德的品质，海贝格甚至直称："道德与教化不可分割，二者以相同比例增长。"

行为规范不仅限于上流社会的社交生活，而且也适用于公共和社会空间，例如在阅览室、茶室和餐厅（海贝格经常在这些地方遇到大声喧哗的人们！），当然也包括剧场，那里品位已经渐渐堕落到了这样的程度，以至于未来的表演将包括野蛮的"走钢丝舞和斗鸡，透过眼镜能看到的最好的东西是骑兵战斗，大炮齐射，猎鹿或猎兔成为所有关注的焦点"。海贝格在这里表达了和歌德相似的、对浅薄之胜利的恐惧——当人们把一条狗带上舞台的时候，歌德辞去了魏玛剧院总监的职位。

众所周知，海贝格与恶劣品位作战的战线拉得极长，很快就遍及所有领域，即便是那些民间领域他也打算进行加工提炼。在一篇题为《论国民消遣》的文章中，他优雅地伸出谴责的食指提请大家注意。只要想到人们在礼拜天远足时使用的交通工具，就足以唤醒他的审美厌恶："还有什么比这幅景象更缺乏品位：那巨大而笨重的荷尔施泰因马车，两侧各坐着三四个人，不少人的怀里还抱着孩子？车上沉重的负载由几匹可怜的瘦马拉着，行驶在尘土飞扬的乡间道路上……这些努力的目的是什么？前往幸福的游乐场所鹿苑，他们在那里又认出打算逃离的哥本哈根；他们在那里还会碰到京城没有的局促，就是到处和人相遇，吞咽大量的灰尘和污垢，愚蠢地互相对视，互相给对方的华丽服饰做寡然无味的评论。"克尔凯郭尔显然把这些话背了下来，因为这场景和他给彼得·威廉·隆德的信的结尾部分，对混乱的神学门徒们的描述几乎完全一样。

一方面，为了避免这样的"没有品位和陈词滥调"，海贝格建议人们把自己限制在一个由大致相同教化水平的人组成的圈子以内，这也是进行恰当"谈话"的前提条件。因为儿童不善于谈话，他们自然就不应该乘坐马车出行，由保姆带他

65

们到皇家花园去呼吸新鲜空气或许是更适当的做法。如果短途旅行要成为一种乐趣就不能太经常，旅行的时候也不是为了匆匆赶到目的地，而是要享受旅程本身，它也必须被赋予必要的优雅："绅士可以步行，骑马，或者乘坐任何一种轻便交通工具。当一行人中包括女士时，就必须配备奥芬巴赫式或其他宽敞的轻便马车，上面有必要时可遮挡风雨的篷布。"看来海贝格拥护的是一种经过修正的更适合都市条件的骑士浪漫主义。另一方面，他的含有所有这些荣耀的哲学公式，则完全是现代的，黑格尔主义的："在教化中，重要的不仅在于其物质方面的'什么'，而且更在于形式上的'如何'。"

这个公式也适用于家庭日常生活，海贝格在审美道德论中开辟了一章专门加以论述。在这里他愤怒地说，价值最好的房间"客厅"经常遭到闲置，一家人挤在另一间小房间里，甚至女仆也不得不和主人们共处一室，这会导致彻头彻尾"禽兽般的生活"。那美其名曰"晚餐"，一脑袋糨糊的丹麦人通过喉管吞下去的食物也有些"禽兽"成分："我们确实有几种不必感到惭愧的国菜，但大量以牛奶为基础的单品，甜汤、甜色拉和面粉糊状的调味汁之类，大部分文明国家将避免将其摆上餐桌。……许多偏见仍然占据着不可动摇的统治地位，例如，每一道端上餐桌的菜都必须是热的，于是人们宁可吃经过加热的剩菜大杂烩也不肯吃冷的、多汁而富有营养的肉。人们重视量超过质，宁可喝两三份著名的礼拜天清汤，也不愿意满足于一份浓汤。"

海贝格对普通丹麦烹饪里毫无章法的烩菜大皱其眉头，不仅因为他的样板是法国美食，而且出于他对饮食的仪式功能和社交功能的看法，如果一顿饭限于狼吞虎咽，那么所有这些意义就完全消失了。关于这一点他写得既有挑战性又富有预见性："晚餐在家庭生活中具有深刻的重要性。我们可以勇敢地断言，如果对此事掉以轻心，忽略其秩序和美观方面，那么在家庭的其他一切方面也将缺少这些品质。谁没有见过那种司空见惯的家庭晚餐——更像是满足动物性需要而不是愉快的聚会？……错误的节俭考虑使得仆人人手不足，于是，迫使主妇和长大的女儿们承担起大部分的上菜任务，她们不得不连续从桌边站起来，跑进跑出，谈话打断了，舒缓的宁静消失了。小孩子和大人坐在一起，他们吃喝的样子足以让大人失掉胃口，他们贡献的胡言乱语打搅着人们的平静和谈话。人们终于从餐桌边站起来时，带着空虚和迷惑的感觉，就像听到冲压磨坊的噪声或者铜匠反复敲击榔头后的反应一样，心灵被震聋了。"

66

海贝格夫妇一直没有孩子，所以并没有理由害怕小孩子在餐桌上胡说八道。究竟是选择把海贝格改进人们生活的尝试解释为一种审美极权主义，还是对无形式暴政的一种善意矫正，在最严格的字面意义上都是一个品味问题。但是无论如何很难把海贝格称为言行不一的伪善者，因为他把自己的美学理论付诸家庭生活和公共生活的实践，通过这些做法而具备了一种观念，后来克尔凯郭尔持续指控他所缺少的那种观念。

浮士德式的大学生[1]

克尔凯郭尔对他在海贝格圈子里的情形只字未提，不过父亲家里的亨胡特式节制简朴和海贝格府上精巧结晶体般的社交气氛之间的对比如此强烈，仅站稳脚跟就要求他做出非凡的努力。海贝格夫妇告别晚宴前后，克尔凯郭尔写了一条札记，为他刚参加过的一次太过高尚的聚会后的处境和心情给出一段特别的全面叙述："我刚从一次聚会回来，我是那聚会的灵魂；机智风趣的话源源不断地从我的口中涌出，大家都笑了，都赞美我——但是我走了（不错，这破折号应该像地球轨道的半径一样长＿＿＿＿＿＿＿＿＿＿＿＿＿＿＿＿＿＿＿＿＿＿＿＿＿＿＿

＿＿＿

＿＿＿＿＿＿＿＿＿＿＿＿＿＿＿＿＿＿＿＿＿＿＿）真想一枪打死我自己。"
克尔凯郭尔让自己到破折号为止，谢天谢地。克尔凯郭尔受到海贝格崇拜的蛊惑如此之深，他决定把那里的仪式为己所用，把海家的神祇当作自己的。他开始全面地研读歌德。伟人辞世后哥本哈根的文化精英们举行了大规模的纪念活动：大学校长亚当·奥伦施莱尔发表了一篇纪念这位德国大师的感人至深的讲话，并在随后的学期里讲解歌德的主要作品；一八三四年四月，波诺维利的三幕舞剧《浮士德》上演，三个礼拜之后根据同名作品改编的话剧上演，由海贝格和赫尔茨翻译。

总之，歌德正时髦[2]，克尔凯郭尔不甘落后。一开始他从各种私人图书馆借书来看，但这样太麻烦，于是他在一八三六年二月十日到瑞策尔书店去买了一套五

---

[1] 拉丁文：Studiosus Faustus。
[2] 英文：trendy。

十五卷本的歌德全集。他最先读的是伟大的教化小说《威廉大师》[1]，因其"圆熟的控制贯穿全书"而被他称之为"杰作"，他还在札记中写道，"实际上全世界都微缩在一面镜子里，一个真正的小宇宙"。这些话读上去像是从海贝格的脑子出来的。

然而在歌德的作品中还是要数《浮士德》让克尔凯郭尔最着迷，迷得最长久。早在一八三五年三月中，他就画出了这个人物的第一幅素描肖像草图。他是基于研读斯提利策的《浮士德博士世家》[2]而绘制的，从一份详尽的参考文献书单中选择了最重要的作品来完成他所说的"冒险"。现在，一年以后，他又回到那份参考文献书单抄录了一百零七个书名，其中十四个是关于歌德对浮士德母题的处理。

克尔凯郭尔很快就明白，尽管浮士德是一个永恒的观念，但这观念随着时代的演进得到了很不同的阐释。早年人们运用道德的观点，那么结果肯定是把这个人物写成本质上邪恶和堕落的人，他的不幸都是咎由自取的；在克尔凯郭尔的时代，浮士德形象获得了越来越多的心理学意义，因此出现了更为复杂的评价。类似的情况也发生在克尔凯郭尔曾经加以思考的和浮士德相关联的唐璜和流浪的犹太人那里。所有这三个人物形象都代表着普遍的人类状况——享乐（唐璜）、怀疑（浮士德）和绝望（流浪犹太人），他们因此而作为原型出现在每一个时代，不论是异教时代还是基督教时代："这三个伟大的观念……可以说代表着宗教之外的三个人生方向，只有当这三个观念进入个体的人并成为间接性（middelbare）时，道德与宗教才会出现。"因此，怀疑既是不可避免的，又是生产性的。"浮士德因素或多或少在每一个智力发展中起到一部分作用，"克尔凯郭尔在给彼得·威廉·隆德的信中如是写道，"如同我们祖先热望女神，我认为我们面前站着怀疑的人格化——浮士德。"

68　　为了廓清浮士德典型的当前形象，克尔凯郭尔必须定义当前的时代，他采用的是经典的三级划分。最底层是渣滓，猥琐的形式，亚里士多德称其为实用的[3]，如手工匠人和农民，失落在纯粹的物质追求之中——包括教育他们的孩子成为"坚定不移的消费者"，从而生活在无忧无虑的漠不关心之中。"在他们那里几乎不

---

[1]　德文：Wilhelm Meister。

[2]　德文：Die Sage von Dr. Faust。

[3]　希腊文：praktikoi。

可能发展出浮士德精神",克尔凯郭尔得出结论说,他也肯定是对的。中间等级的情况要稍好一些,那里居住着平均水平的智力类型,历史学家和自然科学家,但他们通常总是很忙,浮士德因素不会认真出现,如果要出现"[他们的]精力首先必须以这样那样的方式瘫痪掉"。顶端的位置专属于一个群体,他们"试图在一个总体的观念中理解自然、人生和历史中无限的多样性"。鉴于现代世界里的知识爆炸,即便是最坚定的人也不再能跟上知识的发展,"于是浮士德因素就作为因不能从总体上理解全部发展的绝望而出现了"。

克尔凯郭尔的分级并不以精微取胜,但是很有趣,因为它表明了智力怀疑怎样在心理学上突然转向,并以此将自己和绝望联系起来,而绝望实际上则是流浪犹太人的领地。克尔凯郭尔在一八三五年三月底的一条札记中写道:"经常会听到说某人是个唐璜或者浮士德,但很少听说他是个流浪犹太人。但是,难道不应该存在着很多有流浪犹太人本质的那种类型的个人吗?"这个问题是一个修辞学问题,这种个人实际上是存在的,很显然,克尔凯郭尔本人就自认属于这种类型。流浪犹太人类型不适合于体系,而这一点恰恰适合克尔凯郭尔,他对浮士德的兴趣正在于不适性,现代知识人的标志性特征。他在这一方面与浪漫派反讽者有着精神上的亲属关系,后者的痛苦是既不能克服也不能翻译的厌世[1],它经常导致灾难和不期而至的突然死亡。这样一个浮士德肯定会坚持自己作为例外的权利,并且与那消除了一切矛盾冲突的里程碑式的庞大哲学体系相对立,就像他肯定会无比憎恶一种天真——似乎布尔乔亚市侩生活于其中的世界是合理的、可解释的,人生的意义可以在家庭生活的缓冲区发扬光大似的。

这个充满了不可调和性质的浮士德渐渐在克尔凯郭尔的札记中出现,把歌德的那个可以调和的浮士德典型推向背景。早在给彼得·威廉·隆德写信的时候他就已经注意到"歌德让浮士德忏悔,对于这个观念肯定是一种损失",整整五个月以后,他在一八三五年十一月一日写道:"如果歌德不续写'浮士德'将让我非常开心,我将称其为一个奇迹;但是他在这里屈从于人性的弱点……恰恰是悔改,把他降低到更日常的水平。"一个不再为自己的怀疑而绝望的浮士德不是浮士德,而是一个改邪归正的异端,一个自欺欺人地与自己不可调和的矛盾和解的叛徒。

这样,在克尔凯郭尔最初接触到的中世纪版本中有更多实质性内容,一八三

---

[1] 德文:Weltschmerz。

六年十月，他到装订商特利伯勒的遗孀在乌尔克街一〇七号开的书店里买了一本关于浮士德的丹麦民间读本。这是本经过大幅删节的古老浮士德故事，而所有删节本都可以追溯到一五八七年的德文原版。只要看一眼这本书的封面和浮士德的半身胸像，就足以说服他，一定要拥有这样的一本：

世界著名

顶级黑色艺术家

和

巫师，

约翰·浮士德博士，

以及

他和魔鬼所签订的契约，

他精彩纷呈的人生及其可怕的

结局

克尔凯郭尔的那本书保存得很好，从书上大量的画线和边批眉批来看，他认真读过这本书。第二年春天，当他在城中漫步时偶然在一家"最简陋的书店"里发现了这本书，并因为将"最深刻的东西"以如此简朴的形式"向最单纯的阶级推销"，而深受感动。浮士德太贵族了，而克尔凯郭尔也将成为贵族的一员。当他在六年以后撰写《非此即彼》第一部分当中的"直接爱欲阶段"时，浮士德和唐璜分别为魔性的两种形式，精神的和感官的人格化。他回忆起那浮士德通俗读本："有这样一本民间读本，即便看的人不多书名也广为人知，这在我们这个专注于浮士德精神的时代尤其古怪。……实际上这本民间读本值得注意，它首先具有人们所称颂的葡萄美酒的优点，它有花的芳香，这是一种优秀的中世纪陈酿，当你打开它时，那扑面而来的芳香是如此美妙隽永，如此独特，甚至让人感到古怪。"

70　　克尔凯郭尔让这些欢快的隐喻和苛刻的评论混在一起，后者是针对某个"前程远大的编外讲师或者教授"的，他试图通过"出版一本关于浮士德的书，忠实地重复其他通过学者认证的人们说过的陈词滥调，以便在广大读者的法院获得认可"。尖刻的语调似乎并无由来，但是毫无疑问，这是因为坐而论道、发掘浮士德主题的并不止克尔凯郭尔一人。如一八三六年，马腾森就在斯图加特以"约翰尼斯·马"的笔名发表了《论雷瑙的浮士德[1]》，克尔凯郭尔很快就得知了此事，并在一条没有日期的札记中将其称为"约翰尼斯·马（马腾森）关于雷瑙的浮士德的短文"，他已经看出笔名中的"马"指马腾森，但显然并没有读这篇文章，因为他已经开始自己的浮士德研究，有关材料已经足够了。过了些时候，他在一条同样没有日期的小纸条上写道："啊！我真不开心——马腾森写了一篇关于浮士德的论文！"这绝望的爆发是伴随着一个痛苦的确认："是的，一点不错！我接触的一切都变成了'男孩的魔号'那首诗里的东西：

一个猎人使劲吹他的号，

吹他的号，

他吹的一切都丢掉，都

丢掉[2]。"

克尔凯郭尔的情绪突然变了，因为马腾森修改了那篇德文论文，一八三七年用丹麦文加以发表，标题是《对浮士德观念的考察，参照雷瑙的浮士德》。对雷瑙作品的分析仍然是重点，但是马腾森在引言部分对整个浮士德观念进行了彻底的处理，并将其置于广阔的精神史视野之中，因此——很不幸——也囊括了克尔凯郭尔最重要的题旨：中世纪的浮士德是真实的，歌德的浮士德则是充塞了那个时代的泛神论赝品，等等。

马腾森的论文发表在海贝格编辑的期刊《珀尔修斯》[3]上，希本撰写了一篇详尽的、几乎是和蔼友好的评论，发表在声名卓著的《文学月刊》上。这件事本身对于抱负不凡的克尔凯郭尔来说已经是一种挫败，此外还有一个更加难以容忍的事实无异于雪上加霜：马腾森在欧洲各国游学多年，此期间在维也纳与作家雷瑙（他的真名是尼古拉斯·弗朗茨·尼姆布什·埃德勒·冯·施特莱雷瑙）结为友人。然后马腾森前往巴黎，在那里见到海贝格夫妇。关于他们的初次相见，马腾森在回忆录中进行了痴迷的描述，让人感到，这位平常热衷于算计的事业家也

---

[1] 原文为德文。
[2] 引文为德文。
[3] 珀尔修斯（Perseus）是希腊神话中宙斯和那达厄之子，杀死女怪美杜莎的英雄。

71 具有某种直爽的、即兴发挥的能力。他们初次见面是一天上午，在海贝格住的旅馆里，马腾森受到了极为友善的接待，他们很快就开始交换关于黑格尔的意见。众所周知，是海贝格——据马腾森说——将黑格尔"引入丹麦"。二十四岁的路易丝专注地倾听着，不时提出问题活跃谈话气氛，让夫君那优雅的精神闪光。时间飞逝，他们都饿了，于是前往皇宫，在维夫斯餐厅坐下："我们吃的东西精美无比，海贝格一点也不吝惜香槟酒。"哲学谈话在进餐过程中继续，不过也接触到了美学话题，马腾森十分赞美莎士比亚的诗，但海贝格则认为其文胜质。愉快进餐之后三人步入皇宫花园，这时才谈到时代的戏剧，谈到丹麦诗歌，特别能拨动身在海外者心弦的话题。当他们绕着喷泉漫步的时候，路易丝唱了《夏日里我出门去倾听》，马腾森从来没有听到过，但路易丝帮助他学会了这首歌。回到旅馆，话题转入贝尔曼的歌曲，它如此完美地将生机蓬勃的欢乐与最深刻的忧伤结合在一起。但马腾森对贝尔曼仅略有所知，于是海贝格抓起他的"吉他"弹奏了几支乐曲，让马腾森能听出，他应该理解的究竟是什么。路易丝又唱了一遍那支夏日小歌，她唱得那么美，马腾森不得不承认："我心中充满愉悦。"

难忘的巴黎一日成为多年友情的开始，马腾森说"对我整个的人文精神，尤其是我的审美教育"都具有深远的意义，他根本无法计算这意义的深度和广度，所以只能说是"无法计量的"。尽管充满歧义，这还是最恰当的一个词，因为这件事的影响在很大程度上是双方的。马腾森对原本相当自由派的海贝格产生了深刻而持久的影响，后者逐渐转向右翼黑格尔主义，政治上也转为相应的保守主义。这保守主义对雅各布·彼得·明斯特及其女婿育斯特·保利产生了吸引力，后者从十九世纪四十年代起成为海贝格府上的常客。海－马联盟使得本已相当狭小的知识环境——如果可能——益发狭隘，近乎黑手党帮派。结束游学回到家乡不久，马腾森就在《文学月刊》上发表了赞扬海贝格的《一八三四年十一月在皇家军事高等学校开始的逻辑学课程导言》的评论文章，当马腾森在一八三七年七月十二日就其神学博士论文《人类自我意识在当代教义神学中的自律性》进行答辩的时候，海贝格为他做了优雅的听众自由提问[1]对手。这篇论文是用拉丁文写的，四年后翻译为丹麦文。一八三八年四月二十一日，刚满三十岁的马腾森被神学院聘为副教授，开始了他很叫座的教学生涯。关于这件事，他后来用永不言败的自信

---

[1] 拉丁文：ex auditorio。

写道:"我的讲课效果可以毫不夸张地描述为伟大和出类拔萃。"确实,他继续写 72
道,"当年的追随者中不少如今已经成为丹麦教会中最优秀的人"。

一八三八年时克尔凯郭尔还是一个神学学生,他对马腾森评论的评语显然出
自一个落后者咬牙切齿的怨恨:"马腾森在月刊上发表的论文属于很古怪的一类,
即越过他所有的先行者而达到了一种不确定的无限。"克尔凯郭尔本人的立场并不
比马腾森的确定,但是不论怎么说,他自己用普遍性理论来处理浮士德观念的尝
试实际上是一个彻底的失败。这是他的第一次学术挫折,并奠定了他对海贝格派
仇恨的基础,那仇恨与时俱增,逐渐到达近乎不可理喻的程度。

就这样,是船长的儿子马腾森,而不是袜子商的儿子克尔凯郭尔,得到了
海贝格授予的桂冠。失败的一方痛苦不堪——在最好的浮士德意义上,陷入了绝
望!真正能把人激怒、奋起反抗的是,马腾森和所有其他有教养的美德模范,他
们研究和崇拜浮士德,个人却并不怎么怀疑和绝望,而是推论、演讲,把洗净熨
平的想法装进写给彼此看的学术论文,唯一的目的就是升迁。和克尔凯郭尔不同,
他们从未在生存意义上被那可怕的浮士德观所触动,而只是在桥梁街三号公寓里
站着,自己排练良好的礼仪并互相切磋,最后完全忘记了,他们也是自然的一部
分,是由本能、死亡和尘土造就的。

保尔·马丁·穆勒 78

谢天谢地,还有穆勒,保尔·马丁·穆勒,一个有血有肉、"有心有肺"的
人;他不是那种抓住每一个机会卖弄聪明的没见过世面的优等生。穆勒,也曾是
海贝格府上的访客,但一段时间之后觉得够了,就去走自己的路。海贝格叫他
"逃兵",因为他对黑格尔的怀疑日益增长,而黑氏也越来越成为他经常攻击的目
标。这样,当一个名叫拉斯姆斯·尼尔森的年轻神学学生转向穆勒,寻求廓清对
黑格尔概念的理解时,惊讶地发现穆勒正靠在沙发上,身上盖着毯子,嘴里叼着
一根长烟斗,竭尽全力地吞云吐雾。学生说明来意,穆勒若有所思地抽着烟斗,
沉默不语达几分钟之久,突然从嘴里拔出烟斗说:"黑格尔!不错,他实际上疯
了。他以为,概念可以自行展开——这样!"穆勒随之喷出一口烟雾,在房间里
缭绕。

这是一个大不敬的身体姿态,但穆勒也根本不买哲学体系的账,作为"不动
感情的思维"的替代,他指向"个人的旨趣"(den personlige interesse)。这里有他

自己的、很不哲学的原因——他的生活经常很不顺。他于一七九四年出生在日德兰半岛上的商镇瓦埃勒附近的乌尔丹姆村，但是在他父亲担任牧师的洛兰岛上卡博莱弗长大。考上大学后他投身于神学学习，为的是能和在洛兰岛的心上人，青春阳光的葛丽泰·布罗赫结婚，但他的求婚遭到拒绝，葛丽泰选择了一位中尉军官。在绝望中，穆勒作为随船牧师搭乘商船"克里斯钦港号"前往远东，时在一八一九年至一八二一年间。据说他有时爬上桅杆，在上面读荷马和西塞罗。在船上这所流动修道院里，他开始记下自己的格言警句或曰，如他所愿用丹麦文来称的"随想"。一八二〇年，他在马尼拉的炎夏中写下了诗作"玫瑰已然在丹麦的花园里开放"，这首诗后来以《欢乐的丹麦》为题发表。一八二一年返国后，他在大都会学校担任过几年教员，不过他仍然以写作诗文为乐。一八二四年，穆勒现身学生联合会，朗诵了他的《丹麦大学生奇遇记》片段，讲的是那头发卷曲的弗里茨及其浪漫恶作剧。从一八二六年到一八三一年，他在挪威克里斯蒂安尼亚大学度过了凄惨的六年，一开始作为哲学副教授，后来成为教授。

穆勒和他笔下的弗里茨一样有着卷曲的头发，他的年轻妻子贝蒂竭尽全力让不修边幅的蓬头丈夫稍微像一点哲学教授。一天，他站在旧市场上读招贴，一个小贩让他把几只鹅给顾客送去，穆勒很客气地谢绝了，说他不是短工，抱歉他正在去大学讲课的路上！他在大学的表现也不总是完全恰当。一八三六年十月底他为雷根森教会一篇平庸的论文答辩担任评议对手。他把自己的意见写在一些零散的纸上，夹在自己那份论文里面，然而在答辩过程中这些纸片散落到地上，这位相当伟大的人物不得不四肢着地去把纸片一张一张捡起来，让大家乐不可支。他的质询总是以"这一点应该认真对待"[1]开始，但他一听到回应马上就好脾气地说"我屈服"[2]并坚定不移地转入下一点。经过一个异乎寻常的超短时间质询，他用不加掩饰的反讽表示抱歉，说时间不允许他将这有趣的对话继续下去。他随即走下讲台，直奔克尔凯郭尔，用别人能听见的耳语对他说："我们去普莱士吧？"他们就去了普莱士，阿玛厄广场上穆勒喜欢的一家茶室。

克尔凯郭尔把这桩逸事告诉了汉斯·布罗希纳，后者回忆道，克尔凯郭尔谈到穆勒时怎样带着"最深厚的感情"。布罗希纳继续写道："保尔·穆勒的人格给

---

[1] 拉丁文：graviter vituperandum est。
[2] 拉丁文：concedo。

他留下的印象远比作品深刻。他曾经抱怨过，人们关于穆勒的生动记忆很快就会消失，那时仅仅根据他的作品来加以评判，并不能真正理解其意义。"克尔凯郭尔不是唯一感受到他魅力的人。埃米尔·波厄森也是如此，他曾经将穆勒的行为与马腾森的行为加以比较，是穆勒胜出，确实，穆勒实际上更加"高明一些"，因为，如波厄森所说，"保尔有更坚强的个性和更坚定的世界观，那是从自己的灵魂深处进行发掘的结果"。

然而，穆勒在一八三五年失去贝蒂之后迅速衰弱下去。人们见到他一连几个钟头呆坐在咖啡馆里，眼睛盯着报纸的同一栏目，不去碰那逐渐变冷的咖啡。孩子们——四个儿子，只能自己照顾自己。直到穆勒和贝蒂的女友结婚后，诸事才多少走上正轨。但是不久他就病了，在一八三七年，这位气喘吁吁的哮喘病患者教授不得不中止讲课。同年十月，他搬进了亨利克·赫尔茨在新市十七号的公寓，开始写题为《关于人类灵魂不死可能性证明的思考》的论文，但是还没有写完，死亡就在一八三八年三月攫住了作者，得年不满四十四岁。

"人类在思想的王国一定属于反刍动物"，穆勒的一条随感如是说，这尤其适用于他本人。他工作得极其缓慢，不停地修改，作品经常不自觉地以片段告终。除了他翻译的《奥德赛》最前面的六卷之外，他在生前几乎没有出版什么东西，甚至连《丹麦大学生奇遇记》也没有写完。临死前他委托继弟 [1]，诗人克里斯钦·温特负责出版他的文学作品，弗·克·奥尔森负责出版他的哲学和学术作品——一个几乎不可能的任务，因为所有手稿都胡乱堆在一起。一个还算完整版本的《穆勒遗稿》在一八三九至一八四三年间初见天日。克尔凯郭尔随着书的陆续出版购买了三卷，认真地进行了研读。后来他抱怨过，编辑出版者们出于被误导的对逝者的尊重而降低了他对黑格尔批判态度的调门。穆勒一开始被黑格尔所吸引，但是最后，由衷地以把他当作一口烟喷掉为乐。

"道德本性手稿"——装腔作势与自欺

一八三八年四月一日，礼拜日，穆勒死后几个礼拜，克尔凯郭尔很早起身出门，仰望苍天。那天晚些时候他回忆起当时的印象："今天早晨我看见十来只野鹅飞过，一开始它们在我的头顶，然后飞得越来越远最后分成两群，弯弯的像我眼

---

[1] 保尔·马丁·穆勒十五岁丧母，次年其父与克里斯钦·温特之母结婚。两人并无血缘关系。

睛上方的眉毛，而我的眼睛则凝视着诗的国度。"自然和非自然连接成一幅画面，而结晶为艺术。

同一个礼拜日晚上在皇家剧院安排了一次纪念演出，由演员尼古拉·彼得·尼尔森朗诵了精心挑选的穆勒丹麦美文诗作。克尔凯郭尔坐在大厅里，次日，他在札记中写道："我在那里听尼尔森朗读《欢乐的丹麦》，但我奇怪地被下面这些话所感动：你可曾记得那云游四方的人？ / 是的，他现在云游四方——但是我，至少一定会记得他。"克尔凯郭尔指的是这首诗的第三节，开始是这样的："丹麦夏日中的朋友们， / 你们可曾记得那云游四方的人？"他信守对穆勒的诺言，六年以后在《忧惧的概念》草稿上写道：

谨以本书献给

已故的保尔·马丁·穆勒教授

那位希腊文化快乐的热爱者，荷马的崇拜者，苏格拉底的

同道，亚里士多德的阐释者——"欢乐的丹麦"中的

丹麦式欢乐，"云游四方"

81　　仍然牢记"丹麦的夏日"——

我青春的热忱，唤醒我的响亮号角；

我情感的对象；我开端的知己；

我失去的朋友；我思念的读者。

在定稿中克尔凯郭尔删去了从"我青春的热忱"到"我思念的读者"几行，改为"我崇拜的对象，我所失去的"，但是没有人会怀疑他对穆勒的深厚感情，除了父亲之外，穆勒是他唯一在作品献词中提到名字的人。后来他还曾由衷地赞美过穆勒："迷恋过保·穆的人有谁能忘记他的幽默；赞赏过他的人有谁能忘记他的强健；认识他的人有谁能忘记他的笑声，它对你有益，即便你不完全清楚他在笑什么——因为他的心不在焉有时会让人不知所措。"

克尔凯郭尔是在一八三一年认识穆勒的，那时穆勒从挪威回国开始在哥本哈根大学讲授哲学。随后的几年里克尔凯郭尔坐在教室里，听穆勒讲希腊道德哲学、形而上学原理和亚里士多德的《论灵魂》。但是，除了一八三七年六月底关于苏格拉底的反讽和基督教幽默之间关系的"最有趣的谈话"，穆勒在论文答辩后兴致勃

勃地邀请克尔凯郭尔去普莱士茶室，以及上面提到的关于他的笑声，关于他们之间私人关系的史料数量很少。克尔凯郭尔在一八五四年的一条札记中总结道："我记得保尔·穆勒临终时说的话，他活着的时候经常对我说的，如果我没有记错的话……他叮嘱希本要反复对我说：'您太喜欢辩论了，真是可怕。'"在一条旁注里克尔凯郭尔不能确定，穆勒是否在临终时说过喜欢辩论的话，但是他很肯定穆勒让希本告诉"小克尔凯郭尔，当心不要制订太大的研究计划，我就深受其害"。如果希本转达了穆勒的愿望，那也没有起到帮助作用，因为克尔凯郭尔的"研究计划"如此包罗万象，简直不成其为计划。尽管极其庞杂，克尔凯郭尔的计划是实现其著述生涯的准备。对此希本后来叹息道："话太多，明白的太少 [1]。"

尽管近乎象征，克尔凯郭尔札记中真正关于穆勒的第一条是关于他的死，穆勒无疑给这个年轻的大学生留下了极其深刻的印象。然而这影响的性质和真实范围却值得怀疑，就像鸟枪随机发射的效果难以确定一样。克尔凯郭尔涉及穆勒作品的证据则不难发现，尤其在札记中留下明显的线索，其中提到的为汤玛欣娜·居伦堡的长篇小说《极端》的"精彩评论"指的就是穆勒的作品，后来还提到过题为《关于为孩子讲童话》的文章，这篇文章在一八三七年启发克尔凯郭尔就这个题目写下了札记。类似地，克尔凯郭尔评论过穆勒论灵魂不死的文章，并和穆勒一样关注唐璜、浮士德和流浪的犹太人。他会忍不住欣赏穆勒对格隆德维的戏仿，就像他偶尔会很自然地借助于穆勒的格言警句，为写作《非此即彼》第一部分开篇的"间奏曲"部分赋予活力和形式。有时克尔凯郭尔也会反复回到穆勒的抒情诗，尤其是他的诗作"旧情人"。

穆勒就这样为克尔凯郭尔日后的作曲提供了若干和弦。这些和弦在《非此即彼》第二部分里明白无误地出现，威廉法官的"人格发展"观念就令人联想到穆勒的人格哲学，其实，不论在哪里谈到人格和思想的主题都会响起穆勒的回声。克尔凯郭尔的担心并不是没有理由的：当穆勒不再能够用自己活生生的人格来支撑他的思想，并以此来宣示其真实性，后人将无法感知他对生命哲学贡献的深度和广度。穆勒通过走出去来践行自己的哲学，在大街上谈话的过程中深入了解自己，就像他的榜样苏格拉底那样。

这种对哲学的辩证性质的理解也使穆勒对心理学的兴趣更加敏锐，并促使

---

[1]　德文：In vielen Worten wenige Klarheit。

他写出《道德本性手稿》。这个词组来源于他关于矫揉造作的论文引言，此文写于一八三七年，但是从大量笔记和手稿可以看出此前进行了长期准备。从其对主观性的强调来看，这篇论文的意图很明显是反黑格尔的，而在几行以后穆勒就开始——有一点做作，看上去很像是装腔作势——急不可待地向思辨型读者挥手告别，他们所期待的系统思维中的"所有通过临在性[1]发展所产生的概念都来自虚无"。在这篇文章的后面他更宣布，"哲学体系中的平衡对称是装腔作势"，几乎不容怀疑，这发炮弹瞄准的是黑格尔的追随者，他们自欺欺人地认为，他们贫困经验中的哲学体系所反映的世界确实是协调而平衡的。

总的来说穆勒很注意社交圈子为装腔作势所提供的有利条件，人们难免会怀疑，正是海贝格府上的晚间聚会唤醒了他对矫揉造作性质和造作之人精神空虚的感觉。人们也会感到，一些"道德本性手稿"中提到的场景是发生在精英们的沙龙里，穆勒本人则成功地化身为墙上的一只现象学苍蝇，倾听着，读取着，尤其注意着人所看到的和也会被看到的之间的矛盾："听到一则逸事并不感到有趣，却大笑或微笑，把你的肌肉做成很感兴趣的样子，是一种无辜的造作，但仍然是伪装的有趣。"对矫揉造作的感觉显然在眼睛里，在视觉里，穆勒是一个杰出的观察者，一个警觉的哥本哈根人："一个人有意无意地模仿别人自然流露的特质，仅仅因为这样看上去好，就会出现矫揉造作。"

穆勒在论文中试图将矫揉造作分为三种形式：瞬时的、永久的和多变的。第一种几乎无害，有时不过是一种有益的愿望，即采用别人健康的观点，或者让自己被别人的情绪所抓住。这里也有一种普通的社交作用。更严重的是永久的形式，这种矫揉造作会成为人的第二天性。有关个人将一种"虚假的因素纳入自己的人格并将其扭曲"，其结果就是"言不由衷"。此人逐渐风干，成为后面没有脸的面具。第三种形式，即多变的矫揉造作最为恶劣。这里甚至没有固定的角色，这样的人完全处在变化之中，于是他"飞快地采用一种形式，然后改换为另一种特定的形式"，这导致一种"个人生活中完全的不真实"。"一个人的思想和意志中不再有任何持续的核心，而是随时将他的人生塑造为在下一刻加以取消的临时人格。"穆勒选择变色龙来形象化地描述这种多变性："多数情况下这种人真的很像那种随着环境改变自己颜色的动物，他们也就这样成为环境的被动产物。"

---

[1]　临在性（immanent/immanence），与超越性（transcendent/transcendence）相对的概念。

这样，矫揉造作对穆勒来说就远不只是虚假的语言行为，还是一种本体论的   84
缺陷："矫揉造作的根源在于受到某种倾向的诱惑而不自觉。"简言之，矫揉造作
等同于自欺，它因此而导致一个哲学和心理学的悖论——当一个人欺骗自己的时
候，他究竟是在骗谁？这个问题或多或少说出了穆勒关于矫揉造作的分析的背景，
不算夸张地说，穆勒对矫揉造作的感觉抓住了无意识那不可穷尽的意义，对个人
和社会都是如此。

心理学已进入后世的血液和语言，所以，要理解穆勒的分析的现实突破作用
及其贡献也许有些困难，要看到这些分析如何为当时知识圈子里对黑格尔哲学的
迷恋形成了一种明智的心理对抗也不容易。然而，穆勒的分析始终是令人烦扰的，
因为这些分析如此激进地强调主体幽暗的一面，掩饰和压抑，以至于每个人都会
感到是在指向自己："注意，在日常生活景观中充斥着多少谎言。"

作为与毕德麦雅时期 [1] 的单维自我理解的激进对抗，穆勒创制了一种怀疑精
神的阐释学，在某些点上陶醉在自己对自发性的天然无辜的怀疑之中——"女孩
宠猫，为的是看上去心软"——不过也使他和认真开始拆解确定性过程的真正激
进派，如叔本华、尼采、弗洛伊德等成为同道。"我是两面神雅努斯：一张脸笑，
另一张脸哭"，一八三七年克尔凯郭尔在一张纸片上写道。那是穆勒写作关于矫揉
造作论文的一年。这篇论文一定给这位分裂中的大学生留下了不可磨灭的个人印
象，其主题也产生了巨大的推动作用。克尔凯郭尔在后来的岁月里着手描述反讽
（自觉的骗人）和魔性（不自觉的自欺）时，深深受惠于穆勒的矫揉造作概念，也
是不言而喻的。

与此同时，克尔凯郭尔所感兴趣的不仅是这件事的心理学方面，他也还意识
到了穆勒作品的美学维度，因为它显然标志着突破学术图式，让人生本身开口说
话。"保尔·穆勒在最新月刊上发表的关于灵魂不死的论文里插入的小故事非常有
趣，"他在一八三七年二月初写道，"这也许将传播开去，严格的学术笔调将为更
轻松的段落所取代，而这样能让人生以一种比通常更丰富的形式出现。"这里说的
小故事是讲一个单身的会计师想知道永生究竟是什么，所以，当他的一个神学家   85

---

[1] 毕德麦雅时期（Biedermeiertiden）指一八一五年维也纳会议到一八四八年，即从拿破仑战争结束到欧洲革
命之间中欧中产阶级兴起的时期。"毕德麦雅"主要指这一时期内在文学、音乐、美术和室内设计等领域
内的风格。作为形容词指因循守旧保守乏味的人和事。毕德麦雅（Gottlieb Biedermeier），乡间医生 Adolf
Kussmaul 和律师 Ludwig Eichrodt 发表诗歌时的共用笔名。

朋友买了一本这方面的书时，会计师就想借去看看，但神学家不太愿意，因为他知道会计师对待借来的书是多么马虎，他就见过会计师"在账本上切一支荷兰雪茄"。神学家的拒绝激怒了会计师，"我根本上是一个宗教的人，"他抗议道，"我完全承认，这件事值得费工夫来弄清楚，多年来我一直想找机会坐下来看一两本这方面的书。而今天我碰巧有时间，正在坐等几个好朋友，一点钟时乘车出城到贝拉维海滨去吃新鲜鳕鱼。"会计师正好有半个钟头，但是朋友仍然不让他碰那本书，他请求朋友"利用我磨刀剃胡子的机会给我简单讲讲灵魂不死的最好证明"，所有这一切都必须在马车来之前完成。神学家勉强同意了，但他刚一开口会计师就粗暴地打断了他，看在上帝的分上这个证明不该用太多行话，"学术应该普及化，这是时代精神的要求"，会计师做出预言式的宣告并继续指示道："你必须提高警惕，避免使用术语，那是有学问的人用来对普通人隐瞒思想用的，用明白的丹麦语告诉我简单意思。但是快一点，我怕马车随时就要来了。"会计师赶到贝拉维去吃新鲜鳕鱼，但是他永远没有弄懂灵魂不死问题的深刻含义。他不懂，恰恰是他急躁不安地对待这个问题的方式本身，让他无法获得那理解，因为永生并非有赖于客观证明，而是依赖于主观确定性。

抓住克尔凯郭尔注意力的是那哲学问题的文学性场景设置——将文本作为剧场或者论坛——将近十年后他也掌握了这种艺术。"哦，你伟大的中国神祇，究竟有没有永生？"他在《附笔》中写道，穆勒的会计师的某些方面在这本书里作为"训练有素的编外讲师"的形象重现，他宁可抽象客观地，而不是具体主观地谈永生。这完全是朝后的方向，因此而需要上指导性的教育学课："看，有许多事情人们可以一起做，这样，比方说，几家人可以在剧院里合租一个包厢；三位单身绅士合租一匹马，轮流每三天骑一天。永生可不一样，关于我的永生的意识仅仅属于我自己，在我意识到我的永生的那一瞬间我是绝对主观的，我不能和另外两位单身绅士轮流获得永生意识。"更何况"永生是主观性最具激情的兴趣所在，而证明恰恰是在兴趣之中"。

幕后排练

如果穆勒读到上面的几行，他一定会发自内心地用他那特有的高深莫测，朗声大笑起来，因为那完全是他的精神，只是更好，更优雅，本身就近乎文学上的不朽。而这几行也花费了克尔凯郭尔差不多等量的墨水和心血。他在一八三七年里日复一日地磨炼自己的风格。他的思考还没有找到适当的表达形式，他的文字变得太过于沉重，有在语法正确的负担下中途塌陷，或者走进死胡同的危险。他还没有掌握轻快的诀窍、经验的把握，结果想法就像流星雨一样从四面八方袭来："一个思绪紧接着另一个；刚想到一个，还没有来得及写下来，一个新的想法又来了——抓住它，抓紧它——疯狂——精神错乱！"

于是，各则札记之间的关系经常是松散的或者毫无内容上的关联，看上去相互间的接触并没有客观理由，一个卖虾的大妈很可能就被安排在道成肉身教义的旁边。

这些言辞的迷你纪念碑突破了把日记看作自白书或者讲述亲密故事场所的传统理解，为这种文体增添了一些闪闪烁烁的多义性。如果有一条札记直接记载了其作者的事迹而不被打断，那与其说是常态不如说是例外，但这样的情况也是有的。例如一八三七年十月二十九日："我之所以喜欢秋天远胜于春天，是因为人们在秋天仰望天空，而在春天俯视地面。"这里我们似乎是站立在坚实的地面上，但是很快就又被迫升上七万英寻 [1] 高空，无法肯定紧随其后的一条札记是在说谁不能从哪一个自我中抽象出来："死亡和地狱，我可以从一切中抽象出来但不能从我自己中抽象出来；我甚至无法忘记自己，在睡梦中。"

让传记作者惊愕的是，克尔凯郭尔不让人进行"历史的"追寻，他留在身后的只有零碎的片段和四散的线索，似乎从他落笔的那一刻起，自由的虚构化写作就成为他所喜爱的形式。他不记忆（husker），他回忆（erindrer）——现在所做的这个区别，他本人后来加以强调，这是每一种艺术创作的决定性基础。这样，他的"日记"或许最好用《诱惑者日记》虚构出版者确定这部作品文体归属时的话来描述："他的日记并没有历史准确性，也不是单纯的讲述，不是直陈的，而是假设的。"也就是这么回事：彼得·克里斯钦会记忆，他的日记是"单纯讲述"，因而具有"历史准确性"。外部事件和内心感受都得到合理的连续展示，其可信度不仅受制于可核查的时间地点，而且得益于质朴无华的报告和冷静的叙述。关于彼得·克里斯钦，我们一般能够知道他在说什么。他弟弟的情况则完全不同，他的日记是"假设的"，所以几乎总是在事件本身和它的艺术再创造之间俯仰往复地折腾。

---

[1] 英寻（Favn），长度单位，1 英寻相当于 6 英尺，约 1.8 米。

88　克尔凯郭尔在书房里起草了一份所谓的"决议案"，上面准确地标明了一八三七年七月十三日晚，他在文中廓清了自己当时作为作家的处境。"我经常感到奇怪，为什么如此迟疑着不愿落笔写下我的各种想法"，这位年轻人一开始就说。当他重读自己的札记时似乎不是"完全干瘪"以至于几乎没有意义，就是"纯粹随意的杂感"，因为或许是积累了相当长的时间后突然写下来的，似乎是"所谓的算总账的日子，但这种做法是错的"。克尔凯郭尔在他的几个浪漫派典范，超级文体家如让·保罗、霍夫曼和李希滕贝格那里发现的，恰恰是朴实无华、轻松的随笔风格，现在他认为能够解释，为什么在落笔时会发生"不舒服，甚至反感"的情况："原因显然是，每次我都在考虑发表这些想法的可能性，这也许要求一种细致的处理，但我不打算费神去这么做，我不愿为这样一种抽象可能性而累得精疲力竭（某种文学反胃），让想法的香气和情绪挥发掉。我想另外的做法会更好，即更经常地写下笔记，让想法保留着最初的情绪。"他希望通过这样来达到"书写的流畅，在书面获得我口头表达中所具有的清晰"。另外，如他在哈曼那里读到的，有些想法"一生中只会产生一次"。这位年轻人得出的结论是："这样一种幕后排练对每一个没有聪明到可以将其成长公之于众的人来说都是完全必要的。"

克尔凯郭尔自己的成长还没有"公之于众"，但是很显然，这位二十四岁的大学生是在涉及公共空间的地方考虑他的写作。这也正是他感到每一条札记都应该给予更多完成品性质的原因，以前他的想法则是在考虑形式的时候挥发掉了。现在应该不一样了。他将更经常写，用比较随便、更加印象派的笔调来写，这样他就可以捕捉试图逃跑的想法，保住散发着醇香的瞬间、景观、声音和生命。

一八三七年

狂飙突进[1]？

克尔凯郭尔的浮士德时期在生存和财务两方面都代价高昂。那个被同学叫作"袜子索伦"的家伙这些年里从羊毛茧中脱颖而出，变身为一个——堪称是为晚期浪漫主义量身定做的——花花公子。靠着借钱和赊账，他与家中的亨胡特式节俭背道而驰，养成了各种前所未闻的奢侈习惯。他花大笔钱看戏、买哲学和美学书籍、下饭馆、定制别出心裁的外套——颜色则从甘蓝紫换成了柠檬黄。他大手大脚地花钱买帽子、乘坐马车、享受美食佳酿，吸成盒的雪茄，如三皇冠、帕洛玛等附带便携小盒子的名牌，外加每月五百克烟丝。那是一种名叫"委里纳斯"的委内瑞拉产品，一种纯正的、不掺任何其他成分的顶级烟草，每六卷一份，装在蒲草编织篮里出售。账单上还包括助步的手杖、丝质围巾、手套和其他生活必需品，以及多瓶古龙水。十月底，某个赛尔先生不得不借给这个挥霍无度的大学生六十塔勒，约定一周后偿还。而学生会的管理委员会也在年底通知他，克尔凯郭尔已经拖欠了四个月的会费，如不立即缴清所欠数额，将不得进入学生会活动场所。这位挥霍无度的花花公子的信用渐渐开始遭到怀疑，借钱变成一件尴尬的事。"我正在跟拉斯克借钱的时候，蒙拉德来了"，札记中就这样惭愧地记载了一八三六年六月，克尔凯郭尔不幸同时和两位债主共处的事情。一八三七年九月五日，这位学神学的大学生不得不硬着头皮向父亲求助。仅一八三六年之内，他就欠下了一千二百六十二塔勒的债，其中欠肉市街上的书商瑞策尔三百八十一塔勒，摇钻街上的裁缝库尼策二百八十塔勒，各处饭馆茶室二百三十五塔勒，东街上烟草商弗莱斯四十四塔勒。还有其他零碎花销。老父在一本记录来年偿还债务的账本封面上歪歪扭扭地写上"索伦"，很明显，写字时他的手在发抖，并不仅仅是因为

---

[1]　德文：Sturm und Drang。

年老，而是出于谁都理解的原因：宝贝儿子在城里挥霍掉的那一千二百六十二塔勒超过了大学教授的年薪！

93　　尽管这许多账单本身就在用自己的语言喊喊喳喳地说明了青年克尔凯郭尔的行止，但不消说并非所有支出都留下了书面记录。真正暧昧的地方不开发票，而彼得·迈德森巷里（那时叫"道上"）那些随时接客的姑娘也根本不会做案头工作，她们的服务是用现金结算的。

93　　够了，关于这事就说这么多。克尔凯郭尔是否曾探头进彼得·迈德森巷去看姑娘们，去的话有多经常，又产生了什么结果，都隐藏在历史的阴影里。重建这些事件的可靠基础少得可怜，基本上只有札记中的一点蛛丝马迹。其中第一条大概写于一八三六年六月，全文如下："古怪的焦虑——每当我喝得太多后早晨醒来，它终于得到满足了。"我们会注意到这离奇的说法，一种"焦虑"居然会得到"满足"，这会不会是在描写一种终于失去他的美德之后的混合着恐惧的快乐？谁也不知道。同年十一月八日有这样一条不连贯的札记："我的上帝，我的上帝[……]"，接下来同样残缺不全："那兽性的窃笑[……]。"方括号是克尔凯郭尔文稿的出版人汉·彼·巴尔佛德加的，他用这些导论性质的关键词来做札记目录里的词头，但是很不幸，这些手稿接下来丢失了。

　　然而，如果这些札记是因为过于直露，巴尔佛德出于保护克尔凯郭尔身后名声的考虑而不予录入的话，那么达到的效果却和他的意图正相反。这些片段恰恰是让人试图重建那据说是完整形式中消失部分的完美邀请，一支由想象力丰富的研究者组成的小部队也就随着时间的推移，呈现出最活色生香的种种理论，从而到达猜测的长长滑梯。那"兽性的窃笑"被定位在一处妓院，烂醉如泥的克尔凯郭尔——用客气的说法——不能办事，羞愧得无地自容，只得夹着尾巴溜掉。另一些理论则正相反，说事是办成了，但克尔凯郭尔也在行动中招致了梅毒或其他不便，包括违愿地当了爸爸。还有一些理论则言之凿凿地抓住根本的根本，发掘他生殖器的尺寸和形状，包括他装备了一根弯曲的阴茎，可能是因为其阴道操控能力有所不足，等等。

　　然而，如果我们坚持以原始资料为依据就会发现妓院的故事里并没有多少干货。首先，巴尔佛德找不到某条札记并不值得大惊小怪，如前所说，是经常发生的。所以，现在说的这条札记的消失更可能是出于通常的粗心大意，而不是出于对克尔凯郭尔身后名声的考虑。其次，巴尔佛德在索引中用一个清晰的括弧将这条关于"兽性窃笑"的札记与后面两条丹麦文版《唐璜》中的场景捆绑在一起，并在括弧外注明"唐璜"。再次，也是最后一点，我们应该加以注意的证据是巴尔佛德在索引的引言中说，他在每一个"有可能以最遥远的方式涉及甚至暗示逝者的个人生活或最狭义的生活史"的地方都加双下划线，而上面提到的几条札记的文字却都没有加双下划线。关于办事能力、弯曲的行货以及其他工具等假说看来都缺少文本证据。

此外，在札记中写下妓院里的春风一度也不像克尔凯郭尔其人所为。因为，不仅在青葱岁月，终其一生，他都对于自己的性癖好持超然态度。他做梦也不会想到，像安徒生那样费事在日记中留下睾丸疼的记录，给日历上每一个手淫的日子打叉。他更不会像斯特林堡那样，用尺子仔细量过勃起的阳具后去问医生，十六厘米是超过还是不足平均长度。现存最接近这些敏感主题的是一八四三年的一条札记，克尔凯郭尔承认，他唯一"与之说过下流话"的是"一位跑中国线的七十四岁老船长"。他是米尼咖啡馆的老主顾，经常坐在那里吹嘘他历年放倒的妞儿，从马尼拉一路睡到伦敦。他愿意给她们"一杯格罗格酒"，她们会喜欢的。克尔凯郭尔并不真的相信老船长的话，"他内心有一种纯净的东西做证"，所以他的"表情中的幽默多过淫荡"。克尔凯郭尔是否在一八三六年四月中和警官约恩·约恩森在一起说过下流话，也同样不清楚。警官的醉意明显地浮在"嘴角"，他在倒空了许多瓶子之后伤感而苦涩地宣布，前半生"是为后半生后悔而活的"。可以感觉到，这位学神学的年轻大学生是旁观者而不是参与者，因为他自己并没有多少可后悔的。人们也难以完全摆脱这样的印象，即当父亲坐在那里痛苦地忏悔年轻时的罪过，儿子则坐在一边后悔自己未曾有机会做过值得后悔的事。在丹麦文学的黄金时代，飞短流长能获金质大奖章的时代，也没有一个同时代人提到，甚至暗示过克尔凯郭尔的放荡。

因此，赤裸的真相看上去是这样：克尔凯郭尔让《忧惧的概念》的假名作者"哥本哈根守望者"[1]为我们提供性与历史之关系的详尽分析，他本人则对自己的性经验史三缄其口。不过，受深藏在谦恭有礼外表后面的暴露欲驱使，他有时会屈服于诱惑在发表和未发表的文本中凿出一些小小的钥匙孔，供读者窥视，并得出自己的结论。克尔凯郭尔最经常用"这种情况下""如果""假设"来引入这类

---

[1]　拉丁文：Vigilius Haufniensis。

96 降神大会，并转用第三人称，这样他就可以保持更大的距离。他也会给自己的文本加密并插入需要由读者破解的代码，像在一条写于一八三七年的较长的札记中，他回顾那印象深刻的时期，在为神偷着迷的时期做过一件错事，他当着父亲的面说，这样一个小偷当然是在浪费精力，但他"肯定会改的"。然而父亲"非常严肃"地回答说，有一些"罪过只能在上帝的持续帮助下与之斗争"。父亲还抓住这个机会进行道德训诫，儿子马上明白了这个信号，"飞奔进我的房间看着镜中的自己（参见《施莱格尔全集》第七卷第十五页底部）"。

这段话括号里面就是代码，即惊人准确地指向《弗里德里希·施莱格尔全集》第七卷。这是一篇写于一八二五年的童话故事，讲魔术师梅尔林迷恋一个可爱的处女，并唤醒了她的性欲。在克尔凯郭尔点出的第十五页底部，她刚刚脱掉衣服，站在镜前欣赏自己年轻的裸体；想到梅尔林的诱惑，欲望在她的体内强劲地生长，直到最后她相信，得不到来自男人的快乐她就会完全失落。

97 在克尔凯郭尔的心头徘徊不去的罪过，是一种在隐蔽中反复出现的行为——"秘密犯下的罪过"——不顾更善良纯洁自我的抗议而反复出现的行为。"当人为战胜了诱惑的力量而高兴时，"他在一八三五年这样写道，"也许会在取得完胜的几乎同一瞬间遭遇一个表面上微不足道的外部事件，让他像西绪福斯一样从山顶滚下。"更糟糕的是，克氏家族看上去有手淫的基因。当年商人克老爹准备退休的时候，打算把生意转让给弟弟皮特·皮特森·克尔凯郭尔，可是皮特病了，不得不在一七八六年的几个月里入住弗里德里克医院，在那里被诊断为"精神失常"。究竟是什么病难以描述清楚，病历上将他的心理障碍与便秘联系起来，但最后宣布病的起因是手淫。索伦·奥比后来讲到，有一次皮特叔叔到哥本哈根来，尽管正值酷暑，还穿着三件外套。"我睡不着的时候就躺着跟儿子们聊天，"根据彼得·蒙特·布隆的说法，克老爹曾这样说，"哥本哈根再没有更好的谈话了。"我们乐于相信他的话，但也难免会自问：那个皮特穿三件外套的故事会不会是父子夜话时米凯尔·克尔凯郭尔教导两个半大儿子必须及时采取行动控制性欲时说的？

把手淫归入"只能在上帝的持续帮助下与之斗争的罪过"，老父自然为扭曲儿子们的性生活做了突出贡献，但他同时也帮助索伦·奥比将兴趣专注在性本能的多种形式及其变形上。克尔凯郭尔于是在那条关于充满咸湿渴望的镜前女子的札记中加上了一些关于性欲出现在潜意识中所必然伴随的感觉之反思。"一切即将发生的事都会有所感觉，"他写道，"然而，[情况有所不同] 它的作用可能是威慑性

的，也可以是诱人的，一个人的思想觉醒了，他就像是命中注定，通过结果看见
自己被带到什么地方，然而他并不能影响那结果。"克尔凯郭尔经历过性的力量如
何突然冲破清醒的意识通常具有的屏障和规范而显示自己，他用一种目的论术语
将其解释成"命中注定"。他同时也注意到，禁忌恰恰会召唤出本身试图加以阻止
的事物，因为它使欲望那原本模糊的目标变得明确并获得形式。"因此一定要对孩
子非常小心，永远不要设想最坏的，或者用过早的怀疑，用漫不经心的评论……
唤起恐惧和痛苦的意识，这样很容易让纯真而稚弱的心灵认为自己有罪，陷入绝
望，并朝着那恐惧痛苦的感觉预先警告过的目标迈出第一步……在这一点上也可
以说：那绊倒人的有祸了 [1]。"

　　这条札记写于一八三七年，克尔凯郭尔年仅二十四岁。他已经看穿了父亲的
错误，因此，当一家之主 [2] 定期告诉儿子们"有这样一个可以无话不谈的可敬老
神父是多么好"的时候，他对此充耳不闻是情理中的事。儿子丝毫不想忏悔，让
他更不想说的是，父亲已经给他的欲望打上了灾难性的印记，颠倒了自然和不自
然，在这种情况下已经让孩子遭受了性侵犯。"如果对孩子说，"他在一八四五年
写道，"折断腿是罪，他为不想生活在这样的焦虑中而苦恼，于是更经常地骨折，
他甚至会将差点折断腿看作是有罪的……比如说在这个事例中一个曾经纵情声色
的人，为了避免儿子重蹈覆辙而把性冲动本身当作罪——忘记了他本人和孩子之
间的区别。"

　　克尔凯郭尔将父亲与禁忌、禁忌与欲望联系在一起，流露出力比多逻辑的
成分，这是他后来在《忧惧的概念》中分析原罪时起决定性作用的逻辑。他在这
部作品中也运用了青年时代札记中那先于不可避免事物存在，并推动本能发生的
"感觉"（Ahnen）观念："罪的逻辑向前移动；它拖着个人走，就像刽子手揪住一
个女人的头发拖着走，她在绝望中发出尖叫一样。忧惧在前，它在结果到来之前
就发现了它，就像人们在风暴到来之前会有预感一样。它在靠近，一个人颤抖着，
像一匹马在曾经阴云笼罩的地方气喘吁吁地站住一样。罪性（Synden）胜利了。"
在这里大量运用的隐喻揭示了个人是怎样"命中注定"般地违反自己的意志被拖
向将发生可怕事情的地方——断头台。贯穿克尔凯郭尔的著述有许多高强度的描

---

[1]　《新约·马太福音》18：7。
[2]　拉丁文：pater familias。

述，讲个人与诱惑做英雄式的斗争，而经常发生的情况是诱惑胜利，于是使个人陷于罪性之中。他在《致死的病症》中写道："当一个曾经沉迷于这样那样的罪性的人，曾在很长时间里成功地抵御诱惑，却旧病复发再次陷入罪性之中，这时所发生的沮丧绝不总是为罪性而伤心，很可能是别的东西。这种情况下也可能怨恨自己失去控制，陷入对他来说不应该那么难以抵御的诱惑，他已经在很长时间里成功地抵御过了。"尽管这段话原则上可以是关于抗拒性的"诱惑"以外的一切，还是很难摆脱这样的印象：一种这样的"诱惑"是这段话的主要场合和主要背景。"性本身并没有罪性，"《忧惧的概念》里反反复复地这样说，几乎成了口头禅，但读者难免会自问，作者真的是字面上那个意思吗？他报告的"禁忌唤醒欲望"是否更加可信？

不过同时也可以找到描写升华之乐的文字。克尔凯郭尔在一八五一年写作《自省》时，关注承诺改善自己时常可见的不可救药的健忘。举下面的情况为例："你可以想象一个人，沉迷过并继续沉迷于一种激情。在某一个时刻（每个人都会有这样的时刻，也许有很多次这样的时刻，唉，也许是很多次的徒劳！），在那一刻他停住了，一个改过的良好决心觉醒了。想一下，他（让我们设想是一个，比方说赌徒）在一天早晨对自己说：'我立下庄严神圣的誓言，我从此洗手不赌，再也不赌了——今天晚上是最后一次。'哦，我的朋友，他失败了！我倒宁愿持相反的立场，不管听上去多么奇怪，如果有另一个赌徒，在某个时刻对自己说：'你可以在余生中的每一天赌钱——但是今晚不赌。'他也就没有赌。哦，我的朋友，他肯定就这样得救了！因为第一个赌徒的决定是欲望的恶作剧，而第二个赌徒则在捉弄欲望；第一个被欲望所骗，而第二个则骗了欲望……因为被迫等待会使欲望失去欲望。"这里值得注意的不仅在于，克尔凯郭尔用基于经验的方式描写欲望的升华，这幅肖像出现在一篇题为《自省》的益信词中更是令人震惊的，这样，或许可以认为这例子的选择并不是纯理论的！

克尔凯郭尔本人是否捉弄过欲望，如果是，又在什么程度上成功地使欲望失去欲望，仍然是一个开放的问题，说他终其一生"受手淫的自责"则有些武断。尽管有关于他过去之罪的零星报告，他的著述还是可以被视为，也确实被视为一个伟大的升华过程，在此过程中，本能化身为一本又一本的著作。在这点上克尔凯郭尔和其他许多同时代人并没有多少区别：驱使自己进行创作，迫使欲望寻求直接目标之外的表达形式，创造崇高的黄金时代艺术，但也因此患上多种由被挫败的欲望导致的身心疾病。

彼得·克里斯钦的日记中就充塞着关于易怒、烦躁、焦虑、头晕、不洁的思想，神经兴奋，以及轻描淡写一带而过的怪梦。他写于一八三五年十月十六日的一则日记完全典型地表现了他在情色冲动与自律、本能与义务之间的冲突。他在日记中抱怨，不能战胜自己和父亲一起去领圣餐，尽管他曾经向父亲庄严保证过要去——紧接着写道："隔日淋浴一次。"

玛丽亚

不久，彼得·克里斯钦采取的这项冷却措施就可以降低频率了。让很多人，尤其是他自己大吃一惊的是，他突然发现自己想结婚了。他看中的是艾丽瑟·玛丽，一个活泼热情的姑娘，已故主教彼·奥·博伊森和安娜·博伊森（婚前姓纳内斯塔德，人称"娜娜"）的女儿。在春天里就和艾丽瑟·玛丽（他叫她"玛丽亚"）的关系征求了父亲几次意见之后，彼得·克里斯钦终于得到了父亲的必要认可和经济援助的承诺。他们在一八三六年六月五日宣布订婚。

克尔凯郭尔家族仅存的三位男性成员的阴沉故事，从此增添了光明的无字一页。彼得·克里斯钦在度过了很多凄惨的岁月后回忆道，玛丽亚就像"一束温柔的阳光，照耀着我们衰老的父亲"，他还补充道，"索伦肯定也深受感动"。玛丽亚名副其实地给这家人带来了全新的音调——她会弹钢琴，边弹边唱。彼得·克里斯钦的账簿显示，他在圣诞节前后花整整一塔勒买了"十五本英格曼歌谣集"。

不过他绝不是那种仅仅因为恋爱就在一夜之间改变生活的人。当玛丽亚和家人在日德兰半岛消夏的时候，他埋头工作，甚至顾不上回复她那些感人的信。但是在一天夜里，她的母亲，主教夫人娜娜悄悄从床上起身，下楼给彼得·克里斯钦写了一封信，请求他来看看玛丽亚。信是这样结束的："好好照顾自己，尽快来探望思念你的玛丽亚。"对于这样的请求，即便是彼得·克里斯钦也无法拒绝，于是他就在七月初收拾行装，出发去度推迟的暑假。下面这段时间里他的日记几乎是空白，这通常是幸福的证明。

不过他很快就回到哥本哈根，重拾他那些忧虑和当务之急——他自己。城里天气闷热，他无法工作，而当他终于恢复了一点工作节奏，整个九月都用在修改格奥尔格·霍尔格·沃厄牧师那用不熟练的拉丁文写成的关于降临死者国度的学位论文。一八三六年十月二十一日，彼得·克里斯钦终于和玛丽亚步入岛上教堂，

101

在那里由这同一个沃厄牧师宣布他们结为夫妇。"接下来的三天都花在接待贺喜的人上了，又花了好几天的工夫在搬家扫尾和理书之类的事情上。"新婚夫妇迁入新市克宅的一楼安顿下来后，彼得在日记中流露出不耐烦的情绪。现在该练习做有家室的人的艺术了，彼得·克里斯钦却不这么想。一八三七年春天，他的岳母及其随行人员的到访引起一场大乱，彼得在日记中沮丧地写道："这自然有点打搅我的工作和内部秩序，也是难以避免的，不过到目前为止我对付得比预料的要好。"五月间的"大装修"又让全家不得安生，包括都住在二楼的最老的和最小的那两个克尔凯郭尔。

婚礼前后，在商人米凯尔·克尔凯郭尔的堂弟，批发商米·阿·克尔凯郭尔家，肉市街四十五号的大公寓里安排了一次晚会。汉斯·布罗希纳是这家的房客。他在一八三六年被皇家寄宿舍接纳为校友，后来入住，一八三七年时这个学神学的十七岁大学生只是充满好奇地观察着新环境。关于这天晚上，他在多年以后回忆道："我见到了索伦·克尔凯郭尔，但并不知道他是何许人也，我只是得知他是克尔凯郭尔博士的弟弟。那天晚上他话说得很少，主要是在观察。我得到的唯一确定印象就是他的外表，几乎觉得可笑。他那年二十三岁，有着总体上不规整的体型和古怪的发型。他的头发从额头上立起来，乱蓬蓬的一团足有十五厘米高，让他看上去显得古怪而让人困惑。我不知出于什么原因认定他是店伙计——也许因为他家是商人——加上我对他古怪外表的印象，进一步认定他是绸布店的伙计。从此我经常为自己的真知灼见而开怀大笑。"

102　　这一年余下的时间里彼得·克里斯钦忙于沉重的教学任务。年轻的克尔凯郭尔太太在新年前夜给母亲娜娜写信，新环境里的圣诞节"非常平静而孤独"，平安夜是和公公一起过的。"圣诞节翌日我们去领圣餐，定在上午九点，天寒地冻，冷风怒吼，三小时后我们才回家，上帝保佑，总算没有着凉。"也许教堂里毕竟还是太冷了，玛丽亚患着流感进入新的一年，直到二月初都不能出门。她给母亲写信打发时间，说她那粗心的丈夫在大学有那么多辅导和课时，她经常整天一个人在家。但是他并没有忘记她，送给她夜间灯、垫脚凳和一册小说。"玛丽亚很想走出去，让自己在人群中闪光"，她的弟媳艾琳娜·博伊森解释说，可惜她的丈夫"只许她对他一个人唱歌，而他又完全不懂歌唱和音乐"。

那次难忘的日德兰半岛消夏周年纪念日前后，彼得·克里斯钦在日记中写道："（一八三七年七月）一日，玛丽亚不得不卧床。"前一天晚上他们夫妇沿着城墙散步，当他们穿过国王花园进城，快到克宅所在的新市广场时，突然遭遇一场大暴雨。玛丽亚浑身湿透，接下来的几天里不得不卧床。家中有人考虑去请家庭医生努佐恩，但是彼得·克里斯钦和进城短暂做客的主教夫人娜娜一致认为，玛丽亚不过是"娇惯坏了"。而事情并不是这样。

她公公却有完全不同的看法，他没有告诉彼得·克里斯钦就去请了家庭律师巴耶尔。七月五日早晨，在巴耶尔律师的建议下这对夫妇签署了遗嘱，互相将对方指定为唯一继承人。"真希望没有发生过这件事。"被父亲冷静的经济头脑吓坏了的彼得·克里斯钦后来写道。第二天是他的三十二岁生日，发着高烧的玛丽亚送给他一本格隆德维的《歌词集》作为礼物，那是她早就买好的。当天下午"胃热"变成了"伴随激烈抽搐的神经斑疹伤寒"，并在后来的几天里持续发作。请来的医生认为没必要担心，但玛丽亚很快就陷入昏迷，发抖并伴随着胸部抽搐。夜里，她在高烧的狂乱中高声唱歌，那些歌很诡异，有一种"可怕的美"，行人在老市场驻足倾听，另一些则站在楼梯上打算"记录下这怪异的音乐"。一天清晨四点，她突然清醒了，要见她的丈夫和母亲，说："坚冰已经打破，我要去上帝之国了。"

这些都是彼得·克里斯钦从守夜的妇人那里听到的，他自己整个礼拜都住在西街上的一间房里，而玛丽亚的哥哥拉尔斯和弟弟彼得则住在他的房间里。他在日记中提到这安排时用的词是"不幸"，他试图将其归结为外部的实际理由，其实他是害怕离玛丽亚太近。当他在十三日短时间进入她的房间时，她"如此恳切地"要求一个吻，只有一个，以至于他"不得不从"——这个词充分揭示了他的矜持。

不得不从！这一吻成为他们此生的最后一次。玛丽亚死于七月十八日早晨，四天以后在辅助公墓的克氏家族墓地落葬。那里渐渐聚集了越来越多的年轻死者。

一个礼拜之后，七月二十五日礼拜二出版的《地址报》讣告栏中刊出如下启事："本月十八日，礼拜二，在受伤寒症折磨十八天之后，我的爱妻艾丽瑟·玛丽亚，婚前姓博伊森，在我们婚姻的第一年里，蒙主召唤在平静中离世。得年三十二岁。……彼·克·克尔凯郭尔。"

落叶街上的无聊房客

"我们大家的必经之路——经叹息桥进入永恒。"这句话出现在索伦·奥比一九三七年最初的几则日记之中。玛丽亚的葬礼之后不久他又在一张小纸片上重复了这句话。这是死神第七次造访最亲近的人，他还不满二十五岁，因此并不奇怪，

103

81

他感到自己像"一个划船的奴隶，铁链把我和死神拴在一起；每当生命发生骚动，锁链就摇动作响，死神让一切枯萎——每分钟都在发生"。

和以前的丧事一样，他也为吊唁亲友的浅薄而愤怒，说他们活像"自动机来来去去"。

情况令人难以忍受，玛丽亚的葬礼之后索伦·奥比立即到希勒勒去躲了几天。彼得·克里斯钦到八月初才脱身，前往索勒勒，但他的假期很短，因为父亲叫他回城。家里一切如故，只有更糟糕："这些天里索伦沉思默想而陷入或许是前所未有的情绪低落，最可能是健康的原因，这让他不开心，不舒服，几乎让他发疯。从最近几天的情况来看，他并没有从葬礼当天出发的休闲旅行中得到任何好处。"彼得也没有从自己的旅行中得到任何可见的好处。父亲在十月三日给妹妹艾尔莎的信中提到儿子在失去玛丽亚之后，"他的哀伤难以言表，甚至影响了健康，他本来就并不强壮"。他甚至不能振作起来给亡妻立墓碑，尽管他的岳母，主教夫人娜娜一再催促他，"我的愿望可以用一句话来概括，就是让她的名字以这样那样的方式留下，就像葬在这里的其他人一样"。

家里又剩下只有三个男人互相做伴，并迅速拾起了那耗神费力的三角戏剧中的各自角色。这种情况从现存的圣餐记录中可见一斑。每一个教堂的执事都应该记录领圣餐者的姓名，这样就形成了一种奇特的统计，表明逝去已久者的虔诚——或者缺少虔诚。"商人克尔凯郭尔携妻女和三个儿子，包括索伦（坚信礼）"，圣母教堂的执事这样记录了一八二八年四月二十五日，索伦·奥比在前一个礼拜日行坚信礼后第一次领圣餐。理应如此。他和父亲一样选择在礼拜五领圣餐，一八二八至一八三六年间父子俩共领圣餐十八次。同领圣餐加强了两人间的亲密关系，但同时也说明父子之间的宽容，这宽容并不总是存在于两个儿子之间。也发生过这样的情况，彼得·克里斯钦的名字加在记录簿上通常用来计数的横线下面，他是在吵过架后精疲力竭地在最后一刻报上的名字："不过，上帝保佑，十六日我和父亲一起领了圣餐，此前做出与索伦和解的努力。最近我和他相处得还可以，因为我们各顾各互不相扰。父亲则要经常忍受我的情绪低落和烦躁的脾气，这个月里（我的脾气）因为生病而更加糟糕。"那一天，一八三五年一月十六日，索伦·奥比和彼得·克里斯钦最后一次同领圣餐。

索伦·奥比渐渐对这一切都受够了。受够了家里那个忧郁阴沉的老人，他不停地咳嗽吐痰，定时走出房间去呕吐——医生开的治绞痛的呕吐剂产生的响亮效果；受够了父亲在没有人的房间里偷偷摸摸走来走去，听着，看着，跟彼得·克里斯钦搞些小小的阴谋；彬彬有礼的彼得，谨小慎微的彼得，这个负责任的、肯于自我牺牲，但在深层意义上也生活无能、彻头彻尾神经质的人，在玛丽亚死后获得了自怜自艾的充分理由。他也受够了那些没有人敢问，或许也没有答案的问题：玛丽亚得的是什么病？彼得为什么不愿意吻她？彼得为什么不能振作起来为玛丽亚的墓立上碑？难道是因为他认为，自己很快也要走上同一条路？上帝是不是向克尔凯郭尔家族发出了诅咒？或者，无数的死亡乃是出于一种病症，当人屈从于生命和感官享受而忘却了重大禁忌时，就从一个人传染到另一个人？

105

索伦·奥比要离开这个地方，他在札记中明确地写道："我不能学那种人的样，坐等发现某人以这样那样的方式违规，然后转而向他悔罪——他看到一个悔罪的罪人，比看到九十九个没有悔罪需求的人更高兴。"这样，一八三七年七月二十八日，他在父亲的账本上记录了收到二十塔勒，并且加上几句公事公办的话："当我于即将到来的一八三七年九月一日迁出父亲的房子，并不再是该户成员时，他承诺，到另行通知为止，将给我每年五百塔勒的生活费。"可以感觉到，这一结果并不是顺利得到的。彼得·克里斯钦后来也对威廉·别克戴尔推心置腹地说过，"索伦经常和父亲发生激烈冲突，他们的关系在索伦的方面远不是那么虔诚奉献，像他在作品中谈到父亲时说的那样"。只有多愁善感的人才会怀疑这一说法的正确性。

一八三七年九月一日，索伦·奥比带着他不多的物品和许多书籍，搬进了落叶街七号的公寓套间。作为经济安排的一部分，他同意在公民美德学校给次高班教拉丁文。我们不知道，他一生中的第一份也是最后一份工作持续了多长时间，不过在将近一年里他的札记里经常出现语法关系的措辞。这位意气消沉的拉丁文教师显然认识到了自己的处境，例如在十月七日："很不幸我的生活太连词性了，愿上帝能给我一些指示性力量。"而这指示性力量却让他久等而不来。不错，他去听了马腾森的"思辨教义导论"课，但仅从十一月十五日到十二月二十三日，然后就不想去听了。实际上他对什么都懒洋洋地打不起精神："我什么也不想干。我不想走路，那太累人；我也不想躺下，躺下之后若不是躺着不动，就得爬起来，可我既不想继续躺着也不想爬起来。——我不想骑马——那运动对我的暮气来说实在太激烈；我不想乘马车出门，在舒适平稳的震动中让众多事物从眼前滑过，在每一个美丽的地方停下来，仅仅是为了感受我的赝足——我的想法冲动都像宦官的情欲一样没有结果。我徒劳地寻找可以刺激我振作起来的东西。即便是简洁

106　有力的中世纪语言也无法消除那主宰着我的空虚……简而言之，我其实也不想写刚刚写下的那些话，而我也不想把它抹掉。"

　　这种懒洋洋的状态一直继续到年底，他的札记缩短了。就在他抱怨缺乏指示性力量的同一天，他为这种停滞状态给出了一种可能的解释："当一切历史都被对自身不幸故事的沉思冥想所取代，就实在是太可怕了！"一八三七年圣诞节前他是如此萎靡不振，以至于他在世间存在的文献证明只能靠一些零散的纸片和纸条。他在其中一张上承认："我想，如果我有朝一日成为严肃的基督徒，最让我惭愧的会是，不愿意在尝试过其他一切之前就做个严肃的基督徒。"这是索伦·奥比在严肃地成为"严肃的基督徒"时所做出的正式承认，整块石雕版的——索伦·克尔凯郭尔。

　　我们不知道这位年轻的神学家在落叶街住了多久。一八三八年四月一日的一条札记是这样说的："我让小卡尔坐在膝盖上，告诉他我要搬进去的新公寓里有一张老旧的沙发，我真的很喜欢。"可见克尔凯郭尔打算搬家。卡尔是卡尔·费迪南·隆德，他的外甥，年方八岁。能肯定的只有这些，但是我们不知道那有旧沙发的新地址在哪里，有可能是因为克尔凯郭尔在最后一刻改变了主意［而没有搬家］。

"亲爱的埃米尔！我的朋友，唯一的……"

　　在这漂泊不定的几年里，克尔凯郭尔和埃米尔·费迪南·波厄森建立了真正的友谊。波厄森来自一个有着良好文化修养的家庭，他是司法委员约翰尼斯·波厄森的儿子。这两个几乎同龄的少年在亨胡特兄弟会里相遇结识。埃米尔在接受私人辅导后于一八二九年进入大学，在通常年限内修完神学课程，于一八三四年得到学位，继续住在哲学家巷父亲家阁楼上的房间里。他会在薄暮时分站在窗口，目光在梦想中越过城墙，偶尔还会感到诗意的青山轮廓。他和索伦·奥比一样做着文学梦，学习才华横溢的海贝格和受爱戴的保尔·马丁·穆勒，穆勒那大胆的词汇（"但愿我们的灵魂有红扑扑的脸蛋"）在波厄森的信中俯拾皆是，他也试图继承穆勒那种精确灵巧的人生哲学随感。住在哲学家巷里的人们有着某些义不容辞的责任。

107　　　索伦·奥比终其一生都把埃米尔视为真正的朋友，但他们友谊的内在性质却难于探知，原因之一是没有落在纸上。少年时代他们只要步行几百米就能见面，因此不需要写信——给后人。埃米尔给索伦·奥比的信仅存三封，都写于十九世纪五十年代，那时候他们的友谊由于种种原因已经明显不那么亲密了。"他一般不写信，"波厄森后来解释说，"无论如何，只有一些字斟句酌的纸条，他一般会记得很长时间。"波厄森还回忆道，这位朋友通常看完信就烧掉，"当他销毁这些信件时浑身发抖"。这形象栩栩如生，呼之欲出。

埃米尔不烧信，确保了这些信免遭销毁，他为后人做了一件功德无量的事。除了索伦·奥比写给埃米尔的大量短信便条，还有十八封比较正式的信保留了下来，其中第一封的日期是一八三八年七月十七日，长度为四页。信的开头情感充沛，几乎跌入矫饰派文学的窠臼，但其忠心和感情的真实性则没有理由加以怀疑："亲爱的埃米尔！！！你是我的朋友，唯一的朋友，由于你的居间调解[1]，我才能忍受这个在许多方面让我难以忍受的世界；当我让怀疑和不信任像旋风般袭来，将其他一切摧毁，席卷而去的时候，只有你留了下来。"埃米尔不仅耐心听取这个朋友冗长的独白，他的"居间调解"还有警示和启发作用，使他免于陷入弃绝此世的彻底悲观主义。然而一种深刻的渴望，并不是指向厄洛斯而是指向逻各斯的渴望，仍然在索伦·奥比的心中骚动沸腾，他要给这激情赋予形式："我需要的声音应该穿透一切，如林叩斯的目光[2]；惊心动魄如巨人的叹息[3]；持久如天籁，嘲弄如夹杂着冰屑的狂风，邪恶如无情埃科的蔑视[4]；音域转换自如，从最深沉的低音到最柔润的高音，从喃喃低语到狂暴的怒吼。这才是我需要的声音，使我能够自由呼吸的声音，说出我的心声，让愤怒和同情一齐撼动的语言。……然而，我的语言却完全不是这样，它没有行过割礼，不是福音，嘶哑如海鸥夜间的哀鸣，奄奄一息如哑巴唇边的祝福。"用如此丰富的语言来表达语言的匮乏实属罕见。这几行文字后来成为"间奏曲"中的一段，出现在克尔凯郭尔声称由唯美者 A 所写的《非此即彼》第一部分里。

两个朋友这些年里的来往情况可以从埃米尔给表兄马丁·哈默里希的信里

---

[1] 原文 Forbøn，或译"代祷"，有居于神和人之间调解之意。

[2] 林叩斯（Lynceus），希腊神话中的"锐眼者"，会透过石头、泥土等看见东西。

[3] 希腊神话里众神把战败的巨人关在火山下，火山的喷发和轰响都是巨人们的冤屈和愤怒。

[4] 埃科（Echo）是希腊神话中的回声，原是山林女神之一。她爱上了美少年纳喀索斯（Narcissus），却不能如愿，十分忧伤，从此藏身森林，林中遂有回声。一说，畜牧之神潘向埃科求爱遭到拒绝，恼羞成怒，以法术使她只能发音而不能讲话。山中牧羊人为她的声音所扰，不堪忍受，将她撕裂。地神盖娅怜惜埃科，将其碎尸藏在自己博大的躯体内，故大地总有回声。

窥见一斑。马丁·哈默里希是在哥本哈根大学三百五十七年的历史上第一位获准用丹麦文为关于北欧末日神话的博士论文答辩的人，当时正住在波恩，师从奥·威·施莱格尔学习梵文。埃米尔给他写信很勤，埃米尔在一八三六年八月二十日报告说："索伦·克尔凯郭尔的学术兴趣还是在他心中半带惊吓地盘旋，因为其中任何一个都不足以压倒其他的；而他即便采取更坚定的立场，也还是不能明白——除非在抽象意义上——他为什么来到世界上。所以他的生活注定是破碎的。"也许，正是在这些怀疑和优柔寡断当中，可以找到这两个朋友的共同基础，因为埃米尔的生活也不能说特别连贯。——"彼此冲突的想法几乎每天都在我那因反思而生了病的大脑里相互毒害着"，波厄森用克尔凯郭尔的风格抱怨道。两个朋友从奥伦施莱尔的《仲夏夜之戏》里选取了一段作为座右铭："看哪，时间来复去，教堂遥遥立。"

教堂是一个遥远的可能性，而索伦·奥比目前还不打算过多地"超过听者"。埃米尔也一样，但他已经得到了神学学位，那样遥远的教堂毋宁是完全具体而切近的一种可能：他考虑（"目前这个念头徘徊不去"）在印度特兰奎巴 [1] 的锡安教会申请一份牧师的职位，吸引他的一不是六百马德拉斯卢比的年薪，二不是相关的传教士使命，而是他一直渴望到遥远的异国他乡去。后来他还计划过在"罗塔号"护卫舰上担任船上牧师到南美洲去。然而他的实际选择几乎和这些大世界神奇的诱惑正相反，决定致力于"那小小的、美丽的、海滨路上的伤残者教区"，一个私立伤残者之家，除了每两个礼拜和节假日主持布道之外还教一些课。他对这些伤残女孩的柔情是很典型的，他在给表兄马丁的信里说，"伤残躯体之上完全可以有美丽的头脑"。确实，他还幸运地"有点爱上了"其中一位小姐。半年以后他又迷恋上了一位住在克里斯钦港的小姐，但是她被姨妈，一位阴沉的病人看得很严。她躺在阴暗的侧室里，不停地呻吟着，用惺忪的睡眼跟踪着波厄森的每一个行动。一天，他穿上"丝质背心"，抱着坚定的决心前去，但他还是在紧要关头失去了勇气。他只好在父亲的阁楼上继续独自做他的爱欲白日梦。

也是在这阁楼上，埃米尔写小说。这些中短篇小说各式各样，但至少有一个共同点，就是都跟他捣乱，不肯听他的话。他在一八三七年六月三日的信中对马

---

[1] 特兰奎巴（丹麦文：Trankebar 或 Tranquebar；泰米尔文：Tarangambadi）一六二〇至一八四五年间丹麦在印度的殖民地，也是丹麦东印度公司在亚洲的根据地。现属泰米尔纳德邦。

丁倾诉说，他正在写一篇"匿名短篇小说"，但恐怕永远也完成不了。从他给马丁的大纲来看，最触目的并不是文学质量，而是所写人物。在象征性叙事的框架内，有一位"隐士"坐在自己的茅舍里日夜沉思，与此同时他的两个美丽可爱的女儿在岩石间蹦蹦跳跳地采草莓。隐士已经让人联想到克尔凯郭尔的假名"怡然隐士"[1]。而那两个女儿，"一个名叫'忧惧'，另一个叫'颤栗'"，当我们得知这两个名字时，难免会自问：难道，竟然是波厄森为克尔凯郭尔后来的整个文学事业提供了素材？或者相反，是克尔凯郭尔为波厄森提供启发性母题，波厄森继续加以发挥？[2]

　　谁也不知道。也没人知道这两个朋友在一起还干了些别的什么。寻找他们一起远足、看戏、夜间在隐秘地方的活动，以及不管好坏属于青春的证据都无功而返，甚至找不到他们一同去皇家剧院的任何证据，那里其他方面的资料非常丰富。索伦·奥比几乎是皇家剧院的固定观众，只要有莫扎特的《唐璜》上演就必到。据汉·彼·霍尔斯特说，"他从不错过任何一场《唐璜》"。但他还不是顶级唐璜迷。一八三六年十一月中他曾在皇家剧院遇到过一个人，自称看《唐璜》已经有三十年之久。这话听上去很像是吹牛，不过也可能离真情不远。在索伦·奥比降临人世的整整六年之前，一八〇七年五月五日，《唐璜》在皇家剧院首次上演，此后从一八二九年到一八三九年间共演出二十八次，其中从一八三五年到一八三八年间共五次。尽管莫扎特的其他作品也吸引了他的注意力——如在一八三七年一月二十六日首次观看了《魔笛》——但还是《唐璜》真正融入了他的血液，从十九世纪三十年代中期到《非此即彼》完稿，那一时期的许多条札记都是关于这个伟大诱惑者的。

　　一八三九年的一份报告中则是迥然有别的不和谐："在某些方面我可以像艾尔薇拉那样对唐璜说，'你杀死了我的幸福'，因为说实话，这出戏像魔咒一样抓住了我，我永远不会忘记；是这出戏把我——像艾尔薇拉一样，在一个宁静的夜晚——从修道院里劫持出来。"也是这出戏，克尔凯郭尔在《非此即彼》第一部分里分析精神发展史时所赋予《唐璜》的戏剧性和心理学深度，是曲作者莫扎特和剧本作者达·彭特都没有达到的。他在分析中天才地模仿音乐，让唐璜的声音从

---

[1]　原文是拉丁文 Victor Eremita，意思是"自得其乐的独居人"，或"在孤独中自得其乐的人"。为简洁起见译为"怡然隐士"。
[2]　《忧惧的概念》和《恐惧与颤栗》都是克氏假名作品的篇名。

修辞中升起："听，他生命的开始如电光划破阴云密布的黑暗，从严肃性的深渊中升起，迅捷和易变胜过闪电，却又如同闪电般机智；听，他沉湎在生活之海的多样性中，向牢固的堤岸挣扎；听那些如舞步般轻盈的小提琴曲调；听那欢乐的表白；听那随心所欲的欢呼；听那喜气洋洋享受的幸福；听他狂野的奔逃；听他一闪而过；越来越快；不可抑制；听激情放肆的欲望；听恋情的叹息；听引诱的低语；听诱惑的漩流；听瞬间的沉寂——听，听，莫扎特的《唐璜》。"

阅读的狂欢

十九世纪三十年代中期，克尔凯郭尔进入一个狂欢或豪饮时期，离神学家所要求的戒律和美德那条狭窄的直路越来越远。这是得到普遍接受的说法，这说法也并非空穴来风。然而，上面所说的狂欢时期首先是广泛而紧张的阅读时期，在此期间克尔凯郭尔积累了大量文学、神学和哲学的知识储备，供日后写作时毫无愧色地慷慨提取。在一八三六年让老父手发抖的那堆账单里，数额最大的一部分还是瑞策尔书店的，那智力上不知餍足的儿子每礼拜要去几次，一年里除了八月以外每个月都去，于是他的藏书渐渐初具规模。当然，不论在当时还是现在，他的藏书规模都不能和法学家雅·劳·安·科勒鲁普－罗森维格的上万册藏书相比，更不能和为了藏书之乐只能喝肉汤吃鳕鱼尾巴的历史学家卡·弗·威戈纳那四万册竞争。克尔凯郭尔藏书的规模至多在几千册。但在一八三七年，当汉斯·布罗希纳到他在落叶街上的家里去借德国浪漫派作家艾辛多夫的一本书时，克尔凯郭尔藏书的丰富还是让他一时透不过气来。

克尔凯郭尔早年一定是让一只疯狂的书虫咬过，他无法抵御书的诱惑，哪怕严格说来他并不需要那本书。"许多书我都是受奇怪的冲动买下，然后就将它们束之高阁。"一八三九年二月七日，他做了愉快的忏悔，安东·君特的《当代德国哲学界的中庸之道》[1]在他看来有一个"那么精彩的书名，我被它迷住了，以至于从来没翻开书来看过"。然而他毕竟还是读了其中很多本，而且看得出他读得很认真仔细。有时候他会折书角——一些在天头，一些在地脚。他渐渐发展出一套复杂的标号技术，使用各种不同的符号、记号和其他标志。他还不断变换蓝色、红色和黑色墨水，改变字体大小，或者突然改用铅笔在书页边上做记号。他非常"细

111

---

[1] 德文：Die Juste-Milieus in der deutschen Philosophie gegenwärtiger Zeit。

心"地做这件事。克尔凯郭尔重视书的审美方面也是有名的。运到书店的书大部分都还没有装订,他喜欢让人把书装订成小牛皮书脊,布料封面封底,有时用闪光纸。但更豪华的装订属于少数例外。书脊上的装饰仅限于书名和几条水平金线。一种有节制的优雅。

克尔凯郭尔的藏书主要是同时代作品,其中只有约五十卷是一七五〇年以前出版的,五十多卷出版于一七五〇年到一八〇〇年间。藏书中将近一半是神学和益信文学。此外,还有希腊和拉丁文的主要古典作品及其译本,译本以德文为主。大部分主要欧洲作家的作品都有德译本,从但丁的《神曲》[1]和彼特拉克的《意大利诗歌》[2],莎士比亚的《戏剧全集》[3],到帕斯卡的《沉思录》[4],拜伦爵士的《全集》[5]。黑格尔、歌德和德国浪漫派施莱格尔、让·保罗、诺瓦利斯、蒂克、霍夫曼和海涅等人也有大量作品在列。同时代文学的选择很广泛,有一部分丹麦作品,而瑞典作品则限于贝尔曼,再没有别的。除了各种不同的书目和工具书之外,藏书中还包括大量世界各国民间故事、传说和歌谣,当然有《一千零一夜》[6]和格林兄弟的《爱尔兰童话集》。[7],不过也有斯万·格隆德维的《轻松新故事或笑话与严肃故事选三百篇:消磨时间实用手册》,自己读或者听别人读都非常有趣的无名氏所作神秘笑话集《奇怪的问题》,一本《伊索寓言》和《城里老鼠和乡下老鼠》。"当我厌倦了一切而'日子满足'[8],"我们可以在一八三七年圣诞翌日的札记中读到,"童话永远是对我有益的返老还童汤,所有尘世的、有限的忧愁都消散了;而欢乐——甚至忧伤本身,则是无限的。"

在任何分离和鉴定他天才成因的物质条件的努力中,绘制一幅克尔凯郭尔青年时代的阅读导向图是理所当然的出发点,然而这种努力会持续遭受两个明显难点的困扰。首先,众所周知他读过的书远比所藏的书多。他不仅在青年时代,而且终其一生都是雅典之家读书俱乐部的常客,也经常去学生会和哥本哈根大学图

112

---

[1] 德文:Göttliche Comoedie。

[2] 德文:Italienische Gedichte。

[3] 德文:Dramatische Werke。

[4] 德文:Gedanken。

[5] 德文:Sämmtliche Werke。

[6] 德文:Tausend und eine Nacht。

[7] 德文:Irische Elfenmächen。

[8] 《旧约·历代志上》29:28:"耶西的儿子大卫……作王共四十年……他年纪老迈,日子满足,享受丰富、尊荣,就死了。"

书馆。而相对鲜为人知的是，他经年累月地丢弃书籍，一方面是因为不再需要，另一方面这对他努力捍卫的身后名声而言也许是沉重的负担。将［克氏死后］拍卖清单上的书目和现存书店账单加以比较，很快就会发现拍卖清单上的数目大大少于账单，如一八三六年的账单上的四十二本书仅有十六本出现在拍卖清单上。布利歇的诗集在一八三六年的账单上，但不在清单上，霍尔贝格的《皮特·泡尔斯》和海涅的《悲剧》[1]也是同样的情况。其次，克尔凯郭尔阅读的范围极广，而且是跳跃式的、曲折的风格，冲浪似的从一个地方快速移动到另一个地方，而他本人也对其选择性倾向直言不讳。"当我读一本书的时候，"他在一八三八年一月十三日的一条札记中写道，"乐趣与其说是在书本身，毋宁说是成书前的无限可能性，复杂的故事，作者人格的独特性，他的学习研究，等等。"克尔凯郭尔是一个积极主动的读者，不满足于"开卷"，而是全身心地投入书中倾听。这样，即便是很短小的文本也能让他的创造性想象力发生强烈共振，而这也确认他自己在一八三七年三月起草的"命题"："伟大的天才"不能真正读书，因为"他们在阅读的过程中持续地发展自己胜过理解作者"。

这也正是克尔凯郭尔所做的，在阅读中发展自己。不管他拿在手里看的是庄严崇高的诗还是纯粹的杀人放火故事，是严肃文学还是不入流作品，是学术著作还是胡言乱语，他都在发展自己——作为作家的自己。即他在头脑里建立起一个古怪的混合图书馆，在意识的最前沿，太阳穴旁边，神奇的记忆力以闪电般的速度调出各种不同的作品来加以组合。模仿的才能，完美的敏感，捕捉细节的能力——毫无疑问，所有这一切都使得克尔凯郭尔成其为克尔凯郭尔。

另一种怀疑也随之而来：克尔凯郭尔其人究竟在多大程度上是"克尔凯郭尔式的"？

[1]　德文：Tragödien。

一八三八年

"有一种不可言说的欢乐"

一八三七年年底，克尔凯郭尔在读一首民间歌谣消遣。他奇怪地退回自我，感觉自己几乎像一段古老的废墟。这是一首宁静而感人的歌，唱的是一个姑娘在礼拜六晚上等待她的爱人，她哭得"那么伤心"。突然间一个场景出现在他的面前，他看到了日德兰半岛的荒原，那难言的孤寂，一只孤独的云雀直上云霄——"现在一个世代接着一个世代纷至沓来，所有的姑娘都对我歌唱，哭得那么伤心，然后沉入她们的坟墓，我也跟着她们哭泣"。

十四天之后，付清了那一千二百六十二塔勒巨额债务的最后二十六塔勒时，债务人在父亲的账簿上写下："父亲帮助我摆脱了这困窘的处境，谨在此致以谢意。""困窘"这个词几乎是仰天长啸，因为，要说父亲给了儿子什么帮助，那不是让他摆脱，而是使他陷入所有的"困窘"，后半句的致谢，其诚意也并不那么令人感动。接下来的三个月里只有写在零散纸片上的一些很短的札记。一月里有不到二十条，二月有八条，还有五条没有日期的，几乎从一八三七年十二月三十日直接跳到一八三八年四月中："四月。又是这么长时间过去了，而我却不能振作起来做哪怕一点点事情——现在我必须再做一点努力。保尔·穆勒去世了。"克尔凯郭尔可能前所未有地接近抑郁症，二月里，彼得·克里斯钦意识到问题的严重性："近来索伦越来越虚弱多病，优柔寡断，垂头丧气。我主动和他谈话，也没有起到任何可见的作用。"几个礼拜之后，彼得的口气平和了一些："谢天谢地，索伦……现在开始走近——不仅是像林贝格那样的个体基督徒，而且在走近基督教。"林贝格的女儿艾丽瑟在其回忆录中提到，克尔凯郭尔经常去造访她的父亲，同去的还有年轻的格隆德维追随者——约翰尼斯·费迪南·冯格尔和彼得·安德烈·冯格尔兄弟、马丁·哈默里希和弗里德里克·哈默里希兄弟，以及彼得·罗尔丹。但这种兄弟式的交往带来的好处也仅止于此。一八三六年十二月十六日，

114 礼拜五，索伦·奥比和四天前满了八十岁的父亲最后一次去领圣餐。圣餐记录上登着："商人克尔凯郭尔先生及其公子，索·奥。"但是在一八三七年全年和一八三八年前半年索伦·奥比都没有去领圣餐，圣母教堂的圣餐登记簿上只记录了"商人克尔凯郭尔先生"，再没有别的。彼得·克里斯钦也没有陪父亲去领圣餐，自从玛丽亚死后他就不再去领圣餐了。

于是这位上了年纪的商人只得独自去领圣餐，当他形单影只，在往返的路上踽踽独行时，会忧伤地回想起当年全家一同去忏悔和领圣餐时的情景，一八二四年九月二十四日妮可琳娜·克莉丝汀娜的婚礼时就是这样的盛况。吉·霍·沃厄在给克家担任忏悔牧师十年之后被任命为索湖科学院院长，这时克家不得不选择新的忏悔牧师，分裂变得明显：米凯尔·克尔凯郭尔选择哥本哈根圣母教堂的第一副牧师施密特，彼得·克里斯钦经过一些犹豫，而且看上去在不知道父亲的决定时也选了施密特，而索伦·奥比在一八三八年五月五日年满二十五岁，即在法律上成年时，选择了圣母教堂低一级的牧师科尔托夫。一八三八年七月六日，索伦·奥比生平第一次独自去领圣餐，教堂执事在圣餐簿上登记的某个"大学生克尔凯郭尔"，成为家庭分裂的记录。而这裂痕一直没有得到弥合。四月中老父不得不再次独自去领圣餐，一个礼拜之后他的幼子在日记中写下了一段不那么符合基督教信仰的话，"如果基督来到我的心中并留下来，一定会按照历书上今日福音书标题所说：基督通过关闭的门进来"。这是一八三八年四月二十二日。当天岛上教堂举行了一次盛大的坚信礼。在满怀希望的姑娘队列中有一位名叫雷吉娜·奥尔森，芳龄十六。她后来也要走进关闭的门。然后再出去。

在一八三八年春天的札记中，日期为五月十九日的一条，情绪完全不同于其他，是这么说的："有一种不可言说的欢乐，在我们心中灼烧，就像那使徒无来由的呼喊：'你们要喜乐，我再说，你们要喜乐'[《腓立比书》，4：4]。不是因此事或彼事而欢乐，是灵魂从心灵深处用'舌头和嘴唇'发出的全力呼喊：'我为我的欢乐而欢乐，为了欢乐，乐在其中，与乐同乐'，——一首来自天庭的副歌突然打断了我们的歌唱；一种欢乐，如同凉爽清新的轻风吹动裙裾，如同信风从幔利[1]的树林直上永恒的居所。五月十九日，上午十点半。"这里看上去是一次关于转变的简短记述，按照虔信派榜样记录了尘世死灭为变形救赎所取代的那个时刻。然而，"舌头和嘴唇"和

---

[1] 幔利（Mamre），今巴勒斯坦境内地名，《旧约》中亚伯拉罕设立祭坛的地方。

"从心灵深处"这些克尔凯郭尔加上引号的词语，却并不是使徒保罗的话，而是哥本哈根守城者夜间所唱的歌词。不可否认，这和幔利的树林、希伯伦附近的绿洲尚有一段距离。据《旧约》中说，在那里可以和神相遇并接受神的预言式许诺。

这样，我们并不知道在那个五月春日的上午究竟发生了什么。这条札记前后的几条都不能提供半点蛛丝马迹，也许这不过是一个诗意的构思 [1]，但不论是在什么情况下写的，那欢乐，那无法言说的欢乐，都是与基督相联系的。索伦·奥比在灵光一闪的瞬间明白了那令人眩晕的真理：神就是爱，因此神也是欢乐之神，不论世界和一个人的生活情况怎样。欢乐完全笼罩了他，语言既不能，也没有必要表达。这样的一种欢乐不能想象，它是被给予的。欢乐是一份礼物，圣洁而单纯，是一种来自光明之父的无法解释的经验，因此炫目而不可言说。

这就是基督教的黄金时代。

商人之死

"我没有什么病，"米凯尔·克尔凯郭尔在一八三八年六月底给妹妹艾尔莎的信中说，"只是身心都很虚弱，两个儿子也是这样。这封信有可能是我的最后一封，因为我既不能想也不再能写，希望我的归去之路就在近前。——为我祈祷吧，亲爱的妹妹，像我为你祈祷一样，愿上帝给我们一个幸福的出口，离开这有罪的世界。——收割结束后可以给我写几个字，告诉我情况怎样。"

他从始至终都是一个注重实际的人。艾尔莎没来得及写信告诉他收获的情况，那年的收成也不好，雨太多，尤其在七月下旬下个不停。雨水不仅毁掉了乡下的庄稼，而且钻进了城里那座老房子的烟囱和炉管，突然涌进了彼得·克里斯钦的房间，漫上地板，气得老爷子扬言要卖房子，幸好被彼得劝住了。八月五日，礼拜日，父子同去教堂，这是彼得在玛丽亚死后第一次去教堂。索伦·奥比又搬回了家，具体什么时候搬的不清楚，但应该是在七月十日以前，因为他在这天的札记中写道："我希望，我对家中生活条件的满意度会像我读到过的那个人一样。他也厌倦了家，打算骑马离开。刚走了不远，马失前蹄，把他摔了下来。当他站起身，却发现他的家原来是那么美好，他翻身上马回家，再也没有离开。所以关键是恰当的角度。"八月六日，礼拜一，索伦·奥比和父亲、哥哥一同进餐。那天早

[1] 德文：Entwurf。

些时候他跟父亲吵过架，彼得听见了那烦人的吵闹声，在日记中记下一笔。不过那争端显然很快就平息下去，老人突然变得精神抖擞，而彼得·克里斯钦却被搅得心烦意乱，饭后到哈恩家去散心。

第二天早晨，女管家给老太爷上过咖啡后不久，他又打铃叫她，抱怨说头昏眼花，天旋地转。过了一会儿他又"感到恶心，几次水泻"，彼得·克里斯钦一度担心父亲或许感染了当时正在流行的霍乱。家庭医生邦不在城里，只好去请努佐恩医生。他一到就开了催吐剂。当药性开始起作用时，老人变得极其虚弱，他什么也不肯喝，在呕吐的间歇陷入鼾声如雷的沉睡。女管家认为这很正常，于是其他人都去餐桌旁喝咖啡。

将近两点钟的时候，病人开始剧咳，前所未有地猛烈咳嗽。大家赶进他的房间，看到他躺在地板上昏迷过去，嘴里满是呕吐物。彼得·克里斯钦把凉水浇到他头上，毫无效果，尽管努佐恩三点钟就要来，他还是选择去请铎尔格医生。铎尔格医生在半小时后到了。他是个果决的人，他和一直负责看顾老人的努佐恩一样认为需要下猛药。"他开出的方子是把水蛭放在病人的头上，发面团敷在腿上。努佐恩来了后把水蛭和发面团都加倍，在脖子上放了一只西班牙苍蝇，但所有这些都没有明显效果。老人还是躺在那里，有时因痰液堵住不能呼吸，呼吸通畅的时候就猛烈地咳嗽，他的呼吸越来越像真正的垂死挣扎。我们曾希望他至少还能清醒过来撑一两天，却完全没有实现，像佐努恩一直预见的那样。甚至在死亡的瞬间他也只是沉重地叹息了几声，然后停止了呼吸。这是九日凌晨二时，我和索伦被紧急叫下楼，但是无济于事，一切都结束了。"

这幅垂危商人的情景有着悲喜剧色彩。绝望的医生给他头上放了水蛭，发面团绕在他衰老的腿上，而怪异的最后屈辱是把一只西班牙苍蝇放在脖子上！大多数装备齐全的出诊包里都有这种干苍蝇，装在盖紧的玻璃瓶里。这种苍蝇和普通苍蝇一般大小，有着金绿色闪光，散发出刺鼻的臭气，也许正因为其含有高浓度的氨而被视为是"有益的"。父亲在凌晨死去，当天下午遗嘱检验法庭的人就来了。八月十四日，礼拜二，根据他本人的愿望埋葬在辅助公墓，他的大女儿马琳·科尔斯婷娜旁边。同日，《地址报》讣告栏里刊出以下启事："八月九日礼拜四，我们亲爱的父亲和岳父米·皮·克尔凯郭尔，城中前纺织品商，在患病两天之后蒙主召唤离世。享年八十二岁。特此哀告诸亲友。幸存者儿子和女婿们谨启。"我们会注意到"城中前纺织品商"这个名号，他的幼子在后来的岁月中用在几乎每一篇献给亡父的益信词上。因此这个提法本身说明讣告的作者是他，而不是彼得·克里斯钦。

不过，关于他和妻子墓地的大理石墓碑式样的设想则是米凯尔·克尔凯郭尔本人写的。除了几处日德兰方言的拼法经过改正之外，他的愿望都实现了，墓碑至今树立在那里，上面刻着："安娜·克尔凯郭尔／婚前姓隆德／一八三四年七月三十一日／前往主之家／年六十七岁／在世的子女／亲戚朋友／尤其是她年老的丈夫／米凯尔·皮特森·克尔凯郭尔／都爱她思念她／她丈夫于一八三八年八月九日／追随她／进入永生／年八十二岁。"

"大地震"

吊唁信如潮水般涌来。彼得·克里斯钦的岳母，主教夫人娜娜回忆起"那优秀的老人"，忧伤地想到她再也不会"得到他那友善、诚恳的握手"。她的儿子哈罗德写道，只有"很少的人能像他那样，让我在初次见面时就被迷住了"。只有克家的老友约翰·哈恩提到，目前那最小的儿子的处境想必也很艰难。"可怜的索伦，"他在给彼得·克里斯钦的信里叹息道，并继续感人地说，"也许不会被这次打击击倒，而是将他从麻木中摇醒，让他不再追慕此世的虚荣，从而获得追求那唯一必要之事的愿望和能力，让所有那些怀疑他尊严的人们，怀疑他认真追求和平和努力与上帝和解的人们羞愧。"

与此同时，索伦·奥比坐在自己的房间里将父亲之死写入札记。在一个十字架下面，八月十一日的札记是这样写的："我的父亲在八日，礼拜三，凌晨二时逝世。我曾经由衷地期望，他能再多活一些年头，我把他的死看作他为了爱我而做出的最后牺牲，因为他不是离我死去，而是为我而死的，为的是使我或许仍能有所成就。我从他那里继承的一切中，我最珍重的是他的记忆，他的理想化形象——这理想化并非来自我的诗性想象力（因为那不需要），而是通过我正在研究的那许多个人品性而变得理想化——而我会确保这个形象隐藏在内心深处。我很清楚，此刻只有一个人（埃·波厄森）我可以与之谈论他。他是一个'可以完全信赖的朋友'。"

很难想象还有什么比兄弟二人对父亲之死的记述更能体现他们之间的区别了。彼得·克里斯钦的日记严格遵守时间顺序详尽地记述了忙乱的最后时刻，而索伦·奥比的札记则措辞庄严、崇高、敏感，简直是一首赞美诗。他把父亲之死说

118

成是一种赎罪之死，最后的牺牲，但是，在这些闪光的激情之中颤动着一种古怪的幽暗。儿子并没有通过诗性想象力将关于父亲的记忆理想化，而是在研究他的许多品性。但都是些什么品性？父亲是作为一个谜进入坟墓，还是儿子在酉初[1]获取了他的秘密？文本沉默着。在同日的下一条札记中，索伦·奥比反思了一些矛盾的情况，在"异教中对独身者征税"，而"基督教则推崇独身"。这像是一段深思熟虑的话，然而在父亲死后最先发生的反思竟然是关于性的弃绝，难道会是偶然的吗？

在知道答案之前，更多的问题已经从四面八方飞来，让我们卷入克尔凯郭尔所有札记中最具争议一条的旋涡——关于"大地震"。那条振聋发聩的札记全文如下：

> 那时候，大地震发生了，可怕的动荡突然把一种新的、准确无误的、对一切现象的解释法则强加于我。那时我觉得，我父亲的高龄并非受到神圣祝福，毋宁说是一个诅咒；我们家族超群的智力只能让我们彼此将对方撕成碎片；当我看到父亲是这样一个不幸的人，将活过我们所有人，十字架将悬挂在他自己所有的希望之上时，我感到死亡的寂静在身边增强。一桩全家不得不承受的罪过（Skyld），一定是上帝所施加的惩罚；它必须借助于上帝的全能之手，像抹去一次失败的实验那样来加以解除。偶尔我会产生这样的念头：父亲承担了沉重的责任，通过宗教来安慰我们，训诫我们大家，这样一个更好的世界仍然对我们敞开大门，即便我们在此世失去了一切，即便我们受到那惩罚伤害，像犹太人对他们敌人的一贯祈愿那样：让关于我们的记忆彻底消失，谁也找不到我们的踪迹。

这条札记属于明显带有自传性质的一组较短札记——前面有两段克尔凯郭尔用来概括他的童年和青年时代的简短引文。第一段在"童年"的标题下引用了歌德："半是儿童的嬉戏，半是上帝在心中。"[2]"青年"标题下的第二段引自克里斯

119

---

[1] 直译为"十一点钟"，意为最后一分钟。典出《圣经·新约·马太福音》20:1-16。《圣经》中将一昼夜分为十二等分，从现在的晨六时起是"一点"，"十一点"即下午五点左右，一天的工作即将结束，所以有"最后一刻"之意。中国也有十二时辰制，下午五点为"酉初"，中文《圣经》就是这样折算的。下同。
[2] 引文为德文。

钦·温特的诗："乞求？不！／人生道路上的青春／强力夺取宝藏。"引文之后在"二十五岁"的标题下面是一段引自莎士比亚《李尔王》第五幕第三场的台词，长度为十二行。再下面就是那条关于大地震的札记。

汉·彼·巴尔佛德完全被这几条札记所吸引，到了不顾时序的程度，将其列在他编选的多卷本《索伦·克尔凯郭尔遗稿》之首，从而让这几条札记在读者的意识中占据了重要地位，获得了致命的导言性质。巴尔佛德开动剪刀糨糊之前这几条札记原来在什么地方，不那么容易确定，甚至巴尔佛德本人也未必清楚，因为他这样报告过："一八三八年夏天，五月里生日之后，八月里父亲死之前，逝者看来是在这三张小八开金边优质办公纸上简短地总结他从出生到法定成年之间的生活故事。"

前三条札记和第四条，即关于大地震的那条的开头写在三张金边纸上。这几张纸没有字的反面，在某个时候被粘在一起：写着童年座右铭的第一张纸和青年座右铭的第二张粘在一起，写着莎士比亚台词的第三张纸和"大地震"的前两行粘在一起，到"新的、准确无误的"为止。在第一条的"童年"字样下面有一条波纹线，第二条的"青年"，以及第三条的"二十五岁"也标注了同样的波纹线。鉴于这几条札记用同样的格式写在同样的纸上，有可能是在同一时间写的。不知道是谁把这些纸片粘在一起，但从各种迹象来判断应该是巴尔佛德，是他找到了这三张在一起的纸片。一八三八年一月时克尔凯郭尔的确曾有计划写一篇"带有我写的座右铭的短篇小说"，稍稍运用一点想象力，座右铭就是上面的几条。

在这些悬而未决的问题之上还要加上一个伤脑筋的事实：这些札记手稿在按照巴尔佛德编辑的版本付排后消失了。因此后来的札记编辑者如海贝格 [1] 和库尔只得重印巴尔佛德版本的"大地震"，并将其归在弹性的一八三八年"零散手记"一组以内。然而，这些消失的手稿原件——前三条札记和"大地震"札记的开头两行却在一九一一年二月出现了。它们在瑞策尔书店里，现在交给了大学图书馆。瑞策尔不得不抱歉地说明，他既找不到"大地震"的其余部分也找不到下面的两条札记，即巴尔佛德将其和"大地震"联系在一起的那两条札记的手稿原件。

这些技术性问题对于"大地震"的阐释具有决定性的意义，其特定含义取决

120

---

[1]　海贝格（Peter Andreas Heiberg，一八六四～一九二六），与前文哲学家海贝格之父（一七五八～一八四一）同名，出身医学世家，其父曾是彼得·克里斯钦·克尔凯郭尔的医生。

于写作的时间。究竟是什么事件，让克尔凯郭尔用戏剧化的"那时候……"来导入？如我们已经看到的，巴尔佛德假设这几条札记是写在克尔凯郭尔的二十五岁生日，一八三八年五月五日之后，同年八月八日他的父亲死之前，他的根据是克尔凯郭尔在莎士比亚引文之上写了"二十五岁"。然而这假设不能成立。这段引文的写作时间肯定比巴尔佛德所断言的要晚得多。因为，克尔凯郭尔所引用的恩斯特·奥特雷普的德译本直到一八三九年五月十日才出版，所以比发生的事件至少要迟一年才能引用。所以"二十五岁"不应该从字面上理解［作为确定写作时间的依据］，更可能是指法定年龄本身。因此，说写作者在书写关于大地震的几行文字时是处在一种震惊状态，不仅是一种戏剧化的错误结论，而且在心理学上完全不能成立。人处在震惊之中时不太可能坐下来，用精美的字体在他最考究的金边纸上书写，也不太可能表达得如此文学化。

究竟是什么事件或者坦白给了克尔凯郭尔如此深刻而强烈的印象，他不得不将其形容为一次地震？最初尝试加以揭示的是格奥尔格·勃兰兑斯。他在十九世纪七十年代写作《克尔凯郭尔传》时曾经和汉斯·布罗希纳谈过一次，但勃兰兑斯记不得他都说了些什么，其间布罗希纳去世了。于是勃兰兑斯联络了克尔凯郭尔的外甥弗里德里克·特勒尔斯－隆德，在一八七六年给他写信说："我的记忆中有个模糊的印象，似乎老纺织品商人和克尔凯郭尔的母亲（勃兰兑斯很奇怪地只字未提）之间的关系有什么问题，结婚之前的不合法关系或者在金钱方面委屈了她之类。"特勒尔斯－隆德在三天后回信，既没有证实也没有证伪这一假设，但他问过了"若干亲戚——不错，是几位远亲——但他们都只知道，老太爷一般来说比较吝啬，年轻的时候可能有一点荒唐。"这点材料很单薄，但勃兰兑斯无法得到更进一步的材料，只得在他的传记中这样写道："这件秘密的罪过究竟属于什么性质，自然无从得晓，但种种迹象表明牵涉到父母之间的关系。"勃兰兑斯暗示，他们当中最小的孩子在某个时间获知了这件事，触发了他人生中的大地震。

勃兰兑斯的传记出版后不久，挪威人弗里德里克·彼得森教授转向彼得·克里斯钦·克尔凯郭尔，征求他对勃兰兑斯大地震观的看法。这位教授特别请求他澄清，那件罪行是否涉及"对妻子不忠实"，而做长兄的并没有这样的怀疑。"勃兰兑斯博士实在是倒霉到家，居然让自己猜测'对妻子不忠实'当作索伦所暗示的，他和我的父亲抑郁的由来。"他在一段写于一八七七年一月的长达数页的记述中尖锐地说。"证明某事没有发生（一件非事实），即便最新哲学也承认是不可能的。"据"早先发现并留意过那三张写着神谕般字迹的金边纸"的彼得·克里斯钦说，大地震的原因要到那突然击中这家人的许多死亡事件中去找。妮可琳娜·克莉丝汀娜和帕特丽亚·赛维琳娜姐妹的离世留下了深刻的伤痕，尤其是她们和隆德兄弟的婚姻给家中带来的"欢乐和愉快，那是年事已高的父母那简朴老派的生活方式中我们时感缺少的"。随后的一次死亡事件也同样震撼，彼得·克里斯钦继续讲道，它的发生让他"生活在接近基督教的感觉里"，并且从一场"严重的伤寒"中生还。家里刚刚有了一线光明，"但是我的玛丽亚故去……毫无疑问，索伦心中那阴暗的念头胜利了。家族将灭绝，父亲将活过我们大家"。但是这种情况并没有发生，是父亲先于两个儿子死去。据彼得·克里斯钦说，这迫使他的弟弟修正原有的观点，重新进行评估，"但是请注意，新的解释很大程度上和原有的相同，只是更加准确"。

彼得·克里斯钦在给彼得森教授的信里明确地坚持，他也曾听父亲吐露秘密，父亲不太可能在生命的最后几个月里"告诉索伦一桩震撼他的罪行"。彼得的两项保证都是为确保历史客观性而做出的，但也包含着他和弟弟陈年竞争的回声，弟弟和父亲的亲密关系，彼得不愿意回想，更不愿意公之于众。根据我们今天所知道的来解读他的记述，值得注意的是他没有讲的东西：他断然拒绝了勃兰兑斯的不忠假设，但同时对父亲和安娜的婚前关系保持沉默，即便在这个语境里提到此事是很自然的。更引人注目的是，他甚至没有暗示那笼罩在克氏家族那多少有点神话般的自我理解之上的事件：他父亲对上帝发出的诅咒——彼得·克里斯钦显然知道此事超过一个世代之久，而在十年前他对此事的记忆又以最痛苦的形式得到了刷新。那是在一八六五年二月的一天上午，巴尔佛德坐在彼得·克里斯钦的主教宅邸里阅读索伦·克尔凯郭尔的一八四六年 JJ 类札记，他突然发现了非常私人性质的一条，感到有必要交给主教大人看看。札记是这样的："有这样一个人，当他还是个男孩的时候，在日德兰半岛的荒原上放羊，他衣衫褴褛，饥寒交迫，站在一座小山顶上诅咒上帝。这是多么可怕的事情。这个人即便到了八十二岁高龄仍然不能忘记这件事。"彼得·克里斯钦读完这条札记，已经泪流满面。"这是我父亲的故事，也是我们的"，他对巴尔佛德说，并且讲述了——还是据巴尔佛德说——"一些更详细的情况，我不能在这里重述"。

如果巴尔佛德能稍稍费一点心重述那些"更详细的情况"，后世研究者就可以不那么头痛，他至少别提起自己的省略之罪，许多烦恼也可因此得到避免。更加无助于事情好转的是，他承认，为年事已高的主教着想，他"不忍心"将"他弟弟那痛苦的爆发"公之于众，因此在他编辑的《索伦·克尔凯郭尔遗稿》中将不收录此条。他扣压这条重要札记从心理上来说是可以理解的，但从原则上来说，则和彼得·克里斯钦后来否认其存在一样，都是擅自做主。他做这样的否认可以有许多理由，但他在这条札记被发现时的反应本身则足以证明他对父亲那次诅咒的重视程度，那是彼得·克里斯钦人生中的地震。从一方面来说，他设想在索伦·奥比的人生中也是这样，但在这一点上，他大概是错了，仅凭在札记中提到这次诅咒，就说明索伦赋予了这次事件某种公开性质。从另一方面来说，他也没有理由怀疑，父亲的诅咒在索伦·奥比的自我理解中起到了极其重要的作用，那诅咒成为儿女早死的一种解释。他们都活不过三十三岁，即不超过耶稣的岁数，这个年龄无疑是来自这家人对数字神秘主义的偏好。这样，索伦·奥比显然也懂得这深不可测的巧合逻辑，他在一八三七年一月二十二日的札记中写道："基督活了三十三岁，真是异乎寻常。"那时彼得·克里斯钦是三十二岁，得过斑疹伤寒后苍白而虚弱，所以很可能要轮到他死了。可是他奇迹般地康复了。他在一八三八年七月六日满三十三岁时和父亲一起去领了圣餐。索伦·奥比在这一天写道："固执的念头就像抽筋，譬如在脚上——最好的对付办法就是一脚踩上去。"

这种关于早死的病态理论在一个多月之后随着父亲的死而彻底崩溃了，这给两个儿子一种不可言喻的解脱感。然而与此同时，这次死亡事件也是与灾难相联系的，尤其对幼子来说，他后来将父亲之死描述为"一次可怕的震撼事件"。然而，他还是坚持原有的理论，即儿女都不能活过三十三岁，于是当彼得·克里斯钦在一八三九年七月六日满三十四岁时，他不得不看到自己的"解释法则"再次被证明为无效——这就是他在同年，有可能是九月，写下那条关于大地震的札记时的背景情况。然而迷信还是不可动摇。三年前，他在一八三六年一月间写下了吊诡的解剖："迷信是奇怪的。人们会期待，当他看到那病态的梦想一次没有实现就会放弃，然而事实则相反，[未实现的梦想]会获得力量，就像赌徒在买彩票失败后赌博的欲望会增强一样。"

作为他用以阐释其生活惊心动魄的戏剧性的见证，一八四七年五月五日，礼拜三，他写了如下札记："很奇怪的，我满了三十四岁。这让我完全不懂。我曾经是那样肯定，会在这个生日之前死去；我甚至受诱惑认为，我的生日被记录错了，这样我还是会在满三十四岁时死去。"汉斯·布罗希纳——克尔凯郭尔一定告诉过他那吓人的想法——直截了当地讲过，克尔凯郭尔是那么相信这想法的正确性，"当他达到了这个年龄，甚至去查教堂记录，看自己是否真的超过了这个限制。"

就在生日那天，彼得·克里斯钦给他写了一封信。这封信弟弟还是按照习惯烧掉了，但是哥哥一定触及了三十四岁这个问题。因为几个礼拜之后，索伦·奥比回信说，这个生日长久以来在他的意识中始终是一个奇迹般的不可能性："当那个日子到来的时候我的困惑不小——现在我说了不会惹你生气——你竟然满了三十四岁。爸爸和我都认为，咱们家的人活不到三十四岁。尽管我在别的事情上难得同意爸爸，但我们在一些稀奇古怪的想法上却有着共同的基础。在这样的谈话中爸爸几乎总是很为我高兴，因为我会运用生动的想象力来描绘这些想法，并且勇敢地探索其内涵。爸爸最奇妙的一点就是，他有着最丰富的想象力而人们却最少想到这一点。不错，他的想象力是抑郁的想象力。所以，三十四岁应该是我们的极限，爸爸会活过我们所有人。后来发生的事情却不是这样——我迈进了第三十四个年头。"

这样，是父与子共同设想出了儿女要在"三十四岁"之前死去的观念，是索伦·奥比和父亲一同在深沉的抑郁中培育出这想法，而彼得·克里斯钦一直置身事外，直到现在才得知这理论。他似乎丝毫不知道老克尔凯郭尔和小克尔凯郭尔多年里想着的关于他的可怕命运。值得注意的是，索伦·奥比在给彼得·克里斯钦的信里只字未提父亲的诅咒，那本来是三十四岁年龄极限理论的基础，但也许，他在沉默中假定，彼得·克里斯钦能够自己推断出他可能早先就知道的关于诅咒的理论。

然而，更合理但也更可怕的是，父亲的诅咒不是这种理论来源的唯一解释！种种迹象表明，这诅咒仅仅是一个成分，而这个成分只有在和另一桩关乎肉体秩序的罪联系起来加以理解才会有意义。因此，"大地震"是突然看到了另一种秩序，而不是那诅咒本身带来的。因为尽管索伦·奥比有着神经质性格，也不会将这样深远的影响归诸这种孩童之罪。

直到一八四五年他才将其中的缘由给出一个诗性的版本。他等待了这么久。所以我们大家也要等等。

尚存者手记

根据父与子在"抑郁的想象"中共同得出的结论，一八四七年五月五日将会

124

是索伦·奥比的死期 [1]，而在一八三八年他还有九年可活。他是一个尚且活着的人，而那"地震"并没有麻痹他的工作能力，毋宁说正相反。实际上，在此过程中——如埃米尔·波厄森在一八三八年七月二十日写给马丁·哈默里希的信里所说——"他在写一篇关于安徒生的文章，将在海贝格的《珀尔修斯》上发表；文体风格有些沉重，但其他方面很好"。

海贝格也认为是这样，文章不错，但他还是向克尔凯郭尔提出了一些批评意见，因为《珀尔修斯》刊登的文章讲究文体。《珀尔修斯》是一份"思辨观念的杂志"，欢迎艺术、宗教和哲学领域内的人们"表达积极的独立思考"。在这份杂志的一百三十三位订户中包括亨·尼·克劳森、明斯特、奥伦施莱尔、希本和汉·克·奥斯特，可见该杂志是最适合发表"积极的独立思考"的地方。海贝格给克尔凯郭尔的信已佚失，但从后者在一八三八年七月二十八日的那封毕恭毕敬的信里可以看出，海贝格对这篇文章的风格不满意，并期待着这个年轻人改写成基本可读的丹麦文。于是克尔凯郭尔去找老同学汉·彼·霍尔斯特，求他帮忙修改。据霍尔斯特说，在学校的时候他们两人有个经常的交易，克尔凯郭尔帮霍尔斯特写拉丁文作文，霍尔斯特帮克尔凯郭尔写丹麦文作文。克尔凯郭尔写的是一种不可救药的拉丁式丹麦文，有太多的分词从句和复杂句型。因此霍尔斯特了解问题所在，并坚持说，他在那年的夏天里把克尔凯郭尔的文章翻译成了丹麦文。克尔凯郭尔毕业考试的丹麦文成绩是特优，而霍尔斯特的记述写于一八六九年，即他们从学校毕业后近四十年，关于安徒生的书出版后三十年，[因此说克氏的丹麦文不好]应该是添油加醋的说法。不管怎么说，后来事情是这样的：稿子还没有改完，《珀尔修斯》就停刊了。克尔凯郭尔不得不去找瑞策尔书店，将《论安徒生》作为一本独立的小书出版，并在一八三八年九月七日获得成功。现在，父亲死后不到一个月，他可以自称作家了。《尚存者手记——违反当事人意愿由索·克尔凯郭尔出版》的作者。书名有些模糊，内容包括七十九页关于安徒生作为"小说家"的深入分析，不断地提到后者的第三本小说，一八三七年十一月二十二日出版的《不过是个提琴手》。

安徒生在其一八五五年出版的自传《我的童话人生》中提到，他在《不过是个提琴手》出版后遇见克尔凯郭尔，后者告诉他正在写一篇书评，将比已有的书

---

[1] 双关语。原文 deadline 通常作"截止期"解，其字面意义是"死期"。

评更公正地对待此书。"因为，"克尔凯郭尔说，"人们完全误解了我！"于是安徒生等待着一篇真正赞美这本书的评论，然而时间一天天过去，他在一八三八年年历的八月三十日栏内不耐烦地抱怨道："受克尔凯郭尔尚未发表的书评折磨。"一个多礼拜之后，望眼欲穿的书评终于姗姗来迟，安徒生大为震惊："[克里斯钦·]沃尔夫来了一封穷凶极恶的信，紧接着就来了克尔凯郭尔的批评文章。爱德华[·科林]给我冷却粉。像梦游一样走。"可怜的安徒生！他的终生友人，好心的伯·塞·英格曼在一八三八年十二月九日写信安慰他，多少有点帮助："克尔凯郭尔的书评肯定会让您心烦意乱。但我却看不出尖酸刻薄和任何冒犯您的愿望。他对您的意见有可能远比公开表现出来的为好。结论部分暗示着一种奇怪的加以抑制的友好态度。"英格曼认为书评确实"片面而不公平"，克尔凯郭尔"用可见的油墨表达其非难"，同时用"不可见的同情笔墨表示感谢和赞赏"——但那就是克尔凯郭尔写作的方式。英格曼了解安徒生的脆弱心理，于是，作为预防措施补充道："千万不要让这次挫折把您压倒。"

126

安徒生自然还是被压倒了，不过到了一八五五年，他完全平心静气了，忘掉了最初的反应，从技术和客观的角度将克尔凯郭尔的书归为艰深之作——"表达中有黑格尔式的沉重；有人开玩笑说，只有克尔凯郭尔和安徒生两人读完了全书……当时我从书中得到的印象是，我根本不是诗人，而是从我的门类里跑出来的一个诗性人物。"而安徒生，不喜欢和人翻脸，尤其不愿意和名人翻脸，于是好脾气地补充道："后来我比较理解了这位作者，他在我前行的道路上待我以友善和慧眼。"

关于这两位天才——安徒生和克尔凯郭尔之间的关系，一八三八年之前的情况我们几乎一无所知。他们都是大学学生会的成员，有可能在音乐协会碰见过。在写作关于安徒生的处女作之前，克尔凯郭尔知道他的《一八二八年和一八二九年从霍尔门运河至阿迈厄岛东角步行记》《即兴诗人》《奥·特》《阿葛奈特和男人鱼》以及几篇童话。一八三七年的某个时候他记录了《即兴诗人》在这一年的再版，但兴趣不大，只有一条简单的评语："意大利人在晚上告别时说'夜晚快乐'，而安徒生却说：'北欧人祝愿晚安，睡好，而意大利人则祝愿最快乐的夜晚。在南欧之夜里不只是——做梦。'"

克尔凯郭尔所写的第一本书是关于安徒生的，拉开历史的距离来看是一次奇迹般的巧合，但是克尔凯郭尔选择安徒生写作书评处女作实际上并不令人惊奇。至少有三个原因。首先，安徒生是最有价值的受欢迎的小说家，读者已经不限于丹麦。伴随着由安徒生提供材料写成的长篇作者传记,《不过是个提琴手》的德译本于一八三八年出版,同年秋天出版荷兰文版,在圣诞节前不久还出版了瑞典文版,书名改成了《来自斯文堡的提琴手》[1]。所以,克尔凯郭尔列为批评对象的人在文学界绝非寂寂无名,恰恰相反,是一个事业如日中天、享受每年四百塔勒国家资助的人。一八三八年九月十七日,传奇式的外籍丹麦雕塑家巴特尔·托瓦尔森荣归故里,得到了近乎迎接神祇降临的,伴随着欢呼、歌唱和音乐的盛大欢迎。

127　安徒生和奥伦施莱尔、海贝格、格隆德维、温特、赫尔茨、霍尔斯特和奥伏斯戈同乘"罗塔号"护卫舰,驶出港口,登船迎接。其次,安徒生和既定体制,尤其是海贝格周围圈子之间存在着很纠结的关系。他的一些诗作得以在《飞翔邮报》上发表,但是他那些剧作尝试却从未入海贝格的法眼,而安徒生本人又举止粗鲁性格怪异,安装在海贝格戏剧之家里的无数——形象地说——狡猾的活板门之一很快就在他的脚下打开,让他掉进去,走人。"安徒生无论如何也没有那么危险,"做好战斗准备的克尔凯郭尔在札记中写道,"根据我的经验,他的主要力量来自一支辅助合唱队,由志愿承办人[2]和一些反复重申自己诚实的流浪美学家组成。"最后,《不过是个提琴手》打破了当时人们对一部小说所认可的规范和期待。人们不能接受皆大欢喜之外的任何结尾,捍卫人生的天赋和谐乃是作家的任务。而安徒生却没有这样做,他的小说里充满了分裂,并且在很大范围内指责社会应对其主人公克里斯钦的不幸结局负责。

　　克尔凯郭尔在其书评开始部分强调一种可以在居伦堡夫人(为了对她自己选择的匿名以应有的尊重仅将其称为"《日常生活故事》的作者")和斯汀·斯汀森·布利歇那里找到的积极人生观,他们的作品都充满了生活的欢乐和对世界的信任。尽管会有种种困难,归根结底还是好的。而在安徒生那里则正相反,据克尔凯郭尔说,乃是因为安徒生缺少人生观。"小说所必需的,"克尔凯郭尔解释道,"乃是一种活过一切的不朽精神。"而能够以必要的不朽"给小说"以这种精神的,恰恰是作者的人生观。不能仅仅努力信笔写去,相反,必须让作者的经验和印象经过诗意棱镜的折射。缺少人生观的作家写出的小说不仅混乱,而且变成令人不快的私人化产物。"一位作者永远应该将人格的一部分融入写作,就像基督用自己

---

[1]　瑞典文:Spelmannen från Svendborg。

[2]　双关语。原文 bedemænd 字面上是指"承办人",也特指殡葬从业者。

的血肉喂养我们一样。"克尔凯郭尔在同年的札记里写道，但是安徒生走得太远，他可能没有在其文学作品中保持必要的距离，而是被一点一点拖了进去，以至于他的"小说和他的自我之间处于这样的现实关系：小说里的人生不再能被看作是一件作品，而是从他的自我身上截取的肢体"。这样，克尔凯郭尔的观点和安徒生的问题在于，"人格挥发进入了虚构，令人有时甚至会认为，安徒生是从一位诗人所构想的、尚未完成的人物群像中跑出来的角色"。

128

据安徒生本人说，正是这些话把他惊呆了。然而，当他读完了这篇书评而不得不借助于冷却粉来恢复正常脾气，那是因为他发觉自己成为谋杀企图的靶子，那些长"笔"之夜 [1]：克尔凯郭尔攻击了他艺术上的不自信——"那颤抖的手不仅让墨水四处飞溅而且让话语喋喋不休。"——并且批评他在选择格言的时候缺少足够的音乐感，而只是无精打采地、无意识地引用"二流、三流、不入流的诗人"，致使他的小说像是"工厂产品"。安徒生还缺少心理方面的感觉，缺少明晰，在一条关于数学力量的纯粹技术性的注解里，读者可看到如下的雌雄同体解释："安徒生最初的力量强过那些雄花和雌花生长在同一根茎上的植物"——在这里，性倾向并不总是那么单一的安徒生，肯定能看出关键所在。

最糟糕的当然是，安徒生完全不能控制他的主人公，这本半自传体小说里的克里斯钦被描写为一个生不逢时的天才，但在绝大部分情况下是一个"哭哭啼啼的人"，一个爱慕虚荣的"傻瓜"，他必须经受那么多磨难，才能——感谢上帝——最终毁灭。安徒生的传记连同《不过是个提琴手》在一八三八年七月底的《哥本哈根晨报》上登出了摘要，其中提到，安徒生每次面临重大决定时都要号啕大哭。或许这就是克尔凯郭尔所说"哭哭啼啼的人"的由来。天才对这个世界来说太敏感，这是安徒生的信念。而这信念本身对克尔凯郭尔来说却过于敏感，他用下面这些灼热的话语来反驳安徒生："天才不是在风中熄灭的蜡烛，而是熊熊的烈火，风暴只会让它越烧越旺。"天才永不熄灭，他不是冰冷发青的命运之手中的一把火柴，需要别的东西来温暖他。

克尔凯郭尔将在后面提到一种更肯定的，足以引导克里斯钦安全通过安徒生小说的人生观（它的缺席是这部小说失败的根本原因）。克尔凯郭尔在某处写道，

---

[1] 文字游戏，套用"长刀之夜"（Nacht der langen Messer），发生于一九三四年六月三十日至七月二日的德国纳粹内斗清算行动。

一种人生观预先假定，"不允许人生过多地像蜡烛那样嘶的一声熄灭"。他强调，某种自律是"为自己赢得强有力人格"的前提条件，因为只有"那死去和理想化的人格——而不是八面玲珑的、尘世的、可触及的人格——才应该创造和能够创造"。因此，并不是随便什么人都可以创作，只有极少数人——现在请读者系紧腰带，按住帽子和眼镜："一种人生观不仅是一个缩影，一组坚持其抽象中立性的句子；也不仅是本身永远碎片化的经验；它是经验的变体[1]，战胜了自我中一切经验不可动摇的确定性，它或者仅仅导向完全世俗的关系（一个纯粹属人的立场，例如斯多葛主义），以此保持自己不与更深层的经验接触，或者指向天庭（宗教性），以此找到那对神性和世俗生存来说都是中心的东西，赢得真正的基督教信念。"

129

这一点不可小觑，尤其是考虑到，将弃绝尘世作为对作家的要求来自一位二十五岁的大学生，他本人刚刚开始生活，却教训那比他大八岁的成功作家，说只有死去和理想化的人格才有权写作。

他把这些要求在一本名为《尚存者手记》的书中提出来，这个书名一直令人困惑。人们用"神秘""不合情理""古怪""扭曲""矫揉造作"，以及其他许多同义词来形容它。人们把这个书名和该书出版前的两次死亡事件——三月里的保尔·马丁·穆勒和八月里的父亲——联系起来，也和克尔凯郭尔认为自己要在三十四岁前死去联系起来。最后，还有人认为，这个书名反映了克尔凯郭尔对安徒生天才观的批评，一种目中无人的自负：这里有一位天才在说话，尽管生活对他远比安徒生笔下那种哭哭啼啼的所谓天才更加严酷，但他并没有屈服。

然而，人们最经常忽略的一个事实是，这本小书的书名原来属于一出始终没有完成的闹剧，《新老肥皂窖之战》，该剧的剧名在定稿时应该叫作《尚存者手记——违反当事人意愿由索·克尔凯郭尔出版》。但是这里并不仅是再利用一个半死不活的书名；再利用的根据深植在该书的主题之中：作家同时既死，又不死。一八三八年一月九日，克尔凯郭尔在日记中写下，他忽然为"某一类人"——他的未来读者想到了特定的指称。是琉善给他以启发，这位希腊诗人在某个地方谈论"亡灵朋友"（paranekroi），克尔凯郭尔把这个词翻译成单数"像我一样，一个死去的人"。他就是这样设想自己的读者的，这里有一种幽暗的浪漫狂热，但又不

---

[1] 原文 Transsubstantiation 是一个宗教概念，指圣餐的酒和面包化体为耶稣的血和肉。

止于此。死，实际上是死去，离开这个世界，脱离人的直接性，为了在精神的世界里复活，达到另一种直接性。

透过这个视角，这本书的书名可以解读为克尔凯郭尔的间接宣示：他本人也不能自称死人，他是一个幸存者，和安徒生一样并不具备那种可欲的人生观。因此他对安徒生自传性作品的批评在某种程度上具有自传的性质。书名并不是一种目中无人的挑衅，毋宁暗示着一种团结，一对不完美的人结成的伙伴。克尔凯郭尔在接近这本书结尾的地方也宣布，他作为读者和作为批评家对安徒生的评价完全不同。带着忧伤的微笑回想起从这本书获得的最初印象，向这位他所受惠的作家抱着如此充沛的感激之情，以至于不愿形诸笔墨，而宁愿有机会与安徒生亲密交谈。换句话说，英格曼是对的，在这本书的最后部分可以感觉到克尔凯郭尔的"一种奇怪地加以抑制的友好态度"。

克尔凯郭尔与安徒生的亲密交谈始终未能成真。不过从另一面来说，安徒生却设法在《草地上的喜剧，独幕杂耍剧，根据老式轻喜剧"情非所愿的演员"改编》中表达了对克尔凯郭尔的谢意。该剧于一八四〇年五月十三日在皇家剧院首演，路德维希·菲斯特扮演那个跑江湖的戏班子班主，他把自己装扮成农人、布景画家、提词人，以及其他有趣的人物，包括哲学理发师——"剪发人"，他满口胡言乱语，满怀激情地说着一些从克尔凯郭尔的书中摘录出来的最艰涩段落，加上安徒生抄错了几处，变得越发不知所云。克尔凯郭尔没有去看这出戏，但是当剧本于一八四〇年十月二十六日出版后，他马上买了这本书，随后写了"请稍等，安徒生先生！"——一篇粗糙的训斥文章。他首先在文中讥笑安徒生花了整整两年才"拿着只值四个斯基令的讽刺作品冲进文学界"，接着对自己被漫画为"胡说八道的黑格尔主义者"表示极度愤慨。为安徒生的安康和克尔凯郭尔的名声计，人们应该庆幸，克尔凯郭尔把这篇稿子留在抽屉里没有拿去发表，然后就消失得无影无踪了。

一八三八年的冲突之后，安徒生和克尔凯郭尔似乎在很长时间里都从对方的意识中消失了，但到了一八四三年，当安徒生写出后来闻名世界的童话《丑小鸭》时，这只蛋可能从克尔凯郭尔处学到了些东西，在周围环境不提供温暖的条件下取得辉煌的成功——即出生在鸭场里没什么关系，只要是天鹅下的蛋。安徒生在一八四七年出版的第一本自传里把主人公从《不过是个提琴手》里的天才降级为一个自以为是天才的人才。接下来的一年里，他送给克尔凯郭尔一套两卷本巨著

130

《新童话》，并写上如下献词："不论您喜欢拙作，还是不喜欢，我还是不带恐惧与颤栗地送给您，无论如何是一番心意[1]"。

克尔凯郭尔很少谈到安徒生的影响，但是在《诱惑者日记》的草稿上，他将诱惑者的对手，一位年轻的军官与安徒生笔下的坚定锡兵相比较，因为他，那军官一度也将"掉进铺路石缝里"。相似地，他在《酒后真言》的草稿上让怡然隐士对一切理想说"晚安，奥勒"，揭示出他了解安徒生的《守塔人奥勒》。然而这两个典故在相关作品的定稿中都没有出现，这是一个关于克尔凯郭尔后来与第一部作品之间关系的象征性预兆。这样，当他在《对我写作活动的观点》中开列作品时，这部作品干脆从账单上溜掉了。

这二位——"愤怒之火"和"小蜡烛"——当中谁更不懂谁，人们可以争执不休，但是说到安徒生童话中的双关语、隐蔽的反讽、时事讽刺和精雕细琢的纯真，其世界级的艺术性微缩，克尔凯郭尔无论如何没有领会。他在一八三七年结束那篇关于给孩子讲故事的文章时，他对那些"瘦长、幼稚的木偶，在地板上来回蹦蹦跳跳，和小甜甜一起骑小马"，"为孩子们和童心未泯的人们"讲童话故事的家伙们嗤之以鼻，也许再明显不过，安徒生和他的《讲给孩子们的童话》是这幅漫画像的模特儿。"安徒生根本不明白童话是什么，也不懂诗，他有一颗善良的心，这就够了。"一天晚上他在腓特烈贝格公园对以色列·莱文说。然后他自己用魔鬼的想象力随口编了"六七个童话"，几乎让莱文"很不舒服"。莱文还回忆说，那天晚上克尔凯郭尔还说，"文学不是为了叼着奶嘴的孩子和半大闺女存在，而是为成熟的人们的"。

这两个人后来为丹麦文学带来了世界声名，所以我们乐意将他们放在一起说，但是他们在世的时候互相回避，也许是因为他们彼此反映了自己的弱点。"看，安徒生他会讲'幸运的套鞋'的童话——但是我要讲会掐的鞋子的童话"，克尔凯郭尔优雅地书写着隐喻，但在心理上很天真。那是在一八四七年。克尔凯郭尔试图朝向直接性写作，安徒生则试图通过写作摆脱直接性，但他们都是原始的，在这个词最好、最基本的意义上。他们都很自我，不论是好是坏。好坏都到极端的程度。

---

[1] "不论……还是……"（非此……即彼……）和"恐惧与颤栗"都是借用克氏所著书名。

一八三九年

青年富翁

索伦·奥比继承的不只是父亲的"理想化形象",还有别的东西。一八三九年三月进行遗产的最终交接时,这位商人的财产总计十二万五千三百四十一塔勒,两马克八斯基令。两兄弟分别得到这笔财产四分之一,数额总计整整齐齐的三万一千三百三十五塔勒,两马克二斯基令。在一八三八年十二月底的拍卖会上,新市二号的房子以一万九千塔勒的价格卖给两兄弟。财产的其余部分为公债、股票和其他证券的形式。这样,他们俩都不必操心未来的住房和其他经济问题,仅百分之四的年利率,他们就可以靠每年约一千二百塔勒轻松过活。

彼得·克里斯钦搬进父亲的房间,索伦·奥比搬了出去,在几年里和一位来自南日德兰的大学生彼得·汉森合住在煤市十一号的公寓。不过,这位年轻的富翁并不打算就此舒舒服服地坐享其成,他要拿神学学位。当一个朋友说,父亲已死不需要再读学位时,索伦·奥比干脆地说:"不对,我的朋友,我现在是不需要再听老爷子唠叨了。"他喜欢用瓜达尔基维尔河 [1] 的形象来比喻自己,在札记中写道:"从现在起一年之内,在一段时间里,我要像瓜达尔基维尔河那样钻入地下;但我肯定会再冒出来!"一八三九年夏末,在他认真钻入地下之前,向他的快乐时光——"明快的间歇",如他所说的——做了诙谐的告别:"你们,明快的间歇,我也必须放弃,还有我那些固执地坐在头脑中的念头,我不再能让你们跟随我在薄暮的清凉中散步。但是不要失去勇气。你们要彼此熟悉,互相做伴,我会不时去看望你们。再见!"签名:"索·克,前快乐博士。"

---

[1] 瓜达尔基维尔河(Guadalquibir),西班牙境内第五长河,安达卢西亚自治区境内的第一长河。这个名字源于阿拉伯语。阿拉伯人征服西班牙之前,这条河的名字是巴埃提斯河,罗马帝国在西班牙的行省巴埃提卡即以此河命名。

实际上他没有去看望几次。克尔凯郭尔艰难地通过一个又一个神学科目，流连在克劳森的写作课上，不过他和往常一样很快放弃了。几年前他也上过类似的课，把克劳森气得一句话也说不出来，因为他拒绝做命题作文，却交了一份对题目的质疑和分析文章，他认为那题目毫无意义。现在，他有钱请最好的教师来个别辅导，那个时期没有日期的零散札记所描述的情景给人留下怪异的印象："下午我跟一个［私人教师］读希伯来文，准备再请一个上午班的，另一个陪我散步，这样让希伯来文的知识在封闭机器里运作，就像戴希曼的巧克力。"希伯来文法的学习带来了对承受重大压力的主语的反思。"我的悲哀在于，"他在一八三九年一月写道，"我的生活，我的心灵持续下行，不仅词尾变化，整个词也改变了。"同年晚些时候他又宣布自己"感到像一个从一行的结尾倒印的字母"。他要求安徒生应该有一个"人生观"，能够成为"小说中的天意"，从而无处不在地贯穿于"艺术作品"之中，而现在他自己甚至看不清自己作为主语在文句中的地位！因此并不奇怪，一度担任过他的希伯来文导师的米勒直言不讳地问："我们到底该拿这个索伦怎么办？"

与世隔绝的生活方式快要把他逼疯了，他想起科涅利乌斯·涅波斯[1]讲的一位将军的故事：这个将军所率领的庞大骑兵团被围困在要塞里，他让人每天把马抽一顿鞭子，以免它们因为长时间站立不动而生病。"我在自己的房间里就像是生活在围城中。我不想见任何人，每时每刻担心着敌人的进攻，即有人会来访。我不想走出去，而为了避免因长时间静坐而受伤，我哭泣得疲倦了。"容易让人伤感的早春时分，他仍然沉浸在痛苦之中，他这样写道："整个人生让我忧心忡忡，从微不足道的苍蝇到道成肉身的秘密都是如此。"

他之所以能够经受这考验，不仅要归功于不必再忍受老爷子唠叨，而且是因为一个年轻姑娘开始诱人地在他的思绪中萦绕。他从一八三九年二月二日起开始在札记中赞美一位姑娘，她的名字被翻译为世界上所有主要语言，她的姓是平淡无奇的奥尔森，她的名字，谢天谢地，是非常诗意的雷吉娜[2]："哦，你，我心灵的主宰，'雷吉娜'，隐藏在我心胸最深处，在我最完美的人生思绪之中，天堂与地狱之间等距离的一个点上——未知的神祇！哦，我真的相信诗人的话，当人第

---

[1] 科涅利乌斯·涅波斯（Cornelius Nepos），公元前一世纪罗马历史学家，著有希腊战将传记。

[2] Regina 是拉丁文的"女王"或"王后"的意思。

一次看见爱的对象，会以为很久以前见过；一切的爱都和知识一样是回忆，即便是单一者（det enkelte Individ）的爱也有自己的先知，自己的神话，自己的《旧约》。我在每一个姑娘的脸上都看到你美的踪迹，可是我认为，一切姑娘的美都来自你；我要航行到世界的每一个角落，去寻找我所思念的国度，而我的整个自我最深刻的秘密磁极却指向那里；在下一个瞬间，你和我如此接近，你如此强烈地充溢了我的精神，我升华到自我，感到这里就是家园。你，盲目的爱之神！能够窥知深藏秘密的你，能否给我以启示？我能否在这个世界上找到我所追寻的，我是否要经历人生中一切怪异的终结，将你揽在怀里——还是

听候下一步的命令？

你走在前，你是我的想望，是否升华到另一个世界向我招手？我要抛弃一切，为了能轻快地追随你前行。"

这些话语里有一种屏息凝神的欢乐，但也有告别的忧伤，这些话语以自己独特的方式确认了，尽管确实存在着"下一步的命令"，雷吉娜却永远只是使伟大艺术得以创造的、瞬息即逝的材料。因此，与已出现的替代现象完全一致的是实际存在的、具体的女孩被搁在了一边，取而代之的是充满诗意情感的对象，雷吉娜的名字根本没有出现在这条札记里，后来出现时用的也是拉丁化的、非人格性的形式[1]。

赞美了未知的神祇之后，札记条目们又开始向四面八方飞跑。同日，即二月二日，克尔凯郭尔又写下了两条札记，但都和雷吉娜没有直接关系。其中一条是关于一位误读了文本的女读者的诗体片段，另一条欢呼一种无可比拟的情感，当人"找到了那吸入概念体内的观念"，现在可以静坐着观察观念怎样开始膨胀——"不是痉挛着，而是静如处子"。当一个观念以这样的方式成形，是知识者的快乐经验，但也是艺术家和作家的。克尔凯郭尔承认，有时确有必要把观念隔离在"处女的闺房"之中，直到找到那般配的新郎，"但是天啊，——处女的闺房并不是女修道院"。

确实如此。就像爱恋的激情也不必然预先确定会走向婚姻，而是可以用完全不同的方式来释放自己，例如——文学。

---

[1] 雷吉娜原文是 Regine，其拉丁化形式是 Regina。

"读这个学位是我最长的一段插入语"

一八三九年夏天彼得·克里斯钦在全国旅行，经过萨丁时拜访了艾尔莎姑妈。艾尔莎在九月中给彼得写了一封感人的信，感谢他屈尊来访，并且感谢他托人捎来的"六块甜奶酪"。她在一八四〇年三月底再次致信克氏兄弟："亲耐地侄儿先生们见字：俺们很久以前就盘算招写信，可不巧因为事忙一直拖欠着。不过俺从您们的好信里看出来，旅行很愉快，平平安安回到京城里的家人和朋友身边。整个冬天俺的身体一直欠安，没力气，您们的姑父见天儿躺床上。俺脚得主耶稣说得不差，'看，我总是和你们在一起'……俺有许多话要和您们说，可您们和俺的时间都不富鱼。您们俩亲兄弟可能来看看我，我家没有好饭食，可不缺基督徒的爱心，像朋友和家人一样扯扯闲片儿？爱心的问候给您和您的全家老少和朋友们。俺们请求您们，得先儿好心回几个字？信写得不好，请不要笑话。"

两个聪明绝顶的大学问侄子读到这些无可救药的字句时脸上是什么表情只能靠猜，可看样子他俩都没有给姑妈回信。他们，姑且不论别的，很忙。彼得·克里斯钦在整个秋天里忙于辅导和创办一份新的神学刊物，而索伦·奥比则煞有介事地继续读他的学位。当他在一八四〇年六月二日可以递交考试申请的时候，用拉丁文解释道，他对神学的兴趣早已被哲学研究所取代了："我可以毫不勉强地承认，如果不是因为父亲的死，让我感到应该以某种形式信守承诺，我绝不会让自己在早已放弃的方向上继续前进。"

申请得到批准，他从七月三日开始考试，根据当时的习惯那要求展示几乎是超人的知识储备。沙尔林教授以教义史的问题开始，包括要求考生背诵《奥斯堡信条》[1]。恩格尔斯托夫特教授继续用拉丁文考问《旧约》，要求翻译《创世记》第九章第十六至第二十九节（关于挪亚的部分），然后就圣约的概念提问，特别侧重于亚伯拉罕，所有这些问答都进行得很顺当。考试继续进行，现在用丹麦文向考生就伦理问题提问，尤其是康德和费希特关于道德基础的论述。最后轮到霍伦贝格教授先用拉丁文，然后用丹麦文就《新约》提问。出发点是《罗马书》第一章第一至第十三节，他问罗马书的神学史背景及其后果：保罗在什么情况下前往罗

---

[1] 奥斯堡信条（Confession Augustana），是路德宗主要的信仰声明，也是宗教改革时期信义会最重要的历史文件之一。该信条分别以德文和拉丁文写成，德文版信条于1530年6月25日在奥斯堡议会宣布。

马？罗马基督徒原来是异教徒还是犹太人？信中提到了哪些罗马人？前七首诗的内容是什么？这封信的开篇为什么不同于保罗的其他书信？保罗此前是否到过以弗所？罗马主教及其教区和基督教世界其他部分的关系如何？德尔图良和爱任纽对此做何评论？使徒传统具有什么意义？哪些主教享有特殊的尊崇？主教这个头衔的意义是什么？罗马主教是否服从皇帝？如此等等直到结束，克尔凯郭尔终于可以作为成绩特优的神学硕士站起来。在那个学期的六十三名神学硕士当中，克尔凯郭尔的书面考试成绩排名第四，前面仅有克里斯滕斯、韦德和瓦尔布格三人，他们的答卷据考官说"包含更为丰富正定性（positivt）神学内容"，而克尔凯郭尔的表现见证了"远比任何其他人成熟的思想发展"。"谢天谢地，庆贺。"彼得·克里斯钦得知了这个好消息后在日记中写道。而索伦·奥比则在沉默了几个月后在札记中写下这个隐喻式的评论："人们总是批评我运用太长的插入语，读这个学位是我最长的一段插入语。"

克尔凯郭尔得到学位后过了些时候，一个名叫彼得·斯提灵的大学生去登门 ¹³⁹拜访也教过克尔凯郭尔的导师布罗希纳。斯提灵估计自己能在一年半的时间内完成哲学学业，因为，他说，克尔凯郭尔也没用更长时间。"是啊是啊，"布罗希纳说，他并不特别擅长说客气话，"您不要自欺欺人！克尔凯郭尔的情况完全不同；他什么都能做得到！"

花花公子的朝圣之旅

长长的插入语结束了，而艾尔莎姑妈的邀请则提供机会，将散心和前往萨丁朝圣结合在一起。于是，这位二十七岁的硕士在一八四〇年七月十八日，礼拜六，离开了哥本哈根。他乘坐马车，花一整天时间横穿西兰岛，在晚上到达卡伦堡。卡伦堡—奥尔胡斯之间的航线通常行驶着"丹尼亚号"蒸汽轮船，但是计划发生了变化，于是次日清早他们登上了一艘老旧的平底船。这是一艘原来用来运送牲畜的所谓单桅船，其简陋的装潢和缓慢的速度经常遭到抱怨。这艘单桅船归一位名叫赛斯的批发商所有，他应该为这糟糕的交通工具挨骂，他的地址是"新港二百八十二号，夏洛滕堡一侧"——克尔凯郭尔记录下来。

礼拜日下午，单桅船停靠在日德兰半岛奥尔胡斯的港口，克尔凯郭尔可能住进城里的一家客店，躲进房间里，在他的绿色皮面小本子上记录此生第一次长途旅行的印象和反思。话题是现成的："单桅船。当你不得不和许多人长时间在一起时，谈话一般来说累人得可怕；就像食物在缺牙的老人嘴里翻动，一句简单的话在这里颠来倒去地重复，最后不得不把它吐掉。同行的有四位牧师，尽管跨海航行持续了八九个钟头（对我来说简直是永恒），那些有经验的乘客却觉得航程短得出奇，同时给了牧师轮流大发议论的机会，船主原来不喜欢牧师登船，因为会带来逆风，然而这句话的真实性也被颠覆了。"

单桅船上的谈话让他相信，正在热烈讨论中的取消宗教活动教区限制的好处值得怀疑，因为，尽管可以在船上随心所欲地选择牧师，听到的却是大同小异的布道。克尔凯郭尔的叙述有些奇特，但船上有牧师却并非出自奇思异想。根据《兰德斯广告时报》刊登的一八四〇年七月二十二日乘客名单，除了"神学硕士索伦·克尔凯郭尔"之外，这条单桅船上确有四位牧师从卡伦堡前往奥尔胡斯。

克尔凯郭尔在奥尔胡斯逗留了几天，但除了大教堂和里面的管风琴之外没什么可看的。他也不能像在哥本哈根那样散步，人行道太差根本不适合散步，本地人还会毫无礼貌地围观任何陌生人："生活在这些城镇之悲惨、可笑、无品位，就像他们走路的样子。你徒劳地努力保持最低限度的尊严（在漫步中思考根本不可能，沉思本身会碎裂成片）——尤其当你知道自己正是小城镇的好奇的对象时。"街上有牛群走过的明显迹象，当年克老爹在萨丁做牧童的时候曾经用牛粪饼的热气来暖和冻僵的双脚，如今克少爷则艰难地躲避着牛群的遗存绕行。这位少爷的语言也早已消除了日德兰方言的痕迹。霍·弗·罗尔丹小时候曾在祖母家里遇到过比他大十七岁的克尔凯郭尔，据他说这是一次"不太愉快的会见"，这位陌生的先生"取笑我的日德兰方言"。

这许多"小城镇的好奇"并不只是因为从哥本哈根来了个闲人，像霍尔贝格同名剧本中的伊拉斯姆斯·蒙塔努斯那样在观察简陋的环境，还因为新加冕的克里斯钦八世国王正和卡洛琳娜·阿梅莲王后巡视全国，和克尔凯郭尔差不多同时抵达奥尔胡斯。所以全城充满了地道的日德兰式欢乐气氛，人们愿意竭尽全力妥善接驾。当人们涌上街头观看卫兵游行和二十七响礼炮的盛况时，克尔凯郭尔留在客店房间里与小本本做伴，在上面记录了当时情绪的基调："我是那么倦怠，郁郁寡欢，我不仅不能充实我的灵魂，而且不知道什么才能够满足它，唉，即便天上的幸福也不行。"晚些时候他以同样忧郁的调子写道："目前折磨我的彻底的精神无力感真是可怕，恰恰是因为它伴随着一种消耗性的渴望，一种精神上的情欲，却无形无状，我甚至不知道缺乏的是什么。"

次日，他还是打起精神出门去莫尔斯地方远足，在那里参观了卡洛城堡，刷新了关于英雄弑君者马尔斯克·斯蒂[1]的记忆。他从那里继续前进，到科内贝尔拜访住在那里的教区牧师，埃米尔·波厄森的哥哥卡尔·乌里希·波厄森和他的妻子菲特丽卡·阿托尼亚。第二天，继续旅行到兰德斯，从那里沿着古登溪到八公里外的村庄埃尔拜克和在黄昏的薄暮中特别美丽的斯多灵格修道院。然后前往维堡，在那里逗留几天。国王比预先宣布的时间晚到了一天，维堡的臣民们直直坐了一整夜，就像圣经里的聪明童女[2]，所以都有些睡眼惺忪，不过他们和别的外省城镇臣民一样，声称国王在他们这里最高兴，别处哪里也比不上。 141

从维堡他乘马车前往哈尔德，路上一个老头伸展四肢躺在荒原上，那无忧无虑满不在乎的样子令人印象深刻。克尔凯郭尔和他结伴一直走到农米勒，当他们路过据说有那一带最清凉泉水的克尔拜克的时候，那老头伏在地上兴高采烈地大口喝着溪流中的清水。"这就是我们被教育要看不起的生活！"他的小本本上记载着浪漫的愤怒。然而分手却很痛苦。克尔凯郭尔给他一些零钱表示感谢，老头好像要吻他的手，那卑贱的姿势搅扰了老头原来的粗放平民精神的印象。"我偏好更勇敢的自信"，克尔凯郭尔解释道。

石楠荒原不只是荒原，它具有一种神话的性质，它也更让克尔凯郭尔激活了对贫苦米凯尔的回忆。一天，他放着羊，登上小高坡诅咒那遥远的、漠然的上帝。沿着狭窄的小路，路面上高低不平的车辙，前牧童的阔少儿子坐在马车里，从远处记录如下："这荒原一定尤其适合强有力精神的发展；这里的一切都赤裸着毫无遮盖地向上帝展示，这里没有那么多岔路、那么多缝隙和角落供意识隐藏，让严肃性经常难以将零散的思绪整合起来。在这里，意识必须坚定不移地、准确地对待自己。对这荒原你也许会真诚地说：'在你面前我将向何处逃遁？'"

克尔凯郭尔要考验一下自己，进行一次孤独的徒步旅行。对此，他后来报告说："在荒原上行进……我迷路了。远处黑色的一团腾空而起，像骚动的海浪翻滚着忽东忽西。我以为那是森林。我大为困惑。因为我知道除了刚离开的那座森林之外附近并没有森林。在灼热的荒原上茕茕孑立，被四面八方完全相同的景物包围，除了面前波浪翻滚的大海，我肯定是晕船了，为竭尽全力还是无法走近森林

---

[1] 马尔斯克·斯蒂（Marsk Stig），从一二八六年艾里克五世遇刺事件发展出来的民间传说人物。

[2] 《新约·马太福音》（25：5）："新郎延迟的时候，她们都打盹，睡着了。"

而深感绝望。我也没走到那里，因为当我踏上维堡大路的时候它还在那里，只不过当我站在大路上时可以看清楚，那是维堡湖彼岸石楠覆盖的小山。正因为有着如此广阔的视野，人失去了度量感；只管走呀，走；对象不会改变，实际上也没有对象（因为一个对象的存在要求一个他者，因他者而成其为对象，但眼睛不是他者。眼睛是联结者）。"

142

荒原或许能够发展出强健的精神，但这精神的后代却似乎产生了别的东西：克尔凯郭尔失去了方向感，误将森林当作大海，晕船和绝望，那无边无际的平原在他脚下燃烧，同时一切对象都在向后退去，他越努力接近它们退得越快。那大自然，迄今因关于父亲的记忆而获得的神话性力量，突然变为令人眩晕的空虚进入漫游者的内心，它的名字叫忧惧（Angst）。只有虚无，没有事物，没有对象，眼睛不能联结，甚至神话也不再能坚持，将荒原作为父亲讲述的基础。神话也破灭了，让那愈加没有方向感的青年垂直降落穿过自身，经过一切固定点，落入虚无。

旅程从维堡地区继续开始，到达霍尔斯特布罗镇——"纺织品商人的耶路撒冷"，那里的人们还清楚地记得米凯尔·皮特森·克尔凯郭尔的名字。不过在其他方面没有多少能唤起过去时代的记忆，而是正相反。那里正在进行一种比赛射中一只小鸟的飞靶射击，尽管这游戏已经进行了将近一整天，人人兴趣不减。克尔凯郭尔不得不回到旅游者的角色，讽刺地写道："我愿给霍尔斯特布罗镇的居民们送上最良好的祝愿，愿这难得的乐趣将持续至少八天。那只小鸟看样子也很厉害，尽管翅膀已经被打落（至少奖已经发给了那幸运儿），还是稳坐不动。镇上的法官大人也出席了盛会，借助于望远镜进行显微观察。镇上唯独缺一份报纸，把观察结果公之于众。"隔阂还在继续。当他们乘车经过伊都姆村的教堂时，车夫说这里的牧师名叫"吉耶德"，克尔凯郭尔认识这个人，可是当他跳下马车前去问候时得到的反应却很冷淡，那牧师不叫"吉耶德"而叫"吉耶丁"——二者的区别在日德兰方言里是听不出来的。

旅程继续向南前往灵克宾。这里的年轻姑娘都戴着"男人的帽子"走来走去。克尔凯郭尔遇到其中的一个，希望她为他脱帽，以便他脱帽还礼，但她怕羞不肯摘帽子。灵克宾是到达旅途的神奇终点——萨丁之前的最后一站。他从来没有这样接近过家族起源的地方："我独自坐在这里（我确实经常独处，但我从来没有这样清醒地意识到），数着钟点直到看见萨丁。我完全不记得父亲有过什么变化，而现在我将看到他还是穷孩子时放羊的地方，那些因他的讲述而让我思念的故乡。

如果我现在病了，并被埋葬在萨丁的墓地！奇怪的想法。他对我最后的愿望已经 143
实现了——这真的会是我在此世的全部命运？以上帝的名义！相对于我受惠于他
的，这任务并不轻松。"克尔凯郭尔在萨丁第一次考虑担任牧师布道的可能性，并
看到了让他惊异的文字——恰恰在这里，日德兰半岛荒原上最贫瘠的教区，他读
到《马可福音》中讲的耶稣在沙漠中让五千人吃饱的部分。一个神秘的巧合，但
布道的想法出现了。

从灵克宾他乘马车走了最后一段路，经过莱姆村和罗德洛普村边的沼泽地，
远处朦胧的地平线上可以看到低矮的、没有尖塔的花岗岩教堂。他乘车进入萨丁，
艾尔莎姑妈出来迎接又一个侄儿，来自哥本哈根的贵客。当他踏进那些低矮的房
间时，他可以看到并嗅到，艾尔莎姑妈说过的生活条件不好，并不是虚假的谦虚
而是悲惨的真相。这次漫长旅行的目的地，许多虔诚想象的对象，居然是一个猪
圈般的所在，由一个衣衫褴褛的陌生老妇人占据着！

尽管他在萨丁度过了礼拜日、礼拜一和礼拜二（从八月二日至四日），那本
通常勤勉地加以记录的小本本上只有不多的几条，对住在艾尔莎姑妈处的情况几
乎完全沉默着。而他写下来的那些不多的东西，则是在捕捉自然的环境。"在干草
散发的气息中，在黄昏的最后一抹光线里，站在那小小房屋的门外；归家的羊群
构成了前景；浓重的乌云被一些强烈的闪光柱切断，预示着风暴的乌云——在荒
原高坡上构成背景——如果我那天晚间的印象没有记错的话。"另一条札记则更简
洁，不那么抒情，像是一个寓言，克尔凯郭尔既不愿也不敢写完的寓言："人们说
在萨丁郊区有一座房子，房子里住着一个人，他在疫病流行期间活得超过了所有
其他人，并埋葬了他们。他在石楠丛中挖出深沟，把尸体列成长队埋在里面。"这
是不是像在讲他父亲的故事，他父亲不得不送两位妻子、五个孩子和一个儿媳进
入坟墓之后，才得到安息？沮丧潜入旅行者的心，他在小本本上引用古希腊画师
阿佩莱斯的话："人们说，无日不动笔，我这次旅行可说是无日不流泪。"

当克尔凯郭尔要离开萨丁的时候，乡村教师延斯·延森·克尔凯比组织了一
个大型欢送会，以感谢那几年前为当地平民学校设立奖学金的富有纺织品商人："萨
丁的乡村教师对我做了一次严肃的告别演说，他向我保证，他很重视我父亲的礼
物，我父亲一定是个启蒙之友，我可以放心，他会继续为萨丁教区工作。"克尔凯 144
郭尔没有讲的事情，可以从汉斯·布罗希纳处得知：克尔凯比显然具有诗人气质，
他创作了一首向克尔凯郭尔致敬的歌，排练学童们学会唱这首歌。克尔凯郭尔出

发那天，学童们在老师带领下站在学校门口。当克尔凯郭尔乘车经过时，他让车夫停下来，友善地向那乡村教师鞠躬致意，接过那首诗，表示要认真研读，同时让车夫出发。整个安排毁掉了。乡村教师并没有背下自己的诗，不知从哪里开始，学童们呆若木鸡。与此同时克尔凯郭尔在车厢里向那不知所措的农民合唱队奋力挥手，为那乡村教师的茫然而乐不可支。再会，萨丁！一个不会很快实现的再会。

在返回奥尔胡斯的路上，他在特姆客店留住一晚，那里塞满了伯爵和男爵，快要爆炸了。鲜明的对比是压倒性的，克尔凯郭尔由是在小本本上写道："在我那可怜的姑妈家里住过三天之后到达的第一个地方，简直像尤利西斯的伙伴们逃脱了食人族后来到喀尔刻的妖宫中，伯爵和男爵简直多得可怕。"然而最可怕的莫过于他和阿勒费尔德伯爵在一起度过了晚上和早上，伯爵好意邀请他到自己在朗格兰岛上的庄园去做客。离开的那天他很高兴再次见到"我的老贵族朋友罗森诺恩"。

八月五日，礼拜三，克尔凯郭尔再次也是最后一次来到奥尔胡斯。当他自西而东行驶的时候看到远处有些动物，于是问车夫那些在悠然吃草的生灵是什么，车夫一丝不苟地回答道："它们都是奥尔胡斯牛。"另一个插曲在其所有喜剧性之中有着不同的严肃性："我在去奥尔胡斯的路上看见一幅可笑的情景：两头牛被绑在一起小步跑过去，其中一头扬扬得意地摇头摆尾，另一头，看上去更无精打采，为被迫参加同一运动而绝望。大多数婚姻难道不是这样组织起来的吗？"这个小小寓言里的听天由命并不是太好的兆头，它和此前的一条札记之间存在着幽暗的联系。克尔凯郭尔在那里抱怨说在和理念的关系中太勉强自己，"所以我生产怪物，所以现实不合我燃烧的渴望，——而上帝给予，但愿在爱中不是这样；因为在这里，我也被一种混淆了理念与现实的隐秘忧惧攫住。这为上帝所禁止！目前还不是这样。——然而这忧惧让我在未来到来之前就预先知道，却还是害怕它！"

八月六日，礼拜四，清早，克尔凯郭尔乘船从奥尔胡斯启程前往卡伦堡——这次他乘坐的是装潢豪华、超级摩登的蒸汽轮船"克里斯钦八世号"，所以航程只持续了六个钟头。他离开哥本哈根三个多礼拜，于一八四〇年八月八日，礼拜六返回哥本哈根——他所归属的家园，可以随心所欲、活蹦乱跳地做那自由人[1]的地方。

整整一个月以后，他犯下了此生最幸福的错误。

---

[1] 拉丁文：quodlibertarius。

第二部

一八四〇年

雷吉娜——在回忆中

"当我第一次按响北桥街和黑堤湖滨路交角处的门铃时，一个满头银发的矮小老太太，带着最和善的表情给我开门。她身穿黑色丝绸长袍，头戴流苏帽。她在一年前成为枢密院顾问施莱格尔的遗孀。他是一位可敬的高官，晚年任哥本哈根行政长官，此前是丹属西印度群岛的总督。枢密院顾问身后留下了为数可观的藏书，他的图书馆是知识专门化之前的那种，门类繁多，无所不包。施莱格尔夫人的代理人请我来整理这些图书，并进行编目，准备拍卖。所以我来了。"

时在一八九六，夏末初秋，雷吉娜·施莱格尔夫人为之开门的客人是图书馆员尤里乌斯·克劳森，他来为她已故丈夫的藏书编目造册，在七千册中包括六七本索伦·克尔凯郭尔最著名的作品。这项工作耗时费力，所以克劳森在一段时间里成为施府的常客。当他在将近九点钟快要结束一天的图书登记时，施莱格尔夫人会来请他喝一点东西提提神。她仍然保存着一些从西印度群岛带回的番石榴罗姆酒，加上冰水，端给年轻的图书馆员。"您一定累了，需要一点清凉饮料"，她这样说，也正是克劳森需要的。"于是我们坐在暑热未散的宽敞房间里，在傍晚潜入的清凉中开始谈话。我知道面前坐的是谁，但我当然也不会冒失地做任何暗示。不过老太太并不像预想的那么矜持，她总是从施莱格尔谈起，话语中充满了对他高风亮节的赞扬，但结尾总是——克尔凯郭尔。"这位精神矍铄、保养得很好的七十四五岁的未亡人很长时间以来都自认既是枢密顾问施莱格尔的夫人又是克尔凯郭尔的未婚妻，而随着岁月流逝，她似乎越来越倾向于后者。在丈夫和青年时代的恋人之间的这种态度"是否促使施莱格尔去申请西印度群岛的职位，我不能发表意见"，尤里乌斯·克劳森很外交地写道，"他的夫人对此也未置一词"。

其他人也在施莱格尔去世后不久去找过他的夫人。伴随着吊唁信差不多同时到来的就是要求这位要人遗孀谈谈她年轻时那段离奇的罗曼史。开始她还有所保留，但她作为三人中唯一的幸存者也感到有责任开口说话。获准采访她的人之一，戏剧史家和演员罗伯特·纳伊丹把她描述为一个"矮小，可亲，非常吸引人的女士，有着和善的，曾经一定非常灵活的眼睛"。她的遣词用句准确，语气委婉而谨慎，那是在外交界生活多年留下的印记。有一天，纳伊丹问她，一本"文学史"里面的克尔凯郭尔肖像是否像他本人，得到了一个很外交的回答。"既像又不像，"她说，"克尔凯郭尔的外貌很容易漫画化，人们充分利用了这一点。"纳伊丹认为，克尔凯郭尔总是被画成驼背，但施莱格尔夫人对此断然答道："他有点耸肩，头向前倾，可能是在书桌前读书写作太多的缘故。"

施莱格尔夫人在丈夫死去一年之后搬进了腓特烈贝格区阿兰布拉路上的一座别墅，和比她大八岁的哥哥，在丹属圣克洛伊岛上担任过关税征收员的奥拉夫·克里斯钦同住。一八九八年，她一度和图书馆员拉斐尔·梅厄联络，提出愿意讲述一个"老太太"（她自己的话）能够说的话。梅厄在这年冬天和来年春天每周去她家拜访，随即记录下谈话内容，在她于一九〇四年去世后整理成《克尔凯郭尔札记·订婚——为雷吉娜·施莱格尔夫人出版》一书。梅厄告诉我们，她为前未婚夫在丹麦和国际上引起日益增长的兴趣极感快慰，即便在她看来法国人永远不能理解他！丹麦牧师们对克尔凯郭尔的保留态度，她也不能释怀。一次她偶然发现一位哥本哈根牧师居然对克尔凯郭尔茫无所知，她握紧小小的拳头，给了他一顿十足的教训："这对于一个在克尔凯郭尔出生和工作的国度受过教育的人，尤其是任职丹麦人民教会的牧师来说，是不可接受的。"她可以肯定，事后这位牧师会去做功课。

施莱格尔夫人终其一生忠诚而可爱，为被带入历史而感到欣慰。因此，他们的婚约解除之前的十三个月里究竟发生了什么事，也就被她带进了坟墓。或许她已经讲出了所有要讲的，在她的眼里，也许真的没有更多可说。不论属于哪一种情况，所有这些经常的访客和勤勉的记录者——不论是梅厄和纳伊丹先生，还是汉娜·莫里耶女士，更不要说哈丽耶特·隆德女士——都未能破解这位神秘遗孀的秘密。尽管她，据尤里乌斯·克劳森说，渐渐不再提"施莱格尔，只谈克尔凯郭尔"，还是没有给这个故事贡献新的章节。

高龄渐渐吞噬了最后的安宁。"我是不是把索伦送我的那枚戒指给了您？"年老的雷吉娜一天有些迷茫地问尤里乌斯·克劳森。而他则只好老老实实地说，"没有，很遗憾"。

奥小姐

关于克尔凯郭尔求婚的经过，雷吉娜·施莱格尔讲的其实和克尔凯郭尔本人讲的并无本质不同，只是他讲得比较好一点，所以是他，获准在这里讲。他的讲述来自一条长札记，更准确地说是一系列写于一八四九年八月二十四日的短小札记，题为《我和"她"的关系》。尽管在主札记上注明"有些诗化"，事实经过还是保持着记录的准确性和近乎电报式的简洁，所以"诗化"并不表明对实际发生情况进行了艺术加工，而是略过了部分情况，保持沉默，忍住了没说。另一种可能是，这份记录恰恰非常接近实际发生的情况，克尔凯郭尔害怕太私密，所以故弄玄虚，通过说"有些诗化"将文本加密。不管属于哪一种情况："九月八日我从家里出来，打定主意采取决定性的步骤。我们在她家外面的街上相遇。她说家里没有人。我没有动脑子就把这话当作一个我所需要的邀请。我跟着她走上楼去。我们单独站在起居室里。她有点不安。我让她像往常一样给我在钢琴上弹点什么。她弹了，但这对我并没有帮助。然后我突然抓起乐谱，用力把它阖上，从钢琴上扔开，说：'啊，我不要听音乐。我要的是您。我已经找了两年。'她默不作声。"雷吉娜默不作声，甚至"基本上沉默"，也许并不难理解。克尔凯郭尔也没有报告更多。这样，把乐谱用上述方式扔了一圈之后，他在"可怕的忧虑"中迅速离开了奥公馆，并直接去找雷吉娜的父亲。他显然和年轻的钢琴家一样被这突如其来的举动惊得目瞪口呆。克尔凯郭尔对他摊牌。这带来了更多的沉默："这位父亲既不说同意也不说不同意，但显然很乐意，我很容易理解……我并没有说一个字来展示魅力——她就说愿意。"

就这样世界文学中的伟大爱情故事之一开始了。索伦和雷吉娜加入了不幸恋人的行列——皮拉摩斯和西斯贝、但丁和贝雅特丽齐、阿伯拉尔和爱洛伊斯、彼特拉克和劳拉、罗密欧和朱丽叶、维特和绿蒂——他们永远彼此相属，因为在现实中从来没有得到对方。礼拜二下午在公馆里钢琴旁的一幕本身就反映了他们两人彼此相知是多么少。后来雷吉娜对希本倾诉过，"当她初次见到他的时候就有一种混合着恐惧的尊敬"。

关于雷吉娜在和索伦·奥比命定相遇之前的情况，我们只知道最基本的几桩：她生于一八二二年一月二十三日，和索伦·奥比一样是家中七个孩子里最小的一个。雷吉娜之前有玛丽、奥莉维亚、奥拉夫·克里斯钦、尤纳斯·克里斯钦、考尔内丽娅和出生不久就夭折了的小雷格纳。雷吉娜的父亲特基尔德·奥尔森是枢密院顾问并在财政部里担任办公室主任，她的母亲名叫雷吉娜·菲特丽卡。这家人住在证券交易所路六十六号，人称"六姐妹"的三联双排房当中的一座。他们把时间消磨在阅读当代诗歌和其他文学作品、益信作品和一点刺绣上。后来雷吉娜也画一些小幅画。他们礼拜天去奥公馆正对面的岛上教堂，但也参加亨胡特兄弟会的聚会，克尔凯郭尔家也在那里。然而，这些聚会和雷吉娜后来声称认真研读过的托马斯·肯皮斯的《效法基督》，都没有在她开朗活泼的性格上留下长久的印记。她不过是一个可爱的上层布尔乔亚姑娘，追求幸福，和所有人一样。

索伦·奥比第一次见到这位现在成为未婚妻的姑娘，是一八三七年五月八日，他去腓特烈贝格拜访友人，神学家彼得·罗尔丹。当时罗尔丹还住在母亲家里，他的母亲卡特琳娜·乔吉娅是汤玛斯·沙特·罗尔丹教区长的遗孀。除了彼得和汉斯两个儿子之外，教区长身后还留下三个适值婚龄的漂亮女儿——伊丽莎白、爱玛和波莱特，所以罗府不是个年轻男子不想去的糟糕地方。五月里的一天，罗家还有一位十四岁的女客，名叫雷吉娜。她事后回忆说，索伦·奥比突然出现给她留下了"强烈印象"，他"不停地"说话，他的话"滔滔不绝，并且非常吸引人"。

那天的拜访也给克尔凯郭尔留下了印象，然而是完全不同的一种。同日晚间他在札记中写道："今天（五月八日）我又想忘掉自己，噪声和骚乱无助于事，但去看罗尔丹并和波莱特谈话有帮助，把机智的魔鬼（如果可能）留在家里，那手持燃烧的剑的天使将自己安置在我和每一个纯真姑娘的心之间——是我活该——然后你接我过去，感谢上帝，你没有让我马上疯掉——我从来没有这样害怕过发疯。谢谢你的再一次青眼惠顾。"后来克尔凯郭尔涂掉了"看罗尔丹并和波莱特谈话"。关于这一点，巴尔佛德在他编辑的版本里只字未提。这样，当雷吉娜在一八六九年读到这绝望的几行字时，认为是克尔凯郭尔对她迷恋的最初表达。雷吉娜肯定错了。克尔凯郭尔步行去腓特烈贝格的目的是罗家最小的女儿，二十二岁的波莱特，"一个俊俏而聪明的姑娘"，用哥哥彼得·克里斯钦在一八三六年二月二十三日一封信里的话来说。很久以后克尔凯郭尔也承认，他和波莱特互相"有印象"，因此他感到对她负有某种"责任"——"尽管是完全纯真的，纯粹智力方面"的责任，如他在一八四九年所回顾的。然而一条没有日期的一八三七年五月的札记表明，对这位来自腓特烈贝格的小姐的迷恋和相关的矛盾感情是持久的："今天又是同样的场景。我还是去看罗尔丹。仁慈的上帝啊，为什么这倾向偏偏要在此时醒来？我现在倍感孤独——哦，该死的诅咒，为满足于茕茕孑立的骄傲——现在所有人都会看不起我——哦，但是你，我的上帝，不要把你的手从我身上拿开——让我活下去并变得更好。"

这是克尔凯郭尔不想让后世看懂的一条札记，所以他反复涂抹，试图让它无法解读。罗尔丹这个名字在札记中再次出现是在一八三七年七月九日，他在返城路上经过腓特烈贝格花园并在那儿逗留，用寓言式、几乎是预言式的自我理解写道："我站立着，像一株孤独的云杉，自私地自我封闭起来，指向更高处，不投阴影，只有林中的鸽子在我的枝丫上造巢。/ 七月九日，礼拜日，于腓特烈贝格花园 / 拜访过罗尔丹之后。"

从这时起到一八四〇年九月八日，雷吉娜上完钢琴课回家，被那年轻的神学家叫住，跟她上楼并向她求婚，这段时间里发生了些什么，我们并不清楚。克尔凯郭尔在一八四九年的札记中仅用下面这段简洁的话来说明订婚之前这段时间："父亲还在世的时候我就看中了她。他死了。我读学位。在这段时间里我都让她的存在缠绕着我的。……一八四〇年夏天我取得了神学学位。然后不请自到去她家拜访了一次。我前往日德兰半岛，那时也许开始了一点追求，例如借书给她们，我不在的时候让她们读某本书的某个章节，等等。——我在八月里返回。从八月九日到九月，可以在严格意义上说是我接近她的期间。"

这个故事不可缺少的一部分是，当克尔凯郭尔跟在波莱特后面转的时候，雷吉娜的心思则被家庭教师，那英俊而合适的弗里德里克·约翰·施莱格尔所占据，154 他肯定也不会对她的美好视而不见。很多人认为他们很快就会订婚了，但却冒出这个克尔凯郭尔。"你只管说弗里茨[1]一直说到末日审判——但这无济于事，因为我想要你"，当雷吉娜试图向他解释情况时，他断然说道。然而他自己一点也没觉得有必要告诉雷吉娜，他们有个共同的朋友——波莱特。

死者手记

了解这个订婚故事最好的办法是跟踪索伦·奥比在一八四〇年九月至一八四一年十月间派信差或仆人给雷吉娜送去的信。这样的信一共有三十二封，其中五

---

[1] "弗里茨"是"弗里德里克"的简称。

封不过是约定见面时间地点的便条，或是附在礼物上的——花、香水（雷吉娜喜欢的"幽谷百合双倍精华"）、乐谱架、围巾、《新约全书》。克尔凯郭尔给雷吉娜的十九岁生日礼物是一对烛台，以及学究气十足的一套"画具"。信的抬头是"我的雷吉娜！"，落款经常是"你的索·克"，交替着"你永远的索·克"，关系接近结束时则成为"你的克"。雷吉娜写的少数几封信都在一八五六年年初由遗嘱执行人退还时被她烧掉了。因此我们不得不满足于"半边"的通信。

克尔凯郭尔只在三封信上写明了年份和日期。"这封信没有日期，其实质性内容是关于一种情感的意识，也就不应该有日期。"其中有一封信这样写道，这是典型的情况。但参考信中提到的季节、生日、礼品新书的出版时间等，当然还要加上爱恋强度的减弱，有可能把将近三分之一的信按照原有顺序排列起来。其余部分不得不根据其他标准和迹象来加以判断。这里，出乎意料的帮助来自礼拜三，在注明日期和可以直接推断出日期的书简里写下了这个日子来纪念一八四〇年七月在郊外林碧小村的相遇，"当我在生命中再次接近你"。

随着阅读这小小的一札书简，一种奇异的双重语调会逐渐浮现。从语言的角度来说这些书简是克尔凯郭尔到目前为止所达到的最高成就。他的笔不再停滞，听任墨水流到纸上。那压迫他的语言进入僵硬结构的嘎吱嘎吱作响的拉丁句法，被婉妙轻灵、飘飘欲飞的句子所取代。这些书简以其精巧和节奏，对收信人表达出充满灵感的崇拜，并用形象、比喻和诗意的典故引用作家约翰尼斯·艾瓦尔德、155 延斯·贝厄森、亚当·奥伦施莱尔、克里斯钦·温特和保尔·马丁·穆勒的作品。这些书信不是普通的交流，而是艺术。

正是在这里，有胜利，也有悲剧。这些书信以其无可争议的美学质量清楚地表明，作者不想成为丈夫，而想要成为作家。因此这些书简实际上是告别信，运用间接交流方式的大型文体练习：这些信在最精巧华丽语言的外表之下，极端隐晦地试图让雷吉娜认识到，那个在一封又一封信里赞颂她的人，早已从她的生活中消失，他迷失在关于她的回忆里，因此完全不适合共同的婚姻生活。回忆给幻想以生命，也传播将恋人们分开的死亡。早在雷吉娜说了"愿意"的那天之后，根据克尔凯郭尔本人的回顾，他就已经明白是"犯下了错误"。这和雷吉娜的说法相吻合，一天，"订婚后不久在王宫的环形驰道拱廊里碰到他"，他已经"完全变了，心不在焉而冷淡！"

尽管如此，或者更准确地说，正因为如此，他在第一封信，即日期为九月十三日，礼拜三的那封信里，就已经将雷吉娜和回忆的卓越媒介——写作捆绑在一起。

> 我的雷吉娜！
>
> 致
>
> <u>我们自己的小雷吉娜</u>
>
> 语词之下的这样一条线值得排字工人研究，他应该将这个词隔开。隔开意味着，将语词彼此拉开。因此当我隔开上面写的这些文字时，我就在想，或许我应该将它们<u>隔 得 那 么 远</u>，排字工人大概会失去耐心，他这辈子再也不想排字了。
>
> 你的索·克

雷吉娜不仅被间隔开，使她能超越时间地点进入世界文学史，还从一开始就得到了某种正式身份。她被当作"我们自己的小雷吉娜"来加以谈论，从而从恋人们通常谈话的亲密空间里被托举出来。雷吉娜成为我们的，后世的，读者的。

随后的那个礼拜三，九月二十三日，克尔凯郭尔继续运笔实行他那自相矛盾的谋略。他寄出一张自制的钢笔画，画的是一个小人在科尼博尔桥上拿着巨大的望远镜，看着右边的几个字——"三王冠"，哥本哈根港外的军事炮台。信是这样开始的："我的雷吉娜！／这是科尼博尔桥。拿望远镜的那个人是我。你知道，风景中的人物通常显得有些古怪，所以不必担心，我的模样根本不那么难看，而每一种艺术印象总是有某种理想在内，即便在漫画里也是这样。"到这里为止一切都很好，但紧接着出现了关于未来的一个象征性暗示。这封信的作者声称，他的钢笔画曾得到一些"艺术行家"的评判，他们很奇怪他完全取消了背景和环境。他解释说，一些行家认为，这省略源自艺术家的透视功力不足，而另一些则倾向于一种更接近正确的理论，即背景的省略出于一个"民间故事的典故，讲的是一个人在观赏科尼博尔桥上的美景时完全失落了，以至于最后什么也看不见，只有他自己的灵魂所产生的形象，他在黑暗的房间里也能够看得见的形象"。

当然，并没有这样一个民间故事，克尔凯郭尔不过是在作诗，但他的诗是苍凉的，因为他告诉雷吉娜，她也即将从他的视野中消失。不错，他确实站在科尼博尔桥上盯着望远镜看，但实际上他是在看着他的灵魂中自己所创造的形象，作

156

为理想，甚或作为神话的女性，但在任何意义上都不是那有血有肉有欲望的十八岁的雷吉娜。克尔凯郭尔对望远镜的特殊构造所做的评论如下："最外面的镜片其实是一面镜子，所以，当你将望远镜对准三王冠，并站在桥的左侧，与哥本哈根成三十五度角时所看到的景观完全不同于所有你身边的人所看到的……只有在正确的人手里，对正确的研究来说它才是神奇的望远镜，对其他人来说不过是一个没用的物件。"望远镜因此是一种潜望镜，它那有角度的镜片将现实送进幽暗的内部，用别人看不见的形象来满足充满欲望的眼睛：现实的雷吉娜被反思的"雷吉娜"所取代。所有书信从本质上说都是写给这位反思的雷吉娜，而不是写给信封上平淡无奇的"雷·奥尔森小姐"。

　　书信作者真正沉迷的也不是近期可以预见的未来，而是永恒。他的书简包括空气和光的研究，关于永恒与瞬间的沉思，关于当下与回忆，迷失在对自然的抒情赞颂、季节的变换之中，就像这些会突然转身回到希腊神话或者把雷吉娜置于一个特定情境之中，最好是在可以凭窗远眺浪漫风景的框架之内。十月七日，礼拜三，她就可以读到："夏末的黄昏。——小小的窗户还开着；月亮膨胀；它要超过自己的光芒，以掩盖它在海面上的反光，其辉煌已经超过了月光本身，几乎可以听到。它愤怒的闪光隐藏在云层之中，大海在颤抖——你坐在沙发上，思绪环绕着你飘荡，你的目光也漂移不定，只有当它们在浩渺天空中到达无限性的时候，关于无限性的思绪才渐渐消失，二者之间的一切都消失了，你好像航行在空中。你把离散的思绪召集在一起，在你面前呈现为一个对象，如果一声叹息具有推进力，如果一个人会这样轻盈空灵，释放出来的压缩空气就能送他启程，叹息越深，走得越快——那么你现在就和我在一起。"

　　这几乎是夏加尔的母题：叹息是一种推进力，用一条柔和的弧线把空灵的恋人们召唤到一起，上升到城市上方蓝色的天空中——充满了爱恋，却完全没有具体内容。在十二月九日的信里又重复了这种和世界，和日常生活之间的距离，但是在相反的方向：雷吉娜画过一幅（现已佚失的）素描，她如恋人所想象住在海底的家里，他是这样描写的："水下有许多温馨的小小房间，当海上起风暴的时候可以安全地躲在那里。在其中一些房间里可以隐隐听到远处世界的喧嚣，这喧嚣不是嘈杂得恼人，而是静静地远去，说到底，与这些房间里的居民并不相关。"

　　雷吉娜对这种持久的与世隔绝如何反应，从出自她之手的短短四行字间接表现出来，那是对她被赋予的这种忽而超凡忽而潜入海底的生存形式所提出的一种

157

感人的、女性的抗议。克尔凯郭尔于是在十一月四日，礼拜三的信中附上了一幅彩色图画，那是一幅东方情调的风景。背景上高耸入云的尖塔和敞开的门窗，是无从误会的爱欲象征。前景上一个年轻男子坐在长凳上，怀中抱着一件丝弦乐器，可能是琵琶。一个女子微笑着伸出赤裸的手臂，从敞开的窗口递给他一支玫瑰花，窗帘轻柔地在他的头顶飘荡。一切都很大胆！然而克尔凯郭尔本人却并不大胆。相反，他给这张图画的点评让每一种爱恋可能性都蒸发在云山雾罩的辩证法之中："她手里拿着一枝花。是她把花递给他，还是她从他那里接受了花，然后，为了再次接受而还给他？旁人都无从知晓。无所不知的世界站在他背后，他转过身去，寂静统治着一切，就像在永恒里，这样一个瞬间所属的永恒。也许是几个世纪之前他曾经这样坐着，也许这是一个转瞬即逝的幸福瞬间，然而却足以成为永恒。"诸如此类还有很长。在画的背面克尔凯郭尔抄了一首德文的小诗，选自《男孩的魔号》[1]。一如既往的贞静贤淑，雷吉娜紧接着这首德文小诗留下了写于订婚期间仅存的几行字：

我的手臂如此让你欢喜　　　　　　　　　　　　　　　　　　　　158
带着安全和平静
神奇美妙的男人鱼，快来吧，拿走我的手臂，
两条都拿去！

可见雷吉娜也会引用，不仅如此，引自约翰尼斯·艾瓦尔德的罗曼史《渔人们》的小小一段表明，她能够带着关怀，尤其是带着爱恋因素来引用。她不愿意被禁锢，不满足于灵气充沛的写作，而情愿被自己的男人鱼拥抱在怀里，和他一起投入波涛汹涌的万丈深渊。圣女贞德是她心中的英雄并非偶然。

克尔凯郭尔则在相反的方向上努力，试图让关系初期的爱恋激情降温，他每礼拜给她读一篇明斯特的布道词，但其效果和这个故事的前一段一样——只要想想阿伯拉尔和爱洛伊斯——试图将爱恋激情沉入宗教激情，只会引起激烈的震荡："人与人之间关于宗教所发生的第一种可能的误会，就是在男人和女人之间，那个想向她传授宗教性的男人……现在变成了她性爱的对象。"这样的对象置换也体现

---

[1]　德文：Des Knaben Wunderhorn。

在这里，在一封无法确定日期的信里，克尔凯郭尔解释当天早些时候他为什么不得不对雷吉娜说重话。他的意图并不是"像你有时会认为的那样，自以为比你更好"，他要求她理解，"而是让你知道，我以同样的方式责罚自己。为了让你记住这个上午，现给你送去一本《新约全书》"。在这些权威性的训诫字行下面可以明显地感到，那天雷吉娜的爱恋表现得太过直接，她的未婚夫感到有必要断然指出其不当之处。

十一月十一日，礼拜三，雷吉娜坐等一封永远没有到来的信。他们延续了两个月的恋爱仪式被打断了。她通常在这天邀请未婚夫来和父母共进晚餐，但他乘马车去了北西兰岛的和平宫，八点钟才到她家，太晚了，也很尴尬。他在回城路上已经暗下来的天色中，在马车的颠簸中思索，他当时的思想状态见于一条耐人寻味的札记："在空荡荡的车厢底有五六颗燕麦粒，随着车轮的颠簸舞蹈，形成古怪的形状——我对之陷入了沉思。"

下一个礼拜三也没有给雷吉娜的信，不过克尔凯郭尔的仆人送来一本新出版的卡尔·波恩哈特的小说《尘封的回忆》。一个礼拜之后，十一月二十五日，他告诉雷吉娜，书名的选择绝非偶然，书信表现出来的恋爱温度突然急转直下："我的雷吉娜！也许你拿着《尘封的回忆》在等待着收到一封将成为回忆形式的信，但不是这样的情况，所以你收到了这几行字，也许这些文字很快就会代表一段已经逝去的时间。"听上去如此不祥，实际也是如此。克尔凯郭尔继续用讽刺的口气写道："你等待我的信是美好的，尤其是不那么强烈骚动的等待，骚动应该加以平复，而代之以神圣的、宁静的想望……自由是爱的元素。我坚信，你太喜欢我，想让我成为代理侍卫官，以会计师的精确，凭良心对爱情恪尽职守，或者祈望我去竞争中国式勤勉毅力艺术的奖章；我敢保证，我的雷吉娜是那么富有诗意，不会从一封没有收到的信里看出缺少——用官方词汇来说的——'负责任的注意力'，她那么富有诗意，不会从此收不到信就渴望回到埃及人的肉锅[1]，或者理想化地渴望在一个热情的情人的环抱中消磨时间。"这最后一点，关于热情的情人，也并没有危险。在有些可疑的落款"你的索·克"后面有一段附言："此刻我正走过你的窗下。如果我看表，就说明看见了你；如果不看，就说明没有看见你。"

这段神秘的附言背后的真实情景可以大致重建如下：克尔凯郭尔和送信的仆

---

[1] 《旧约·出埃及记》16：3。

人一同从他在北街三十八号的住所出发，穿过圣母教堂前的广场，估计是沿着今日步行街走到高桥广场，从那里再走到证券交易所路六十六号，同时他可以精确地计算出仆人送交信和雷吉娜读到最后一行时所需的时间。如果他从窗口看见雷吉娜，就发出掏怀表来看的信号；如果没看见，怀表就象征性地留在口袋里。由于他精密的组织安排，这段插曲发生在《诱惑者日记》里，也完全可能发生在证券交易所路六十六号。

临近圣诞节和圣诞新年期间，克尔凯郭尔的信有了更多的和解性质。他希望得到奖励，那伤人的插曲和十一月里没有发出的信被当作对雷吉娜忠贞的考验。"我不再引诱你，现在我了解了你的灵魂。"他在十二月十六日礼拜三引用克里斯钦·温特这样写道。写于十二月三十日的一封长长的新年贺信充满爱意，具体而单纯。克尔凯郭尔回顾一年多以前在林碧的那个礼拜三："我感到无可形容的轻松。当我乘车前往林碧的时候，不像往常那样躲在车厢阴暗的角落。我坐在座位正中，脊背不同寻常地挺直。头没有低垂，却快乐而充满信任地高昂着左顾右盼。我遇见的每一个人都受到无限的欢迎。"这封信以一种服从收尾："……我来，我见，她征服。"[1]

恐怖时期

在新的一年里克尔凯郭尔有许多事情要做。一八四〇年十一月中旬，他开始在神学研究院就读，在那里他要写自己的布道词并评价其他同学的表现。一八四一年一月十二日，礼拜二，他在岛上教堂做了生平第一次布道。经文选自《腓立比书》（1：19–25），保罗讲解尘世与天国的分裂，基督对他来说是生命，而死亡实际上是一种获益。克尔凯郭尔的评论者们认为，他布道"记忆力出色"，口齿"清楚"，声调"高贵而坚强有力"，内容"经过深思熟虑，有着犀利的逻辑"，但也有人提出异议，"过于艰深，对普通人来说立意过高"。和参加神学研究院的各种测试相并行，他开始认真着手其博士论文写作的准备，他用了一八四〇年至一八四一年之间的冬天，在初春时分结束——神学研究院在四月里停课。工作把时间从雷吉娜那里偷走，她也许会抱怨，未婚夫用博士论文和神学研究院当作避而

---

[1] 套用盖乌斯·尤利乌斯·恺撒在泽拉战役中打败本都国王法尔纳克二世之后写给罗马元老院的著名捷报，"我来，我见，我征服（拉丁文：VENI VIDI VICI）"。

不见的托词。作为其忙碌的一种古怪证明，他给雷吉娜送去一份与神学研究院的实习相关的手稿作为她十九岁生日的礼物。当他在三月九日给一份为同龄牧师所做的评语画上句号时，写信给雷吉娜说，其实并不是"因为我持笔在手就有机会顺便写信给你"，她显然就此批评过他，而且很可能批评得并不错。

雷吉娜不得不用别的方式来消磨时间并树立良好的榜样，于是她的未婚夫在满二十八岁时收到巧手雷吉娜制作的一个缀珍珠的绣花信袋。克尔凯郭尔在同日致信表示感谢，同时送去一朵玫瑰，但不是寻常的玫瑰："随信附上一朵玫瑰。和你的礼物不同，它并没有在我的手里展示出全部辉煌；而是在我手中萎谢了；我没有像你那样成为目睹一切怎样展开的快乐见证，而是目睹它怎样越来越枯萎的忧郁见证；我看见它受苦；它失去香气；它的头丧失了光彩；它的叶片在与死亡搏斗的过程中坠落；它的红润褪色；它新鲜的花茎逐渐干枯。它忘记了昔日的荣光，以为自己被遗忘了。它不知道，你还保留着对它的记忆；它不知道，我时刻记着它；它不知道，我们两人共同保留着对它的记忆。"

这封信的象征意义和随后的通信空白都在用沮丧的语言诉说着，而在八月十一日，礼拜三，克尔凯郭尔退还了他的订婚戒指并附上了一封诀别信，他认为这封信在文学上是如此成功，以至于将其逐字逐句地录入《人生道路诸阶段》一书中的《有罪？——还是无辜？》部分。原信现已佚失，但是在书中是这么写的："正如肯定会发生的事情不必预先排演一遍，当事情发生的时候也就会得到它所需要的力量；所以就让它发生吧。忘掉写这封信的人，原谅那个人，不管他有什么能力，他都不能使一个姑娘幸福。／在东方，赠送一尺白绫意味着宣判接收者的死刑；而在这里，送还一枚戒指则肯定会成为那发送者的死刑。"

当雷吉娜读到这几行字的时候完全失控了，她疯了一样狂奔到北街去找克尔凯郭尔。但他不在家，于是她走进他的房间，留下了一张——用克尔凯郭尔的话来说是"完全绝望的字条"，她试图感动他，"看在耶稣基督和我死去父亲的分上，不要离开她"。雷吉娜很清楚她所爱的人敏感的地方在哪里。"这样，"克尔凯郭尔继续写道，"我没有别的办法，只有冒险走极端来支持她，如果可能，通过欺骗，尽一切努力让她排斥我，以重新点燃她的骄傲。"

就这样开始了"恐怖时期"，那个据克尔凯郭尔自己说是被迫扮演"彻头彻尾的恶棍"以断绝关系的阶段，他本人理解为最"精巧的英勇"的行动。希本还记得："他打算和她断绝关系，却迫使她来结束。这种行为，在奥小姐看来，是虐待了她的灵魂。她用的是这个表达方式，可见她为此而深感愤怒。"尽管如此，这个恶棍式策略看上去很有效，当雷吉娜在多年以后回顾这段经历时说，提出解除婚约的是她。希本还试图安慰雷吉娜，说幸亏她"没有成为克尔凯郭尔的，此人生性沉迷于自己的精神，禁锢在自我反思之中"，不是"用嫉妒来折磨她"，就是和她生活在一起却"似乎对她漠不关心"。从此希本拒绝谈论导致关系终止的原因，尽管他声称，他知道"除我之外只有很少人知道的事情。但也正因为对我来说最为重要，我不敢将其形诸笔墨"。这有点让人恼火。然而艾琳娜·博伊森则直抒胸臆，她用感人的姐妹情谊写道："或许她对他来说不够聪明，或许她会通过帮助他的心，稍稍抑制一下他的凌云壮志；但她必须对统治着他的罪恶感让步。也许，利用她的一切挣扎并不是罪过？他敲诈她所有的悲伤和眼泪都不过是建造一个让他小小的自我值得注意和显得有趣的背景？但这样的行为怎么能效力于播撒福音？"

在克尔凯郭尔对欺骗的贡献中有一封信（写于九月底或十月初），其恶毒堪称闻所未闻：盒子里装着一瓶"幽谷百合双倍精华"香水，附言是："或许你还记得，将近一年以前送过你一瓶这样的香水。"在简短地反思了记忆的福泽之后，他回到香水瓶，尤其是瓶子的包装："于是我送给你层层包裹的一瓶。但这些包装叶片并不是供人匆匆撕开，或者恼火地扔掉直奔内容的，相反，正是这些叶片令人高兴，我将看到你细心而认真地一层一层剥开，并因此想到我记得你，我的雷吉娜，而你自己也会记住 / 你的 / 索·克。"

是什么样的"叶片"被用作包装纸，雷吉娜显然会小心翼翼地一张一张揭开，在此过程中回忆和重新经历一切？不错，雷吉娜得到的这些"叶片"，在到达那精致的小小瓶子之前不得不经手的是——她自己写的信！在红玫瑰既非其时，也没有适当的恋爱温度的情况下，还能是别的什么叶片吗？

然而雷吉娜不愿意放弃。"她像母狮子一样吼叫"，她是那么渴望留在克尔凯郭尔身边，在痛苦中一度提出愿意住在一只小小的柜子里。克尔凯郭尔记住了，后来他让细木工制作了一只精美的红木柜橱——没有搁板！"里面，"克尔凯郭尔解释说，"珍藏着一切，能回想起她的和能让她想起我的一切。那里也有所有为她而写的假名作品；每一部都只有两本小牛皮精装，一本给她，一本留给我。"

一八四一年十月十一日，即发出那封绝交信之后两个月，克尔凯郭尔再次解除了婚约，这一次是口头的："她绝望了。我生平第一次开口骂了人。这是当时唯一能做的事情。"他从证券交易所街六十六号出来就直奔皇家剧院，因为他要

162

133

去和埃米尔·波厄森谈。"（这件事当时在城里传走了样，说我掏出怀表对奥家人说，您还有什么话赶紧说，我还要去看戏。）"当一幕戏结束，克尔凯郭尔离开剧场的楼上座位时，雷吉娜的父亲，特基尔德·奥尔森出现了，奥尔森从楼下座位出来走向他，说要和他谈谈。这两个男人一起走回证券交易所街六十六号。"他说：她会死的，她完全绝望了。我说：我一定会让她平静下来；但事情已经决定了。他说：我是一个骄傲的人，求人很不容易，但是我求您不要和她断绝关系。其实他很伟大，我受到震撼。但我没有改变主意。那天我和奥家人共进晚餐。临走前和她谈话。"第二天早上，克尔凯郭尔收到特基尔德·奥尔森的一封信，说雷吉娜彻夜未眠，请他来看看她。克尔凯郭尔就去了："我去了那里，劝她理智。她问我，'你永远不结婚吗？'我说：'会的。十年以后，当火气出尽时，我需要一个活泼的年轻小姐来恢复青春。'一种必要的残酷。于是她说：'饶恕我对你所做的。'我回答说，'需要请求饶恕的是我。'她说：'答应我，要想着我。'我答应了。她说：'亲亲我。'我照做了，但没有激情。仁慈的上帝啊……然后我们就分开了。……夜里我在床上哭，白天还是通常的样子，只是空前的轻佻和机智，那是必要的。"彼得·克里斯钦表示愿意去向奥家解释，他弟弟并不是那个"恶棍"，立即招来了抗议："我说：'你敢，我一枪打穿你的脑袋！'足以证明我在这件事上陷得有多深。"

在呼叫"仁慈的上帝"那页之外某处的页边空白上，克尔凯郭尔添加了一段话，说雷吉娜曾经在她的"胸前"佩戴"一张小纸条，上面写着我的话"。纸条上写的什么，现在已经没有人知道了，因为雷吉娜后来扯掉了那张纸条，慢慢把它撕成碎片，呆呆地直视前方，平静地说："你真是和我玩了一个可怕的游戏。"这个小小的姿态是一次决定性的行动：雷吉娜把自己从写作中解放出来，放弃了白纸黑字的雷吉娜，回到现实。她在回顾他们最后的分手时说："我受不了了；最后吻我一次，你就自由了！"

彼得·克里斯钦在一八四一年十月的日记中写道："在长久的斗争和忧郁之后，索伦终于在十日（？）断绝了他和奥尔森小姐（雷吉娜）的关系"。这里的问号用得很好，因为实际上断交是在次日，即十月十一日礼拜一发生的。他那个平时很认真地记载自己行动日期的弟弟，后来也不记得这个日期，多年以后不得不借助于自己早年的札记和旧报纸来重建导致解除婚约的事件顺序。

这次解除婚约很快就在城中传开了，人们议论纷纷。有谣言说一天晚上克尔凯郭尔请雷吉娜去剧场看《唐璜》，可没等序曲结束就站起来说："我们走吧。你已经得到了最好的东西——期待的快乐！"很多年以后，尤里乌斯·克劳森小心翼翼地向雷吉娜提到这个故事，她说："不错，我记得那个夜晚，但我们是在第一幕之后退场的，因为他头疼得厉害。"亨利克·赫尔茨加入了耸人听闻大合唱，讲述了下面这个关于"年轻可爱的奥尔森小姐"怎样被克尔凯郭尔的"怪癖几乎折磨致死"的故事："一天，他接她乘马车出城兜风，她别提有多高兴了。可是当他们行驶到西桥圆环时他就返回，把她送回家，为了让她习惯于否定快乐。他真该为这件事挨打屁——"

一八四〇

不消说，奥尔森一家大受震惊。雷吉娜的哥哥，在一八四二年获得神学硕士学位的尤纳斯·克里斯钦写了一封今已佚失的信，怒火满腔地宣布对克尔凯郭尔的仇恨，而克尔凯郭尔则在札记中放肆嚣张地写道："如果我的好朋友尤纳斯·奥尔森像他在纸上写的那样，真的有能力前所未有地恨一个人，那么我将为有幸是他的同时代人，有幸成为这种仇恨的对象而受宠若惊。"雷吉娜的姐姐，考尔内丽娅的反应则不同，她说出了很多人后来的感觉："我不能理解克尔凯郭尔博士，但我还是相信他是一个好人！"信任——也许甚至是据说的彼此吸引？因为克尔凯郭尔在一八四四年写道："私人研究的题目下，尽可能保护它不受伤害。我想描绘一个女性形象，她的伟大在于那可爱的谦逊和羞怯的退让（例如，一个理想化的考尔内丽娅·奥尔森，我所认识的最优秀的女性，也是唯一赢得我仰慕的女性）。她差点遭遇妹妹和她所爱的人结婚的经历。"

克尔凯郭尔一直没有描绘这样一个女性，那可爱的谦逊而羞怯的女性，仅在《诱惑者日记》中有所变化地以考尔德丽娅的形象出现。那是最美好、最热烈的女性形象之一，不仅在克尔凯郭尔的人物画廊里，而且在丹麦黄金时代文学之中，都是如此。

"她选择叫喊，我选择痛苦"

诱惑者约翰尼斯在日记某处充满欲望地悠然写道，通过诗性写作进入一个姑娘的心是一种艺术，而再通过诗性写作退出则是一部杰作。克尔凯郭尔会这种艺术，却难以创作出杰作。他始终未能与雷吉娜保持足够的距离，摆脱她那致死的命运，她始终是她自己，那个来自天上的感性，吓人的活泼快乐，令人眩晕的禁忌，她那从天性中喷发出的温泉是如此诱人，克尔凯郭尔无可选择地随波逐流——在纸上。

因此，这个完全可能以幸福的平庸结束的故事，并不仅是关于两个人由于智力和心理原因而失之交臂的故事，而是西方精神史上关于两极之间冲突的一出宏大戏剧：直接性与反思，欲望与自我控制，在场与缺席。尽管雷吉娜的本名没有在克氏公开出版著述的任何地方出现，但她作为渴望的、恋情的奇异蔓枝缠绕在整个著述之中，随时与读者在最料想不到的地方相遇。于是在《哲学片段》的一处："不幸并不在于相爱的人们不能互相得到，而在于他们不能互相理解。"他们不能互相理解，因为，他太激情澎湃地反思，而她则是直接性的激情澎湃。

说纯粹的爱足以战胜每一种交流危机，当然是有一点天真的乐观主义，但也不能否认克尔凯郭尔那将两性关系视为相互理解是一种纯粹现代的立场。在提出这一要求方面他丝毫不妥协，因为这样一种理解是婚姻的基础——信任的前提。"没有信任就不可能有婚姻"，他在《非此即彼》的一份草稿中这样写道。他在后来被涂掉的一条札记中解释道，缔结婚姻并不是"拍卖会上的一锤子买卖"，而是要"对过去诚实"。他用第一人称单数继续写道："如果我不是尊重作为未来妻子的她胜过自己，如果我不是为她骄傲胜过自己，我就会保持沉默并满足她的，也是我的愿望，和她结婚——那么多婚姻里都隐藏着小小的故事。但是我不愿意让她这样成为侧室，宁可杀了她也不愿意这样。"替代的做法是不真实的戏剧性，以一种激情为先导，它肯定刺得更深，但那关于绝对信任的强制性义务又强烈地使得一种关系预先就不可能："如果我解释自己，就不得不将她带入可怕的事情，我和父亲的关系，他的忧郁症，内心深处永恒的黑夜，我那些在上帝眼中也许不能迎进天堂的迷恋、欲望和放荡；因为确实是忧惧，带我步入迷途；我又到哪里去寻找禁令，当我知道或感觉到，我所崇拜的那唯一坚强有力的人，也曾失足过？"

这一条多次出现、略有变化的札记是克尔凯郭尔那个时期解释自身冲突的典型方法：将作为执法者的父亲树立为雷吉娜的鲜明对照，而她的感性存在又令人尴尬地想到父亲的可怕过失，他的性堕落。对父亲的虔信和对雷吉娜的爱不可调和到这样的程度，以至于克尔凯郭尔不得不运用一个隐喻来避免被二者撕裂："有时会发生这样的情况：一个孩子在摇篮里就对将来会成为妻子或丈夫的人做出了承诺——而我，在宗教的意义上，作为孩子就早已做出了承诺。天哪！我为一度误解了人生付出了高昂的代价——我已经做出了承诺！"

克尔凯郭尔已经和上帝结了婚。这个观念近乎渎神，或许只能勉强掩盖导致这种观念的人性无力感。作为他那致命的遗忘的可见提醒，他让人熔化了他的订婚戒指，重新打成一枚镶宝石的十字架。

雷吉娜的反应完全是直接的，她的头发几乎在一夜之间转为灰白。

"她和我死去的父亲，"克尔凯郭尔在一八四九年写道，"所有的作品都应该献给他们：我的导师，一位老人高贵的智慧，和一位女性可爱的缺少理解。"在他临死的那年又回到这些话，不过讲得更美。于是在"我的先决条件"标题下写道："两个我最爱的人，我之所以成为作家受惠于他们：一个老人，他忧郁的爱之错误；一个非常年轻的姑娘，几乎还是个孩子，她那可爱的不理解的眼泪。"

一八四一年

论反讽概念

"有一支痛苦之箭从最早的童年起就刺在我的心里。只要它还留在那里，我就是反讽的——把它抽出来，我就死了。"克尔凯郭尔在一八四七年回顾时，将反讽当作一个无法摆脱的条件，反讽成为他的是那么长久，从有记忆起就开始了。但是，孩子会反讽吗？一种孩子所不具备的意识，一种对孩子来说仍然陌生的精神形式难道不是反讽的前提条件？或许是如此。孩子不得不满足于一点小小的讽刺，伪装自己，爬进谎言的庇护之下，用不同于人们设想的方式来运用语言。这就是反讽。当人们舍我而去的时候有反讽在手很好。他们会的。或迟或早。

童年的家教会了克尔凯郭尔伪装的多种形式；学校让他相信距离的必要性；研读德国浪漫派的作品，尤其是施莱格尔，让他洞悉了反讽那震撼人心的精神发展史；海贝格的文章让他吸取了反讽的精华；而订婚期间致命的痛苦让他把这一切发展为绝望的完美。这样，他在一八四八年将其中一些洞见加以概括，写入一条明显带有自传性质的札记："一个想望、希望、追求中的个体永远不会是反讽的。（作为构成一个人整体生存状态的）反讽存在于其对立面之中，一个人的痛苦恰恰在别人所想望的那些。得不到所爱的人，不会成为反讽的；而太容易得到她，她恳求成为他的爱人，结果还是不能拥有她，这就是——反讽。"

因此，反讽不仅是，也不同于在宴会上取悦女邻座的那种肆无忌惮的修辞颠倒，反讽——也还——是一种与他人、与世界、与自己之间的心智距离，是能够弃绝（afdø）的前提条件。这样的反讽本身极其精巧，但同时也是危险的行动，足以让反讽者置于近乎受到生命威胁的境地："反讽是一种畸形的发展，就像斯特拉斯堡鹅肝的畸形，以杀死这些个体而告终。"苏格拉底是历史上第一位反讽者，实际上是人们第一次将其和反讽历史地联系起来的人。反讽断送了他的生命，但在他的案例中反讽却并不是一种畸形发展，而是他所处的时代畸形，它不能接受那种精妙的、苏格拉底剂量的矫正剂。人们认为他诱惑青年并威胁国家。于是人们陷入恐慌，用毒芹汁来应对，但反讽不让自己这样被杀死，特别是"……那反讽的虚无……是死亡的寂静，反讽的鬼魂仍在其中出没戏弄（在这一个词完全暧昧的意义上）"。戏弄（Spøgeriet）在浪漫主义那里成为一个不容争辩的现实，因为浪漫不仅是月光、十四行诗和镶在椭圆形镀金框里的妖娆袒胸肖像，而且是现代人成长的时代，从文艺复兴开始，到人宣布上帝已死达到高峰，从此人获得了极丰富的机会来体验万丈深渊之上的无力感。浪漫主义引入了现代性，而克尔凯郭尔知道这一点："完全的反讽，事实上或许可以被视为现代性的特征。"

尽管他的个性几乎已经站在那里拿着博士论文的题目向他招手，但讽刺的是克尔凯郭尔要花一些时间才能看见。他在一八三七年九月末考虑过"论讽刺概念"的可能性，而在一八三九年七月他表达过一种略微病态的"写一篇论自杀的学位论文的愿望"。他在这些歧路徘徊之前却已经写下了关于多种形式反讽的大量草稿，在一条日期为一八三七年七月六日的札记中，克尔凯郭尔廓清了苏格拉底的反讽和基督教幽默之间的关系，并提到他和保尔·马丁·穆勒在一礼拜之前进行了"极其有趣的"晚间谈话。他们具体谈了些什么我们无从知晓，但在任何情况下去求助于穆勒都是正确的，因为他在一八三五年写过一篇文章，标题就是《论反讽概念》。这篇文章只有短短五页，并在一八四二年才发表。

克尔凯郭尔在各种题目之间犹豫不决时，有一点却是坚定不移的，那就是论文不应该用学术语言拉丁文来写，而要用丹麦文，只有母语的语调层次才具备这个主题所需的精妙。他在一八三七年写道："用恰当语调的拉丁文来写作浪漫主义主题之不合理，就像是用角尺画圆。"于是他不得不申请特批豁免，并于一八四一年六月二日呈交给克里斯钦八世国王及其官员一封"最谦恭的"信，他在信中援引了马丁·哈默里希和阿道夫·彼得·阿德勒分别在一八三六年和一八四〇年用丹麦文进行论文答辩的前例。奇怪的是他没有利用这个机会援引第三个也更有名的特批豁免先例，即马腾森的论文《埃克哈特大师》于一八四〇年三月以丹麦文获得通过。克尔凯郭尔没有提到此事有可能是因为马腾森还没有经过论文答辩就获得了基尔大学的荣誉博士学位。不过我们也不能完全排除一种可能性，那就是克尔凯郭尔不愿意和那个担任过他的导师，而随着时间推移却越来越让他憎恨的那个人联系起来。他在提交论文之前曾私下拜访马腾森，为他朗读了一段与施莱格尔论战文章的手稿。马腾森不喜欢他那种冗长而造作的文体风格，所以仅表达

169

了一种"相当冷淡的认可"。

言归正传。克尔凯郭尔在其特批申请中强调，论题本身使得一种自由的、个人化的叙述成为必要，他提到自己优秀的考试成绩，强调担任拉丁文教师的经历，并承诺，论文的论点提要和答辩将是拉丁文的。最后，附上了一份曾任老师米凯尔·尼尔森的推荐信，他对前学生做了一次详尽的证明，其中提到："神学硕士索·奥比·克尔凯郭尔先生是本校的优秀学生，他勤奋而聪明，对所学课程普遍有出色的理解，尤其在语言的形式与精神方面表现突出。作为学生，他已经唤起了我们对他的正直、独立和能力的高度期待；他的敏锐、明晰和全面的视野，深刻、活泼而严肃的精神，以及从各方面渐次表现出的写作禀赋……根据我的判断，他出色地掌握了口头和书面拉丁文。"

在国王审批克尔凯郭尔的申请期间，六份论文初稿在大学的专家之间传阅。他们并不怀疑这部作品的质量，但都对其非传统的文体不以为然。克尔凯郭尔本人对此也有些担忧："我在恐惧与颤栗中写作这篇论文，以免被我的辩证法所吞噬。人们会挑剔那不羁的文体。这个或那个半通的黑格尔派强盗会说，主观性因素太突出了。"克尔凯郭尔的担心并非无由。尽管那些审读者并非"半通"，除马腾森之外也不特别"黑格尔"，但每一位都在评语中提出克尔凯郭尔的文体"不羁"，说他缺乏节制。他们有些难以接受的是，不仅学术可以欢快，而且欢快可以成为学术性的一部分。所以幸好，克尔凯郭尔在论文的前言中删去了一段对读者说的悄悄话，"为了减轻难度，我有时对作品歌唱"。不过从另一方面来说，当他回顾自己的观点时，不够明智地坚持下述看法是一件丢人的事："苏格拉底的一个不完美之处在于，他没有总体性的眼光，而仅用数字来看待个人。"关于这一点，克尔凯郭尔在一八五〇年秋的札记中进行了苦涩的评论："唉，我曾经是怎样一个黑格尔式的傻瓜！仅此一点就足以证明苏格拉底是一个多么伟大的伦理学家。"

170 论文的第一部分比较老实，详细地分析了色诺芬、柏拉图和阿里斯托芬对苏格拉底品格的阐释，尤其是对其反讽之品格的阐释。这些分析沿着两条轨道进行。其中一条是为苏格拉底在世界历史中的意义进行定位，他对历史之故事的意义；另一条是发掘他对主观性之历史的意义。克尔凯郭尔不厌其烦地尽力满足一份学术论文在方法、细节、资料来源等方面的形式要求，但他并不以扮演没有血性的学者为乐："现在结束我所看到的苏格拉底，他在色诺芬的透视箱中的行止，结束之前我只请求读者诸君，如果感到厌烦，请不要仅归罪于我一人。"

在论文的第二部分，论述浪漫派反讽的时候发生了一个值得注意的转向，从学术性的材料处理转为时不时有点鲁莽的评述。当然，想写反讽，尤其是写关于反讽的概念，本身就是一次反讽的冒险，反讽躁动着不让自己被束缚在概念之下，它不肯被概念化，相反，它的本质就是突破一切边界。克尔凯郭尔在论文的引言部分解释过，描述反讽，就其在苏格拉底那里的表现而言极其困难，就像"描绘一个戴着隐身帽的精灵"一样。这个形象的作用几乎是猛烈地打击了想象力——关于看不见东西的能力。在论文的后面部分又将反讽的这种消失得无影无踪的否定能力描述为"那个老巫婆"的形象，她决心"吞噬一切，然后吞掉自己"，这样她的结局就是吃"自己的胃"。

主题与表现形式之间的张力是克尔凯郭尔本人也痛苦地意识到的，但他还是天才地选择将反讽的问题变成一个讽刺性的要点：他不仅在学位论文中描述反讽，而且还实行它。之所以这样做，他解释道，是为了预先防止一个显然是经常发生的错误："在晚近时代固然有许多关于反讽的理解和对现实的反讽式理解；然而这种理解本身却很少是反讽地建构起来的。"于是反讽就要在克尔凯郭尔那里得到建构。但是很不幸，当建构涉及反讽的时候，也就距离狂热不远了。至少在一本正经的评审委员看来是如此。

系主任弗·克·希本于六月三日从克尔凯郭尔手中接到论文，随后在将论文转给古典文献学教授约·尼·迈德维的附信中写道，在他看来这部作品中有某种"属于较低品类"的东西，并将克尔凯郭尔与德国作家和美学家让·保罗相提并论。而让·保罗，在希本看来，从纯粹文体的角度来看"也有典型和特殊的行军、走路和散步的方式"。希本还进一步希望，论文的标题应该改为"作为反讽者的苏格拉底对于反讽一般概念发展的贡献"。希本当然并不怀疑，这篇论文应该获准进行答辩，不错，有些面面俱到，但因为"语言晓畅"可以读得相对较快，此外"笔迹非常清晰"。这易读的书写可能是因为克尔凯郭尔让西蒙森誊清了手稿。西蒙森不久移民挪威，在那里吹嘘过自己的那一点贡献。

迈德维现在也收到了论文加以审阅，他对内容很满意，认为其中有"精神的生命力和新鲜的思想运作"，他也提出，写作方面有"某种松懈和随意"，同样地，"概念的发展［缺少］学术性秩序、形式和坚定的集中"。然而最糟糕的是，"表达方面受累于自以为是地追求俏皮和机智，不时落入庸俗和无品位的窠臼"。他一度考虑以"删除这些累赘"为条件接受这份论文，但他并没有坚持这一想法，因为

171

这类处理方式经常既烦琐又乏味，而且在克尔凯郭尔个案未必有益。如此这般地长篇大论一通之后他把关于反讽的手稿还给希本，希本立即将其送给古典文献学教授兼皇家寄宿舍的舍监彼得森，彼得森在阅后建议，将"各处与学术作品文体不符的多余讽刺和嘲弄删去"，彼得森在附议了希本所建议的改换题目之后，将文稿交给其同事兼个性倔强的对头彼·奥·布隆斯塔德，后者在次日即在一份优雅的答复中评论道，克尔凯郭尔显然未能抗拒一种"内心的诱惑，跨越了那区分真正的反讽与廉价讽刺和简单夸张之间的模糊界限"。不过布隆斯塔德还是认为，如果一种"独特的个人偏好阻止作者接受这方面的建议"，他将让这件事过去，不再多言。然而，负责正式批准豁免拉丁文申请的大学校长汉斯·克里斯钦·奥斯特，并不这样想。奥斯特在一封给希本的私人信件中干巴巴地评论道，这份论文"让我感觉非常不舒服，尤其是有两点让我痛恨：冗长和做作"。奥斯特还担心这份论文的评审过程太过仓促，于是建议马腾森或者新任哲学教授拉斯姆斯·尼尔森也审读这份论文。因为拉斯姆斯·尼尔森事先已经请求不参与此事，于是论文就到了马腾森手里。他在原有评语上补充了四行，投票赞成论文通过，然后这件渐渐变得相当棘手的事又回到希本手里。希本在七月十六日代表哲学系宣布《论反讽概念——以苏格拉底为主线》，符合博士学位答辩条件。

172

接着将此事呈报国王克里斯钦八世，他在七月二十九日颁旨称："特准许索伦·奥比·克尔凯郭尔通过其呈交的丹麦文哲学论文取得博士学位。"不过国王也提出条件，即口头答辩需以拉丁文进行，还必须附上拉丁文的"该论文的主要论点"，并在答辩之前得到考官批准。克尔凯郭尔遵旨照办，论文在大学系统中又旅行了一圈，那十五个拉丁文论点当中的三个（第一、第十三和第十五）一度几乎不能通过，再次回到克尔凯郭尔手中。九月十六日，菲利普森出版社通知，论文已经在比亚科·伦诺印刷厂排印完毕，但是很遗憾，封面上的柏拉图《理想国》希腊文引文在赶进度的过程中漏掉了。此外，排字间的光线不足导致罗马数字误排，希本的拉丁文批准日期排成了一八五一年，答辩日期成了一八六一年。

这些排印错误几乎可以看作是这份论文之无拘无束的具体宣示、反讽精神对其学术包装的反抗，但在一八四一年九月二十九日，克尔凯郭尔终于获准就《论反讽概念》进行答辩，有兴趣的人可以花一塔勒四十八斯基令购买一本。

一八四二年

柏林裸奔

　　尽管论文的文体恶作剧遭到学术评审们的挑剔，反讽大师还是当成了反讽博士。大学的规章都一丝不苟得到了遵守。论文答辩会上的听众由一些博学而几乎同样好奇的人们组成。口头答辩用拉丁文进行。这次演出非常叫座，并持续了七个半钟头，当然中间有几个钟头的午餐休息。一共有九位提问对手登上讲台。希本和布隆斯塔德作为正式提问对手出场；听众中的 [1] 提问对手有弗·克·彼得森、约·路·海贝格本人和兄长彼得·克里斯钦；此外还有神学和哲学双料博士弗里德里克·贝克，克里斯蒂安尼亚大学前任哲学系主任弗·彼·雅·戴尔，一位挪威哲学博士海·约·图厄，以及神学硕士克·弗·克里斯滕斯。希本和布隆斯塔德在论文答辩会两天后给校董发出的报告中使用了最高级用语："其精神和精神的活泼，其才能与辩证技巧，在候选人克尔凯郭尔的论文中得到了充分的表现，并体现在口头答辩过程之中。因此，我们认为他完全符合获得博士学位的条件。"希本非常喜欢这份论文，他鼓励克尔凯郭尔不仅要将其翻译为德文，而且应该在大学申请职位。

　　当大学董事会于一八四一年十月二十六日，礼拜二，宣布授予克尔凯郭尔哲学博士学位的时候，这位博士已经戴上帽子，像上文说的精灵一样从哥本哈根消失了。只有彼得·克里斯钦和埃米尔·波厄森两人知道，他已经登上普鲁士邮船"伊丽莎白女王号"，于十月二十五日上午十一时从哥本哈根启程，驶向基尔。克尔凯郭尔博士要前往柏林——每一个尊重自己和所学学科的神学家与哲学家向往的圣城。

---

[1]　拉丁文：ex auditorio。

克尔凯郭尔一到他的柏林住所——中街六十一号，从楼梯上去一层 [1] ——就给埃米尔·波厄森发出了七封信中的第一封。说了几句旅途见闻，即将要听的课，诸如此类的事情后，突然毫无预警地笔锋一转，下达了一系列命令："悄悄地去找她。你的窗户可以帮助你。礼拜一和礼拜四下午四至五点音乐课。但不要在街上见她，除了礼拜一，下午五点或五点半你会遇见她从西城墙经过西街到成衣铺街；或者同一天的七点或七点半可能和她的姐姐一起经过拱廊去证券交易所路。但是要小心。到那边的面点店去，但是要小心。看在我的分上，你要练习控制每一个表情，掌握每一个机会，掌握灵机一动编出故事，面不改色心怀坦荡的艺术。人可以随心所欲地骗人，我从经验知道这一点，而在这方面我无比勇敢……我谁也不相信。"

波厄森对这些让他像间谍一样偷偷摸摸到处转的命令如何反应，我们已无从得知，因为他的信全部佚失了。克尔凯郭尔打算让自己给他的信也遭遇了类似的命运。他在一扎信的包装上写道：

> 这一包在我死后焚毁，不得开启。
> 后人应知：
> 内容不值四个斯基令。

克尔凯郭尔文学遗稿的编辑出版者却决定不动火柴，这份原始资料于是得以保存。这份资料和克尔凯郭尔允许未来出版的那些完全不同，连一个标点也没有经审查删除。他或许会偶尔捉弄一下波厄森，但不可能让他言听计从，所以，他下面的这段话并非完全不靠谱："你知道我是什么样的人。我对你说话时就像是一丝不挂地东跑西颠，而对别人我总是要深思熟虑而后行。"

因此，出于充分而不幸的理由我们无从知道，波厄森对克尔凯郭尔安排他当间谍一事如何反应。不过从克尔凯郭尔的下一封信里可以略微窥见一点端倪：波厄森因许多不信任而受到伤害，并且波厄森自己正深陷于不幸的恋爱之中而焦头烂额，整个情况因而变得更加不妙。克尔凯郭尔对这最后一点并不操心，他从柏林住所发回一贴包治恋爱百病的万能药："关于你自己。你可曾有过什么责任，你

---

[1]　德文：eine Treppe hoch。

可会打破任何义务，并真的能打搅你吗？如果你走过她的窗下，看见她在笑？诗化她，这样她坐在窗前会更加美丽。随心所欲地哭和笑吧。"老实而有些刻板的波厄森显然没有抓住要点，他疯狂而忧伤地爱着，所以既不能诗化也不能忘掉心爱的人。于是克尔凯郭尔在接下来的一封信里更耐心地开导他："如果你既不能忘掉她，又不肯诗化她，那就扯满风帆全速前进。全神贯注。不要错过任何一次遇见她的机会，但总是偶然相遇；利用机会……死亡和瘟疫，为了一个姑娘真是小题大做。"

175

尽管克尔凯郭尔很清楚自己在说些什么，而波厄森也是恰当的听众，但我们还是有理由怀疑克尔凯郭尔是在戏仿他自己那深陷其中淹到脖子的困窘。波厄森过了很久都没有来信，克尔凯郭尔等得不耐烦，他把一个可怜的擦皮鞋男孩叫来，进行了一番折磨人的审讯，以确定这个男孩真的把交给他的信投递了，而没有随便丢在柏林一个什么愚蠢的地方。大约一个月以后才听到波厄森的消息，从克尔凯郭尔的回信来看，这位朋友真的开始在哥本哈根做一些谍报工作。然而克尔凯郭尔觉得很不够，他让波厄森去跟肖像画家拜恩岑拉近乎套话，后者是雷吉娜的邻居，一定是"很好的情报来源"。他继续写道："那〔奥〕家人恨我，很好。正合吾意。正如我想让她，如果可能的话，也恨我。她不知道，她在这方面欠我多少……更糟糕的是，我那太会创造发明的脑袋，即便是在柏林也不能停止策划。她不是爱我，就是恨我，她不知道还有第三种可能。对于一个年轻姑娘来说再没有什么比中间状态更有害的了。"在这封信的后面部分，他用一种深思熟虑的玩世不恭写道："你缺少一种东西，而我却有，那就是你还没有学会蔑视这个世界，看出一切都多么渺小；你被这个世界的铜币压垮了……那么，如果人们认为我是个骗子，那又怎么样？我照样可以学哲学，作诗，抽雪茄，对整个世界嗤之以鼻。我一直在捉弄人，又为什么不干脆捉弄到底？"

这些话说得再直白不过，值四斯基令多一点，但是，如果他不懂得从开诚布公换取间接回报，克尔凯郭尔也就不成其为克尔凯郭尔了。这封信所附的另一张纸上就有如下信息："我没有时间结婚。不过在柏林这里有一位维也纳来的女歌手，一位舒尔茨小姐，她扮演艾尔薇拉的角色，长得活像某一位年轻姑娘……当精神的狂野压倒我的时候，我几乎受到蛊惑，抱着不能算是'最可敬的意图'去接近她……这可以是一桩小小的消遣，当我厌倦了思辨的时候……不过我不想让你对任何人提到，柏林有这样一位女歌手，或者她扮演艾尔薇拉，或者其他，等等。"

无可怀疑，这是一个小小的花招，因为，克尔凯郭尔恰恰不要把迷恋舒尔茨小姐的事保密——否则他不会轻率地写在容易落入他人之手的另一张纸上——相反，这会诱使波厄森去传播这个秘密。克尔凯郭尔很清楚，当他离开哥本哈根的时候流言蜚语的闸门已经打开。出发前不久他就听说，希本在极其高明地贬低他，到处说他是一个"负面意义上的反讽家"。在恰当时间恰当地点的一点暗示就足以让那恶毒谣言的风车转得更快，把舒尔茨小姐的事有声有色地吹送往雷吉娜的方向，而她得知她在柏林有个情色复制本恐怕也高兴不起来。所以，她会以双倍的力量来恨那不忠实的情人，她的拯救也就为期不远了。

波厄森中计了，像笨鸟跳上粘胶树枝似的。波厄森一定向克尔凯郭尔打听过柏林那个看上去像雷吉娜[1]的人，但后者不肯再多说，仅在新年贺信中提到，他在靠近剧院的住所里继续用功读书："顺便说一句，不能拿这样的事情开玩笑，众所周知，激情有自己的辩证法。"克尔凯郭尔对自己的计划非常自信，当波厄森报告说雷吉娜看上去情绪不错的时候，他必须纠正这位朋友的印象："奥尔森家族具有大师级的表演能力，这能力不会因和我交往而减弱。"

克尔凯郭尔和自己的日常交往也不乏大师级的表演能力，但是，和经常发生的那样，自欺和欺人总是如影随形的忠实伴侣，它们也伴着克尔凯郭尔进入一个完全不可靠的世界。他不得不经常伪装自己，极度小心地选择态度，即便是最无足轻重的言辞也要考虑其可能的后果。如他在给波厄森的第五封信中所说："在柏林这里，当我和丹麦人交往的时候总是兴高采烈，轻松愉快，'及时行乐'，等等。而我的内心暗潮汹涌，我的情感像是水流，不时要突破我在周围铺设的冰层，即便我心中有时在叹息，只要有人在场，每一声叹息都立即转换为反讽，机智，等等。……在这里的一声叹息，也许会意味着完全不同的东西，会迅速到达一个丹麦人的耳朵，他会写信告诉家里，她也许会听说，这会是一种有害的影响。"而在同一封信下面一点的地方："我病了，这就是说，我的风湿性头痛疼得厉害，夜间经常失眠……如果我请医生，丹麦人马上都会知道。也许其中的一个会写信给家里，传到她耳朵里，会打搅她。所以我没有请医生，感觉好了一点，因为信守了原则。"

波厄森不是唯一收到柏林来信的人。希本收到一封尽职尽责的信，

---

[1] 英文：look alike Regine。

彼·约·斯潘牧师收到一封快乐的信，彼得·克里斯钦收到三封表达兄弟情的信，其中两封——几乎象征着他们的关系——丢失了。再就是给外甥和外甥女们的信，一共十封：卡尔、亨利克、米凯尔、索菲、哈丽耶特（耶达）和威廉，都姓隆德，最大的十五岁，最小的十岁。如果耶达在一九〇九年死前不久的回忆靠得住，这经常的通信往来得自克尔凯郭尔出发之前几天的一个许诺。那天在新市家中举行一个小小的晚会，他突然爆发出一阵号啕大哭，这大哭迅速传染给了孩子们，他们郑重其事地对"索伦舅舅"承诺，一定经常给他写信。

这些认真负责一笔一画写的信都没有存留下来，但从克尔凯郭尔的回信可以看出，这些小人儿并不知道应该写些什么。那些他们努力拼凑出来的信，经常不尽如人意。例如，十一岁的卡尔就混合着差不多等量的惊奇和尴尬地认识到，那天晚上那么不开心的舅舅现在一定好多了，因为他不仅引用德文和拉丁文，而且还能冷静地纠正他的拼法错误。然而索伦舅舅这样结束他的信："想到什么就写什么，不要怕羞，欢迎你随时来信。"在这表面上宽厚大度的姿态后面隐藏着一个完全自私自利的动机。克尔凯郭尔之所以肯于费事跟卡尔这样的小文盲通信，是因为他想知道雷吉娜的情况！这从他在给姐姐的孩子们第一封信之前三个多礼拜给波厄森的第二封信里可以很清楚地看到。他在信里是这样写的："你写的事情中只有一件让我有点担心，那就是她接受亨利希、米凯尔等人的拜访。她很聪明，在我的监护下过的一年也没有让她更单纯，她懂得了很多，包括我会注意那最无意义的无意义之事。关于孩子的行动计划必须改变。这让我痛苦；但我谁也不相信。"

上面提到的"行动计划"究竟是什么内容，我们并不十分清楚，但是至少可以确定，这六个外甥和外甥女在不自觉地起着天真的小侦探作用，为一个更高的理想服务。他们的活动本身并不特别值得称道，但作为别离的一对之间的联系，他们的意义重大，如果需要复合，可以由他们来担任某种大使。克尔凯郭尔在给波厄森的倒数第二封信里宣称："如果有朝一日我要回到她那里去，会带上几个小家伙，她通过我而学会爱上的，就是我的四个外甥和两个外甥女。为达此目的，我要经常牺牲一点时间保持和他们通信。为了转移注意力我自然显得有些古怪。"

"审美是我的首要元素"

克尔凯郭尔给波厄森的信不像给小外甥和外甥女们的信那么讲究谋略。作为接受委派在哥本哈根溜墙根，扒窗户，审问肖像画家和散布关于舒尔茨小姐谣言的报偿，波厄森得以分享那个身在海外朋友的某种秘密。于是他在第四封信里这样说："正如我感到自己是个出色的情人，我也知道自己是个同等程度糟糕的丈夫，并会永远如此。这两种品质经常处在逆反关系之中。……我并不因此而低估自己，但我的精神生活和作为丈夫的意义彼此不相容。"

毫无疑问，克尔凯郭尔在这里触及了与雷吉娜解除婚约的决定性动机之一。他不想做丈夫，而想要当作家。这样，他出于审美的原因而招致了一桩几乎不可能从伦理和宗教上加以辩护的罪过。这也是他的内心冲突之所在。他在稍后的一封信里直言不讳地说，他将成为"她的终生折磨"，并且笔下一滑，无意中泄露说，那是"上帝的赐福，我并非为了她的缘故而解除婚约"——然而这里的关键并不在上帝的赐福，因为"她的"字样被圈掉，改换成了"我的"！接下来是如雪崩般的自白："你不会——相信这样说不会让你生气——也像我一样，习惯于诗意地掌握人生……所以，当你把自己的爱情故事和我联系起来的时候就可能带来误解。我对你那些惆怅的心惊肉跳一无所知，我和她的关系属于一种完全不同的现实……你显然是个新手，你有情感，我有激情，但是在我的激情头上戴着知性的王冠，而我的知性又还是激情。……我的埃米尔，学学我的榜样。"

难怪波厄森感到受了冒犯，他被描述为忧郁的外行，受直接激情的驱使在稀薄的情色空气中飘荡。克尔凯郭尔在下一封信中也承认，也许有些急不择言，但是他坚持说，波厄森完全没有抓住"这件事的要点"。这肯定是可以理解的，因为克尔凯郭尔的动机实在难于把握："我是为阴谋、复杂和古怪的人生关系等等而生的，一切都不会那么古怪，如果我不是如此古怪地造就的，尤其是，如果我没有那种控制情绪的东西，我叫它做'激情的冷酷'的话……这件事情现在已经说得够多了，它有两个方面，伦理的一面和审美的一面。如果她不能更切近地对待这件事情，或者让这件事成为她升华到更高层面的动力，那么伦理的元素就被取消了——这样我只剩下审美的……审美是我的首要元素。伦理的元素一旦确立自身，它很容易就会获得太大的力量来支配我。那么我就会完全变成另外一个人，不知道我的义务的界线在哪里。等等。"

克尔凯郭尔在这里说了一段日后需要花费很多修辞方面的力气才能将读者注意力引开的话：审美是他的首要元素，写作的欲望是一种无法抑制的激情。而这也成为雷吉娜的宿命。在一封请波厄森给他寄《初恋》剧本的信里，他的签名，很触目地，居然是"法里内利"。不错，他后来把这个名字圈掉了，但还是在那里。法里内利是最著名的意大利阉伶，欧洲的明星。他在西班牙度过了二十五年，在那里为菲利普五世国王每天晚上唱四首同样的歌，来驱散这位疯子君主的愁绪。换句话说，克尔凯郭尔通过署名"法里内利"表明自己为艺术而牺牲了情色激情。

从很多方面来说都是这个法里内利引导着克尔凯郭尔写下这一时期的札记，一个被阉割的恋人，他动过了刀，但还是对失去的爱欲充满憧憬。因此他这一时期的札记中的语调完全不像给波厄森的信那样坚定不移："这件事情虽然一劳永逸地解决了，但对我来说永远不会结束。她不会想到她在我心中是怎样的检察官。她很聪明。分手的时候她要求我至少偶尔会想念她。她很清楚，我一想到她就要中魔。"一点不错：魔鬼在折磨克尔凯郭尔，用自杀的念头和重见雷吉娜的狂热想象困扰他。她以分裂的形象向他走来：活泼的，无忧无虑的，快乐的，心灵平静的；同时也是透明的，苍白的，内敛而憔悴的，因不忠实的情人而被忧伤摧毁的。如果认为这里就是那"神经质的装腔作势"和克尔凯郭尔向波厄森抱怨的"失眠"的原因所在，是不会有大错的。

魔鬼式的反思与轻浮的直接性之间的冲突是这些忧郁独白中反复出现的主题，其真实性只有冷酷无情的人才会怀疑。然而，这些独白是用如此精妙的文学手法写成，读者对这位不幸恋人的同情之心难免会相应减弱："据说爱情让人盲目；它的作用不止于此，它还让人耳聋，让人瘫痪；得了恋爱病的人就像含羞草一样，任何工具都不能把他撬开，用力越大，关得越紧。"克尔凯郭尔就这样封闭了自己。因此，他越经常试图在札记中敞开自己，落在纸上的坦白就越少。 180

因为，在不能说话的地方就必须保持沉默。而若是不能沉默，就必须作诗。

漫无目的的旅人

克尔凯郭尔远不是一个传统意义上的旅人——"旅行是一种愚蠢"，他在给波厄森的第一封信的开始几行里这样说。在邮轮船上有几个芬兰拉普兰人在月光下忧伤地演奏着乐器，而克尔凯郭尔则凝视着平静的黑色海面。过了一会儿他走进自己的船舱写道："其实并不奇怪，海洋会被称为万物之母——一条船在母亲的两座乳峰之间像摇篮似的摇着。"在另一条比较长的，以雷吉娜为中心的札记中，他将她的奉献与自己的不稳定和那些伴随着"蒸汽轮船双重运动"的巨响让他夜不能寐的忧郁幻觉相对比。

柏林，他从一八四一年十月二十五日到一八四二年三月六日住了四个多月，也并不怎么值得多提。即便辛辛苦苦地将札记和信件中留下的片段拼凑起来，也只能得到一幅残缺不全的画面。歌剧院、大博物馆和剧院等肯定让哥本哈根相形见绌的文化景观，不折不扣地遭到边缘化处理，即画在外甥女耶达生日那天发出的信的边框上。在同一封信里谈到"国王路""菩提树大街"，但完全是吃过路兵[1]。在给卡尔的信里，索伦舅舅讲了柏林的一件新鲜事——乡下人用大狗拉车送牛奶进城，有时候农夫和农妇也坐在车上，让那情景更加有趣。当然还有大蒂尔加滕公园，他讲道，那里到处是吵闹的小松鼠，纵横交错的水道，有些像腓特烈贝格花园，不过水更清，有许多金鱼，像卡尔从北街上舅舅住处对面杂货店橱窗里看到的一样。

关于这座城市就没有再进行深入研究，而其中的一个原因是——如斯潘牧师被告知的——该城的公共厕所出了名的奇缺。克尔凯郭尔因此不得不根据膀胱受压迫的程度来决定散步范围的半径："十点整我到达某个角落去放水。这是在这片
181 广大的区域内唯一看不到禁止人做不得不做之事标志的地方。在这首善之区几乎要在兜里揣一只瓶子才能出门……关于这件事还可以展开加以论述，因为它影响到生活的方方面面。两个人在大蒂尔加滕公园散步，当其中一个说'抱歉'时，散步就结束了，他必须回家去解决。因此在柏林几乎所有人都不得不做这类事。"不过毕竟还是有一个亮点，克尔凯郭尔成功地找到了一家好的咖啡馆，斯巴加纳帕尼，那里供应独一无二的咖啡和巧克力，还陈列着报纸杂志供顾客随意选取浏览。斯拉夫语言学者卡·威·施密特在一八四一年十二月底给母亲的信里说，在这家斯巴加纳帕尼咖啡馆有某个克尔凯郭尔喜欢"喝着哲学巧克力，不受打搅地沉思黑格尔"。施密特继续写道："这同一个克尔凯郭尔是我们认识的人当中最莫名其妙的一个；一个才华横溢的脑袋，但极度虚荣而自鸣得意；总是用他那滑稽古怪的行为表现出与众不同。"

居外国，大不易，难免会遭遇尴尬。一天晚上，克尔凯郭尔和后来做过文化部办公室主任并注重美食文化的卡尔·韦斯来到一家高雅餐厅，他客气地向一群

---

[1] 法文：en passant。国际象棋中的一个特殊移动方式，当一方的兵从原始位置向前一步走两格时，如果所到格的同一横线的相邻格有对方的兵时，则后者可以立即吃掉相邻的前者。但是后者要占据原来位置的斜前方那一格，而不是前者原来占据的那格。引申为"顺带说说"之义。

身穿黑色礼服打白领结的优雅绅士问好，几分钟之后这群绅士飞奔而来表示乐意效劳——原来是侍者！尽管克尔凯郭尔每天上一个钟头的语言课，他还是感到德语表达的困难。不过一开始还是新鲜的："我脱光衣服，一无所有，一丝不挂地跃入水中，再没有什么比说外语，最好是一种活的外语更让我舒服的了，这样可以让我自己变成陌生人。"然而好景不长，几个礼拜之后陌生化产生的美感好感就变成了诅咒："我可以看出语言对隐藏我的忧郁真的很重要——在柏林这里不能用语言来欺骗。"还有一些小事，像让旅店老板拿一支蜡烛台之类也需要付出近乎超人的努力。同一个老板不知羞耻地抬价当然不会让情况更容易忍受，尽管作为提高房租的报偿他把克尔凯郭尔从博士抬升到教授！克尔凯郭尔出不起更高的房租，他就在新年后迁入了猎人街和夏洛滕街交角处的萨克森饭店——还是从楼梯上去一层。

不光是旅店老板骗人，天气也变幻不定。不是东风带来刺骨的寒冷，就是西风让一切解冻，消失在浓重的雾中："柏林处在一片沼泽地上，只要把手指伸进地表就能探到水。"克尔凯郭尔很聪明地躲在室内，这样做也可以避免和同胞们做不必要的周旋——"他们的数量多得令人难以置信，简直像埃及的蝗虫"[1]。他在旅馆里搭伙，饭食还不错，价格也合理。不过新年前夜例外，他到一个叫"贝福戴拉"的聚会场所去参加庆典活动，那里的气氛显然非常欢乐："我们兴高采烈地吃煎粉球，唤起家乡的记忆。"作为给自己的一件小小的新年礼物，克尔凯郭尔早已看中了一根陈列在匠人橱窗里的细长手杖，但他克制着自己的欲望，仅只是怀着爱意走过。"终于有一天，欲望增长到让我跨进店门的程度。当我回身关门的时候却打碎了一块窗玻璃，于是我决定赔玻璃，不买手杖。"

这块打碎的窗玻璃几乎是克尔凯郭尔和此行的正式目的——上课之间关系的写照。他在一八四一年十二月十五日给希本的信里详细地报告了在柏林这个学期的情况。以讲课才华横溢、盖世无双著称的亨利克·斯特凡，克尔凯郭尔曾在一八三六年一月中买过他的《最神圣者漫画像》，并饶有兴味地读过。现在，他正踌躇不决地讲着那已经讲了将近二十年的人类学。斯特凡历来以博学著称，现在，六十八岁的他比以往更加广博，而克尔凯郭尔无法理解他的论点："这里的街道对我来说太宽了，斯特凡的课也是。从街的一侧看不到另一侧，就像斯特凡

182

---

[1]　事见《旧约·出埃及记》10：1-15。

的讲课。"克尔凯郭尔也对希本讲述了对斯特凡的失望。希本本人二十多年前在布雷斯劳听过斯特凡的课，曾在给他的雷吉娜信里兴高采烈地描述过。这位"雷吉娜"真名索菲·奥斯特，她是诗人亚当·施莱格尔的妹妹，后来嫁给了法学家阿·桑·奥斯特。

黑格尔主义者卡尔·威尔德则至少在一开始不同，他讲的逻辑和形而上学课的修辞如此精彩，以至克尔凯郭尔怀疑他是隐秘的犹太人——"因为改宗受洗的犹太人总是大师级地出类拔萃"。威尔德可以像变戏法的人一样拿最抽象的概念玩耍嬉戏，尽管他说话像卡在车轮上的树枝一样快，却从不失言。但没过多久克尔凯郭尔也厌倦了这种高超的技巧，这让他想起鹿苑游乐场里的大力士耍弄"二十、三十、四十磅大球"，这些球跟威尔德的一样，都是"纸球"。

然后是弗里德里希·谢林，一个怕羞的人，但或许是最伟大的浪漫主义哲学家，他在一八四一年刚刚在柏林得到职位，与不可一世的黑格尔主义做斗争。他正在挤得水泄不通的教室里讲授他的启示哲学[1]。来听课的人多极了，人声喧哗，一些人来晚了不得不站在外面敲教室的窗户。顺便说一句，教室里坐的有卡尔·马克思，正努力试图跟上课程[2]。早在十一月十五日克尔凯郭尔就考虑放弃谢林的课，但还是选择继续听下去。这很好。在第二节课上发生了一个小小的奇迹："听到谢林的第二节课我是那么快乐——无可言表。那是我长久以来所寻求的，我心中所萦绕的。当他提到那个词'现实性'，关于哲学与现实性的关系时，思想的胚胎在我心中跳动，我的快乐好比伊丽莎白[3]。我记得他从那一刻开始讲的几乎每一个字。也许，清晰可以从这里产生。那一个词让我想起我所有的哲学痛苦和折磨……现在我把一切希望寄托于谢林。"

在随后的几个月里希望却变成了耻辱。在一八四二年年初的几封信里，克尔凯郭尔将谢林比作一个酸溜溜的"酿醋人"，这个味觉印象在听到他说"明天再继续讲"[4]时强化了听觉印象，"他不像柏林人那样发柔软的 g，而是发很硬的 k"。

---

[1] 德文：Philosophie der Offenbarung。

[2] 这里似为作者误记。同堂听课的有恩格斯，洪堡，俄国无政府主义者巴库宁，这一点已为多种著作佐证，包括《非此即彼》英译本前言。最有力的反驳是本书作者尤金姆的同事 Tonny Aagaard Olesen 在一篇论文 "Kierkegaards Schelling. Eine historische Einführung" 中，明确指出了这个错误。论文发表于 Kierkegaard Monograph Series, *Kierkegaard und Schelling: Freiheit, Angst und Wirklichkeit*, Walter de Gruyter 2003，p.47, footnote 148. 感谢中国社会科学院哲学研究所的王齐博士指正。

[3] 《新约·路加福音》1：41，年老的伊丽莎白蒙神恩而怀孕，生下的孩子就是施洗约翰。

[4] 德文：ich werde morgen fortfahren。

有一天谢林迟到了半个钟头，他愤怒地将其归过于柏林没有公共钟表。作为迟到的补偿他建议推迟下课，引起课堂里一片倒彩。"谢林勃然大怒，高声说：'如果我的讲课让先生们不高兴，那么现在就下课：明天再继续讲。'"

在听了四十一堂课并在笔记本上精心整理过后，克尔凯郭尔在一八四二年二月三日受够了：谢林将日复一日在少了一个人的教室里继续讲。在做出决定之前三天，克尔凯郭尔怀着恐惧写下，谢林现在要"每次讲两个钟头"，显然多了一个钟头，至少。不久，他在给彼得·克里斯钦的信中说："谢林的废话让人难以忍受……他还嫌不够，现在想出了延长课时的主意，我不想再听下去了，不延长还可以听……听课我已经太老了，就像谢林讲课已经太老。他的整个潜能学说是在高喊着最大的无能。"[1]

讽刺的是，正是谢林在这些讲演中系统地表述了一系列反黑格尔要点，预示着日后克尔凯郭尔要批判"大喇嘛"——当时大学生给黑格尔起的外号。但是在一八四一年，克尔凯郭尔不知道，谢林更不知道。如果谢林真的像克尔凯郭尔说的那样废话连篇，那他居然在挤得水泄不通的教室里听了谢林整整一学期的课，就未免有些令人费解了。其他人对谢林有着完全不同的评价。例如，马腾森在游学旅程中曾在慕尼黑听过谢林的课，他这样回忆："这个人很会讲课。他肯定被认为是这所大学值得吹嘘的大讲师之一……那是一个平静的思想演进之流，一个系统推进的新构思，一个论点接着一个论点，同时让充满幻想的景观照亮了整个才华横溢的论述。这里有着天才创见与深思熟虑之间的完美结合。"马腾森也记录了谢林刺耳的声音："他的声音里有一种短促的东西，有些词的重音给听者留下难忘的印象，例如'非前思的存在'[2]。"

当然，谢林在马腾森到访之后的岁月里经历过一次向废话连篇的转变，也并非不可能，不过克尔凯郭尔放弃继续听课的原因却很简单：忙于它事[3]。早在十二月中他就告诉波厄森："我在不要命地写作。现在已经写了十四印张，完成了一部论著的一部分。有朝一日我会秉承天意[4]给你看。"此时波厄森自己也正在炮制一篇小说，很不顺利，因此克尔凯郭尔吹嘘的十四印张——相当于二百二十

[1] 双关语。原文"Impotens"还有无效、阳痿等含义。
[2] 德文：das unvordenkliche Sein。
[3] 德文：anderswo engagiert。
[4] 拉丁文：volente deo。

四页——很可以理解地引发了他的好奇："你问我在写什么。答案：现在跟你讲还太复杂，只能说是《非此即彼》的续篇。"克尔凯郭尔让波厄森咬紧牙关挡住舌头——"匿名对我来说是最重要的"——并限于仅仅透露书名。它"极其精彩"，因为它"既有挑逗性"，又有"思辨意义"。一月中时波厄森又收到写作机来自柏林的报告："我奋力写作。我的身体受不了。所以你看，我还是老样子。我要告诉你，又写了《非此即彼》的很大部分，进展不快，因为这不是论文，而是纯粹的诗性作品，显然有特殊的要求……你习惯于看我的作品成形，但这次不同。当我有朝一日拿出那十四或二十印张读给你听时，你会怎么说。勇敢，安东尼乌斯[1]。现在从某种意义上说是困难时期，我正在写的一些地方要求我的全副精神，我的全部机智，不管从哪里找到它们。"

在下一封信里克尔凯郭尔开列的糟心事单子更长了——"寒冷，间或失眠，神经痛，对谢林的失望，我的哲学观念中的混乱，没有消遣，没有能激励我的对手"，等等，不过接着就加以修正："在柏林的这个冬天将对我永远有巨大的意义。我完善了很多。你只要想一想，我每天有三到四个钟头的［专业］课，一个钟头语言课，还是写了那么多……读了那么多，我就不能抱怨。"但他还是要抱怨："我真的弄不懂，怎么能忍受柏林的苦役这么长时间。只有礼拜天放假，没有郊游，很少娱乐。不，我不要！我是礼拜天的孩子，这意味着，我应该六天休息，每礼拜只工作一天。"于是，这位流亡中的百万富翁想回家了。"我想念我雇的马车夫，我的男仆，舒服的四轮马车，轻松地穿越我们可爱的西兰岛美景，年轻姑娘们欢快的微笑，我懂得怎样得到好处而不伤害她们。"

动身之前四天他发出了给波厄森的七封信当中的最后一封："你一定能理解，我离开柏林却不急于回到哥本哈根，以免被新的绳索捆住。不，我需要自由，比任何时候都更需要自由。一个有我这样怪癖的人应该享有自由，直到他遇到一种本身能够束缚他的力量为止。我要回到哥本哈根来完成《非此即彼》。这是我最珍爱的想法，我就活在其中。你会看到这个想法不能等闲视之。我的生活在任何意义上都还没有结束，我觉得内心还存有巨大的财富。"在二月里这样说或许有点夸张，但克尔凯郭尔并非大言不惭。当蒸汽轮船"克里斯钦八世号"于一八四二年三月六日停靠在哥本哈根港的时候，这位二十九岁的博士漫步走下舷梯，提包内

---

[1] 霍尔贝格的喜剧《政治门外汉》（一七七二年）中安东尼乌斯在第一幕中的独白。

装着《非此即彼》的大部分手稿。

这部作品的各主要部分已经完成，排列顺序如下：《初恋》，《古代悲剧性在现代的反映》，外加大部分于一八四二年四月十四日完成的《诱惑者日记》。几个月之后，他在六月十三日完成了《直接爱欲诸阶段》，《剪影》和《最不幸者》在同月底完成。《轮作》在他出发前往柏林之前已经撰好提纲，《婚姻的审美有效性》也是如此，草稿的标题是"以审美拯救婚姻的尝试"。《审美与伦理在人格发展中的平衡》可能完成于一八四二年九月。《最后通牒》的大纲是克尔凯郭尔在神学研究院时期所起草，大部分的《间奏曲》来自他自己的札记。

克尔凯郭尔后来在回复人们的质疑时说，《非此即彼》是"我书桌上的一堆零散纸片凑起来的"，一口咬定该书的写作"从头到尾十一个月，至多只有一页（间奏曲）预先存在"，那毋宁是文学英雄主义，而非可靠的文献记录。他在同一场合声称，这部作品是在一处"修道院"写的，这种说法在很大程度上需要从隐喻的角度去加以理解。这部书也不是克尔凯郭尔以一己之力完成的。这部巨著的手稿是由"我的小秘书克里斯滕森先生"誊清的。此人名叫彼得·威廉·克里斯滕森，刚通过神学考试，无所事事，穷得活像教堂里的老鼠。一八四二年至一八四三年之交，克里斯滕森和克尔凯郭尔一同校阅此书，《祖国》杂志的编辑延·芬·吉约瓦特有时也帮助校对。吉约瓦特的办公室当时是许多知识分子喜欢在上午聚会谈天的地方。据霍尔特·普劳说，"《非此即彼》的校对可以说是在《祖国》杂志编辑部完成的"，那并不是最合适的地方。"你可以想象一下，"普劳十分纠结地描写克尔凯郭尔在编辑部的行径，"当你有一份杂志要在预定时间出版——那是下午，发行前警察来检查的时候——却有一个不切实际的自我中心的人坐在编辑部里，旁若无人滔滔不绝地高谈阔论，对自己给他人带来的不便毫无所知。" 186

不过整个这件事毕竟还是成功了：十一月中旬怡然隐士完成了前言，三个月之后比亚科·伦诺印厂印完了这八百三十八页。不到一个礼拜之后，一八四三年二月二十日，这五百二十五本书就摆上瑞策尔书店的货架，标价每本四塔勒七十二斯基令。

一八四三年

非此即彼

"在这意义非凡的时刻，我要向读者公众坦白：我要坦白我的脆弱，我什么也没有写，一行也没有；我要坦白我的弱点，我没有参与这整个事件，一点也没有，完全没有，毫无；坚强起来，我的灵魂，其中很大部分我甚至都没有读过。"

这一忏悔式坦白出现在一篇题为《公开忏悔》的文章里，克尔凯郭尔感到不得不在一八四二年六月十二日的《祖国》杂志上发表。这份公开坦白书的缘由很可耻，因为他在一段时间里享受着被视为"许多内容丰富，有教育意义，机智诙谐文章的作者"的名誉。但他完全不配享有这种殊荣，因此他现在最谦恭地建议"那些对我感兴趣的好人，不要把我视为任何没有我署名作品的作者"。

这听上去几乎谦虚得不像是真的。实际上，他既不谦虚也不是真的。半是文学戏法半是对那个时代的讽刺，《公开忏悔》一文是克尔凯郭尔在《非此即彼》出版前开始的紧锣密鼓营销中贡献的一次欺骗。从他在一八四八年夏天所写的（假定是）可靠的回顾来看，他推卸对有关文章的责任——"实际上也没有人将其归结于我"——很简单，是为了增加假名作者怡然隐士产生的混乱（读作："买家的好奇心"）。

在长篇后记中克尔凯郭尔回应了弗里德里克·贝克。贝克曾在克氏论文答辩时担任听众提问，并将其观点展开补充为《论反讽概念》的长篇评论，分别刊登在一八四二年五月二十九日和六月五日的两期《祖国》上。评论总体上是正面的，就是在文章最后部分对这篇论文的语言进行了批评。"不拘泥于学术用语"是值得赞扬的，但贝克认为，如果没有那些过多的"典故和隐喻"则会更好。"因为，适合街上散步谈天和促膝夜话的非正式语言，在书面印刷形式中会产生完全不同的印象，当然很有趣，而且不容否认，让本评论者感到非常有趣——对作者却未必有益。"在克尔凯郭尔以令人难忘的辩证的痛击加以回应之后，该评论者肯定会觉得有趣的程度大为降低。

克尔凯郭尔于是借此机会将公众注意力引向自己的作品，类似的还有一些。例如，日期为一八四三年二月二十二日，计划在《非此即彼》出版后立即在《贝林时报》上发表的，题为《紧急要求》，署名"索·克尔凯郭尔博士"的文章，请求怡然隐士放弃其"假名，这样我才能重返平静的好日子"。怡然隐士应该，根据克尔凯郭尔的想法，立即在《祖国》上发表回应，"致克尔凯郭尔先生的公开信"，在信中对这位博士的处境表示同情。然而，在怡然隐士的眼里，归根结底还是克尔凯郭尔自己的错："您是否能够完全肯定，没有受到一种有学问的人常有的名叫'疑病症'的精神状态欺骗？一个人越是自寻烦恼，人们从捉弄他得到的乐趣就越大。"怡然隐士真心诚意地愿意帮助——但这不是问题所在。问题在于，他本人也不知道这本书的真正作者是谁，因此也就难于确定克尔凯郭尔本人是不是"作者之一"。整个这件事都是纯粹的虚构，署名"博士先生谦恭的仆人，怡然隐士"。

克尔凯郭尔从来没有将这些跟自己交换的诽谤性言辞加以发表。他去世后人们在他的遗稿中发现这两篇文章，整齐地叠好分别装在信封里。装"紧急要求"信封的火漆封打开了，里面装着一封信，让克尔凯郭尔的仆人将文章火速取回，不让《贝林时报》的编辑纳塔森当晚将其付印。编辑显然被及时阻止了，所以克尔凯郭尔就让装着怡然隐士"公开信"的那个信封敞口留在书桌抽屉里。幸好如此，不然任何一个人看到这两篇文章都不难得出结论，怡然隐士所出版的那部作品，实际上是由某个渐渐不再寂寂无名的哥本哈根博士所写的。

克尔凯郭尔所做的这一切都走向了极端，但他并没有破坏文学界的任何规则。这个时代可能充斥着虚假的名字，毋宁成为一种得到默许的审美要求，而这种文学神秘化强烈地吸引着克尔凯郭尔。《非此即彼》出版后不到一个礼拜，他就又给《祖国》投寄了一篇长文，侦探小说式的俗套标题"谁是《非此即彼》的作者？"运用各种外在和内在的证据煞费苦心地，但也可以理解地徒劳地试图追踪这部作品的作者。文章署名 A.F.，可能是 *Af Forfatteren*（作者启）的缩写。

荒唐的是，克尔凯郭尔本人也开始怀疑，究竟是谁在运用谁的笔："我的小秘书克里斯滕森先生有点古怪。我敢打赌，他以各种方式在报纸和小册子上涂鸦。因为不时在这些地方遭遇我的想法，这些想法不是以我通常的方式写成的，更像在谈话中随口说的。"克尔凯郭尔指的有可能是一篇题为《文学的水银或在更高的疯狂中冒险佐以间隔的光明》的文章，匿名刊登在一八四三年二月十二日出版的

189

《新文件夹》杂志上。半年以后，克里斯滕森再次玩这个鬼把戏，匿名发表了题为《有什么权利将神学称为谎言？》的文章。克尔凯郭尔感到被窃，非常沮丧："我对他那么好，付给他很多钱，和他几个钟头几个钟头地谈天，以免冒犯和羞辱他，他因为没钱而不得不做抄写员。他做得实在不漂亮。他完全可以告诉我想当作家[却没有这样做]；他的著述因此而不凭良心。他肯定也发觉了，我有些改变，尽管我对他还是那么客气和好意。但我不再让他在我的房间里好奇地嗅来嗅去；有必要和他保持一定距离；我痛恨一切抄袭剽窃。"雇佣关系不久就终止了。

谁是《非此即彼》的作者，其实大部分关心此事的人都很清楚。早在这本书出版的当天，二月二十日，哈丽耶特·伍尔夫就致信时在德国的安徒生："这里最近出版了一本书，叫作《非此即彼》！据说这是一本很特别的书。第一部分是唐璜主义、怀疑主义等等，第二部分的调门低了和解了，最后以一篇据说很精彩的讲道词结尾。这本书引起了人们很大的注意，至今还没有人公开加以谈论，但肯定会有的。这本书其实是一个叫克尔凯郭尔的人用假名写的，您认识他吗？"安徒生当然认识。

彼得·克里斯钦差不多同时在日记中写道："今天在索湖听说，索伦写的《非此即彼》就要出版了，但是以怡然隐士的假名。"二月二十七日这让人开心的好消息出发前往巴西，亨利克·隆德写信给哥哥彼得·威廉："利用第一次邮班给你寄去一本书，它已经引起了许多注意，'几乎每一个有教养的人'都已经读过。书名是《非此即彼》，人们猜测索伦是其作者。"这样一种猜测也出现在关于《非此即彼》最早的评论中。二月二十二日的《今天报》上就有这样的文字："整部作品内在地具有精神和思想的一贯性，其外部表现为轻松的大师级语言掌握，令人联想到出自我们真正的哲学天才之手的学术作品和各种报纸文章。如果这本书是他写的将丝毫不让人惊讶。"

一切都模棱两可，令人浮想联翩，作者身份的神秘化运作大获成功，随着顺畅的销售，关于这部奇书的议论也七嘴八舌地传开了。四月七日，希娥·莱斯索向驻足巴黎的旅人安徒生报告哥本哈根城墙内的最新消息："这里有一颗彗星（我想，看上去我写的是'骆驼'，但我的意思是'彗星'）[1]升上文学的天空——带来厄运的不祥之兆。这本书有一种魔力，让人看看就因为不满意而撂到一边，但又

---

[1] 彗星（Komet）和骆驼（Kameel）的字形相近，可以拿来开玩笑。

总是重新拾起来继续读，因为既不能放它走又不能留住它。'这是什么书？'我听见您在问。这是索伦·克尔凯郭尔写的《非此即彼》。您想不出这本书引起的轰动有多大，我认为自从卢梭把《忏悔录》献上祭坛之后从来没有任何一本书在读者当中引起如此巨大的反响。看了这本书会厌恶书的作者，但是对他的才智深深倾服。我们女子尤其会生他的气，他像伊斯兰教徒一样将我们置于有限性的领域，他赞扬我们仅仅因为我们生育，并取悦和拯救男子。在第一部分（这是一部五十四个印张的作品），他是唯美的，即邪恶的，在第二部分他是伦理的，即不那么邪恶。所有人都赞扬第二部分，因为那是他的另一个自我，较好的那个自我在表达意见。我对他的第二部分却更加生气，他在那里把女子限制在有限性之内。顺便说一句，我连这本书的四分之一都没看懂，它实在太哲学了。"

几个礼拜之后，安徒生充满嫉妒地给希娥·莱斯索回信说："您告诉我克尔凯郭尔的书，并不能引起我的好奇心。只要把一切考虑置诸脑后，并把自己的灵魂和一切神圣的情感撕成碎片，就不难认为他的作品是天才！但这种事情有后果。此刻，这本书的哲学光华大概正让海贝格眼花缭乱。"

在最后一点上安徒生大错特错了。

"书之巨怪"

当然也不能完全排除这样的可能性，愤怒的女士们像哈丽耶特·伍尔夫和希娥·莱斯索文学方面的消息比约·路·海贝格灵通，但是多半不会如此。他可能很清楚，躲在假名作者背后的人是谁。三月一日，即《非此即彼》出版十天以后，他就在《智识杂志》上发表了一篇书评，题为《文学界的越冬作物》。他优雅地列举了新年以来出版的书籍，克里斯钦·温特的《诗集》、汉斯·彼得·霍尔斯特的《海外与国内》，加上提勒的《民间传说》。然后，海贝格深吸一口气："此外，在这些日子里，像晴空中的一道闪电，一个书之巨怪突然自天而降，击中我们的文学界，我指的是两大厚本，或者印得密密麻麻的五十四印张，怡然隐士的《非此即彼》。因此，仅就篇幅而言此书就堪称'巨怪'，因为人在了解内中有什么精神之前就受到那威风凛凛的雄姿震撼。我毫不怀疑，如果作者想通过如此展示自己来赚钱，他从这种展示赚到的钱会和这本书被阅读赚到的一样多。我们不妨暂时忽略浩繁的卷帙带来的不便，而思考：'我是否有时间读这种书，怎样才能保障我从这样的牺牲中得到报偿？'人会受到奇怪的书名吸引，将其应用到自己和书的

191

关系上：'我要么读它，要么是不读？'我们身处其中的并不是黄金时代，而是众所周知的黑铁时代，更准确地说是铁路时代。在一个用最短时间控制最长距离的时代，居然有人挺身端出这样一盆大杂烩，是怎样离奇古怪的时代错误呀？"

不过海贝格毕竟还是战胜犹豫，一跃而进入这部作品的第一部分，并就此评论道："于是，人先置身于非此，而最初的感觉并不怎么好，因为人的感受远远没有作者那么美好。这是不愉快、不合拍的步履，人不断地想超过那个挽着你手臂的人。人会遇到许多俏皮的反思，其中一些或许是深刻的，但不敢肯定，因为当人认为看到一个观点（如作者不断地呼唤"观点"）时，却马上又失落了。人变得不耐烦，因为作者出类拔萃的才华、学问和文体技能均未能和一种将观点有序呈现的组织能力结合起来。一切都像是梦话，无定形的，转瞬即逝。在所有这些负面情绪之中却有一个正面的起跳点，供人跃入对斯科利博的喜剧《初恋》的评论，但也是在这里，作者将那些正面的给定材料转化为他自己的空中楼阁。他想把一个美丽的小物件变成一部鸿篇巨制，并赋予它一种与斯科利博的主张正相反的旨趣。现在赶往《诱惑者日记》，因为这标题已经意味着作品是创造性而非批评性的，从某种意义上来说，这预期并没有落空，但是人所讨厌、厌恶、反抗并自问的，并非一个像诱惑者这样的人是否可能，而是作者有什么样的个性，居然可以想象出这样一个人物，并以不动声色地进行加工为乐？眼睛落到书上，这种可能性得到确认。人阖上书，说：'够了！看非此就够了，我不想再看什么即彼。'"

碰上这等低俗之事，海贝格受够了。但他还是未能免于为当前述日记遭遇由"一惊一乍的伪君子，目空一切的妄人和强悍的卫道士"组成的庸众时产生的轰动和喧嚣，而沾沾自喜。所有人——海贝格本人显然不包括在内——"都能从中大获裨益"。然而他还是管不住自己，开始读第二部分，并且被完全不同的东西抓住了。他在那里遇到一系列"思想的闪光，突然澄清了整个生存领域"，他还找到了那在第一部分中寻而不得的"组织的力量"。因此，这里有一个"罕见的天才，从思辨的深井中汲取出最美好的伦理观"，他的"论述中贯穿着最俏皮的风趣和幽默之流"。思辨材料当然正对海贝格的胃口，他现在相信自己是抓住了这本书的要点："第二部分是绝对的；这里不会存在非此即彼的问题。"

这绝不是爱的呵护，但尽管一如既往的残酷无情，海贝格还是给予了多于惯常的赞美。但克尔凯郭尔仍然为这篇"粗鲁而花哨的评论"——海贝格的"一巴掌"——勃然大怒并感到受了伤害，这在某种程度上是因为他自认为是忠于海贝格学派的美学家。他抨击安徒生也是取悦海贝格策略的一个步骤，就像他在博士论文中努力接近海贝格一样，海贝格的名字和歌德一起出现在论文的最后一页。克尔凯郭尔私下里也表达过对海贝格的敬意。当题为《约翰·路德维希·海贝格身后诸事》的小书在一八四二年发表时，他对汉斯·布罗希纳表示，为海贝格成为这种游戏文字的对象而感到不悦，并且热情地称颂他为"美学的一代宗师"。《非此即彼》中也没有亏待海贝格，正相反，他享有一个特殊的优待位置：一整篇关于斯科利博的独幕剧《初恋》的分析都是基于海贝格的译文。海贝格重写莫里哀的《唐璜》被强调到了超过莫里哀的程度。他赞美海贝格，以其"稳健的审美眼光"总是能够"理解自己的任务，运用其审美趣味来加以区分"，确实，在海贝格那里"喜剧性要比莫里哀更纯粹"，这要归功于"海贝格轻松流畅的诗文"。克尔凯郭尔不限于赞美海贝格的天才，而且赞美他那才华横溢的夫人，整个国家剧院，海贝格的宠儿也在他的赞颂之中："如果我要向外国人展示我国戏剧的全部荣耀，我会说：去看《初恋》。丹麦戏剧拥有海贝格夫人、佛伦戴尔、菲斯特和斯塔日，通过这四重奏展示了全部的辉煌。"

克尔凯郭尔的赞美不可能走得更远而不沦为纯粹的逢场作戏，可海贝格的反应是讽刺他本人在其中被奉为神明的作品。他以为自己是谁啊！

于是，在海贝格的邪恶越冬作物发表四天之后，怡然隐士在《祖国》杂志上发表了回复，题为《向海贝格教授致谢》，以相当尖刻的声音感谢海贝格如此充分地表达了"人"应该如何阅读《非此即彼》。这样，借助于"越冬作物的范畴，《非此即彼》得以幸福地降生并在文学界升起"。由怡然隐士，这自得其乐的隐士来署名这无礼的致谢，几乎令人不解，而从此以后，与海贝格及其圈子的任何可容忍的关系，更不要说是有利关系的一切希望都不复存在。《智识杂志》从一八四二年三月中到一八四四年三月共出版了四本小册子，其附庸风雅的刊名倒也名副其实，而为该刊撰稿的成名天才们，明斯特、马腾森、霍尔斯特、赫尔茨、拉斯姆斯·尼尔森和阿·彼·阿德勒，后来无一例外轮流遭遇了克尔凯郭尔的笔战。克尔凯郭尔以玩世不恭的敏锐，掩盖着最深刻的苦涩，在札记中写道："海贝格教授，上帝保佑您的出场！且看俺让您怎么下台。"

那"致谢"远远没有让他出够气，这位刚刚崭露头角的新晋作家在一系列札记中或多或少成功地尝试用反讽来解脱他受伤的虚荣心。他推出了一种全新的文体，即诋毁。他写下的真正阴险的两行值得在这里全文转载：

海贝格教授是个冒牌的，

维特，维特，维特，嘣！嘣！[1]

对海贝格批评文章的怨恨似乎让克尔凯郭尔几乎忽略了其他评论家的反应，他们所给予《非此即彼》的全力关注。早在一八四三年三月十日，哥尔德施密特就在《海盗船》上兴高采烈地谈到这本书，尤其是它的篇幅所引起的一切注意："整个新闻界，从《今天》到《晚报》，从《贝林时报》到《智识杂志》，都发出了赞叹和惊呼，就这本书说了话，但开始和结尾都是'天哪！这本书可真厚呀！'。"而哥尔德施密特并没有读完全书。从三月十二日到四月九日，《前哨》在连续五个礼拜日版刊登了一位匿名作者的《通信片段》，用接近二十二大栏的篇幅详细评论了这本书。不错，评论者的深度和用于此事的大量油墨并不成比例，但是无论如何，克尔凯郭尔没有理由抱怨没有引起注意或同情。这位评论者竭尽全力给克尔凯郭尔昭雪，并将他的讽刺指向海贝格用来表达其观点的无名之"人"，尤其是海贝格对《诱惑者日记》的评价，即应该将其理解为一种唯美"人生观"的"再现"，因此是一件艺术品："'人'当然不会否认，歌德的《浮士德》是这样一件艺术品，目前情况下这个观念是不是就与歌德相关？对那些上当相信他们读到的是一个真实故事的人，我只想简单地指出：这篇小说的篇名是'诱惑者'而不是'一位诱惑者'的日记，仅此一端就足以表明，整篇小说是一个问题，一项思想实验。"克尔凯郭尔看到这最后几行真有知遇之感。在他自己的那本《非此即彼》上，他在《诱惑者日记》标题的定冠词部分下加横线，并在页边空白处写道："在《前哨》上的一篇评论中正确地指出，这个故事不叫'一个诱惑者的日记'而是'诱惑者日记'，这表明其要点在于方法，而不是约翰尼斯或考尔德丽娅的形象。"

《自由思想者》杂志上的评论则是完全不同的粗暴，在"《诱惑者日记》的插曲"标题下提出了如下一知半解的建议："人会忍不住呼吁出版自由协会的道德审查官将这位作者革出教门，请道德健康警察没收这本书，焚烧这无名作者的模拟像……但是在下一刻，人会承认，读这本书无论如何不至于受害。"克尔凯郭尔在

---

[1] 原文 vitte-vit-vit-bom-bom 是丹麦古歌《桌上两只猫》副歌中的衬词。

最后一句下面画了线，说《日记》无害惹恼了他，他立即撰写了一篇所谓《警告〈自由思想者〉》的文章，他伪装成怡然隐士，向匿名评论者指出，脱离整部作品的语境来评论《日记》是不恰当的："当人在一部名为《非此即彼》的印刷品里找到一篇题为《诱惑者日记》的文章，不应该先读它，也不应该只读它。不能允许自己在先只读了这部分后就对整部作品发表意见；或者只有这样类乎意见的东西就加以表达；或者，如果实在要发表这样的意见，不妨在自己的房间里进行；或者，如果一定要将自己的意见供奉与他人，不妨口头进行。"然后，克尔凯郭尔为《自由思想者》刊登的那篇评论提供了指导意见，在他眼里恰当的引言应该这样开始："现在出版了一部作品，恐超出了本刊读者的平均理解力水准。"这段话或许是他的认真想法，因此他让这段话留在书桌抽屉里明显是一种外交的手段。他在札记中发起了对评论家的总攻击："绝对不要任何评论，拜托！因为我认为评论家就像走街串巷的剃头匠一样恶心，端着给所有顾客用的洗头水匆匆走来，拿湿冷的手指在我脸上摸来摸去。"

关于《非此即彼》的详细讨论继续进行。五月七日，《祖国》杂志出版了刊登约·弗·哈根长达三十二栏的《非此即彼》的三期评论中的第一期。哈根是神学院的研究生，两年后以《婚姻：伦理史角度的观察》获得学位。所以他不是个廉价的撰稿人，而是个有学术良心的研究者，他审视了这部作品的每一部分，从第一部分开始的《间奏曲》，经过《谷物轮作》——这部分包含兴味盎然的东西，例如"预防无聊的必要措施"——到第二部分的《最后通牒》。哈根也和其他人一样对这精彩纷呈的材料表示尊敬，并谦虚地自称是审美领域的"门外汉"，但他还是能注意到，唯美者 A 重复了一系列克尔凯郭尔学位论文中所揭示的冲突。哈根甚至写到克尔凯郭尔在其论文中没有写的事情："我们记得曾在一位天主教作者那里读到，反讽作为解放的唯美者所宣示的，是新教所确定的精神趋势的逻辑结果，因此可以将其用于最强有力的证据来反对它：新教制裁怀疑，而新教所制裁的恰恰 [1] 是怀疑据以生效的反讽。"

只要哈根的名字不叫哈根，而叫海贝格，克尔凯郭尔肯定会给这一诊断以应得的评价。诚然，如前面所说的，哈根并不是一个才华横溢的批评家，在评论的过程中不时陷入转述，这揭示了他的玩票性质。但是他对《诱惑者日记》的评价

---

[1] 拉丁文：eo ipso。

则显然高于海贝格和许多后来的阐释者——那些感到有必要对其进行多方道德指控而无视诱惑故事的心理方面和文学价值的人。带着海贝格对《日记》的负面评价的不快记忆，哈根写道："阅读随时会中断，而想道：'这不可能；这种反讽的应用只是一个假定，一项魔性的思想实验……'而《日记》中包含的只是这样一种实践，即，如果审美的观点可以完全从道德生活中解脱出来，基于自身成为一种独立的生活，那么逻辑的结果就会发展成这样。"实际上，哈根继续写道，诱惑者约翰尼斯"心智太发达以至于不可能是那种庸俗的诱惑者。他的诱惑是一个体系。他想享受，但只有在缓慢的节奏中才能享受。"相应地，考尔德丽娅的"天性是真正的、未受腐蚀的女性；但她也有精神；这里有无限的乐趣；这里可以发展出一个有趣的关系；这里有一个值得诱惑的姑娘，因为她有着可以奉献的东西。于是这谋略就变成将她用不可见的细线缠绕起来，直至她在自由中只看得见一个任务，那就是奉献自己，这样她才能感受到其中的全部幸福。"

与海贝格正相反，哈根对《非此即彼》第一部分的评价高于第二部分。他这样写道："我们不得不感到遗憾，前一篇论文［《婚姻的审美有效性》］所明显缺少的思想集中，很大程度上也表现在这一篇论文［《审美和伦理在人格发展中的平衡》］之中。研究经常会步入歧途，当作者经常引入新的论题，读者经常会遇到累人的同语反复。而破坏总体观念推演的是那（归根结底终究乏味的）逢场作戏，而伦理家不得不勉为其难地与唯美者共舞。"

哈根以温和的方式所说的其实是，威廉法官写给唯美者 A 的那两封情词恳切的信有时候隐隐然乏味，因此不太可能说服他婚姻确实具备审美有效性，更不必说婚姻生活的幸福。哈根的最后一句话里包含着出色的观察，即伦理家在和唯美者调情，他虽然谴责后者的情色越轨，但同时也夹杂着不少威廉式真正已婚男人所不应有的情欲好奇心。这样就表明，哈根发觉了，那伦理家严格说来不过是略带漫画化的空洞模仿。也许，因为作者真正的元素——如他向波厄森坦白的那样——首先是审美。

文学的流亡

与布罗希纳散步的时候，克尔凯郭尔相当坦率地谈到《非此即彼》的成功，尤其驻足在"第一部分的诗意成分"，或者说是生动地解释，那是怎样"在很多地方为诗提供了主题，却又有意识地没有完成的主题"。布罗希纳本人对这本书有浓厚的兴趣，而克尔凯郭尔也肯定不会拒绝赞美的评论："有一天我说，自从初读黑格尔《逻辑学》之后，再没别的书能像《非此即彼》那样刺激我的思想运动。他看上去很为这句话而高兴。"然而他对海贝格的反应仍然非常失望。这时间里经常造访海府的汉·彼·霍尔斯特说，在他和克尔凯郭尔的谈话中，一个反复出现的话题就是抱怨海贝格"永远不肯认真投身于他［克尔凯郭尔］的写作，也不承认他是个哲学家"。这是相当可信的——布罗希纳也提到过克尔凯郭尔在这方面的"不悦"——在这位被拒绝的仰慕者的札记中又强迫性地出现了海贝格的"人"，每次都让他怒不可遏："他不孤独，有缪斯和美惠女神在侧，为了保险起见他还找了一个新的合作者：'人'，一个积极肯干的合作者，他不要求佣金并接受任何对待。"

海贝格对《诱惑者日记》的描述：一部以令人厌恶、震惊、反叛为特点的文学作品，自然有助于推动销售，渐渐，每个有眼睛的人都飞奔出去买了书来读，以便能和反讽博士那已经闹得满城风雨的订婚故事直接联系起来，被那震惊和反叛部分充分恶心到。尽管恶名也是名，丑闻成功胜于不成功，克尔凯郭尔还是正确地相信，他本人和这部作品都有资格得到更高贵的命运，他在一八四三年三月骄傲地写道："我写作《非此即彼》即便没有能证明别的，但至少证明了在丹麦文学中可以写成一部作品；人可以不需要同情的热敷，不需要期待的奖励而独立工作；可以逆潮流而动，努力工作；可以勤奋却让人看不出来；人可以私下全力以赴，而几乎每一个可怜的大学生都敢于把此人视为无所事事混日子。即便这本书本身毫无意义，它的横空出世也是我改写同时代哲学胡言乱语的最简洁警句。"

然而，克尔凯郭尔对海贝格的恼怒却也并不仅仅是出于受伤的文学虚荣心，同时还是因为，他的作品尽管用了假名却仍然是极度个人式的。"如果有人能够得知那真正的动机"，关于《非此即彼》克尔凯郭尔写道，那么人或许会想象出一个"非常深刻的原因……然而这毕竟完全是我私人生活的事情。——意图？如果人们找到答案，我会被宣布精神分裂的"。因此，不假思索地将克尔凯郭尔等同于诱惑者约翰尼斯固然是天真的，而假设克尔凯郭尔塑造出这样一个人物形象跟他和雷吉娜的情色经验毫无关系，也是同样天真的。如果他没有解除婚约的话，也很难会产生那些对婚姻的全面反思。我们也很难不同意特勒斯－隆德，他几乎要宣布舅舅"精神分裂"："一个在哥本哈根和情人断绝关系后逃跑的坏蛋，坐在柏林的旅店里，忍受着寒冷、关节炎和失眠，紧张而不安地写作一部赞美婚姻的作品，

197

198

实在是一桩古怪的事情。"这样的惊愕完全是合理的，并且示范性地表明了作品和作者之间多么不可分离。"我当然很愿意见克尔凯郭尔，"哈丽耶特·汉克在一八四三年五月中给安徒生写信说，"我敢打赌他不是非此，就是即彼，不太可能兼而有之。他本人大概站在（如果允许这样想的话）光明与黑暗之间。"

奇怪的是，海贝格对这部放逐中写成作品的批评使得刚回国不久的克尔凯郭尔变成一个在自己国家流亡的作家。然而，海贝格朝向下方的拇指，也使得克尔凯郭尔成为克尔凯郭尔，一个不朽作家的名字，一种文学中的文学，更关心未来的读者，而不是同时代的读者。一八四三年夏天里的一天，他写下了几行嚣张的文字，可以视为他刚刚开始的，恣肆汪洋而又具有深刻原创性的著述生涯的文学宣言："当作家渐渐成为一切行业中最卑贱的一种。通常他不得不以《地址报》广告栏里的那个园丁的姿态出现，手里拿着帽子，卑躬屈膝地通过好的推荐信介绍自己。真愚蠢！写的人总比读的人更懂得自己写的东西吧，不然他就不应该写。——或者，就不得不小心翼翼地变成一个善于哄骗听众的油滑律师。——我不干，我不干，我不干，不，不，整个这件事都见鬼了！我想写什么就写什么，就这样定了，别人当然也可以随心所欲，不买，不读，不评论。等等。"

尽管不能把克尔凯郭尔从《非此即彼》到《附笔》的巨量创作简单地归结为向海贝格的不承认进行漫长而痛苦的抗议，但不容忽视的是，他在相对短的一段时间里重新安排了自己的创作，于是从鄙视歌德和黑格尔走向与海贝格及其圈子所崇拜和热爱的一切正相反的方向。这确实需要强大的天才，但克尔凯郭尔具备这样的能力，他乐于在札记中告诉我们，"我很清楚，此刻我是年轻一代中最有天赋的思想者"，他在一八四三年就带着这种充溢的自我意识，不过谢天谢地，他记得自己也是个神学家，于是匆匆加上一句，他完全知道，这种天赋"明天就会从我这里被夺走"，甚至没有来得及把这句话写完。

然而，他毕竟还是在天赋用光之前写完了很多句子，因为他的天赋既宽广又深刻，所以也可以用于宗教感化。

199 ## 精神色情

《益信词两篇》是一本谦逊的小书，只有五十二页，一八四三年五月十六日出版，每本售价三十二斯基令。这两篇演讲都是献给"米凯尔·皮特森·克尔凯郭尔，城中前纺织品商"的，附有一篇前言，日期为一八四三年五月五日，即这位宗教感化作者三十岁生日那天。很难有比这篇前言更虔敬的了，但克尔凯郭尔突然开始怀疑它是否有碍风化，因为对他来说这篇前言里"隐藏着某种精神色情"，对于这种文体来说很不合适，于是他决定改写："我飞奔到印刷厂去。发生了什么事？那排字工人为那前言求情。我确实嘲笑了他一下，但在内心深处却想：这样他就是'那个人'。这想法让我开心，我决定先印两份并送给排字工人一份。看到他那么感动，真是美好。你可以相信，排字工人完全可以和作者一样为手稿而难过！"

如果说这篇短短的前言隐藏着精神色情，那这色情隐蔽得很深。他以谦恭的姿态把两篇演讲送给读者，诗意地想象着该书陌生的旅程，它将"走向孤独的道路或者独自漫步在通衢大道上"，为了最终邂逅"那个人，我带着喜悦和感激之情称其为'我的读者'；那单一者，它所寻求的，向他张开手臂；那单一者，它是那么好心地让人找到，那么好心地接受本书……而当我看到这个，就再看不见别的"。

对精神色情的恐惧与其说是信息的内容，毋宁说是信息的指向，因为，这些益信词所包含的充满渴望的激情是对雷吉娜的。"关于那单一者我很早就理解了"，克尔凯郭尔在一八四九年的一条札记中写道，他坦率地承认，当他在《益信词两篇》的前言中第一次使用"那单一者"的表达方式时，那是在"向她招手"，所以没有想到这个表达方式后来所获得的作为范畴的意义。在同一条札记中克尔凯郭尔还报告，《诱惑者日记》也是在向雷吉娜招手。即她应该通过对这个故事的极端厌恶而从他们的关系中解脱出来，而两篇益信词则向她表示，归根结底，《诱惑者日记》有着宗教的动机。

两篇益信词在《神学时报》上得到评论，说作者是因《论反讽概念》而知名的克尔凯郭尔博士，他的精神个性突出表现在倾向于无所不在地追踪幻觉和矛盾，因此他处在更接近批判性学术，而非教义纪律的地位。然而克尔凯郭尔也并不缺少"内涵和深度"，因为，尽管辩证游戏占了很大优势，但他并没有像其他年轻"学术研究者"那样走得那么远。这些权威性话语的后面跟着对两篇演讲的分析，评论者认为第一篇远比第二篇成功，但这并不能算是多少恭维，因为第二篇被确定为失败："在这篇演讲词中有相当多不那么幸运的表达方式，不同寻常的大量问句和过于经常使用的直接称呼形式，而其表达方式中那些有意为之的美也经常是世俗的而非教会的。"

200

更多的内涵在来自外省纳克斯考地方的布莱纳先生那里，他在同一页上得到评论并受到以下赞扬："在这篇讲道辞里，基于今天的经文（《马太福音》，8：1-13）的最后部分，作者以有益和易解的方式阐述了一家之主与仆佣之间的关系。"

这就不难理解，布莱纳先生的书中也不太可能承担着很多有意追求美的表达方式。

雷吉娜的点头

从柏林回来之后，占据克尔凯郭尔身心的不仅是《非此即彼》写作的扫尾工作，还有再会雷吉娜。他们没有约定，但还是出于某种奇妙的巧合，每礼拜一上午九点到十点之间他们经常在城中日常固定路线重叠的一小段上无言地相遇。四月中，这仪式化的共处发生了一次戏剧性的转折："在大教堂的复活节晚祷上（由明斯特布道），她对我点头，我不知道这是恳求还是宽恕，但不论哪种情况都十分多情。我坐在一个僻静的角落，但她发现了我。愿上帝保佑她没有发现我。现在，一年半的痛苦都白费了，我的一切巨大努力，她还是不相信我是个骗子，她相信我。等待着她的是怎样的考验呀！下一步将是，我是个伪君子。我们升得越高，就越糟糕。一个有我这样的内心性（Inderlighed），有我这样的宗教感的人，居然能如此行事！"

这条札记半遮半掩地透露了礼拜一的相遇而显然成为私人的，后来被克尔凯郭尔用波纹墨水线涂掉了，以免身后被人读取。但是他在一八四九年又重提雷吉娜在晚祷时的点头，并做了详细解释："她点了两次头。我摇摇头。这意味着，你必须放弃我。她又点了一次头，我就尽可能客气地点头，意思是：你仍然保有我的爱。"不久以后，他们又在街上相遇，雷吉娜友好而和善地问候，克尔凯郭尔完全不懂，只好惊异地盯着她，摇摇头。

201 　　间接的信息是模棱两可的，因而是件危险的事情，信息的接收者会将完全不同于发送者意图的意义赋予它。而通过无言的姿势发送的信息则可能完全错了。当雷吉娜在教堂里点了三次头，克尔凯郭尔友好地点首回礼的时候，发生的正是这样的情况。他想要向她保证他的爱，可雷吉娜却相信，他是在祝福她和弗里茨·施莱格尔的订婚。即雷吉娜连续发出的信号实际上是指她和弗里茨的关系，而克尔凯郭尔对此却一无所知。

在这种情况下他大概会摇摇头，或者硬将脸上的一切表情抹掉。

重访柏林

信号的误会在三个礼拜之后再次发生。一八四三年五月八日，克尔凯郭尔再次出发前往柏林。他乘的还是"伊丽莎白女王号"，从哥本哈根经瑞典最南端的于斯塔德到达德国施特拉尔松德，旅客们在那里被安置在旅馆住一夜。第二天乘驿马车向什切青（今波兰境内）前进，那里有经昂格明德到达柏林的铁路。这意味着旅程所需时间比以前大为缩短。"由于铁路已有一半完工，"《地址报》上的一则广告如是说，"从什切青到柏林的旅程只需九到十个钟头。"

克尔凯郭尔在什切青上了火车，在空荡荡的一等车厢里舒服的躺椅上伸展四肢。开过几站后，他听见坐在他头顶位子上的乘务员吹响哨子。车停下来。乘务员高声叫道："您挥舞了窗帘[1]"。克尔凯郭尔一时间有些迷惑，到目前为止他一直认为乘坐火车是桩"散文的"事情，可要是仅仅因为有人用窗帘向过路人挥舞就能让车停下来，那可就非常富有诗意啦。他想起有首诗讲一位女士站在城堡要塞的垛堞上挥舞她的面纱。他还没把这首诗想全，乘务员又喊起来："您挥舞了窗帘。"克尔凯郭尔这时才明白，乘务员想跟他说话，他赶快拿出字典，希望能找到合适的对答。然而并不起作用，乘务员的声调里带着绝望："看在上帝的分上！"克尔凯郭尔把脑袋伸出窗外，仰面看着乘务员，喊出了他唯一能背下来的一句德文："请您想一想，阁下，一个人有那么多大学的……"

乘务员发出信号，火车重新启动。克尔凯郭尔的思路也重新启动了。他徒劳地试图弄懂，这一幕究竟是什么意思，想到下车的一刻，每个人都知道导致停车和延误的是他，不禁有些不寒而栗。到了昂格明德站，乘务员才有机会向克尔凯郭尔解释究竟发生了什么事。原来乘务员并不是朝他喊，而是前面那节车厢里的一位乘客突然开始挥舞一条窗帘，根据规定应该停车。每节车厢的座位下面都塞着卷起的小旗，正常情况下应该挥舞小旗，但这次的情况显然是那位乘客抓的是窗帘。更正确地说，他并没有抓，因为是挂窗帘的绳子脱钩了。于是，乘务员误会了信号，克尔凯郭尔误会了乘务员，就像他在大教堂的晚祷时误会了雷吉娜。

到达柏林的第二天，克尔凯郭尔累得快要跪下了。在施特拉尔松的旅馆里，

202

---

[1]　从这句话以下本段内所有对话都是德文。

他被楼上房间里一个年轻姑娘弹的钢琴声折磨得几乎发疯。她弹的是韦伯的《最后的华尔兹》，奇怪的是，他上次在柏林最初遇到的事情之一就是一个盲人在蒂尔加滕公园里用竖琴弹这支曲子。刚到施特拉尔松，一切就开始让克尔凯郭尔想起上次的旅行，到柏林之后又住进了猎人街和夏洛滕街交角处[1]的萨克森饭店——临窗可以看到水景，一切都似曾相识得让人发疯。

从这些驳杂的印象和累人的旅行中产生了一本新书——《重复》的想法。关于这本书，他在给波厄森的第一封信里写了半躁狂的几行："我昨天到的。今天开始工作。额头上青筋暴露……此刻那繁忙的想法又开始运作，笔在我手中绽放。……我重新开始在菩提树下大街漫步，和往常一样，我在旅行时像一个不发音的字母，谁也不能发音，它也不向别人发音。"在"你的索·克尔凯郭尔"后面——和上次一样——加上一段附笔："不必用我的最新消息麻烦任何人，我一点也不想满足别人哪怕是一点点的好奇心。"波厄森也未能知道，是什么在克尔凯郭尔的笔下生花，因为这位神秘作家在札记中写道："真正沉思一个想法必须躲避每一种粗俗的知识和外界的干扰——就像鸟儿不愿意继续孵被碰过的蛋。"

203　　克尔凯郭尔没有把这封信寄给波厄森，而在四天以后又写了一封新的信："我已经在某种程度上实现了我的愿望，以前不知道要花一个钟头，一分钟，或者半年才能得到的东西——一个想法，一个征兆……从这一点来说我愿意立即回家，但我不这样做。然而我也不会从柏林继续旅行。"我们并不清楚，克尔凯郭尔究竟实现了什么愿望，以至在他到达柏林仅仅一个礼拜之后就想返回哥本哈根，但是十天以后，当他在五月二十五日给波厄森写第三封也是最后一封信的时候，可以认为那想法已经成为现实："你们很快就要再见到我。我完成了一部对我来说重要的作品，并在全力以赴创作另一部新的作品，我需要我的藏书，还有印刷厂。一开始我病了，但现在相当健康，也就是说，我的精神在体内膨胀，也许会战胜肉体。我从来没有像现在这样努力工作。每天早上我出门散一会儿步。然后回家，坐在房间里不间断地工作到将近三点。我的眼睛快看不见了。我拿起手杖溜出去吃饭。我是那么衰弱，如果有人大声喊我的名字，我就会倒地而死。回到家重新开始工作。在过去几个月的懒散中我把沉重的洗澡水泵上去，现在我拉动绳子，各种想法降落到我身上，健康的、快乐的、丰满的、性格开朗的、有福的孩子们，

[1]　德文：Jägerstrasse und Charlottenstrasse an der Ecke。

顺利生产，都带着我人格的胎记。除此以外，如上面说的，我很虚弱，腿发抖，膝关节作响。等等。"波厄森在这一页的下面还可以读到："如果我不死在半路上，你会发现我比以往任何时候都要快乐。这是一个新的危机，它意味着，我若不是要开始生活，就是要死了。还有另一条出路，那就是丧失理智。上帝知道。但不管我降落何处，都永远不会忘记保持反讽的激情，用以对抗某些无人性的半吊子哲学家，那些人什么也不懂，他们整个的艺术就是在德国哲学里寻章摘句。"

一八四三年五月三十日，礼拜二，上午十点，蒸汽轮船"瑞典雄狮号"停靠在哥本哈根港的码头。克尔凯郭尔又回到城里。在他的旅行箱里这次装着两部作品的手稿，将在十月十六日出版，彼时读者尚未看完《非此即彼》的最后一页，就可以扩充他们的克尔凯郭尔图书馆，《重复》《恐惧与颤栗》和《益信词三篇》，分别为一百五十七页、一百三十五页和六十二页。

重 复

一八四三年夏末的一天，当《重复》在比亚科·伦诺的印厂接近成形时，克尔凯郭尔在札记中欢快地写道："文学就应该是这个样子，它不是瘸子的休养所，而是健康、快乐、丰满、面带微笑、精力充沛的小坏蛋们的游戏场，他们是发育良好的、完整的、自满自足的生命体，带着母亲形象的表情和父亲腰杆的力量，不是虚弱愿望流产的结果，不是带着产后痛的胞衣。"

《重复》就是这样一片游戏场，一个闹声喧杂的实验室，一个概念成为几乎所有能想到的研究对象。《重复》也是欢快的，有自我意识的和微笑着的，但究竟有多么健康丰满，却值得探讨。因为其形式是支离破碎的、波动的，充满深层的崩溃。要说有什么好处，只能说《重复》是一个浪漫派反讽不愿被置于结构之内的良好例证，不仅不受小说结构的束缚，而且不受写作本身的结构约束。因此，《重复》在后现代时期很早就成为解构主义者的宠儿，也就是顺理成章的了。

尽管形式怪诞，《重复》实际上是有行动的，不仅如此：《重复》实际上是关于行动的，或者关于发生的事情，事情若不是完全偶然发生的——因为就是发生了——就是因为其他，即上帝愿意让它这样。什么时候发生哪一种情况，《重复》有些讲不清楚，于是这部作品就指向两个方向，在审美的方向上充满错误重复的文本，而在宗教的方向上将好的重复与上帝联结在一起。

两个方向由两个人物来代表。错误的重复由一位先生代表，他的名字就刻在

《重复》上，他叫"坚定的康斯坦丁"（Constantin Constantius）。他不仅是本书的讲述者，也是自己所讲述故事中的一个人物，在他做的许多事情当中还包括远征柏林，试图能弄清重复范围的一次鲁莽尝试。他在生存方面陷入审美，但在智力方面却腾飞直上最稀薄的大气层，并负责制定这本书中的理论术语。另一个人物是个没有名字的年轻人，因为找不到更好的名字索性就叫他"年轻人"。他就那么不小心爱上了一个姑娘，贯穿全书试图让自己成为丈夫，接近宗教性，并且——大概——成功了，即便其他一切看上去都那么毫无希望。无论如何，他认为成功地再次赢得了自我，实现了好的重复。

"重复是一个很好的丹麦词，我祝贺丹麦语言成为一种哲学术语"，坚定的康斯坦丁在一个地方写道。尽管听上去很美，但这仅仅是一半真相。"重复"（Gjentagelse）并不是哲学术语，《重复》这本书不仅是主题与变奏，而且使变奏成为其主题，尤其是通过其修辞，让沉浸在反讽和愚蠢姿态中的这个词永远不会形成一个术语，而不得不满足于一种对范畴性影响力的狂热幻想。因此，如果我们试图绕到修辞背后去接近重复这个概念的内在含义，得到的可能是最不重要的。《重复》比其他作品更需要被阅读。一读再读。

然而《重复》也不是非哲学的作品。我们在接近开篇的地方就遇到坚定的康斯坦丁正在全神贯注地反思"运动"的可能性："人人知道，爱利亚派否定运动，第欧根尼站出来反对；他真的站出来，因为他一言不发；只是往返走了几趟，而在这样做了之后他认为就充分证明驳倒了对方。"第欧根尼的反驳因而也是用实践对修辞的质疑，他以这样的反驳，这样的反对，成为雄心勃勃地代表重复说话的坚定的康斯坦丁的榜样："重复是一个决定性的表达方式，相当于希腊人的'回忆'。如同在这些学说，一切认识都是回忆，在新哲学学说，整个人生都是一个重复。……重复和回忆是同样的运动，只是方向相反；因为，被回忆的是过去发生的事情，向后重复；而真正的重复则向前回忆。"坚定的康斯坦丁在几页之后相当突兀地将一种规定性插入文本，进而说明重复是教义领域内每一个问题的必要前提条件。认识论的分析从而获得了生存论的视角，其终极立足点超出一切概念化算计之外。重复是一个关于不可理解者的概念，因此，真理也不是人向后回忆所能重建的，而是人遭受到的，是一种经验，真理发生了。所以重复不是人能够自己完成的，相反是一种由别人来完成的东西，由一个他者：上帝。

当坚定的康斯坦丁用了几页的篇幅详细论证了这些理论之后，他打算出发前往柏林进行实际测试。他以前——和作者一样——曾到过那里，可是当他正要出门时，那个年轻人来了，直言不讳地说，他陷入了不幸的爱情。他多次尝试过去看一位姑娘，但没有勇气，因此他现在来拜访坚定的康斯坦丁，一起乘马车散散心。等车的时候，那年轻人不安地在客厅里来回踱步，满怀忧郁的激情背诵着保尔·马丁·穆勒的一首小诗：

206

> 青春的梦幻
> 来到我的安乐椅，
> 我内心最深的渴望，
> 你，阳光美女。

　　坚定的康斯坦丁明白了，年轻人开始回忆他的爱情，他这样做也就超越了那个曾为其爱情的原因和对象的女子。几个礼拜以后，他也能够感到那误置欲望的模糊目标：那年轻女子所唤醒的诗性本能，比唤醒它的厄洛斯更加强烈，这样她就在无意中签署了自己的"死刑判决"。然而这迷茫的年轻人不能自己向那女子解释"那混乱，她不过是一个可见的形式，而他的思想，他的灵魂所追求的其他东西，被他赋予了她"。于是坚定的康斯坦丁建议他采取激烈的策略："摧毁一切，将您自己转变为一个令人鄙视的人，专门以欺骗和背叛为乐的人。先试试看，如果可能，让她轻微不快。不要逗她，这会刺激她兴奋。千万别！要灵活多变，废话连篇，今天干点这个，明天干点那个，无情无义，心不在焉……将爱恋的快乐转换为某种虚弱的准爱恋，既不是彻底的冷淡也不是热忱的渴望；让您整个的表现像看见一个大男人流口水一样令人不舒服。"坚定的康斯坦丁坦率地承认，他自己也觉得这策略"不甚文雅"，但尽管如此，或者恰恰是因为如此，他愿意提供一个女裁缝，那年轻人应该经常被人看见和她在一起，足以让这个可疑关系的谣言传播开来。他赞成这种安排，花钱雇这个女裁缝一年。但是就在这表演要开始的时候，年轻人消失了。坚定的康斯坦丁再也没有见到他，只好满足于指出，他缺少足以战胜现实中所呈现出的艰难困苦的那种"反讽的弹性"："我的年轻朋友不懂得重复，他不相信它，对它也没有强烈的意愿。"

　　于是坚定的康斯坦丁可以实行计划已久的旅行，开头很不错，因为乘坐马车的那一段和上次一样可怕，为更多的重复敞开光明的前景。一到柏林，坚定的康

173

斯坦丁就去找上次来时住过的那套布置得很雅致的公寓。结果很不幸，那套公寓已经租出去了，坚定的康斯坦丁只得住进一间小房间。好在他的愁云很快消散，代之以希望——他发现在亚历山大广场和亚历山大路拐角上的国王之城剧院正在上演同一出他上次来时看过的闹剧或滑稽戏，那是一次难忘的体验。这出闹剧是

207 《护身符》[1]，约翰·内帕慕克·内斯特罗编剧，阿道夫·米勒作曲。顺便说一句，该剧也于一八四八年十二月二十六日在哥本哈根新落成的卡西诺剧院作为首演剧目而大获成功。坚定的康斯坦丁花了好几页来描写该剧的场景，尤其是贝克曼和格罗拜克的天才表演。他还强调指出，闹剧可以怎样以无计划的突然性，将观众置于一种昂奋的，几乎是狂喜的状态。坚定的康斯坦丁还记得，上次来时他怎样在剧院幽暗的小小包厢里纵声大笑，同时笑声的巨浪从四面八方向他涌来，解放了他内心深处压抑着的童年形象。他的对面坐着一个可爱的年轻女子，像是对幸福的闪光许诺。他含情脉脉地看着她，不过，他还记得，自己是那么纯洁，没有让她受到伤害。

一切都像是天赐，完全没有计划安排，却还是如此完美地从无到有。而这正是坚定的康斯坦丁所欲重复体验的丰富性——结果却一无所获。包厢被别人占了，贝克曼和格罗拜克一点也不好笑，那年轻女子也不见踪影。坚定的康斯坦丁闷闷不乐地在剧院里坐了半个钟头，不得不得出结论，不存在重复。然而他还是又去了一次剧院来重复他的尝试，但唯一重复的是重复的不可能，于是他决定离去："我的发现没有意义，但却颇为古怪；因为我发现了，重复根本不存在，我是通过一切可能的方法试图使其重复来确定这一点的。"

剩下的只有一点微茫的希望，就是回家有可能形成一种重复。然而却没有。坚定的康斯坦丁的仆人在老爷出门期间开始了一次大扫除，到老爷回家还没有结束，一切都颠三倒四："我认识到，不存在重复，我原来的人生观胜利了。我感到可耻，曾经如此傲慢地对待那个年轻人，现在却发现自己就处在他的位置上。我自己好像成了那个年轻人，我曾经那么大言不惭，那些话现在给我多少钱也不愿意重复，那只是一个梦，我现在从梦中醒来，让人生不停地无信无义地将曾经给予的一切再收回，而不给我一个重复。"

对坚定的康斯坦丁来说结果是否定的，却并非不重要，即人不能"基于不确

---

[1] 德文：*Der Talisman*。

定性来进行盘算"。一件事在发生的时候发生，但它不会因为人意愿它发生而发生。坚定的康斯坦丁还"坚信不疑"，如果他没有为了研究重复可能性的范围和限度去柏林，他就可以舒心惬意地享受"那完全相同的东西"。

"赞美邮政喇叭！"

正如重复与直接规律性决裂，偶然性也与普通可预见性决裂。重复和偶然从而是会在或长或短时间内影响或改变进程的突发事件的名字。此二者，重复和偶然，互为镜像，但重复是宗教的，偶然是审美的。重复和偶然都不可想望（ville），二者都在发生时发生，而当它们发生时，给生存以充实和圆满。

例如，坚定的康斯坦丁曾回想起六年前，他住在一处乡间旅舍，刚吃完一顿美餐。正当他站在那里心满意足地喝着冒气的热咖啡时，突然看见窗外有一个年轻女子正走进旅舍的院子，据此他得出"结论"她要走进花园。"我还年轻。于是我一口喝干咖啡，点燃一支雪茄，准备听从命运召唤追随那女子的足迹。正在这时候有人敲门，进来的是——那个年轻女子。"她极其活泼地点头致意并以最可爱的态度问，能不能搭乘他的马车一起去哥本哈根。她在提问时表现出的自然信任让坚定的康斯坦丁如此震惊，以至于当即丧失了"有趣和调皮的想法"，心怀坦荡地同意带那女子回城去。他坚信，即便是一个比他"更轻浮的人"也会忘掉那些阴险的欲望："她把自己交付给我时的那种信任，胜过一切狡猾和精明的女性自卫。"这样，就让他双重地惊讶，并打破了他正在得出的"结论"，他自己的诱惑策略遭遇突然表现出的信任，让他忘掉原有的操纵动机。那女子没有成为坚定的康斯坦丁的牺牲品，相反是他，变成了她的信任的牺牲品。由此可以得出结论："一个想望有趣的女子，会落入自设的圈套；而一个不想望有趣的女子，相信重复。"

信任之不可想望，与重复或者偶然不可想望相似，正如主体不能决定那些诱发行动、情境和现象的因素。坚定的康斯坦丁还讲述了一个感人的故事。两个小女孩坐在婴儿车里，突然遭遇危险，一辆马车全速向她们冲来。多亏保姆当机立断迅速将婴儿车推开，她们才死里逃生。周围所有人都急坏了，只有小女孩们不急，因为一个在呼呼大睡，另一个面不改色地继续挖鼻孔。"她大概在想，一切都跟我没关系，是保姆的事。"这个故事讲的还是人的动机与不可避免之事的关系，其本质是偶然发生。坚定的康斯坦丁还可以就那挖鼻孔的小女孩补充一句：她相信重复。

与此相关（但无可否认完全不同）的是个人经历。关于这一点，坚定的康斯坦丁报告如下："我一天早晨起来，觉得身心都特别舒畅。这种无来由的通体舒泰在整个上午不断增强，到一点钟达到顶点，感到那令人头晕目眩的极致，无法用任何标尺来衡量的舒畅，即便诗意的计量表也不行。我的身体失去了地上的重量，好像我没有身体，恰恰因为每一种功能都完全得到了满足，每一根神经都既是本身兴奋又代表全体兴奋，而每一次心跳作为机体的骚动都在提醒着这一时刻的快乐。整个生存都好像爱上了我，一切都在颤抖着向我的存在报告，一切都在我内心无所不能，一切神秘都在我小小的幸福中得到解释……如上所说，我在一点整达到顶峰，我可以感到崇高的极致。这时候我的一只眼睛突然开始不舒服，究竟是一根眼毛，一根绒毛，还是一粒尘埃，我不知道；在这同一时刻我几乎坠入了绝望的深渊。每一个曾经达到我那样高度的人都很容易理解这个，他在那一点上就像是在对待原则性问题——在多大程度上绝对满足有可能达到。"关于这个天堂般上午的故事不妨读作一个对神秘派狂喜的戏仿，那被反复强调的达到最高峰的时间点——一点整——不必太过认真对待，但故事的要点在于幸福借以出现的突然性，其发生原因的不可预见性，及其消失的不可解释性。正因为这幸福不受坚定的康斯坦丁掌握，它也表现出了和那个信任他的年轻女子突然出现，那个绝对无动于衷的小女孩，简言之，和重复相似的性质。

然而，坚定的康斯坦丁刚刚讲完他那愉悦的上午的故事，就矢口否认重复的欺骗性本质，开始将偶然性当作他未来的原则而大唱赞歌："赞美邮政喇叭！这是我的乐器，出于很多原因，而最主要的是因为，人永远不能肯定这件乐器能吹出同样的调：因为在一支喇叭里有着无限多的可能性，而那将喇叭凑上嘴唇的人也将自己的智慧放进去，他永远不会因重复而惭愧。而那个将喇叭递给朋友随意使用来代替回答的人，他一言不发，但解释了一切。喇叭万岁！这是我的象征。就像古代苦行僧将骷髅头放在桌子上，对着它沉思构成了他们的人生观，从而喇叭在我的桌子上也时刻提醒着我，人生的意义是什么。"

210　《重复》的第一部分就这样结束了。可以开始第二部分了。

回到自我就是成为另一个人

坚定的康斯坦丁重新在舒适的公寓里安顿下来后找不到打发时间的办法。他拿起"苍蝇拍",追逐着每一只有可能破坏平静的"革命苍蝇",直到有一天他意外地收到一封信,这个故事才起死回生。信是那个年轻人从斯德哥尔摩寄来的,他的危机状态显然没有改变。情色冲突给那个年轻人留下的印记远比坚定的康斯坦丁最初设想的要深,所以,他果断地推论道:"对他来说别无他法,只有向宗教迈进。"

坚定的康斯坦丁从自己的惨痛经验中了解到,这样的事情说来容易做到难。他也许还知道,稍后他会解释,恰恰是因为那年轻人认识到,他的爱情"在属人的意义上"不可能,他现在正处于"奇幻世界的边界",因此他的爱情只有凭借"荒谬的力量"才能实现。然而在坚定的康斯坦丁眼里,让那年轻人神魂颠倒的根本不是那个姑娘,"不是严格意义上的占有",而是"纯粹形式意义上的重现"。换句话说,这身处海外的年轻人要凭借荒谬的力量赢回的并不是那个姑娘,而是他的自我。如果他能够回到她那里与她和解,他就赎了自己的罪,那罪也就被收回了——这样的重复(gen-tagelse)就是宽恕(til-givelse)。

那年轻人给坚定的康斯坦丁一共寄了八封信,其中第一封最长。他在信中坦白承认对坚定的康斯坦丁那混合着恐惧的迷恋,是他那冷酷无情的理智冷却了弥散的激情,而获得了明晰。然而,这激情很快就被置换为一个熟悉的身影并与之意外地同病相怜,那就是《旧约》里受苦的约伯。年轻人看到,在约伯那无名的痛苦和悲惨的命运中勾画出了自己的处境。他于是讲述自己的"乐趣在于抄写一切他[约伯]说过的话,一遍又一遍,有时候用丹麦文抄,有时候用拉丁文抄,有时候是一种格式,有时候是另一种",后来这样的抄写就变得像是"上帝的手把药敷在我生病的心上"。然而这并不是纯粹的内心性,因为他照亮整座房子以便能够"大声地,几乎是呼喊着"朗诵《约伯记》的片段,他有时还会打开窗户"让他的声音传遍世界"。如果他的爱情曾经一度是对一个女子的,现在他的激情完全指向《约伯记》,因为年轻人和《约伯记》同桌进餐,同床共寝——"夜里我带着这本书上床!"

如那女子被书所取代,情色激情也被阅读的热忱所替换:"尽管我把这本书读了又读,每一个词对我来说都是新的。我每次接近它都产生新的意义,或者变成我灵魂的更新。我沉醉在激情之中,一点一点地吸入,直到在这缓慢的啜饮中醉得几乎昏迷。"这位年轻人将他的爱情投射到文本《约伯记》,他的冲动(drift)和文本(skrift)结了婚,但是当他把贪婪的目光从书页上移开时,文本似乎也把

211

重复收回去了，把小伙子留在绝望之中。这在十月十一日的信里得到了最清楚的表达："我的生活达到了极限；我厌恶不咸不淡毫无意义的人生。即便我比波洛 [1] 更饥渴也不会吞下人们提供的解释。把手指插进泥土，可以从那气味判断是在哪个国家。我把手指插入生活——却无味无臭。我在什么地方？'世界'是什么，这个词是什么意思？是谁把我骗进这一切，让我留在那里茕茕孑立、形影相吊？我是谁？我是怎样来到这个世界，为什么没有征求过我的意见，让我事先了解风俗和章程，而是不明不白就被推进队列，好像我是被抓了壮丁？我是怎样获得了这个叫作'现实性'的伟大公司的股份？这是一个自由选择的问题吗？我是否一定要做这个股东，不管我愿意不愿意？如果我有话要说，经理在哪里？没有经理？那我该向谁投诉？人生就是一场辩论，我的观察能得到考虑吗？……不会有回答？这难道不是所有参加的先生们最重要的事情吗？……我是这样变得有罪的？或者，我并没有罪？那么，我为什么被一切语言称为有罪的？人类语言是怎样一种可怜的创造发明哟，当它说着一样东西却是另一个意思？"

这里，年轻人在一个现代的荒谬宣言中重写了约伯的问题，那关于意义的愤怒呼喊沉入了寂静。约伯有上帝作为将冲突集中起来的中心，而那年轻人甚至找不到"经理"，以保证无意义背后的意义，并阻止反讽语言中的冒险，"说着一样东西却是另一个意思"。真假语言之间的距离重复着那年轻人和约伯故事之间的距离。当他将自己等同于约伯时，他就必须最尴尬地承认，这样的等同并不能给他一个新的自我。"约伯受折磨的灵魂爆发出强有力的呐喊。我理解这些话语，将它们变为我的。"年轻人与众不同地这样写道。然后，年轻人带着等量的微笑和痛苦继续道："在同一时刻我发现了矛盾，当我对自己微笑时，就像人对一个穿着父亲衣服的孩子微笑。"年轻人意识到，他不能重复约伯的故事，因为不管他多么激情地阅读，并把自己代入故事，这个故事终归还是比他大了一号！

随着迷恋热度的逐渐冷却，年轻人关于伟大约伯的叙述变得较有节制，在他眼里约伯的伟大在于不屈地坚持他是对的。约伯早就知道，他是对的，但不知道能够在多大程度上得到公正的对待，于是在最后保证呈现之前的这段时间就成为考验——"当考验是一个临时的范畴，它恰恰是在与时间的关系中被定义的，并

---

[1] 波洛（Pierrot），起源于十七世纪末意大利的一个类型喜剧人物，十八世纪初传播到欧洲各国。其丹麦版情节的基本结构为追逐一个名叫 Columbine 的姑娘。

因此也在时间里中止"。年轻人这样解释道："约伯是有福的，一切都双倍地回到他那里。——这就叫作重复。暴风雨是多么好啊！"

这是年轻人第一次在信里运用"重复"这个词，看到他如此咬文嚼字地运用它，使它近乎平庸，与坚定的康斯坦丁在本书引言中给它的内容大异其趣，不禁让人失望。不宁唯是，年轻人后来还报告说，他本人期待的不仅是"暴风雨，还有重复"。虽然他做出了一些尝试来解释那气象比喻，他还是相当迷雾朦胧。"这暴风雨会带来什么？"他恰当地自问，然后自答道，"它会使我成为合格的丈夫。这将摧毁我的整个人格，我完蛋了，这会让我变得几乎认不出自己……如果暴风雨不来，我就会变得狡猾。"

而读者也会变得有些狡猾，因怀疑这里有什么完全不对劲而窃喜，为坚定的康斯坦丁在年轻人的最后一封信和倒数第二封信之间插入的简短抗议而喝彩。这抗议表明，坚定的康斯坦丁也和读者一样，难以严肃地对待整个这件事："折磨他的是一种不合时宜的忧郁型的高尚品格，哪里都无处安放，除了诗人的大脑。他期待能使他成为合格丈夫的暴风雨，也许是中风。完全是正相反。"坚定的康斯坦丁还补充道，他觉得很荒谬，居然跟一个把暴风雨当作王牌攥在手里的活宝发生了联系。

坚定的康斯坦丁选择——再一次——放弃那年轻人，可是他刚刚做出这个决定，又来了一封信，最后一封，开篇第一行就宣布："她结婚了；我不知道对方是谁；我在报纸上看到的，遭到沉重的一击，报纸失手落到地上，从此不再耐烦去做进一步的调查研究。我回到了自我，就这样得到了重复；我什么都明白了，人生比以往任何时候都更美好。" 213

年轻人什么都明白了。读者却没有明白。那女子和别人结婚了。报纸上登的。句号。本书应该赋予重复这个范畴的所有规定性分量，就由于偶然事件的轻轻一触，消失在稀薄的空气之中。"确实是像暴风雨一般来临的，"那小伙子高度紧张地写道，但是这个小小的暴风雨比喻非常贴切，他还敢于加上了这句谦恭的话，"即便是由于她的慷慨大度才发生的。"事情无疑就是这样，于是那女子在和年轻人的关系中占据了上帝在和约伯的关系中的位置。因此，那年轻人又振作起来并不是真正意义上的重复，他的修辞问题以其全部诅咒发誓的姿态不由自主地表明："我又回到自我；我就这样获得了重复。……我天性中的分裂得到了消除；我再次获得了统一。……这难道不是重复吗？我难道没有得到双倍的一切吗？我难道没有再次得到自我，而恰恰是以这样的方式而感受到双倍的意义？"

这部作品并不打算满足那些使重复得以成为宽恕的神学要求，这是其真正的出发点。于是，当那年轻人用赞美那女子大度的感人颂歌结束最后一封信时，一切都恰如其分。因为是她，如上所说，而不是上帝，使得自我与其自身得到了和解："斟满的酒杯又捧到面前，我已经嗅到它的芳香，我已经听见它那泡沫翻腾的音乐——一樽先醉她的拯救，拯救了一个绝望的孤独中的灵魂：赞美女性的慷慨！思想的逃避万岁！冒着生命危险为观念服务，万岁！战斗的危险，万岁！胜利庆功会上的欢呼，万岁！无限旋涡中的舞蹈万岁！将无底深渊中的我掩盖起来的滔天巨浪万岁！将我抛上星空的滔天巨浪万岁！"

好，那就干杯吧！不过在举杯之前我们也应该注意到，重复并没有包括在这一长串俏皮的祝酒词里面。而当酒开始作用，真理应该出现，我们会考虑，坚定的康斯坦丁证明其悲观论的"喇叭颂"，其现实中的真实性是否并不多于那年轻人自欺欺人的欢歌。

现实性的介入

在下一页上有个横跨整页的长方形框子，里面写着："献给／尊贵的某某先生／本书的真正读者"。再没有别的了，但也足以诱导读者蹑手蹑脚地潜入下一页，并在那里遇到这样几行文字："我亲爱的读者！请原谅我这样亲密地对你说话，但这里毕竟没有别人。即便你是个文学虚构的形象，你对我来说也绝不是复数，而只是一个人，这样我们就是你和我。"

这样一种亲密性诱惑读者想当"某某先生"，这部作品的真正读者，但也不是随便什么人都配享有这头衔。这亲密的口吻很快就换成了警示，并抱怨如今的世道再没有人肯"把时间浪费在'成为好读者是一种艺术'的奇思异想上，更不要说花时间去学习这样的艺术。这种令人遗憾的情况当然会对作者产生影响，依我之见，亚历山大城的克莱门斯[1]做得对，就是用异端们看不懂的方式来写作。"

我们在下面会知道，这段居高临下的话是坚定的康斯坦丁写的，及时让读者产生痛苦，怀疑自己是否真的理解了这部作品的精义。更糟糕的是，在离最后一

214

[1] 克莱门斯（Titus Flavius Clemens，一五〇～约二一五年），基督教神学家，基督教早期教父，亚历山大学派的代表人物。

个句号不到六页的地方，坚定的康斯坦丁报告说，这部作品的"走向"是"逆反"的，即向后的，于是读者现在必须或多或少在具体意义上向后转，开始重读《重复》，其怪异的特点包括，第一次阅读时的收获会失去不少。例如，初读时的印象是有两个彼此独立的不同序列，分别由坚定的康斯坦丁和那年轻人构建并受其限制，但我们现在明白了，是坚定的康斯坦丁发明了那个年轻人，以揭示那些引导一个人进入宗教例外的心理条件和因素。"我召唤来的那个年轻人，他是个诗人，"坚定的康斯坦丁写道，表面上眼睛都不眨地、干巴巴地补上技术性细节，"我的任务一直是专属的审美和心理活动。"

这样，坚定的康斯坦丁就从故事的两个讲述人之一转为故事本身的作者。也是他自己而不是那个年轻人从斯德哥尔摩写信来，于是，当这些不时接近戏仿，从而指向这本书的巴洛克式第一部分，柏林之行，也就不完全是偶然的了。尽管如此，坚定的康斯坦丁还是认为，那年轻人并没有理解重复的概念，尤其缺少更深刻的宗教共鸣板，以接纳他在最后一封信里提到的"酒神式狂喜"。反之，如果他有更坚实的宗教基础，他就会具有能够用来蔑视"现实性的一切幼稚鬼把戏"的"严肃性"。

然而坚定的康斯坦丁并不满足于揭示自己是那年轻人的发明者，他还要再进一步坦白承认："我也将自己置于其中。"这坦白究竟是什么意思，并不十分清楚，不过坚定的康斯坦丁显然愿意在后记中泣血相告，据他自己说，他对那不幸的创造物，那年轻人，总是满怀着柔情。他乐于承认，事情有时看上去并非如此，但那只不过是他为了让年轻人的类型更加清晰而"有意引起"的"误会"。"我做的每一个行动，目的都在于照亮他；我总是把他记在心里，我说的每一个词都不是腹语术，就是对他说的。……我就这样为他尽了力，就像我现在尽力为您，亲爱的读者效劳，然而是作为另一个人。"

这里，也许到了提抗议的时候，或者至少，要表示一点疑惑，一点不以为然。不论坚定的康斯坦丁有多少魅力和优雅，他的后记还是会搅动这部作品的基本概念，其作用就不是那么富有生产性。在我们看来，他揭露自己是那个年轻人形象的创作者，但这样做就几乎取消了该作品两部分之间的距离，第一部分显然是戏仿的，而第二部分据说是严肃的。远比这更糟糕的是，他"也将自己置于其中"，这样就使得作品中的人物如此杂乱无章，几乎完全消解在绝对无定形之中。糟糕无止境。当坚定的康斯坦丁在后记中以夸张的温顺姿态转向读者并提供效劳的时

215

候，他变成了另外一个人，而在作品中并没有什么东西会必然促成这样一种变化。

然而变化还是必要的。即后记的视角相对主义与其说是受审美诡计动机的推动，毋宁说是出于掩盖结构性崩溃的需要——似乎对应着作品真正作者的心理崩溃。亲爱的读者，那根本不是坚定的康斯坦丁，而是一个名叫克尔凯郭尔的人。

审视一下《重复》的手稿，或许可以在一定程度上廓清这部作品的怪异之点。手稿是两本朴素无华的笔记本，尺寸和纸张颜色各不相同，一本是蓝色调的，一本是黄色调的。这两本笔记共一百六十页，既是草稿又是供付印的手稿，可见是很快写成的——然而急就章并不一定就简单直白。仅仅对封面一瞥也能看出明显的犹豫不决。《重复》——这部作品一直叫这个名字，但是副标题就麻烦了："一次没有成果的尝试"被划掉，改成"一次发现的尝试"，很快又被划掉了，然后，克尔凯郭尔试图恢复"没有成果的尝试"，但也划掉了，试用"实验哲学的一次尝试"，划掉"哲学"字样，换成"实验心理学的一次尝试"。作者列为"康斯坦提乌斯·德·彭纳·斯皮冉扎"，这个名字和"维克多利乌斯"交替，克尔凯郭尔最后——但先经过某个"瓦尔特"，决定用"坚定的康斯坦丁"作为这部作品的假名作者。

"我完成了一件工作"，克尔凯郭尔在一八四三年五月二十五日给波厄森的信里骄傲地写道，他指的是《重复》，但是不清楚他的旅行箱里的作品和最后完稿的作品之间究竟有多少相似性。现有的文本材料不允许真正地重建这部作品的初始阶段，但足以表明克尔凯郭尔感到有必要改写和扩展他的故事，对情节做出重大改动。那年轻人原来应该自杀，可能是在无生命状态下回到哥本哈根。但是从手稿上可以看出在六七月间这年轻人又经历了一系列演习。例如克尔凯郭尔删掉了下面括弧里的声明："他用一种可爱的开诚布公向我倾诉心声，（我没有滥用，因为他死了）他来拜访我的原因是需要一个知心朋友。"而当那年轻人拒绝接受坚定的康斯坦丁为他炮制的玩世不恭策略时，解释是"他没有执行计划的力量"，但是在手稿上克尔凯郭尔先写着："他开枪打死了自己。"在另一个地方也有类似情况，"纪念他的死"，在页边空白处被改成了"纪念他的消失"。

自杀原来发生在什么时候并不容易判断，因为在那年轻人的日期为二月十七日的倒数第二封信之后，克尔凯郭尔直接从笔记本上剪掉五张纸，其中四张可以肯定是以前写过的。根据现存的写在靠内的页边空白处的不多字句判断，这五大张（相当于十小页）上写的是对那年轻人所期待的，面临暴风骤雨般的重复所做的关键评论，表明这里的文本有可能和坚定的康斯坦丁在定稿中插入的抗议之间存在另一种相似性。还有神秘的七页，可以设想包含一个戏剧化的场景，因为到这个时候那不幸的年轻人将结束他太年轻的生命——有可能是绝望于重复没有出现。

不错，用子弹射穿脑袋并不是文学心灵危机的原创性解决方式，但是这些文本处理本来就不是出于原创性的考虑。当我们年轻的英雄基于重复失约而自杀于前，又宣布戏仿式的重复而复活于后，那是因为此书的真正读者在笔记本上初稿的第一行和定稿的最后一行写作期间，完全具体地让作者对重复的期待落空：雷吉娜在一八四三年七月间和别人订婚了。句号。当《重复》中的年轻人在读到心上人结婚的消息时不过是报纸失手落地，克尔凯郭尔则失去了将《重复》作为向雷吉娜传递间接信息的信心。因此，如果《重复》一书将起到拒绝恢复关系可能性的作用，年轻人的自杀就是为了达到这个目的的一个象征性表达。然而在雷吉娜订婚之后这种间接信息变成了直接的无意义，所以年轻人可以复活，以便让克尔凯郭尔声称，所谓重复，不是关于恢复和一个女子的关系，亦即和雷吉娜的关系，而是一种宗教性重复，使人的自我恢复成为可能。在原来的意图和实际发生的重复之间于是产生了令人迷惑的错位，坚定的康斯坦丁试图尽量减小这错位的影响，他通过将此书献给"亲爱的读者"以呼唤读者的好意，同时提供了一篇后记，那年轻人在里面获得了道德和宗教的提升。坚定的康斯坦丁致读者之前的段落也显示经过大幅度的修改，手稿是增删涂抹重叠着交叉意图的一场名副其实的台风。只有这样，克尔凯郭尔才能确保，《重复》能再次将信息传达给雷吉娜。

1：50

谁也不知道克尔凯郭尔是什么时候，从何种渠道得知雷吉娜订婚的消息，但这让他痛苦。坚定的康斯坦丁在这部作品定稿中的倒数第二封信和最后一封信之间插入的那段话里敌视女性的倾向，在克尔凯郭尔的草稿上也是以完全不同的攻击性跳出来的，他用大量墨水涂掉了一个卑鄙恶劣的建议：试图用宗教手段来接近其色情目标的女子，"不仅［应该］有黑色的牙齿以供辨认，这还不够，她整个的脸都应该是绿的[1]。这期待肯定是太高了。这样就会有很多绿色的女子"。雷

[1] grøn，原意是"绿色的"，在指人的脸色时也可译作"苍白的"或"发青的"，为求形象，故采用原意。

吉娜的脸就是绿的。黄绿色的苦胆汁在札记中继续流淌："台词：一个有幽默感的人遇到一个姑娘，她曾经对他诅咒发誓，没有他就不想活了。现在他们重逢，而她已经订婚了。他跟她打招呼说：'请允许我感谢您对我表达的好意，或许，您会允许我表示欣赏。'（他从背心口袋里掏出两马克八斯基令递给她，她气得说不出话来，但站着没有动，眼睛狠狠地盯着他。）他继续说道：'一点心意给您置办嫁妆，不成敬意。您结婚那天，俺凭一切神圣起誓——看在上帝的分上，为您的永恒福祉——一定再给您补上两马克八斯基令。'"报复心理在这里溢于言表。艾琳娜·博伊森在回忆录中有一个完美的笔误，她将"重复"（Gjentagelsen）写成了"报复"（Gjengældelsen）。

　　如果重复真的发生了，克尔凯郭尔成为人夫，《重复》也就永远写不成。如今这本书写成了，也就成为对重复缺位的一种补偿。奇怪的是，唯一成功实现重复的人，是雷吉娜，她和弗里茨言归于好，重新开始——由于克尔凯郭尔的缘故，他如此专注于一个关于偶然性之意义的故事。如果那天在教堂里他没有那样回应雷吉娜的点头，从而无意中祝福她和弗里茨的关系，又会怎样？坚定的康斯坦丁可能就是对的，他主张"存在"（Tilværelsen）乃是无限深刻的精神，因为"它通过运用诡计而获得的控制力量完全不同于所有诗人加在一块儿所获得的[1]"。

　　不管怎么说，到了一八四三年十月十六日，谁都可以花五马克或者八十斯基令买一本《重复》，其定稿的副标题是"实验心理学的一次尝试"。然后，一切又开始重演，海贝格以他惯常的炉边闲话风格把这部作品毫不容情地批评了一通。那是在一八四三年十二月十九日出版的《乌兰尼亚》[2]杂志上刊登了他的题为《天文学之年》的文章，他审视全书，提出的异议包括，重复不属于哲学的领域，而是属于自然界的，在那里为忧郁和脾气暴躁之类精神痛苦提供一个宁静的对待（Modstykke），并因此而成为"开启真正人生智慧的一把钥匙"。

　　遭到以解读见微知著闻名的海贝格误解，克尔凯郭尔感到有必要写一封所谓的"公开信"将情况讲清楚："当人这样定义重复时，它就是超越的，由荒谬之力推动的宗教性运动，当来到奇妙的边界，永恒就是真正的重复。至此我认为，我已经对本书的真正读者把意见表达得相当易解。"也许可以这样想，但海贝格的看

---

[1] 拉丁文：in uno。

[2] 乌兰尼亚（Urania）是希腊神话中主管天文学的缪斯女神，其词根 Urani 有"天堂""天国""天空"等含义。

法完全不同，于是遭到了连篇累牍的纠正，结果海贝格的批评和克尔凯郭尔的评论的篇幅达到了 1∶50，完全不成比例。克尔凯郭尔终于认识到这一点，于是将所有这些东西打包，写上："不再浪费时间。"

　　他在这一点上是对的。还有别的事情要做。

219

收回的文本

　　"如果我有信仰，就会留在雷吉娜身边。感谢上帝，我现在认识到了这一点。这些日子里我几乎失去理智。"这些话是一八四三年五月十七日，也就是克尔凯郭尔第二次旅居柏林期间写的。他在那里结束了《重复》的初稿并开始写《恐惧与颤栗》。克尔凯郭尔后来用浓密的墨水涂掉了关于雷吉娜的札记，但是训练有素的眼睛还是可以通过显微镜重建这收回的文本："在审美和骑士的意义上我爱她胜过她爱我；否则她就不会傲慢地对我在先，又大喊大叫让我害怕于后。我开始写一个故事，篇名是《有罪？——还是无辜？》，自然包含让世界惊异的内容"——然而却不会让克尔凯郭尔惊异，因为他内心有"超过一切小说的诗意"。

　　从喊叫（skrig）跳到写作（skrift）——从痛失雷吉娜到自觉地宣布一部新作开始——都写得带有真正的代偿性爽直，但并不清楚这位流亡作家究竟写出了这个"故事"里的多少。手稿没有留存下来，只有一些片段，他在某个时间将其归入"黑色柏林卷宗"，放进"红木箱子"。一年以后，当克尔凯郭尔集中精力写作《有罪？——还是无辜？》的时候这些片段才重见天日。其中一个片段是对于一出生就衰老和永远的局外人发出的浪漫叹息，另一个翻腾着忧郁泡沫，描写一个十六岁的姑娘，她一无所有，她甚至没有五斗柜或者酒柜中间的抽屉，所以她只好把自己的坚信礼服和赞美诗放在母亲柜子的最下面一个抽屉里："一个没有多少东西的人住在她旁边的抽屉里真是幸运。"

　　这里的重点在于作为局外人的痛苦和找到现实中坚实立足点的希望，二者都指向克尔凯郭尔正在写作的《恐惧与颤栗》的主题和变奏，全面地探讨重新赢得与自身和世界直接性关系的可能性条件。克尔凯郭尔具备能够想象得到的自内而外地描述这个问题的最佳条件，但是我们将理解，他会尽最大可能限制使用自传性质的材料。从而他在收回的文本中解释道，与雷吉娜的关系一定不能"在诗意中蒸发"，因为这关系具有一种"完全不同的现实"。雷吉娜是一个确定的命运，而不仅仅是诗意的冲动。他相信，他高贵地对待了雷吉娜，不让她分担他的痛苦，所以他"在纯粹审美的意义上是一个伟大的人",这也表现为,他和雷吉娜分手后就没有和任何一个年轻姑娘说过一句话。因此,他远远不是世人眼里的"恶棍","因为真相肯定是"——是什么呢?

我们一直没能知道。在几个无法辨认的手写字之后就什么都没有了,因为克尔凯郭尔将札记的第五十二和五十三页移除了。他可能是发现写下的内容过于私密,所以——事后——冷静地切断了供人在他身后了解重要细节的通道。札记下一页开始的地方很突兀地继续道:"肯定发生过。但婚姻却不同,一切就在锤子落下的那一刻卖掉了,这里需要一点对过去的诚实。在这一点上我的骑士风度还是很明显。如果我没有视她作为未来妻子的荣誉高于我的,如果我不为她的名誉而骄傲胜于为我的,就会保持沉默,满足她的也是我的愿望,和她结婚。那么多婚姻里都隐藏着小小的故事。但这样她就会成为我的姬妾。我不愿意。宁可杀死她。"

在收回的文本后面不久就出现了克尔凯郭尔的解释,这——或许——也能解释他为什么要收回写在纸上的心声:"但是我如果解释,就不得不把她带进可怕的事情,我和父亲的关系,他的忧郁,那内心最深处永恒的黑夜,我的步入歧途,我的欲望和浪费,这些在上帝的眼里或许并不算十恶不赦,因为是忧惧使然,而我又应该到哪里去寻求庇护呢,当我所认识或感到的唯一值得崇拜其力量和权力的人,也失足了?"

与雷吉娜的关系和与父亲的关系,二者不可调和,父亲死后多年仍然在扭曲儿子的爱欲并阻止他的给予。这些他无法向雷吉娜解释,她没有理解的条件,而他自己也没有必要的勇气、力量和信念——他在柏林的旅馆房间里认识到的。在收回的文本下面他似乎要给这个洞见勾勒出一些主线:"信仰也对此生抱有希望,但须凭借荒谬之力,而不是属人的理解力,否则就不过是生活智慧,而不是信仰。"这一立场在几条札记之后得到加强:"问题恰恰在于是否能够在细小事物中信仰上帝,否则人就没有正确地站在和他关系之中。……因此上帝在此世现实中的参与也非常重要,他肯定就在此世。当保罗在船上将要开始创主教会时,他祈祷,不仅为永恒福祉也是为时间中的救赎。"

这个书名从而是受圣保罗启发。他在给腓立比教徒们的信里号召他们"就当恐惧战兢做成你们得救的工夫"。(腓2:12)几乎不可能确定克尔凯郭尔在达到他关于救赎的洞见之前完成了多少《恐惧与颤栗》,但可以肯定,他的个人情况几乎可以说是这部作品的引言。几乎不带夸张地说，克尔凯郭尔在写作《恐惧与颤栗》的过程中走向自己的救赎，走向更好的自我理解。这是他最完美的作品之一，并在许多方面成为一个宗教感化性（opbyggeligt）因素。一八四九年夏末，他在札记中骄傲地报告："有朝一日我死了，仅《恐惧与颤栗》就足以造就一个不朽作家的名声。这本书将被阅读，被翻译成外国文字。人们会因书中恐怖的激情不寒而栗。"

克尔凯郭尔通过这段话承认，他个人和这部作品的联结是多么深刻，他诚实地坦白，这部作品"复制了我的生活"。但这究竟是什么意思？一本书怎样才能复制或再现一个人的生活？那生平的恐惧究竟是什么？

答案的第一点蛛丝马迹可能藏在一八四三年十月底克尔凯郭尔寄给病中的波厄森的一张便条下面。波厄森想要借阅布利歇的短篇小说集，克尔凯郭尔不能满足他的要求，却寄给他"我所有的最好的，我的以撒"，以优雅的姿态向波厄森推荐《恐惧与颤栗》。但这还不是象征姿态的结束，克尔凯郭尔的签名是"你永远的法里内利"。此前他还这样签过一次名，也是给波厄森的信上，那是一八四一年在柏林索取一本《初恋》时。那一次克尔凯郭尔划掉了这个签名，也许是因为他在最后一分钟反悔了用一个阉伶的名字来签名所揭示的含义。当他现在，两年之后再次使用这个签名，一定有特殊的理由，因为克尔凯郭尔完全可以自称任何别的，譬如沉默的约翰尼斯（Johannes de silentio），坚定的康斯坦丁，等等，但他并没有这样做，而是自称法里内利，运用了一个密码供波厄森破解。但这是什么密码？

这件事只有阅读能够展示。好，现在转入这部作品。

恐惧与颤栗

"一般而言，当诗注意到宗教性和个体的内心性时，就会获得比眼下的空自忙碌更有意义的任务。"这一纲领性宣言插在《恐惧与颤栗》结尾之前将近二十页地方的一条注释之中，但如果大大提前，放到正文里，效果会好得多。《恐惧与颤栗》有一种显著的关于宗教性和个体内心的审美意识，因此封面上附有复杂的文体规定——辩证的抒情诗——也就并不是偶然的了。

如果开始将辩证法从抒情性中抽离，或者诱骗抒情性脱离辩证法，就会陷入散文式片面性，从而使这部作品遭受攻击。在这方面《恐惧与颤栗》和《重复》很相似，但二者的相似性还远不止这一点。这两部作品都是基于旧约故事而写成

222

的，分别是约伯的和亚伯拉罕的，二者还都受到一种强有力的解剖奇迹的认识论兴趣推动，不断地进行跳跃、悖论、凭借荒谬的信仰等方面的预备实践，所有这些都超越科学、思想和每一种理性而存在。然而，与《重复》形成鲜明对照的是，《恐惧与颤栗》有着严谨的结构，这在一定程度上是因为其假名作者沉默的约翰尼斯没有坚定的康斯坦丁卷入得那么深，大部分时间都游走在作品的外缘，在那里经常发表评论，承认他与自己正在重述的旧约故事相比的个人局限。如他所坚持的，他不过是一个"圈外写家"，对他来说写作是一种"奢侈的享受，他写得越是惬意和言之凿凿，读他、买他作品的人就越少"。

他把"沉默"——拉丁文 *silentium*——写进笔名，与其说是出于对这部作品在一个"磨灭热情（Lidenskaben），服务学术（Videnskaben）"的时代所遭命运的半遮半掩的认识，毋宁说这部作品本身就是围绕语言的无能和非语言交流，关于信号和无言征象的深远意义这些主题而展开的。于是，读者打开书马上遭遇德国哲学家哈曼[1]的箴言："塔吉乌斯·苏佩尔巴斯[2]在花园里借罂粟所说的话，他儿子心领神会，那信使却不明白。"这听上去很神秘，需要解释。塔吉乌斯·苏佩尔巴斯有个儿子，名叫色克斯图斯·苏佩尔巴斯[3]。他在帮助父亲攻城略地的时候，从刚占领的加比城派出一位信使，到罗马去问父亲下一步怎么办。然而父亲并不信任那信使，于是他一言不发地走进花园，用手杖把所有最高的罂粟花打掉了。信使迷惑不解地将这一幕场景告诉儿子。色克斯图斯·苏佩尔巴斯非常聪明，对这无言的动作心领神会，很快就把城里最有权势的人全部杀死。父与子通过第三者交流，信使站在那里目瞪口呆，什么也不懂。

在重新讲述《旧约·创世记》第二十二章关于亚伯拉罕到摩利亚山上去献祭他的儿子以撒的故事时，沉默的约翰尼斯几乎和花园里的塔吉乌斯·苏佩尔巴斯一样热衷于阐释活动，即他要揭示这个故事内部蕴含的辩证法，以表明"信仰有可能使谋杀成为一个神圣的、让神喜悦的行动，一个多么巨大的悖论"。这一论证

---

[1] 哈曼（Johann Georg Hamann，一七三〇～一七八八），德国启蒙时代哲学家，但由于爱好非理性，并使用神秘预言的语言，很快被视为反启蒙哲学家，人称"北方智者"（套用圣经中的"东方智者"），自称"十字架语言学家"。

[2] 塔吉乌斯·苏佩尔巴斯（Lucius Tarquinius Superbus，？～前四九六年），罗马王政时代第七任君主，前五三五年登基，前五〇九年被革命推翻。

[3] 色克斯图斯·苏佩尔巴斯（Sextus Superbus）生卒年不详。塔吉乌斯的幼子，他强奸卢克蕾蒂亚一事引发了推翻王政建立共和的一系列事件。

分三部分进行，标题分别是"问题"一、二、三——其中对搁置目的的可能性或 223
曰伦理的目的论悬置提问，一个永远不会有直接答案的问题，但采用了假设的形
式：如果没有这样一个目的论悬置，如果信仰不是一个悖论，使个人有可能与普
遍性决裂，并进入与上帝的关系，那么亚伯拉罕就是一个猥琐的罪犯，一个应该
关起来的变态快感杀手。反之，但并不减少假设性，那么就可以自然地推论，如
果存在着合理合法的例外，如果内心性与外在表现不可调和，因此而不能得到直
接观察，如果单一者（den enkelte）高于普遍性，那么亚伯拉罕就是信仰之父和后
世万代的楷模。

"不能为亚伯拉罕而哭泣，人们怀着一种宗教的恐怖[1]接近他，就像以撒走向
西奈山。"沉默的约翰尼斯写道，但他也完全意识到，正因为我们不会像亚伯拉罕
那样行事，才怀着宗教的恐怖走向他。随着时间推移，这个故事渐渐拖成了无害
的千钧一发死里逃生的故事，它本来可以成为可怕的事件，但是谢天谢地结局还
不错："我们大家都知道，那不过是一次考验。"时代的懒惰战胜了这个故事不可
承受的部分，沉默的约翰尼斯的对策是重新赋予这个故事原有的恐怖，并坚持亚
伯拉罕是被陌生而可怕的力量所击败的，是致命的。

为了达到这个目的，他从始至终都运用审美的方法，但他的这部作品开始不
久就动员了无邪的目光来审视这个旧约故事。在"调音"的标题下，沉默的约翰
尼斯讲述了如下故事："从前有个人，他在孩提时代就曾听说过一个美丽动人的故
事。这故事说的是上帝如何引诱亚伯拉罕，他如何抵制诱惑，坚持信仰并出乎意
料地重新得到儿子……他的年龄越是增长，他的思想就越是萦绕于那个故事，他
对那个故事的热情越来越大，他对那个故事的理解却越来越少。最后，他因它而
忘记了一切；他唯一的愿望就是去见亚伯拉罕，唯一的渴求就是去目睹发生的那
件事情。他的希冀是当他走过那三天的旅程时，亚伯拉罕悲伤地骑行在前，以撒
骑行在他的身边。他的愿望是要出现在那重要的一刻，当亚伯拉罕抬眼看见了远
处的摩利亚山，抛下毛驴，和以撒径直上山的那一刻；因为占据他心灵的不是令
人眼花缭乱的艺术织品，而是思想的震颤。"

确定了这无邪的目光，理想状态下读者应有的眼光之后，接着是这个旧约故
事的四个不同版本。通过对这个圣经故事的重述和共同叙述——在这方面克尔凯 224

[1] 拉丁文：horror Religiosus。

郭尔（伪装成口若悬河的沉默的约翰尼斯）是名副其实的大师，他赋予这个故事以现代的生存激情，那灵动的修辞让一七四〇年版的刻板官方《圣经》丹麦文译文黯然失色。

"就是在那个清晨"：四个版本中的每一个都以这样美丽的节奏开始，而每一个版本又都包括甲、乙两部。甲部是关于亚伯拉罕和以撒，而乙部则描述一个母亲的乳头怎样变黑而断奶。尽管乙部在排版上明确地与甲部分离，但这两个部分不仅在文体和语调上，而且在主题上是紧密联结在一起的，因为四个甲部中的每一个都和相应的乙部构成一个欺骗从成功到失败的运动。

四个版本中的第一个也是最长的一个可以追溯到一条标题为《计划》的札记，写于一八四三年三月底或四月初。克尔凯郭尔在这条札记中沉思"亚伯拉罕的行动"，称其为"真正诗意的、宏大高贵的，比我读过的悲剧中的一切都更宏大高贵"，并用同样的笔触寻找"感受到这种冲突的同时代诗人"。寻找的结果是他勾勒了一幅这位失踪人士的草图，在此基础上进行修辞加工，形成了四个版本中的第一个。将定稿与草稿相比较，跃入眼帘的是，亚伯拉罕的非人残酷原来描写得更加详细；像是一段可怕的插曲，一个吓人的原始场景，突破压制的铠甲而获得了自由。目前版本的这一页上，文本的不同之处分成了两栏，定稿抄录于左，草稿抄录于右："就是在那个清晨，亚伯拉罕很早起身给毛驴加上鞍，带着以撒离开了他的帐篷。但是撒拉从窗户注视着他们走下山谷，直到看不见为止。他们骑着毛驴沉默着走了三天。第四天清晨，亚伯拉罕仍然一言不发，但抬眼可以看见远方的摩利亚山。他留下仆从，牵着以撒，向山头走去。亚伯拉罕对自己说：'我绝不对他隐瞒此行将带他前去何方。'亚伯拉罕静静地站着，将手放在以撒的头上为他祝福；以撒躬身接受亚伯拉罕的祝福。此时，亚伯拉罕的脸上充满了慈父的表情，他目光柔和，谆谆诫勉。但是以撒不能理解，他的灵魂不可能升华；他紧紧抱着亚伯拉罕的膝部，伏在亚伯拉罕的脚下求情；为他年轻的生命求情，是为他美丽的希望求情；他回想起在亚伯拉罕家中的欢乐，他回想起悲伤与孤独。此后，亚伯拉罕扶起他的儿子，牵着儿子的手向前走去。此时，亚伯拉罕的话语充满了安慰和叮咛。不过，以撒不能理解。亚伯拉罕登上摩利亚山顶，以撒不能理解。当亚伯拉罕离开他片刻后转回来时，

以撒又重新见到他的面容，一切就都变样了，他的目光狂野，神情恐怖。他当胸抓住以撒，将以撒扔在地上，说道：'傻孩子，你以为我是你父亲吗？我是一个上帝的崇拜者。你认为这是上帝的命令吗？不，这是我自己的愿望。'	他变得让以撒认不出来了。他的目光狂野，表情冷酷，他头顶的头发愤怒地竖起。他当胸抓住以撒。他抽出刀。他说：'你以为，这是为了上帝的缘故我要做这件事，你错了。我是一个偶像崇拜者。这愿望又一次在我的灵魂中觉醒。我要杀你。这是我的愿望，我比食人者更坏。绝望吧，你这个愚蠢的小子，你自欺欺人地想象我是你父亲。我是你的谋杀者，这是我的愿望。'

以撒浑身颤抖，在恐惧中呼喊着：'天上的主啊，可怜可怜我吧！亚伯拉罕的上帝，可怜可怜我吧！如果我在地上没有父亲，那你就是我的父亲！'然而，亚伯拉罕却对自己说：'天上的主啊，感谢你！他相信我是一个非人，也好过失去对你的信仰。'"

以撒不能理解那处境的简明重复，与强调使用视觉隐喻，经常提到眼睛相呼应，这样，情境就清空了言辞，填满沉默，那里什么也不说，仅仅显示。我们确实知道亚伯拉罕说话，但却不知道他说的是什么——文本像一幅有画面的无声屏幕或帆布——当我们听不见亚伯拉罕的声音，那是因为，他不得不说的是没有意义的话。在这种情况下他根本没有说话："即当我说的话不能让我得到理解时，我就没有说话。"

故事就这样转变为一个幽暗的魔性寓言，但与此同时一行复一行地，引导我们进入一个有着深刻象征意义的生平画谜。克尔凯郭尔也在初稿的页边空白处补充道："人们可以想象，亚伯拉罕的早年生活并非那么纯洁无辜，现在让他无声地在内心深处咀嚼着，这是上帝的惩罚，也许让他得到那更加抑郁的想法，即他应该帮助上帝，让那惩罚尽可能严厉。"从这幅人物素描中很容易认出他所借用的纺织品商克尔凯郭尔的特点，他那被负罪感折磨的过去，不仅使他陷入忧郁的自我反省的惩罚，而且让他成为一个恶魔式的"非人"，迫使他孩子的目光转向天上之父。

这虔诚的欺骗引向第一个乙部："当孩子快要断奶之时，母亲的乳头变黑。当孩子不能吃奶时，母乳就不该再看上去诱人。所以，孩子相信母乳已变，其实母亲仍然是同一个母亲，她的目光温柔，慈爱依旧。因此，那不需要用更恐怖手段给孩子断奶的人，是多么幸运啊！"勃兰兑斯等人曾经论证：亚伯拉罕不仅是牺牲儿子的克尔凯郭尔的父亲，也是牺牲雷吉娜的克尔凯郭尔本人。但这些寓言元素远为更加精致，即乙部中母亲给孩子断奶的画面是关于和雷吉娜的关系，在最幸福的情况下不需要像克尔凯郭尔与雷吉娜决裂那样使用激烈手段。为了将生平视野从文本引开，克尔凯郭尔接受了一次文字上的变性手术，化身为那个哺乳的母亲，恰恰是出于对孩子的关爱涂黑了乳头并撤回她的爱。

第二个版本中的情境明显地被迫减速，一切都在慢镜头[1]中进行。亚伯拉罕以机械的听天由命态度完成他的行动，绑好以撒，抽出刀子，但看见了替代以撒牺牲的公羊："从那天以后，亚伯拉罕变得老态龙钟，他不能忘记上帝命他所为。以撒欢快如旧，但亚伯拉罕的眼前一片黑暗，他再也看不到欢乐和愉快了。"在第三个版本的视野里是一个朝着摩利亚山踽踽骑行的亚伯拉罕，他越来越不安并吃惊于自己一度曾"愿意将他的至爱献给上帝"。他到山前匍匐在地，祈求上帝宽恕，他，亚伯拉罕，忘记了对儿子的责任，"还有什么罪比这更可怕呢？"

在第四个也是最后一个版本里，焦点决定性地从亚伯拉罕转移到以撒。老人和男孩到达摩利亚山，情景几乎是牧歌式的："亚伯拉罕为献祭做好一切准备，他镇静而温和，但当他转过身去并抽出刀子时，以撒看到亚伯拉罕的左手在绝望中攥紧，同时一阵颤抖传遍亚伯拉罕全身——但是亚伯拉罕终于还是抽出了刀子。／然后他们重新回到家，撒拉急忙迎上前来，但以撒已经失去了信仰。世上无人谈及此事，以撒也从不向人提起他所看见的事情，亚伯拉罕更没有发觉任何人看见过这一切。"

亚伯拉罕在第一个版本里装出残酷的样子，于是以撒可以逃到天父那里去寻求庇护，而在第四个版本里天父却在不经意中显现。以撒看见了他从来没有见过的：亚伯拉罕的左手在绝望中攥紧，一阵颤抖传遍他的全身。尽管以撒的目光仅只是匆匆一瞥，却捕捉到了亚伯拉罕的脆弱和怀疑，那致命的信息。在读者眼中，恐惧与颤栗，书名上的两个词同时被发送到各自的方向，但很快又重新会合，相互充实：颤栗并不是恐惧的另一个表达方式，颤栗是一个身体的行动或者

---

[1] 英文：slow motion。

一种外在表现，恐惧作为内在的心理现象在外表的显现。颤栗（bæven）和颤抖（Skjælven）之间，在发音和现象上都距离不远。颤抖传遍亚伯拉罕全身，被吓坏了的以撒看在眼里。颤栗是情感的外在表现，一种内心性的流露，而以撒失去信仰则是因为他在亚伯拉罕的颤栗中突然发觉，即便是亚伯拉罕，信仰之父，也不能无条件地信仰——"我到哪里去寻求庇护，"克尔凯郭尔在收回的文本中写道，"当我知道或感到，那唯一让我敬仰他的坚强和力量的人，也失足了？"

亚伯拉罕与刀：阿葛奈特和法里内利

如果说，甲部是关于对一个孩子的攻击，那么乙部就是关于这次攻击对这个孩子成年后的意义：缺少给予的能力。这可怕的感情在《恐惧与颤栗》接近终篇的地方，沉默的约翰尼斯通过重述阿葛奈特和男人鱼的故事而展开。"我在想，"克尔凯郭尔在一八四三年一条没有日期的札记中写道："从其他诗人没有想到的一面来写阿葛奈特和男人鱼的故事。男人鱼是一个诱惑者，但当他赢得了阿葛奈特的爱情时深受感动，愿意完全属于她。但是他看到这不可能，因为这将带她进入他整个悲伤的存在，他在某个时期是一个恶魔，等等，教会不能将祝福的光芒照亮他们。他绝望了，在绝望中沉入海底并留在那里，但他让阿葛奈特相信，他只是想欺骗她。／这是诗，不是那种一切围着笑料和技巧转的猥琐可怜的废话。／这样一个结只能由宗教性解开（宗教性正是因能解开一切魔咒而得名）；如果男人鱼能够有信仰，他的信仰或许能将他转化为人。"

这段诗意的手稿，不论其主题还是术语，都和那些关于雷吉娜的收回手稿有着密切关联，克尔凯郭尔也不能将她"带入"可怕的事情，这是他在订婚期间用逐渐加强的手段试图让她明白的，当时他们经常谈到阿葛奈特和男人鱼的传说。

克尔凯郭尔在札记中指控的"猥琐可怜的废话"有可能是安徒生的剧作《阿葛奈特和男人鱼》，这部将近十年前写的作品于一八四三年四月二十日和五月二日在皇家剧院演出，并惨遭失败。

在这个新版传说故事中，沉默的约翰尼斯完全摆脱了一切甜腻的成分，选择直指男人鱼的恶魔品性。这是通过一系列变异的叙述进行的，其中一个，几个，或许所有变异都在解释，事情何以这样发生，或者更正确地说，是事情何以不曾发生。在初稿中沉默的约翰尼斯采用传统的方式来处理这个传说："男人鱼是一个诱惑者，从大海深处的隐藏处浮起来，带着狂野的欲望攫取海岸上那可爱地低垂着头，心事重重面对大海叹息的纯洁花朵。这是诗人们过去的观点。让我们来尝试一些变化。男人鱼是个诱惑者。他召唤阿葛奈特出来，用温柔的话语唤醒隐藏在她心中的一切。她在男人鱼那里得到了她一直在寻找的东西，然后就注视着海底。阿葛奈特愿意跟他去。男人鱼让阿葛奈特坐在自己的手臂上，阿葛奈特揽着他的脖子；他已经站在岸边，躬身向着大海，准备带着他的猎物跳下——这时候阿葛奈特又看了他一眼，那目光不是害怕，不是怀疑，不是为幸福而骄傲，不是沐浴在欲望之中，而是绝对的信仰，绝对的谦恭，就像那她自认的卑微的花朵，以绝对的信任通过目光将自己的命运交付给他。——看，大海停止了咆哮，它那狂野的怒吼陷入沉寂；构成男人鱼力量的自然激情背弃了他，水平如镜。阿葛奈特又看了他一眼。男人鱼崩溃了，他不能抵御纯真的力量，他的本心背叛了他，他不能诱惑阿葛奈特。他送她回家，解释说，他只是想让她看看平静的大海有多么美，而阿葛奈特相信他。——于是他一个人返回，大海里波涛汹涌，男人鱼心中的绝望更狂野地汹涌起伏。他能够诱惑阿葛奈特，他能够诱惑一百个阿葛奈特，他能够迷住每一个女孩——但阿葛奈特胜利了，男人鱼失去了她。只有作为猎物，她才能够成为他的。"

正如颤抖暴露了亚伯拉罕的欺骗，大自然在这里投票反对男人鱼的计划。他不能忍受忠诚奉献，不能容忍阿葛奈特用无保留的信任迎接他的不怀好意。"绝对的信仰"，"绝对的谦恭"，"绝对的信任"，这些用语非同寻常，不可能仅仅偶然从沉默的约翰尼斯笔下流出：阿葛奈特所有的信仰、谦恭和信任，是亚伯拉罕所没有的，这些都让儿子在恐惧和诅咒中看到了。沉默的约翰尼斯不仅小心地选择描述用语，而且懂得有技巧、有品位地将他的思路在前三个版本中指向目光、视野和眼睛。阿葛奈特不说话，她只看，像以撒一样，但是这能使大海风平浪静的目光也将她完全给予男人鱼，他在无力感中崩溃而不能诱惑她，所以不得不放弃，说他只想让她看看大海——"而阿葛奈特相信他"。

在札记中克尔凯郭尔几乎总是让雷吉娜无言、沉默地进入历史，她在情境中被回忆，在内心被观察和评论，但是在这些情境中她也会突然转向克尔凯郭尔，在一瞬间后看透他，几乎直视读者。克尔凯郭尔在第一次居留柏林期间写道："——当她站在那里，身穿一袭华服——我不得不走——当她无忧无虑的欢快目光遭遇我的——我不得不走——我就出去痛哭。"这里遣词用句的选择是激烈的，因为是彼得在三次不认主之后"出去痛哭"[1]。"有时候我会想到,"还是在居留柏林期间的晚些时候,他自居为另一个男人鱼写道,"当我回去的时候,她也许会坚定不移地相信我是个骗子;她也许会有力量用目光将我碾成齑粉(受伤害的纯真者会这样做)——想到这个我会怕得发抖……人生游戏的可怕之处在于,可以随心所欲地将另一个人带往任何地方。"雷吉娜忠诚的目光让克尔凯郭尔痛苦,因为这让他想起自己失去的直接性和天性。他在她的目光中看到自己,那个曾经是另一个人的自己,那个他永远告别了的自己。他由此又痛苦地想到父亲,因为是父亲,阻断了他与直接性和天性之间的联系。

这样一刀斩断的象征就是《恐惧与颤栗》中沉默的约翰尼斯让亚伯拉罕以险恶的舞蹈设计精度加以运用的那把刀子。除了在第一版里作为成功的欺骗,刀子在后面三个版本里的角色都不仅是工具而是别的东西。刀子的舞蹈设计应用甚至反映到了排版的层面,破折号和断行符协助制造的停顿和空洞,甚至令人怀疑,亚伯拉罕在看见公羊之前用刀子干了些什么。在第二版里开始让人感到存在着不确定性,紧跟在"刀子"后面的一个小小分号显示要屏住呼吸。但多种可能性在第三版里才真正突现,在这句话下面开始新的一段:"他爬上摩利亚山,拔出了刀子。"在黑色字行之间的空白处还发生了什么,只有读者自己去想了。最后,在第四版里,描写失败的欺骗,亚伯拉罕带着一种反抗执行了计划:"但是,亚伯拉罕终于还是抽出了刀子。"请注意,他抽出刀子在文本为他提供公羊之前。如果我们计算所有的文字,不禁从传记角度为作者不寒而栗:在四个版本里刀子出现了四次,而山羊只有一只!

现在我们是不是明白了一些,克尔凯郭尔为什么在给波厄森的便条上用法里内利签名?

"可以从中窥见无限者的缝隙……"

传记层面就在艺术性加工过的材料之下。再创作的冲动来自创伤经验,一种难以忍受的痛苦,艺术可以缓解,但永远不能完全消除的痛苦。

因此,尽管不从传记角度来阅读克尔凯郭尔要求有相当强的意志,但忽略明显的事实来加以抽象,《重复》和《恐惧与颤栗》的义旨还是在克尔凯郭尔其人之

---

[1] 《新约·路加福音》22。

外，并超出其人之上。这两部作品时隐时现地加以追问的，是《旧约》文本在现时代的地位，及其应用的范围，克尔凯郭尔通过反思这些文本的重复性来提出这些问题。如果这些文本属于一个过去的时代，现在仅仅是博物馆陈列品，那么就有必要与之保持距离；如果正相反，这些文本揭示了深刻的基本生存处境和永恒冲突，因此时代不能将其置诸脑后，又将如何？

答案就在沉默的约翰尼斯对《旧约》和传奇人物的现代再阐释之中，但这同一位先生也还乐于诉诸更具体的例证。于是有著名而声名狼藉的"税吏"形象的诗化再创造，一个"信仰骑士"的理想化版本得以在克尔凯郭尔的哥本哈根穿行。税吏和亚伯拉罕一样进行了信仰的双重运动，所以他确定无疑地弃绝一切（如亚伯拉罕弃绝以撒），同时和后者一样凭借信仰的力量，凭借荒谬的可能性，而重新得到一切（如亚伯拉罕通过恭顺的信仰而重获以撒）。"他就在此处。"沉默的约翰尼斯写道，"我已与之结识，已经被介绍给他。当我第一眼看见他时，我立即认出了他；我向后跳了一步，双手合掌，并压低嗓门说道：'伟大的上帝，这就是那人，真是那人；他看上去真像一个税吏！'然而这的确就是他。我走上前去，仔细观察他的一举一动，从那可能会泄露其有限与无限不一致性的一个眼风、一个表情、一个姿态、一丝忧伤、一个微笑之中，发现有无来自无限的不一致性的光学传真图像。没有！我从头到脚地检查他，以便找到可以从中窥见无限者的缝隙。没有！他是实实在在的。"

沉默的约翰尼斯就像永远不能摆脱的阴影，紧跟着他的税吏走街串巷，连篇累牍地寻找那从中可以窥见无限者的小小"缝隙"，但徒劳无功。相反他却成为震惊的见证，原来那税吏以同样的从容走进树林和教堂，看上去能毫不费力地扮演情境所规定的角色。而恰似戏仿亚伯拉罕的牺牲——公羊，圣经故事中释放的奇迹，他在临近黄昏时分想，"到家时太太一定已经为他准备好一份热乎乎的好饭，像烤羊头配菜什么的"。

毫不奇怪，沉默的约翰尼斯将在调和事实方面遭遇某些困难，说税吏是个"信仰骑士"而不仅仅是他那些空虚的行为所揭示的平板布尔乔亚，但这种歧义也自然是整个要点所在：税吏要演示，存在着"一种与外表不可通约的内心性"。所以，不管外表如何，那税吏仍然是一个"信仰骑士"。沉默的约翰尼斯阐发这里的辩证法："他不断地进行无限性运动，但他通过不断正确而准确地表达有限性来进行，哪怕是一秒钟也不会让人发觉别的。"

然而，这恰恰是以撒在第四版里的表现，他发觉了别的，他发觉了亚伯拉罕颤栗中的恐惧。沉默的约翰尼斯睁着一只警觉的眼睛，紧盯着他在文本实验中所塑造人物的类似迹象。而他又是位一丝不苟的绅士，观察着自己作品中的人物像是在观察舞台上的演员，将每一个姿势、每一个台步都标示在内心性天平的刻度表上，供他坐在戏院私人包厢里读取。他还在那里观察信仰的"双重运动"，将其评判为纯客观内心性。例如，他解释道，"无限弃绝骑士"可以从他们"轻盈而大胆"的步履来辨认。这在某种程度上也适用于"无限性骑士"，因为他们会"上升"。尽管他们的向上跳跃灿烂辉煌，落地时却不能马上保持恰当的姿势。他们犹豫片刻，于是暴露了自己："不需要见到他们在空中，只需看到他们触到并已经触到地球的那一瞬——就可以认出他们。"如果能够跳跃进入一个特定的姿势，即"跳跃本身就是站姿"，乃是信仰骑士当中的一个能力，他的内心性被读取，"当人看到刻度表的时候"。沉默的约翰尼斯总结道："那能够做这些运动的人是幸运的，他做得精彩绝伦，我赞美他永不疲倦，不管他是亚伯拉罕，还是亚伯拉罕家中的奴仆，是一位哲学教授还是可怜的女仆，对我来说都绝对没有关系，我只观看运动。但我确实在观看，不让我受骗，不被我自己或者其他人欺骗。"

沉默的约翰尼斯毫不怀疑自己的才禀，但是，如果他不会偶尔上当受骗，而总是能够正确地判断看到的事物，那么只能是因为，内心性在人物的外表得到表现，因此二者并非不可通约。在这种情况下税吏就失落了，因为他内心不可见之得，恰恰是外表可见之失。所以，如果仅仅专注于"运动"，在他的情况下不过是跟随一个随机的家伙漫无目的地在哥本哈根游荡。因此，税吏的例子说明，"人因信仰，而不是因谋杀而像亚伯拉罕"。

在关于一个无名人物的故事里有着截然不同的气氛，他被亚伯拉罕的故事牢牢缠住，甚至一只眼睛也不能合上，他夜不能寐。故事的开始倒是很平静。一个礼拜天，他在教堂里听到这个旧约故事后回家，"想像亚伯拉罕那样行事"。他刚刚做出这个决定，就有一位牧师来访，不能算是为他的计划祝福："……你这卑鄙小人，社会渣滓，鬼迷心窍到如此地步，竟要谋杀你的儿子。"

失眠的人简单回答道："……毕竟你自己上个礼拜日布道时讲的就是这些。"故事就这样戛然而止，沉默的约翰尼斯就这非同寻常的场面评论道："喜剧性和悲剧性在绝对无限性之中相遇。牧师的布道本身也许就足够荒唐，但通过它的效果进一步变得无限荒唐；当然这也是十分自然的。"

232

这最后半个句子十分惊人，它说出了失眠者的行为无论如何毕竟还是"十分自然的"。为什么？因为，那位精神贫乏的牧师说得不对，他并不是鬼迷心窍，而是被那故事所迷惑，所以很自然地愿意重复。他的重复有些像那位税吏，不过二者的区别也是引人注目的，即税吏在他的"内心"重复，而那失眠者则想着在"外部［行动］"上重复——所以那牧师必须加以阻止，但如果他没有及时赶到的话灾难就会发生，那人的儿子将被杀死。十页以后，沉默的约翰尼斯在他的文本舞台上重又排演这一场景：一位牧师讲述亚伯拉罕的故事，但他讲得那么乏味，教众们都睡着了，只有一个人醒着，即那个"受失眠折磨的人"。礼拜结束后他漫步回家继续思考这件事，但随着时间推移思想渐渐活跃，牧师的声音响起："真可怜，你竟然让心灵沉浸在这样的愚蠢之中；奇迹不会发生的。"那失眠的人又一次巧妙地应对道："……这是你上个礼拜日布道的内容。"

牧师在这里被毫不留情地描绘为一个伪君子，他谴责自己造成的事情。"应该怎样解释这个说话人的矛盾？"沉默的约翰尼斯问道，"是不是因为亚伯拉罕相沿成习而成为伟大的人，他的所作所为也就伟大，而当另一个人做同样的事时就成
232　为罪，惊天动地的罪？如果情况果真如此，我就不愿意参加这种空洞的赞颂。如果信仰不能使情愿谋杀亲子成为一种神圣的行为，那么就让同样的判断也加诸亚伯拉罕吧，就像加诸别人一样。"沉默的约翰尼斯站在那个失眠的人一边，他也忍不住要写一段简短的附言："［他］大概被处决了或者被送进疯人院，简而言之，他在所谓现实中非常不幸。在另一个意义上，我想，是亚伯拉罕让他幸福。"最后半句话又一次令人触目惊心。那失眠的人的结局不是上断头台就是进了疯人院，但又是亚伯拉罕让他幸福。为什么？因为真理永远在疯子一边？因为真理从来不在中道（midten）？也许。但同样可能是因为这个故事给了那失眠的人一个叙述的身份，将他从苍白的布尔乔亚命运观中解脱出来。沉默的约翰尼斯由是得出结论："倘若亚伯拉罕不是虚无，不是鬼怪，不是用于消磨时间的消遣品，那么错误就绝不在于这个罪人想做同样的事。"

沉默的约翰尼斯对那失眠的人抱同情并非偶然，因为失眠不仅是对故事中宗教恐怖的恰当反应，而且强调了，这个故事的信息是指向眼睛的，"对那个一度遭遇过这些形象的人来说，他再也不能摆脱这些形象"。

摆脱这些形象——或许像沉默的约翰尼斯在亚伯拉罕故事的四个版本中描述的形象——那个失眠的人永远无法做到，这些恰恰是他失眠的原因。也因此，沉

默的约翰尼斯最终站在他一边，并反问道："无数世代都知道并背诵亚伯拉罕的故事，但这个故事又能让几个人失眠呢？"

沉默的约翰尼斯未能在《恐惧与颤栗》中成功地廓清内心性本身与其外在表现之间的关系。克尔凯郭尔对这个问题也没有终极答案。在他居留柏林期间，一八四三年五月十日至十七日，也就是接近他写下那段后来收回的关于雷吉娜的札记的时候，他曾经反思过这个问题，但主要人物不再取自《旧约》，而是《新约》："绝对的悖论将是，神之子变成人，降临人世，走到各地，无人注意，他在最严格意义上变成一个单一的人（et enkelt Menneske），他有一桩生计，结婚，等等。……在这种情况下上帝就是最伟大的反讽家，不是神与人之父。……神性的悖论在于，他被注意到，如果不是通过别的方式也是通过被钉在十字架上，他让奇迹发生，等等，这意味着他毕竟还是通过其神性权威而被知晓，即便破解这个悖论需要信仰。"

在这些字句里有着《哲学片段》的问题精华，即关于上帝让自己被认识，以及与信仰的自我认知，"信仰的尸检"，[1] 假名攀登者约翰尼斯在此书中花费了极大力气等诸问题。不论第二个约翰尼斯还是沉默的约翰尼斯都不能完全抑制由外及内得出结论的欲望，表明作者受到这方面偏好的折磨，所以归根结底，他不能安于让内心平静。但这是另一个故事。或者更正确地说，那个我们——也——正在跟踪的故事：随着时间的推移，克尔凯郭尔从内心性的死硬辩护者变成了同样死硬的控诉者，因此他的著作可以回溯地解读为心思缜密的内心性取消史，这取消，以一本书接着一本书的方式将其后台老板，实际作者索伦·奥比·克尔凯郭尔推向前台，到头来不再有人怀疑，究竟是谁在说话。

234

---

[1]　"信仰的尸检"，原文为 Troens Autopsi，此语出自《哲学片断》，丹麦文注释对 Autopsi 的解释是 Selfsyn；英译本的解释是 the personal act of seeing (Grk. Autos, self + optos, seen)，所以也有同仁译为"亲见"。感谢王齐博士的建议，列举于此供读者参考。

一八四四年

忧惧的概念

"我静静地坐着倾听内心的声音,倾听那欢乐的音符和管风琴深沉的严肃性;与它们合作并不是作曲家的任务,而是为一个生活中没有更大挑战,而自我设限满足于简单理解自己的人准备的。"这条如此严格律己的谦逊札记写于一八四三年初秋时分,即在克尔凯郭尔开始起草《忧惧的概念》之前不久,而这部作品恰恰是将自我深化和自我观察几乎提高到了心理学唯一合法方法的地位。"在没有理解一切人的艰巨任务情况下",作者在这部作品的前言草稿中写道,"他选择了一个或许被认为是狭隘和愚蠢的任务——理解自我"——这个观点保留在前言的定稿中,作者还自称为"对世界视而不见,仅在自己的意识中旅行的一个落伍者"。

草稿共一百二十五页,写在九本便宜的学生笔记本上,笔记本闪光纸封面的颜色和笔记内容的严肃性形成鲜明对比:第一本是棕色的,第二本是黄色的,第三本是橙色的,第四本是黑色的,第五本是蓝色的,第六本是紫色的,第七本是红棕色的,第八本又是黑色的。另有一本未编号的紫色封面的小册子,以及一本双重意义上没有编号的小册子,上面题着"论忧惧概念的/练唱",为黑色闪光纸封面。这本小册子和其他册子一样在第一页内侧粘着一个小标签,标明购买地点:"尼·克·穆勒/装订厂/乌菲尔德广场九十七号"。

克尔凯郭尔像往常起草一样,将这些笔记本里的纸页顺长边折起,在内侧宽的一栏写正文,外侧窄的一栏留给随后的想法和补充。他在一八四三年十月开始写作此书,在十二月里加紧了进度,但是他突然在第四章中遭遇难题,进入第九本笔记本不久文本就消解为犹豫不决的片段、大纲和关键词。于是他把草稿放到一边,集中精力写作《益信词两篇》和《哲学片段》,这两本书显然写得很顺利,于是他在一八四四年四月回到未完成的手稿,在五月中进行编辑并亲手将其誊清。在此编辑阶段他在几个层面上更改了文本。例如,他在第七本笔记的一页上补充道："将所有'浅薄琐碎'替换为'无精神'。"另一个地方他原来写的是心理学观察："现在重要的是关于安静、沉默、不引起注意，可以宁静地休息，就像女孩胸前的一颗微粒。"——但这种露骨的爱欲在誊清稿上羞涩地消失了。誊清稿所用的厚纸提出的要求也不同于那些廉价笔记本纸，如果把誊清稿的前几页对着光，可以看到圆形的水印，边缘上是权威的拉丁文箴言：PROPATRIA EIUSQUE LIBERTATE——即"为了祖国和她的自由"——顺便说一句，考虑到潜伏在此书主题——忧惧——中的非理性因素，这箴言并非毫无讽刺意义。誊清稿还包括一篇十二页长的前言，克尔凯郭尔在相当晚的时候决定不予采用，在手稿首页的右上角可以读到原因："注意：这一部分不要采用，因为会分散注意力。我将另写一篇简短的序言，随此书排印。"这篇更合适的序言只有两页，有非常多的增删，令人不由得敬佩排字工人的努力。这篇被删除的序言后来被编进题为《序言集》的作品，位列第七，其桀骜不驯却丝毫不再引人注意。

克尔凯郭尔在《忧惧的概念》手稿上实际花费的时间不到四个月，即便对他本人来说也属于手脚麻利的，所以在一篇他考虑过但没有用过的此书后记中坦率承认"本书的写作相当迅捷"。尽管看上去像是急就章，《忧惧的概念》也还是一本极其艰涩的书，有些地方近乎不堪卒读，绝对不是读克尔凯郭尔的最佳入门书。

审视一下此书的手稿可以确认其"写作相当迅捷"一说。例如从第一本笔记中的"引言"可以看到，这本书的书名原来叫"论／忧惧的／概念／一个关于原罪教义问题的／普通而纯粹的心理学反思／索·克尔凯郭尔／博士著"。可见克尔凯郭尔考虑过本名出版，而且用了他的学位头衔：博士。这部作品也并非没有学术抱负：分章节写成，共十三节，五章，章的标题用的是拉丁文 Caput。在书名之前还有一个小小的"论"，"论忧惧概念"，一直伴随着手稿从笔记本上的草稿到誊清稿，让人不由自主地想起克尔凯郭尔的大学论文《论反讽概念》，一部关于忧惧——和反讽一样暧昧的作品，足以构成姐妹篇。然而克尔凯郭尔在某个时间修改了原来的标题，他用铅笔圈掉了那小小的"论"，于是成了现在的《忧惧的概念》。同时他还用剪刀腰斩首页，只留下标题和副标题；"索·克尔凯郭尔／博士"消失了，代之以笔名"哥本哈根守望者"。剪过的边缘留下的一个小小的"著"字显示了这次介入行动。相应地，他也删除了首页背面他原来写在关于苏格拉底和哈曼箴言之下的"索·克"。两处改动都可能是在付排前几天做的。这本书出版的仓促可以从几条注释看出，作者没有根据假名哥本哈根守望者做出相应的调整，

237

而是相当直率地谈到一八四一～一八四二年间在柏林听的谢林的课。而犹有过之的是那张扬华美的给保尔·马丁·穆勒的献词还留在原处——哥本哈根守望者并不认识他！手稿就这样以自己枯燥的事实，为后世经常进行的克尔凯郭尔假名问题思辨性反思构成了一个反讽的提示。

克尔凯郭尔本人显然从未操心过个人献词和假名出版之间的不匹配，他在此书问世后不久就在札记中对自己和后世保证："我和我的作品之间永远处于完全的诗性关系，所以我用假名。这本书一旦发展出什么，相应的个人也得到描绘。现在哥本哈根守望者已经描绘了不少，不过我也在书中给他勾勒了一幅素描。"这幅"素描"当然有若隐若现的克尔凯郭尔本人特点，而且是一幅清爽的心理学家肖像，在他穿上白大褂、戴上专业老花眼镜之前的肖像："正如心理学观察者应该比走钢丝的舞者更加敏捷，以便能够顺应人们，模仿他们的姿势，他在倾吐内心秘密时刻的沉默应该是诱惑性的和妖娆的，这样隐秘的东西能在这人造的不经意和平静中，通过和自己闲谈而获得快感。他还应该在心灵中具有诗性的创造力，将对个人来说仅仅是零散和不规则的东西立即建造成完整而规则的。当他这样完善了自己时，就不再需要从文学书目中寻取例证或者将半死不活的回忆装盘上桌，而是将他的观察提出水面，完全新鲜的，还在扭动着，呈现出整个系列的色彩。"

《忧惧的概念》是一部巧妙惊人的作品，将心理学和神学教义这两个领域相互联系起来。写于一八四二年的一条札记包含了这一共同的问题领域的，后来如此著名的忧惧概念的临时定义，即"同情性反感"（sympathetisk Antipathie），也即是一种善解人意的敌意或者矛盾感情，如今人们经常，有点太过于经常谈论的感情："如今人们经常探讨原罪的性质，然而却缺少一个主要范畴——忧惧。其真正的规定性如下：忧惧是人对所恐惧之事物的欲望，一种同情性反感；忧惧是一种攫住个人的陌生力量，人却无法挣脱，也不想挣脱，因为人害怕，而人所害怕的又是人所欲望的。忧惧使人无能为力，而最初的罪总是在无能为力中发生。"

克尔凯郭尔关于性（seksualiteten）[1] 对歇斯底里和攻击性等现象之意义的深入分析，在以下意义上使他不仅早在弗洛伊德之前就是弗洛伊德派，甚至比荣格更荣格：面对心理学规定性始终坚持一个神学的自我（范畴）。他在现代心理学刚刚

---

[1] 西文 seksualitet/sexuality/sexualität 等等泛指与性有关的一切，包括性征、性欲、性心理、性行为、性倾向、性经验等等。

进入青春期的时代成功写作这部作品——"心理学是我们所需要的",他宣称——只能用他那强大的充满冲突的自我审视能力来解释,否则关于魔性封闭和对善的忧惧等心理现象的分析就是不可思议的了。

众所周知,由于身份问题(identitetsproblemer)也可能源于人在内心深处知道自己是谁,因此也许并不奇怪,克尔凯郭尔不得不和他对其自我的看法保持一点距离,通过一个假名哥本哈根守望者将之诉诸笔端,他也完全可以是另一个守望着的哥本哈根人的笔名,那个人的名字是——索伦·奥比·克尔凯郭尔。

神魂颠倒的忧惧——选自诱惑者教科书

克尔凯郭尔在写作《忧惧的概念》初稿期间曾有过一次发人深省的迟疑,见于蓝色笔记本中间某处。"我总是震惊于夏娃的故事竟然直接进入后世的比喻,"他写道,"因为那里用在她身上的'诱惑'这个词,在普通语言的应用中总是指向男子的。"克尔凯郭尔试图这样来为自己解释:在《创世记》里是一种"第三势力诱惑了女人",即蛇,因此毋宁说是蛇,而不是夏娃,诱惑了亚当。

到这里为止很好,但是克尔凯郭尔接着又承认,现在"只剩下蛇"和我们在一起,他还坦率地承认,其实"无法将它与任何确定的想法联系在一起"。在某种意义上,他不过是从反面来看问题——那是一只神秘的动物,它的力量和意义都不甚明了。

克尔凯郭尔在手稿中关于诱惑的夏娃的思考上加了一个小叉,对应下面的脚注:"如果谁有兴趣在这方面进行心理学的观察,我将请他参考《非此即彼》中的《诱惑者日记》。仔细审视就会发现这篇东西完全不同于小说,有着完全不同的袖底乾坤,学会应用这些范畴是最严肃的,而不是肤浅的研究准备工作。诱惑者的秘密恰恰在于,他知道,女性就是忧惧。"

后来克尔凯郭尔删去了这条附注。出于什么理由删去的,我们只能推测,却猜不出很好的理由。即《诱惑者日记》完全可以当作《忧惧的概念》的"准备工作"来读,因为这部日记也是一个创造与堕落入罪的故事:诱惑者约翰尼斯通过一种高超的心理学实验来塑造或培育考尔德丽娅,让她在人为的压缩步骤中经历疾风暴雨般的发展,在自然为实现自身目的而预留的时间段以内,完成从孩童到成人、从纯真堕入有罪的过程。

这样,《诱惑者日记》完全不是一般意义上的日记,其口气有时候是如此有

239

技术性，眼光是如此临床，这本日记简直像是一本教科书。这份欲望实验室的报告书究竟是怎样溜出来进入公众视野的，始终是一个谜，正确地保持着爱欲实验者的恶魔本性。但是在出版序言中，有一位无名绅士（后来我们得知他是约翰尼斯的熟人），以最优雅的虚构风格揭开了幕布的小小一角。出于精明强干的性格特点，他在同一场合断言，约翰尼斯"完全是精神规定的，不可能是普通意义上的诱惑者"。因此，出版人也要收回给他贴上的"罪犯"标签。出版人继续说道："有时候他确实伪装成一个身形（parastatisk Legeme），在这种情况下他就是完全的感官性。"身形是早期基督教会诺斯替派的技术性用语，指耶稣的身体，只是看上去像是身体，他们将其称之为 *corpus parastaticum*。约翰尼斯的情况也类似：他是有时会采取感官性的形态，但在最深层意义上与他的本质相异。他的力量在于感官性的征服。"愤怒吧，你狂野的力量，"他极具个性地这样说，"触动你激情的海浪，掀起冲天的泡沫，但还是不能征服我的头脑。"

克尔凯郭尔后来在哥本哈根守望者鼻子底下删掉的这条关于《诱惑者日记》的附注，乃是出于心理学的理由——"他知道，女性就是忧惧"——但这条附注也可能是出于其他动机。即两位先生都明显地用眼睛看世界，他们都是视觉动物，约翰尼斯在考尔德丽娅的形象中迷失到这样的程度，乃至于真实的考尔德丽娅从他的视野中消失了。这就是为什么她几乎成了窥淫癖美学的代名词，遍布于日记的纸页。"她看不见我在看她，但她感觉到我在看她，整个身体都可以感到。眼睛闭上了，在夜里；但她的内心却是白昼。"——这就是约翰尼斯在别处称之为"精神宽衣解带"的绝妙写照。

启动整个情节的也是视力。四月九日，约翰尼斯在长堤徘徊，他突然看见了考尔德丽娅，她的全部女性特质让他目眩神迷，以至于他完全记不得她的样子："难道我的眼睛瞎了吗？难道心灵的内在眼睛丧失了力量？我看见了她，但那就像是看到上天的启示，她的形象从我眼前消失得无影无踪。我徒劳地调动全部灵魂的力量来变出这个形象。"于是他开始了长达一个多月的热心搜寻。五月十五日，他又看见了她，并在日记中写道："感谢你，亲爱的偶然性，请接受我的谢意！她挺拔而骄傲，神秘而心事重重，像一株云杉，一次射击，一缕思绪，从大地深处直上云天，不可思议，对自己也无法解释，一个不可分割的整体……她是一个会自我消解的神秘。"一个礼拜以后他就设法找到了接近考尔德丽娅住处的方法，在六月二日他就肯定，她有"幻想、灵魂、激情，简言之，一切基本实在的品质，

240

但她不是主观反思型的"。也理应如此：考尔德丽娅在深层意义上来说没有历史，她生活在和自己的自然天性的直接统一之中，她的爱恋（elskov）偶尔显露，大多表现为朦胧的想望。

因此，约翰尼斯只要刺激考尔德丽娅的这些内在品质，诱惑就已经开始了。这在日记中通过下面这些句子而具体化，每一句都回溯地表明了诱惑者的策略性步骤："通过散文式常识和讽刺打击将其女性特质中立化，不是直接而是间接的，同时施加作用的还有绝对中立的精神。她对自己女性特质的感觉几乎丧失殆尽，但她在这种状态下不能独自面对，她投入我的怀抱，不是把我当作爱人，不，还是完全中立化的。现在女性特质觉醒了。引诱它达到弹性的最大限度，让她与这样那样的现实原则相冲突，她超越了它，她的女性特质几乎达到了超自然的高度。她以全世界的激情属于我。"

这策略之所以有可能得逞，并不是因为这部日记是长篇大论的虚构散文，其中一切都有可能发生，而是因为，约翰尼斯有能力最大限度地利用考尔德丽娅的忧惧。他在这方面的专业精神最明显地反映在他对"有趣"（det Interessante）的感应上。这个概念，很典型地，读者甚至先于约翰尼斯邂逅考尔德丽娅就遇到了。有趣的概念贯穿全书，在不同语境中渐次呈现出其全部次级意义，从最普遍的到极其特定的，但其最本质的心理学特点见于约翰尼斯用来唤起忧惧的行动，从而获得前所未有的，对考尔德丽娅体内深处的情感记忆和力比多力量的控制。于是，作为上述诱惑策略步骤描述的简短引言，约翰尼斯写道："因此，这次战役中策略的总原则，一切运动的法则，永远是在有趣的情境中去接触她。有趣，因而是战斗进行的场地；有趣的一切潜能都应该加以穷尽。"而当他以诱惑性精确逐渐实行了策略性步骤，他就可以心满意足地庄严宣布："在和考尔德丽娅的关系中我是否始终一贯地信守我的条约？即我和审美性的条约，因为是审美使我强大，这个观念永远在我一边。……有趣是否始终一贯得到保持？是的，我敢于在这秘密对话中自由自在地直言。"

设置有趣的情境是将亲密与距离结合起来，或者实施一种奉献的征服，这样就永远不让自己被牵着走，但却总是能感觉到表面之下的激情潜流，同时观察着这些激流在对面女子身上留下的印记。有趣的情境将原则上不可统一的事物，如自然和智力，在一种混合形式中结合起来，这种充满张力的矛盾统一体有可能最接近可视化了的（visualiseret）悖论。约翰尼斯在某个时刻以自己的淫荡揭示了，现在已经有可能在考尔德丽娅内心"产生那不可名状的、神魂颠倒的忧惧，使她的美变得有趣"。

然而，要让这次行动成功，就必须运用强大的间接方法。对，间接或暧昧本身就是这情境的公式，约翰尼斯的日记中比比皆是的处心积虑的准备和爱欲场景都是见证。这样的场景之一是他走向东街，一位"小淑女"突然闯进他的视野，由是引出下面这段独白："低下头朝侧面偏过一点，就可能穿透这面纱窥见真容。当心，这样来自下面的一瞥要比直视更加危险。……她义无反顾地继续走着，无畏地、完美无瑕地。当心，那边过来了一个人，放下面纱，不要让他猥亵的目光玷污您。您想象不出，那影响了您的病态忧惧要很长时间才能忘掉。"

242一方面，作为"小淑女"观察者的另一个观察者，约翰尼斯所处的位置可以内行地评论那有趣情境的舞蹈设计：那女子勉强避免了遭遇那类"来自下面"的危险一瞥，约翰尼斯知道，这通常会产生"病态的忧惧"，因为它正在沉睡已久的欲望中偷窥。另一方面，在此之前不久他还牵扯到完全不同的活动，他（完全得体地）在一处"服饰公开展览会"上，看见一个少女，并且肯定一定会再见到她——"我的睥视不容易被忘掉"。为什么？因为睥视包含着一种暧昧，与矛盾或"同情的反感"相应的，一切忧惧的典型特征。人想望但又不想望 [做某事]。

约翰尼斯要运用一些专门化的技巧，将考尔德丽娅带到他想要的地方。他的第一个策略步骤也就很专门化。作战行动开始，他就变戏法般地弄出了一个尴尬的求婚者，批发商巴克斯特的儿子爱德华，其唯一任务就是让考尔德丽娅对爱情的各种常规形式产生名副其实的厌恶。当普普通通的爱德华和精明算计的约翰尼斯在一间温馨的起居室里坐下，茶炊欢快地吱吱作响的时候，角色已经分配好。爱德华拼命地施展魔法，试图将自己的角色演好；而约翰尼斯则在和考尔德丽娅的姑妈悠然谈论市场价格和黄油生产。在这些国民经济考量的间隙，他会抽空发表意见，就像"在遥远的地平线上闪烁着来自另一个世界的暗示"，让考尔德丽娅明白，他陪姑妈消遣的耐心其实是假的。"有时候我把这个花招玩到让考尔德丽娅对姑妈偷笑的程度"，他在日记中扬扬得意地写道。"这是造假第一课：我们一定要教会她反讽地微笑。但这微笑几乎同样适用于我和那姑妈，因为她不知道应该怎样来想我。……当她对姑妈微笑的时候在生自己的气；于是我掉转方向，继续对姑妈说话，异常严肃地看着她，于是她对我，对这情境微笑。"

当考尔德丽娅对姑妈微笑的时候，读者可以对爱德华微笑，他正在越来越接近一个可怜的角色，几乎达到了漫画式的高峰。约翰尼斯在日记中写道："可怜的爱德华！可惜他不叫弗里茨。"约翰尼斯解释道。他想的是奥柏作曲，斯科利博作词的通俗轻歌剧《新娘》中的人物，一个名叫弗里茨的男角，"生来是蒂罗尔人，做壁纸为生，在民兵中当下士"，他也和爱德华一样，不得不将自己所爱的女子让给另一个人。这里的联系可能有些牵强，确实如此，但这里有一个直率而恶意的逻辑，此弗里茨非彼弗里茨，而是另一个完全不同的人——雷吉娜的新未婚夫，弗里茨·施莱格尔！

243

从姑妈的乖侄女儿和乏味崇拜者的崇拜对象，考尔德丽娅一点一点地注意到内心深处莫名的不安。借助于爱德华，爱欲还只是作为一种没有特定对象的渴望的否定性暗示，或者在等待完成其形态的剪影。而约翰尼斯起到的仍然是外部诱因的作用："她必须自己发展内心……她一定不能欠我什么……即便我确实希图她以自然－必然性投入我的怀抱，并努力让事情朝向她受我吸引的方向发展，重要的仍然是，她不是作为一个重物落到我身上，而是作为精神受到精神吸引。……她既不能是我的物理负担也不能是道德义务。我们两人之间只受自由本身的游戏控制。"

不久约翰尼斯就发现到了扮演求婚者的时候，即便，当然，"这一切都不过是模拟动作"。这位深谋远虑的恋人继续说："我练习了各种不同的舞步，以便能看出从哪一个方向切入为好。"即考尔德丽娅应该在这个"决定性的时刻"陷入"迷恋"。所以场景本身的设计不能太过情色，这会"太轻易预示着下一步将发生的事"，也不能"太严肃"或"太亲切"，更不用说"风趣和反讽"的，而应该"尽可能无意义，这样，当她点头之后无从得知在这个关系后面隐藏的是什么。……她出于爱我而同意是不可思议的，因为她根本不爱我"。求婚更应该是一个"事件"，事后考尔德丽娅会追悔莫及地说："天晓得这一切究竟是怎么发生的。"这个反思尚未结束，约翰尼斯就已经在想事件的流程："姑娘不知道她应该同意还是不同意；姑妈同意，姑娘就同意，我得到了姑娘，她得到我——现在故事开始了。"

嗯，确实开始了：考尔德丽娅通过订婚而被置于一个市民框架之内，而约翰尼斯将促使她对其加以蔑视，这样，常规的形式将被一种无形的，以约翰尼斯为对象的危险欲望所炸毁。当可怜的爱德华为自己所中的诡计而——有充分理由的——愤怒时，约翰尼斯在和考尔德丽娅的关系中则是冷淡的，几乎公然的冷漠。"灵活的，柔软的，非个人的"，他很快就窥视到了自己的行为所带来的新爱欲变形："我和她一起经历了她爱欲的诞生。即便我可见地坐在她身边，我仍然是几乎不可见地在场。就像一场双人舞却仅由一个人来跳一样，我和她的关系也是这样，我就是那个不可见的舞者。"

244 　　为了促使考尔德丽娅认识到订婚是一种不完美的形式，约翰尼斯引她到自己叔叔的家里，未婚夫妻们成群聚集在那里，毫无品位地互相亲吻："终其一晚都听到一种不停的声音，像是有人拿着苍蝇拍在走来走去——那是情人们的亲吻。"与此相平行，约翰尼斯开始了"与考尔德丽娅的第一场战争"，在此期间让自己成为她渴望的对象，但同时小心地躲避她，这样爱欲的能量会在考尔德丽娅体内积累，直到约翰尼斯出现，将拥塞的欲望加以解放和拯救。他还通过寄送内容灼热的短信来强化这激情，随后用冰冷无情来加以冰冻："当她收到一封信，当那甜蜜的鸩毒进入血液，当一个字就足以唤起爱恋的爆发。而在下一刻反讽和冷若冰霜又让她产生怀疑，但又不足以让她停止感到自己的胜利，当她收到下一封信时更感到胜利。"我们有理由大胆假设，这位诱惑者写作者知道自己在说些什么。

　　随着信件中爱欲意象的持续强化，让考尔德丽娅去"发现无限性，去经验，无限性就在身边人那里"的同时，约翰尼斯仍然坚持在愤怒中排演，强迫她去参加叔叔家里那些庸俗的拍打聚会："当她熟悉了这种骚动，由我来加上爱欲的成分，她就会成为我所祈望的样子。那时候我的服务，我的工作，就结束了。我将收起所有的风帆，坐在她身旁。现在轮到她的风帆送我们前进。说真的，当这个姑娘一旦沉醉于爱欲，就要由我来掌舵，控制船速，以免事情来得太早，或者发生不体面的情况。我不时在船帆上挖一个小洞，然后继续前进。"

　　到了开始所谓"征服之战"的时间，考尔德丽娅和约翰尼斯互换了角色。"反转已经完成，"约翰尼斯技术化地解释道，"我开始认真地撤退，而她则会不惜任何手段把我抓住。她除了爱欲之外没有别的手段，而这现在也将根据完全不同的尺度来显示。……她的激情变得决绝，强有力，确定无疑，辩证。她的亲吻将会完整，她的拥抱将没有间歇。"考尔德丽娅的表现很快就会像是"一种精力，好像她是一个女武神"[1]，而约翰尼斯谨慎地继续他的心理学实验，并冷静地记录下："长远来看她不可能靠忧惧和不安来维持她站立不倒的巅峰状态。"考尔德丽娅处在万丈深渊的边缘，只要爱欲继续处在性感弥散状态，她就会坠落。

---

[1]　女武神（Valkyrie），北欧神话中的神/半神，在战场上赐予战死的维京人美妙的一吻，带领他们前往英灵殿。

考尔德丽娅在九月十六日解除了婚约，独自到乡间去了。约翰尼斯继续用写信的形式和她保持微弱的交流。她在一段时间之后离开乡间处所，由他的心腹仆人陪着来到哥本哈根以北一处废弃的房屋。这个地点叫作"目的地"。剩下的只有肉体。

因此，约翰尼斯作为反思的诱惑者必须责无旁贷地经历一次反向的变形，以成为渴望，成为性欲。在这个过程接近结束的时候，他写下了倒数第二条札记，以爱欲的意象揭示了他现在居于其中的神秘形式："在这夜里，我看不到鬼魂，看不到那曾经有过的，但看到将要到来的，在湖泊的怀抱里，在露珠的亲吻里，在遍布大地的雾中，隐藏着那多产的拥抱。一切都是隐喻，我自己就是一个关于我自己的神话，我对这次幽会如此急切难道不是一个神话吗？我是谁并不重要。有限和时间性的一切都被忘却，只有永恒存留，爱恋的力量，它的想望，它的祝福。"

爱之夜究竟是怎样度过的，我们一无所知，于是每个人都可以自己去想象。不过日记的出版人告诉我们，考尔德丽娅曾寄给他一张"便条"，上面关于约翰尼斯是这样说的："有时候他是那么精神化，我觉得作为女人被消灭了。另外一些时候他又那么狂野而激情澎湃，那么充满欲望，我几乎为他而颤抖。有时候我对他是陌生人，有时候他又全身心地投入。当我用手臂揽着他时，有时一切会突然改变，我的怀里是云彩。"考尔德丽娅显然是个博览群书的女子，她懂得用象征来表达自己。她关于拥抱云彩的话典出希腊神话，伊克西翁王应邀去参加诸神的宴会，他在那里兴奋过度，试图强奸女主人赫拉。主人宙斯很技巧地解除了伊克西翁的窘境，他创造出一片云，和赫拉长得一模一样。伊克西翁就和这片云交媾。所以考尔德丽娅接触的并不是一具真实的肉体，而是一片云，一个身形。

第二天，九月二十五日，约翰尼斯离开了神秘的藏身之所，回到哥本哈根，结束他作为反思型诱惑者的日记："为什么这样的一夜不能更长久？我不愿意让人再提起我和她的关系；她已经失去了往日的芬芳。……我不会去向她告别。没有什么比女子的眼泪和女子的恳求更让我讨厌的了，因为这些会改变一切，然而却又毫无意义。我曾经爱过她，但从现在起她不再能束缚我的灵魂。倘若我是神祇，我会像海神尼普顿对宁芙那样，将她变为一个男子。"

这最后几行包括了两个惊人的，显然没有得到满足的愿望。然而，约翰尼斯所做的只不过是表明，他不能像神祇那样创造出考尔德丽娅，但无论如何还是塑

246 造了她。如果我们重新审视她在这个诱惑故事中的真实份额，就会发现考尔德丽娅的男性特质或许略微超过约翰尼斯的设想。

诱惑的日记

"她的发展是我的作品。"约翰尼斯在爱之夜开始前几个钟头这样写道。尽管这句话看上去像是随意抛出的玩世不恭之词，但还是包含着审美和心理学的伟大真理。审美的真理，因为日记作为作品，本身在考尔德丽娅作为女人诞生的过程中成形；心理学的真理，据约翰尼斯本人反复保证，主要参与培育和发展那些潜在的力比多能力，考尔德丽娅的部分天性："我对自己保持着严格的禁欲警觉，这样她天性中的整个神性王国将能够展开。"约翰尼斯如何能在向自然必然性召唤的同时希望得到比较温和的道德审判，并不是很清楚，因为他从始至终都是美感、修辞和人性观察不应该如何加以运用的负面典范例证。他的日记也是一部关于魔性构建的小说。

但约翰尼斯毕竟没有让自己被写成一个仅供用来恫吓和警告的范例，尽管他在爱欲类型学中占据相当的位置。关于这一点也许最好这样来设想，从《诱惑者日记》开始，反方向穿过《非此即彼》第一部分的前半，停在《直接爱欲诸阶段或音乐—爱欲阶段》，唯美者 A 不仅向莫扎特欢呼致意，像"一个坠入情网的年轻姑娘"那样来对他，而且为莫扎特的三部歌剧《费加罗的婚礼》《魔笛》和《唐璜》中的佩吉、帕帕基诺和唐璜的欲望形式提供了原创性阐释。

其中最详尽的处理当然是为唐璜保留的，他被"绝对定义为欲望"，但其音乐性格没有语言，所以他不是战术意义上的诱惑者："他充满欲望。这欲望有着诱惑的作用；如此看来他诱惑。"但也只是"如此看来"。出于同样理由他也不明白，并不是纯粹的欲望在推动他忙于滥交，而是最深层意义上的忧惧，送他出发："他心中有忧惧，但这忧惧也是他的精力。"正是这种精力充沛的忧惧将他和所有其他剧中人联系在一起："他的激情推动其他人的激情运动，他的激情到处激起共鸣，承载着司令官的严肃，艾尔薇拉的愤怒，安娜的仇恨，奥塔维奥斯的豪言壮语，赛琳娜的忧惧，马扎托的苦涩，和雷波莱罗的迷茫，并在其中回响。"

247 然而所有这些人物当中有两个处在唐璜的魔法之外从而外在于唐璜的力量。一个是司令官，唐璜杀死了他，让他成为"幽灵（Aand）"；另一个是艾尔薇拉，唐璜诱惑了她，并以此给她带来了新的自我理解："她一旦受到诱惑就提升到一个更高的境界，具备了唐璜所没有的意识。"

因此，在唐璜与约翰尼斯之间首要的也是最终的区别在于语言和意识。"直接性的唐璜一定要诱惑一千零三个女人，而反思型的诱惑者只需要诱惑一个，"唯美者 A 解释道，并继续指示，"在这里，他诱惑几个已经无关宏旨，他所专注的是他用以进行诱惑的艺术，那一丝不苟的谨慎和深刻的狡诈。"

再回到《诱惑者日记》，就可能描绘出如下图景：考尔德丽娅在和约翰尼斯共度爱之夜以后的情况，相当于唐璜行动后的艾尔薇拉。两个女子都被遗弃在痛苦、耻辱和愤怒之中，但同时也获得了新的自我理解。考尔德丽娅的爱恨交织强烈地表现在关系结束后写给约翰尼斯的三封信中，日记的出版人将其放在诱惑故事开始之前。因此在自我理解方面考尔德丽娅类似受诱惑之后的艾尔薇拉，这是很明显的，但在诱惑之前欲望的强度方面，她则像——这里是致命之点——唐璜！

因此，用到唐璜身上的所有属性，也都适用于考尔德丽娅。"他充满欲望，这欲望起着诱惑的作用。于是他诱惑"，关于唐璜是这么说的，但如果把"他"换成"她"，就可以得出近乎完美的考尔德丽娅性格描述。和唐璜一样，考尔德丽娅代表深不可测的、自然本身释放出的前反思诱惑力，她的性别的化身。也是由于她，她的天性，她的优雅和美，控制着诱惑的万丈深渊，也正是她那精力充沛的忧惧赋予整个叙述以推动力。如同歌剧中的唐璜，她也在日记中到处回响，她的"发展"就是那推动这部"作品"的"忧惧"。约翰尼斯永远没有，而考尔德丽娅在长堤初次登场时就具备的是：诱惑力。

不过，考尔德丽娅作为诱惑力的角色能否和约翰尼斯的诱惑者角色相统一？能，又不能。试图将积极主动性局限在两性中的一方是错误的。诱惑本身是一个游戏或复杂事件的空间，其中各种意图和谋略乃是无可否认的现实，但不像约翰尼斯试图说服自己和读者的那么确定。正确地说，是约翰尼斯被诱惑所占据，随后被一种超主观的力量所控制；实际上，约翰尼斯或多或少只是这种力量自我实现意志的工具性执行者。这也才可以解释，为什么诱惑过程中一切都进行得完美无瑕，好像发生在神话中，或者在一出"无主体的戏剧"里。约翰尼斯一而再，再而三地表达出的谦虚，将考尔德丽娅称为教师、舞伴和镜子，暴露出的都不仅仅是腼腆的修辞。约翰尼斯不是自己作品的主人，他的日记是一种陌生力量作祟的产物，因此应该题为"诱惑的日记"。

约翰尼斯本人或许也感觉到了。两性活动传统规则的反转在日记中有很直接的表达。例如，在根据他的心理学算计预感考尔德丽娅何时将解除婚约的时间点时，他写道："她自己变成了引诱者，诱惑我跨越普遍性的界限"，然而仅以他的词句选择，就会让读者无条件地认真考虑，角色反转的发生可能远比约翰尼斯想象的要早。日记的出版人在前言中的一段话也并非闲笔："他在和考尔德丽娅的故事中卷入很深，以至于他可能表现得像是被诱惑的一方。"

众所周知，这个故事也"卷入"另一个故事，即克尔凯郭尔自己的。要确定约翰尼斯形象中有多少克尔凯郭尔，考尔德丽娅形象中有多少雷吉娜，或者就这个问题来说爱德华在什么程度上像弗里茨，当然是荒谬的。然而，一种平行的传记性解读在心理上也同样不可避免，当克尔凯郭尔心里想着雷吉娜，说"《诱惑者日记》是为了让她却步而写"时，这种解读也就成为无法拒绝的。

由此可见，首先给这部日记以自传性视角的是克尔凯郭尔本人。也可能在他之前还有别人。或许，当初约·路·海贝格在评论《非此即彼》并将《诱惑者日记》设为特定目标的时候，实际上是沿着相似的传记性解读的道路。在这一点上他当然不会止于厌恶、反感和反抗，他也反思作者写作这样一部日记可能的意图。海贝格并不怀疑，一个人有可能像"那个诱惑者"，但他大为震惊于"一位作者竟然会津津有味地想象自己是这么个人物"。无疑，海贝格在这里进行了道德审判，然而他点出诱惑者形象背后的作者，则令人震惊并包含着远远超过道德义愤的内容。海贝格会不会在他的道德审判中放置了一点战战兢兢的猜想，即克尔凯郭尔写作《诱惑者日记》这样一部作品有着完全私人的动机？——即，他在一个像约翰尼斯的人物中寻求庇护，以虚构的形式与实际上有个女子一度成功地诱惑了男子这一可耻的事实拉开距离？简言之，海贝格是不是在影射，克尔凯郭尔不得不写作《诱惑者日记》来诱骗读者，似乎是他在诱惑，而实际上主动的却是雷吉娜？

这种情况下，在海贝格的判断和克尔凯郭尔的迟疑之间就有着某种隐蔽的模糊联系。他在《忧惧的概念》手稿中间开始思考，为什么"与后世的类比相反"，其实是夏娃诱惑了亚当。一八四九年八月二十六日，在回想和雷吉娜在一起的日子，并思考"她真正的力量"时，他直言不讳地写道："当仁慈的上帝给男人以力量，给女人以软弱，他使谁成为最强者？这里有着和女人有关的可怕事实，即她以软弱而屈服——于是男人开始挣扎，以自己的力量。"

在这里，力量和无力感在互不理解中的交互作用，几乎成为独立的存在。但人与之搏斗的不仅是"自己的力量",还有在《忧惧的概念》手稿中所描述的"第三种力量",这是暗示那个先诱惑了夏娃,然后让她去诱惑亚当的陌生力量。

因此,克尔凯郭尔在其札记中非常接近地给出了解释,蛇在神话中究竟起到了什么作用,他还亲身经历了这个解释:蛇象征着诱惑本身的游戏,诱惑作为独立和陌生的力量会选择并占有其行动者。

亚当和夏娃。约翰尼斯和考尔德丽娅。肯定还有别人。

哦,写一篇序言

在一八四四年六月十七日的《地址报》上可以读到某个哥本哈根守望者[1]推出《忧惧的概念——一个关于原罪教义问题的普通而纯粹的心理学反思》一书,一百九十二页,售价约一塔勒。同一处还刊登着另一本新书,书名是有些含糊的《序言集》,幸好还提供了一个消费指南性质的副标题:适合各阶层闲暇之余阅读的轻松读物。作者署名"警觉者尼古拉斯"[2],共一百一十二页,售价五十六斯基令。

这些钱尽管买不了房子置不了地,一八四四年六月的书籍预算或许已经见底,因为三天以前,六月十三日,还有一位名叫"攀登者约翰尼斯"[3]的先生提供了《哲学片段或片段的哲学》一书,一百六十四页,售价八十斯基令,本身还不算贵——如果没有在五天之前花掉三马克四十八斯基令买索伦·克尔凯郭尔的七十页《益信词三篇》,或者花了两马克三十二斯基令购买同一位先生的《益信词两篇》,六十页,那是在同年早些时候的三月五日出版的。做"那单一者"在经济方面也所费不赀[4]。

《序言集》一书除了本身的序言之外还包括八篇编号的序言,代表郑重其事地考虑过却一直没有写成的书的序言,以及从来没有问世的学术期刊的详细订阅通知,因为警觉者尼古拉斯的太太,尽管很可爱,却反对任何一种形式的出版活动:"已婚的男人当作家,她说,是公开的不忠。"警觉者尼古拉斯谦和地对他的读者坦白说,婚礼之后的几个月里他就已经完全"习惯了婚姻生活的方式",但是却突

250

---

[1] 拉丁文:Vigilius Haufniensis。
[2] 拉丁文:Nicolaus Notabene。
[3] 拉丁文:Johannes Climacus。
[4] 克氏称他的作品是写给"那单一者"的,而读他的书要花很多钱买,故有此说。

然被一种不可抵御的写作"欲望"击中，于是开始做一些笔记和其他准备工作。然而他的太太很快就开始怀疑，并威胁说要没收他写的一切，改作其他更好的用途，像刺绣用的垫纸或者卷发纸！一切健康的理性都被她斥之为戏弄。不过警觉者尼古拉斯还是成功地写下了他的《开场白》，他希望在和解的时候能有幸为他疑虑重重的太太朗读，在他不折不扣的惊愕中接受这个建议，倾听和大笑，这就是快乐："我想大家都赢了。她来到我坐的桌子跟前，手臂亲密地揽住我的脖子，请求我把一个段落重新读一遍。于是我开始读，把手稿举得高高的让她的眼睛能够跟上我的朗读。妙不可言！乘我不注意，她把一支蜡烛放到手稿下面。火焰占了上风，什么都救不了，我的开场白烧毁在火中——伴随着一片欢呼声，因为我的太太代表我欢呼。"警觉者尼古拉斯从此获准写作——序言，但也仅止于序言。如此而已。

这个小故事显然是克尔凯郭尔本人对婚姻制度与诗意冲动之间冲突的诙谐表现，但他对序言的文体情有独钟却可以追溯到更早的时段。早在一八三九年五月十七日他就这样描写过一种"放弃一切客观思维"，代之以"迷失在序言的抒情灌木从中，那无可言喻的快乐"，而沉浸在献身于"与读者秘密耳语"。五年以后这在《序言集》中实现了，序言以这种抒情的方式耳语："一篇序言是一种情绪。写作一篇序言就像是磨镰刀，像是为吉他调弦，像是和孩子说话，像是向窗外吐痰……写序言就像是按响一个人的门铃去捉弄他；像是走过一个年轻姑娘的窗户而眼睛盯着脚下的铺路石；像是在空中挥舞手杖抽打风；像是摘下帽子，即便无人可问候。写作一篇论文就像是做成值得引起某些注意的事情；像是在良心上有了值得保密的东西；像是坐着不动请女士跳舞；像是左腿夹紧马腹右手拉紧缰绳，听见那坐骑说'嘘'，全世界都不在话下。像是加入，毫不费力地加入。像是在瓦尔比小山上找野鹅……写作一篇序言像是走到并站在温馨的起居室里，向久仰的人物问候致意，坐在安乐椅上，装烟斗，点着它——互相有说不完的话。写作一篇序言就像是在感受自己落入情网的过程。灵魂甜蜜的不安，神秘已经消散，每一件发生的事情都预示着结局。写一篇序言就像是推开茉莉花墙的枝条，看到隐藏在那里的她：我的爱。就这样，不错，就这样写作一篇序言！那么写序言的人又是什么样的呢？他走出门去，混迹于人群中，在冬天是笨蛋，在夏天是傻瓜。他是'日安'和'再见'二者的合一，永远乐天，无忧无虑，自满自足，一个轻浮的无用之人。对，一个不道德的人。因为他去证券交易所不是为了赚钱，而只是漫步穿过。他不在年度大会上讲话，因为空气太滞涩。他不在任何聚会上提议祝酒，因为那需要提前好几天预约。他不为制度跑腿。他不还国债，甚至没有认真考虑过这个。他的一生就像鞋匠的学徒那样，吹着口哨在大街上走，哪管有人在立等靴子——他必须等，只要还有一段坡好滑，或者一处景点要看，他就必须等。就这样，不错，写序言的人就是这样。"

就这样，不错，克尔凯郭尔就这样写。当他审美地表达那神学上更难达到的直接性的时候就是这样。一个人不需要做更多，只要写好自己支支吾吾的小小序言——坚信上帝将在永恒中的某一时刻将从单一者（den enkelte）破碎零散的讲述中建立起秩序，并写出一篇简洁明了的后记。

评论种种

抒情的耳语毕竟在《序言集》中不占主导地位，事实上在八篇当中最前面的一篇之后就归于沉寂，而释放出了完全不同的散文式激情，有些地方似乎借助于扩音器。第七篇序言，如前所述，原本是为《忧惧的概念》而写的，文中用可爱的恶意对当时文学界的市场机制和自吹自擂粗制滥造的文人进行了讽刺，尤其是海贝格和他永不完成版的黑格尔绝对"体系"。克尔凯郭尔几乎直接指出，他的《乌兰尼亚》一八四四号年鉴（《重复》在这一期上被批评！）出版仅仅是为了赶上圣诞期间热衷花钱的读者。他们即便没有别的本事，至少会欣赏这本书的精美装帧——封面和封底都是厚重的白色闪光纸，印着镀金的装饰边框。警觉者尼古拉斯在这里变身为如此恶意的人，让读者完全认不出本书第一篇序言里那个斯文谦和的已婚男人："众所周知，写作行业里的商人群体在十二月开始了新年的忙碌。于是大批雅致精美，适合孩子阅读和圣诞树装饰，尤其适合用作高雅礼品的书，竞相在《地址报》和其他报刊上出现……噫！我向中国的大神起誓，我绝不会想到，今年的花车上难道是海贝格教授吗？一点不错，正是海教授。当人这样装备起来，就可以出现在惊愕的大众之前……不过'人'会怎样评价这本书？亲爱的读者，关于这一点如果你没有别的方法得知，我们的文学电报管理员海教授将会好意地再次担任税吏清点所有选票，就像当初他对待《非此即彼》一样。"并非最次要的，最后几句话里受伤虚荣心的搏动表明，警觉者尼古拉斯瞬间忘了，写作《非此即彼》的并不是他。然而我们知道，诸如此类的忘性在假名作家的小小群体中并非偶见：哥本哈根守望者也忘了，他从来没在柏林听过谢林的课，也不认识保尔·马丁·穆勒。

土里土气的哥本哈根城里繁忙的出版和评论活动在这本书里的第二篇序言中得到了精彩的描述。警觉者尼古拉斯戳穿了当时的评论家们，向读者提供的是对无数书籍的任意趣味评判，他们对这些从来没有人读过的书只有二手、三手乃至于无穷手的知识。当然不能说克尔凯郭尔在哥本哈根书市上的立场不偏不倚，而他的这种批评也在某种程度上针对自己。他不仅占据了春季书市的最大份额，他的书还被评论家捧上了天。例如，在一八四四年七月三十日出版的《新文件夹》杂志上就在"戏剧、音乐、文学和艺术"栏目下刊登了长达八页的关于《序言集》的评论，指出其"绝妙而有穿透力的语言，不屑于用穿插着黑格尔术语的哲学豪言壮语来表达"。警觉者尼古拉斯并不是一个"对一切愤愤不平的阴沉辩论者"，相反，他以"耀眼的风趣机智"出现，他那"语言在辨证处理之下舞蹈般的轻盈"也得到了赞美。署名为"三一七"的评论者非常担忧警觉者尼古拉斯所声称的婚姻危机，因此，他以辩证的礼貌表示担心，他过于兴高采烈地高声赞美这些秘密写成的短文是否会让危机恶化。同样地，他也充分意识到自己作为评论者的困难处境，因为警觉者尼古拉斯根本不喜欢批评家，他对整个［批评家］种族有着那么强烈的偏见，接受批评——用他自己典型的表达方式来说——就像"剃头匠湿冷的手摸在脸上"一样不舒服。于是，"三一七"选择放弃评论，而用了一整栏的篇幅引用第二篇序言中的"幽默段落"并对其进行释义。然后他着手讨论"作者对海贝格教授其人其事的评论"。写到这里批评家"三一七"突然失语，然后转为完全不同的风格。他不仅称颂海贝格"才华横溢而多产的精神"，还自作主张进行了一次小范围的问询调查，得到了同样的反应：一个沉湎于如此粗暴地批评海贝格的人，肯定没有读过《忧惧的概念》《哲学片段》，以及索伦·克尔凯郭尔的《益信词》之类的书。

可见"三一七"看到了狐狸尾巴，《自由思想者》上的匿名评论者显然也是如此，他把《序言集》与"那非常轰动的《非此即彼》"联系起来。他们很清楚，《序言集》是克尔凯郭尔写的，于是克尔凯郭尔也就不必就这件事遮遮掩掩，就像法学硕士延·芬·吉约瓦特好心帮忙把假名作品手稿从他住处送去排印厂的时候，他感到有必要帮忙遮掩那样。一八四四年五月十八日，吉约瓦特必须在完全秘密的情况下送交归类为假名材料的《忧惧的概念》和《序言集》手稿。两天以后，克尔凯郭尔本人再偷偷地送去封面上有自己名字的《益信词三篇》和《哲学片段》

的手稿。一个人的写作风格以及笔迹的可辨认性都无法抹掉，克尔凯郭尔也在从柏林写给波厄森的信中将自己的作品称为"健康的、快乐的、丰满的、性格开朗的、有福的孩子们，顺利生产，都带着我人格的胎记"。即便他后来的文学生产带给世界的是一些忧郁的孩子，但他们也永远带着那些印记，有时竟是如此明显，即便最有创造力的假名也不能掩饰。风格即人，而这人终究是克尔凯郭尔。

254

　　一方面，克尔凯郭尔拒不承认自己的作品，另一方面，他的写作风格又易于辨认，二者之间的矛盾给他的作家同行们带来不少乐趣。其中亨利克·赫尔茨就在一本笔记中给克尔凯郭尔嘴里塞了如下一段话："我和我的作品毫不相关，除了一千一百一十八篇益信词。……只管听着！他现在从每个人物引用一段话，文本的类型、语言等等全都如出一辙。"另一篇刊登在一八四四年一月一日《知识杂志》上，题为《教会的辩论》的《益信词四篇》评论，口气要尊敬得多。这篇文章是雅各布·彼得·明斯特写的，署名 Kts——由自己名字三部分的中间字母构成的匿名符号[1]。"我深受感动，"主教大人写道，"克尔凯郭尔博士总是将他的益信词献给已故的父亲作为纪念。因为我也认识那个可敬的人。他是一位单纯而淳朴的公民，谦逊平和地度过一生，从未受过任何哲学的洗礼。而他那修养极好的儿子在写作益信词的时候，思绪又怎么总是回到那久已安息的人那里？任何人读到这些优美的演讲词——或者就让我们将其称为布道词——'赏赐的是耶和华，收取的也是耶和华。耶和华的名是应当称颂的'[2]，都将理解这一点。和我一样，儿子有时会看到老父的痛苦失落，儿子看见过他合掌垂下高贵的头，听见过他的嘴唇吐出的那些语句，但同时也看到他以整个人格说出的东西，那足以让儿子感受到他如此优美地解说过的约伯……儿子将自己在那忧伤之屋中从老父那里学到的形诸文字，成为写给每一个易感心灵的布道词，即便不能使读者沉浸在哲学之中，即便它包含的不过是每个人'在家里沙发上对自己所说的话'——也肯定不是'尚可'。笔者无意限制对这篇布道词的感谢，但提出以下问题乃是题中应有之义：这三篇益信词是否起着同样的作用？如若不然，是否部分地由于那'哲学洗礼'来得太过明显？"明斯特的传记性评论让克尔凯郭尔很高兴，多年以后还回忆到这一"他表示认可的小小表达"。

---

[1] "雅各布·彼得·明斯特"这个名字原文是 Jakob Peter Mynster，Kts 分别取自这三部分中间的字母。

[2] 《旧约·约伯记》1：21。

《忧惧的概念》没有得到评论。不过评论过《论反讽概念》的弗里德里克·贝克在一份德文神学刊物上评论了《哲学片段》，并犯了一个让克尔凯郭尔惋惜不已的错误，即"用教训的口气表达其内容"并因此而失去了赋予这部作品实验性质的"反讽的弹性"。哈根也让自己做了类似的事情。他在一八四六年五月中评论了这部作品，他署名"八十"在《神学》上发表了长达八页的文章，其中以相当的篇幅回顾了他在一八四四年二月底在同一刊物上评论的《恐惧与颤栗》。哈根在总体上进行了正面评述之后，在最后一页上强调，在人道的（det humane）和基督教的（kristelige）之间的距离渐渐变得如此明显，人与基督教之间建立联系的可能性似乎受到了威胁。"这是一篇平庸的评论，用'很好的语言'写成，逗号和句号都放对了地方。"克尔凯郭尔咬牙切齿地说，这篇评论的结尾部分是有害的典型黑格尔式"中介"（Mediation）的需要。而中介，在克尔凯郭尔眼里乃是一切事物中最不可忍受者："一位真正理解自己的作家，最好不要有人读他的作品，或者有五位认真的读者，远胜于——借助一位好心评论家的认可——通过中介传播超出作品本身所制造的广泛混乱。这部作品本就是为与中介作战而写的。"灾难和反讽也就由此而完成了："借助于一位评论家笨拙的肯定，这本书被消灭了，召回了，抛弃了。"发完这些牢骚，克尔凯郭尔转入比较冷静的推论，实际上他的《哲学片段》根本不适合在报刊上讨论，因为报刊文字是为浏览一切的人们而写的："这种忙人只有坐在马桶上的片刻才有时间阅读，所以，在最好情况下也只有在他们偶尔腹泻时的那一点空闲，让报纸去填充。"

以色列·莱文

一八四四年春，墨水从克尔凯郭尔的笔端几乎是被鞭打着喷出，不过除了写作之外他还要参加布道学，即布道艺术的考试。考试于二月二十四日在三一教堂举行，他获得了"优等"的成绩。在同一个月里他写出了长约二十页的与海贝格辩论的文章，题为《〈非此即彼〉后记》，其中他自己给了这部作品热评期间从未得到过的天才评价。此外还有无数条札记，孕育着新想法的风暴。他的外部世界也略有改变：一八四四年十月十六日他又从北街三十八号搬回了新市二号，此后三年里他占据了二楼靠市政厅—法院的一侧。"他搬家是朝发而夕至，"汉斯·布罗希纳略带嫉妒地讲述道，"早上出发，当天晚上新住处的一切就已就绪——连图书馆都整理好了——有仆人帮忙。"

但也不是一切顺利。从一八四四年元月起，克尔凯郭尔就一直在打磨后来收入《人生道路诸阶段》的各式文稿，他在八月二十七日写出一份关于正在进行的工作"报告"："《酒后真言》还没有结束，我不断地修改其中各个部分，但不能让我满意……时装裁缝是个很好的角色，但问题在于，所有这些是否耽误了更重要的事情。无论如何，这些都必须快写。如果这样一个时刻不来，我就不想写了。最近创作力背弃了我，让我没完没了地写一部作品，丢下其他想写的东西。"外面的暑热也让克尔凯郭尔变得迟钝，或者用他自己的话来说，懒散。

也是在这一年里，克尔凯郭尔聘用了以色列·莱文。他不仅要像"小秘书克里斯滕森先生"一样誊清文稿，而且要记录口述。这不是一个容易的任务。莱文后来回忆道，当克尔凯郭尔说得热烈活跃起来，伴随着"古怪的姿势"滔滔不绝时，即便纸张已经裁好，叠放好，编号完毕，记录还是很难跟上。不过莱文也经历过相反的情况，即语词不肯听这位博士的话。"情境的描绘，遣词用句的推敲，"莱文讲述道，"都花费了巨大的工作。我们几乎永远写不完'时装裁缝的发言'，而恰恰是在这一点上，通过帮助他度过最无意义的搁浅，我变得对他极其有用。"

莱文具备一位讽刺作家助手的先决条件，他以仇视女性、牢骚满腹和好酒贪杯著称，但同时也是语言学家、文学家、翻译家，并出版了路德维希·霍尔贝格和约翰·赫尔曼·威瑟尔等人的作品。他在很多年里几乎是学生会活动场所的一件固定家具。约翰尼斯·菲比格在回忆中给他描绘了这样一幅极不美好的肖像："在大学生世界里有一位几代知名的文学家，以色列·莱文。他身材矮胖，手臂很长，平足，硕大的脑袋和智慧品格，他那个被压迫种族的典型。他和别的永不毕业的老学生一样乐意和新生做伴，用不倦的雄辩讲述他那些经常不登大雅，有时甚至是玩世不恭的生活经验，很有娱乐性。"

从保存下来的许多短信可以得知，莱文通常在上午十点半或十一点半，或者下午三点一刻或四点半到达克尔凯郭尔的住所。他在一八四四年到一八五〇年间担任克尔凯郭尔的秘书，参与写作《人生道路诸阶段》，校阅《想象情境中的三篇讲话》《非学术的总结性附笔》《田野百合与空中飞鸟》，以及部分《基督教的训练》。某个"礼拜二上午"的便条表达了这些书籍出版时的紧张情景——那时候可没有电话："最尊贵的先生！／人在印刷厂等着；我站在印刷厂——等着；我要离开这里并等着，赶快，您的文体精确度让我不担心太快。／所以一定要快——我的每一天都非常宝贵。／您恭顺的索·克尔凯郭尔。"即便在忙碌中克尔凯郭尔还

257

是不忘论辩。

在忙碌工作的一八四四年至一八四六年间，莱文有时几乎成为克家日常生活的一部分："有段时间我在他那里每天八个钟头，一度每天在他那里吃饭达五个礼拜之久。仅给他饥饿的精神提供养料就让我不胜其烦。我们每天喝极浓的汤，吃鱼和瓜果，加上一杯雪莉酒。然后上咖啡：两把银壶，两罐奶油和一袋糖，每天都装满新的。"这跟在"学生会"闲逛，喝醉酒，说话说到失声很不一样！可接下来就是莱文痛恨的事情之一。咖啡一端进来，克尔凯郭尔就跳过去打开一扇橱门，"里面有至少五十套杯碟，不重样的"。莱文认为这是一种古怪的收藏癖，他也不懂克尔凯郭尔为什么搜集了"数量惊人的手杖"，塞满过道。"好，您用哪一套？"克尔凯郭尔站在装杯碟的柜橱前问道。莱文根本不在乎，只是疲倦地往瓷器堆里随便一指，但克尔凯郭尔不能接受这种任意妄为，坚持要一个解释，于是莱文不得不搜肠刮肚寻找他选择杯碟的理由。

离奇古怪的情景到这里还没有结束。克尔凯郭尔喝咖啡有自己的方式：他兴高采烈地抓起装糖的袋子，把糖倒进杯子冒了尖儿，然后浇上极浓的黑咖啡，让那白色金字塔慢慢融化。这过程还没完全结束，糖浆式刺激剂进入这位博士的胃里，与雪莉酒混合，继而将能量喷射到沸腾冒泡的大脑。这大脑当天已经产出不少，暮色中莱文可以感觉到自己过度工作的手指握住细细的咖啡杯把子时的刺痛和悸动。

正如表面上莱文不得不奴颜婢膝地忍耐有钱的克尔凯郭尔每天测试杯碟，他还在深层次上因这位天才雇主的心理怪癖而颤抖和深为恼火。其中之一就是他的畏火症，对火焰以及相关事物的歇斯底里恐惧。克尔凯郭尔每点燃一支蜡烛或者雪茄都要小心地将火柴梗丢进火炉。一天，莱文随手将火柴梗丢进痰盂，立刻引起了克尔凯郭尔的不满。"您疯了吗？"克尔凯郭尔大声喊道，"您可能把整座房子烧掉的。"——然后他手脚着地拾起那根致命的火柴梗，叫人拿水来，把那根小木棍放在痰盂底的正中，拼命灌水，直到溢出来流得满地。"克尔凯郭尔浑身颤抖，前额冷汗直流，"莱文回忆道，"过了一刻多钟才好歹平静下来。"当他吹灭蜡烛的时候总是非常小心，保持安全距离，因为他认为燃烧后的废气是危险的，吸进去会损害他柔弱的胸腔。

这种过度的紧张已经够糟糕的了，而当狂野的恶魔和黑暗精神攫住克尔凯郭尔的时候，才真的是可怕至极。"他的想象力是如此活泼，那些情景好像就在他眼

前。他好像生活在精灵的世界。"莱文恐怖地这样讲述道，并且不寒而栗地回忆起 259
克尔凯郭尔能如何将"最可怕的事物描述到精确可见的吓人程度"。莱文在别的方
面肯定不是那么娇弱的，而当克尔凯郭尔描述一个希腊恋童癖者的活动时还是恶
心得几乎要吐出来。他的描述如此"细致入微，到了不雅和魔性的程度。……欲
望在他的心灵中燃烧，尽管他的身体静止不动。他在这方面对自己创作的意见是，
需要避免的是猥亵的思想，而不是大胆的表达"。

　　克尔凯郭尔说，莱文带着惊异听。他面前站着一个人，他能把太阳写成黑的，
把魔鬼说掉一只耳朵，但却忘了，别人脑袋上也长着眼睛。只要看一眼这个歪歪
倒倒的小个子，高耸的肩膀，细瘦的腿，就足以让任何人确认，他融入语词岩浆
的那些关于"荒唐青年时代"的忏悔以及其他放荡行为，都不过是空洞的幻想或
小小的过失，他只是为没有做过什么可耻之事而感到可耻！但是，当克尔凯郭尔
开始恭喜莱文的"好运"，作为犹太人"与基督无关"，所以只管"舒舒服服地享
受人生"时，莱文受够了，太够了。他站起身告退，在手杖丛中找到外套穿上，
走回染坊街上湫隘的公寓。

　　令人恼火和不解的是，尽管莱文每天都能见到克尔凯郭尔，却未能提供更多
的背景情况，人们也因此而抱怨他的"冥顽不灵、谨小慎微和迂腐浅薄"。确实，
如果莱文在一八六九年十二月中和炮兵上尉奥古斯特·沃尔夫谈话时肯于花费四
个钟头以上的时间，将会为后世做一件大大的好事。沃尔夫对克尔凯郭尔有着浓
厚的兴趣，他事后记录下了莱文那乖戾的独白。那段时间莱文正在为巴尔佛德出
版克尔凯郭尔遗稿却没有联络他而不满。"这是他的慢性病，他总是认为自己被排
挤、被忽视、被利用，然后被一脚踢开"，沃尔夫在拜访过莱文后致信巴尔佛德时
写道。他还试图说服莱文撰写克尔凯郭尔的"生活"。莱文拒绝了，因为他已经厌
倦了"为他人当牛做马而得不到承认"，此外他也不愿意"去碰这个半高深莫测的
人"。不过沃尔夫最后还是成功地让莱文答应，以后有机会写点关于克尔凯郭尔的
事情，但他一直没有写，也许是因为他不愿意作为克尔凯郭尔的秘书进入历史。

　　但他终究还是作为克尔凯郭尔的秘书进入了历史。莱文身后留下的十五万张
卡片，为编写二十七卷本《丹麦语文大词典》奠定了基础，这也为这部词典中频
繁引用克尔凯郭尔提供了坚实的历史背景。

"来看看我吧"

克尔凯郭尔的极端勤奋让他在很长时间里与世隔绝，但当他没有朋友，也无人想起他时，埃米尔·波厄森却是一个例外。一小叠十九世纪四十年代中期没有日期的便条和短信，用无声的语言诉说着这两个心灵契合却又很不相同的朋友之间的关系。坐在哲学家巷的狭小阁楼里倾谈，或在薄暮时分到城外散步，都已成前尘往事；那时所幻想的未来也已经过去大半。但他们还可以一同进餐，是克尔凯郭尔在外面订好叫人送来的。这样的一张便条几乎是情书："亲爱的埃米尔！／下午来看看我吧。快来。／你的／索·克尔凯郭尔。"有时他们或许也在波厄森处就餐，但还总是克尔凯郭尔乐于请客："亲爱的！／想不想今晚和我一起吃晚饭？我已经订好了餐。这样我在六点到六点半之间到你那里去。那时你在房间里吗？"如果克尔凯郭尔因和莱文一起校对或者其他工作不能去，他就会派仆人阿纳斯送一瓶酒去，那是从国王新广场上宫廷餐饮供应商多米尼克·卡波齐处买来的，并附上一张便条，让波厄森喝的时候为他们两人的健康祝酒。克尔凯郭尔对波厄森的关心还体现在留心可能的职位，也许是克里斯钦港的惩戒院的监狱牧师，或者是和平宫的教区牧师："这对你合适。这里就是罗德岛，跳吧[1]。"

然而这两个知心朋友谈话的间隔还是越来越长了。克尔凯郭尔太忙容易忘事。一天，他乘坐马车在哥本哈根城外若干公里处，"当太阳的光芒穿透我的脑袋时"才想起曾经"答应"[波厄森某事]。从一封大概是一八四四年冬天的信上可以看出，他们的友谊失去了一部分往昔的可靠性："亲爱的！／你好吗？你还活着吗？对，我知道！……我精神上去看望你，肉体上谁也不见。只有不见你让我痛苦。"下面还跟着一则附笔："我简直不能相信这个冬天之后春天还会来，为了至少能唤醒这种可能性的念头今天又买了幽谷百合。"这是一个敏感的有钱人，才会在不应季的时候给自己买幽谷百合，但他爱这花——当年他曾送给雷吉娜"一瓶幽谷百合"香水，现在他的房间里弥漫的不仅是春天的芳香，也是对他那疯狂恋爱的回想。

波厄森在这些年里致力于《科尔乃略书简中描写的宗教生活的发展，Z出

---

[1] 拉丁文：hic Rhodus, hic salta。《伊索寓言》中一位旅行者每到一处就对人说自己在罗德岛跳得多远多远，不信去问罗德岛的人。有位观众对他说："你就当这里是罗德岛，跳给我们看吧。"

版》[1]，其假名作者和神秘的出版人要归功于克尔凯郭尔。波厄森不消说很愿意得 261
到他的首肯。"你今天走的时候好像有些情绪不高"，克尔凯郭尔在一封没有日期
的信中写道，他在信里愿意提供"建议、想法、帮助，诸如此类"，此外他还要求
波厄森，千万不要被"我的独白所打搅"。波厄森受此鼓励，就在胳膊肘下面夹着
手稿去找他，可当他进了门，却见一个陌生人在克尔凯郭尔的房间里。波厄森只
好轻手轻脚地偷偷溜走了。"也许你打算读给我听"，克尔凯郭尔随即写给波厄森
解释道，他只要等一会儿，"那个人就走了，我会有些时间。"可现在不好办了，
他继续写道，因为莱文三点一刻要来，并且"留在这里尽可能长的时间"。此外，
克尔凯郭尔不仅工作"极忙"，而且"病了"，所以请波厄森原谅。作为婉拒的补
偿，他写道："去旅行吧，享受生活，忘掉整个世界，包括我。回来之后我们找时
间和机会。"这些无疑是出于最良好的愿望而写，但没有证据表明，克尔凯郭尔有
时间听取科尔乃略书简中的宗教生活发展，他在一八四五年此书出版时也收到了
一本，却从来没有在札记中提起过。

索伦也没有时间去看望哥哥。彼得·克里斯钦在一八四一年六月十二日与
索菲·哈丽耶特·葛兰结婚，从一八四二年九月起担任西兰岛中部索湖附近的皮
特堡和庆德托夫特教区牧师。从保留下来的马车账单判断，索伦·奥比到一八四
七年九月为止这段时间里，每年都要去几次，每次在那里逗留两三天。他热爱速
度——"和风赛跑让我高兴"——也需要乡村的悠闲、空气和光线。在牧师夫妇
处消夏的外甥女哈丽耶特·隆德回忆他怎样突然乘着马车驰进院子，从车上跳下
来，很快就带动一切活跃起来。"礼拜天的上午，晴空万里，午餐摆在花园里的一
处小土坡上。我还记得索伦舅舅怎样绘声绘色地给我们讲好玩的故事，说笑话。
可是到了晚上，我们躺在小湖边的草地上，那灿烂的欢乐好像被一击打断了。他
只是在深深的沉默中直视前方，梦幻般的。直到月亮升起，像缺了半边的死人面
模一样从朦胧的六月天空中俯视着我们，他才打破沉默。"

"某种意义上说你并不真正了解我的生活，它的意图和目标。"索伦·奥比在
一八四七年五月十九日给彼得·克里斯钦的信（存留下来的十九封信当中的一封）
中这样写道。十九世纪四十年代里两兄弟的关系不再是仅能彼此容忍，他们之间
的对话甚至有某种坦率和亲密。弟弟在一八四四年五月初到达罗斯基勒并买了前 262

---

[1] 科尔乃略（Papa Cornelius，一八〇～二五三），第二十一任教皇（二五一～二五三）。

往索湖的"时刻表",却突然感到疲倦,于是放弃了探望哥哥,乘车回家,一头扎到床上。"我认为上床是最灿烂辉煌的创造发明之一,"他稍后致信彼得·克里斯钦,"这完全是向全世界道日安——或者晚安。"如果亚里士多德把人定义为社会动物是正确的,那么,克尔凯郭尔推理道,他就是名副其实的"非人"。关于这个物种,他在同一封信里回忆起激战街上住的一位有钱的国务委员,他喜欢晚上站在敞开的窗口或者街门口抽烟斗。当守夜人走过,呼喊着"十点钟啦——",国务委员总是把他叫过来,问他刚喊了什么。"十",守夜人回答道。国务委员悄悄告诉他,现在他要去休息了,如果有人问到他,守夜人应该简单地对此人说"舔我的P——"国务委员的话没有写全,因为有点不雅,那意思是:舔我的屁眼。

信仰就是期待欢乐、幸福、善良

这个故事显然不是索伦·奥比为嫂子哈丽耶特解闷讲的那种。耶达,人们这样叫她,是一个娇柔精致的女子,内心深处有着与生俱来的温柔,但也体弱多病,长期卧床。她在卧床四个月后于一八四二年三月产下唯一的儿子,随后她的身体情况急剧恶化。这孩子叫帕斯卡·米凯尔·保尔·艾格·克尔凯郭尔,名字起得很累赘,不过日常只叫保尔。"生活中叔叔的位置对我来说十分珍贵,"弟弟在一八四四年五月十六日给彼得·克里斯钦的信中这样写道,并叮嘱给保尔带去"索伦叔叔"的问候。一八四五年二月十八日信的附笔中还有一次更诚挚的问候,那还不到三岁的侄子被认为"最终将确保家族的名誉不朽,胜过人们给你,以及给我全部作品的尊重"。这是充满爱意的想法和写法,但后来发生的实际情况却完全不是这样。

同样的关心也见之于给耶达的信,共四封,都没有日期,落款都是"您的索·克尔凯郭尔"。一八四四年的第一封信表明,他们其实互相并不了解,当彼得·克里斯钦和耶达住在哥本哈根时,也不常见面。第二封信写于一八四七年,是和作者赠送的《爱的作为》一同寄送的,其中说道,但愿这本书不会和"我哥哥关于有益和有害读物的观点相左"。这本书他原本打算留给自己的,所以不仅"装潢精美",而且已经读过,因此耶达不必费事就可以把这本书当作"任何其他艺术品"来一样看待。第三封信于此后不久收到,大概在同年九月。从信中可以看出,彼得·克里斯钦在哥本哈根和索伦·奥比见面"谈过几次",并告诉他,耶达"仍然长期卧床",那口气似乎在暗示她的病是心理的而非体质性的。不论是哪种情况，弟弟的信谈论的是，当病症不易诊断时病人身边的人们，包括医生在内，常常缺乏耐心："这不是发烧，不是手臂骨折，也不是跌伤——那究竟是什么呢？"可见生病，精神上的疾患，实际上要求病人要有"耐心来承受不耐烦的同情"。这是一个颠倒的世界，但安慰并不属于这个世界，因为当人真正痛苦的时候，才"真正有机会体认到，耐心的上帝才是那完全无条件地忍受并始终如一地为人分忧者"。

安慰的话题在第四封即写于一八四七年十二月的最后一封信里有些变化。病症还是被当作体质性的来谈论，但写信的人显然已经了解了其心理性质："现在，您又病倒了。……有些东西和身体的病症密切相连，这种无声的内心痛苦和缓慢消耗性的忧虑，一方面为被别人忘却——'他们不会想到我'——而痛苦，另一方面为说的话和写的东西不够好而痛苦。哦，丢开这种忧虑吧。"克尔凯郭尔建议耶达尽可能宽心，同时也知道说来容易做起来难。但这能够做到，如果真的想做的话："人们普遍认为，决定一个人思想倾向的是外部环境……但实际上并非如此。决定一个人思想倾向的，本质上在于人自己。例如，对有悲伤倾向的人来说，最不幸的总是最可能发生的。为什么？因为悲伤在他的内心。在这个给定情况下，或许相反的情况是更加可能的，但他任意地加以打破，随即得出结论，他将遭遇不幸。／但什么是'信仰'？信仰就是不断地期待欢乐、幸福、善良。难道这不是一个非同寻常的、幸福的消遣吗？所需要的只是平静心情中的灵活性，每当遭遇逆境，立即从头再来，对自己说：下次一定会成功。"

类似的信也写给了堂弟汉斯·彼得，他完全跛足但智力丝毫未损。汉斯·彼 264
得满怀激情地读着声名日隆的堂兄的作品，尤其是在读到《各种精神中的益信词》里的忏悔性演说时深受感动。这篇演讲中提到一个人，身体的缺陷妨碍他在外部世界的活动，但是他继续承担适用于每个人的普遍性义务。索伦·奥比通常以拒访客于"一层楼梯之外"而著称，却给了汉斯·彼得定时拜访的特权。哈丽耶特·隆德有一次好奇地问，他们到底谈些什么。"大部分是关于上帝之城，"汉斯·彼得回答道，他顿了一顿又继续说，"他的爱心难以形容，又那么理解我，——可当他伸出手臂帮我上马车时我可真害怕。"两个东倒西歪的克尔凯郭尔力不从心地挣扎着，这两个堂兄堂弟其实是难兄难弟。

如果汉斯·彼得白跑了一趟，他可以相当肯定，克尔凯郭尔的仆人很快就会送来一份——用汉斯·彼得的话来说——"他的哲学王"的书面道歉。他通常保留了这些便条，其中之一提供了一个完全辩证的，但很不含糊的对《重复》的评说："实在抱歉，昨天让你白跑一趟……但是别为了我的缘故不再来……相信重复吧——不对，我已经证明了重复不存在。那么就对重复抱着怀疑再来一次；重复在这里将会是，你的第二次还会白跑。重复并不存在（引自《重复》一书）——这样，根据一切属人的或然性你下次会见到我。"

然而，从一八四八年的新年贺信可以看出，辩证法也可以让位给单纯的、亲密的、安慰的语气："新年快乐！我从来不串门拜年，也很少写贺信，除非是例外——而你就是这样的例外。"克尔凯郭尔继续写道，如果要给汉斯·彼得一点"人生建议"，或者推荐一条"人生法则"，他就会这么说："永远不要忘记首要的义务是爱你自己。不要因为你某种意义上外在于人生，在积极参与其中时受到阻碍，在这忙碌世界黯然无光的眼里你属于多余，不要因为所有这些影响你对自己的看法，好像在全能的主仁慈的眼里，你指向内心的生活不如其他人那么有意义。"

"他安慰人，"汉斯·布罗希纳写道，"不是通过掩盖悲伤，而是让悲伤完全清晰地呈现，让人意识到悲伤的存在。然后提醒人，悲伤也是一种义务，但也正因为是一种义务，也就不能被悲伤压倒。"这种对待悲伤的朴素无华的态度也见之于他写给雅·劳·安·科勒鲁普 – 罗森维格的长达十几页的信，他在一八四九年春天失去了外孙女芭芭拉。克尔凯郭尔以激进的方式安慰他："岁月的距离让悲伤更深。（外）祖父母失去（外）孙子孙女总是比父母失去孩子更感沉重。"克尔凯郭尔区分了直接性痛苦和反思性悲伤并进一步说："外祖父和那年轻母亲的悲伤完全不同。青春和生活的希望会帮助她减轻负担，并一点一点忘掉那原本对她较外祖父为轻的丧失。然而他不会忘记，对他来说这次丧失是重复以往丧失的回响。"他还触碰到了那可怕的事实，即人们在悲伤中会开始指责别人，他或她的悲伤不够深——在这种情况下"她，那母亲的悲伤不如外祖父深重"。

在给哈丽耶特·隆德，他最喜欢的已故姐姐帕特丽亚·赛维琳娜和亨利克·费迪南·隆德的女儿的信里，克尔凯郭尔也表现出给人带来快乐的高超技巧。不错，哈丽耶特应该在十一月十五日收到的生日贺信每年都会无例外地迟到几天甚至几个礼拜，但这位富有辩证才能的舅舅经常热情地写别出心裁的信。她给他的二十九岁生日礼物是一幅稚拙的墨水画的水果，附上一段害羞的话，嘱咐舅舅千万不要给别人看——"那太不好意思啦"。但是当哈丽耶特在同一年里满了十三岁的时候，克尔凯郭尔的回礼是一幅近乎拙劣的花卉素描，花瓣向四面八方伸展，粗壮的花茎上有一片叶子。他向她保证，他花了至少八天来画这朵花，而且一夜没合眼才画完。在画面的右边，那难以抑制偏爱笔名的艺术家精心写道："一朵生日之花，某先生恭谨栽种。"哈丽耶特还没来得及为这鲁莽的对待而生气，克尔凯郭尔的仆人阿纳斯又出现在客厅里，交给这个茫然不知所措的生日女孩一个纸包，里面是保尔·马丁·穆勒的遗作！

下一年，克尔凯郭尔的生日祝贺还是像往常一样晚了，不过哈丽耶特也没有落得空手，和迟到的贺信一同到的是香水和芳香永存的祝愿："一切都好，亲爱的耶达。祝你快乐，'永远快乐'，这是对你可能有的悲伤所能提出的唯一建议。如果你高兴，我将永远保持不变的奉献/爱你的/索·克舅舅。"接下来的一年贺信和礼物还是到得相当晚，但在一八四六年十一月，克尔凯郭尔创下只迟一天的个人纪录，这让他的情绪如此高涨，以至于把"咖啡杯子"写成了"杯子咖啡"，前者是和信一同送去的礼物。其实原来是有计划的，但他在匆忙中忘了把杯子附上，于是只好匆匆再写一封信，为不幸的忘性道歉并派仆人再次出发，这次才带上杯子。

克尔凯郭尔去世的时候哈丽耶特是二十六岁，但她在一八七六年才开始写回忆录。这些回忆不能说是客观的，但写得极其清新活泼，她对"索伦舅舅"的爱十分感人——尽管因为她习惯于心事重重地直视前方而被他叫作"眼镜夫人"因而从来没有完全原谅他。她在回忆中描述了她和表妹应邀去参加的一次小小的午后聚会："我们一到，索伦舅舅就送给我和表妹每人一束那个季节很稀罕的幽谷百合，然后递给我们美丽的礼物。我们还没来得及说完感谢的话，索伦舅舅忠实的仆人，那在圣诞节和生日带来许多惊喜的著名阿纳斯就来报告，马车等在门外。'好，我们马上出发！'索伦舅舅欢呼道。'去哪儿？'谁也不知道，直到我们停在事先安排好的城里各种有趣的地方，看到以前没注意到的好玩东西。奇怪的是，那次出游我只记得一只海豹，它那像人一样的忧郁的眼睛给我留下了深刻印象。回到家里我们玩抓彩，奖品是各种各样的东西，大部分是书。晚餐端来了，包括三明治，装饰着精致美丽花朵的杏仁糕和香槟酒。索伦舅舅是关注体贴的主人，而阿纳斯则是勤快的侍者。"

那时候哈丽耶特还没有行坚信礼，所以大人们认为这次安排不合适，太过分，尤其是那香槟酒。哈丽耶特记得，那天晚上回家后听到大人们在说"惯孩子"，还有几句关于"那个怪人"的刻薄评论。可是迷迷糊糊的哈丽耶特却非常开心,她永远忘不了那次经历。

索伦·奥比对堂姐奥古斯塔可没那么好的骑士风度。奥古斯塔非常喜欢自己的公寓,一而再,再而三地要堂弟去看。索伦·奥比终于打起精神去看过,回来写道:"我终于去看了奥古斯塔的公寓。又小又难看。"

一八四五年

"大得足以成为一座大城市"

"我的一些同胞认为，哥本哈根是一座乏味的城市，也是一座小城。我却认为不然，它因临海而清新，即便在冬季我也不能忘怀它的山毛榉树林，这是我所能想望的最快意的居所。大得足以成为一座大城市，又足够小，小得人不至于被标上市场价格。"

这是《人生道路诸阶段》中对克尔凯郭尔的哥本哈根的深情描述。根据一八四五年的人口调查，这座城市有十二万六千七百八十七名居民。这座小型堡垒城市环绕着陡峭的高墙和宽阔的护城河，所有进出城的行人车马都必须通过四个狭窄的城门，东门、北门、西门和阿迈厄门当中的一个。出于安全考虑每天晚上城门都要关闭上锁，然后将钥匙交到住在阿梅莲堡的国王腓特烈六世手里——这个做法一直保持到一八〇八年。不过北门还是留了一条缝，放夜猫子们——交了两个斯基令之后——溜进城。礼拜三和礼拜六赶集的日子里，农民在城门外排起长队，送来他们的货品，面粉、土豆、黄油、牛奶、肉、鸡、羊、水果、烧酒、干草、兽皮，以及这座城市需要的一切东西。进城需要付费并接受所谓"口袋查看人"的检查，这些人总是能找出些毛病，比农民预期的要多，所以这支一八四〇年时由八十五人组成的、在城墙内执勤的小型警察部队遭人痛恨。同年废止了打火印，刑罚限于笞刑，即把人绑在木台中心的木柱上进行鞭打，一直罚到当罪为止。而城里的一百八十八名守夜人则完全不同，他们受到爱戴，他们的任务是报告火警、报时，并根据要求唱守夜人之歌，到一八六三年为止，夜里每个钟头都要唱。最后，他们还要照料城里那些驱散浓重黑暗，但只在根据历书没有月亮的日子里才点燃街灯。

就在这座城市里，丹麦的黄金时代形成了一种智识温室效应。大大小小的人物摩肩接踵——不过他们在纯粹形而下的意义上都很矮小，那一时期男性的平均身高是一米六五！用现在的眼光来看，这座城市住满了近乎侏儒的居民[1]。因此，当身高一米七三的格隆德维谈论侏儒人形中的巨人时，他不完全是在说俏皮话。

一七九五年夏天的火灾将京城里的九百五十座房屋夷为平地，随后是一八〇七年发生的无情攻击，英国人的一万四千发炮弹越过城墙落到哥本哈根。人们在焦土上建设，渐渐地，这座城市又以最优美的新古典主义风格重新站立起来。克·弗·汉森设计的纪念碑式建筑——法院和市政厅、大都会学校、王宫教堂、克里斯钦堡和圣母教堂——那种严谨的风格也在私人住宅的面墙上传播开来。平整的表面刷上石灰岩和砂岩色涂料，明显区别于老房子那突出的正面墙，哥特式装饰，和扭曲排列的华丽壁柱。现在，楼层的窗户之间点缀一条窄窄的水平装饰带，高贵的门框，或许还有顶部三角形山墙上的几个细节装饰，就足够了。街道拓宽了，以确保救火车行驶畅通，建在拐角处的房屋必须缩进形成两个四十五度角，这样，路口不再是交通瓶颈，却形成小小的广场。服饰也趋向简单。男人们穿细腿裤，脚蹬高腰靴，身穿色彩鲜艳的丝绸或天鹅绒背心，镶闪光扣子的蓝色或棕色上装，系丝围巾，头戴黑色或深棕色的丝质高帽子。唇髭不再是军人的专利，上年纪的男人嗅鼻烟，年轻些的男人在外面吸雪茄，在家中抽烟斗，与书籍为伴。女性服饰在整个十九世纪四十年代自然而清新，直到十九世纪五十年代中期裙撑开始其恐怖统治[2]，才不复以往。

坐落在国王新广场上的皇家剧院是哥本哈根人的文化集合点。这座剧场在经过无数次改建后已不再美观，而内部也更加糟糕：一堆乱七八糟的门、狭窄的楼梯和不规则的通道，观众要在这里挂他们的外套。座位是包裹了皮革或粗糙布料的狭窄木条凳，楼上包厢里的位子也没有靠背。剧场设备都已老旧，油灯照明严重不足。然而也是在这里，诗人奥伦施莱尔和海贝格庆祝他们的胜利；在这里，芭蕾大师波诺维利跳舞和编舞——在这里，克尔凯郭尔是观众。

经济终于在十九世纪四十年代复苏，为人们享受娱乐提供了可能。在克里斯钦八世国王的保护下，一位名叫格奥尔格·卡尔斯滕森的近卫军中尉成为京城的娱乐大师[3]。这不是偶然的选择。作为几家消遣性周刊的编辑，卡尔斯滕森先前就

---

[1]　本书初版的二〇〇〇年丹麦男性平均身高为一米七九。

[2]　原文 krinolinen 系用马尾和亚麻，或鲸鱼须之类硬质材料制成的架子，将裙子撑大。穿这种裙装行动不便，故称"恐怖统治"。

[3]　法文：maitre de plaisir。

为订户们安排过庆祝活动，有一年请他们观赏晚间灯火通明的玫瑰宫花园，下一年又在克里斯钦堡的骑术大厅安排了一次成功的新年庆典，共历时三天。他把大厅装饰成东方风格，点燃四千支蜡烛，订户可以免费入场，其他人需付一塔勒。新闻界对此印象深刻，参加者的热情也成倍增长。然而，他最大的成功无疑是在一八四二年获准建造趣伏里（Tivoli）游乐场，并在一八四三年八月十五日落成。这几个月里，克尔凯郭尔正在为《恐惧与颤栗》杀青，并开始准备写作《忧惧的概念》。

如果在造访趣伏里之后需要平静和安宁，可以漫步到有几千居民和乡村田园风光的腓特烈贝格。那里的花园最大的观赏点是瓦尔比山坡上的国王行宫。直到一八三九年为止，国民之父腓特烈六世每年都在这里度过整个夏季。礼拜天下午，熙熙攘攘的人群可以看到国王陛下穿着海军上将的制服和家人同乘平底驳船，由他摇着驶过花园里纵横交错的水道系统。大约一钟头后在那个有中国式茶馆的小岛弃舟登岸，双簧管音乐家们在夏日下演奏得如此美妙，让人恍如身处童话世界。然后，上层布尔乔亚们就在附近小巷街和箭镞街上的温馨花园茶座喝咖啡。克尔凯郭尔爱这座花园，他经常坐在那里吸着雪茄，望着女侍们沉思冥想。在《诱惑者日记》中关于这些女侍有长达数页的精彩描写，其中来自新宿舍一带的姑娘得到最高分，她们"丰满、水灵、皮肤光洁、开朗、快乐、明快、健谈，有一点风骚，而最好的是没有别的头饰"，只戴着那么可爱的"俏皮小帽"。

与此形成鲜明对照的是克里斯钦港，哥本哈根其余部分与阿迈厄岛之间的城区，那里毫无田园风光，几乎令人不快。克里斯钦港是克里斯钦四世国王于十七世纪初仿照荷兰风格建造的，由水道和街巷构成的直角形对称城区。丹麦失去商船队和海军舰队之后，人们赖以为生的造船、配置和除锈等工作也随之消失，克里斯钦港的情况急剧恶化了。这个城区的居民人口在十九世纪四十年代有所增长，但那仅仅是因为房租低廉而吸引了穷人迁入。克尔凯郭尔在漫步中注意到这里的特殊氛围，拥挤而凄惨的城区，废弃的仓库。这是另一个世界："长桥因其长度而得名。作为桥，它确实很长；但这座桥的长度作为路却并不很长，很容易就能走过去。当你站在桥的另一端，在克里斯钦港，再来考虑这一点，就会发现这座桥确实很长，因为你似乎离哥本哈根非常遥远。"

270

"——我差点和她们一同起舞"

克尔凯郭尔是个大写的哥本哈根人，他对这座城市了如指掌，或许还胜于指掌。当他在柏林的时候为不必"在一座熟悉的城市里总是能找到出路的边角潜行"而感到"庆幸"，但是没过多久，他就渴望回到哥本哈根的边边角角了。鞋匠休瓦堡存留下来的一些账单用干巴巴的数字见证，他是怎样名副其实地擦着地皮穿城过巷。他穿一种特制的软木底皮靴，以支撑他瘦弱的腿，也更适合作为自费"警方间谍"在城中无声地走过。所费不赀。皮靴本身价值八塔勒，仅一八四九年十月他就换了至少五次鞋底和鞋跟。

很少有作家像克尔凯郭尔那样几乎把哥本哈根的大街小巷——按字母排列从阿迈厄桥到东门 [1] ——全部写进作品，而且写得十分认真。例如，当他让一个人在火枪巷住下，"以便在孤独中发明一种新宗教"，哥本哈根读者们马上就明白那一定是一种凄惨的宗教。小巷中的前排是典型的小布尔乔亚住宅，但侧面和后排就住着赤贫的人们，其中澡堂巷就是克尔凯郭尔最经常提到的。就是在这条小巷里，他想象出了一个女性的奇妙命运，将她的人生道路描述为下面的悲惨抛物线："早年爱情广阔公地上的皇后，统领一切夸张傻事的名义女王，现在是澡堂巷拐角上的彼得森太太。"

写于一八四二年的零散手稿中有一份"街道督查员日记选"的草稿，包括"一只老鼠变成愤世嫉俗者的故事"以及考虑写成大型戏剧的"阳沟板的故事"，因为有"大洪水"之类的舞台提示。在下一年里克尔凯郭尔计划以"大街小巷"或"纵横交错"为题描写他的城市，应该是哥本哈根一天中几个钟头的阴郁描写："九点：上学的孩子们。十点：女仆们。一点：上流社会。"设想是描写"不同时间里生活的不同色彩，就像水的颜色因鱼群而变化一样"。克尔凯郭尔毫不怀疑这种文体："…… 开始应该以一首抒情诗献给我亲爱的京城和居住之所——哥本哈根。"

德国旅行指南作家赫尔曼·阿琛巴赫于一八三六年到过哥本哈根，在许多负面印象之中，他尤其恼火叫卖蔬菜水果的女人那"令人作呕的尖叫"，她们应对"破坏一切形式的和谐"负责，"只有丹麦人才习惯得了"。幸好，克尔凯郭尔是丹麦人，于是他不仅习惯噪声，而且享受噪声，用敏感的耳朵加以记录，旧市场上

---

[1]　阿迈厄桥（Amagerbro）和东门（Østerport）的起始字母 A 和 Ø 分别为丹麦文字母表的第一个和最后一个。

271

喷泉周围的瓦尔比女人怎样叫卖鸡鸭鹅和鲜蛋，旧海滩上的鱼虾贩子怎样用嘶哑的嗓子叫卖海鲜，高桥广场上的阿迈厄女人怎样用荷兰口音叫卖豆苗[1]。一天，克尔凯郭尔正独坐沉思，突然被一个女人"樱桃，六斯基令"的叫卖声唤回现实，"来自早年最初的回忆；只是她在这些年里改变了一些，她的嘴歪了，影响了她说出'斯基令'这个词"。别的时候，礼拜天的气氛会突然变得如此精彩，一定要落到纸上："阳光如此美好而活泼地照射进我的房间。隔壁的窗户开着。街上寂静无声。这是礼拜天的下午。我清楚地听见邻街窗外，那个美丽姑娘的窗外有一只云雀在鸣唱。我听到远处一个男人在高声卖虾。空气如此温暖，而整个城市一片死寂。"

克尔凯郭尔使这座城市的语言成为他的，从而也成为后世的："你徒劳地在书中寻找的，会突然灵光一闪，从两个女仆的对话中出现；一个绞尽脑汁想不出来，翻遍词典，即便是科学学会的词典也找不出来的表达方式，会从过路的大兵口中听到，他做梦也不会想到自己是怎样的富有。"一八四六年元月里的一天，他听到一个马车夫评论另一个车夫，显然喝醉了，驾车风驰电掣地驶过，说这号人是"喝多了把自个儿折进阳沟里的玩意儿"。克尔凯郭尔不同时期的札记中随处可见这类现象学发现，声音、光线、街头生活，但最巧妙的还是偶然性与一种艺术上的必然要求在他的身旁相遇而造成的一种情境。例如一八四五年一天晚上发生的事："很古怪的，今天晚上我走到西门去，天已经黑了。在一条小巷里我经过两个男孩，我几乎没有注意到他们就走过去了。这时我听到其中一个给另一个讲故事：'然后他们去找一个老巫婆。'今年夏天一个晚上在神父湖边也碰到同样的情况。那是两个小姑娘，其中一个说：'然后他看见了远处古老的城堡。'我想，即便最伟大的诗人也未必能创作出这样的效果，让人想起扣人心弦的童话，关于远处的古堡，关于然后，或者他们走了很久很久，直到，等等。"

距离神父湖一箭之遥的地方就是"爱之路"，沿着黑堤湖、神父湖和圣乔治湖城里一侧的通道。行家还要把这条路分为三段，黑堤湖一段是"婚姻路"，神父湖一段是"爱之路"，而圣乔治湖一段则是"友情路"。就是在这条路上，克尔凯郭尔让《诱惑者日记》中的考尔德丽娅在一个春天的夜晚义无反顾地走着，她毫不迟疑，一切却都在命运的监视之下。一天清晨，当克尔凯郭尔沿着"爱之路"漫

272

---

[1]　阿迈厄岛上的农民多是荷兰移民及其后代。

步的时候，他遇到了一支"奇怪的游行队伍"：几个年轻姑娘跳着舞向他走来。不过是几个傻丫头，"轻浮"，他一开始想道，但当他走近一看，却发现她们背后有两个吹笛子的"年轻人"。"看来世界上还有这样的诗意，"他快乐地在札记中写道，接着又加上一句忧郁的，近乎痛苦的话，"——我差点和她们一同起舞。"

克尔凯郭尔观察到别人忽视的东西，放大别人倾向于漠不关心的细节，但他的目光并没有迷失在情境之中，而是经常伴随着情境做象征维度的反思，他的目光是寓言式的："矛盾，穷人灵车上的车夫把马毯盖住马身子的半边，以便于抽打…… 死亡的深刻性。"过了一段时间："一个古怪而悲惨的景象：看见一匹可怜的老马被套在车前，已经挂好了马粮袋却不能吃。或者一匹可怜的马，粮袋没挂好，所以吃不着，却没有人想起来去帮助它。"克尔凯郭尔确实想过要帮助那匹马，却终究没有做，就像他想跳舞而终究没有跳一样。

有时候，虽然情景是悲剧性的，却又充满喜感，例如一八四〇年里的一天，富有的克尔凯郭尔在格林根散步时遇到一个形迹可疑的人，从犯人和穷人劳动的仓房院出来："今天我在格林根遇到一个从仓房院出来的人，他递给我一封信让我读给他听。信是这样开始的：诚惶诚恐五体投地敬禀者，等等。——我不自觉地抬眼去看，他是否匍匐在地，但他却并没有。如果他跪下了，是不是更有喜感？喜感难道不是在于言行之间的矛盾吗？"

然而有时候，并不是现实为他的目光提供诗意材料，而是他的目光在现实中搜寻用来测试艺术的原则："如果有朝一日可以用样本来检测什么是美学和艺术意义上的永恒形象，其基本氛围在于各组成部分从属于总体的永恒形象，会是非常有趣的。卡拉桥海滩外的海面上有一条船，船尾站着一个人在叉鳗鱼，他非常用力，船头翘起来，指向天空——层次丰富的灰色天空：这是一幅永恒的画面。…… 艾斯罗姆湖上也要有一条帆船，但船上是一名女性。"另一些情况下只是世风一瞥，也随着微风潜入札记："礼拜天下午，一位盛装的女士，乘着一艘爱斯基尔森的帆船，在水道上游弋。"克尔凯郭尔几乎着魔地迷恋这些情景，以照相式的快速瞬间抓住永恒，其中几乎总是有一个女性的形象："这也是一幅永恒的图景（引自札记 NB 4 中间某处）：一座花园的尽头是灌木丛，一条小溪沿着灌木丛流淌，——那是在早晨——一个穿晨装的年轻姑娘独自散步 / 仓房院小溪 / 最能充分表达这意境。"

"沐浴在人群中"

克尔凯郭尔从童年时代起就喜欢走路，他爱消失在稠人广众之中或者漫无目的地走过陌生的道路。一八三七年七月中旬，他讽刺那些市侩，他们的"道德就是各种警方条例的概要"，他们从来不会"向往未知的、远方的事物，感受不到生存虚无的深刻性，不会享受口袋里揣着四个斯基令，手拿一根纤细的手杖，悠然出北门的乐趣"。

克尔凯郭尔的身姿很容易辨认，那"高耸的肩膀，骚动的、有时是跳跃的步态"，阿图尔·亚伯拉罕在回忆录中生动地描述道，他沿着湖畔漫步，真正兴奋起来时还用"那细长的手杖尖端抽打路边的小花小草"。"跟他谈话总是让我非常开心，"艾琳娜·博伊森写道，"可是和他一起走路会引起注意，这让人恼火。因为他那么古怪地挥舞手杖，经常停下来站在街上，比手画脚，高声大笑。"后来竹制手杖换成了"那把永不离身的伞"，提谷·斯潘这样称那件为克尔凯郭尔的街头形象增色的必需品。克尔凯郭尔本人则于一八四〇年在一张零散的纸片上将伞当作欢快的拜物教对象。以"我的伞，我的友谊"为标题，他讲述了下面的故事，"大雨倾盆而下，我被所有人抛弃，在国王新广场，茕茕孑立。然后，伞也背叛了我。我因不能决定是否应该为它的不忠将它抛弃而变得愤世嫉俗。我是那样喜爱它，不论晴天下雨总是带着它。为了向它表明，我爱它不仅出于用途，有时在我的客厅地板上走来走去，好像在外面街上，全身靠着它，打开它，下巴支在把手上，贴在嘴唇上。等等。"根据克尔凯郭尔死后的家中物品拍卖清单，他有三把伞，"一把绿绸伞""一把黑绸伞"和"一把小黑绸伞"。

无可否认，克尔凯郭尔活动的地理半径——以萨丁为最西点，维堡最北，柏林为最东最南——与他现在的全球地位之间构成一种奇特的关系，但是也正因为精神和旅行范围之间的不一致，克尔凯郭尔可以心平气和地将哥本哈根当作他的世界。"总的来说哥本哈根的街道是他的大型接待室，他从早到晚走来走去，随心所欲地和一切人谈话。"哈丽耶特·隆德写道。而在这一点上她得到克尔凯郭尔兴高采烈的支持："我把整个哥本哈根当作一个巨大的社交聚会场所。不过，一天我把自己当作主人，走来走去和我请来的亲爱的客人们交谈；另一天我假设一个大人物举办聚会，而我是客人。此外，我还根据不同情况来穿衣戴帽，用不同的方式问候。等等。"

274

尽管这关于穿戴的最后一点或许可以归结为有些过分的生动描写和虚构激情，但同时代人关于克尔凯郭尔的回忆里毕竟充满了来自街头的情景。"尽管我"——克尔凯郭尔在一八四四年写道——"每天和大约五十个老少人等说话，我还是有责任尽可能和每一个人从上次、上上次的谈话说起。更不要说每个人都是我注意的对象，即便上次见他已经是很久以前，一看见他，他的表达，他的思想活动，

275　都会立刻生动地呈现在我眼前"。这段话里数字的准确性当然无从考证，不过即便将一切神话美化成分除去，克尔凯郭尔作为街头哲学家仍然是一个历史的事实。来自菲因岛的牧师弗里德里克·尼尔森曾就这位以假名著称的作家给出令人耳目一新的评论："如今还是假名时代，尽管人人都知道作者是谁，那个瘦小的男人，一会儿在东门碰到，一会儿又出现在城市另一头的边缘，那个看上去无忧无虑，逍遥自在的人，谁都认识他。"

谁曾和他们后来那么出名的同胞一起散过步，似乎数不过来。彼得·克里斯钦·扎勒保证，"大部分哥本哈根名人"都和这位博士"手挽手，肩并肩"散过步："政治家、演员、哲学家、诗人，老的和少的，简而言之，最不相同的人们都可以夸耀说自己认识索伦·克尔凯郭尔。"芭蕾舞大师，编舞者奥古斯特·波诺维利也是这样一位名人。奥古斯特说"曾有幸经常和他一起散步，并且从他源源不断的机智和敏锐中获益"。波诺维利从来没有读过《论反讽概念》，不过在漫步过程中得到一点补偿："我学到了这么多：反讽不是愚弄、嘲讽和尖刻的同义词，而是我们精神生活中的一个重要成分。"波诺维利认为他现在明白了，反讽是"防止我们自怜自艾、无病呻吟的含泪的微笑"。

并非每一个和克尔凯郭尔散过步的人都留下了书面记载，远非如此。这个沉默群体中比较突出的一个是诗人、医生兼恋爱文学作家埃米尔·奥拉斯特鲁普。他住在洛兰岛上的纳斯特镇，但爱来哥本哈根，除了做别的事外，还散散步。他们是什么时候认识的，无可查考——克尔凯郭尔只字未提过奥拉斯特鲁普——但他们的关系至少可以追溯到十九世纪四十年代。奥拉斯特鲁普请一个朋友问候格隆德维和克尔凯郭尔，如果遇到他们"而没有更好的话可说"的话。奥拉斯特鲁普在一八四八年某次返回纳斯特镇的路上情绪高昂，因为得到几位女士的亲吻，

276　并"和索伦·克尔凯郭尔一起长时间漫步"。当奥拉斯特鲁普在一八五二年计划到京城一游的时候，答应牧师安德烈·克罗，一定代他问候克尔凯郭尔。当奥拉斯特鲁普去见这位博士的时候，"像往常一样在最后一天"。奥拉斯特鲁普是个胖子，

克尔凯郭尔是个瘦子，他们一起散步时活像移动的"10"。两人都极端敏感，都有深刻的自我意识，这两个具有不可调和差异的人却显然都喜欢和对方做伴。奥拉斯特鲁普说克尔凯郭尔是他"喜欢的作家之一"，就像他厌烦了安徒生"无尽感伤的糖果商人"角色。克尔凯郭尔肯定也受到奥拉斯特鲁普这个文艺复兴人物的吸引，对他那贪婪的生活欲望和我行我素感兴趣。根据诗人克里斯钦·温特，奥拉斯特鲁普也是——保尔·马丁·穆勒死后——讨论美学问题的最佳人选。

克尔凯郭尔在博士论文《论反讽概念》中的某处提到苏格拉底时用了一个表述，说他是"偶遇的大师"，当他漫步在雅典的大街小巷，总是"以同样的态度和皮匠、裁缝、智者、政治家、诗人，少年和老人说话，和他们不论谈什么都谈得一样好"。在写于一八五〇年年初的一条札记里，克尔凯郭尔做了这样的回顾："为了能承受我这样的精神紧张，需要散心，通过在大街小巷偶遇来散心。"尽管外形相差悬殊，这两个逍遥者的相似之处还是明白显著——克尔凯郭尔是哥本哈根的苏格拉底，而苏格拉底则是雅典的克尔凯郭尔——然而他作为"偶遇大师"并不仅是出于哲学或心理学的理由，也是出于基本的接触需要，既是交流的也是身体的接触需要。克尔凯郭尔很单纯地需要日常"沐浴在人群中"，用他的话来说。另据威廉·别克戴尔说，挽住所有同行者的手臂是"他的习惯"，也让散步更加亲密。众多同时代人都注意到这一点，这有助于破除后世关于克尔凯郭尔内敛、害怕身体接触的神话。

汉斯·布罗希纳也经常和克尔凯郭尔挽着手臂散步，他可以描述这警觉的哥 277 本哈根人如何进行心理学研究："他的微笑和目光的表情都丰富得难以形容。他有一种用目光从远距离问候的方式，眼睛微微一动就表达出那么丰富的内容。他的目光可以无比温和，充满爱意，但也有闪烁和挑逗的成分。对过路人一瞥就无法抗拒与那人'亲密交往'的冲动，用他的话来说。而被他这样看到的人则不是受到吸引就是感到反感，困窘，不确定，或者被激怒。我曾和他走过一整条街，在此过程中他都在向我讲解，怎样通过与路人交往进行心理学研究，而在阐述理论的同时，他将这理论应用到我们遇到的几乎每一个人身上。他的目光所及，每个人都产生了可见的反应。他在同一场合和那么多人轻松交谈也让我惊奇，有些话是从以前谈话拾起的话题，将这话题向前推进一步，到达下次有机会再继续的一个点。"

散步经常会脱离常规，除了克尔凯郭尔的心理学问询和随时随地的实验，这位博士的蟹行猫步也起了一部分作用。布罗希纳回忆道："由于他身体歪斜造成的行动不规则，跟他一起时总是无法保持直走，而是不断被推向路边房屋和通往地下室的台阶，或者排水沟。再加上他指手画脚和挥舞手杖，这路就更难走了。时不时地，必须抓住机会转到他的另一边以获得足够的空间。"这是一个精神，一个辩证精神在街上走，所以要在人行道上蜿蜒前行。于是，或许还会突然斜穿到马路对面，有阴影的一侧，因为这位天才不喜欢强烈的光线。在关于克尔凯郭尔怪癖的长长清单上，莱文列有："他躲避阳光，当他散步的时候总是走在路的荫凉一侧，他像是中了魔一样，坚决不肯走到阳光之下。就是因为要躲开一束照到路上的阳光他把斯潘牧师得罪了，他一边躲一边说，'但我不想麻烦人，您请随意'。"

那时行走、散步、遨游，或只是漫步，在哥本哈根变得非常时髦流行，因此有必要让交通更有秩序，并从法律上明确规定步行者在人行道上的权利。根据一八一○年颁布的警方公告，要求步行者让排水沟保持在其右手。克尔凯郭尔走呀走，有时候就越了界。"任何情况下都不要失去走路之乐，"他在一八四七年给哈丽耶特·克尔凯郭尔的信中说，"我每天都在走向健康，从任何一种疾病走开；我走出了最精彩的想法，我也不知道有什么负担不能在走路的过程中摆脱。……只要坚持走下去，一切都会好起来。"也许是这样，但是克尔凯郭尔在匆忙中忘记了，他的嫂子长期卧病在床，难以接受他这好心的建议。还有一些时候他也走得太快。茱莉·汤姆森从一八四五年开始带着五个孩子守寡。她在一八四八年收到他这样一封信："亲爱的茱莉！／很明显今天我们对你的小儿子不够好，我们，走得太快，他哭起来是我们的错，不若说是我的错。从孩子的观点来看他哭得完全有理。所以给你写这封信，和包裹一起送去。"和这封信一起发出的是一篇改写得很生动的格林童话，而随信送去的"小包"是表示一种补偿："代我问候那小家伙，并告诉他这盒玩具是那个今天带着他走得太快的陌生人送的。"签名："爱你的／堂弟索·克。"

说他"走出了最精彩的想法"并非夸张，因为他写东西是笔能走多快就写多快，那只有如他自己解释的那样，"走路的时候将一切准备好"，才有可能。所以他的散步是小心地根据头脑中的想法校准的。弗·路·李本贝格曾经谈到他的惊讶之情，克尔凯郭尔会突然中断他们的谈话，几乎在句子说到一半的时候，说道："现在我要回家去写作……我每天准时工作。"李本贝格目瞪口呆，问道："但你能总是准时写得出来吗？""如果我刚坐下时写不出来，"克尔凯郭尔答道，"稍过一会儿就写出来了。"然后抬一抬帽子，祝李本贝格日安，走回家去。据施约特说，他经常一进门就冲向书桌，"站着写很长时间，帽子也不摘，手里还拿着手杖或者伞"。

克尔凯郭尔在家拒人于千里之外，和他在外面的亲切随和的程度一样。"他住在一套雅致宽敞的公寓里，"提谷·斯潘讲述道，"有许多摆设了考究家具的房间，有供冬天取暖和照明的设备，他经常来回走动。就我记忆所及，每一间客厅和起居室里都摆放着墨水、笔和纸，他在家中漫步的时候可以随时将想法用几句话或者符号记录下来。"斯潘继续写道："他很难容忍在家里接待客人，他的仆人不得不经常对来访者否认他在家，只有少数例外。"挪威作家兼女权主义者卡米拉·萨莱特想拜访哥本哈根文学界的头面人物，遭到温特和安徒生拒见后，一天去克尔凯郭尔的住处拜访，仆人不得不让她失望，告诉她博士不在家。她伤心地走到街上，失望地抬头看了一眼那套公寓，而克尔凯郭尔正站在窗口，他们的目光短暂相遇，不自觉地点头互相致意，双方都很惊讶。奥托·辛克的经历不同，但同样怪异。一天晚上，他走过北街上克尔凯郭尔那灯火辉煌的公寓，决定做一次不速之客。辛克见克尔凯郭尔穿着晚礼服，便转身要走，却被留下谈一会儿："我问他是不是在等客人，他说：'不是，我从来没有客人，但我不时会想象出这样一个客人，从一个房间走到另一个房间，享受陪客人的想象。'我觉得这个解释很奇怪，但还是在他那儿忍了一个钟头。他很讨人喜欢，有时候极其风趣。"在一个既"很讨人喜欢"又有时"极其风趣"的人那里"忍"，看上去像是自相矛盾，但也可能最好地表述了他们在一起时的张力不对称。奥托·辛克是演员，但他显然遇到了对手。

不过，如一条未经采用的《我作为作家活动的观点》的附言所揭示的，克尔凯郭尔严格自律的在家工作形式并非无懈可击："如果我在散步的沉思中产生了想法，回到家里时，被想法压倒了，每一个词都只等着写下来，我在某种意义上如此虚弱，几乎走不动……如果在路上一个穷人对我说话，而我因某个想法而兴奋得没有时间和他谈话。于是，当我回到家里，所有想法都消失了，我沉浸在最可怕的心理顾虑之中，我会想，我对那个人所做的，上帝会对我做。相反，如果我给自己时间和那个穷人谈话，听他诉说，就从来不会出现上面的情况，当我回到家里，一切都准备就绪［，可以动手写］。"

对穷人的关心在这里充满了这么多激情，难免会让人产生不和谐的感觉，但

280 克尔凯郭尔对普通人的异常关心是真诚的，这也在他的基督教实践中得到了一系列的见证。一八四九年，当他和这座城市以及和别人的关系变得彻底扭曲时，他还是含蓄地在札记中解释道："我愿和单纯的人一起生活，用友善、关注和参与的态度来对待社会中那个被所谓的'基督教国家'完全抛弃的阶级，让我无以言表地满意。我能做的在很多方面都没有意义，但对那种人却恰恰是有意义的。这样的例子我有几十个，让我们来举一个。一个来自阿迈厄岛的妇人坐在拱廊里卖水果，她看上去很老，家中有老母，我有时帮她一点。当我向她问好的时候，并没有做什么实质性的事情——却让她很高兴，让她精神振作，每天早晨都有一个人走来，从不忘记向她问好，有时说几句话，她也许会看作是生活中的快乐。这个阶级的人通常要在前厅站着等很长时间也未必能说上一句话。一个他们总能在街上看到的人，一个他们总能走近去说话的人，这是多么大的鼓舞，在很多方面都是多么大的鼓舞。"

城墙以外的人们也能享受到克尔凯郭尔毫不勉强的亲近。汉·卡·罗斯特就讲述过，这位博士如何在多年里是北西兰岛荷尔霍尔姆地方"驿站"旅店的常客，他怎样乘着马车风驰电掣而来，在这个罗曼蒂克的环境里消磨一天。"他经常站在牛栏旁和牛倌谈天，有时候人们看见他和一位老石工一起坐在路边。他和这位石工谈得特别多。这位石工遇到旅馆里的人总是要问：'博士什么时候来？'他还愿意补充说，'他人真好'。"

"驿站"上无拘无束的气氛尤其要归功于负责招待的女主管雷因哈特，芳名雷吉娜！据说她认为克尔凯郭尔这个人"特别好"，家人有时开玩笑说他是她的"狂热"。这种感情某种程度上是相互的，因为克尔凯郭尔总是给这第二位雷吉娜带去"他出版的新书"，与第一位雷吉娜不同，第二位雷吉娜有着必要的宗教基础。一八五五年里的一天，家中一个"年轻人"看到她正在读《瞬间》里的一篇，就问她看得懂看不懂。她愤怒地回答："我看得懂看不懂？当然懂，我每个字都认得。"此外这位雷吉娜还懂得准备美味得只应天上有的小牛排，配上正确的莱茵白葡萄
281 酒——圣母之乳（克尔凯郭尔因其名而特别喜欢的半干葡萄酒），最后端来这位天才客人运转迟缓的胃所需要的十二颗煮圣手李子。

瞧，这才是真正的雷吉娜！

"我当然是贵族——"

这座城市是克尔凯郭尔著述的写照：变换和纷扰，从阳光斜照下精美的新古典主义风格广场到后面嘈杂喧哗的幽暗小巷，几乎没有过渡。克尔凯郭尔在哥本哈根的大街小巷中漫游，他的招摇过市和写作生涯紧密联系，他无处不在而又无处在，亲密地和每一个人谈话，但同时也是矜持的陌生人——如格奥尔格·勃兰兑斯所说的那个精确的悖论："那个人人都认识的，封闭的人。"

马腾森不懂这一点而受到冒犯，海贝格惊异不已，顾左右而言他。但对克尔凯郭尔来说，身体，即便是倾斜扭曲的身体，乃是生死攸关的交流之点：从作品后面浮现的那个人，以这种方式放弃了权威，如果他从不出现在街上人们就会无意识地赋予他的那种权威："一位本质上受苏格拉底和希腊人形塑，懂得反讽并开始大型写作活动的作家，他恰恰不要权威。为了达此目的，他正确地看到，通过不停地在街上走，一定能削弱自己留下的印象。"

这种与其作品的间接信息形式相联系的放弃权力（magtafkald），据克尔凯郭尔本人说，乃是自《非此即彼》出版以来的思想标志物。当他在死前两年清点自己的成就时，特意向一切有用的"八卦嘴"表示感谢，否则他的阴谋诡计永远不会成功："关于我在捉弄人方面多么富有创造力，如果我愿意讲的话，足够写一本书。/ 我在校对《非此即彼》同时写作益信词的那段时间里，根本没有时间在街上走。于是我采用了另外的方法。每天晚上，我精疲力竭地从家中出来，在米尼吃过饭后，到剧院去待上十分钟——一分钟也不多停留。因为谁都认识我，我估计剧院里肯定有各种各样的八卦嘴，他们会传播：他每天晚上都在剧院里，别的什么也不做。哦，亲爱的八卦嘴，我是多么感谢你们呀，没有你们，我永远无法实现我的愿望。…… 这样在我的心灵中有一种来自四面八方的幸福和谐，人们对我的印象就这样削弱了。"——忽然想到，这是哪一个"我"呢？

随着岁月的流逝，一开始那种无忧无虑的"口袋里揣着四个斯基令，手拿一根纤细的手杖，悠然出北门"，逐渐变成了一个示威行动，反对他看到的同时代知识分子对待具体和一般事物的那种傲慢："不错，我当然是贵族（每一个真正有意识地向善的人都是，因为这样的人总是很少）——但我愿站在街上，在稠人广众之中，在有危险和阻力的地方。我不愿（像马腾森、海贝格等人那样），怯懦而软弱地生活在精心保持的距离之外，在受到幻觉保护的精选圈子之中（大众难得见

282

到他们，于是错把他们当作人物）。"

克尔凯郭尔以苏格拉底和基督为榜样，二者都退出建制机构，来到大街上。苏格拉底与智者作战，基督瞄准法利赛人——而克尔凯郭尔则瞄准马腾森和海贝格，将等量的诡辩和法利赛做派融入软弱精致的人。无可否认，克尔凯郭尔自称无私的逍遥实践渐渐渗入了一些独断成分，但他终其一生都忠于这个原则："不折不扣地将日常生活作为舞台，走出去，在街头传授。"

他的高贵激进主义也正在于此。

"我认为格隆德维是胡说八道"

彼得·克里斯钦三十七岁时被任命为西兰岛中南部索湖附近的皮特堡和庆德托夫特教区牧师。两个月之后，一八四二年十一月十一日，他在哥本哈根圣母教堂由明斯特主教正式授予神职。这样，明斯特终于把这位才华横溢又在他眼里同样难以对付的神学博士安置到了适当远离哥本哈根圈子的地方。

然而，没等彼得·克里斯钦、哈丽耶特和小保尔在新环境初步安顿下来，政府就在一八四二年十二月二十七日颁布了一份名为《关于丹麦浸礼派教徒的公告》的文件，宣布从那时起国家教会的牧师将有义务给父母为浸礼派的孩子强制施洗。这种强制施洗和彼得·克里斯钦的神学原则完全不相容，于是当公告发布后不久，一个农庄主抱着一个父母为浸礼派的十个月大的孩子来，期望他按照"公告"的要求施洗时，他不得不拒绝履行自己的职责。这样他就完全站在格隆德维一边。格隆德维在这年早些时候发布过题为《论宗教迫害》的小册子，尖锐地批评了宗教事务中的任何国家干预。对他来说无可争议的是，"国家教会强迫浸礼派再洗礼，无异于公开允许他们随心所欲地洗来洗去"。因此，彼得·克里斯钦必须坚持拒绝，以便让明斯特及其下属明白，"他们如此不顾一切地贯彻强制洗礼所严厉对待的绝不是皮特堡的牧师，而是我主基督、教会历史和常识"。

作为国家教会的最高代表，明斯特主教既不能也不愿接受彼得·克里斯钦的决定，于是要求他重新考虑。彼得·克里斯钦不愿违背良心行事，于是明斯特不得不另找一位牧师给这个孩子施洗。然而这件事的原则性质变得愈发严重。连续发生国家教会将一切仪式准备好，要受洗的孩子却被他们的母亲带走的事情。这样令人震惊的事情发生过几次之后，彼得·克里斯钦在一八四五年二月十六日接到政府发来的最后通牒：如果不在十四天之内开始强制施洗，就将被解除职务。

283

这份不祥的文件送达彼得·克里斯钦之前几天，他那城墙内的弟弟就听到了有关流言，并于二月十日发出一封长达几页的信，在对明斯特的原则认同和对彼得·克里斯钦的个人同情之间迈着小碎步来回辩证："你们两个人我都喜欢，不愿意见到你们发生冲突。"可以理解，彼得·克里斯钦感到迷惑不解，写信要求进一步解释。这封信在索伦·奥比收到后立即烧了，不过从他的回信里可以看出，他认为彼得·克里斯钦应该坚持己见，"最终，主教不会贯彻到底"。他也没能贯彻到底，他抽签抽到了最短的那根草茎 [1]，不得不颁布这个领域里更宽容的决定。

这种情况让两兄弟都很痛苦。虽说是血浓于水，但彼得·克里斯钦是格隆德维派，而索伦·奥比则几乎是其对立面，他是明斯特的人，就像明斯特曾经是父亲的牧师。一八四五年二月九日，即他给彼得·克里斯钦发出那封辩证信函的前一天，他在王宫教堂听了明斯特的布道，觉得很"精彩"。然后走回家，写作《非学术的结论性附笔》手稿，其中将格隆德维进行了现象学的戏仿式处理，取材自多年来在札记中积累的大不敬评论和反思，并加以扩展。

从精神禀赋（Mentalitet）史的角度来看，一个令人震惊的事实是这两个对晚近丹麦神学和教会生活共同产生了最深刻影响的人——克尔凯郭尔和格隆德维——竟然在属人的可能性范围以内对一切都具有各自不同的观点！他们自然有著名的相似性：二者都对教会理性主义和或多或少源自德国的思辨哲学持批评态度；二者的教育观都属于同时代人当中先进的，因为他们都懂得，真理永远是对话的，而不是悬浮在空中的抽象独白；二者都反对那个时代布尔乔亚美德、精神人道主义和浪漫感情的柔性混合；二者都——以完全不同的方式——将自己和普通民众、人民紧密联系在一起；二者都知道，人不是"有理性的肉肠"（格隆德维语），而是"激情"（克尔凯郭尔语）；二者都与国家教会及其代表，哥本哈根帮派，尤其是明斯特一派处在日益紧张的关系之中。然而相同点也就到此为止，剩下的是惊愕、厌恶和嘲讽。

嘲笑格隆德维并不是克尔凯郭尔的创造发明，而是那个时代聪明人喜欢的消遣。早在一八一七年，海贝格就出版了一本《新 ABC，为青年格隆德维之荣誉和快乐服务的一个钟点的课程，一个教育学尝试》，那是才华横溢地写成的真实恶意。过了一年，保尔·马丁·穆勒重拾这条线索，发表了《格隆德维新历史风格

284

---

[1]　一种抽签的方法。一把草棍或者其他细长的物品中有一根比别的短，抽到者为输。

的天堂来信试笔》，他郑重其事地模仿格隆德维式的豪言壮语，在一个地方把下面这句著名的话塞进格隆德维嘴里："我和我主做出了决定。"不过，在捉弄格隆德维的群体中无条件地创下纪录的还是克尔凯郭尔。尽管他在高中时就认识格隆德维并一直与其谈话，但这却并没有让他在调皮捣蛋时有所顾忌。据说，这高大魁伟、寡言少语的牧师和灵巧轻捷、能言善辩的博士一同在东街散步，走到城门时，两人同时脱帽为礼。据一个目击者说，克尔凯郭尔行礼时"非常恭敬"。除了个人交往之外，克尔凯郭尔的藏书中还包括一套精选的格隆德维作品，文体门类齐全，但不包括论辩作品，时间的跨度从一八〇八年到一八五〇年。他未必通读过这些作品，而是和通常一样随心所欲地浏览，但他的阅读也不能说是完全肤浅的。从下面这段原来在《人生道路诸阶段》的手稿里，但为求完美从定稿中抽掉的拼贴文字可见一斑："主题是教会的言辞。倒退回去几个世纪，人们在中世纪的黑暗中摸索，教皇权力作为难以忍受的罗马人之轭压迫着良心，直到马丁·路德，这个言词之人（Ordets Mand）将天主教徒在浓重的幽暗中摸索的深刻性加以呈现，并且在维滕贝格教堂门口的决战中取胜，让巧舌如簧、强词夺理的博学者哑口无言。然而幽暗在三个世纪之后再次降临，直到在北欧无与伦比的发现解放了活的语言，在丹麦最美好的田野和农庄——尽管校长是德国人——获得了母语的资格，人民

285 的喉舌不再受到束缚，而是在黄金时代到来的精神气氛中异口同声地赞美那观察者用明察秋毫的目光扫视到，并用口弦琴加以宣布的无与伦比的未来，当那活的语言，教会语言，像混沌太初的神之语言，回响在丹麦的原野上。将会如此，阿门！对，永远如此，阿门！"格隆德维可以写出《世界通史概要》，而克尔凯郭尔则表现出天才的辨音力和巨大的模仿能力，三句话就把世界史说完了。

这些言辞翻腾的激流之中"无与伦比的发现"从此作为标准措辞进入历史，用以描述格隆德维在神学心灵挣扎几十年之后终于在一八二五年得到里程碑式的承认，他认为神对人说的话不是在总是有各种不同阐释的圣经里，而是在"活的语言"里，在洗礼和圣餐时的使徒信条和主祷文（入教仪式和团契的神秘）中构成教会不可动摇的基础。格隆德维将这些洞察在一篇针对理性主义者亨·尼·克劳森的论战文章中展开，格隆德维不仅将后者称作最糟糕的那种"训诂教皇国"代言人，而且通篇将他骂得狗血淋头，以至于克劳森状告格隆德维诽谤。结果是格隆德维被判一百塔勒罚款，终其一生作品必须接受审查。尽管格隆德维的"教会观"已经相当激进，彼得·克里斯钦·克尔凯郭尔还要更进一

步表述这样的理论：基督在他复活和升天之间的四十天里将信条（"出自主之口的小小言词"）传授给了使徒们。

格隆德维从来没有真正在意，各种历史资料都在抗议他的发现，抗议的声浪还很高。而克尔凯郭尔把他的发现称为"无与伦比的"，也只是因为它并非如此，而只是一些"活语言的胡说"，或者"新柏拉图主义－灵智化的（neoplatonisk-gnosticerende）胡言乱语"。他还以鲁莽的恶意在《附笔》中将此现象当作研究对象，努力确定其"范畴"——美学的、伦理－心理学的、教义学的——可以预见不会起到澄清的作用。格隆德维始终是非辩证的，没有更好的选择，只能"通过皱起眉头，真假声轮替，抬起头，直视前方，发出音阶上的低音 F"，以使"深刻的思想深刻"。

在克尔凯郭尔的批评中经常出现的一点是格隆德维那特别温和的自我反省水平："一个想法抓住了他，让他惊讶，让他受到感动，他愿意让全人类得到他那无与伦比的发现的祝福。然而另一方面，他缺少辩证的灵活性来反思自己的发现，审视那究竟是伟大的，还是空洞的。"而当事情涉及辩证的精华，问题真正变得透明时，格隆德维就几乎像是戴着"铅帽子"，这就是为什么，他那些汗流浃背的努力结果往往以谦虚谨慎言之无物而告终。在克尔凯郭尔的批评中也伴随着特殊的气质偏好，体现了他和格隆德维之间性情上的深刻区别。因此，格隆德维永远踩在点儿上的能力和与公认编年史作对的古怪做法让他恼火："年轻时他代表老的、老式的、古代的、原始－原始基督教；他现在老了，又打扮成不折不扣的时髦公子。"同样地，格隆德维似乎装备了一种持相对态度的能力，能调整自己去适应一切情境："一会儿将使徒的神圣画皮包上变容的脸，一会儿又在古斯堪的纳维亚的粗野中让人认不出来，一个总是在吵吵闹闹的人，神性的，世俗的，古斯堪的纳维亚的，基督教的，高阶牧师，丹麦人霍尔格 [1]，一会儿欢呼，一会儿哭泣，永远的先知先觉。"札记中还有其他嘲弄的话，除了其他更怪诞和暴跳如雷的话之外，格隆德维被称为"世界史的闹将""咆哮的铁匠""健壮的真假声歌者"和"古代北欧战士"。

在艺术性方面格隆德维也没得到很高的印象分，他那印成书后一望而知的文体尤其令人恼火。当一位作家加大字母的间距（或者像现在这样使用*斜体字*）

286

---

[1] 丹麦人霍尔格（Holger Danske），传说中的武士，最早见于十一世纪的《罗兰之歌》（*Chanson de Roland*）。

时，克尔凯郭尔很讲究教学法地解释道，是为了"帮助读者更好地跟上论述，或者强调单个字词的重点"，但是"加大距离的观点恰恰是相对的"。然而对格隆德维来说一切都是绝对的，"加大间距是绝对的，结果是没有加距的那些词变成了重点"。当人们试图理解格隆德维究竟在说些什么的时候，事情没有变得更好。"他的风格，尤其在最近一些作品中的风格，不再让人联想起北欧神话中的典故，不，现在变成了小精灵和巨人、神奇磨坊、诗歌中的陈词滥调，以及天晓得是什么玩意儿的大杂烩。读他的作品必须拿词典在手或者准备好看不懂，当他用这种工具给风格抹猪油的时候，活像船长用航海术语对水手讲话。"或者，用短促的呼喊重复这种令人不快的风格："乌拉！哦！啊！无与伦比！看哪！哦！看！看！摩西！摩西！"

尽管克尔凯郭尔对格隆德维真心诚意的嘲讽随着岁月推移日益变得冷酷无情，但他始终明显地尊重这位北欧巨人，他那传奇式的博学、人格影响力和不眠不休的原始动力："格隆德维是一位纯粹的天才，或者，如果有人愿意说他是罕见的天才也可以，用哪个词都无所谓。"这里有一点伶牙俐齿的小小保留，显然是有必要用"天才"这个词，非用不可，否则克尔凯郭尔不会将"天才"二字用到任何在世之人——除了他自己。然后，他顺便将格隆德维置于心理学分析之下，纠正此人系丹麦通俗文化精髓的看法："每一种天性都需要对立面，由它自己产生，并经常自欺欺人地认为自己就是这对立面。由是格隆德维有着强有力的天性，坚强有力、强大、坚硬、坚韧等等都是他的特点。也正因为如此，他如此热衷于谈论热情诚挚等等，这是一种必要的烟幕弹施放。"推断在格隆德维的热忱与强硬之间存在隐秘的联系，肯定和克尔凯郭尔自己古怪的吊诡处境一致：他反复强调选择的必要性，而他自己又总是优柔寡断。虽说他以厌恶乌合之众闻名，但在实际上他比格隆德维与民众更合拍。格隆德维坐而论民众性的重要意义，所以不能被——民众——打搅。这一点得到各种旁证的支持，包括鲁戴尔巴赫姐妹。她们有些恼火地写道："格隆德维根本不会和普通人谈话。普通人也不能自信地走向他敞开心怀。当然这里的原因是，格隆德维总是维持着一个对他合适的狭窄的交往圈子，此外就埋头在书堆和研究工作中。当普通人走向他的时候，他总是不大耐烦或者干脆拒绝他们，至少让他们感到难以接近。"

在克尔凯郭尔眼里，格隆德维的退避是保护自己免受格隆德维派人士接近的必要措施，他们同样不能在心理上接近那热情诚挚面孔背后的硬汉，结果他们就成了"纯粹口水派首领"。这口水的流淌首先要归于他们那命运多舛的爱情,将道成肉身的悖论和将冒犯置换成"精彩绝伦的美好,美好的、无与伦比的美好和深刻,等等。简言之,直截了当诸范畴"。不过还不止于此。淌口水也还出于他们那动物性生育文化和家庭生活,他们所重复的"犹太型价值"。此外他们还"拉帮结派",用一种"如假包换的灿烂辉煌自由语言"自娱互娱。这话不怎么好听,也确实不好听:"了解格隆德维派人士就人生和生命制造的麻烦,及其一惊一乍表达方式的人,都不难看出,整个这件事的秘密在于实现南方式的幼稚。"在这种幼稚之外还加上了"关于国民性的胡说八道",这在克尔凯郭尔看来属于"向异教(Hedenskabet)倒退的步骤",因为基督教"主张取消异教的国民性崇拜!"

克尔凯郭尔将格隆德维所迷恋的北欧民族浪漫主义断然斥之为"废话",他不知疲倦地不懈嘲弄格隆德维式的"真假声轮替"[1]和"愁眉蹙额,挪威口音,滚动的 R 音和其他一切格隆德维式的矫揉造作"。这里的"挪威口音"一说,不仅是论战中的信口而言。当时皇家剧院的导演米凯尔·罗辛是挪威人,正在竭力将舞台语言挪威化。他的努力在格隆德维派当中引起了回响,他们的语言原型当然是古斯堪的纳维亚语,但让全国人民去说古代语言显然是不可能实现的目标,于是他们退而求其次,采用让人想起古斯堪的纳维亚语的——挪威语。克尔凯郭尔在多个场合叫他们"光脖子",也不仅是一句简单的骂人话。格隆德维派人士喜欢穿无领衫走来走去,以显示古代斯堪的纳维亚人的阳刚之气!

一八四五年六月二十三日,参加北欧学生大会的瑞典和挪威大学生到达哥本哈根,也在格隆德维派人士中产生了巨大期待。次日在克里斯钦堡的骑术大厅举行庆祝会,由副主教特利厄讲话。接下来的一天,"斯堪的纳维亚协会"又在鹿苑举行庆祝活动,唱歌,以及格隆德维的两次演讲。克尔凯郭尔在《祖国》上读到了这些欢乐的庆祝活动,记者绘声绘色地讲述了骑术大厅的宴会和鹿苑的庆典。后一次活动给了他最大灵感:"以一篇颂诗结束。/ 格隆德维在绿树环绕中的一处高地登场,由巴尔佛德和保尔森陪同。一袭宽大的斗篷像绘画一样挂在他身上,棍棒在手,他的脸隐藏在面具后面,面具上有一只眼(世界史深刻的眼睛)。长满青苔的大胡子上筑了鸟巢(他那么老——足有一千岁了),空洞的声音伴随着几声

288

---

[1] 原文 jodleri 或音译"约德尔唱法",又称"约德尔调""岳得尔歌",是一种伴随快速并重复地进行胸声(真声)到头声(假声)转换的大跨度音阶的歌唱形式。产生一串高一低一高一低的声音。

螺蛳壳里的爆炸（就像招呼街头集会），他慷慨激昂地说呀说。当他说完的时候（部分是庆典组织者说'够了'，否则他永远说不完），钟声敲响，一根绳子扯下胡子，还有那宽大的斗篷，人们看到一个纤细苗条的'年轻人'插上翅膀：这就是格隆德维作为斯堪的纳维亚观念的精神。"

克尔凯郭尔在教堂里

当斯堪的纳维亚兄弟姐妹们在鹿苑的草地上安营扎寨时，克尔凯郭尔正在圣母教堂里——又一次——听明斯特讲道。他回到家里就开始写他的巴洛克式格隆德维"颂歌"，并做如下补充："很古怪，明斯特主教在同一个礼拜天布道。教堂里空无一人，不过正如大型集会能启发他进行精彩的布道，空荡荡的教堂也能。他结束时沉默地直视前方，像死亡在幕后行进一样改变了容颜——他改变了容颜，像一个死去的人。"他正是属于这里的。独自坐在幽暗凉爽的教堂里，和一个死人在一起，和自己的父亲一样改换了容颜。

儿子总是在父亲的忌日，八月九日怀想父亲，这变成了他生活中的一种有特殊仪式的休息日——在一八四三年的《益信词三篇》手稿上，序言的日期就是"八月九日"。在父亲逝世一周年的日子里他到圣母教堂去领圣餐，但是虔诚的气氛被破坏了，仪式进行中一些旅游者或者别的什么人，脚步沉重地走进教堂来欣赏巴特尔·托瓦尔森的雕像。

另外一些时候他就步行出城，到辅助公墓的墓碑前陷入沉思。一八四五年六月十日傍晚，他写下了这样一桩荒唐事："今天我要到父亲的墓去。我异常地需要去，我异常地沉浸在内心。事情发生在我刚刚拐到入口处的时候，一个女人跑过来，她头戴帽子披着披肩，手里拿着阳伞，一副傻女人的样子。她汗流浃背，对离我几步远处一个手臂挎着篮子的老太婆说：你到哪儿去啦，我们已经等了半个钟头（接下来谈话继续，她忙得像狗一样跑前跑后），我们已经等了半个钟头，我姐姐已经准备好了要哭，灵车已经来了，送葬的人都到了，吹鼓手也到了。等等。多么低级的喜感——姐姐快要哭了，为吹鼓手来了而那挎篮子的女人还没来而哭。——我走到另一条路上去，幸好她们不在父亲的墓近旁。然而，喜感居然能潜入最严肃的气氛之中，毕竟还是很古怪。"克尔凯郭尔为不尊重现场的严肃性而愤愤不平，但是在札记的页边空白处他还是补充道："这可以用反讽的口气进行加工，题为：墓边之泪。"没有什么东西会糟糕到一无是处——如果人懂得艺术地加以运用的话。

谢天谢地，戴帽子拿阳伞的傻丫头不常碰见。克尔凯郭尔喜欢在这死之林园探访，行走在风化的石碑和倾圮的石柱之间，目光凝视着长满青苔的墓碑，那沉默是如此雄辩。"在那里，"他在一八四四年五月的一条札记中写道，"那里的一切都在布道。犹如大自然宣称为上帝，每一座坟墓都在布道。有一座墓碑上是一位年轻姑娘的胸像，她曾经一定很美好，现在石碑倒下了，周围长满荨麻。看来她并没有家人。——另一处墓葬属于一位战士，坟墓上放着他的头盔和剑，下面的铭文是，关于他的记忆永远不会被遗忘。唉！可是栏杆门上的铰链已经脱落，让人简直想拿起他的剑来保卫他，他已经无法自卫——而悼念他的人们认为，关于他的记忆永远不会被遗忘。"

在城墙以内也可以让自己的信仰得到增益。一八四〇年，京城里的教堂、礼拜堂、基金会、医院和惩戒所共雇用了三十名牧师、教士和教义问答教授。此外还有五名德国牧师和一名法国牧师。他们的上级，明斯特主教可以根据愿望每年布道十二到十四次，几乎总是包括圣诞节的合唱晚祷，克尔凯郭尔难得会错过这个场合。不过他也听别人布道，例如伊·克·特利厄的，他从一八三八年起担任圣母教堂的副主教，并在一八三九年元月到一八四二年四月期间担任克尔凯郭尔的忏悔师。特利厄在教会事务上倾向于明斯特，但在神学上更加思辨并且和格隆德维保持着友好关系。

其他时间克尔凯郭尔走到克里斯钦堡的王宫教堂去听育斯特·保利讲道，后者从学生时代起就是汉·莱·马腾森的朋友，并在一八四一年与明斯特的长女结婚。明斯特、马腾森和保利于是结成了强有力的神学三驾马车。保利是三人中最倾向自由主义的，他和特利厄一样对格隆德维派及其在教会领域更多自由的要求有一定同情。随着岁月推移，克尔凯郭尔对作为布道者的保利越来越持批评态度："这是些什么？胡说八道。他显然被幻觉欺骗了……哦，真是疯狂。"他在一八五一年六月八日听取了保利的题为《圣灵中的欢乐》的布道之后这样写道。此后他还是做过一些努力，但保利终究不能让他满意。克尔凯郭尔认为，他可以站在那里布道"十七万年"，而生产出的不过是"一点抒情诗"。尽管保利将心灵的安慰当作最重要的工作，从而与最普通的人们保持精神接触并尽量满足他们的物质需要。一八五三年霍乱流行期间，几乎所有能够出逃的人都离开了哥本哈根，保利却留在岗位上并做出了显著的努力。

290

克尔凯郭尔也到威·哈·罗特所在的三一教堂去，但他对罗特和一八四五年就职圣灵教堂的埃·维·科尔托夫都没有写下评论。另一方面，他到克里斯钦港的救世主教堂去过几次，听了和他同龄的克佛伊德－汉森讲道。克佛伊德－汉森是欧登塞的年轻教师，受到克尔凯郭尔作品的影响并写过一篇关于《非此即彼》的评论，那是少数让作者满意的评论文章之一。这两人不时在一起谈话，关于获罪于圣灵，关于上帝打断建造巴别塔过程，据克尔凯郭尔自己说，他也要与大众和公众断绝关系。不过最好的一次是在一八五〇年九月八日，克佛伊德－汉森不仅讲述了克尔凯郭尔"心爱的福音"，一个人不能侍奉两个主（《马太福音》6：24–34），还选择了他最喜欢的赞美诗，保尔·盖尔哈特的《指引你的道路》。"多么喜庆呀！"克尔凯郭尔在札记中欢呼道，心中想的是这幸福的巧合——一八五〇年九月八日是他和雷吉娜订婚十周年的日子！

291

在救世主教堂工作的还有卡尔·霍尔格·维斯比，他同时还在哥本哈根市立监狱、名叫"蓝塔"的监狱和惩戒改进院担任监狱牧师。维斯比无疑是当时最热心社会参与的牧师，他组织了很多教育和慈善项目，其中包括一所供罪犯学习技能的学校和一所为被遗弃男童而办的学校，他还担任一系列义务工作职务，其中包括"克里斯钦港膳食协会"主席和"盲人研究所"的教务主任。他勤奋地参加公开辩论，并经常和教会与政府机关发生冲突。他还写作题材广泛的文章，从"论军用必需品后勤供应"到"关于盆花栽培"。不过他最关注的还是改善丹麦监狱的条件，他曾就这个问题在一八四五年春与新任监狱牧师斯提灵进行过激烈的争论。克尔凯郭尔跟踪了《祖国》上的这场辩论，并起草了一篇从未发表的长文，他采取维斯比的自由派观点，为他菲薄的年薪（三百塔勒）和艰苦的工作条件打抱不平，包括同一个礼拜天不得不进行三次布道。在这一点上克尔凯郭尔也触及维斯比作为布道者的资质以及心理上的同情能力："我作为倾听者受惠于快乐而才华横溢的维斯比牧师，在此我不是想表示感谢。我更经常想到的是他在演说中的创造性，他精神的存在，他那做出正确决断的能力，他在心灵方面的丰富经验，以及一往无前的精神——在惩戒场所这些都是真正需要的。……也许在哥本哈根所有牧师当中维斯比在这方面是最迅捷、最明智的。在克里斯钦港监狱的大墙内，维斯比也被记住，即便是最凶恶的罪犯也会至少记得他做过的一件事。"童年时代的朋友汉·彼·霍尔斯特在一个礼拜天的上午遇到手里拿着赞美诗的克尔凯郭尔，于是问他喜欢哪一个牧师，霍尔斯特得到了不假思索的回答："维斯比。我要告诉你为什么。当别的牧师在准备布道词时写下了阳光，布道时就谈阳光，即便当时大雨倾盆还是照说不误。但是当维斯比布道的时候，一束阳光照进教堂，他就抓住这束光线，说得那么长，那么美，那么富有启发性，在你的心里也留下一束阳光。他是所有牧师中唯一的即兴发挥者。"在接下来的一年里克尔凯郭尔继续听维斯比布道，并且经常为他的布道词中的精彩段落而高兴。但是他和克尔凯郭尔眼里的大多数其他牧师一样，随着时间推移越来越差，在一八四九年元旦的布道中已经是"全然胡言乱语"，同年九月底的一次葬礼上他"就福音书上拿因城的寡妇和她儿子的故事胡扯一气"[1]。

十九世纪四十年代初，在圣灵教堂工作的彼·约·斯潘经常和克尔凯郭尔一同在晚间散步。他们彼此相熟到这样程度，克尔凯郭尔从柏林写信告诉他公共厕所太少的趣事。克尔凯郭尔到他家造访，斯潘的儿子提谷记得，他怎样总是"以能够和老少贫富谈话的卓越超凡能力，让谈话变得生动活跃"。克尔凯郭尔会逗斯潘家中的孩子并开怀大笑，和提谷的姐妹一起准备饭食，总的来说那么开心和兴致勃勃，简直"让人相信他是一个性格随和、快乐幸福的人。……我们都喜欢他，一位老姑妈经常对我们说：'那个索伦·克尔凯郭尔真是一个好人。'"彼·约·斯潘在一八四六年早死后，名字非常好听的遗孀克里斯蒂娜·菲利品娜伤痛欲绝，但克尔凯郭尔经常去拜访她，试图"安慰她"。他也考虑过将"一本小书"献给斯潘，但从未将想法付诸实践。他后来回忆，斯潘在最后几年里过于在意他在讲坛上的角色。

一八四四年五月十二日，礼拜日，就属于这类情况。斯潘站在那里，以"沉着的救世主"姿态"对一切指指点点"，克尔凯郭尔很快就厌烦了这个自鸣得意的牧师，但他也注意到讲坛下坐着的一个女仆："她唱赞美诗时很平静，可布道一开始她就哭了起来。现在很难是为斯潘而哭，尤其在这次布道开始的时候绝对不可能，所以，我得出结论：她到教堂来就是为了哭。这令人震撼：讲坛上满是装腔作势的气氛和姿态，讲坛下的女仆对他的话充耳不闻，或者只听到零星几个字词，把教堂（Guds Huus）当作灵堂（Bedehuus），或者干脆当作哭房（Grædehuus），把上次来教堂之后遭遇的一切委屈不平统统宣泄出来。…… 女仆是我最喜欢的一

292

---

[1] 《新约·路加福音》7：11–17。

类人，教堂里的和腓特烈贝格的女仆我都喜欢。[1]"

这是典型的克尔凯郭尔式的敏锐细致的感觉，那哭泣的女仆取代了讲坛上慷慨激昂的牧师，在他的视野中突然获得了重要性，变成神圣教堂里的中心人物，那天上午无言的启示。类似地，不过在直接意义上远为快乐的情况发生在几个月之后，克尔凯郭尔的注意力又从礼拜的固定程序中溜开，捕捉到了一个外围情景："一个年轻的母亲，美丽，身姿优雅，披着天鹅绒披肩，步履轻快，带着她的小儿子。她完全不受孩子调皮捣蛋的干扰，专注地祈祷，整个仪式过程中没有遗漏地读了全部赞美诗。…… 唉！做父母的一般那么愿意忙着让孩子坐好不动，好像这才是他们在教堂里该做的事。看到她选择那要紧的一桩是多么美好啊，看到她化解了冲突是多么美好啊。我感谢——纯粹审美地感谢所有让事情平静地进行的天才，那幅美好的景象不会轻易忘却。"他也没有忘却，他把这小小的一幕插进了《人生道路诸阶段》，只是加上了一些细节描绘，对原版其实并没有多少改进。

克尔凯郭尔懂得如何通过现存的启发性材料——一个哭泣的女仆，一个带着调皮儿子的年轻母亲，让自己受感动从而获得进益。而一次糟糕的布道并不能使他更加沮丧，那是因为对克尔凯郭尔来说，神学的重心处在完全不同的地方："在整个礼拜中我无条件最重视的是赞美诗。我要求一首好的赞美诗有单纯，某种意义上不重要的歌词…… 以及扣人心弦的旋律。"金格的赞美诗，克尔凯郭尔能"背下来"，但他认为根本不适合唱，其抒情性也过强，因此应该在家中阅读"以助进益"。适合唱诵并令人眼花缭乱的赞美诗，克尔凯郭尔认为是《教会授权赞美诗》，他强调从"衷心向往你"等赞美诗中产生的内心感动："就像我望着秋日灰色的天空，当那柔和的色彩共同组成精美的图案时，永远不会感到疲倦，我也不可能厌烦那宁静音调的重复运动。"

在这里，心灵悔悟的孤独和格隆德维派外在的群体快乐之间的距离非常明显："那更深刻的内在痛苦，在宁静的忧郁中与上帝和解，是格隆德维所完全不了解的，而这恰恰是赞美诗的真正曲调。…… 格隆德维不论在过去、现在还是未来都是吵闹的，即便在永恒中也会令我不快。格隆德维并非无所作为，他当然有作为，

---

[1] "如果没有把神的殿视为祷告的殿，至少也是视为哭泣的殿"指《马太福音》21:13，耶稣说："经上记着说：'我的殿必称为祷告的殿'（Bedehus），你们倒使它成为'贼窝'了"。也参见克尔凯郭尔日记JJ：210。感谢王齐博士的建议，列举于此供读者参考。

252

但总是闹出那么大的动静。有什么东西挡住了路，他就大喊大叫，就像火车在行驶过程中撞了车。"克尔凯郭尔就是在这里把格隆德维叫作"真假声歌者"和"咆哮的铁匠"，作为赞美诗作者只在"他的拥戴者以外的礼拜仪式上有用，如果公众乐于付账让他刮胡子的话"。

威胁单个教友内心平静的并不只是格隆德维，还有教堂执事在礼拜进行中传递的"奉献盘"也破坏总体虔敬气氛。有些礼拜天会有多达七个执事从教友手里募集钱币，以支持消防队、圣餐用的面包和酒、合唱学校、牧师、穷人、聋哑人、妇产医院、赫尔辛格医院、默恩岛监狱，以及无数其他高尚目标。所有人都很烦这个做法，克尔凯郭尔也不例外，他在《爱的作为》中简短地讽刺了这种现象，但是明斯特出于经济理由坚持募捐，对来自市民代表大会的多次要求取消，至少不要在礼拜进行中募捐的呈文视而不见。而人们对教会事务的其他方面则兴趣不大，做礼拜的人数不多，宗教节日也得不到保持。礼拜天店家上一块板子或者百叶窗，就算是依法"上板"——实际上业务照常。

不去教堂的正当理由之一是冬天的寒冷使得虔敬成为一种致命的冒险。因此在一八四一年就有至少十八位哥本哈根牧师申请给他们的教堂供暖。钟表匠于根森（弗里茨之父）[1] 愿意承担在圣灵教堂安装六个炉子的费用，但这个实验性安排的建议遭到理工学院专家们的反对，他们担心供热不均和炉具不可避免产生的"污垢"。于是有人建议安装地热设施，但这将导致天文数字的费用，因此一直没有实现。

于是人们继续挨冻。或者在礼拜天上午做些暖和的事情。

"人们当我粗制滥造"

一位作家永远不会写得比上一本作品好，克尔凯郭尔每写一本书都为超越自我而努力奋斗。"我永远不会忘记那折磨我的焦虑，为不能达到一度取得的成就而产生的焦虑"，他在《人生道路诸阶段》中诚实地写道。此书于一八四五年四月三十日，《想象情境中的三篇讲话》发表的次日出版。读书界对这部作品的反应也让他担心："《酒后真言》里说的很多话可能会引起可怕的轰动。我已经听到了大呼小叫的声音。"然而并没有呼叫，进入六月一个礼拜之后克尔凯郭尔可以放心地写

[1] 弗里兹·于根森（Fritz Jürgensen，一八一八～一八六三），钟表匠和画家。

下原因："《人生道路诸阶段》的读者不如《非此即彼》多，几乎没有引起注意。这很好，我就这样摆脱了一有骚动就蜂拥而至的无聊群氓。"物质上的损失将成为精神世界的收益。

295 　　这两部作品的评论刊登在五月六日的《贝林时报》上。署名"-n"的评论者在给这位作者三十一岁的生日礼物中写道："人们应该相信，克尔凯郭尔博士拥有一根这样的魔棒，用来变出他的作品，他在近年里通过写作活动所展示的几乎令人难以置信的多产，如果传言是真的，那么宣布他是《非此即彼》的作者，以及其他一系列也显然出自他手作品的作者，将不会错。"评论者"-n"真诚地赞美克尔凯郭尔那几乎是超自然的能力，这能力给他留下了如此深刻的印象，"每一部作品都标志着深刻的思考，力求所论主题无微不至，其语言展现出罕见的美和优雅，但尤其是语言的灵动飞扬，任何在世的丹麦作家都不能与之相比"。

　　三天以后，克尔凯郭尔对这些最高级的称颂做出了回应。他在《祖国》上发表了题为《声明及其他》的文章，他在文章中抗议"-n"以欠考虑和令人困惑的方式将他置于"和一系列假名书籍作者的密切关系"之中，而他根本不是这些书的作者。关于这一点他证明得如此辩证，如此克尔凯郭尔，每一个人都可以看出——就是他！他那么想得到赞颂——"啊哈，不错！"他写道，但不是从那个像"喷嚏"一样消失了的无名之辈"-n"那里。对他的评论应该来自那些真正的权威：海贝格、迈德维、明斯特。他在"声明"中分别将这几位称为"丹麦文学的合法统治者""欧洲量级的博学者"和"可敬可靠的权威性牧师"。据知，"-n"没有再敢说克尔凯郭尔的好话，而克尔凯郭尔对"-n"的报纸文章的判断也严酷而毫不留情："《贝林时报》在文学批评方面…… 最适合与包三明治的纸相比；人边吃边看——嗯，餐巾纸不在手边的时候，我还见过一个人用这张报纸擦嘴。"

　　一个礼拜之后，一八四五年五月十三日，这位遭到可耻赞颂的作者乘坐"盖色号"蒸汽轮船离开，经什切青前往柏林，他一生中第三次和倒数第二次的柏林之旅。他的旅伴之一是曾做过药剂师的劳利兹·哈根，一个沉默寡言、内向的人。克尔凯郭尔于次日到达柏林，他在旅馆房间里将旅途中可能成为艺术的印象写入札记："轮船甲板上唯一的有用之人是一个半大小子…… 他戴着天鹅绒帽子，用围巾系牢，上衣里面是条纹衬衫，手杖用绳子悬挂在外衣纽扣洞里。单纯、开朗，在旅途中对一切注意观察，天真、谦逊而又无忧无虑。将他和阴沉的旅人（如哈根先生）相比较，不禁令人悲从中来。"

克尔凯郭尔这次在柏林还是不怎么称心，此期间《祖国》于五月十九日和二十日刊登了署名"A"的文章《关于〈唐璜〉的一得之见》，这是克尔凯郭尔就莫扎特的不朽歌剧再次上演而写的，该剧于一八四五年二月到五月期间在皇家剧院共上演五场。谁也不许忘了克尔凯郭尔，仅仅因为大街上看不到！五月二十四日他在哥本哈根的港口上岸（回程还是乘坐"盖色号"），五天以后菲利普森出版了《益信词十八篇》，分六部分，52＋62＋84＋59＋70＋111页。尽管这本书是由以前发表过的文章编辑而成，不难理解，"-n"还是有可能认为克尔凯郭尔拥有"魔棒"。

也不难理解，有人嫉妒而且很快就达成共识，克尔凯郭尔匆忙从事，所以一定是粗制滥造。"人们认为我粗制滥造。好，把这本书拿去看看。"他在《非学术的结论性附笔》于一八四六年二月二十七日出版后不久愤愤地写道。"我坚定不移地相信，不存在别的丹麦作家像我这样最小心地处理每一个最不重要的词。"他的作品不仅写过至少两稿，有些部分还写过三到四稿，再加上他在漫步时的"沉思冥想"是如此有利于写作，经常到家就写完了，他甚至能"记住文体形式"。

克尔凯郭尔为被控"粗制滥造"而愤怒是完全可以理解的，而这指控错得如此离谱，他的自吹自擂记录也可以原谅。"从而，"他自信满满地写道，"我有时会几个钟头几个钟头地沉浸在对语音的爱恋之中，也就是说，当思想的孕育在语言中回响的时候，我可以整整一个钟头坐着，就像吹笛手吹奏以自娱一样。我所写下的大部分东西都大声说过许多许多遍，经常说十遍，先听到再写下。我把这些成形的时期称为回忆的世界，在思想的发展和寻找形式的过程中我生活、享受、经历了那么多。"在从柏林写给波厄森的一封信里，克尔凯郭尔也提到，他"又写了《非此即彼》的很大部分"，但不那么"顺手"，因为"纯粹的诗性作品尤其需要恰当的心境"。

大部分情况下他倒是不缺少恰当的心境。谁能像他那样在可爱和恶魔、在多情善感和嗤之以鼻的玩世不恭之间轻松转换？谁能像他那样运用闲谈式的口语来表达最精微的抽象，或者将陈词滥调或大惊小怪的滑稽戏安插在玄奥哲思之后？再不就是拉开距离，变得零散，漫无边际，不知所云，然后在接下来的瞬间打一个文体上的响指，将灵气输入笔墨，如此扣人心弦，使读者全然忘我？长话短说，在丹麦文学中谁还能如此丰富而华丽？而他们说这是"粗制滥造"！

克尔凯郭尔的虚荣心被深深地刺伤了，他在一八四七年走向极端，写下一系列关于他在"标点符号"方面原创性的札记。他在这里解释，他在拼写方面"无条件服从权威（默尔拜克）"，他就这一点提到克里斯钦·默尔拜克编写的《丹麦语词典》，他做梦也想不到"去改正什么，因为我知道自己缺少这方面的专门知识"。另一方面，关于标点符号，他则同样严格地遵从自己的权威："我作为辩证法家的全部构成不同寻常地重视修辞，和我的所思所想对话，我的高声朗诵实践：势必使我在这方面出类拔萃。"将语言的节奏、停顿、呼吸转化为书面文字是一种捕捉稍纵即逝之物的艺术，一种表现主义的行动。克尔凯郭尔这样解释其中的关联："尤其在修辞中我对标点符号的运用偏离常规，因为它被提升了。我尤其重视建筑－辩证法，即兼顾眼睛和耳朵，既看到句子各部分之间的比例，又在朗读时听到声音的节奏——我总是设想一个读出声的读者。"出于同样理由他要限制"逗号的使用"，并因此生活在"与排字工的持续冲突之中，他们好心地到处插入逗号，从而打乱了我的节奏"。关于句号，克尔凯郭尔也有自己的做法："大部分丹麦文体家在我看来都在完全不正确地运用句号。他们把句子消解在支离破碎的短句中；结果逻辑性完全得不到应有的尊重。"同样，他也希望问号得到尊重，大部分作家在应用时完全没有必要的节制："问号普遍遭到了愚蠢的滥用，抽象地用在每一个问句的结尾。我经常用分号来断句，共用一个问号来结尾。"

也难怪克尔凯郭尔在排印厂不总是那么受欢迎，他会突然改变通常的做法，让排字工人大为恼火，如一条题为《我未来的标点符号》的札记中关于改变冒号和引号用法的指示。他认为这些麻烦是值得的："我要坚定地投入这个测试，由一个习惯于调适自己声音的演员或演说家来试着朗读一小段我写的演讲词。我相信，他将会承认，许多他本来会自己决定的地方，许多本来要作者暗示来指导的地方，在这里可以借助于标点符号。"想到后世人们怎样出于降低难度和提高销量的考虑，将克尔凯郭尔的文本现代化，在自以为必要的地方加入逗号和句号，不禁让人不寒而栗。

克尔凯郭尔自称为"培育抒情散文"做了"好事"，不错，他确实比诗人们在诗歌中"创造出了更多的抒情诗意"。这个宏大的断言也无从验证，但是，即便他的散文不是严格意义上的抒情诗，无论如何还是具备抒情诗的许多特征，其中最基本的一条就是抒情诗不能摘录，只能引用。一旦开始做克尔凯郭尔作品的摘要（不妨试试《重复》），很快就会发现精华消失了，因为它是和精美的修辞紧密联系在一起的，一变成摘要就会蒸发得无影无踪。这当然并不是说，这些作品是毫无哲学和神学严肃性的恶作剧。然而这些作品也不容否认地远不同于黑格尔式的巨型"体系"和无所不包的极权倾向，克尔凯郭尔引人注目地很早就学会对之加以巧妙的蔑视。他更偏爱自己那种轻快的学术性，一种智性的反智主义（intellektuel anti-intellektualisme），在其戏仿的压力下各种概念变得支离破碎。如果说黑格尔的显著标志是让自己处在高度抽象的位置，当读者在概念的压力下快要喘不过气来的时候不得不赶紧借助于联想和幻想，克尔凯郭尔的情况则正相反：读者难得会被直接送进复杂的辩证法手术室，而是先被请进一处意味深长、浓墨重彩、光怪陆离的文字休息场所。在这里当然有诱惑的成分，克尔凯郭尔肯定明白，尽管他堪称诱惑的平方，他还是更喜欢"欺骗"这个词——人们当然要小心不被诱惑。他在一八四五年并非无缘由地提出，以亚里士多德的修辞学为榜样，应该"引入一个新的学科：基督教的表达艺术。"他考虑把这个项目交给沉默的约翰尼斯。

在哥本哈根城外环绕人工湖散步的时候，克尔凯郭尔对汉斯·布罗希纳说，人们在最近几十年里见证了"诗歌发展中近乎不正常的繁荣"，然而"却缺少加盖艺术印章的散文"。停顿了一下，他毫不犹豫地说："而我填补了这个缺口。"

很不谦虚，也完全不丹麦，但仍然是真实的，而作为其非丹麦行为的赔偿，克尔凯郭尔写出了不仅最美也是最不可译的文字来赞扬丹麦的语言。这深藏在"无言兄弟"（Frater Taciturnus）在《有罪？——还是无辜？》将近结尾处的《致读者》之中。无言兄弟这个假名名不副实，因为他的《致读者》极其冗长，要求读者有极大的耐心，所以当他在《结语》中突然爆发出"亲爱的读者——可我在对谁说话？也许一个也不剩了"，是完全合情合理的。可看上去又不像是这样的情况，于是他抓住机会写道："我为被束缚在母语之上而感到幸运，或许只有很少人被这样束缚，如亚当之于夏娃，因为没有别的女人，被束缚是因为我不可能学习另一种语言，从而不可能受蛊惑用骄傲和尊贵来对待与生俱来的语言，但我也因被束缚于母语而快乐，当她扩展心灵的时候，那内在的独到之处是如此丰饶，那甜蜜的声音是如此悦耳；一种在做艰深思考时不会刺耳，不会气喘吁吁的母语，也许有人会因此而认为她不能表达艰深的思想，因为她通过表达将艰深变为平易；一种母语，面对不可言说之物时心平气和，运用严肃的笑话直到表达出来；一种不会舍近求远、舍浅就深的语言，因为她在和对象的快乐关系中如同精灵般进出自如，带对象见到天日，就像孩子说出快乐的话却并不懂得；一种汹涌澎湃的语言，每次那恰当的爱人都会以阳刚激起她阴柔的激情；每次那恰当的主人都懂得如何在思想的冲突中自觉地走向胜利，柔软如摔跤手，每次那恰当的思想者都无法摆脱她而不同时失去思想；一种语言，即便在某些地方显得贫乏，实际上却并不贫乏，就像一个被抛弃的卑微情人，她仍然有最高的价值而绝不是破旧的；一种语言，并不缺少表达伟大的、决定性的、突出事物的方式，仍然有着可爱的、温柔的、精美的倾向，有联结思想，从属概念，形容词，和闲谈的情绪，过渡的呻吟，变格变位的深意和隐蔽的舒畅，秘密的福祉；一种同样懂得笑话和严肃性的语言；一种禁锢了她的孩子的母语，那镣铐容易承受，却难以摆脱。"

谁说是"粗制滥造"？

人生道路诸阶段

好几年前，一位文士把几本书交给"快乐装订匠"[1]，让他把这些书装订起来。然而装订厂的业务繁忙，这些书被闲置了很长时间，那么长时间，以至于那位文士已经在此期间故去了，于是这些没有装订起来的书就归了他在外国的继承人。过了些时候，快乐装订匠发现了一包手稿，他用颜色纸包好，放在装订厂里一个合适的地方。快到年底的时候，他要消磨漫长的冬夜，这些手稿又出现了。快乐装订匠是个普通人，看不大懂，但是那些手稿上的字体很优美，他就不时拿出一张来给孩子们当字帖，"练习书法"。有一天，钉书匠小儿子的家庭教师，一位有哲学倾向的师范生看见了这些手稿。他认为出版这些手稿能赚钱，因为其实有几位作家写成的好几本书，他估计有可能还存在"一个兄弟会，一个协会，一个团体"，而那位已故的文士则担任过主席。快乐装订匠不知到底该怎么想，但还是接受建议出版了这些显然如此重要的文稿。

师范生是对的。这些文稿包括好几本由不同作家写成的书。第一部手稿是《酒后真言》，讲述一次夜间狂饮聚会，其间将女人轮流捧上天再踩下地。熟悉克尔凯郭尔作品的读者会在这里再次遇到诱惑者约翰尼斯、怡然隐士、坚定的康斯坦丁和那个"年轻人"，此外还会遇到"时装裁缝"，就是他的发言把克尔凯郭尔和莱文都折磨得要发疯的那位。酒会结束后，宾客们在夜幕中散步，他们来到一处带凉亭的小小田庄。怡然隐士听到凉亭里传出声音，不是激情澎湃的狂野声音，而是心平气和的说话声。他小心翼翼地朝里面看看，不禁倒退一步，用见到老熟

---

[1] 拉丁文：Hilarius Bogbinder。

人的口气欢呼道："咦！我的上帝啊，是威廉法官和他的太太！"这二位，先生和太太，一边啜饮着香茶一边以恰当的已婚方式就婚姻有效性之持续进行对话。当法官大人抽完雪茄，谈话就结束了，他们手挽手离开夜话场地去休息。恰然隐士蹑手蹑脚地跟在他们后面来到田庄，跳进一扇窗户，出来时就带了一份"法官大人的手稿"。他没费多少工夫就决定："既然我已经出版过他别的手稿，也责无旁贷再出版这份。"不过他的快乐是短命的，他还没来得及把稿子装进兜里，就被神不知鬼不觉出现的某个"他的威廉"一把夺走。这个"他的威廉"是什么人，谁也不知道。但是他，在快乐装订匠的帮助下，把这些偷来的手稿付印——从而成为 *他的*。这部手稿的标题是《对有关婚姻异议的几点回应》，为那些酒肉朋友无耻地对待和影射女性构成一种成熟的对抗。这篇文章大概也没能用婚姻生活的快乐说服多少人，尽管威廉这次显得比先前作品里状态要好一点——他在一个地方承认，他本人在八年（！）的婚姻生活之后"仍然不知道，我太太严格说来长什么样子"，他还可爱地承认，"真的，时至今日"他还是不知道法官夫人究竟是"苗条"还是"丰满"。也许法官大人下次应该和夫人在凉亭里商讨这件事。

　　关于《人生道路诸阶段》第一部分的手稿就说到这里。第二部分是《有罪？——还是无辜？》，副标题为："一个激情故事。无言兄弟进行的心理实验"。无言兄弟在该书序言中讲述了他是如何得到这份手稿的：他和一位"观察海洋植物"的自然科学家一同来到北西兰岛的湖堡，乘着平底船穿过狭窄的水道来到湖心——这个场面令人联想起一八三五年克尔凯郭尔和伦比牧师进行的探险。自然科学家全神贯注于海洋植物，而无言兄弟则把一架望远镜式的仪器沉入水底，仪器很快就定死在湖底："我用力拉，从水底深处冒起一个泡。泡很快就破了，随之而来的是成功。我的心里充满了奇异的感觉，尽管我做梦也想不出这发现会是什么性质。我现在想起来，现在才懂了整个这件事。我明白了，我明白这是来自水底的叹息，来自水深处的叹息 [1]，因我夺取了海底的宝藏而发出的叹息。"当那水下仪器回到小船上，带上来一只用油布层层包裹的红木盒子，上面还有多重封条。盒子上了锁，当无言兄弟终于把它打开，发现钥匙在里面——"自我封闭总是像这样内向"。除了一本"非常小心地用优美字体写在精致薄纸上的小册子"，盒子里还有几件首饰和一些宝石，一枚刻有日期的普通金戒指，一条钻石十字架拴在

301

---

[1]　拉丁文：de profundis。

浅蓝色丝带上的项链，此外还有"一部喜剧的演出海报，从《新约全书》上撕下来的一页，分别小心地装在牛皮纸信封里，镀银小盒子里的一朵枯萎的玫瑰，还有别的一些诸如此类的东西"，据称对它们的主人肯定有情感的价值，但本身毫无价值。然而无言兄弟还是试图寻找"一八四四年夏在湖堡找到的盒子主人"，可以"通过瑞策尔书店"联络他。当寻找没有结果时，他决定出版这些找到的手稿。借助于一位"邦菲尔斯硕士先生"做出的表格，他推算出订婚故事发生的年代是在一七五一年。他还在序言结尾部分要求，这本书一定不能成为"任何负面评论的对象"。

302　　这个神秘的出版经过很像怡然隐士在《非此即彼》前言中讲述的故事，一个将克尔凯郭尔的许多很不相同的作品结为一体的努力。克尔凯郭尔也考虑过将《有罪？——还是无辜？》单独出版，并在其手稿上给出了单独的分页。这个故事最早是一篇未完成的手稿，克尔凯郭尔一度考虑将其插入《非此即彼》。同样地，《酒后真言》和《对有关婚姻异议的几点回应》原本准备在"对错双方"的标题下出版。克尔凯郭尔已经写好了一篇序言。他在很晚，几乎最后一分钟决定将这两本书合而为一，为此他必须发明快乐装订匠这个人物，以他神秘的前言在几部作品之间建立起稳固的联系。

插入的小品

《有罪？——还是无辜？》讲的是一个订婚故事，完全可能就是克尔凯郭尔自己的。这个故事是通过一个名叫"某君"[1]的年轻作家的日记来讲述的，他和一个名叫"某女"[2]的活泼女子订了婚，但很快就看出他俩互不理解，他忧心忡忡而充满幻想，而她则相反。订婚勉勉强强持续了七个多月，可真正的问题在解除婚约之后才出现。问题是多方面的，克尔凯郭尔在手稿上的某处进行了简洁的总结："这个女子在分手之后变得远比他要来得伟大。"她不仅在缺席中变成了他的一种迷恋，某君还同样被自己——或许——犯下的始乱终弃罪错的考虑所困扰。《有罪？——还是无辜？》的主题从而是《重复》的重复，不过有着更大的摆动幅度，完全没有戏仿成分。与此相应地，某君是个更严谨的人物，所达到的远比那

---

[1]　拉丁文：Quidam。
[2]　拉丁文：Quædam。

个"年轻人"更激烈并明显更加深刻。

这部日记并没有一个直线式的叙述，而是很快就进入圆圈，飞快地围绕着自己的未知中心旋转，它开始颠覆一切经验的现实，无声无息地消失在空虚和无意义之中。这是无法忍受的阅读。某君的折磨简直要读者的命，一点不差——但这部作品的救赎也恰恰在于此！这部作品的先进意图在于，我们——读者们——应该见证这位刚愎自用作者的精神崩溃，从而看穿他的自我中心是一种魔性状态，直接走向死亡和消解。这部日记的目的简单来说就是让读者能诊断某君的冲突并与之保持距离。无言兄弟本人也多次"想由他去吧，耐心已经到头"。并非无由地，他还进一步认为读者也倾向于放弃，他直言不讳，这本书"为数不多的读者当中三分之二会半途而废，并在乏味之极中将书扔掉"。 303

然而无言兄弟并不想扔掉冲突本身。因为这冲突在最深刻的意义上与宗教性相关联，而宗教性并不是"为蠢人和不刮胡子的愣头青准备的"，而是"一切中最难的"。无言兄弟愿意记录下，于是他像"坚定的康斯坦丁"一样，在某君日记后面附上洋洋洒洒的六大段"致读者"。他不仅在文中像坚定的康斯坦丁那样披露自己是那"年轻人"的创造者那样重复了转换的姿态，他还很懂行地解释了场景设计，他，无言兄弟如何根据完全确定的心理学参数用某君和某女做实验："我把两个不同类型的人放在一起，一个男性，一个女性。我让他具有精神力量并向往宗教性，让她留在审美的范畴之内。我一旦设置了一个统一点，即他们彼此相爱，就肯定会产生很多误会。…… 如果我除去激情，整个情境就成为以希腊式欢快为特征的反讽。如果我加入激情，情境本质上就是悲剧性的。…… 其悲剧性在于，两个彼此相爱的人，互不理解；其喜剧性在于，这两个互不理解的人，彼此相爱。"

克尔凯郭尔在这里所做的，涉及克尔凯郭尔传记介绍时人们经常而完全正当的担心：他在事实的基础上作诗——还以此来引诱读者继续作诗。某君和克尔凯郭尔本人的爱欲冲突之间的联系线索非常明显，某些地方那平行线令人痛苦地跃入眼帘——如某君就逐字逐句重复了克尔凯郭尔在一八四一年八月十一日退还订婚戒指并正式解除婚约而写给雷吉娜的绝交信。或者当他，某君将复活节礼拜日，雷吉娜在圣母教堂的合唱晚祷时向克尔凯郭尔点头示意，也做了诗化处理——地点移到了三一教堂，加上了沉重的戏剧性，取代札记中关于这件事记载中的情境悸动。

在这里也和别处一样，雷吉娜的再利用达到诗性的极致，所以从心理学的角度来说不难理解，克尔凯郭尔会想到她有朝一日也许会以其人之道还治其人之身。他在《人生道路诸阶段》草稿某处的页边空白上写道："那本匿名小说我弄错了。"他这里说的小说可能指的是《选自一个年轻姑娘的日记和通信》，《贝林时报》于一八四二年十二月二十日刊登的广告称该书"今日出版"。从这个环境中可以看出，克尔凯郭尔曾经认为雷吉娜是此书作者，不过她（可惜！）并不是，这让他放下了心。

他然而，贯穿《有罪？——还是无辜？》中的自传之线绕过雷吉娜，继续深入到插进某君日记中的六个部分，历时五个月，从元月起，到六月止。尽管这几个部分起源于不同的主题，稍加深入观察就会发现它们在不止一个意义上密切地相互关联，这六个戏剧化的故事讲的都是一个曾经纵情声色的人，现在他堕落的后果，道德的和生理的如何成为他的标志。如果把这些故事的先后顺序打乱重新排列，我们就会见证一个骇人的忏悔，一个且行且远，却永远无法摆脱的过去，神秘怪异地一点一点浮现。

间谍的眼睛或审问的目光在六个小品中都扮演着值得注意的角色：一个人看着另一个人，自己却不被人看见，或者至少不知道自己是否被人看着。或者通过看别人来看自己。第一个，也许是最著名的插入小品，《宁静的绝望》讲的是相互的镜像。在初稿上是这么说的："从前有一个父亲和一个儿子。两人都很有精神才智，两人都机智风趣，尤其是那父亲。每一个认识他们的人，去拜访过他们后都觉得非常开心。通常他们只像两个聪明人那样辩论和取乐，而不是父子。在一次难得的场合，父亲看到儿子忧心忡忡的样子，于是平静地站在他面前，说道：可怜的孩子，你进入了宁静的绝望。…… 后来他们都没有再提起过这件事。但这对父与子或许是活在人类记忆中最忧郁的人。…… 父亲认为，他造成了儿子的忧郁；而儿子则相信，是他造成了父亲的忧郁，所以他们再也不说话。"克尔凯郭尔在定稿中加上："儿子就像一面镜子，父亲从中看到自己；而对儿子来说父亲也像一面镜子，他从中看到自己的未来。"

父亲的形象就这样全方位地引入，尽管没有人能够保证这幅图像的传记性出处，但也需要采取一些近乎粗暴的干预才足以诱导读者认为并非如此。相似的线索在第四篇插入小品《一种可能性》中继续，这篇小品长十二页，是所有小品中最长的。故事讲的是在克里斯钦港有一位簿记员，人人都知道他的行动规律，每天上午十一点到十二点之间，他都会在同一段铺石人行道上走来走去。尽管他有可能是疯了，还是很受欢迎，原因之一是他把财富用于慈善，尤其是为了孩子。簿记员早年在城中最有钱的商人之一那里做学徒，商人很喜欢他安静、守时的性格和他每天表现出的勤谨。不多的空闲时间他用来读书，学外语，还发展了出众的绘画才能。随着岁月推移，他变得越来越与世隔绝，他自己几乎没有注意到，尽管他偶尔会痛苦地感到，他的青春已经消失却从来没有享受过青春的快乐。后来他结识了一些见过世面的店员。尽管他们取笑他的笨拙，但还是喜欢和他做伴，请他一同去远足或看戏。一次远足后他们享用了一顿异常精美的晚餐，但是因为这位怕羞的簿记员不习惯那些液体，他完全变成了另一个人，变得如此狂野和激动，身不由己地被带到一处妓院——"一个奇怪的地方，人们花钱来买女人的鄙视"。第二天，簿记员在沮丧和不满中醒来。他想不起究竟发生了些什么，他更加孤立自己，却突然病了，致死的病。当他躺在死亡的门口时，妓院的事情从高烧的迷雾中浮现，形成了一种可怕的可能性——"这个可能性就是，他造就了另一个生命"。他不能肯定，他的焦虑究竟只不过是病的结果，还是一种被压抑的"真实事件记忆"导致了他的病。他还是活了下来。不久，商行老板死了，簿记员继承了他的巨额遗产，这让他可以安心从事研究，从他历年积累的大批藏书可以一窥研究的规模和性质。藏书都是些插图精美的生理学文献："在他那里有昂贵的铜版画，此外还有他自己绘制的全套插图。这里有肖像般精确的面孔……有根据数学比例绘制的面孔……基于生理学观察构建的面孔，这些面孔又和其他基于假设的面孔相验证。他尤其关注的是家族相似性和世代关系的生理学、面相学和病理学后果。"

　　不需要在这幅簿记员的肖像上刮很深，米凯尔·皮特森·克尔凯郭尔年轻时的形象就会浮现。他节俭、细心、守时，恰好是他富有的舅舅尼尔斯·阿纳森·瑟丁中意的一块料，于是将他立为"巨额遗产"的唯一继承人。这里和在别处一样，不必费力去判断准确的历史事实在哪里停止，诗意的自由从而开始，不过在这个故事的初稿上克尔凯郭尔提供了以下重要细节："一个人在很年轻的时候，曾经在身不由己的情况下造访了一个妓女。这件事很快就被丢到脑后。现在他要结婚。焦虑也醒来。他是父亲，世界上某个地方生活着一个他赋予的生命，这种可能性日夜折磨着他。他不能对任何人说，他自己也不能完全确定这件事。"

　　所以，致命的冶游乃是这个故事的核心，克尔凯郭尔给它加上了许多虚构的包装。然而对这次冶游所产生后果的恐惧并不在于可能的后代，这是声东击西的诗性战术，而是害怕得了传染病。这就是焦虑在此刻觉醒的原因。这个人要结婚，有可能传播这疾病。因此他对儿童面孔的迷恋是真实的，只不过动机可以说是镜像的反转。簿记员研究儿童的面相是为了能辨认出自己的特点，他是那孩子的父亲，而米凯尔·克尔凯郭尔研究自己孩子的面孔是为了看到，他们是否和自己一样有着死亡的表征。简单地说，他寻找的不是相似的特点，而是疾病的症状。

这种恐惧的原因在第二篇小品《一个麻风病人的自我检视》中得到揭示，标题就内置了凝视的目光。这篇小品讲的是《马太福音》中的人物，长大麻风的西门，耶稣在他伯大尼的家中做客，一个女人把极贵的香膏浇在他头上（26:6）。然而克尔凯郭尔以他典型的圣经典故应用方式，将长大麻风的西门从原有的语境中抽提出来，将他置于沙漠里的坟墓之间，我们遇见他远离人群睡在一块石头上。当他醒来，起身对着荒原大喊："西门！——在！——西门！——在，谁在叫我？——你在哪里，西门？——你在和谁说话——你？——和我自己。是不是和你在一起，恶心的你，皮疹，一切活物的瘟疫，离开我，可恶的肮脏，逃到坟墓中去吧。"在一篇冗长而痛苦的，几乎像是黏在化脓的言语伤口上的，散发着自我蔑视臭气的独白之后，长大麻风的西门又坐下，呼唤玛拿西——玛拿西！玛拿西！——但玛拿西已经消失。玛拿西是一个旧约人物，《列王记下》中描述的实行偶像崇拜的犹太国王（21:1-18），但他也像长大麻风的西门一样被抽离圣经的语境。"于是他向城里走去。不错，我知道。我发明了一种药膏，可以用它把所有的皮肤外伤转向内心，谁也看不见，祭司也不得不宣布我们健康。我教他使用这药膏，我告诉他，病症不会就这样消失，而是转向内心，这样一个人的呼吸会把病传染给别人，他就成为可见的麻风病人。然后他欢呼，他恨生命，诅咒人们，他要向自己报复，他向城里跑去，把病毒喷到所有人身上。玛拿西啊，玛拿西，你为什么要在灵魂中给魔鬼留出位置，难道你的身体得了麻风病还不够吗？"

307　　在这诗之下晦暗不明的深处，传播着一个有着惊人迹象的魔性寓言，以重建残缺的父子关系：西门（Simon）和玛拿西（Manasse）的首字母和索伦（Søren）与米凯尔（Michael）的首字母相对应，只不过是交叉的，玛拿西是索伦，西门是米凯尔。父亲有麻风病，而麻风病则是梅毒的一个隐喻。而他用来治病的药膏也并不是诗性的发明，而是现实世界里的一种汞软膏，名叫"灰膏"，医生们认为它是治疗梅毒的特效药。这种药膏的效果却要在十五到二十年后才见效。如果治疗过早中断，传染性病原体在体内循环，会穿透脑膜导致脑瘫痪，其最显著的症状就是所谓"自大狂"。如果感染进入脊髓，就会导致震颤性麻痹。麻风病和梅毒都有疮和结节的症状，伴随着或多或少的骨质流失，典型的是鼻梁塌陷，最后导致死亡，但通常要经过几十年。

米凯尔·克尔凯郭尔并没有这些症状，但他害怕体内有梅毒感染。这也许能解释他为什么那么晚才结婚。是为了确定自己是健康的。当他的第一位太太，他最喜欢的科尔斯婷娜死后，他和安娜结了婚，养育了七个孩子，其中五个在满三十四岁之前死去。对一个有着"强大而忧郁幻想力"的人来说，这些死亡事件不可避免地成为他罪有应得的惩罚——罪有应得，因为他一度曾登上日德兰荒原上的高地诅咒上帝。医生们错了，他有病，传染给了妻子儿女，上帝根本没有忘记他的诅咒，只不过需要时间，很长很长的时间。

这是一种病态的思想，疯狂的幻想，但在插入小品中是这样说的："任何人想帮助他都无济于事。"可以设想，年轻的索伦·奥比知道父亲过去的一些事，听到过他在荒原上诅咒上帝的事情。他一定尽过最大努力来安慰这受折磨的老人，家人的死亡有自然的原因：索伦·米凯尔死于脑出血，马琳·科尔斯婷娜死于癫痫，妮可琳娜·克莉丝汀娜和帕特丽亚·赛维琳娜死于分娩并发症，尼尔斯·安德烈死于肺结核；第一位太太死于肺炎，第二位死于伤寒症。这位学神学的大学生用所有这些来证明，死亡事件并非报复心重的上帝在向很久很久以前一个孩子的过错追讨债务。迷信、幻觉和忧郁的折磨！但所有这些努力都无济于事。一八三六年元月的一条札记是这么说的："试图用言辞在生活中有所建树，结果看到一无所成，真是令人悲伤和沮丧；但有关人士还是固执己见不为所动。"儿子显然还做过另外一次好心的去神话努力：他解释过、安慰过、抚慰过，让整个这件事不那么严重。但是有一天，父亲——他的骄傲被青春的天真激怒——告诉儿子，他只知道一半的真相：诅咒与另一种完全不同的罪过相连，他年轻时曾经荒唐过，染上了一种传染病，招致了梅毒的惩罚。上帝如此恶魔式地懂得如何报复，他让他的罪过本身成为家族消失的原因，而他，这个被压倒的老人，穿紫袍的大亨，却留下来，成为"埋葬了他一切希望的坟墓上的十字架"。

新的解释让这幼子不寒而栗。他不仅在此一击之下解除了神学武装，他还被牵扯进了一个尚未结束的病史，五个哥哥姐姐的死就是那病不可避免的最好证明。病症或许已经进入他的血液，所以他也有病，还可能传染给了别人。父亲本来可

308

以阻止的，如果他没有对自己所知道的保持沉默，而是及时说出那可怕疾病的真相的话。

在麻风病人西门和玛拿西的寓言中，我们是否面对着"大地震"的原因？玛丽亚的死是否双倍地不堪忍受，因为这向三个男性克尔凯郭尔证明了这病症的力量不减？彼得·克里斯钦在她生病时的那些古怪的躲避行为，是否出于将家族的致死种子传染给妻子而产生的深刻恐惧？难道不是正因为如此，他才在同一种逻辑的疯狂中，不肯吻她？或者，他真的一无所知，只是相信父亲在日德兰小高坡上诅咒上帝那个感伤的故事？再不然，这个关于麻风病人西门和玛拿西的语言只不过是高超地诗化了的强迫念头，神经质的艺术，与现实并无联系？

不见得是最后一种情况。因为这篇小品与克尔凯郭尔本人有着密切关系，他在一八四三年五月中写的如下文字几乎直接表达出这一点："不论我现在内心还有什么幽暗的念头和黑色的激情，我都要通过写作来加以摆脱，题为：一个麻风病人的自我审查。"写作是他改变或者干脆"摆脱"创伤性经验的地方。这里表达得再清楚不过，克尔凯郭尔——也和别人一样——将写作用于治疗目的。仅仅是揣度在家族中存在一种不可见疾病的祸害就足以挑起永久的焦虑，《忧惧的概念》中关于原罪（arvesynden）的细致分析，不仅仅是出于学术的兴趣。"圣经所教导的，"我们在这部作品中读到，"上帝会在第三、第四代孩子身上惩罚父亲的罪孽，人生已经足够高声地这样宣布。通过将这断言解释为犹太教教义，并不能逃脱这命运。"

不过最可怕的并不包括在《忧惧的概念》里，最丑陋的部分可耻地隐蔽在那九本彩色小草稿本的最后一本里，贴在黑色闪光纸封面上的白色标签闪烁其词地说："将 /《忧惧的概念》/ 有声化（vokalisation）。"在闪族语言里，有声化指给辅音加上元音，使其可以发音并具有意义。这样，通过"有声化"，克尔凯郭尔愿意将《忧惧的概念》的意义清晰化，也许揭示文本背后的文本。作为一种箴言，他还用粗铅笔在草稿本的封面上用拉丁文写道，" loquere ut videam te"，这句话大致可以翻译为"说话，让我看见你"。

在这本草稿本上有七条没有日期的札记，其中一些是编辑草稿的过程中写的，另一些则写在誊清过程中。"世代关系后果的例证"，第一条是这么说的。其中提到的人物包括畸形的海伊纳，他的母亲与妖魔交媾而孕育了他；魔鬼罗伯特迷恋于自己叵测的邪恶；以及魔术师梅尔林唤醒了一个纯真姑娘的性欲。此外，还指涉"莎士比亚的一些人物"，却没有提到任何具体人名。最后是"雪莱的《倩契》",克尔凯郭尔指雪莱关于蓓特丽丝·倩契的剧本,她因为被父亲强奸而杀死了他。刚刚离开这间恐怖密室,我们又被塞进下面这份恶行的目录:"酗酒成瘾的父母将此欲望遗传给孩子 / 偷窃欲望 / 不自然的恶行。/ 忧郁症 / 到达某个年龄时产生的疯狂。"如果让目光从这里在灰黄色的纸页上扫过,就来到第五个有声化,它有可能保留了让这个恶行目录上一些要点变得明显的特定情境:"一个父与子的关系,儿子偷偷发现了隐藏在背后的一切,然而还是不敢知道这个。父亲是个大人物,敬畏上帝而严格,只有一次,他喝醉了,用几句话泄露了最可怕的事情。否则儿子不会知道,也永远不敢问父亲,或者任何别人。"

这幅简略的草图,克尔凯郭尔在第三篇插入某君日志的小品《所罗门之梦》中进行了加工,对《列王记上》中的故事进行了自由的诗意发挥。上帝托梦给年轻的所罗门王,许诺他一颗能够分辨善恶的心,就像他的父亲大卫一样(3:5-15)。克尔凯郭尔在这个虔敬故事当中插入了自己的戏剧性薄片,给年轻的所罗门和年老的大卫之间的关系赋予特殊的恐怖。主题是耻辱,在最初的几行里就已经奏响:"如果有一种同情的痛苦,那一定是为自己的父亲而感到可耻,不得不向那最爱者、最有恩者转过身去,背过脸去,以免看到他的丑事。"接着是一个夜间场景,所罗门醒来,听到父亲的卧室里传出声音。"恐怖攫住了他,他担心是有坏人要杀害大卫。于是他蹑手蹑脚地走过去——他看到大卫完全心碎了,崩溃了,他听到这悔罪的灵魂发出绝望的呼喊。/ 他无力地回到自己的卧室,他睡着了,却不得安宁,他做梦。他梦见大卫是一个不敬神的人,为上帝所拒绝,他身上那君王的威严乃是上帝的愤怒,他必须身着紫袍作为惩罚,他被判定要进行统治,要接受人民的祝福,同时上帝的公正隐蔽地,在隐秘中对有罪者进行判决;那梦境预示着,上帝不是虔敬者的上帝,而是不敬神者的上帝,必须成为不敬神者才能成为上帝的选民,而那梦的恐怖就在于这个矛盾。/ 如同大卫心碎倒地,所罗门起身,直立,但他的心也碎了。当他想到,什么才是上帝的选民,恐怖攫住了他。他怀疑,圣徒与上帝的亲密,纯洁者坦然面对上帝,都不是那解释,而那隐蔽的内疚才是解释一切的秘密。/ 所罗门变得智慧,但他并没有成为英雄;他成为思考者,但他却没有成为祈祷者;他成为布道者,却不是虔信者;他帮助很多人,却不能帮助自己;他纵情声色,而不知悔改;他的心碎了,却站不起来,因为意志的力量不足以超越凌驾在"年轻人"之上的种种力量。他步履蹒跚地走过(tumlede)一生,经受人生的动荡(omtumlet),他强大,超自然的强大。"

310

恰恰是因为作家克尔凯郭尔的艺术性，与同名其人的道德操守程度相当，父亲忏悔的具体内容才随着故事情节的推进逐渐退隐入自造的朦胧之中。不过剩下的还有这个事实，即儿子突然看到了父亲的双重性格，或多或少不自觉地经历了虔信那令人作呕的背面：谎言、罪行、虚伪的痛苦和悔恨的无力感，永远不可宽恕的事情，那老人心中与魔鬼订立的条约，即便是最虔诚的忏悔也无法掩饰。然而，那幅儿子的自画像，索伦·所罗门的，并不缺少邪恶，在那个夜晚之后丧失了人性，而进入一种智力非自然状态，一个巨大的脑子离奇地安装在一个哥本哈根半人马身上，一个巨大的非人，相互毁灭对立面的狰狞杂交：一个无英雄气概的智者，一个不祈祷的思想者，一个无信仰的布道者，一个不知悔改的放荡者，一个人格基础遭受致命伤害的人。

可以认为，《所罗门之梦》既将自身与那节俭的纺织品商人之家拉开巨大的距离，又在邀请人们对同一地点的情况进行传记性解释。所以，试图从这个故事的单个桥段直接得出具体事件的结论和忽略每一种联系，都同样是天真的。故事的动力中心是一次获得寓言形式的创伤性经验，因为那次夜间场景的直接表述将难以承受。纯粹出于矜持，克尔凯郭尔给已经采取寓言形式的表述加上梦幻的色彩，尤其在涉及对那有过失的父亲进行判断的时候。与此同时，这个寓言又为读者提供了去神秘化的材料，让人能绕到文字背后到达现实，那天晚上父亲绝望呼喊的真实事件。在什么程度上，这些夜间的声音仅属于寓言性质，人们难免自问，也许实际上声音才是这个故事最内在的事实？也许这些声音与其说是痛悔的毋宁说是兽性的？儿子是否在一天夜里看到父亲在做警告过儿子的自渎之事？"一个雄风不再的登徒子，一个几乎没有感性力量的老人——"一八五四年的一条札记中这样恶意地写道，儿子厌恶地回想起那将他带到人世的肉体生殖欲望，拒绝死亡的欲望。或者，这种解释过于坚实沉重？也许，这位长期和两个儿子同一间卧室的父亲，在睡梦中含含糊糊地说出一个恐怖故事的片段，他的失眠儿子当中最年轻的一个将其加工成一个恶魔的故事，这样假设是不是更合理？我们不知道，但两个儿子从此都害怕说梦话。当彼得·克里斯钦在一八二六年从伤寒症中康复时，他在日记中写道："上帝将我从最可怕的、比死亡还可怕的谵妄中拯救出来。"

最后一篇日期为六月五日，标题是《尼布甲尼撒》，包含克尔凯郭尔分节重述的《但以理书》第四章，讲巴比伦王尼布甲尼撒先做梦，然后亲身经历了，他有一颗动物的而不是人的心，于是他必须和田里的牲口一样吃草，同时他"吃草

311

如牛，身被天露滴湿，头发长长，好像鹰毛；指甲长长，如同鸟爪"（4：33）。在倒数第二篇插入的小品中也将智慧和野性联系起来。篇名是《阅读课》，讲的是柯林斯僭主佩里安德，库普塞鲁斯的儿子。佩里安德以对穷人温和公正而著称，他的智慧是传奇式的。"大胆是他的事业；他的座右铭是：勤勉成就一切。"这就是佩里安德，但这并不是全部真相，因为就在"温和的下面燃烧着激情的火焰，智慧的言辞掩盖着——直到那时刻到来——行动的疯狂。……佩里安德变了。他没有变成另一个人，而是变成了两个互不相容的人：有智慧的人和暴君。也就是说，他变成了非人"。出于这个原因，后世将佩里安德的名字和这句话联系在一起："永远像有智慧者一样说话，像疯子一样行动。"佩里安德不仅和自己的母亲克莱提亚有性关系，而且在嫉妒的暴怒中将怀孕的妻子吕西达（他叫她梅丽莎）踢死。两个没有妈妈的儿子库普塞鲁斯和吕孔浦隆逃到他们的外祖父普罗科勒斯那里。一天，外祖父告诉了他们，杀死母亲的人是谁。库普塞鲁斯听天由命，吕孔浦隆则选择用沉默来表示对父亲的蔑视："归来之后，在父亲家中，他从不屈尊回答父亲的问题。佩里安德于是心怀怨恨地把他赶走，通过提出许多问题，借助于库普塞鲁斯的记忆，终于明白了吕孔浦隆的沉默中所隐藏的秘密。他在雷霆震怒中继续追索那已被赶走的儿子：任何人都不许收留他。"当佩里德安成为"老人"后，他才找到躲在克基拉岛上的吕孔浦隆。这两个人，父与子，以分家告终，"不是作为父子在爱中分家，而是作为死敌分家：他们决定对换住所。佩里安德将住在克基拉，而吕孔浦隆将成为柯林斯的统治者"。

这两兄弟，吕孔浦隆和库普塞鲁斯之间的关系，反映出索伦·奥比和彼得·克里斯钦之间的非对称关系，哥哥听话、平和，而弟弟则拒绝服从父亲，从而变成一座沉默的丰碑。流亡国外是驱逐的隐喻，而对换住所则表示一种共同的命运，一种无论如何仍然存在的联系。

克尔凯郭尔关于佩里德安的知识来自他喜欢的两位涉及古希腊的作者，希罗多德和第欧根尼·拉尔修。希罗多德的《历史》，他读的是弗里德里希·朗格的德文译本《希罗多德的历史》，而第欧根尼·拉尔修的作品已经由鲍厄·利斯布莱特翻译为丹麦文，书名为《第欧根尼·拉尔修的哲学史，或著名哲学家的生活、观点和隽语，十卷本》。两个译本分别在柏林和哥本哈根于一八一二年，克尔凯郭尔在娘胎里那年出版。将克尔凯郭尔讲述的佩里安德与第欧根尼·拉尔修和希罗多德笔下的经典原型相比较，贴近的程度引人注目，有时逐字逐句引用译文，有时提供他自己的翻译，当然带有克尔凯郭尔的风味，他的文体胎记。然而无论如何这篇小品仍然是紧凑的转述——好像克尔凯郭尔在写作时左边放着第欧根尼·拉尔修，右边放着希罗多德。如果将法国主教芬乃伦的一些妙语加以忽略，就没有任何重要内容不能在经典原著中找到。这看上去或许像文学造假，但解释也是现成的：克尔凯郭尔在佩里安德的故事里认出了自己，并获得了奇妙的体验，即不是由他来阐释文本，而是相反让文本来阐释他。所以他将这篇小品的日期定为五月五日，他的生日。他想借此表示，自己是怎样在这个故事里，作为原型，不由自主地诞生的。

313

在某君的情色灾难背景上，这六个插入小品分别在叙述着同样的故事，即危机应追溯到父亲，他的罪过毁掉了儿子的纯真，并以此剥夺了他的直接性，即自然之爱的前提。《有罪？——还是无辜？》这个标题本身也割裂了两个人物，一个有罪的父亲和一个无辜的儿子。

"我或许可以，"一八四三年的一条札记这样说，"在一篇叫作《神秘之家》的小说里复制我童年的悲剧，关于宗教性那可怕的秘密解释作为恐惧的感觉给予我的，被我的幻想锻造而成的，我对宗教性的鄙视。开始应该完全充满父爱的田园牧歌，于是无人能发觉异样，直到那些话语突然响起，为一切提供可怕的解释。"这样一篇小说克尔凯郭尔一直没有写成，却写了那六篇插入的小品，让它们进入某君的订婚故事，由无言兄弟署名，将所有这些荣耀沉入湖堡湖底，最后由快乐装订匠加以出版。

从心理学的角度来考虑，这种系统化地与自己的故事拉开距离让人想起一种抑制行动，但事实却相反，这是创伤的消解，一种"摆脱"的方法。"魔性是自我封闭"，我们可以在《忧惧的概念》中读到哥本哈根守望者设定的治疗准则，如克尔凯郭尔通过写作所实行的："魔性并不是将某种东西关进去，而是封闭自己……。日常语言中有一个说法极其贴切，说一个人：他不肯说出来。一个自我封闭的人恰恰是哑巴；语言和词语则是拯救，将人救出自我封闭的空洞抽象。"

通过转化为语言，《有罪？——还是无辜？》中的冲突就这样在走向自我道路上被克尔凯郭尔放到身后，确实以其全部痛苦而再现，然而也通过距离的激情，将创伤从纯粹私人领域解放出来，让它作为艺术而重生。

附笔：克尔凯郭尔

著述生涯的正式告别发生在一八四六年二月二十七日，《哲学片段之非学术的结论性附笔——模仿性悲惨的辩证法汇编，攀登者约翰尼斯的生存之道》的出版。攀登者约翰尼斯在书中洋洋洒洒地向读者提供了从《非此即彼》到《人生道路诸阶段》的全景式述评，题为《当代丹麦文学成就一瞥》，他愤怒地揭发了一桩文学界的大骗局：一个他不认识的克尔凯郭尔博士和其他一些假名作者，经年累月地出版他攀登者本人正在想写的作品——只有《哲学片段》算是成功写完——于是给了他，攀登者有充裕的机会来评论所有这些作品，他把其中的相互关系检讨得如此细致入微，差不多建立了一个他经常抨击的黑格尔"体系"的假名副本。

然而同一个地方，也是在《附笔》中，有"第一次也是最后一次解释"，署名索·克尔凯郭尔，他承认自己的假名作品，并指出，运用"假名或多名并非出自个人的偶然理由，而是出于表达本身的本质性理由，为了对白，为了心理变化的个体区别，诗性上要求在消沉低落和奋发昂扬中，在绝望和自负中，在痛苦和欢乐中，等等，对善恶一视同仁，理想状态下只受心理后果的限制，而现实中任何现实和真实的人都不敢或能够为其设限。这些作品是我写的，但仅止于因我将人生观置入诗性创作出的人物口中，从而使公众得以听闻之故。因为我的位置比那些诗意地创作出人物，而本人又在前言中自居为作者的人更为遥远。即我是非个人的，或曰以第三者的身份个人的推动者，诗意地创作出作家们，其前言又是他们的创作，如果署名的话。因此，这些假名作品中没有一个字是我自己的；我对他们的意见不超过一个第三者的，我对他们的知识也不超过读者的。……所以，我希望，我祈求，如果有人想引用这些书，请帮我一个忙，引用相应假名作者的名字，而不是我的，这样就将我和作者区分清楚，那些女性话语属于假名，而民事责任则是我的"。这样，在单个假名作者和克尔凯郭尔本人之间就没有关系——或者正因为如此，只有——最遥远的关系，"而从另一方面来说，我确定而毫不隐讳地就是那些益信词的作者，每一个字都是我的"。

读到这些结束著述生涯的字句，令人感到置身于怡然隐士、快乐装订匠或者别的什么人开始虚构故事的前言之中。克尔凯郭尔实施这放弃时的严谨缜密也令人对其声明的诚意产生怀疑，并支持这样的假设，即克尔凯郭尔恰恰是借助于假名出版作品而进行极其私人的写作。我们读者在札记中——因使用真名——而被阻挡不得接近的地方，假名作品中给出了更为直接的表达。他对批评性评论的愤怒反应，并不仅是出于虚荣心受伤，而且因为他的写作还具有自白文学的自我暴露性质。他的写作前所未闻地接近他本身，也因此而掏空了自己。他在一八四七年以令人耳目一新的坦诚表示："我的忧郁症在很多年里阻碍我在最深刻的意义上对自己称'你'。一个幻想的世界横亘在我的忧郁和我的'你'之间。这就是我——在某种程度上——倾倒在假名作品之中的。"

现在不再有那么多的创作危机可写了，克尔凯郭尔不得不复制自己：《试笔》重复《序言集》，而《人生道路诸阶段》的主题是《重复》的重复，其结构则让人想起《非此即彼》，只是也许没那么成功。克尔凯郭尔计划准备展开的"母题"之一是一种审美的强化："诱惑者日记的续篇应该是辛辣的，他和一个年轻的有夫之妇的关系。"克尔凯郭尔甚至起草了封面——"诱惑者日记 / 第二号 / 论魔性 / 约翰尼斯·梅菲斯托菲勒斯著"——但不久主题就转向一个全新的角度："我也许会写一篇《诱惑者日记》的对应篇。应该有一个女角：《交际花日记》。这样一个人物值得花费力气去描写。"肯定会是如此，但克尔凯郭尔很清楚，他的情色配额已经用光，于是在页边空白处补充道："时代想要的是在坏事面前昏厥，并自欺欺人地说是在进步。可别想从我这儿得到。"

克尔凯郭尔必须寻找新材料，等待心血来潮的时刻。二者他都得到了很多，从一个完全出乎意料的地方。

第三部

一八四六年

"笑的牺牲品"

一八四三年春的一天，迈厄·阿伦·哥尔德施密特发起了一次不同寻常的会饮。他向两个人发出书面邀请，只有一人，即皮·路·穆勒响应了，另一人甚至没有回复邀请。尤其令人遗憾的是，他正是这次会饮发起的真正原因和庆贺的对象。谁也没有理由指责他的沉默，因为缺席者乃是怡然隐士，《非此即彼》的假名作者。

尽管贵客缺席，哥尔德施密特的宴会还是获得了难忘的成功。皮·路·穆勒根据请柬的要求来到，"头戴希腊式桂冠，兴高采烈"，而哥尔德施密特，很清楚"会饮"的意思是饮酒狂欢，开了一瓶意大利好酒，众所周知，那有利于真话的浮现。关于怡然隐士超凡脱俗天才的真相现在已经出现，即印成了书而且借助于哥尔德施密特本人，一八四三年三月十日在他主编的周刊《海盗船》上发表了一篇热情洋溢的评论，把《非此即彼》的作者捧上了天："本书作者是伟大的精神，他是一位精神贵族，他嘲笑全人类，揭示其可怜可悲；他有资格这样做，他是非比寻常的精神。"尽管在一八四三年三月时这些话还有些言过其实，穆勒也只能表示同意。哥尔德施密特回忆道，他也认为，"怡然隐士是在现代复活的最完满的希腊精神。他有丰富的观念、机智、反讽和优越感，尤其是最后一点。他凌驾于一切之上，即便不是以其人格，至少也是以其观念，他本人既可以非此即彼（Enten–Eller），也能兼而有之（Baade–Og）"。怡然隐士，或者更正确地说，他背后的文学主谋，他们两人自然都很熟悉他的实名，无外乎"审美人生观之首领"。

那个春天夜晚的气氛热烈，哥尔德施密特在一个地中海风情的场景中写道："我们此前此后都从来没有这样谈过话，那次就像是在伊奥尼亚海滨，在闪烁着阳光的葡萄藤叶之下一样。"只有来自穆勒方面的一点小小的保留突然暂时中断了这温馨的聚会。即穆勒认为，《非此即彼》固然是一部优秀作品，但是"更多地由思想，而非血肉构成"。到这里为止都不过是微不足道的小事，穆勒随后站起身做了如下声明："从现在起我要和你结成同盟，共同效忠文学之真理，必要时不留情面地反对任何人，包括彼此……作为报偿我们将永葆青春。/ 然后我们握手，双方显然都是认真的，至少在我看来无论如何都是深受感动。"反讽者穆勒或许也感动了，但这种情况乃是出于完全不同于哥尔德施密特所想的原因，后者没有足够的想象力，来设想穆勒说的效忠文学的全面战争针对的是谁。

三年之后的一八四六年，哥尔德施密特意识到必须将《海盗船》卖掉；原因在克尔凯郭尔。克尔凯郭尔也是导致穆勒在同年被文学精英所排斥的原因，尽管是间接原因。穆勒在几年后深怀失望地离开丹麦前往法国，并最终死在迪耶普。克尔凯郭尔心满意足地记载了他的策略性胜利，但同时也苦涩地承认，哥尔德施密特和穆勒这两个人的所作所为根本改变了他的生活，乃至于可以将其一生划分为"前海盗船"和"后海盗船"两个时期。哥尔德施密特对此也不怀疑。他在三十年后撰写的回忆录中将这些事件称为"一出三个人的灾难剧，我是唯一幸存者"。

我们不必是福尔摩斯也能发觉，下面要说的事件不会让华生认为是天经地义的，但也正因为如此，一定要追问，事情究竟是怎样出人意料地发生的。

《海盗船》——"一份魔鬼刊物"

一八四〇年十月八日，克尔凯郭尔向奥尔森小姐求婚后一个月纪念的当日，第一份《海盗船》出版问世。创办者是哥尔德施密特，一个勤奋、勇敢、情绪高昂的人，他自行撰写大部分文章。他曾经深受法国大革命鼓舞，并在哥本哈根找到四位志同道合者，他们是文学家保罗·切尔维兹和阿尔波·马勒，抄写员比塞洛普，还有一位人称丹东的革命钟表匠。这位丹东最后没有进入编辑委员会，加之他的革命性太强了一点，但是他给杂志起的名字。当听说有人计划要出版一份幽默政治周刊时，他立即跳上路障激情澎湃地高呼："对！一份新的刊物，一份魔鬼的刊物，一份真正的《海盗船－魔鬼》，就像他们在巴黎那样。"

除了一点魔鬼讽刺之外，创刊号上还刊登了两篇纲领性文章。题为《且充纲领的祝酒词》的第一篇文章声称，该刊既是保守派也是自由派的对立面，欲成为二者之间的中点。这是从法国布尔乔亚国王路易·菲利普的"中道"[1]温和政策引申出的口号，后来该刊以更惊人的形式表述如下："当你看见有两个人在打架时，第三个人参加进来打他俩，你怎么看这第三个人？——他是无赖吗？——有可能；但你更应该说他恪守中道；因为他不偏不倚，秉公打他俩，而这正是中道最大益处之所在。"在第二篇纲领性文章——《真正的纲领》当中，哥尔德施密特进一步强调，《海盗船》不会扮演狭义政治刊物的角色，而将成为"民意"之公器，因此有利于"所有各阶级的读者"。关于该刊的编委会，也可以在这篇文章中读到，"我们当中大部分是大学生"，因此，可以预计，其任务很自然的是"竭尽全力履行学术界公民义不容辞的义务：坚持和保卫文学的纯洁性及其尊严"。结尾部分是关于刊名的几句话——"因为，或许有人会做如下推论：'海盗船是强盗船，好也好不到哪儿去，因此该刊也比强盗报好不到哪儿去，它抢不了人就剥人的皮。'"对这种普遍的不安，编辑部能做出保证，该刊的背后有着完全不同的高贵愿景："我们想象着一条船，船员都是勇敢的年轻人，正朝向大海全速前进，决心在'公正、信念和荣誉'的旗帜下战斗。"换句话说，《海盗船》和当时的《警察之友》与《火箭》不一样，它不是又一份鸡零狗碎、飞短流长的刊物。

在这些纲领性宣言里无意识地掺进了相当的反讽，因为他们绘制的航程《海盗船》从起航就偏离了。这艘船从来没有在保守派和自由派之间航行，而是比二者都左。从这个制高点发出的无情抨击很快就引起广泛的恐慌，并不断地和审查机关发生冲突。由是历任警察局长，尤其是当时的名人莱尔森，便忙着宣布判决和量刑结果，由编辑部的"稻草人"去服刑，他们的名字在封面上迅速地依次出现。一个名叫林德的酒鬼，曾经的杂货铺老板，可能既不会读又不会写，就为最初的三期杂志去蹲过监狱。随后出场的是布赫，哥尔德施密特一天晚上偶然在高桥广场遇见的贫苦老水手，他为了几句好话和一点钱就参加了编辑工作。如此等等。在最初半年里《海盗船》至少有六个这样的替身编辑，而真正的编辑哥尔德施密特的名字则在最初三年里公然缺席，直到第一百六十一期他的名字才开始出现在封底的最下面，只不过是作为该刊的出版者。所以，后来克尔凯郭尔叫他们"混账编辑部"并不怎样离谱。

频繁更换编辑导致了一个有趣的因而有助于推销的谣言，说编辑部里有十五

328

---

[1] 法文：juste-milieu。下同。

名宣誓效忠的大学生，在城里各处举行秘密编辑会议。然而真相却近乎相反。当林德被判刑蹲监狱喝凉水啃干面包的时候，切尔维兹、比塞洛普和马勒的疑虑如此深重，以至把革命理想丢到脑后，退出了编辑部，只剩下哥尔德施密特一个人来独自承担未来的各种重任。不折不扣地。在一八四二年的所谓"《海盗船》大案"中，哥尔德施密特被判二十四天监禁和二百塔勒罚款，外加终身审查。然而所有这些困难只让哥尔德施密特更加坚定了反叛的决心，从第九十五期起《海盗船》的封面就是一艘海盗船，挂着三色旗和骷髅头旗帜，船尾旗上印着法国大革命的口号："Ca ira, ca ira!"一句精心选择的箴言，大致可以翻译为："一切都会好起来！"

如果《海盗船》安全驶过了"莱尔森海角"，就在每礼拜五发行三千份，丹麦、瑞典和挪威的书店里有售，每季度花五马克就可以开心地大笑，直到读者自己也被挂到该刊的讽刺栏目上——例如海贝格就有机会在死前整整十八年里阅读自己的讣告，其中情深意重地感叹，以他为文学评判最高法官的时代就此结束了。从平民百姓到王公贵族，人人都爱看这份周刊，它甚至大摇大摆地进入王宫，让不见得迷恋共和热忱的国王克里斯钦八世的灰白头发直立倒竖。本身也有幸蒙受该刊青眼的安徒生曾生动地描写这类等外报刊买卖经常的兴起："它是高尚住宅外门房或车夫的最爱，但也会溜到绅士淑女那里。"

一八四五年十一月十四日出版的《海盗船》上有一篇关于卡斯滕·豪赤的小说《莱茵河畔的城堡》的评论，文中以奥拉·雷曼为代价顺带赞扬了克尔凯郭尔——"雷曼会死，会被忘却，但怡然隐士却永远不死"。次日，克尔凯郭尔写作了长篇《向〈海盗船〉呼吁》的文章，其中提到："颂歌献给土八·该隐 [1] ——阐释为：残酷嗜血的海盗船，最伟大的苏丹，你将人们的生命玩弄于股掌之上，在暴怒中心血来潮，哦！还是发发慈悲吧，缩短这痛苦——把我杀了，但不要让我永生！"这篇署名为"怡然隐士"的呼吁书被克尔凯郭尔留在书桌抽屉里，不过它也表明，克尔凯郭尔能击中要害并倾向于和《海盗船》来一场智力斗鸡，以此表明，他也——如果还有别人——掌握了机智风趣的艺术，而且有大学文凭为证！当他在一八四五年六月初在札记中首次提到《海盗船》时，不仅表现出对该刊的惯常做法有相当彻底的了解，而且很显然，他是还在笑着的人当中的一个，

329

---

[1] 《旧约·创世记》4：22，土八·该隐是该隐的后代。

而且继续牺牲别人享受下去："真奇怪《海盗船》一直没有想到用古代方式描绘肖像，裸体，仅用一片无花果叶遮羞。譬如一幅这样的赫拉克勒斯像，下面注明：格隆德维牧师。"

喜剧性写作和哥尔德施密特的漂亮外套

克尔凯郭尔参加开玩笑，赞成这种形式，很可能还给哥尔德施密特出过一些精彩的馊主意，当他们俩在哥本哈根街头碰见的时候。他们经常碰头。他们早在一八三八年夏天就认识了，那是在腓特烈贝格罗尔丹家中的一次聚会上。"我肯定不是一个专注的、心平气和的观察者，但还是在心里给他拍了一张照片。"哥尔德施密特写道，他记得克尔凯郭尔是个瘦小的人，有点驼背，脸上的气色很好，一双充满优越感的眼睛里有着等量的善意和恶意。聚会后哥尔德施密特和克尔凯郭尔一路回城里，当他们在回家路上走到老国王路时，克尔凯郭尔问哥尔德施密特是否读过他刚出版的新书《尚存者手记》。哥尔德施密特读过，但没有抓住更精微的层次，只记得此书对安徒生很凶。这对克尔凯郭尔来说实在是太不够了，于是在他们走向城里时展开对这部作品的讨论，让哥尔德施密特惊异的是，眼前的克尔凯郭尔似乎越来越高大了。哥尔德施密特回忆道："在一个长久的停顿中，他突然跳了起来，用他那细长的手杖击腿。这个动作中有些活泼好动的样子，但完全不同于人们通常在世上看到的活泼好动的年轻人。他的动作是那么古怪，几乎令人痛苦。我很清楚，对这个场面的记忆存在着混进后来知识的危险；但我能肯定这里面有痛苦的成分：这个博学的、瘦弱的人想要享受人生的快乐，但他不能够，或不应该。"哥尔德施密特太谦虚了，因为他是一个出色的观察者，他的内心照片其实是青年克尔凯郭尔最好的肖像。像一切优秀的描写一样如见其人。

330

据哥尔德施密特自己说，他有"当第一的本能需求"，而又从来没有走出不那么成功的大学入学考试的酸楚。当他遇到不比他雄心少，显然天赋更高，年长七岁的克尔凯郭尔时，很自然地产生了等量的仰慕和嫉妒。这种混合的感情有机会得到了表达。当克尔凯郭尔于一八四一年九月出版《论反讽概念》时，《海盗船》的临时工之一进行了评论，这篇文章总体上是友好的，但讽刺了一下克尔凯郭尔那浮夸造作的语言。然而哥尔德施密特却感到，评论对这篇学位论文的内容分析比较肤浅，于是加上了一段附言："如果我们事后承认，尽管语言令人震惊，克尔凯郭尔先生的学位论文还对那些有耐心读完的人有益的话，那么我们有可能证明，通过这承认——尤其是将其置于上文的联系之中，将给以克尔凯郭尔先生所应得的公正。"

过了不久，这位魔鬼编辑就和反讽博士在街头碰上了。克尔凯郭尔注意到，他现在登上了《海盗船》，对此他不反对。不过他抱怨"这篇文章缺少布局谋篇"，所以建议哥尔德施密特尝试"喜剧性写作"。哥尔德施密特一开始因得到关注而受宠若惊，转念一想又觉得受了侮辱，因为克尔凯郭尔表面上的好心建议实际上是不承认他的"严肃、崇敬、敬畏"。这侮辱没有减轻，因为没学过美学的哥尔德施密特并不明白，在"喜剧性写作"这个概念后面隐藏着什么。在他们后来的谈话中哥尔德施密特受强烈的诱惑想问克尔凯郭尔这种"喜剧性写作"的性质究竟是什么，但是每次都失去了勇气："从遇到他的那一刻起就处于压力之下，就受到他的审视，尽管他自己有些矜持。"但有一点可以肯定，哥尔德施密特在多年后注意到，克尔凯郭尔所给的模棱两可的建议，实际上打磨了"日后刺穿他自己的矛尖"。

不过就目前来说，主要还是克尔凯郭尔在刺哥尔德施密特。他在当时最时髦的裁缝法尔纳处定制了一件外套，法尔纳向哥尔德施密特保证，他要缝制一件哥本哈根前所未有的漂亮外套。这件外套确实独一无二，深蓝色，皮领子，胸前的黑色编织扣襻给它增添了一点军装色彩，非常适合哥尔德施密特关于使用武器的幻想。不过哥尔德施密特还是通人情世故的，担心这件外套会过于触目。"没那事儿"，法尔纳说，哥尔德施密特应该到东街上去溜达一圈试试看。那太冒险了，哥尔德施密特认为，于是他改走肉市大街，并没有人注意他这件太过招摇的外套，这让他大大松了一口气。他经过阿马厄广场来到摇钻路。那里站着克尔凯郭尔。他向哥尔德施密特走过来，说了几句闲话，然后突然压低声音说："别穿着这样的外套跑来跑去。您又不是骑术教练。应该穿和别人一样的衣服。"哥尔德施密特窘极了，没有说出来他自己也有此怀疑，不过是试穿。他立即回到家里，叫人将外套送回法尔纳处，附言把皮领子和编织扣襻拆掉。哥尔德施密特用下面的话结束这段讲述："唯一让我痛苦的是，克尔凯郭尔认为我真的喜欢这件外套。"

另一件伤感情的事是后来克尔凯郭尔问他《海盗船》的消息来源，想知道哥尔德施密特怎么能知道那么多城中发生的事。哥尔德施密特很谦虚地回答道，他并不比许多稍微看看报纸的人知道得更多。"但您不是收到许多匿名稿件吗？"不错，哥尔德施密特确实收到过不少，但大部分不能用。"怎么会呢？"克尔凯郭尔

331

问。因为，哥尔德施密特回答道，他们揭发最隐秘的家庭关系，编辑部甚至收到过丈夫和妻子互相揭发的稿件。"我不要听！"克尔凯郭尔大声喊道，不让哥尔德施密特说下去，他马上闭了嘴，但并非没有痛苦："我很受伤；因为他好像在指控我意图将秘密出卖给他，好像我的性格比他更冷酷。"

哥尔德施密特的心理感觉一点没错。当克尔凯郭尔于一八四六年首次在札记中提到"高中毕业生哥尔德施密特先生"时，字里行间充满了居高临下的自大意味，与经验丰富的作家在哥本哈根街头漫步时碰到自封的编辑时的态度完全一致。在札记中称他为一个"聪明的脑袋，没有思想，没有学历，没有观点，没有自制力，但并非没有某种天赋和某种绝望的美学力量"。这幅性格素描并不特别讨人喜欢，不过克尔凯郭尔在这里和以后的札记中都看到了哥尔德施密特的天赋，他作为"庸众的工具"浪费在为《海盗船》服务上的天赋。克尔凯郭尔对哥尔德施密特反复地这样说过，同时建议他进行喜剧性写作。因此并不奇怪，这种对待让自尊自傲的编辑感觉不舒服。"他能让人变得非常渺小。"多年以后哥尔德施密特这样写道。

"我是犹太人，在你们中间能想望什么？" 332

到目前为止不舒服的感觉还是压在对克尔凯郭尔文学天才的景仰之下，哥尔德施密特和穆勒所以在《非此即彼》出版后不久为之举行象征性会饮来庆祝。他们那天晚上见面的时候，彼此认识了还不过半年。究竟是什么深层原因让穆勒去看望克尔凯郭尔，哥尔德施密特一直没有真正弄明白，但是，他写道，克尔凯郭尔坐在编辑部里好像无意识地等待着穆勒的到来。这位金发碧眼的先生来了，他穿着带闪光纽扣的蓝色上衣，浅色裤子，非常像个花花公子。关于他，哥尔德施密特只知道他是《文件夹》和《费加罗报》上一些论辩文章的作者；他就回答下面问题撰写的文章得到了大学颁发的金质奖章："法国晚近时期的诗歌品质和感觉有所进步还是退步？其原因何在？"最后，他不仅擅长讽刺，而且恶毒，哥尔德施密特注意到，这一点因他美丽洁白的牙齿而加强，他只要一微笑露出牙齿，就似乎是在提醒：人也会咬人。

穆勒刚刚结束一次挪威之行回到丹麦，他要向哥尔德施密特转达挪威作家亨利克·维格兰的问候。此外他还报告说，《海盗船》在挪威非常被看好，人们甚至认为应该出挪威文版！很自然，当穆勒告诉他，挪威人的热忱并非仅仅出于该刊的政治路线，同时也是为其文学质量或其"在美学范畴中的地位"时，用穆勒的优雅措辞来说，哥尔德施密特几乎被骄傲撑爆了，感到非常快乐。"我因此而获得了，尽管不完全确定，世界上的位置，一种新的权利，被抬举出黑暗和封闭，到达光明、广阔、出类拔萃的边缘；一切审美和诗意的本能在我心中觉醒，但是被束缚着；穆勒认为我有解开它们的钥匙，通向自我的钥匙；我需要他的拯救。"显然并不是只有女人能够唤醒生命中的诗意本能：与穆勒相会成为他诗人活动的开始，而哥尔德施密特也并非无由地声称，穆勒好像"对我施了魔法"。

拯救在一八四三年二月来到了，彼时哥尔德施密特在《海盗船》上发表了一篇所谓"库柏[1]式小说"，并接待穆勒的来访，穆勒以他典型的方式对他说了如下心里话："我在剃头匠那里拜读了您的库柏式小说。它非常适合那不冷不热的肥皂水，而且几乎适合刮剃本身，直到结尾部分我跳了起来，差点被割破了鼻子，出于我现在要告诉您的原因：在最后几行里您的叙述也进行了跳跃，跃入喜剧性写作。"哥尔德施密特没有告诉穆勒他的克尔凯郭尔烦恼，于是他几乎达到了不可企及的境界，就像"一个梦游者，解决了克尔凯郭尔式的问题，完成了喜剧性写作！／上帝啊，我欢呼"。

尽管穆勒的认可加强了他们的关系，但这关系从未发展到深刻意义上的友谊，加上穆勒太过超然、封闭、冷嘲热讽，他们一直没有真正熟起来。穆勒认为，聪明人不应该靠得太紧，这种亲密无间应该留给保龄球馆里的人们。不过，如果说这关系在穆勒一面缺少"亲密"，那么在哥尔德施密特则不然，他认为这关系是"一种迷恋"。毫不夸张。关于突然出现在面前的这位大胆调皮的花花公子拯救者，哥尔德施密特也写道，那是因为"他的想象力和理想主义，他对生活那坚定不移的感性把握，他的敏锐、反讽的理解力，是那么有说服力，又那么诱人地调皮"。因此，哥尔德施密特的回忆录里有五分之一的篇幅是关于穆勒，也就毫不奇怪了。

穆勒不仅是解救者，还是诱惑者，他熟练地掌握回避和退缩的艺术。哥尔德施密特很快就感到：穆勒自然而然地占据了文学和美学教育者的位置，他真的带无知的哥尔德施密特去大学图书馆，那设在三一教堂巨大阁楼上的图书馆，哥尔德施密特慢说从未去过，连要从圆塔的盘旋坡道上去都不知道。但与此同时穆勒和那求知欲旺盛的学生在生活中永远保持着三步远的距离，并且，和克尔凯郭尔

---

[1] 库柏（James Fenimore Cooper, 一七八九～一八五一），美国小说家，著有《最后一个莫希干人》等。

一样让他明白，他命中注定要做"喜剧性写作的创作者"，而穆勒自己则要留给意义远为重大的使命，"在金色的韵律中诉说诸神的语言"。这样就产生了扭曲的后果："当他用无情的讽刺追捕着一切无知的迹象，并以此让我更有知识时，他实际上是在损害自己，损害我那些让他从交往中获得乐趣的独特品质。这样使得我们的关系有些古怪，有些自相矛盾，因为他也限制我获得知识。这一点不应该理解为，他预先嫉妒或者害怕我成为可能的竞争者；但他想作为园丁看着我慢慢地生长，尽可能的慢。"

穆勒自己也在生长，狂野地，茂盛地，他想通过一系列关于美学和文学专题的公开演讲让精英们着迷，而开花结果。这计划在付诸实施前对所有人保密，包括哥尔德施密特，穆勒明确禁止他阅读自己发表在各种期刊上的那些文章。哥尔德施密特很不情愿地服从了命令，因此直到穆勒在一八四七年出版《批评的草图》，他才知道穆勒原来是个文学批评家。

然而，哥尔德施密特不仅是个听话的学生，他也是《海盗船》的编辑，而且远比穆勒有影响力。哥尔德施密特还是个犹太人，为犹太人的事业说话。最激烈的一次是一八四四年夏天在南日德兰斯加姆林斯班克的集会上，受到一个受洗的犹太人挑衅，他从讲台上对聚集在山坡上的数千听众大喊："我是一个犹太人，在你们当中能想望什么？" 334

过了一段时间，一点干面包和一杯葡萄酒落肚后，哥尔德施密特向穆勒敞开心扉，和他分享作为犹太人的痛苦，持久的冷落、敌意、猜疑和仇恨。穆勒默默地听完，起身拿起帽子和手杖，朝门口走去，一边说："有这样的感情，应该写一部小说。"于是哥尔德施密特就动手写。当天晚上他就写出了第一部小说《一个犹太人》的结尾部分。这本书于一八四五年十一月六日以阿道夫·梅耶尔的笔名出版。

这本书引起了巨大的轰动，卡尔·普劳在《祖国》上进行了正面评论，六年后被翻译为英文，从此作为"铁路小说"畅销美国。克尔凯郭尔很快就读了这本书，并认为总体上非常成功，除了"那糟糕失败的结尾，显然是不成熟的表现"。一天，他在街上遇见那骄傲的处女作作者，于是问他，作者认为书中哪一个人物写得最好。哥尔德施密特对此毫不怀疑，认为一定是主角雅科布·本迪克森。不对，克尔凯郭尔回答道，是那个母亲。哥尔德施密特完全没有料到，他写这本书的时候并没有多想。"我就知道是这样！"克尔凯郭尔老道而尖锐地答道。又说了几句好话之后，克尔凯郭尔接着问，哥尔德施密特是否读了那篇正面评论，读了的话怎么想。哥尔德施密特读了，他认为评论的意图就是赞扬这本书。"不对，"克尔凯郭尔回答道，"评论的意义在于，有人更愿意将您视为《一个犹太人》的作者，而不是《海盗船》的编辑；《海盗船》是皮·路·穆勒。"

哥尔德施密特听到这句话后，惊骇不已，因为他意识到，将穆勒等同于《海盗船》将毁掉穆勒的名声和未来事业。于是他表示不敢苟同，并提醒克尔凯郭尔，创刊早在哥尔德施密特认识穆勒之前，但克尔凯郭尔微微一笑，摇摇头，走开了。穆勒得知此事后非常沮丧，他一再请求哥尔德施密特向克尔凯郭尔说明真实情况。他一有机会马上做了，但无济于事："这位哲学家不屈不挠，只是坚持说，天下有比警察报告更准确的报告。——我问：'这件事上您怎么会有比我更可靠的报告？'——于是他以那古怪的方式笑了，我很想把这整件事当作恶作剧；但当我对穆勒描述我那失败的使命时，他把事情看得更严重，并且说，如果这种观点在公众中扩散将成为他巨大的障碍，因此，我们暂时停止交往很重要。他这样做了，但不彻底。"

穿麦金托什风雨衣的坏蛋：皮特·路德维希·穆勒

哥尔德施密特的回忆录写于十九世纪七十年代，回顾发生在十九世纪四十年代中期的事件难免会有事后合理化的成分，但克尔凯郭尔将穆勒等同于《海盗船》一事则肯定不属于这类情况。当克尔凯郭尔在一八四五年年底改弦易辙，不再与哥尔德施密特交好，并不仅是由于《海盗船》上肆无忌惮的讽刺（克尔凯郭尔通常用这个来证明其抗议的合理性），而且也是出于，或许更是出于对穆勒的强烈厌恶感，克尔凯郭尔愿意尽可能地将其摧毁。

然而这个皮特·路德维希·穆勒——十九世纪四十年代活跃在哥本哈根知识群体中的瑞典作家奥·派·斯图岑-贝克称之为"穿麦金托什风雨衣的坏蛋"[1]——究竟是何许人也？他于一八一四年出生在奥尔堡，其父是个一文不名的商人。一八三二年，他在本地通过大学入学考试。然后他就前往哥本哈根，并以全部科目优异的成绩通过所谓"二级考试"，但就此止步，再没有深造。他在神学院注册，读的却是医学、语言、戏剧批评，和克尔凯郭尔一样，把他青年时代花

---

[1] 苏格兰化学家麦金托什（Charles Macintosh FRS，一七六六～一八四三）于十九世纪二十年代发明了防雨胶布。穆勒显然喜欢穿这种面料制成的外套，当时还不多见，故名。

费在美学和哲学研究之上。也和克尔凯郭尔一样，他在一八三八～一八三九年间听马腾森的课，而当马腾森认真地将黑格尔主义当作丹麦时代精神时，他也和克尔凯郭尔一样，选择改听希本和保尔·马丁·穆勒的课。他写的一篇深情的怀念诗篇则表示，他和克尔凯郭尔一样，自认为是保尔·马丁·穆勒的门徒。他赞赏并模仿浪漫主义的革命诗人作家，如拜伦、雨果、缪塞、海涅、吕克特、布约纳和普希金，而他从丹麦精神生活中选择的典范则是奥伦施莱尔的悲情、布利歇的精致忧郁、温特的感伤和奥拉斯特鲁普直白的艳情。

此外，从后世来看尤其有前瞻性的是，穆勒对安徒生的欣赏，为其做传收入《丹麦万神殿》，并在海贝格及其永远的飞短流长同盟——或曰"家族"，如他在与安徒生通信中所称的——面前为安徒生童话辩护。不难理解，穆勒和安徒生这两位文学暴发户会团结一心和将他们当作没文化的攀附者加以拒绝的精神势利鬼海贝格派作战。他还是个北欧主义者，格隆德维在一八三八年举行的"人之记忆"系列讲座的热心听众，不消说这更让"家族"皱眉头。

穆勒的过去并非清白无瑕，他对"真相"持一种独特而灵活的观点。例如，穆勒曾写过一篇关于霍尔斯特的极其恶毒的文章，登在《海盗船》上，而当他们两人在街上相遇并谈到这篇文章时，穆勒断然否认与这篇文章有任何关系，并且说哥尔德施密特可以为此做证。穆勒随后飞奔到哥尔德施密特处，让他帮忙圆谎，如果霍尔斯特出现在编辑部的话。哥尔德施密特试图避免参与此事，但他的担心是多余的，不仅因为霍尔斯特并没有来，而且因为后来穆勒给霍尔斯特写了一封信，信中——用哥尔德施密特的话来说——用一种"尖酸刻薄而沾沾自喜的口吻，以奋斗中的无产阶级自居，向占据更幸运社会地位的霍尔斯特承认，自己就是那篇文章的作者"。海贝格也经历了同样的遭遇。当他和太太于一八四二年在腓特烈贝格山庄消夏时，穆勒突然不请自到，向他们保证，那些匿名攻击海贝格的文章不是他写的。海贝格驳斥了整个无稽之谈，但穆勒反复坚持自己的清白，用最讨喜的词汇恭维海贝格，说他是多么尊重海贝格的为文和为人。然后，"半年以后，这同一个皮·路·穆勒宣布，那些文章是他写的"。为穆勒辩护到最后的安徒生说，他曾听到海贝格的母亲居伦堡夫人惊呼道："这个穆勒是什么人哪，竟敢攻击我的路德维希！"于是所有海贝格追随者也纷纷重复这同样的话。穆勒徒劳地试图改善自己的名声，在一八四三年发行了一本小小的期刊《竞技场》，抨击当时的"道德抹布小贩"，他这样称"海贝格公司"里的职员们。

336

最糟糕的还是无数流言蜚语，包括离奇古怪的。穆勒不仅有歌颂赤裸裸的感官性的机智幽默[1]，他还容貌俊美[2]，有身体力行所颂之事的本钱。引起普遍鄙视和肯定更大嫉妒的是，别人在纸上写写的柏拉图式活动他居然能付诸实施！即便他不能吹嘘在西班牙俘获了一千零三个女人，至少在哥本哈根有几十个。对于总是缺钱的穆勒来说这是一个昂贵的笑话。于是又有谣言说他卖掉了一副情妇的骨骼——那是一个可怜的女裁缝，这姑娘显然不太检点。安徒生在一封信中愤愤不平地说，甚至明理的人们也相信这个"寓言"。克尔凯郭尔不太可能相信这种流言，但他怀着充满恐惧的迷恋最密切地追踪着哥本哈根所能提供的最佳唐璜范本，以及他本人原则上几乎与之无关的，性的实现。

337

流言蜚语和信用丧失也在进一步威胁穆勒的学术事业。他的雄心是继奥伦施莱尔之后担任美学教授，一个他肯定并非不合格的职位。不错，他没有文凭，但他通过一篇在一八四一年获得金奖的关于法国诗歌的论文表明了自己的才华，另外，他还发表过一系列才华横溢的戏剧和文学批评文章，加在一起也就差不多像一篇学位论文。

这两个人，穆勒和克尔凯郭尔有多熟，则很难说。克尔凯郭尔在和《海盗船》发生冲突之前的日记里从未提到过穆勒。穆勒也在其遗稿中只字未提克尔凯郭尔。最后，哥尔德施密特的回忆录中认为这两个人几乎彼此不认识。然而，他们的道路还是多次发生了交叉。如前所说，在大学里，还有克尔凯郭尔年轻时常去的学生会，穆勒在那里以愤世嫉俗、牢骚满腹著称。此外，这两位唯美派独行侠还难免会在哥本哈根的饭店酒馆相遇。再就是，像在丹麦浪漫主义时期经常发生的那样，皇家寄宿舍，克尔凯郭尔一度是那里经常的访客，他难免会遇到，或至少听到这个一八三四年到一八三七年间住在那里的穆勒。在一八三五年的狂欢节／忏悔节庆典中，他背了一块硬纸板，上面写着："我们[3]，格陵兰和邻近岛屿的国王宣布，只有我们知道什么是臣民的福祉。"这是在直接讽刺国王，穆勒为此遭到了严厉谴责。几年以后，他申请加入新成立的学生会学园[4]时，遭到由十二人组成的成员代表的一致否决。穆勒被控黑幕金钱交易、中伤对手、道德品性可疑。做

[1] 法文：bel esprit。
[2] 法文：bel homme。
[3] 欧洲君主自称为第一人称复数，与中土之"孤家寡人"字面相反。
[4] 拉丁文：Akademikum。

出拇指朝下决定的十二人之一是彼得·克里斯钦·克尔凯郭尔。

即便皮特·路德维希和索伦·奥比两人互不认识，他们无论如何都很早就已在跟踪对方的文学步伐。这在克尔凯郭尔方面不总是那么愉快，因为穆勒是个优雅的论辩者，下笔寡廉鲜耻无懈可击。譬如在一八三六年的一期《幽默智识杂志》上，克尔凯郭尔可以读到如下文字："毋庸赘言，一位作家的文学体征与他的生理体征毫无关系，就像在此处与我们无关一样。"文章是匿名的，所以这里是不是穆勒在克尔凯郭尔背后捅刀，也就无从知晓。然而"风格即是人"，而这里的风格显然是穆勒的，而有可能是他这个可能性，也就足以唤醒克尔凯郭尔的仇恨。还有诸如此类的更多恭维。在穆勒于一八四〇年出版的《抒情诗集》中，在"道德剪影"部分有一首题为《嘲讽者》，将生活的欲望与自寻烦恼的孤独反思做出鲜明对比。当这首诗于一八四七年在《图与歌》杂志重新发表时，穆勒将标题改为"一个流浪哲学家"，从此即便是痴呆也能认出是逍遥者克尔凯郭尔。《抒情诗集》还包括《自然日历》，一年中的每个月是一首诗，其中"六月"是唯一有括弧中的副标题的即"（哥本哈根的城墙）"，由于"爱之路"而成为克尔凯郭尔心爱的散步地点之一。诗是这么写的：

> 谦逊质朴的你，渴望的只有观念，
> 相信我，在这青翠的枝条下，
> 你可以漫步，独行
> 让思想的无形精灵飞升。
> 你不受打搅——肉身的自由——
> 丰满的臀部和微笑的肩膀，
> 飘飞的鸵鸟毛，车辚辚，马萧萧：
> 只有新的三部曲让你看到！

穆勒的诗，大部分既不是伟大的艺术也不是纯粹的业余爱好，但是非常明显，他在这里攻击克尔凯郭尔在"爱之路"游荡，像是又一个将自己的感官性转化为哲学反思的，被阉割的偷窥者。于是穆勒就有意无意地再次伤害了克尔凯郭尔。这根肉中刺也许刺得最深。

毫无疑问，克尔凯郭尔恨穆勒，因为他，穆勒，有一副克尔凯郭尔不具备的好身板。可穆勒又为什么要恨克尔凯郭尔呢？因为克尔凯郭尔有穆勒不具备的写作能力！具有讽刺意义的是，穆勒忙于嘲讽的克尔凯郭尔的升华，释放出极其出色的创作力，包括《诱惑者日记》，它让穆勒透不过气来，并且将他的情色实践降低到平庸的生物学水平。当穆勒把他的精华浪费在哥本哈根各处的床单上时，克尔凯郭尔将自己的精华集中在可靠的银笔尖上，以无畏的大师手法落到纸上，甚至能在历史的遗忘中存活下来。

339　　克尔凯郭尔这部日记的辉煌成功对穆勒是多大的打击，从他这段时间的文稿中可以看出。写在一八四三年三月，即《诱惑者日记》发表后的那个月的一些零散文稿，"（另）一个朝臣的日记"，穆勒以苦涩的自嘲试图重写克尔凯郭尔的日记——结果只写成了尴尬的文学模仿作。尽管如此——或者正因为如此，穆勒也提出，《诱惑者日记》乃是克尔凯郭尔的"最高成就"，"整个著述生涯的中心"——如克尔凯郭尔在《我写作生涯的观点》的一条脚注中愤怒地引用的穆勒所说。在这里赋予这部诱惑者的日记——和教科书——一种神学功能，但克尔凯郭尔难道不也在教训穆勒和当时的其他半瓶醋，一个真正的诱惑者，有策略的诱惑者，怎样实现将性转化为崇高的审美？

"做客索湖"

说穆勒想像克尔凯郭尔那样写作，克尔凯郭尔想像穆勒那样去诱惑，或许是将两人之间的冲突想得过于简单化了，但是说这冲突分别涉及未实现的冲动和未实现的写作，则是比较合理的假设。细读穆勒一八四五年十二月二十二日编辑出版的美学年鉴《盖亚》[1]，他本人在那期上发表的长达八十八页，题为《做客索湖》的"主要文章"，将强化这一假设。场景设置在卡斯滕·豪赤在索湖家里的客厅，穆勒在各路文学名人的一次晚间聚会上评论新出版的书籍，其中包括克尔凯郭尔的。

首先谈到的是《非此即彼》，穆勒高度评价其审美的第一部，但他认为伦理的第二部与其说是文学毋宁说是材料的堆积——一个肯定会让克尔凯郭尔恼火，但

---

[1]　盖亚（Gæa/Gaea/Gaia），古希腊神话中的大母神，创造了原始神祇和宇宙万有的创造之母，所有神灵和人类的始祖母神，也是地神。穆勒以"盖亚"（地神）命名杂志，有和海贝格主编的《乌兰尼亚（天神）》唱对台戏的意思。

也不能说是全错的评价。穆勒抱怨作者从一开始就未能掌握材料，"而仅只是发展他的伦理自我——在写作过程中"，于是该作品变得无形式而混乱，"随时向许多方向弥散"。在场者之一接过话头，宣布他同意："正是此理……我反对一切写作（其形式和内容的背离足以出卖其共同的起源），每当人以为能够投入纯文学享受时，作者就出来用自己的伦理和宗教发展挡在前路，并没有人要求过这些私下里可以非常可敬，但不够格在客观文学的长堤上漫步的东西；他犯下了他指责过诗人安徒生的同样错误，即让自己的整个内心生活发展呈现在公众眼前。"

穆勒在这里让克尔凯郭尔明白，关于人生观和私人领域他并没有什么值得让安徒生听的。然而这些批评意见与对《人生道路诸阶段》所做的评论相比，完全是彬彬有礼的。关于后者，穆勒写道："当我将他的最新巨著《人生道路诸阶段》拿在手中时，产生了一种近乎不祥的感觉。这样一部如此夸张的，如此不自然的作品，对于作者来说或许是健康的，但对文学和读者则绝对不是。文学创作对他来说似乎变成了一种生理需要，或者，他将写作当作治疗，就像针对某些病症运用放血、拔罐、蒸汽浴、催吐，诸如此类的方法一样。一个健康人通过睡眠来休息，他却似乎通过运笔来休息；他不是通过吃喝，而是通过写作获得饱足；根据普通人性每年生产一个胎儿，他却像鱼的天性一样产卵。这种情况让我不得不从那个密密麻麻印满了最后二百四十二页的'心理学实验'开始：《有罪？——还是无辜？》。在这里，如我所担心的，他走岔路了。这里有重复、自我挖掘、天才的闪烁和走向疯狂，最后，先前达到的成就（Færdigværen）变成了单纯的技巧炫耀（Færdighed），刻板的矫饰，一种人人都能看穿的花招。他并不关心读者；因为他为自娱而写作，并不想成就经典的作家名声，因为他的写作缺少形式；他在语言中运行，像一个英国小丑那样拿大顶、翻跟头，但他没有风格；因为他用多余的词汇随心所欲地书写。这个反思无底洞的内容是一个恋爱—订婚—解约故事，采取日记的形式。每一段的开头都是固定的'一年前的今天'。我们在这里遇见一个一无所有的男性个体，他失去了一切构成人格的元素。情感、理智、意志、决心、行动、脊梁骨、神经和肌肉力量，统统消解在辩证法之中，一种完全不产生成果的辩证法，根据不知是离心力还是向心力围绕着一个未知中心旋转，直到最后慢慢地蒸发。……还有那个被绑在实验刑具上的女角，在书中自然也变得越来越辩证而消失了；但在现实生活中她肯定会发疯或者跳进神父湖。整个思路可以简要地表达如下：/一年前的今天。这样！然后我订婚了。她真可爱，但这么个小姑

340

娘可真麻烦：她不懂，我既愿意订婚，又想解约，我既想解约，又同时不想解约，我既想结婚又不想结婚。她不懂，我的订婚是辩证的，它既表示爱的在场又表示爱的缺席，我既想摆脱它，又想保持在欲望的巅峰。——一年前的今天。这方法不起作用，必须加以改变。她没有宗教素养，所以我们不合适。如果她接近宗教性，我也会失去她；她必须得到解放，因为她一旦属于我，她就可以根据自己的意愿和任何人订婚结婚，但她还是跟我结了婚，如此继续，以至无穷。/ 如果健康的人类常识在这里获准介入，那么它或许会以其全部质朴的直接性说道：如果你把人生当作一间解剖室，你自己是供解剖的尸体，那么请自便，想切成多少块就切多少块，只要不伤害他人，警方就不会干预你的活动。但是将另一个人编进你的蜘蛛网，进行活体解剖，或者通过实验一点一滴地使其灵魂出窍，目前除对昆虫外尚不允许实行，甚至在这样的想法里，难道就没有对健康的人类天性而言可怕、反叛的成分吗？"

341

如我们所看到的，这里与其说是文学批评毋宁说是对克尔凯郭尔本人的批评，不仅通过粗野的比较，还通过令人不快的直觉，将他的弱点、怪癖和不健康方面进行赤裸裸的展示。据哥尔德施密特说，这在穆勒是典型的，当他在恶意的心境中执笔沾饱毒汁时："他有……一种过人的能力，看到人性中一切幽暗可能性，并将其揭示出来，似乎这可能性已经实现或接近实现。我相信，他能把一位品行端方的市民写得好像此人出卖了父亲，背叛了母亲，读者因为无法摆脱这样的念头而痛恨他这个作者。"

穆勒也在这里唤醒了这种仇恨。他几乎像是偷看了精心选择的克尔凯郭尔札记，将那些私密的忏悔扭曲为怪诞的形式。克尔凯郭尔视为上天赐予的写作激情，被穆勒解释为一种强迫性活动，以补偿日常生活节奏和本能生活中由于生理缺陷而造成的缺憾；辩证法被表现为一种导致女性化优柔寡断的反思病症；而那女子，雷吉娜，则完全是一个变态实验者手中的纯洁牺牲品。如果说克尔凯郭尔丧失了理智，那很可能就是出于这些原因。

"但愿我很快就会登上《海盗船》"

穆勒的赶尽杀绝[1]方针很快就表明同时也是一桩自杀性的买卖。一八四五

---

[1] 英文：overkill。下同。

年十二月二十七日，即《盖亚》出版仅五天之后，克尔凯郭尔——别号无言兄弟——在《祖国》上发表了一篇长达五栏的尖刻反驳文章，题为《一位居无定所的美学家，他的活动以及他如何还是为宴会付了钱》。当克尔凯郭尔受到挑衅的时候，他那彻底的论辩才华瞬间被激活，几乎是过分地表现出，他能够多么玩世不恭地彻底摧毁对手。和穆勒一样，克尔凯郭尔也掌握将各种流言蜚语精加工成字里行间令人不安的修辞艺术。于是，穆勒的长期缺钱就成为克尔凯郭尔首先要揭露的事情，他几乎是直白地说出，"我们积极进取成绩不俗的文学家皮·路·穆勒先生"做客索湖的动机就是缺钱，与之对应的是他缺乏思想——"人们取用端上来的菜品，吝啬的人们带走一些食品，口袋里装一块肉排，帽子里装一块蛋糕，而皮·路·穆勒先生则贪婪到如此程度，他带走了全部谈话并且印了出来"。

　　菜就这样上来了。但还有为穆勒准备的真正美味佳肴。克尔凯郭尔同意他的观点，即《有罪？——还是无辜？》确实接近疯狂，但这也恰恰是要点所在，因此，并不存在立志当教授的穆勒所认为的问题。克尔凯郭尔在一条长注释中解释道，这本书是一个实验，既不多也不少，书本身发出的信号如此明确无误，任何具备基本阅读能力的人，都不会受到一秒钟的误导。在这结结实实的当头一棒和一连串最伤人的嘲弄之后，克尔凯郭尔以下面的要求结束此文："但愿我很快就会登上《海盗船》。对一个可怜的作家来说，被从丹麦文学舞台上摘出来遗世孤立，真是万分痛苦，他（假设我们假名是一个人）是唯一尚未得到虐待的。我的上司，快乐装订匠曾有幸得到《海盗船》的恭维，我不会记错；怡然隐士甚至不得不忍辱负重成为不朽——在《海盗船》上！然而，我当然已经到过那里；因为哪里有精神，哪里就有教堂；哪里有穆勒，哪里就有《海盗船》。"

　　克尔凯郭尔熟练地运用这条拉丁化的口号——"哪里有精神，哪里就有教堂；哪里有穆勒，哪里就有《海盗船》"——在很多方面越过了界线。穆勒在《海盗船》工作这件事在很多文学圈子里都是公开的秘密，但像这样在《祖国》上直接挑明此事，在很多人看来乃是轻率失礼之举。克尔凯郭尔也没有料到，会有那么多人为穆勒而愤愤不平，他只是用铅笔在手稿的页边空白处顺手将那条拉丁文口号加入文章。谢天谢地，穆勒本人也傻到告诉过艾尔斯雷的《文学家百科全书》，他——用克尔凯郭尔的话来说——"在《海盗船》从事抒情和讽刺作品写作"，所以将此事告知更大范围的公众难以算是失言。尽管如此，克尔凯郭尔还是有必要努力压制自己的脾气，谋杀穆勒还需要强有力的宗教动机："针对皮·路·穆勒的

342

343

文章是在恐惧与颤栗中写成的，此外我还用上了宗教节日，为了培育足够的抵抗力，既没有耽误去教堂也没有忽略读祈祷词。"这是克尔凯郭尔最糟糕时的样子。

一开始这个策略似乎很成功。显然是受到克尔凯郭尔反应的震撼，穆勒于两天之后，十二月二十九日在《祖国》上回应。他用息事宁人的口气写道，他在《盖亚》上议论过许多文学作品所以不想就哪部单一作品发表意见。他还断然否认了这些文学讨论的地点是在索湖豪赤的家。与此同时他还提醒道，现在每一个出版书籍的人都要冒险遭到不那么合意、不那么恭维的评论。他还补充道："为了确保解除评论家的武装，您恐怕只能不将作品付印，舍此没有更好的办法，这样您也还能实现您本人如此高度赞赏的境界，只有'一个读者'。"回复的署名是"您最恭顺的皮·路·穆勒"。

这恭顺起到的作用不大，哥尔德施密特说穆勒在和克尔凯郭尔的冲突中毁掉了教授的前程，应该是对的："克尔凯郭尔如此暴烈地击倒了他，用了如此特别的措辞，似乎在公众中产生了一定效果，那教授职位不但没有通过《盖亚》而接近，而且变得无限遥远。"克尔凯郭尔本人也记录了一次小小的幸灾乐祸，看穆勒那么迅速地注意到他的要求并服从他的命令，既有趣又极富有心理学方面的启示："他站出来，恭恭敬敬地行礼如仪，然后就去了他该去的地方。"

海盗船上万炮齐发

《盖亚》出版后不久，哥尔德施密特和克尔凯郭尔又在街上相遇。克尔凯郭尔比平常更加矜持，哥尔德施密特回忆道："他坚持严格的匿名。就像我，自然，既不知道也不会说他就是无言兄弟，他也同样不愿意承认他知道我和《海盗船》编辑部的关系。我们可以谈论无言兄弟、皮·路·穆勒和《海盗船》，好像是和我们毫无关系的事情，而他采取无言兄弟的立场，我站在另一边，也不完全是出于个人的好恶。他开始谈话的这种方式很快就定下调子；我理解了并且跟进；我们好像是在演一出轻松的小小喜剧。然而这种不涉及个人的情境所产生的却是，我帮您对他说：我告诉过您什么什么，您为什么还是要抨击穆勒？——反之，我想说，也是这样说的：关于无言兄弟，不管他在其他事情上多么正确，在这一点上不公正而且造成了伤害。对此克尔凯郭尔回答道，无言兄弟正确与否必须从更高的立场来看。我说，我看不到这更高的一点，于是我们说了些别的事情。"这情境不可思议也极好地表现出，那些大大小小的知识界人物这些年里不断地在黄金时代的

344

哥本哈根街道上相遇，经常不得不将谈话限制在客气的问候或者满足于装出来的恭敬，因为他们家中的书桌上都堆着毁谤彼此的手稿，或者刚从印厂出来的文章，正在热火朝天地扩散他们恶毒的观点。

这里也是这样的情况。几天以后，一八四六年元月二日出版的《海盗船》上刊登了一篇哥尔德施密特写的长文。文章的标题也很长，《逍遥哲学家是怎样发现了逍遥中的〈海盗船〉真实编辑》，提供了一个详尽的虚构故事，讲《海盗船》的编辑，可怕的考洛拉多，一个长期受警方追捕的著名威尼斯强盗，现在已被抓获。文章进一步解释事情发生的前因后果："这个触发一切的偶然事件是这样的：城中住着一位著名的伟大隐士和哲学家，名叫 *Frater Taciturnus* 或者无言兄弟。然而这只是他作为隐士的名字，他每天穿街过巷漫步时还有另一个名字；但不宜在此轻率披露。"一天晚上，可怕的考洛拉多根据保密承诺向这位隐士哲学家倾诉，但是当《盖亚》出版时，这位哲学家受不了了，他立即前往《祖国》编辑部，告知该刊编辑这桩古怪的纠葛。编辑（现实中名叫延·芬·吉约瓦特，是克尔凯郭尔的朋友和文学知己）一开始有所保留，但渐渐认可其策略："当您宣布，《海盗船》是一份令人恶心的杂志，我们就可以一举两得；因为人们自然会相信您说的一切（《祖国》向您鞠躬致敬），您是丹麦最伟大的哲学家，丹麦最富天才的智者，丹麦最厚的一本书的作者。"《祖国》和无言兄弟就这样互相恭维了一会儿，后者果断地抓起笔，坐下写道："'这支笔运走得真是强有力，'无言兄弟说道，'但我也不是好惹的。我现在宣布皮·路·穆勒为《海盗船》的编辑，我做得如此肯定，明天他就会被捉将官里去。'

《祖国》：'对，这当然很好，伟大的天才哲学家；但是《海盗船》本身！不要忘记《海盗船》！不要让它从指缝漏掉。'

345

无言兄弟（将笔又在墨水中蘸了一下）：'别着急；让我来杀死它！您可以去预约葬礼。……瞧瞧！已经杀死了。您还可以顺便看到我是多么狡猾的一个小小证明。这该死的杂志也许会想到登点和我有关的东西从而让我不朽，在《海盗船》上不朽，我的朋友！我不要这个。您知道我做了什么来避免这个吗？'

《祖国》：'不知道，哦，无以言表的伟大智者哦！'

无言兄弟：'您不妨重复一次；您绝不会想到，我补充道："但愿我能登上海盗船。"思想实验是这样的：我若是登上海盗船，或者不上。如果我上了，是我自己要求的，所以证明《海盗船》给我帮了一个忙。如果我没有登上海盗船——乌拉！我就没有上船！这恰恰是我想要的。'

《祖国》（眼中含泪）：'伟人呀，伟人！'

无言兄弟：'聪明，有品位的杂志！'

《祖国》（大吃一惊）：'但是我想起来，您并不需要这项思想的实验！您刚刚把《海盗船》杀了。'

无言兄弟：'该死，是这么回事！匆忙中差点把这茬儿给忘了。'

《祖国》：'这件事真让我高兴，全世界都会在今年的元月十三号吃马肉。'

无言兄弟：'我也很高兴，就像海贝格被我的书堵住嗓子眼儿一样。'

《祖国》：'我真想骑在高级法院院长的背上溜一圈儿来庆祝此事。'

无言兄弟：'我想为穷人做点事。我打算做一个思想实验，给一个有五个孩子的穷苦妇人一塔勒。想一想，她会多么高兴！想一想，那些纯洁的孩子看见了钞票！'

《祖国》：'您真是个高贵的人！'

无言兄弟：'我现在情绪很好，所以要做善事。我高兴，您高兴，咱们高兴，双方：'都高兴。乌拉！''"

受命运的驱使或者不过是这座城市狭小所致，这一期的《海盗船》还没出印厂，哥尔德施密特就遇到了克尔凯郭尔。这位编辑想知道，《海盗船》现在是否达到了喜剧性写作，克尔凯郭尔答以一个拉长了的"没——有"。这份杂志缺少尊重，他说。"尊重什么？"哥尔德施密特问。"无言兄弟的更高权利。"克尔凯郭尔回答说，然后他们就在惊异中分手了。很多年以后他们才再次说话。

在随后一期的《海盗船》上第一次提到了克尔凯郭尔的真实姓名。在一篇题为《新的行星》的文章里有一场对话，参加者是《海盗船》、克尔凯郭尔、海贝格和一位天文学教授奥拉夫森。他们评论一颗突然闪现在天空中的神秘行星。克尔凯郭尔认为，一定是一个"流浪汉，一个捣乱鬼，一个无业游民"在提醒人们自己在城中的特殊地位，他表示愿意和警方联络，并最终威胁说要写作十九篇益信词，以驱逐这颗无耻的行星！海贝格则对行星表示欢迎，并将其作为他星相预言能力的可见证明。他抓住机会进行演示：

a. 预言：两颗星——出现一颗。

b. 预言：零颗星——出现一颗。

总计：预言两颗星——出现两颗。

轮到奥拉夫森发言了，他可不容易骗，那天文学现象是一颗彗星，不多也不少，句号。这不可能，克尔凯郭尔喊起来，那颗星并没有尾巴。"没有尾巴？"奥拉夫森凶巴巴地问，"您也没有尾巴，可还是一颗彗星。"那么彗星究竟是什么呢？"彗星是，"克尔凯郭尔像小学生一样回答道，"一种奇异的发光体，不定时地向我等凡人展现。""好，那么您难道不是一颗彗星吗，"奥拉夫森回答道，"您难道不也是发光体，一道光芒？"关于这一点克尔凯郭尔不得不同意，一道光芒，他确实是的；但也同样奇异，奥拉夫森补充道。然后他突然撇下星空转而问克尔凯郭尔的裁缝。这位裁缝原来名叫易卜生。"您是不是在告诉我，易卜生量自己的脑袋给你缝的裤子？"奥拉夫森怀疑地问。"不，量的是我的腿"，克尔凯郭尔用一个古老的笑话回答，但是不起任何作用。奥拉夫森继续用天文学的辉煌才华继续说道："不对，小兄弟，我也在易卜生那里做衣服，但是两条裤腿总是一样长，除非我特别要求像天才的样子。您当然是一颗彗星。"

这里，大概在文章中间的地方，海贝格觉得奥拉夫森过于个人化了，于是他引导目光转回天上遥远的彗星，不再说裤子的事。但是别人还在说，尤其是因为漫画家彼得·克莱斯特鲁普把哲学家的裤腿画得一条比另一条长点——或者短点，如果你愿意抬扛，反正是一码事。从克莱斯特鲁普画的他穿着奇装异服的形象上，克尔凯郭尔很难不回想起那创伤性时期，公民美德学校里的男孩们嘲笑他不入时的穿戴，叫他"袜子索伦"。从袜子到裤腿的距离可不算很远哟，再说穆勒是克莱斯特鲁普的好朋友，他听到过学校里捉弄人的事而加以利用，很像他的为人。哥尔德施密特也没有忘记，那天在摇钻路上，克尔凯郭尔取笑他的漂亮新外套并要求他穿得和别人一样。在《海盗船》编辑部，幸灾乐祸的事儿可真不少。

第二天，元月十日，《祖国》就刊登了一篇克尔凯郭尔的文章，还是署名"无言兄弟"。这篇题为《文学警察调查的辩证结果》的文章是他在这次冲突中的第二次也是最后一次公开回应。在这篇文章中，他显然出于道德义愤而颤抖，反讽地说，显然，"雇《海盗船》来骂人，就像买一架手摇风琴来奏乐"。对这份杂志应

347

该不予理睬，就像正派人碰见"公娼"要绕着走一样。这句话在一页之后又重复了一次，有可能是在暗示，穆勒编辑经常带着女人回家，而不是绕着走。克尔凯郭尔以重复下面这句话结束这篇文章："……请允许我要求挨骂。因《海盗船》而不朽，这样的侮辱实在是太可怕了。"

这些话在两位编辑身上都产生了瞬时效应。哥尔德施密特纵声大笑，但穆勒却面如死灰："您可以想笑什么就笑什么。如果我没跟您来往，就不会发生这种将我的《盖亚》和《海盗船》混为一谈的灾难性后果。"

《海盗船》继续孜孜不倦地攻击克尔凯郭尔。元月十六日的那期刊登了一封公开信，致"马贩子米凯尔·雷昂纳德·纳塔森"，那个半疯或者全疯，运用自己毫无才气的机体骂《海盗船》的家伙。这个纳塔森是个人物，他买下经营失败的周刊《警察之友》，改名为《海防舰》，随后就开始抨击《贝林时报》那位也姓纳塔森的编辑。克尔凯郭尔和疯子纳塔森几乎毫无关系，仅只在《海盗船》上被联系在一起，因为纳塔森以半疯著称，《海盗船》写了公开信向纳塔森乞求原谅，编辑人员未能立即从无言兄弟的名号下认出纳塔森，而误将其当作隐蔽的索伦·克尔凯郭尔。

这些天里克莱斯特鲁普也很忙。除了纳塔森的漫画像，他还基于克尔凯郭尔作品中的小段引文给这位难伺候的博士绘制了若干扭曲肖像。第一幅是一个驼背的矮个子男人骑在一个姑娘的肩膀上；下一幅是他穿着太大的靴子；再就是他像魔鬼一样骑在马上，头戴高帽子，表现出毫无保持平衡的技能；还有一幅绝对精彩，以一只鹳鸟的形象走过铺路夯[1]，配的文字说明是："无言兄弟就这样走过一个妓女。"——这是穆勒针锋相对的反驳。好像所有这些都还不够，有一幅是克尔凯郭尔走向《海盗船》编辑部，再出来时精疲力竭，畸形毕现。在同一期上还有一封某个"细心兄弟"致无言兄弟的信，以伪装的恭敬——和一定的合理性——问无言兄弟，当《海盗船》恭维他的时候为什么不攻击，而在遭到穆勒的《盖亚》攻击之后才开始攻击该刊。最后，在这期的封底印的是"无言兄弟特许辩证实验办公室广告"，共十条虚构的广告，其中一条是哥本哈根市政府的告示，通知无言兄弟兹获准作为"城中反讽"在此定居。

过了一个礼拜，在元月二十三日出版的那期《海盗船》上又刊登了两幅漫画。

---

[1] 铺路时需要"砸夯"，有如"打炮"。

其中一幅画是"可怕的无言兄弟"的背影，和他剩下的战友们在一个僻静的角落庆祝《海盗船》已被打残。另一幅画的是化身为哥尔德施密特的《海盗船》，很不幸地，对无言兄弟说："日安，伟人！"把他吓得半死，他坚决拒绝这样的恭维，于是哥尔德施密特试图改口称他为"小人"，无言兄弟将这看作近乎流氓行为的冒犯。"仁慈的主啊，"哥尔德施密特呼喊道，"您既不愿意伟大又不肯渺小！那么，日安，庸人，好吧？"

肆无忌惮的嘲讽在元月三十日出版的那一期上继续，在一段混乱的叙述中克尔凯郭尔再次和纳塔森混在一起，其中克尔凯郭尔多次——一语双关地——喊道："我没有机体[1]！"然后这日渐不好笑的笑话停顿了一阵。二月二十日，《海盗船》在"航海日志"中宣布，《非此即彼》的作者因一篇关于丹麦服装制造的论文获得了工业协会颁发的奖励。下一个礼拜又有了新闻，这次是关于克尔凯郭尔的《非学术的结论性附笔》出版，报道强调了此书出色的创意、敏锐的观察和无可挑剔的语言："我们有幸再次欢迎可敬的本书作者来到文学界，并自作主张地希望，这本书将畅销并得到众多读者。"这条小广告的口气比较节制，但克尔凯郭尔闻出味道不对，随即表明了立场："［《海盗船》］并没有想骂人，因为该刊毕竟知道什么是不正派；它也不愿意高调赞扬，因为它毕竟知道，这在我看来是一种侮辱；于是它选择了第三条道路：公事公办地承认。但这没有用，我要继续与它为敌。"

不久以后，克尔凯郭尔和哥尔德施密特在铸币街相遇，克尔凯郭尔，据哥尔德施密特说，"瞪了我一眼，目光极其愤怒和痛苦，从我身边走过，不打招呼也不接受问候。……这是在指责我，压迫我：《海盗船》在这次冲突中胜利了，但我得到的这个第一名是虚假的。而在这沉重的时刻另一个抗议也在我心中升起：我不是个让人看不起的人，我能够证明这一点。我穿街过巷，还没有到家门就打定主意放弃《海盗船》，而当我在家里宣布这个决定的时候，他们说：谢天谢地！——我那么开心，只是有点吃惊，好像他们预先就料到了似的"。

撞见克尔凯郭尔显然促成了哥尔德施密特决定将《海盗船》卖掉，不过实际的移交却在半年以后，可能在十月里的某个时间，他以一千五百塔勒的价钱把这项魔鬼业务移交给了木雕师傅福林奇。因此在三月六日的那期上，仍能读到那篇

349

---

[1] 前文称纳塔森的《海防舰》编辑部是一种"机体"，而克尔凯郭尔没有，故可以此自辩。原文 organ 有"机体"和"（性）器官"的双重含义。

题为《伟大哲学家》的文章，向前述纳塔森道歉，因为编辑部误将他当作一系列假名作品背后的那位作家。这篇文章不厌其烦、孜孜不倦地讽刺克尔凯郭尔，既不愿意挨骂也不受人夸，唯一的例外是明斯特主教，明斯特获得了"赞扬他的垄断权"。这篇文章配有两幅漫画。其中一幅是克尔凯郭尔将一本书递给一个感谢得五体投地的人。另一幅将他画成驼背，但还基本直立的人，站在云端宇宙中心，光芒四射，圆塔、大教堂和靴子、酒瓶、烟斗、书籍、日月星辰和其他许多别的东西环绕着他旋转。四月三日的一期上有几幅滑稽漫画，一个固执的读者，徒劳地试图读懂《附笔》，加上一份"观赏性大丽花"清单，九朵花中第三朵的说明是："克尔凯郭尔之美，浅棕红色，结构精美，底部有两根不等长的茎干，艳而不俗的态度；各方面都无与伦比；茎干上的拼色尤其出色。"

尽管《海盗船》的图文夹枪带棒地指向克尔凯郭尔，一直持续到一八五五年，但最粗暴的攻击在一八四六年就达到了高峰。机智风趣（或者说是无趣）在当年夏天日渐稀薄。七月十七日有一篇文章谈到克尔凯郭尔，标题是《赫拉克勒斯》。圆圈就这样封闭了。克尔凯郭尔在一八四五年曾设想用来描绘格隆德维的恰恰是这个题目。够讽刺的。

穆勒为克尔凯郭尔《附笔》所写的附笔

而另一个稍小，却并非不重要的圆，也封闭了。这场架是从穆勒对《有罪？——还是无辜？》的评论开始的，也是由穆勒的另一篇评论结束的。一八四六年三月底的两期《哥本哈根邮报》上刊登了穆勒以"莫林纳斯基"的假名发表的评论文章，是他对一个月前出版的《附笔》的呼应。如果说，他的第一篇评论是自杀性的赶尽杀绝，那么这一篇最好被视为一个完蛋了的人的告别，不仅是向克尔凯郭尔告别，而且是向有朝一日能在学术上得到尊重的希望告别。毫不奇怪，仇恨从他的笔尖涌出。

这篇评论里有或多或少是戏仿式的转述，以及穆勒基于误读，以他高超的模仿天赋粗鲁地重述，并离奇古怪地汇集的《附笔》引文。当他表面上努力对这部作品中基督教的历史与非历史之间的辩证关系做出一个事实陈述时，他会突然向读者提供一个超级教学法的解释，其中包含着克尔凯郭尔著名走路姿势的鄙俗典故："对于不太明白'辩证性'和'辩证法'的人，这些词可以描绘为一种曲折运动，海员说的'抢风行驶'，前往一个不辩证的平常人走直线到达的目标。"

350

穆勒是鄙俗的，但不仅止于此。他也是一个渊博的文学批评家，他用敏感的耳朵聆听文本以及其中可能的杂音，在此基础上加以讽刺。是他最先发现了克尔凯郭尔那将一切完全不同的东西归到"审美的"名下的不幸倾向："有志于辩证法之福佑者一定要只想自己，一定要从一切所谓公民和属人的义务中，从一切私人感情关系等等之类中，解放出来。这才是不折不扣的'审美'。"穆勒关于《附笔》说的下面一段话，虽不中，亦不很远：满坑满谷的章、节、段、插入、惊叹、出发、离题、修改、解释、讨论、附件、补充、§§、脚注和其他很多，某种意义上变成了一本缺少"有机处理"的不可能的书，所以在最好情况下能"在混乱文学栏目下找到位置"。每一个试图进去、转转看看，并走出《附笔》的读者都不得不承认穆勒讲的有些道理。

穆勒总结的克尔凯郭尔的风格特点也是正确的。穆勒在这里又一次表现出他在观察上的精微和表达上的粗暴差不多可以等量齐观。"他的辩证发展是观念的蒸汽，他的笔像是火车头在轨道上跑"，他在一个摩登比喻中如是说，但很快就出了轨，因为在同一页上克尔凯郭尔又同时玩"杂技－魔术"和"跳马"。这些都是不折不扣的老生常谈，但穆勒也能切中要害："在他的言说中一会儿是婆婆妈妈喋喋不休，一会儿是圣经式的简洁和节奏，一会儿是哥本哈根咖啡馆里闲谈式的漫不经心。"尽管是漫画式的讽刺，此论还是强调了克尔凯郭尔文本的多重调性，而这恰恰是其精华所在，通过运用特殊的文体／风格混合和主题的跨度，克氏著述打破了哲学的传统论证形式，从而获得了一种永久的时效性。

作为经验丰富的辩论者和训练有素的诙谐作家，穆勒自然会注意到克尔凯郭尔用于批评那些抓不住其主观性思维项目要点的人时所用的工具。于是穆勒精细而准确地从克尔凯郭尔的文本中搜集出一系列文字漫画像："'副教授''投机者''编外讲师''图书编目''担保牧师''有组织的、可敬的教授先生''天文学家和兽医''珍贵思想家''中国人''关心世界历史的剃头匠帮手和丧葬从业者''拐棍''文秘''废话贩子''吹鼓手''前院换钱人'和'无足轻重的便宜货'。"

这样一个戏仿的戏仿在穆勒方面是为着确定的目标服务。他注意到了克尔凯郭尔的一个特点，即"热衷于辩证反题"，克尔凯郭尔实际上只"写了辩证的循环"，穆勒用下面的论证小心翼翼地支持自己的观点：当克尔凯郭尔写作的时候（就出现了）针对《哥本哈根邮报》的"相当辛辣的海盗船文章"，哲学诸事不顺，例如关于安徒生的那本书；然而现在哲学的处境改善了，克尔凯郭尔开始写（于是又一次出现了）"糟糕的海盗船文章"，参见《祖国》上两篇针对穆勒的文章。因此，克尔凯郭尔在其批评活动中不比海盗船上的船员强一根头发，事实上差了一整副假发呢。穆勒继续写道："有时作者在其'对荒诞的激情'中可以走得这么远，例如，在关于'飞鹿博士'，即海贝格的故事中，无言兄弟若是读到了，肯定会将其视为'对默默地为国服务的、与世无争的可敬人士进行的令人作呕的海盗船式攻击'。"

穆勒在这里的策略接近天才。他首先指出，克尔凯郭尔总是用海盗船的风格写作；其次，他通过引用克尔凯郭尔在《祖国》上发表的第一篇文章的愤怒结尾，熟练地反手攻击克尔凯郭尔（别号无言兄弟）与克尔凯郭尔（别号攀登者约翰尼斯）之争；最后，他提到《附笔》中关于某个"飞鹿博士"的故事，并正确地将其认定为海贝格。穆勒由是而证明了，克尔凯郭尔仍然将海贝格视为"丹麦文学的合法统领"，并怀着与之结盟的无言希望，乃是难以置信的天真。穆勒并不就此止步，他就明斯特也采取了相应的步骤。克尔凯郭尔曾经——还是天真地——期望明斯特会就《海盗船》的堕落行为提出某种正式抗议。穆勒写道："其次，我们也不能赞同作者对于可敬的牧师，现在的主教阁下明斯特所怀的怨恨。在本书的最后一页，克尔凯郭尔先生向明斯特主教表示热诚的感谢，因为他的'公司'赞扬了他，而他也借此机会向主教表示钦慕（beundre）。"穆勒可以感到，在对明斯特的热诚感谢之下所隐匿的冷淡。恰恰是在《附笔》中，"钦慕"这个词被一再用作贬义，即仅只是对审美对象的审美关系，一种无关紧要的舒适，说明在钦慕者和被钦慕者之间的某种无关痛痒的状态；于是，在《附笔》中的某处如是说："钦慕是一种欺骗性关系，或者很容易成为欺骗的关系。"因此，当克尔凯郭尔对明斯特表示钦慕的时候也是带欺骗性的，穆勒就是这样一个告密者，他将克尔凯郭尔意愿在《附笔》中以辩证的胆略向明斯特间接传达的信息，像湿透的泥炭一样坠落地面。不难理解，明斯特丝毫没有意愿向《海盗船》开炮将它和它产生的一切滋扰击沉。

想这样做的人很少很少。例如，延·芬·吉约瓦特，《祖国》的责任编辑也早就受够了。出于对《海盗船》所获成功的忧虑，他曾经鼓励克尔凯郭尔给这家八卦杂志来一个密集扫射，越快越好。当克尔凯郭尔在写作关于穆勒的文章时，吉约瓦特飞速赶来——克尔凯郭尔在一八五五年苦涩地回顾到——"向我索取此文，立等我收尾"。但是一旦文章印出，吉约瓦特立即翻脸，像牡蛎一样闭口不言。他不愿意得罪读者，所以不肯公开支持被嘲笑的一方。关于这件事，克尔凯郭尔认为是不可原谅的临阵脱逃，于是在一八四六年不得不和吉约瓦特中断关系。多年来他每周都和吉约瓦特见面，并且吉约瓦特是他的少数（也许是波厄森之外唯一的）"私人朋友"。吉约瓦特确实是朋友。无论如何他在克尔凯郭尔死后断然拒绝发表任何评论。

钦慕与嫉妒：如影随形

拉开历史的距离来看既可怪又可耻的是，克尔凯郭尔在一八四六年的作品中竟然有超过一半是在对付《海盗船》的大学生恶作剧。尽管这种恶作剧并非完全无害，但还是应该——像坚定的康斯坦丁论女人那样——将其归入"娱乐消遣"的范畴。而且，将"海盗船事件"当作克尔凯郭尔所著伟大文本当中一个小小的插曲来对待，或者是克尔凯郭尔对同时代非道德言行的伦理矫正，都并非少见。然而这段插曲又不仅止于此，如哥尔德施密特完全正确地指出的，这是一出戏，一出不折不扣的三角关系剧。

如前所说，当穆勒在元月里读到克尔凯郭尔的文章时就已经觉得受够了；同样的情况也发生在哥尔德施密特身上，他在二月底决定将《海盗船》卖掉；克尔凯郭尔在二月初发表了第二篇文章之后也没有再公开发表任何意见。他在一条大约写在一八四六年三四月间的没有日期的札记中写道："我不看《海盗船》，我甚至不会命令我的仆人去读它，因为我认为，主人并没有命令仆人到不正派地方去的权威。"

而这三个人仍然在勉为其难地继续这项活动，乃是由于一种狡猾的逻辑在他们背后隐秘地运行着。这逻辑大致是这样的：如果人钦慕某种东西，很自然就会试图去模仿，模仿失败，就会出现双重逆转，钦慕变成了嫉妒，而原来模仿的欲望变成了讽刺的愿望。毋庸赘言，这个游戏的前提是两名参加者有些相同之处，又有些不同。绝对相同自然会取消钦慕，完全不同则使得钦慕者不可能认同其对象。

在这个三角关系中存在的正是这相对的异和相对的同：克尔凯郭尔是乖僻的天才，他羡慕和嫉妒穆勒的色情气魄；穆勒是好色之徒和无产者之子，他羡慕和嫉妒克尔凯郭尔的天才和经济独立性；哥尔德施密特是个雄心勃勃的犹太人，既羡慕又嫉妒克尔凯郭尔，但也恨他的傲慢和保护人姿态；哥尔德施密特和穆勒曾一度结盟，但又互为对手，终于分道扬镳。"物以类聚，人以群分"，当然说得不

353

错，但如果"群类"表示"同等雄心"，效果就会正相反。

穆勒和克尔凯郭尔之间的竞争最为明显。穆勒先试图重写《诱惑者日记》而招致失败，然后他成功地拼贴了《有罪？——还是无辜？》，最后将《附笔》漫画化进行讽刺。这三次攻击不过是原作的糟糕或歪曲的复制，而克莱斯特鲁普的漫画对原作，以及克尔凯郭尔的复制，则是完美的。就这样形成了一个恶意的对称。即，如同克尔凯郭尔当时将穆勒等同于《海盗船》，穆勒也将克尔凯郭尔等同于《海盗船》上的漫画。

这等同产生了不良后果。原来是城中图景一个自然部分的克尔凯郭尔，瞬间变成了一幅活动漫画。他不再被视为恰恰是通过其怪癖赢得多数人尊敬的思想家，而变成了帮《海盗船》忙的可笑广告牌，一个疯狂的图标。那些一度仰慕他而或许并不真正知道仰慕的是什么的人们，现在忙着看低他——低头看他的裤子是不是真像《海盗船》上画的那样一长一短。于是任何人都可以自行确定，这个人就是像他们一直以来疑心的那么古怪！事情走得那么远，以至于克尔凯郭尔在摇钻街上的裁缝库尼策万般无奈地希望他理解，他有幸手制的裤子现在被说得热火朝天，会损害他生意的名声，因此，如果克尔凯郭尔另请高明，他绝不会抱怨。

尽管裤腿一长一短的克尔凯郭尔漫画像就质量而言不过是业余水平，它仍然是天才的一击；即便裤腿背后的观念明显在腰带之下——可以设想的最远距离，这幅漫画仍然具有不同寻常的持久效力。这是由于它具有解除辩论武装的双重力量。一方面，它强调和夸张的是一个偶然的细节，克尔凯郭尔如果进行辩护会让自己完全可笑——人们甚至不会在报纸上刊登否认自己裤子长短的声明；另一方面，它将更广泛的注意力导向克尔凯郭尔的体貌特征，而他的身体并非最强项。

当克尔凯郭尔发起对穆勒的攻击时，满怀着胜利的信心："……我让皮·路·穆先生落入他自己的圈套。"但是我们无可否认地忍不住追问，情况是不是正相反，也即穆勒绊住了克尔凯郭尔的腿？很显然，克尔凯郭尔在札记中评论的也不是《海盗船》上的文章，而是克莱斯特鲁普的漫画，他一而再，再而三地试图通过淡化这件事来摆脱耻辱。"我习惯于其他可怕之事，不像这种幼稚的被画成……一个有着令人焦虑的细腿的，并非寂寂无名的哲学家。"他多次以自己虚弱的英雄主义这样写道。这里关于其他可怕之事的部分肯定是对的，但这种情况只有更加糟糕。"我责无旁贷地要写出不同于哥尔德施密特那种的，关于我自己和我的腿的俏皮文章，"克尔凯郭尔后来宣布，但他同时也看到，恰恰是别样的俏皮，

"乌合之众不会懂得。"所以,他和卡尔·韦斯这样的知识分子在一起"开怀大笑"并无助于这整个疯狂的情景:"我们在一起笑我的细腿,我假定我们有共同的基本智力修养。而当我和乌合之众为同样的事情而笑的时候,我承认和他们有共同的基础。"然而情况并非如此。

大量从未发表的攻击、反驳和辩论文字清楚地表现出克尔凯郭尔的束手无策。这些文字当中有贵族式的不耐烦,有刻毒的吹毛求疵,有模仿《海盗船》低俗滑稽风格的尝试,还有其他形式,所有这些都在徒劳地摸索,试图扮出一个恰当的鬼脸,找到一个有效的姿态。如果这次冲突仅仅是一次"纯粹美学(观)的冲突,关于谁最机智风趣之类的事情,那么事情会好办得多",他还算清醒地写道,但很不幸,有关的冲突完全不是这样。"但愿没有一个脑筋转得快的人会急于说那不是一篇幽默文章。那也确实不是。"于是,在一篇反复修改,并在此过程中越来越散漫尖刻的文章中,克尔凯郭尔感到有必要强调,他不是"《海盗船》的竞争对手"。在几页之后他还是再次尝试:"彼得拉克自以为会因其拉丁文作品而不朽,实际上却因其情诗而不朽。对我来说,命运更加反讽。我的一切勤奋努力并没有让我足以理解时代的要求——然而它就在近旁;无可理喻的是我自己没有发现,而别人必须说出来——是我的裤子。……裤子不是红底绿条纹就是绿底红条纹!"这也可以算是一种幽默,只是太过于知性,当受众是"犹太商人、店员、娼妓、学童、屠夫帮手等等"时不起作用。

很人性的,日益增长的挫败感使克尔凯郭尔处在攻击性的混乱状态之中,他以双倍的不客观(dobbelt usaglighed)应对客观性(saglighed)的缺席:"《海盗船》是犹太人造基督徒的反,(仇犹之反面)并针对其他不拿《海盗船》教条当圣旨的犹太人……因为,看哪,在地窖的入口处他坐在那里,《海盗船》的设想、统治者、他自己、(强制)执行者、账房先生、地窖住户、流浪汉王子、放高利贷的犹太人或者用随便什么别的名字来叫他……然后让我们将这些才能公之于众,看能起什么作用。让他们和其他作家在同样条件下写作,一对一,真名实姓,而不是躲在地窖里,我就会在这种辩论上再多花几个钟头。"

克尔凯郭尔将花费的不只是几个钟头,而是几天,几个礼拜,几个月来和哥尔德施密特及其"文学回收修理办公室"进行论战,他用火与剑和其他更加不舒服的东西来威胁,但所有这些卑鄙的计划都留在他的书桌里。

从某种意义上说,既是悲剧性也同样有教育意义的是,这三个试图占据哥本哈根智识圈子中心位置的人全都被排除在外，他们三个都得到了——用哥尔德施密特的话来说——"虚假的第一名"。穆勒的放逐肯定是最少象征意义的。他早在一八四五年就得到了官费游学资助，此事让克尔凯郭尔生了很长时间的气，因为"让这样一个人得到官费资助有损国家利益"。更糟糕的是，穆勒并没有立即动身，他留在丹麦，直到一八四八年新年时才前往德国，在那里作为文学家、翻译家和记者为生；三年以后前往法国，在那里度过了一些颠沛流离的岁月后，在日渐穷愁潦倒中于一八六五年死于梅毒脑炎。

哥尔德施密特过得好一些。他把《海盗船》转让出去后随即南下，"为了摆脱俏皮话和学些东西"，用他自己的话来说——这件事被克尔凯郭尔看作是他自己的个人胜利。

克尔凯郭尔的失败在于遭到社会的排斥，失去了和普通人之间的坦诚关系。

在他的一切策略算计中没有考虑最重要的一桩，即那名叫"世界"的东西，有时候是由一种狡猾的逻辑所统治的。而克尔凯郭尔则是它的牺牲品。

358　　在"皮·路·穆与索·克"的标题之下，哥尔德施密特多年后总结道："他们两人都如此不幸，当你审视他们的命运时，面对人生巨大严肃性而产生的忧惧，有时会瞬间强化为恐怖。"

大逆转

一八四六年是恐怖之年[1]，可怕的一年，但如果他止于将一切不幸都存入偶然性那永远敞开的账户，克尔凯郭尔就不是克尔凯郭尔了。相反，克尔凯郭尔之所以是克尔凯郭尔——更正确地说，他之所以成为克尔凯郭尔，乃是因为他在这逆境中看到了自己正在成形的命运。发生的事情并非偶然，而是富有意义的，它受到了治理者[2]的理解和赞同。

《海盗船》这段插曲在克尔凯郭尔的意识中标志着一个新的开始，许多材料都证明，他开始用不同的方式来整理札记。他从一八三三年开始使用笔记本，共二十六本，不过从一八四六年起改用他称为"记事本"的四开大空白本，在第一页上标明开始使用的日期。各种札记按时间顺序编号，但单个札记的日期则属于例

---

[1]　拉丁文：annus horribilis。

[2]　Styrelsen，指上帝。下同。

外而不是通例。

克尔凯郭尔在其一生最后十年里写作的三十六本"记事本"当中的第一本，标注的日期是一八四六年三月九日，即他日渐沉溺在《海盗船》后波澜之中的那一时期。他在一篇所谓的"报告"中总结这次事件，他以就事论事的记录开始，在其中承认了假名作品的《附笔》出版了，"文评一篇"很快就要付印。"一切都在按部就班地进行，我现在要做的只是保持冷静和沉默，相信《海盗船》一定会如我所愿，从负面支持这整个事业。……这本身就是最幸运的想法，此时此刻我正要结束著述生涯，承认一切假名作品将冒险成为某种权威，而与《海盗船》决裂正可以避免任何直接逼近 [这种可能]。"因此，对《海盗船》的攻击并非仅止出于道德义愤，同时也有策略的动机，这将赋予克尔凯郭尔一种难以描画的模糊性，因为"一切可能的谎言和失真和胡言乱语和诽谤都是为了搅扰读者并以此帮助他积极主动，并阻止建立直接的关系"。现在比此前任何时候都更加明确了，"当作家是一种行为"。

由此，另一个行为，当牧师的行为却被又一次无限期搁置。在此之前一个月克尔凯郭尔当牧师的想法还活得很健康，他甚至去拜访了明斯特主教，后者耐心地听完他的诉说，建议他去担任"乡村牧师"，克尔凯郭尔认为略小了一点，但在一八四六年二月七日，他还是在札记中写道："我现在的想法是培养我成为一名牧师。我曾多次向上帝祈求帮助，因为对我来说现在比以往任何时候都清楚，我不应该再当作家，当作家，或者完全不做。出于同样的理由我也不能在读（《附笔》）校样的同时开始做新的事情，只有一篇关于两个时代的评论，也快写完了。"然而，《附笔》还没有出版，怀疑就出现了："但愿我能让自己成为牧师。乡间平静的活动，空闲时间写一点东西，我将呼吸得更畅快，比目前的生活更让我满意得多。"

这样，克尔凯郭尔还是想当牧师；空闲时间将用于写作，这想法本身不错，但在他看来却是不祥之兆。于是他在一八四六年十一月五日坦率地承认，和明斯特谈过之后，"完全退隐到乡间的宁静中去生活，现在更加困难了，因为我的心情变得有些愤怒，需要写作的魔术来忘却生活中一切苦不堪言的琐事"。新年之前二十天，反思以新的力量出现了：克尔凯郭尔承认，乡间牧师公寓一直作为"紧张生存的田园牧歌对立物"吸引他，但哥本哈根的情况渐渐获得了这样的性质，即需要一个"独特之人"（Extraordinair）。他不无自尊地继续写道："至于智力禀赋、才能、精神构成，我在这些方面毫无疑问是绝对适合的。如果我拒绝一个这样的任务，将承担重大责任。……从人的角度来讲，我从现在起不再漫无目的地奔走，而要走向失败——相信在神那里却恰恰是胜利。我在十岁的时候就这样理解人生，成为我心灵中巨大论辩能力的源泉；我在二十五岁的时候就这样理解人生；现在我三十四岁了还是这样理解。所以保尔·穆勒称我为最彻底的善辩之人。"一八四七年元月二十四日，他做出了留在城里的决定："感谢上帝，所有这些乌合之众的攻击落到我头上。我现在有时间真正深入地思考并说服自己，为苦修而隐居和遗忘，住在乡间牧师公寓是一个忧郁的想法。现在，我留在原地比以往任何时候都更为坚定。"

人们可能认为，在《海盗船》攻击之后克尔凯郭尔更加有理由离开这座城市，但他本人的推理则正相反。撇开其他动机不论，克尔凯郭尔看上去还打算利用《海盗船》这个插曲作为理直气壮留在城里的借口，这里出现了一个确定模式的迹象：正如当初他需要和雷吉娜绝交而成为作家，如今他需要和《海盗船》的冲突来继续当作家！简单地说就是克尔凯郭尔需要逆境，骚扰和痛苦作为他写作的动力。"虐待让别人写不出来，却让我愈加丰产。"一八四九年的一条颇有英雄气概的札记中如是说，他却回避向自己追问一个明显的问题：他实际上是否在寻求这样一种"虐待"，以保持自己的创作力。尽管他——在一八四六年——可以将牧师的生活称为一种"田园牧歌的向往"，但他很清楚这牧歌式的生活自有其代价："只要一提到'乡间牧师'这个词就会不自觉地想到清贫、自足的生活，在一片宁静的风景中磨坊'吱吱嘎嘎'响，漫长的夏日里鹳鸟在屋顶上歌唱，牧师充满'父爱'地和妻子同坐在凉亭里，为人生，为他那谦恭然而有意义的活动而感到愉快。"这样就不仅要栽种牧师公寓墙边的蜀葵，牧师本人还会有危险："因为在牧师公寓中很容易产生固定观念。"克尔凯郭尔得出结论："即便说大城市生活会窒息最高的追求，但也有好的一面，总是包含着持续的矫正，以阻止放肆无度。"

例如，养成怪癖的放肆无度。

"虐待学校"

克尔凯郭尔于是就留在哥本哈根，期待着他的写作活动一定会"等同于讽刺和嘲笑给出的报偿"。他所得到的远远超过了期待。哥本哈根，以前曾提供了日常的"人群沐浴"作为散心，对精神健康平衡有积极效果的方法，不再是丹麦的首都，而是"一个封闭的小洞，没有标准，腐烂的沼泽"，住满了吵吵闹闹的暴民，他们的盯视和愚蠢的窃笑如影随形地跟着克尔凯郭尔，不论他走到哪里或者停下来站立。他"被剥夺了普通人的权利，每天都遭受侮辱"，感到自己像是"供学童取乐的可怜玩物"。他不再能在街道上畅快呼吸，而改在散落着许多小故事的日记中透气："每一个屠夫帮手都认为有资格根据《海盗船》发布的命令来羞辱我；年轻的大学生们咧嘴傻笑，高兴地看到一个卓越的人被踩在脚下；教授们嫉妒，暗中同情那些攻击，传播那些攻击，当然会补充说这是一个耻辱。我做的最微不足道之事如拜访一个人，也被捏造歪曲后传播到四面八方；让《海盗船》知道了就印出来供全国人民阅读。"由此而产生的后果是可怕的。"我去看望过的那个人被置于尴尬的境地，他几乎对我发脾气，而他实在不该受指责。最后我不得不退回而仅和我不喜欢的人来往，因为和其他人往来几乎是一种罪过。"不仅这座城市在萎缩，整个国家似乎也在缩小："丹麦是一个很小的、狭隘的国家，所有人都互相认识，对人的恐惧就是最高的神，遭到嘲笑（无论是对是错）最为可怕。这样的比值是国家的末日：丹麦归入哥本哈根，哥本哈根变成土包子小城。"事情可能会永远是这样，但克尔凯郭尔梦想着遥远的过去，甚至忘记了历史和地理的比例："可怜的丹麦，从伟大的欧洲国家，沉沦到无足轻重的地位，最后成为一个土包子小城——如此而已。"或者短而尖锐地："生活在一个浮浅的小国是多么令人厌烦，它唯一的特点就是没有特点。"

在这样的条件下做独立思想者，更不要说做幽默家的要求，几乎超过了克尔凯郭尔所能满足的："他们毒化了我身处其中的氛围。我的忧愁和繁重的工作需要稠人广众之中的独处。……现在得不到了。我在所到之处都被好奇所包围。"他干脆乘马车出城，希望在树林里得到一点单纯的安宁，可他还没打开车门，窥视的目光就搜寻捕捉到了这位受折磨的贵族。"有时候我会遇到一群嬉皮笑脸的人"，他们会"羞辱车夫，他差不多会害怕，因为不明白是什么意思"。当他终于成功地步入"一条通向独处的长途，陷入沉思之中，却会突然遭遇三四个莽汉，我是独自一人，他们口出恶言，严重影响我的健康"。当他在教堂里坐上固定的位子，几个粗蠢的人就坐到同一条凳子上盯着看他的裤子，并且用"能听清每一个字的音量的谈话"来讥笑他。出于克尔凯郭尔不了解的原因，保姆们也开始派小孩子到他那里，"一个接一个地问我几点钟，在大街上也经常在我背后喊同样的话（天晓得到底算什么意思或者是谁的主意）"。

于是他的散步路程越来越短，同时代人越来越不可忍受，他自己也相应地越来越不合时宜。先前可以勉强调和他与周边世界之愚蠢的幽默，也日渐尖锐成为讽刺——"因为在这样的条件下我既不能也不愿开玩笑"。作为自卫，他和周边世界拉开了距离，他不得不让自己"出类拔萃"，而这出类拔萃恰恰是他一直痛恨海贝格、马腾森和明斯特的地方："我为什么要被迫出类拔萃！奇怪。我恰恰不想出类拔萃，出类拔萃与我的整个生活方式冲突，让我痛苦，因为我本来是愿意和一切人来往的。"

不过，在改变了的哥本哈根漫步时克尔凯郭尔仍然能进行多种多样的小型心理实验，例如："一天，我在城门外遇见三位年轻先生，他们一看见我就开始嬉皮笑脸，开始这土包子城里流行的常规放肆。接下来发生了什么事？当走到能和他们目光接触的地方时，我发现他们都在抽雪茄，就请其中一人也给我点燃雪茄。于是三人一齐飞快地脱帽行礼，好像请他们点烟是帮了他们一个大忙。所以：同是这几个人，只要我对他们说句客气话，更不要说是恭维，他们就会乐于为我喝彩，也会高喊'杀死他[1]！'，去他们的。／哥尔德施密特和皮·路·穆勒在大尺度上所做的，这里每个人都在小尺度上做。……而我，对人总是很客气，尤其是对下层阶级！现在整个这一切都成了闹剧。然而以这种方式来丰富关于人性的知识倒也很有趣。"

这得到丰富的人性知识包括一种社会心理学眼光：出名，不仅是受排斥的相应正面，而且是其前提。克尔凯郭尔那天在城门外经历的从喝彩到"死刑判决"的急速逆转，让他明白了偶像和替罪羊、英雄和被排斥者之间的联系。暴力在现代社会里的作用并不比先前弱，但它经历了一番变化，变得更具有象征的性质，从而文明化了。人们不再把人钉上十字架，而是嘲笑他们。"古代让人与兽搏斗取乐，我们这个时代的残忍则更加精致"，克尔凯郭尔写道，他用模仿古代暴力的情境隐喻来表达象征性暴力：《海盗船》让他成为"讥笑攻击的对象"，让他遭到"嘲笑的虐待和愚蠢的迫害"，以及"庸俗的凌辱"，他在一八五四年的一条札记中直言不讳地将自己的处境描述为"类似异教时代的人兽搏斗"。他还毫不犹豫地推论，如果"基督现在来到世间，或不致被杀害，却会遭到嘲笑。这就是理性时代的殉教，在情感和激情的时代杀人"。简言之："做笑的牺牲品是真正折磨我的。"

如果说这种心理学眼光是在克尔凯郭尔一边，那么笑则远不在他的一边。长期

363

---

[1] 拉丁文：pereat。

担任嘲讽的对象当然可以说是现代殉教，但对克尔凯郭尔来说宁可死去："在理性的时代，'笑'是一切危险当中最令人害怕的，我们时代的人们很容易承受一切，但充当笑的对象，更不要说在每天遭遇的讥笑中存活：这种危险比最痛苦的死亡更让人们恐惧。"充当笑的牺牲品难以忍受，因为这像是一次"长久的牺牲"，就像那"缓慢的死亡：被鹅群一点一点地踩死"，所以克尔凯郭尔宁可被痛快"处决"。

关于克尔凯郭尔这些日渐增长的不相称的反应，汉斯·布罗希纳清楚地感觉到了："克尔凯郭尔在与特定现象的关系中缺少一种现实感——如果我可以用这个表达——来制衡他那高度发展的反思能力。他可以把一点琐事通过反思变得具有世界史的意义。他和《海盗船》的事就是这样。"哈丽耶特·科林在一八四六年二月间致安徒生的信中谈到"《海盗船》连续攻击索伦·克尔凯郭尔"，并报告说"这可怜的牺牲品没有哲学到将这烦恼置之不理的程度，而是日日夜夜全神贯注于此，和所有人诉说这件事"。

所以不能算是夸张地说，克尔凯郭尔让《海盗船》占据了头脑。如果说他已经有了某种偏执倾向，《海盗船》则给了他偏执的理由："他们都在笑话我，有些是好心的，有些是恶意的，简单地说就是以最不同的方式，但是都笑了。"他在一八五四年这样写道。几年前他在米尼咖啡馆索取《海盗船》时有过古怪而不愉快的经历，人们试图将这本杂志藏起来不给他看。同样的情况也发生在派特豪酒吧。但在两个地方克尔凯郭尔都坚持让人把《海盗船》递给他，并且"当着人读这本杂志，一边和他们闲谈——而且我做到了和往常一样保持轻松的语调"。结果人们的反应大大出乎他的意料。"发生了什么事？一天，吉约瓦特来告诉我，人们说，这是我唯一谈论的事，诸如此类，证明我受到了影响。"而他没有受到影响，当然没有。"我从来就不是第欧根尼，从来没沾过犬儒主义的边；我一贯穿戴斯文得体，——所以全国成了疯人院不是我的错。"他在一八四八年的夏天里这样写道。他还继续写道："如果在永恒中有笑话的时间和位置，那么我相信，想到我的细腿和被嘲笑的裤子，将是我最有福气的享乐。"在永恒中，但一秒钟也不提早。据他的外甥特勒尔斯·弗里德里克·隆德回忆，他曾经看见索伦舅舅站在旧市场，就想跑过去问候："但是我马上听到一些路人在讥笑他，看见一些人在街对面转身看他，笑了。我现在也看到，他的两条裤腿真的不一样长，他看上去样子很古怪。我不觉停住脚步，我感到尴尬，突然想起来应该到另一条街上去。"

克尔凯郭尔花昂贵学费在"虐待学校"学到的课程意味着，他看到了以往与

364

之有着学术关系的基督教一些新的方面。"真的，若不是发生了这些事情，我永远不会如此成功地用基督教赐予我的方式照亮基督教，"一八四八年六月的一条札记中可以读到这样的话，在五十条之后这立场更加激进化了，"落到我头上的这一切，感谢上帝，并没有对我的写作造成负面影响，正相反，让我朝照亮基督教精神的方向发展。这恰恰激发了我的创作力，而且让我经历了那种与世隔绝，非如此不能发现基督教精神。不，不，实际上一个人必须从基础开始，在这虐待学校里接受教育。"简言之，克尔凯郭尔正在做他以前保持距离的事，即体验基督教。

一八四六年之后他在社会意义上已经死了。针对他的暴力确实仅只是象征性的，但也让他愈发清楚地认识到，时代必须超越这些象征形式："只有一个死人才能制止这全国都或多或少卷入的卑劣行为，并对其实行报复。但是你们会遭到报复，你们所有人，都会受苦。我感到无可言表的心满意足，如果我，或者任何其他人，刚找到完全适合一切条件的人生使命［都会有这样的感觉］。……报应就要来了！"

对门儿

克尔凯郭尔尽过一切努力避免被等同于他的假名作者，但在《海盗船》事件后乌合之众会在街上认出他，跟在后面喊"非此即彼"和"索伦"："借助于庸俗机体给出的信号人们现在叫我的名字，然后名字变成跟在我后面喊的外号。现在连体面人也这样做。现在，一出丹麦新戏里若没有个名叫'索伦'的人物都会成为稀罕。"

365　　最后这一点并不对，不过也值得一说。"索伦"这个名字被若干作家所用，其中有卡利特·埃特拉尔，在他的独幕喜剧《托尼上战场》中让一个普通农民叫这个名字。"索伦"也出现在约翰娜·路易丝·海贝格轰动一时的杂耍剧《阿迈厄岛上的礼拜日》里。不过克尔凯郭尔想到的首先是青年神学家延斯·克里斯钦·赫斯特鲁普所写的肆无忌惮的大学生喜剧《对门儿》。赫斯特鲁普在一八三七年被大学录取，并在一八四一年五月获准在皇家寄宿舍住宿三年。一八四三年秋，这个瘦小苍白、目光忧郁的校友把自己关在房间里准备毕业考试，并在同年十一月三日以特优等成绩通过。因为他还能在皇家寄宿舍继续住半年，一不小心答应写出喜剧供学生会成员取乐，这位刚毕业的大学生就开始写《对门儿》，到底写什么心里其实并没有谱。第一幕已经在排练了，他还在修改第二和第三幕，不过因得到"最慷慨的皇家许可",这出戏于一八四四年二月二十日在宫廷剧院(今戏剧博物馆)首演。人物表上有一个皇家寄宿舍的住户,有一个近乎一目了然的名字"索伦·克尔凯"。

这个人物是汉斯·布罗希纳扮演的。一天晚上,他正要去排练,在高桥广场遇见了真正的克尔凯郭尔。"哦,您这是要去演我咯!"听上去是开玩笑的口气,布罗希纳试图缓和一下,于是回答说,自己并不真的是去演他。据布罗希纳说,赫斯特鲁普在写这个人物时显然想的是受马腾森推动近年来在年轻大学生当中兴起的那种出于肤浅哲学兴趣的辩证法,所以布罗希纳认为完全可以为接受这个角色辩护。那天晚上在高桥广场分手后,布罗希纳的印象是克尔凯郭尔并没有受到赫斯特鲁普"玩笑"的影响。布罗希纳做梦也不会想到抄袭克尔凯郭尔,或者"将他带到喜剧性的光照之下",而且"我太仰慕他了,不会这样做,而且——我是个很差劲的演员"。

和剧作者一样,《对门儿》里的索伦·克尔凯是个住在皇家寄宿舍里的学神学的大学生。第一幕第五场是在皇家寄宿舍一间房间里举行的全体大会,年轻人们讨论如何使用他们的巨额现金储备。索伦·克尔凯提出以下建议:"先生们! 有两种方法来使用我们的财富。我们若不是精神高贵,供他人快乐享用,就是很不高贵地自己快乐享用。如果我们要以高贵的精神取悦他人,就应该若非将钱送给那些烧死的瑞典人,即是送给淹死的日德兰人。这里出现了一个'非此即彼',两个建议之间的关系真正是水火不容。一个选择是把钱扔进火里,另一个选择是扔进水里。"这个建议引发了兴趣,于是克尔凯在下一段台词里继续富有启发性地发挥道:"当我们乐于取悦他人时,应当在他人心中创造什么? 是快乐,不是悲伤。但是应该在谁心中创造呢,那些快乐的人,还是悲伤的人? 只管那些悲伤的人,不管快乐的人。我们无法在那些烧死的瑞典人心里创造快乐,因为他们不能快乐,他们死了;在那些未被烧死的瑞典人心中,我们也无法创造快乐,因为他们已经在为没被烧死而乐不可支。在那些淹死的日德兰人心中,我们无法创造快乐,因为他们不能为淹死而快乐;在那些没被淹死的日德兰人心中,我们也不能创造快乐,因为他们已经在为没被淹死而乐不可支。但如果我们不能在他们心中创造快乐,也就不能取悦他们,而当我们不能用礼物取悦他们时,我们就在让他们悲伤。所以当我们让他人伤心时就是在精神高贵地取悦他人,但我们不愿让他们悲伤,因为我们想取悦他们。所以我们不想精神高贵而取悦他人,但我们想不高贵并自得其乐。"

366

十九世纪四十年代不仅流行黑格尔主义行话，而且也渐渐开始流行克尔凯郭尔行话。如赫斯特鲁普后来欣然承认的，他以戏仿《非此即彼》第一卷中所谓"意乱情迷的演说"为乐，其著名的开篇是"结婚，你会后悔；不结婚，你也会后悔"——每人都可以随心所欲地在这个伪逻辑框架里填入不同的成分，让一切都等量齐观，毫无意义。可以说赫斯特鲁普戏仿的只是一个戏仿。终场是索伦·克尔凯再次试图发言，但被拉下了那把他站在上面发表长篇大论的椅子。

对戏仿进行戏仿应该得到宽恕，但克尔凯郭尔并非完全不受影响，如布罗希纳所设想的："有人为大学生写了一出喜剧，他利用伙伴间的自由将真实人物呈现在舞台上。当然，如果有人对此提出异议，将会是不够仗义。但是这出戏在外省巡回演出——肯定不是为大学生演出。"

这出戏在外省巡回出了名，并在一八四五年十二月到一八四六年三月期间在欧登塞上演多场，大约同期也在索湖研究所上演，卡斯滕·豪赤于是得以有机会让自己花不多的钱畅快笑一场。事情也就这样了。不过几年之后，一八四六年六月二十七日，《对门儿》作为筹款义演在皇家剧院重演，节目单上"索伦·克尔凯"这个角色已改名为"索伦·托尔普，神学家"。《对门儿》突然变成轰动一时的热门大戏，在六月和七月里连续上演多场，那个夏天里人们再不说别的什么，人人乐不可支，除了克尔凯郭尔。他认为这出戏是冒渎的，不仅因为他个人的虚荣心受伤，而且因为保尔·马丁·穆勒也遭到嘲笑。这出戏的喜剧高潮是对穆勒华美的爱国诗《玫瑰在丹麦花园里绽放》所进行的无情解构，慌慌张张的冯·布丁中尉试图在宴会的游戏中引用这首诗，却在首音错置的纠缠中将其变成可得金质奖章的胡言乱语。

更加糟糕的是，《对门儿》居然离开国内舞台，北上克里斯蒂安尼亚。一八四七年十二月六日，克尔凯郭尔在《飞翔邮报》上读到，援引《挪威国家时报》的报道云："史密斯先生昨天心不在焉，把索伦·克尔凯郭尔式的三段论弄得一团糟。"真实的克尔凯郭尔极度愤怒，将赫斯特鲁普称为"懦夫诗人"，抓过札记，在"卑鄙无品"标题下怒气冲冲地简要记录下这些事件的过程："赫斯特鲁普先生写了一出大学生喜剧……这出戏在全国各地巡回演出，最后登上了皇家剧院。——现在，我今天在《飞翔邮报》上看到，在有人在挪威《国家时报》上直截了当地把那个影射我的人物叫作'索伦·克尔凯郭尔'。我毫不怀疑，为了让这出戏更加有趣，他们会把我的名字写到海报上。／看，这是一出大学生喜剧！可见丹麦舞台已经堕落到了《海盗船》的水准！……令人作呕的是丹麦人竟然如此不知羞耻，兢兢业业全力以赴让邻邦见证我们的丑闻。"尽管挪威人"史密斯先生"显然"把索伦·克尔凯郭尔式的三段论弄得一团糟"，他还是得到了"欢呼"，这里克尔凯郭尔表现出某种前后矛盾——"如果真是我，几乎不可能得到欢呼，而是得到小小的'打倒'作为问候"。

克尔凯郭尔在这件事上确乎算不得宽宏大度。他的脸皮很薄，把这次招致的讥笑视为从《海盗船》到《对门儿》屈辱系列中的一环。他从来没有想到，他的伟大榜样苏格拉底，在雅典剧场上演阿里斯托芬的《云》时站起身来，让观众看清楚，舞台上戏仿的真是他——苏格拉底。克尔凯郭尔也没有想到，他自己做学神学的大学生时写过《新老肥皂窖之争》，其中也把马腾森等人拉出来加以嘲讽和愚弄。让克尔凯郭尔恼火的是，他无法自卫，因为，如果他援引法律条文要求不得使用其名字，人们可以回答说，索伦不过是个普通的名字。其实这个名字也没那么普通，他在关于此事的许多独白中争辩道，但他没有采取任何行动，他从"裤子事件"中学乖了："如果我就名字小题大做，将会成为新的笑料。"

克尔凯郭尔一直不知道，他有个同情者。伯·塞·英格曼在索湖研究所观看了学生表演的这出戏后，于一八四七年十二月十四日致信赫斯特鲁普："对名人（即索伦·克）这种阿里斯托芬式的表现，与我的诗歌创作自由原则相冲突。我认为，您目前所赢得的效果是以丧失更高的艺术效果来取得的。只要删除暗指的名字及其外在环境的个人特点，我在这封信里的所有抱怨就都会消失。"

克尔凯郭尔一定会给这种观点无保留的支持，但损害已经造成，从今往后公众总会将"索伦·克尔凯"与索伦·克尔凯郭尔联系在一起——不论他们怎样否认。而"面对公众赢得公正"的愿望则将永远是一种"不可能性，就像不可能抓住一个屁那样"。

"……这浸透汗水，令人窒息的黏糊糊斗篷，就是这躯体"

"克尔凯郭尔成了近乎漫画人物，"他的一个同时代人，神学家彼得·克里斯钦·扎勒写道，并寥寥几笔勾勒出下面的肖像，"在压得低低的宽边帽檐下可以看到他宽大的额头和浓密的深棕色头发，生动的蓝眼睛，苍白泛黄的肤色，塌陷的面颊上布满深深的皱纹，环绕着即便沉默也像是在说话的嘴唇。他经常把头偏向一侧。略微有些驼背。腋下夹着手杖或者雨伞。紧窄的棕色外套严密地扣好，裹住他瘦弱的身躯。细瘦的两条腿似乎不堪重负，但确实能载着他走出书房在新鲜空气中漫步多时，'沐浴在人群之中'。"扎勒勾画的是晚年克尔凯郭尔，但根据众多见证，他衰老的速度快得惊人，因此有理由将这幅肖像的时间段认定为十九世纪四十年代末，甚至更早。有一天，汉斯·布罗希纳接触到生存强度与生理年龄之间的关系，他对克尔凯郭尔说，后者才真是他所认识的"最老之人"，对此克尔凯郭尔只是微微一笑，看来是认可布罗希纳的"计算方法"。

确定人怎样描述某人形貌的，与其是观察角度，毋宁是观察者的眼睛，如克尔凯郭尔的形貌，在扎勒是"略微有些驼背"，或者"耸肩"（雷吉娜），或者"有些含胸"（哥尔德施密特），或者"总体上有些异样"（布罗希纳），或者"倾斜，近乎驼背"（希本），或者"有些畸形，无论如何是含胸"（赫尔茨）或者"含胸"（奥托·辛克）或者干脆是"驼背"（卡尔·布罗斯鲍尔和特勒尔斯－隆德）。无论如何，这个后来世界闻名的脊背不是直的，而畸形的原因是，据哈丽耶特·隆德和其他人说，也许是当年[1] 在哥本哈根以北的村庄布丁根马克，从树上掉下来造成的。"他的体型有些异样，不算丑陋，更不令人反感，但是不太协调，瘦弱，同时沉重，"哥尔德施密特写道，留下这幅堪称表现主义的天才形貌肖像，"他走来走去，就像一缕思绪恰在成型的瞬间溜了出来。"可谓一语中的[2]。

还有精工细笔描绘的肖像，如赫尔茨留下的写于十九世纪四十年代末的笔记，当时他正考虑写一出剧本，描写某个攀登者约翰尼斯，其形貌应该"根据自然"，如下："中等身高，宽肩，有些驼背，下身细瘦，走路时有些前倾，稀疏而相当长的头发，蓝（？）眼睛。说话声音经常高昂而尖锐。也很容易被逗笑，却突然转入严肃。他有令人愉快的东西，娱乐性（给自己的享受）。他舒服地坐着或躺着，带着某种惬意。他有把握。"

对克尔凯郭尔来说身体乃是必要之恶，一副暂时的尘世皮囊，在他，肩膀处不幸裁歪了。他在一八四八年痛苦地写道："做一个健康强壮的人，可以参加一切活动，强健的身体和无忧无虑的精神，都是我在年轻时经常向往的。青年时代的烦恼和痛苦真是可怕。"他在皇家近卫队服役四天之后就收到了医生的"不合格证明"。而当他于一八四〇年上骑术课时，他落了下来——不是落马，而是更糟糕

---

[1]　拉丁文和德文：anno dazumal。

[2]　英文和法文 touché 是击剑术语，意为"击中"。

的——落入了喜剧性范畴。"他在马背上并没有矫捷的身手,"汉斯·布罗希纳讲述道,他在应有的距离之外看到,"他僵硬地骑在马上,给人的印象是他在反复背诵骑术师的指导。在马背上追求思想和想象力的更多自由,他几乎没有得到。他很快就放弃了这项运动。"《海盗船》也记得这位骑士的不会保持平衡,见一八四六年元月十六日那期上的漫画。彼得·克里斯钦对剑术乐而不疲,他弟弟却没有热情去玩。跳舞就更不值一提——几乎遭到他原则性的拒绝:"拜托,俺不跳舞。"对一个身体如此不听话的男人来说,遭遇雷吉娜的爱难免会浑身发抖,尤其是,据说这爱是关乎整体的:"她爱的不是我匀称的鼻子,不是我美丽的眼睛,不是我的小脚——也不是我聪明的头脑——她就是爱我,但又不懂我。"

375

札记上记录了不适、头痛、头晕、失眠、弱视、紧张、排尿困难以及其他类似问题,其中包括反复出现的便秘。在一八四三年二月五日致彼得·克里斯钦的信里,弟弟抱怨一桩"痔疮",他在外甥,医生亨利克·隆德处承认,他受"硬性梗阻"折磨,用大白话来说,就是"我的屁眼不通"。巴尔特上校曾一度听到克尔凯郭尔抱怨胃痛,于是建议他备一匹马,并"改进骑术,胃病自会不治而愈"。不难理解,骑马这味药不对克尔凯郭尔的胃口,他宁可借助于雷因哈特小姐的煮李子和一定剂量的蓖麻油。

亨利克·隆德的父亲约翰·克里斯钦于一八四一年四月二日致信远在巴西的兄长彼得·威廉,提到"索伦舅舅"虽然"和一位相当漂亮的年轻小姐,枢密院顾问奥尔森的女儿订了婚",可也生病了,"他的胸出了毛病,又开始吐血"。这种情况没有得到医学诊断,不过也得到哈丽耶特·隆德的证实,她提到在一次"年轻人的聚会上",克尔凯郭尔"病了,甚至吐了血"。

克尔凯郭尔本人从未在任何地方提到过吐血,也许是因为对他来说,首先是精神与肉体之间的冲突导致最深刻的痛苦。札记中一则写于一八四五年的"备考"完全抓住了这失衡:"如同伤者渴望着摆脱绷带,我健康的精神也渴望着摆脱躯体的倦怠;就像常胜将军在胯下坐骑中弹时所呼喊的'一匹新马',我的精神的常胜健康应该呼喊:一匹新马,一副新的躯体。"在"躯体的倦怠"几个字下面,克尔凯郭尔补充道:"这浸透汗水、令人窒息的黏糊糊斗篷,就是这躯体和躯体的倦怠。"克尔凯郭尔也会用现代的隐喻来说明精神和身体的关系:"……就像一艘蒸汽轮船,机械的功能比船体大得多:我为此而痛苦。"或者更短的航海术语:"我现在又一次生活在忧郁症的特等单人船舱里。"

376

幸好，大部分人都会发生类似情况，所以克尔凯郭尔似乎随着岁月推移和自己的身体也和解了——《海盗船》也几乎是迫使他用一点幽默感来对待——但也如只有很少人能够成功一样，克尔凯郭尔渐渐将自己的生理弱点重新解释为一个神学论点。他在一八四七年叹息道："从动物的特性来观察，作为耕马或者作为肉牛，我处在远远落后的地位……我没有肌肉和强健的腿，也没有肥肉。所以并不奇怪，我会被人看不起。"他在一八五四年又说："一个身躯细瘦、单薄、病弱的可怜人，身躯那么细小，几乎像个孩子，这样一个身形，在每一个动物 – 人（Dyre-Menneske）看来，作为人几乎是可笑的——他被用来从事紧张的工作，即便是巨人也会崩溃；你们这些流氓，看见没有，我也在这里，我是全能的；你们看不到这里的荒诞之处。"现在这异常的灵性真的可以探入有缺陷的身体："轻飘，瘦小，病弱，和其他人相比几乎在身体每一个方面都不能算是完整的人；忧郁，心病，内心深处满目疮痍，我得到了一样东西：超群出众的智慧，或许我正是因此而不应该全然无助。"

精神与身体之间的失衡不仅是一个神学观点，它也是艺术创作的前提条件。因此，说正是克尔凯郭尔的身心冲突，通过吊诡的逻辑使他成为世界文学中的一大成功，并非言过其实。

然而这成功同时也是一个巨大的神学问题。它导致新的痛苦。

法拉利斯的牛

西西里岛上阿格里根特地方的暴君法拉利斯处死敌人的时候，就把他们塞进一只巨大的铜牛，把铜牛放在火上烧烤，牛鼻子上装着笛子，于是敌人的惨叫就转化为最美妙的音乐。克尔凯郭尔《非此即彼》第一部分开始的"间奏曲"，就是以这精致的变态酷刑开篇的："什么是诗人？诗人是一个不幸的人，他把痛苦深藏在心底，但他的嘴唇却是这样构造的，当叹息和哀号通过时能变成悦耳的音乐。他就像所谓'法拉利斯的牛'里面那些不幸的人，在文火的折磨下缓缓挣扎，他们的哀号不会传到暴君的耳鼓，他听到的只有甜美的音乐。人们聚集在诗人身旁，对他说，'快再来一个'，也就是说，让新的苦痛来拷问你的心灵，嘴唇却保持原状。哀号只会让人不安，音乐却是动听的。批评家们出来说：'根据美学定律，理当如此。'毋庸赘言，原来批评家居然和诗人一模一样，只是心中没有痛苦，嘴唇不吐音乐而已。所以，我宁可到阿迈厄桥去做得到猪群理解的牧人，也不做被人群误解的诗人。"

若不是事先知道不可能，我们简直会以为克尔凯郭尔偷偷读过弗洛伊德，因为弗洛伊德也将文学作品诊断为诗人内心未解决的冲突的症状、自我关系中危机的升华。诗人是自己的生活没有得到平衡发展的人，而他也就写作关于这一部分，他的诗作就是对生存实现中缺憾的补偿。他可以讲述所有别人的秘密，唯独没有自己的，而这朦胧又正是艺术创作的无意识增长点。就连威廉法官也就此发表过意见："……一个诗人的存在处于朦胧之中，那是绝望未能完成的结果，灵魂仍然在绝望中颤抖，精神也尚未赢得真正的变容（Forklarelse）。"

美戴斯国王触碰到的一切都变成了金子 [1]，而克尔凯郭尔触碰到的一切都变成了文章；然而美戴斯最后几乎饿死，克尔凯郭尔则正相反，他靠自己创作的文章滋养活命。他本人也比任何其他人更早承认了他的心灵危机与写作的治疗作用之间的联系："哦，多么沉重！如同我经常说到自己的，像《一千零一夜》里的那位王妃，我用讲述，即写作，来挽救生命。写作就是我的生命。巨大的忧郁，内心的痛苦，同情心那种，一切的一切，一切我都能掌握——当我能写作的时候。"这是一个思想的升华，几乎相同的措辞重复出现得如此频繁，几乎可以作为一个难以察觉的杂音偷偷藏在痛苦的忏悔里平淡无奇的"等等"之中："拯救我脱离深植在我内心的忧郁症等等，如果我变得多产。"

在这些刻板的、比较偏于内向的札记当中，有的地方隐藏着纯粹的陈词滥调，同时也有关于工作之乐的报告，其浑然天成，其蒙恩的欢愉，关于成功的升华，例如他这样描述一八四九年的一个典型的工作日："我早晨起身，感谢上帝。然后着手工作。到晚间一个确定的时刻，我停下工作，感谢上帝——然后睡觉。我就这样生活，即便有些时刻不无忧郁和忧伤，本质上还是日复一日生活在最幸福的神奇之中。"在这严格的修道院式规律生活和灵感充溢的欢快之中，忧郁只能勉强在少有的时刻潜入，但"本质上"是一种在忘我的神奇之中的人生，艺术家通过其创作而处于其中的命运。多产，不外是一种生理需要，一种欲望："只有当我在创作时才感到舒畅，此时可以忘却人生的一切不快，一切痛苦，我与思想同在，而感到幸福。只要有几天不写作，我就会马上生病，不堪重负，烦扰，我的头沉重，负担很重。这样一种冲动，如此丰富而不可穷竭，日复一日源源不断，到现

378

---

[1]　典出美国小说家霍桑（Nathaniel Hawthorne，一八〇四～一八六四）的作品《点金术》。

在已经五六年，这样的冲动当然也是蒙神恩的召唤。"

多产是神的召唤，但是在"当然也是"这几个字当中可以看到的犹疑，揭示出克尔凯郭尔需要进一步给其著述活动以合理性的证明。对他来说具有决定性重要的是，究竟应该怎样理解自己的痛苦和从中产生的多产著述。他在很多年里将痛苦视为一种遗传和环境负担导致的普通永久性心身冲突。只要他坚持这一种自我理解，他就基本上能够肯定，利用忧郁为写作服务就可以找到一个负责任的理由。他的个人冲突升华为写作是合理的，因为写作归根结底是服务于一个总体人性和生存的目的："就像一个本身不幸的人，如果他爱人类，正因为如此愿意帮助别人变得幸福，我就这样理解我的任务。"这样就可以认为是找到了一个外在的理由，它在立等自己的变体："于是我认为是做出了牺牲，痛苦与折磨让我在揭示真理方面足智多谋，这会对他人有益。"一个更正式的版本，在《我作为作家的观点》中，则将自己选择的惩罚和救赎设定为升华中的推动因素："我的著述活动是一种无法抵御的内在冲动的外化，忧郁的唯一可能性，一种深刻的谦恭，一种救赎的公正尝试，通过尽可能将做每一个牺牲和努力为真理服务，如果可能，则将得到良好的回报。"

克尔凯郭尔在这里似乎已经深陷在自己的心身冲突之中。他认为，这是无法避免的，但——也许——他也认为，因为这冲突是他艺术创作的先决条件。"不错，如果我的痛苦，"他在一八四九年写道，"我的弱点是我整个精神活动的先决条件：对，我自然将再次努力将此事作为单纯的医学问题来对待。当一个人的生命竟然毫无意义时，绝不会像我这样受苦，无所事事。然而秘密在这里：我的人生意义与受苦相一致。"

"……医生又真正知道些什么？"

传统医疗对克尔凯郭尔来说意思不大。在一条写于一八四九年，题为《一个幽默之人的发言》的札记中，开篇不久就是一段欢快的独白："这里的事情就像我和我的医生之间。我抱怨说不舒服。他回答：'您一定是喝咖啡太多，走路太少。'三个礼拜之后我又和他谈：'我实在难受，但现在不可能是因为喝咖啡，因为我根本没喝咖啡，或者因为缺少运动，因为我整天走路。'他回答道：'那么病因一定是您不喝咖啡，走路太多。'我的不舒服一直没变，但当我喝咖啡时，不舒服的原因是喝咖啡，而当我不喝咖啡时，不舒服的原因是不喝咖啡。我们人类就是如此。

整个尘世的存在就是一种不舒服。"

这个宁可打偏也不脱靶的医学猜测——一幅漫画像,克尔凯郭尔认为是那么成功,以至于后来用到了《附笔》里面。尽管对医生诊断不无怀疑,克尔凯郭尔并不能完全摆脱通过医疗走出痛苦的想法。这是一个身体问题,还是伦理-宗教问题?他应该将自己的与世隔绝解释成一个超凡出众者无可避免的处境,还是,他的处境乃是自我封闭的结果,身处其中让他自欺欺人地相信是在根据上帝的意志行事——而在这样做的时候让自己更深地陷入罪过之中?原则上他与那位假名心理学大师哥本哈根守望者的意见一致,他拒绝过去时代将罪过理解为"一种病症,一种不正常,一种毒药,一种不和谐"。人所具有的魔性——错误地——在三个视角之下加以审视,"审美-形而上学的""伦理判断的"和"医学治疗的",哥本哈根守望者解释道,他和威廉法官一样认为,带着魔性去看医生是一种误会,因为魔性不是"身体性的",不属于"自然现象,而是一种心理的现象,是不自由的表现"。因此,传统的医学诊断是肤浅的和不恰当的,当"哥本哈根守望者"窥视一间医生的诊所时,眼里的魔镜碎片 [1] 捕捉到了以下离奇情景:"人们从医疗的角度观察魔性。不言而喻,用药粉和药片——还有灌洗!现在药剂师和医生合而为一,病人移走了,不会惊吓他人。在我们这个勇敢的时代人们不敢对病人说让他去死,也不敢叫牧师来,怕他会被吓死。"

克尔凯郭尔并没有因此而完全拒绝痛苦问题上的医学观点,只是将其安置在比心理学和"灵气动力学"观点低一到两级的地方。一八四六年,他在一条——用他自己的话来说——带类似医学术语的札记中问道:"关于这一点,在现实的、变化无常的媒介中,生理学家知道些什么,医生又真正知道些什么?"这个问题是恳切的,措辞是弃绝的,但在很大程度上也是自言自语,因为克尔凯郭尔真的不知道,医生究竟懂不懂身心冲突的失衡。

因此他认为最重要的是去咨询他的医生,当时的名医奥拉夫·龙特·邦。邦是明斯特同母异父的弟弟,在二十多年里担任克家的家庭医生。他和克尔凯郭尔,即便称不上是朋友,也至少是社交关系,可以请到家里吃饭的那种。例如一八四九年十二月二十九日,克尔凯郭尔就收到了一份兴高采烈的请束,难得竟然不是

380

---

[1] 典出安徒生童话《冰雪女王》。有一个恶魔打造了一面魔镜,恶魔打破魔镜,镜子碎片散落各处。这些细小的碎片一旦嵌入人心就能使人变得邪恶无情。

诗体写成的。邦利用一切机会作诗，他无法克制这个需要，每当克尔凯郭尔送给他一本自己写的书，他总爱回复一首冗长的诗，连他的自传也是诗体的。

一八四六年的一条札记——"我怎样理解了整个写作活动中的自我"——全面地记载了他初次拜访这位医生的经过。克尔凯郭尔在这里给出了一个压缩版的自传描述，开篇就是后来被反复引用，几乎成为谚语的那段话："我是一个在最深刻意义上不幸的人，从我最早的童年起就一直钉死在某种达到疯狂边缘的痛苦之上，这痛苦更深刻的原因在于我的灵魂肉体之间的失衡；因为（这痛苦和我的无限鼓舞共存显得古怪）它和我的精神无关，相反在灵魂与肉体的紧张关系中，精神获得了一种罕见的弹性。"接着是和老父的关系，其忧郁症遗传给了儿子，然后是和雷吉娜的灾难性关系，改变了他的生活并成就他为作家。再后，克尔凯郭尔终于去看他的医生。我们并不知道这次就诊的具体和临床经过，但克尔凯郭尔在札记中只是以拘谨、正式的文体报告，笨拙，害羞，而在真正意义上却是密不透风地写道："尽管完全不是知心朋友，尽管绝对不倾向于和别人谈论我内心的最深处，我还是一直认为，一个人还是有义务不错过咨询另一个人的机会；只要这不变成轻率的秘密倾诉，而是严肃和正式的报告。"这是克尔凯郭尔冗长的开场白，现在转入正题："所以我就去和我的医生谈了，问他是否认为我身心之间的失衡可以消除，这样我可以成为普通人。他表示怀疑；我问他，精神是否能够通过意志来改造或转换这种基本的失衡，他表示怀疑；他不建议我运用全部意志力，对此他有个观点，我会毁掉一切。"

可以感觉到，克尔凯郭尔向邦提问是多么小心翼翼地遣词造句，于是他就只听到了他自己可以对自己说的话。这次咨询其实不过是流于形式，很难掩饰克尔凯郭尔并不真正有兴趣了解医学对他痛苦的诊断。他关于动员意志力可以转变灵肉关系失衡的观点，不外乎当时普遍的认识，以为通过外部的铁腕纪律和道德自律、禁欲，可以治疗精神疾患。"从那一刻我就做出了选择。那悲哀的失衡，连同其痛苦（无疑足以让大部分人自杀，如果他们的精神不能理解窒息的全部悲惨的话），我都视其为我的肉中刺，我的界限，我的十字架；我认为，这是天上的主授予我的昂贵货品，一种精神的力量，在同类中寻找知音。我不是吹嘘这个，因为我却被压碎了，我的愿望却成为每日苦涩的痛苦和侮辱。"

克尔凯郭尔第二次去邦处就诊是在一八四八年复活节狂欢期间。在两个大号的"记事"之下，一八四八年四月二十九日，礼拜三，可以读到："我的整个人生改变了。我的隐藏和自我封闭被打破——我必须说话。/ 伟大的上帝，请赐予我恩典！"克尔凯郭尔刚一做出说话的决定，邦就碰巧来到，尽管这事件的巧合堪比"治理者"的杰作，克尔凯郭尔还是没有触及这个话题——"对我太突然了"——但是他愿意说话，无条件的。然而在复活节礼拜一情绪改变了。还是在两个大号的"记事"之下，他写道："不，不，我的自我封闭现在还不能解除。解除封闭的想法占据着每时每刻，不过是让封闭越来越紧密。"

尽管在复活节期间突然改变过主意，克尔凯郭尔还是去邦那里咨询了，这件 382 事本身就有安慰作用，即便（或许是正因为）他是"对"而不是"和"医生说话："但是对我的医生说话确实令人宽慰。我经常害怕，或许我太骄傲了才不和人说话。但是像我以前做过的一样，现在又做了一次。而医生又真正能说些什么？什么也说不出来。……我肯定相信罪过的宽恕，但我也理解，和以前一样，纵贯一生来承受惩罚，留在这个自我封闭的痛苦监狱里，在深刻的意义上被排斥在社会上其他人之外——虽然因上帝已经宽恕了我的念头而得到缓解……在上帝如此丰富而慷慨地赐予我的精神世界中无以言表的快乐和幸福。"

这一条札记和后来的札记都没有关于医生和病人谈话内容的任何暗示。那一天克尔凯郭尔显然打算保守那"秘密"，他的痛苦与他的创作之间可以想象的最亲密联系。这样，他就将拼接一份医学诊断书的任务留给了后人。

"……因我爱这忧郁"

对克尔凯郭尔做出合格的批评非常困难，因为克尔凯郭尔本人在他的克尔凯郭尔现象分析中并没有预料到这一点。很少有心理学家像克尔凯郭尔那样，赋予抵制康复和对善的忧惧如此核心的地位。他当然可以用哥本哈根守望者的假名当作护身符，但并不能逃脱那些深刻的个人经验，非如此《忧惧的概念》永远不能得见天日。当然，这部作品并不是通常意义上的心理学自传，但仅就克尔凯郭尔实际上是写作关于忧惧专著的第一人这一事实而言，将他问题丛生的内心当作第一手资料，就是很自然之事。

由于他的分析确实设法和那魔性自我封闭拉开距离，但与此同时也不要忘记，他也说过正当的自我封闭，他对之似乎有无保留的同情。哥本哈根守望者是这样提出问题的："时刻记住，根据我的语言用法，人不能封闭在上帝中，或者封闭在善之中，因这样的封闭恰恰意味着最高的扩展。因而，某种确定的良知在一个人心中越发达，他也就越扩展，即便他在其他方面与世隔绝。"

383 　　以表面上无害的"即便"开始的最后半句话，让整个事情不同：是否正在这里，魔性克尔凯郭尔修正了哥本哈根守望者关于开放的理论？这个小小的"即便"是否在实际上是从交流作为拯救的重大退缩，这是不是克尔凯郭尔的私人领地，他的精神但书 [1] ——或者这些语词说的是相反的意思，即与上帝的关系将一个人从与自己和他人的关系中解放出来？谁不愿意宁可相信最后一种可能性？

　　然而不论在此处还是其他地方都无法完全摆脱这印象，即或许并不是克尔凯郭尔的封闭控制着他，而是克尔凯郭尔控制着他的自我封闭——为了他的创作，他的写作，他的艺术。自我封闭和忧郁是与开放和轻松相反的审美创作因素，将艺术家与世界联系在一起并能够深沉地呼吸。这是克尔凯郭尔所经历过的，并写下这些话来表达："我在这忧郁中仍然爱着世界，因我爱这忧郁。""忧郁的快乐多么甜蜜"，克尔凯郭尔在《人生道路诸阶段》中将奥西安，爱尔兰传奇武士和诗人的话改写为，"忧郁的悲伤多么甜蜜"。

　　后世的人们在很大程度上偏爱那个偏爱自己忧郁症的克尔凯郭尔，他连篇累牍地书写那无以言表的痛苦、过去的事 [2]、肉中刺、永不结痂的伤口、童年的创伤经验或童年的创伤性缺位，但在所有这些当中经常被遗忘的是，克尔凯郭尔的不幸、他的忧伤和绝望也让他感兴趣——他难得郁闷到不想写这些的程度。在札记中看不到异常和临床意义上的沮丧留下的巨大编年断裂，相反，其整个文学事业中的持久性证明他有着巨大的力量过剩，任凭种种不如意依然存在的心理健康，因此，由于缺少更好解释而不时［在克氏研究中］出现的躁狂型深度忧郁症诊断，似乎是相当错误的。心理学家们谈论疯狂双人舞 [3]，一种可以传染给他人的精神病。而一个明显的假设是父亲把忧郁症遗传给了儿子，而儿子，即索伦·奥比，似乎也在若干年后承认过："如果我是用普通方法养育的，那么按理说我不会变得那么忧郁。"

　　断言克尔凯郭尔情绪低落的时候和普通人通常的感觉一样，肯定是薄情无义和错误的，但这也是对传统观念中那个永远忧郁的驼背形象一种颇有新意的平衡。

---

[1] 拉丁文：reservatio mentalis。
[2] 拉丁文：vita ante acta。
[3] 法文：folie à deux。

他的姐夫克里斯钦·隆德——在读了一些克尔凯郭尔身后出版的文稿后——不由自主地惊呼："一个看上去总是开开心心的人其实内心那么忧郁，想到这一点真令人不快。"人们几乎要相信，克尔凯郭尔在——其他部分兴高采烈的——一封致马·哈·霍伦贝格的信里所说的是对的：他的忧郁的成因或许要到他套鞋"橡皮的弹性"里去找。

"我敢说，在我认识他的长时段里他从来没有忧郁过，他的最后两三年里我没有再见到他。"八十四岁的希本这样写道。他在十九世纪三十年代初就认识克尔凯郭尔，并参加评审他的学位论文《论反讽概念》。订婚期间他有时作为一种男性伴侣，和这对年轻人同乘马车前往鹿苑。这样，他对克尔凯郭尔的心理了解可谓不少。不过希本对克尔凯郭尔"本身及其内心的复杂性质"也并非视而不见。至于他在克尔凯郭尔那里看不到忧郁的迹象，那自然有可能是因为，如克尔凯郭尔一度对汉斯·布罗希纳说的，希本完全看不到"面具下的激情，看不到一种激情通过另一种激情的形式而加倍"。最后这一点不完全公正。正是与克尔凯郭尔没有忧郁的那段争议性描写相联系，希本补充道："我必须指出，一个人完全有可能在充满活力和快乐的同时，内心深处却怀着巨大的忧郁。"人们有可能忍不住由此得出结论，在克尔凯郭尔的天性里"轻松愉快的活力"要多于"忧郁"。实际上他和别人并无不同——只是要乘上十倍。

艺术从精神危机中绽放，这是众所周知的经验，如同密涅瓦的猫头鹰在黄昏时起飞。"完美的身体和心理健康不会导向真正的精神生活——没有人能做到。在这种情况下他会立即跑步进入舒适。"克尔凯郭尔在一八四九年以惊人的客观性写道。做出这个陈述的人应该不存在被这种舒适带着跑的危险。他已经精神多于肉体。然而，人也不能完全回避身体作为精神的处所，从而也不能回避这个问题：克尔凯郭尔的艺术创作力，在多大程度上受惠于他的身心条件。

要回答这个问题，最好是绕一点弯路去探访另一个人的奇特命运。

阿道夫·彼得·阿德勒

一八四三年六月二十九日，索伦·奥比致信在索湖的彼得·克里斯钦，这封信的大部分内容无关宏旨，但有一条小小的附言："你知道城里来了一位阿德勒博士，他担任博恩霍尔姆岛上的牧师，一个狂热的黑格尔主义者。他来这里，为了出版一些布道词，他可能要向正统方向运作。他很聪明，显然尝试过人生的各种变格[1]，但此刻有些矫揉造作。然而总是有可能是一个值得观察的现象。"

阿德勒现象。阿道夫·彼得·阿德勒确实值得观察。他在十天前乘坐"哈勒金号"蒸汽轮船来到哥本哈根，并去看望克尔凯郭尔，送给他新出版的《布道集》。这本书有一个漂亮的绿色闪光纸防尘套，里面阿德勒用最优美的字体——尽管写错了一处——写着"克尔凯郭尔博士先生。你的朋友阿·阿德勒"。

坐在克尔凯郭尔公寓里的这两个人是在公民美德学校认识的，他们在几年里同班。也许正因为如此，他们不拘礼节，还可以谈论家事。和克尔凯郭尔一样，阿德勒的父亲也是富商，他如此成功，以至于在一八一五年可以自称批发商，这在当时是很了不起的。阿德勒一八三二年考上大学之后注册读神学，并在一八三六年以特优等成绩毕业。次年开始游学，到过德国、意大利、瑞士和法国。回到哥本哈根后继续学习哲学，重点在黑格尔主义，于一八四〇年就题为《孤立主观性的几种最重要形式》的博士论文进行答辩，他也获得国王特批，提交的是丹麦文本——和克尔凯郭尔在一八四一年所做的一样。

一八四〇年至一八四一年之间的冬季学期里，他在大学举办了一系列关于黑格尔客观逻辑的公开讲座，然后中断在哥本哈根的事业，结了婚，前往博恩霍尔姆，成为哈斯勒和罗彻教区的牧师；他的前任在几个月之前因精神病而被撤职了。同年，明斯特主教对这座阳光灿烂的小岛进行例行巡视，他在一八四一年七月二十四日给夫人的信里这样谈到他在新任牧师阿德勒处的视察："那里，如你能料想到的，是哥本哈根派头。但更触动我的是，阿德勒虽然是黑格尔主义者，却有相当的布道天赋，也十分称职。他的太太很好，在哈斯勒那么快乐，尽管她确实是一位哥本哈根女士。我也相信，教区里的教众喜欢他们。"

这样，一切似乎都洋溢着田园牧歌的气息，可是在一八四二年圣诞节前不久，这对年轻的牧师夫妇突然采取了戏剧性的转向。关于这件事，阿德勒本人在《布道集》的前言中说："去年十二月里，我的一件工作将近完成，我打算将它叫作'主观逻辑通俗讲座'……一天晚上，我正在写恶的起源这个题目；我在灵光一闪中忽然明白，一切并不取决于思维，而是精神，存在着恶的精神。同一天晚上，一个可怕的声音自天而降，传进我们的房间。救世主命令我起身，走进来，写下这些话。"接下来的十一行解释，恶何以是"人类思维之自我深化"。前言是这样

386

---

[1] 拉丁文：casibus。

结束的："然后耶稣让我烧掉自己写的东西，以便未来可专注于《圣经》。至于布道词和演讲，我知道从第六篇到结尾都是耶稣合作的恩典写的，而我则不过是工具而已。"

这就是一八四三年的一个夏日坐在克尔凯郭尔公寓里的那个人和他的布道词集。克尔凯郭尔本人没有记述这次造访，但他讲给汉斯·布罗希纳听，后者转述这段插曲如下："一天，阿德勒带着一本新出版的书到克尔凯郭尔那里去，就两人的宗教写作活动和他谈了很长时间。阿德勒让克尔凯郭尔明白，他把克尔凯郭尔看作是相对于自己的一种施洗约翰，而他自己，因为受到过直接启示，是真正的弥赛亚。我仍然清楚地记得克尔凯郭尔的那微笑，当他告诉我，他对阿德勒说，他对阿德勒授予的职位完全满意：他认为施洗约翰的作用足够令人尊敬，并不敢祈望当弥赛亚。在同一次造访中，阿德勒为克尔凯郭尔朗读了不少自己的作品，其中一部分是用他普通的声音，另一部分是用一种奇特的低语。克尔凯郭尔让自己做了一点评论，说他并没有在阿德勒的作品中得到任何新的启示。对此，阿德勒回答说：'那我今天晚上再用这种声音（低语）来读一遍，你就会明白。'克尔凯郭尔告诉我这个故事时说觉得好玩，尤其是阿德勒相信，声音的变化会增加文本的意义。"

其他人则觉得不那么好玩。由于《布道集》和同在一八四三年出版的《研究集》中一些地方的异端和偏执的意见，阿德勒招致了教会权威的非难。明斯特主教很早就着手处理这件事，并在一八四三年八月十二日报告枢密院："至于上述布道词，其前言就足以表明作者目前受到精神失常的困扰，不幸的是全书都支持这一判断。作者一再重复由哲学陈词滥调和神学只言片语构成的句子。"然而明斯特也希望能从轻发落，他强调此人的精神失常很可能只是暂时的："阿德勒博士仅处在所谓'固定观念'状态，其他方面的言行完全理智。此书出版前数日我曾就各种话题与他长谈，而没有发觉任何迷乱。"博恩霍尔姆主持牧师弗·劳·斯汀贝格也持类似的相对宽容态度，他在一八四三年九月八日给明斯特的信中报告，阿德勒的"精神状态完全没有改变"，这就是说，他日常"没有表现出任何精神错乱的迹象"；然而在他布道时则有此迹象，他的"演说"经常变得"非常激烈，目光狂野似疯人，但他一离开讲坛就立即平静下来，对每个人都表现得温和友善，言谈完全理智"。

斯汀贝格主持牧师让阿德勒回答四个问题。首先问他是否承认，当他在写作

387

上述作品时是处在一种"失衡的迷乱状态";其次问他是否明白,"期待和跟随这种据说是外在的启示是狂热和错误的";再次,他是否承认,在他的作品中有多处"背离基督教教义的虚假命题";最后,第四点,他是否承认,存在一些"攻击性、令人厌恶,或极不恰当的"表达方式,例如"巫婆应该被烧死",或者"当儿子不信仰耶稣时,父亲完全可以打断他的颈骨,以及当父亲本人不信时,也完全可以抹自己的脖子"。

阿德勒本人评论了这个案子的经过,并以《我的停职与解职相关文件》出版,但是教会认为他对几个问题的回答并不能令人满意,而且不适合继续担任神职。尽管有一百一十五名以上的教友为他们的牧师请愿说情,他还是在一八四四年元月停职,并在一八四五年八月最终解除职务——还是从轻处理,可享受退休金——但这个包括七十份文件的案件本身,直到一八五一年六月才真正了结。尤其是由于明斯特的努力,指控不再是"精神错乱",而是修改为"偏执狂"。作为解职的附加理由,人们还记录了他的弟弟,约翰·阿德勒在结束了漫长的游学后返回途中,于一八四三年因精神分裂入住石勒苏益格的精神病院,在那里度过了悲惨的五十七年。约翰住院后不久,一个姐妹前来探视,但她也表现出"完全的癫狂状态",于是她的探视被延长到将近一年。可见精神健康并非阿德勒家族的强项。

不过阿道夫·彼得·阿德勒毕竟还是有足够的常识[1],于是他在一八四五年六月底乘船前往哥本哈根去见明斯特,并在几个礼拜之后寄去了一份声明,说他现在完全认识到,"我的布道词和研究中多处地方以异常、古怪、冒犯、格言式的和不连贯的形式表达出来的观点,有理由引起上级权威机关的疑虑"。这份声明中有一定的让步,但并没有收回他所声称的启示,他的斗争也就因此而失败了。

解除职务后阿德勒致力于写作活动。他在一八四七年至一八四八年间到意大利旅行并将在那里的经历写成了一本引人入胜的书,回到哈斯勒,然后于一八五三年回到哥本哈根,在那里生活到一八六九年去世。对那座岩石岛屿上的语言和文化的爱,贯穿他的一生,于是他在一八五六年出版了一本《博恩霍尔姆方言辞典试笔》。

[1] 英文:common sense。

《论阿德勒》

浏览克尔凯郭尔的那本《布道集》就会看到，尽管有一些下划线和边批，这本书并没有得到特别的精读，第二十四、二十五和二十六篇所在的第九十三到一百零三页甚至没有裁开。从第一百一十七页到书的结尾，即第二十八篇布道词的一半，也没有裁开。不过克尔凯郭尔的裁纸刀在第二十七篇上很勤快，他还在几处画线。正是在这篇布道词里，阿德勒表达了他的特殊性观念。"性冲动是通过邪恶精神来到世间的邪恶精神"，克尔凯郭尔可以在这里读到。这个主张阿德勒在后续作品中有所修正，他指出，"现存的性交并非人类原初的规定性"，因此阿德勒不得不将"现存性关系自然地视为罪过和异常"。也正是在这里，他对为天国而自宫的奥利金极表赞美[1]。"避免接触女人将大有益处"，阿德勒宣布主张禁欲——但是在《布道集》出版后一年，阿德勒太太就诞下一个健康的男婴！

克尔凯郭尔在一八四六年再次将精力集中于阿德勒，彼时阿德勒因突然一次出版四本书（或八百多页）而引起了文学的轰动。克尔凯郭尔在这些书出版当天，即六月十二日到瑞策尔书店去，将《研究与例证》《简明系统阐述基督教逻辑、神学研究及其诗歌之尝试》带回家。"四本书一次买齐"，他记录下这座书山。克尔凯郭尔还就这件事微微叹了一口气，阿德勒没有用假名出版，"一个有艺术感觉的人，即便间接知道这些书是一位作家写的，还是能从进入幻觉得到某种乐趣：四本书不是一位作家，而是四位作家写的。……这种更艺术的方法不久前有人在丹麦文学中做过一次"。克尔凯郭尔在这里指的是他自己在一八四四年六月的两个礼拜内出版《益信词三篇》《哲学片段》《忧惧的概念》和《序言集》四本书达到的成功。

同年八月二十五日，他购买了《我的停职与解职相关文件》，于是有阿德勒的作品共七本。正是基于这些材料，尤其是《研究与例证》他在一八四六年六月中到九月底期间写作他的——第一本——关于阿德勒现象的书，并在一八四七年元月一日的札记中记录了这本三百七十七页的大书收尾。然而不久，问题就开始浮现："这整个阿德勒案件让我非常痛苦。实际上我太愿意支持阿德勒。我们需要力

389

---

[1] 俄利根（Origen Adamantius，一八四/一八五～二五三/二五四），神学家和哲学家，生于亚历山大港，卒于该撒利亚，是基督教中希腊教父的代表人物之一，更是亚历山大学派的重要代表人物之一。

量，无私的力量，不会在谋生养家的无尽考虑中消耗殆尽的力量。"克尔凯郭尔尊重阿德勒的宗教激情，认为这在"理智、柔弱、算计、精致的基督教"中是一种珍稀之物，所以他的总体评价是正面的："归根结底，尽管阿德勒有一切迷茫，他还是比大多数人有更多宗教性。"

因此克尔凯郭尔将整整一节献给"阿德勒之优异"，其中首先是："阿德勒博士的善良优异之处在于，他受到震撼，被攫住，他的生活从而获得了一种完全不同于大部分人，那些在宗教意义上优哉游哉度过一生的人们的节奏。……一切宗教性都在于主观性，在于内心性，在受到感动，在受到震撼，在质的压力下的主观弹簧。"这种感动是能够严肃对待基督教的不可或缺的先决条件，也正是这一点将阿德勒与许多"文静的教授"区别开来。但是，除非这种"感动的心灵语言"与"基督教概念规定性的训练和精通"结合起来，一个年轻的神学研究生完全"没有能力加以抵御"，所以很容易将内心的宗教感情混同于启示。根据克尔凯郭尔，阿德勒实际上有"生命危险"，因为他处在"万丈深渊"之上——这种表达方式克尔凯郭尔以前从未将其应用到有名有姓的个体之上。纵观全书他还是正式的国家教会立场，并对明斯特有明显的同情（给予其管理才能和个人美德长达几页的华丽赞颂），对威胁着阿德勒的荒诞却也绝非视若无睹："就在他受到宗教性震撼的瞬间，无可否认地比他作为基督徒的任何时间都更接近基督徒，就在那个时刻他被解除了职务。"

克尔凯郭尔不情愿地承认，他并非超然事外，所以考虑过是否应该去请求阿德勒收回《布道集》的著名前言，作为回报他将让手稿束之高阁。然而克尔凯郭尔还是放弃了这种温和勒索的想法，考虑将手稿分为"很小的独立部分"而只发表那些比较理论性的段落："这样做很好，这部作品读起来会很不相同。我可以不提阿德勒的名，也就不必参与杀人暴行。"一八四七年十二月一日，这本书又经历了一次改变："我现在又调整组织了关于阿德勒的这本书。经过这次整理，一切都尽可能明亮而透明。"然而克尔凯郭尔也害怕出版这本书会"触动这个迷茫的人，他无事可做，所以会一写再写"。克尔凯郭尔最不想触碰的就是诸如此类的事情，因为在此情况下事情很容易会变成"阿德勒和我为好奇观众演出的一场斗鸡。/ 不，还是让阿德勒去吧"。

说起来容易做到难。在随后的几年里这部手稿被修改了好几次。其中一部分曾一度被命名为《伦理－宗教论集》，但这个解决方式并不能让克尔凯郭尔满意。

直到一八四九年五月十九日，这些材料的很小部分才以《伦理－宗教短论两篇》的形式与公众见面。两天后克尔凯郭尔买到了阿德勒的《旅行札记》。同时他考虑用更多阿德勒材料发表《伦理或伦理－宗教短论三篇》，但他还是放弃了这个想法，因为他害怕人们会认为，是他自己而不是阿德勒，引起了这些论文关于个人启示可能条件的反思。克尔凯郭尔尝试了各种途径来走出困境，但没有再发表更多材料。他继续修改整理这部作品直到一八五五年春。这些手稿于是属于克尔凯郭尔遗稿中最复杂的部分，足以让每个出版者在编辑时寒毛倒竖。

"混乱制造的最高级"

这本书的初版包括一篇导言和满满的四章，其中后两章又分为用 §§ 标明的若干节，以及一篇附录。克尔凯郭尔就其所运用的方法进行了技术性解释，他"持续地获准 [1] 论证"——也就是说，他对各种问题的分析和讨论都是基于阿德勒本人的陈述，他想尽可能不带先入之见，自内而外加以启发（belyse），假设阿德勒确实受到过启示。在这一点上，他强调，目的并不在于进行传统意义上的批评，而要对阿德勒其人也进行研究："阿德勒博士由是而不再是作者，他通过自己的启示事实而成为一个现象，他是处在现实之中的一个戏剧人物，因此谈不上如通常所要求的专注其文，忘掉其人，而只能通过其文而达到其人，他通过启示－事实已经处在极高的位置，若不是江湖骗子——就是使徒。"在得到这个激烈的二择一——江湖骗子还是使徒——之后，我们益发不知道研究的结果会是怎样，而不得不承认，克尔凯郭尔的计划确乎非同寻常："此外我也很清楚，整个这件事看上去是多么离奇古怪。为一位看上去迄今没有多少人读的作家，我写了一本大概也没有人读的书。据说有两个肥胖的王公贵胄，他们那么胖，只好互相兜着圈子走来运动；一个小国的写作活动也是 [作家们] 互相兜圈走的运动。"

不过书的开始部分基本是克尔凯郭尔一个人在兜圈子。第一章是关于"异于常人者"（Extraordinaire）与伦理宗教"现存秩序"之间的关系，大部分与《恐惧与颤栗》中提出的问题相关。克尔凯郭尔在第二章里论证，一个现时代的启示，目前情况下是阿德勒的，就其悖论性而言与道成肉身并无不同，重复了《片段》和《附笔》中的一系列立场和观点，还是经常让人参阅冗长的脚注。阿德勒在

391

---

[1] 拉丁文：e concessis。

这两章里最经常只是一个缘由，很少被带入分析的焦点之下。直到第三章才是对《我的停职与解职相关文件》中列出的文件进行彻底的审查。在这八十三页，本书最长的一章里，克尔凯郭尔表现为一个威严的审判官，以近乎形而上的热忱探寻这个案件中哪怕是最微小的细节，以揭示其对手最尴尬的自相矛盾之处，这当然在一些地方难免流入大学生式的一知半解和扬扬得意的挑衅姿态。克尔凯郭尔从来没有完全抛弃这些。

随着案件成形，阿德勒自然成了热锅上的蚂蚁。因此他在一篇给教会权威的答复里试图做出修正，而提出那篇著名的前言中谈到的启示，其实有可能不过是一次"觉醒"，他以"奇妙的方式"得到了拯救。此事他后来将调门降低到无害的程度，说他经历了一次"热忱的开端"。在克尔凯郭尔眼里，阿德勒的这种"律师讼棍式的行为"是有罪的，因为不能同时既声称受到神性启示，又在尝试安抚教会当局将所受的启示置于不顾。这里有一个绝对的非此－即彼，任何多多少少的中间状态都是荒诞的。更糟糕的是，阿德勒还补充道，他将努力加工自己的观点，使之能够"以更恰当的、与圣经一致的形式"来加以展现。阿德勒道歉时的补充更是完全错了，他说："尽管我的'布道集'和'研究'可以看作是孩童最初的牙牙学语，稚嫩不完美的初声，但我仍然相信，这些话语见证了一次事件确实发生，我在这次事件中受到信仰的感动。"正派人不会允许自己用"牙牙学语"来谈论一桩在其他地方声称是根据救世主的命令记录下的事情！阿德勒沉溺于"混乱制造的最高级"。

阿德勒像打了肥皂一样从原有的声称滑向后来模糊的迂回，表明他概念的混乱，这成为克尔凯郭尔批评中一个不断提到的观点。在第三章第一节接近结尾的地方，他将这个案件进行了如下总结（后来删去了）："那么让我们来重复一遍。有一个人于一八四三年六月十八日在哈斯勒受到救世主的启示接受了一种学说，并根据他的命令记录下来。——一八四五年五月十日，这个人得到了奇妙的拯救。——而在一八四五年七月五日，这个人在热忱的瞬间不得不借助于一些立场观点。这个人就是阿德勒博士。"

这不能自圆其说。无论如何不符合自然的法则。

圣保罗与织地毯的汉森

在第三章第二节里克尔凯郭尔从本案相关文件转移到批评阿德勒一八四六年

以来出版的四部作品。他在这里表示高度惊诧：阿德勒"作为抒情诗人在无忧无虑的边远小岛博恩霍尔姆"显然忘掉了他的启示，而像个天才一样行事："在这后四本书里阿德勒只是个天才，纯粹的、纯正的天才——不过，也许在他看来，和他的第一本书并无不和谐之处。《布道集》（阿德勒经常回到那里）前言里自称是从救世主的启示得来的那些话，被忘得一干二净；这些布道词（阿德勒经常提到）是在耶稣的恩典影响下写的，也被忘掉。"情况离奇古怪，乱成一团，克尔凯郭尔兼用幽默地摇头和愤怒地咬紧牙关写道："一个人在城里什么地方忘掉他的手杖，是一件无辜的事情，一个人忘记自己的名字或者已经结婚又去订婚，已经错得离谱；但是忘掉有过启示——这是亵渎神灵！"

尽管迷茫的阿德勒在其作品中保持着"小酒馆里的机智"，他还是反映了一种典型的倾向：阿德勒具有那个时代的审美化特征，于是他能够黑格尔式地将基督教范畴瞬间转化为纯粹属人的概念："当悖论的领域（det Paradoxes Sphære）被取消了或者回到审美的领域来加以解释，那么一个使徒也就变成不折不扣的天才，可以向基督教道晚安了！机智幽默、精神、启示、原创性、上帝的召唤、使徒和天才：所有这些都跑出来成为同一样东西。"阿德勒在这一方面和同事们并无明显不同："他们高调赞颂使徒保罗才华横溢的风趣，他优美的隐喻，等等，等等——纯粹的美学。如果圣保罗被视为天才，那么看上去不怎么美妙，只有牧师的无知才会想出用审美来褒扬他的主意……这种没有头脑的雄辩也会将圣保罗作为文体家和语言艺术家来加以赞颂，或者更好一点，众所周知，圣保罗是个手艺人，主张他做帐篷的技艺如此完美，空前绝后——只要是说圣保罗好话就一切都好。"然而事情并非如此。当人们忘记了圣保罗行动的能力乃是作为使徒，正因为如此他才获得了与众不同的特质："圣保罗作为天才并不能和柏拉图或者莎士比亚相提并论；他作为优美比喻的作家地位并不高；他作为文体家只是一个模糊的名字——作为织地毯工，我不得不承认，我不知道他在这方面的地位高低。"这样，关于圣保罗的结论自然就是："作为使徒他不能和人同日而语，不论是柏拉图还是莎士比亚，抑或是文体家和地毯织工，他们都（柏拉图和织地毯的汉森完全一样）不能和他相提并论。"一个天才是，是其所是，而一个使徒之所以成为使徒乃是因为通过神性的权威，这恰恰是"来自别处的特质"。

在一条脚注中克尔凯郭尔感到有必要提醒，他作为作家永远这样表达自己，即没有权威，而且如此强调这一点，以至于几乎成为"在每一篇前言中重复出现

393

的公式"。所以，他即便可见的建树不多，"至少尽一切可能避免涉及最高和最神圣的混乱"。若是有谁对克尔凯郭尔的定位有所怀疑，他很乐于坦言相告："我是一个可怜的个体人；如果我，像有些人认为的那样，有一点天才，那么关于这一点我要说，不值一提。当年使徒却永远与我有着质的区别，就像有史以来最伟大的天才和有史以来最愚蠢的蠢材之间的区别一样。"

394　六奋：一七得七，二七一十四，三七二十一；一七得七，二七一十四，三七二十一；一七得七，二七一十四，三七二十一

克尔凯郭尔对阿德勒的专注，特点在于他不仅从哲学和神学方面审视阿德勒的立场，而且判断阿德勒作品所产生的效果和印象。克尔凯郭尔在很大程度上是基于对阿德勒文本的审视得出结论，即从写作形式到作者心理，所运用的手法和当年批评安徒生时相类似，他认为安徒生这部作品的失败乃是因为作者缺少"人生观"。

在这本书的引言中阿德勒就被作为这样的作者之一，即他具有某些不容否认的立论前提，但却始终没有达到真正的结论："这里不是一位诗意地完整抒写整体的诗人；也不是一位将具体事物和个体人涵盖在总体观之中的心理学家；也不是一位在所持人生观之下探讨各领域的论辩家（Dialektiker）。都不是，尽管他写作，本质上却并不是作家。"阿德勒的四本书因此实际上并没有写完，它们是"一匹布里的四肘尺[1]"，分别出版，但"四本书和十二本书其实并无区别"，所以克尔凯郭尔得出结论，这些书落入"任意长度的范畴"。

关于这种类型的作家——"有头无尾作家"，克尔凯郭尔进行了一系列色彩鲜明的描述，从中逐渐揭示，他对阿德勒的兴趣深深植根于一种身心关系的问题情结。描述之一可供对克尔凯郭尔造型艺术和戏仿中迷人的恶毒做一个小型研究："作为一个生活在乡间，完全专注于自身，漫无目的地散步的人，忽而迷上一个印象，忽而迷上另一个，忽而快乐得跳起来，忽而为取乐而长长一跃，忽而静立不动陷入沉思，忽而获得真正的深刻，然后再次陷入相当无品无味的平板；阿德勒就这样闲逛着读圣经。"从这幅田园牧歌的场景很快就转入一间很可能是克尔凯郭尔自己的公寓。尽管他出于策略考虑而隐瞒了和阿德勒的个人关系——"放弃任

---

[1]　肘尺（alen）是丹麦旧长度单位，相当于 62.8 厘米，1907 年正式由公制取代。

何一种关于阿德勒博士的私人观点，对此我一无所知"——下面的叙述还是清楚
地描绘了阿德勒那天轻率地私下拜访克尔凯郭尔时改变声调朗诵的那个插曲："关
于阿德勒，随之而来的自然是像魔术师和巫师一样开出某些仪式的处方：半夜钟
敲十二点时起床，在客厅里走三圈，然后拿出书来打开，……然后朗读其中某一
段，先轻轻地柔声读，然后让音量提高到最大，然后再转回低声……知道声音变
得完全轻柔，然后在房间里走8字形七次——再看这段文字里是否有意义。"同   394
样的场景也出现在扩充版。克尔凯郭尔放弃了童话式描写，而开启病理分析视
角："这不禁令人联想到，阿德勒在地板上走来走去，不断地重复同一句话，也许
用不同的声调和手势来支持其幻想的效果，直到他进入高度兴奋的迷狂状态，这
样他的耳朵就会听到一个陌生的庄严低语。但这不是思考。如果一个人想置身于
庄严的气氛，就在地板上走来走去，口里念念有词：'一七得七，二七一十四，三
七二十一；一七得七，二七一十四，三七二十一；一七得七，二七一十四，三七
二十一。'这单调的重复将起到神奇公式的作用，将起到烈性饮料对神经衰弱的
作用，他好像将接触到异常事物。如果听到拥有他这种智慧的人问：'这个一七得
七，二七一十四，三七二十一究竟是什么意思？'他将会回答说：'这取决于你用
什么声调来说，你持续说一个钟头，边说边打手势，——你就会发现究竟是什么
意思。'"

　　明斯特最先记录了阿德勒怎样从"哲学研究的残余和零星神学阅读"中形成
"一些他一再重复的句子"。克尔凯郭尔的观察也一样，并直言不讳地说，如果删
掉《研究与例证》中的重复，"阿德勒这本五百七十三页的巨著将成为八十到一百
页的小册子"。他真的坐下来数过阿德勒在《研究与例证》中的重复并列出以下计
算："在一百零五到一百零六页上，同一段六行长的圣经引文印了六遍；阿德勒的
补充说明在三段警句中一字不改地重复了三遍。因每段警句都隔行分开，这一页
上只有二十五行。二乘以二十五等于五十行；六乘以六等于三十六行；一字不改
地重复的阿德勒自己的话是大约三乘以三等于九行，九加三十六等于四十五行。
结果五行。从第一百二十一页下到一百二十三页中，有一行半印了十三遍。第一
百三十七到一百三十九页同样的一行半一字不改印了十七遍。我还能轻易举出更
大的例证，但不需要以此来说服读者，这样的行为若不是精神错乱，就是文学上
的寡廉鲜耻。"

"创作的性快感"

克尔凯郭尔不需要再援引更多补充例证。他已经说服了读者，阿德勒的行为是出于一种"精神错乱"。然而从另一方面来说，他还欠读者一个解释，他为什么在这个阿德勒身上花那么大工夫。为什么要把时间花费在一个早已了结的案子上，那是一个自卑而昏乱的牧师，坚信天赋使命，并断言受过个人启示，而实际上可能不过是一个有病的江湖骗子，在远离文明的小岛上为所欲为？

对这个问题没有直接的答案，但最可能是因为阿德勒和克尔凯郭尔长期关注的两个相互关联的问题有关。第一个是权威或权威化问题，第二个是启示问题，二者都是《恐惧与颤栗》的核心问题。阿德勒宣布受到个人启示的书出版，正是克尔凯郭尔写作《恐惧与颤栗》期间。"当我听到阿德勒博士站出来声称他受到个人启示，无可否认，我大为震惊，"克尔凯郭尔承认，但随即做了一个鬼脸，"当我听到这个的时候就想，此人若不是我们所需要的被选中者，他在神性的源头上掌握着灌溉基督教龟裂土地的清泉，或者就是一个……不学无术的捣乱鬼。"

然而这并不是他对阿德勒兴趣的完整解释，手稿中各处还散落着更多非正式原因和期待。目前可以先用假设的形式让怀疑透透气：克尔凯郭尔会不会是在阿德勒身上认出了——即便不是自己，至少是自己不愿意正视的某些方面；他实际上是不是从自己的经历知道，阿德勒的启示和启示毫无关系，而是另外一些完全不同的东西，说出来就会暴露克尔凯郭尔自己的秘密？

答案的轮廓可以在关于阿德勒的书第三章结尾部分感觉到，克尔凯郭尔在那里解释道，若要"完整而本质地"界定阿德勒的天才：那么不得不说，那是眩晕。克尔凯郭尔承认，眩晕这个术语可能让人奇怪，于是进一步解释道："心理学正确地指出，当眼睛没有固定之点来停留时会发生眩晕。从高塔上朝下看之所以会头晕，是因为找不到边界或界限。出于类似的原因在海上会晕船，因为一切都在持续地变化，也没有边界或界限。"显然，克尔凯郭尔熟悉《忧惧的概念》，哥本哈根守望者在书中提出了类似的定义，但克尔凯郭尔并不惮于重复假名同行的话："眩晕是知道无限、无界、不确定；而眩晕本身则是感觉的裸体。不确定乃是眩晕的基础，但里面也有对其投降的诱惑。因为人类的本性反对不确定性，……正因为不确定性有违人的本性，所以它也是诱人的。眩晕的辩证法从而在于其矛盾，想望人所不愿的，所惧怕的，同时这惧怕也阻止人——诱人。"

克尔凯郭尔关于眩晕及其辩证法的阐述是为了服务于一个论战目的，但这个目的某种程度上并没有达到。关键在于，这种眩晕，无限眩晕，阿德勒并没有写，但他却这样作用于克尔凯郭尔！

在手稿的开头他就把阿德勒叫作一个"令人眩晕的－才华横溢的作家"，后来又作为"运动之人"出现，再后来变成一根"搅棍"，而他的作品总体上是"万宝全书"和"杂乱无章"。克尔凯郭尔强调这些书的任意长度，与晕眩的原因不确定性是一致的。"阿德勒的书是一种特殊的创作，一种近乎焦虑的创作，"克尔凯郭尔解释道，他感到了阿德勒的作品是怎样近乎粗暴地冲向读者——"就像是用其爆发来攻击读者"。关于阿德勒对读者影响的这种判断迫使克尔凯郭尔修改他关于阿德勒作为作家意义的论点："我在本书引言中所指出的阿德勒作为作家的缺点，即他本质上并不是作家：他距离现实太近，这一点在另一方面也是他的优点；盖他即便在某个时刻完全迷惑了，他仍然能产生作用和冲动来抓住读者。他真的能做到。"阿德勒就这样抓住了克尔凯郭尔，他在很多地方完全忘记了自己的反对意见而彻底投降："他的风格……有时是一种近乎可闻的抒情呼啸，尽管从审美角度来评价并不正确，对读者却仍然有激励的意义。读他的书不会打瞌睡，也不会心不在焉，而是会为一个人能在如此切近人生的地方撼动一个人的真实人格机制（Personligheds Maskinerie）而不耐烦。"

克尔凯郭尔在读阿德勒时头晕——但是为什么？因为这种心理学的矛盾在美学上类似漫画，存相似于不似之中！换句话说，克尔凯郭尔意识到自己的重复，自己写作中的狂喜："创作的性快感。"他头晕是因为在这个迷茫的人，这根"搅棍"身上看到了自己，忽而陷入完全的怪诞，忽而有着更文雅和可辨认的性质，但最经常是在完全的相似性之中进行反驳。克尔凯郭尔通过隐喻将其变成间接的东西，他在别的地方改得更直接。他在第三章的倒数第二页上撩开面纱，他撩开的不多不少，刚刚让人能进行必要的观察。他在这里重申，运用阿德勒作品有着确定的目的："如果我以纯粹美学和直接的方式来对待他们，那么我将乐于尽可能正式地承认，根据我的判断可以从中学到东西，或者更准确地加以表达，我本人实际上从中学到了一些东西。"他学到了什么，"实际上"学到了什么，仍然是一个秘密，不过他还是写到，尽管评论家有时不妨向读者推荐自己没有从作者处学到东西的作品，但这里的情况却几乎相反："人们通常会毫不怀疑地，甚至无条件地从阅读阿德勒作品中受害，因为他混淆了一切。但那具备阿德勒所缺少的，关

398

于领域的明晰辩证法以及总体性的人，却可以从某些有才华的、生动的、启发性的、感人的地方，以及某些深刻的表达中获益。"白纸黑字——更不要说字里行间——克尔凯郭尔在这里提出，他有幸能理解阿德勒。他知道一些别人不知道的东西，"他，也只有他"，才学到了其他缺少基础的人们无法理解的东西。

不过其他作家的评论却更直截了当地走向作品。弗里德里克·黑维就在一八四六年六月号的《丹麦教会时报》上刊登了一篇关于阿德勒最新出版的四本新书的评论，并且将他和克尔凯郭尔进行比较。黑维适时地记录了两人之间的"矛盾"，但也看到"在某几点上……惊人的相似性"。这里主要指的是文体风格。

克尔凯郭尔正在写作《论阿德勒》，黑维的评论一发表马上就读了。他为和阿德勒相提并论而恼火，不仅如此，在他眼里黑维文中引为例证的相似之处，完全是因为阿德勒剽窃他的假名作品，尤其是无言兄弟的，阿德勒给这种"风格类型"加上了混乱和缺乏艺术性的狂野。这一点既对，也不对：阿德勒一八四三年之前的著作属于一种学术性的，枯燥的，经常是论辩性的，但从来不优雅的风格，但在一八四三年之后陡然变得形象生动，在多处运用格言。我们知道，阿德勒读过《论反讽概念》《非此即彼》《忧惧的概念》《哲学片段》，可能也读过《附笔》，但克尔凯郭尔怀疑阿德勒直接剽窃他，可能只是根据出版时间推断，因而也是不公平的。

而他仍然感到自己被剽窃，那是因为他在阿德勒的风格中可以认出自己的。所以，克尔凯郭尔在黑维评论之前所写的手稿上对阿德勒的风格的评价远比相关评论之后为高。黑维的评论发表前他可以这样写阿德勒的风格："他并非没有抒情性，风格的幸运，并非没有深刻性。"还近乎保证，阿德勒并未"做任何尝试将其与那些假名们联系起来"。评论发表后克尔凯郭尔的看法截然相反，"风格中的抒情泡沫是从我的假名作品中得来的。/ 他以前没有，《布道集》里没有。/《教会时报》上说那些假名作品和他的差不多同时，不对，他的书在后，这很关键"。

尽管两人之间的文体风格差异明显，他们却都对一个共有的特定修辞风格乐而不疲，阿德勒有时甚至到了病态的程度。这个特点就是重复。克尔凯郭尔很早就盯上了阿德勒的这个现象，他清点了重复的地方，根据相加结果将其定义为重复频率尚在一位作家可以容忍的范围之内。一位作家可以允许——"以不同寻常的放纵"——"在同一本书里将自己同样的话重复两次，至多三次"。克尔凯郭尔自己的重复表明，他在这里无疑是太过严格了。他多次改写因而重复关于阿德勒

399

的书稿，就已经有了讽刺的意义，他也在定稿本身重复自己，他不仅在这本书的前两章大量再次利用《恐惧与颤栗》《片段》和《附笔》中处理过的问题，而且，以一种奇特的似非而是逻辑，在批评阿德勒重复的那一章里也照用不误。这样他可以在第一百零五页上一字不改地照抄阿德勒的"第一次答复"中的整整五行，到了第一百一十二页上又以略微压缩的形式出现。他在第一百一十七页上关于阿德勒的"第二次答复"部分做了同样的加倍，他从中引用了七行，其中五行一字不改地再次出现在第一百一十八页上。"混乱"一词出现了十六次，"杂乱"十九次，"迷茫"以各种形式出现了十七次。相应地，也可以记录克尔凯郭尔经常重复运用自己的形象语言。"北极星"作为不可动摇的悖论的隐喻重复使用，两次之间有六页的间隔，类似的还有一个涉及"墨水缸"的表达方式在不到两页之内重复出现两次。皮·路·穆勒在关于《人生道路诸阶段》的评论中也指出，"重复"和"自我发掘"乃是克尔凯郭尔作品中的两大文体特点，他也在《附笔》的评论中提出，这部作品的"有机加工"是那么差，最幸运的情况下可以在"纷乱文学"的栏目中找到它的位置。这几乎和克尔凯郭尔反复称阿德勒的完全一样——"混乱"！

与重复紧密相连，或许就是其原因的，是写作的愿望，对阿德勒来说这愿望是如此强烈，几乎可以称之为写作的欲望。阿德勒写下一切想到的东西，写作行为本身将他置于一种昂奋状态，其深层节奏几乎是色情的，笔，成为一个器官，掏空它的写作者。这对克尔凯郭尔也不陌生，他自己就经常提到不可抗拒的写作需要。他曾对外甥亨利克·隆德诉说过，"我一拿起笔，面对白纸就可能不停地写下去"。他也曾对堂姐茱莉·汤姆森直言不讳地承认："说实话，我爱上了与笔为伴。有人会说，'这个爱的对象可不太好哦'。也许！我的乐趣也不总在于此，有时候我在愤怒中把笔扔得老远。哦，但恰恰是这愤怒再次告诉我，我真的爱上了它。"克尔凯郭尔还讲道，他能坐着——让人忍不住要说和另一位"有头无尾作家"一样——完全迷失在自己"慵懒的写作之中，我写呀写呀（某种意义上壮丽辉煌地）但根本不考虑出版"。

阿德勒和克尔凯郭尔显然分享着一系列艺术性经验。他们是否也分享医学上的共同命运？

400

涂写癖

公元前约四百年，医学之父科斯的希波克拉底和同行一起写作了《论神圣病症》这本书。书名包含着针对当时把一种病视为神圣的流行观念论战的性质，因为这种病是那么陌生，只有诸神才能对人这样做。人们惊恐地观察到，当这种病症肆虐时能让人倒地抽搐不止。于是他们选择用一个词来描述这种病的发作，叫它"癫痫"。

希波克拉底和他的追随者对这种形而上的解释不屑一顾，他们认为癫痫的病因是脑子里有过多的痰或者黏液。这里他们错了，他们的解释和他们所抛弃的差不多一样的天真，但指出病灶在脑子则是他们的贡献。

然而，这种神经心理学解释在很多世纪里却没有站住脚，人们继续把这种病症和神秘、魔鬼联系起来。癫痫在中世纪被视为一种超自然的占领，神性的或者魔性的，尤其是后者，在路德指责天主教会的种种瘟疫当中，就包括癫痫。迟至文艺复兴时期，许多方面都回到古代，希波克拉底的诊断才再次引起医生们的注意，这种病症也就在一定程度上得到了去魅。今天这种病首先被认为是一种神经生理紊乱，但并没有完全失去那形而上之根。它栖息在一些被指出患有癫痫症的人物头上的光环中——那些"伟大的癫痫症患者"——摩西、圣保罗、恺撒、加里古拉、卡尔五世、福楼拜、陀思妥耶夫斯基和凡·高。

癫痫症由很多不同的脑功能紊乱引起，所以有多种表现形式。由颞叶产生的癫痫叫作颞叶癫痫。发作时的症状是心理的也是生理的，但也可能是纯心理的，例如以某种回忆经验或感情强化的形式，经常有焦虑性质。发病时也可能出现崇高幸福的经验。这些没有一种不适用于克尔凯郭尔。

近期研究还记录了，部分颞叶癫痫症患者沉迷于书写，他们从技术上来说属于涂写癖患者（Graphomania），患有强迫书写症（Hypergraphia）。强迫书写症的其他典型的综合行为症状还表现为对哲学和道德问题的高昂兴趣，性欲亢奋，有时伴随着性行为异常、烦躁、啰唆、思维缓慢迟钝，最后一点表现为某种程度的接触形式停顿。颞叶癫痫症患者在其他方面功能正常。

阿道夫·彼得·阿德勒是否患有癫痫症？他的许多症状都接近癫痫症，但从来没有得到过这样的正式诊断，至多不过是暗示。一八五五年九月底，弗里德里克·黑维在《丹麦教会时报》上就阿德勒的先知使命写道："他什么也没有看见，但是通过感觉（嗅觉），尤其是听觉获得了某种印象，于是他——启示发生在夜间——起身下床，根据听到的话当场写下了那些文字，那就是启示的内容。"黑维提到的嗅觉经验是一种人们在颞叶癫痫症患者处记录下来的现象，有可能是颞叶底部病变造成的。黑维认识阿德勒，他文章的标题是《两个先知的平行线》。平行是说他们——阿德勒和克尔凯郭尔都多方面批评教会，但两位先知之间的相似性难道仅止于此吗？

或者换个方式来问：癫痫症的诊断，更准确地说是关于颞叶癫痫症的诊断是否也适用于克尔凯郭尔的情况？由于他有时几乎是病态地专注于阿德勒，他在阿德勒处认出了自己的一些身心异常，但是，和阿德勒相反，他做梦也不会想到将疾病发作说成是宗教性的，从而将其解释为启示？他的这本关于阿德勒的书也许是向阿德勒发出的，关于这些事件真实关系的间接信息？再不就是克尔凯郭尔在阿德勒处观察到了一系列他虽然知道，却无法描述的症状？这像不像，或者恰恰是游斯丁努斯·科尔纳——克尔凯郭尔读他的分身故事读得不寒而栗——后来把他描写的现象与癫痫症联系起来？克尔凯郭尔为什么要谈论"写作的性快感"，他为什么怀疑阿德勒是为了进入狂喜状态而写作，是不是他自己经验的表现？克尔凯郭尔是不是和阿德勒一样，错误地解释了这种疾病的症状？他在一八四八年的一条札记中写道，人们将来会研究他的生活，以及他称作"机制那耐人寻味的秘密"，要不就正是想着这种疾病？在这条一八四九年的札记背后，如果不是癫痫症，那么究竟是什么经验："在忧伤的时候会想到：基督并没有经受病痛的考验，更没有经受那最可耻的，心理和生理的辩证法互相作用的考验。"

并非每一个在城里大街上裸奔的人就都是阿基米德，并非每一个缺耳朵的人就都是凡·高——也并非每一个患有颞叶癫痫症的人就是索伦·克尔凯郭尔！问题成堆，克尔凯郭尔把大部分答案带进了坟墓，但我们也不是完全两手空空。在所有札记中确实找不到一处"癫痫症"字样，而克尔凯郭尔在整个著述中唯一提到这个词的地方，则属于引申和隐喻——"就像那癫痫病人的舌头说出的错话"——但是首先，这个词的缺失本身就是证据，其次，大部分克尔凯郭尔的同时代人都直言不讳。希本在一八六三年十月三日给女儿奥古斯塔的信中说："有人说，他死时下身瘫痪，无疑是死于癫痫症；但癫痫症会把心灵带入高度昂奋的状态。"希本说癫痫症导致下身瘫痪，很难说是正确的，但"有人"——会不会就是希本本人？——提出克尔凯郭尔患有癫痫症，这对希本来说似乎很符合克尔凯郭尔经常的昂奋状态。与此相类似的是，希本在一八五五年谈到克尔凯郭尔攻击教会时用了"克尔凯郭尔的发作"这个表达方式。后来，在他的《写在二一三五年》中再次回到这件事，断言一种"身体的紊乱，或者像现在所说的那样，一种病症，将精神带入混乱和烦扰。"

牧师提谷·埃·斯潘（克尔凯郭尔有时去看望他的父母），下面讲述的事情在某种程度上支持希本的诊断："他的身体瘦弱，但是有强大的精神力量支撑着。我们听说，他经常在吉［延·芬·吉约瓦特］处发病，倒在地上，握紧双手，绷紧肌肉与病痛挣扎，然后拾起中断的话头，经常说："别跟人说，让人知道我不得不忍受的事情，有什么好处？"以色列·莱文也记录了类似的情节，也是在吉约瓦特家里：一天晚上，克尔凯郭尔坐在"沙发上，那么开心、玩笑、有趣。然后他突然从沙发上掉下来，我们扶他起来：'哦，让……我……躺着，等明天女仆来扫地'，他结结巴巴地说，但很快就昏了过去"。

大姐马琳·科尔斯婷娜的死因"抽搐"，实际上会不会是癫痫症激烈发作，结束了折磨她十四年的病症？

"大剂量缬草根"

流传的说法和故事本身不足以成为克尔凯郭尔是癫痫症患者的文献记录，但这些作为他异常生理反应的仅有见证也是不容忽视的。值得考虑的是，他经常表达的不愿让别人参与这些尴尬情况的愿望，应该被视为，我们正在面对克尔凯郭尔秘密笔记上的文字。他希望此事得到慎重对待，无论如何是可以理解的。癫痫症在当时被认为是可耻的，并会导致社会和法律的非难。根据一六八三年颁布的《克里斯钦五世国王的丹麦法律》，在"得以解除已许配婚约的原因"条款下明确规定："任何人在订婚前患有堕落疾病，或其他传染病和恶性病而隐瞒不报，则男方或女方得根据愿望解除婚约。但如果此类疾病或其他疾病发生在订婚之后，则需要一段时间来咨询此病是否可医，如果不能，该婚约可根据愿望解除。"

"堕落疾病"——或者用通俗的话来说叫"抽筋"——是将麻风病和其他可憎的疾病，例如梅毒等都包括在内的门类，当然影响了一般人对这种病性质的看法。在这一点上克尔凯郭尔自己的医生奥拉夫·龙特·邦也不例外。"婚姻应该避免，也是为后代考虑"，他在《医疗手册》一书中解释道，并对遗传性和获得性癫痫症进行了区分，他认为前者"完全不可治愈"。这会不会促使克尔凯郭尔感到有责任解除和雷吉娜的婚约？邦提出的发病原因猜想无论如何足以引起相当严重的忧虑："最常见的原因是惊恐，它会通过母亲传给胎儿，甚至在梦中；顺便说一句，所有这些一般原因都可能诱发初次和后续发病；接触人群聚集地方的污浊空气、感冒、洗浴、饮用刺激性饮料、过紧的着装、精神紧张、音乐、放荡，尤其是手淫。"

404

　　邦给出了一个癫痫症发作的戏剧性描述。发作开始感到"像一阵风，一股气流，一丝寒意，升上大脑"，然后病人很快"倒地，经常伴随着尖声喊叫，目光呆滞，瞳孔不动，血脉偾张，呼吸停止，脉搏微弱，意识已经消失；在这短暂的强直［痉挛］阶段之后是惊厥：四肢和面部抽搐；口吐白沫，有时带有咬破舌头的血；拇指藏在握紧的拳头里；半张半闭的眼睛歪斜；面孔忽而涨红，忽而苍白；脉搏转快转强；经过长短不等的时间，呼吸转为深沉，剧烈动作停止了；意识渐渐恢复，伴随着疼痛和可能在抽搐中碰伤的四肢伤痛，僵硬和头痛，但不记得刚过去的状态"。邦却也注意到，有一种较弱，发作时间较短，但更加经常的发病——"有时一昼夜达一百次以上"，就像有些病例"会仅仅发作一次"。如果克尔凯郭尔患有颞叶癫痫症，当然很难断定他是否经常剧烈发作，也许只发生过一次。一八四八年的一条短札记有可能暗示："回答：啊，一辈子只有一次升上三重天——关于它的记忆是一根刺，每天想起来好几次！"

　　至于"病因的消除"，邦并不乐观。在江湖医生那里确实有一大堆"灵丹妙药"，神秘力量混合的秘方，像有人还建议"在行刑现场喝血"，但是——邦解释道——"这里的效果要到心理印象中去找"。邦本人是临床医生，开过一系列处方，其中包括"大剂量缬草根[1]"，"每日一至三次，粉剂或浸剂"。

　　邦也知道，癫痫症并非只带来可憎之事，但在他看来，在精神形式和癫痫症之间并无联系："许多世界名人是癫痫症患者可能仅出于偶然。"

　　这样的一个人就坐在诊室里，邦却没有发觉。或者，他实际上很清楚？当克尔凯郭尔在一八五五年十月初在皇家弗里德里克医院要求检查身体时，他的血液里有一种特定药物："大剂量缬草根。"

---

[1]　拉丁文：Rad. Valerianæ。

一八四七年

"要不，再给您听个脑动?"

十九世纪四十年代是蒸汽在丹麦运用的第一个十年，克尔凯郭尔在沿着城墙漫步的过程中也会注意到，风车磨坊怎样一部一部被蒸汽磨坊所取代。这种高效的动力从京城的郊区和边缘挺进，很快就穿越城墙进入城里，工厂的烟囱耸入云霄。人们抱怨噪声和刺鼻的煤烟，但是工厂主和狡猾的投资者却看到有快钱可赚，于是从面包师马斯特拉德在丝绸街的小小面磨，到布尔迈斯特公司沿着克里斯钦港绵延的工厂，全城很快就到处都是蒸汽。

城市的景观也因新的交通工具而改变，人们用一个民主的拉丁词叫它Omnibus，因为这种车原则上谁都可以乘坐 [1]。第一批这种公共交通工具是马拉的，因其华丽的涂料而引起轰动，得到了"太阳""红衣女郎""狮子""雄鹰"和"北极星"等美称。行车路线从阿迈厄广场起，至腓特烈贝格止，但公共马车很快就到了林碧、夏洛特隆德和鹿苑。

这些年里真正的开路先锋是火车。早在一八三四年就有一位名叫索伦·约特的企业家在英国学习研究蒸汽机车，回到丹麦后他开始和其他热心人士共同策划从哥本哈根到罗斯基勒的铁路。这条铁路于一八四七年开通时举行了隆重的庆典，国王也驾到与民同乐。这段短短的铁路在很长时间里是北欧唯一的一条，所以非常值得一看。当瑞典乌布萨拉大学的学生于一八五二年来访时，请他们乘火车从市中心到瓦尔比，这段长约五公里的路程是哥本哈根人安排让友邦惊诧的余兴节目之一。

在较小的事物上也有进步。陈旧的、墨水飞溅的鹅毛笔在十九世纪四十年代被更为顺手的金属笔所取代，当时的众多作家们都为此而高兴。金属笔的发明者

---

[1]　拉丁文 Omnibus 有"所有""普遍"的意思。

是金匠汉·克·托奈森，他继续实验，后来还开发出一种带墨水斗的金属笔，但是这种自来水笔暂时还过于先进，所以卖掉的不多。来自维也纳的奥地利肖像画家维尼格的运气就好些，他在宽街的院子里设置了一间照相馆，上层布尔乔亚可以在那里摆姿势拍照——或者像当时说的银版照相。花八塔勒，维尼格就能在十五秒之内拿出一幅栩栩如生的肖像。几个月后他遇到了丹麦人艾尔斯特鲁普的竞争，后者在国王花园一间亭子里开设了照相馆，一张照片仅需五塔勒。这在当时是很大一笔钱，但几乎不需要时间。当雕塑家巴特尔·托瓦尔森在一八四〇年担任第一个让自己不朽的丹麦人时，这位老人不得不长时间站立不动，用他左手的食指和小拇指摆出兽角的样子，以确保免受照相机罪恶之眼的侵害！

克尔凯郭尔在其学位论文里发明了一种"气泵"，但那是一种精神构造，供苏格拉底启动扳手，让哪怕是最吹毛求疵的智者也撒气瘪掉。他在别的方面对现代工业社会也贡献不大，关于这一点首先他本人就自叹不如。于是有这么一天，在腓特烈贝格花园里，或者更正确地，说是深深地沉浸在《非学术的结论性附笔》之中，别名攀登者约翰尼斯的他心事重重地抽着雪茄，试图拿出一个主意。他已经不那么年轻，他把时间消磨在一些零散的研究上，但对人类没有任何用处。这让他痛苦。他看到身边到处是精力充沛的人们，在尽力让生活变得更容易忍受："有人通过铁路，另一些人通过公共马车和蒸汽轮船，另一些人通过电报，另一些人通过易懂的概要和简短的布告说明一切应该知道的事情，最后是那些真正的时代施主，通过系统思维让精神生活越来越容易却仍然越来越有意义：那么你呢？我的内省到这里中断了，因为雪茄已经抽完，要再点一支新的。"

雪茄还没有点燃，攀登者脑际灵光一闪：他对现代世界的贡献可以是让一切越来越难，以此让人生恢复失去的重量。为了达到这个目的，他选择"加重自己的小小自我"。这当然在一定程度上是变不得已为美德，但他既然没有"中国、波斯、体系、天文学或者兽医学"方面的专门知识，为了多少干点什么，就只能完善他"笔的能力，尽可能具体地描摹生活的日常方面，那些经常和礼拜天不同的方面"。

伪装成攀登者，克尔凯郭尔在这里用调笑的口吻说出了从客观性和抽象向主观性和具体的运动——他的大部分著作中的典型运动。关于他以何为优先固然不存疑问，但是这并不意味着，他落入了天真的观念，以为一个人成为自我的可能性与所处环境社会，及其正在发生的变化无关。恰恰相反，他在一八四七年的一

406

407

系列札记中谈到其中的紧密关系，就"自然科学"进行了以下评论："自然科学是所有学科当中最乏味的一门，想到曾经引起震惊的事物怎样年复一年变得平常无奇，就让我感到好笑。……听诊器的应用曾引起了怎样的轰动！不久事情就会变成这样，每一个理发师在给人刮掉胡子之后都会问：要不给您听一听？然后有人又会发明一种听脑子跳动的工具。这会引起巨大的轰动，直到，五十年后每一个理发师都会用它。当人坐在理发室里，剪好头发，剃好胡子，用听诊器查过（到那时会完全平常），理发师会问：要不，再给您听个脑动？"

408　　　显然，克尔凯郭尔不会对理发师的提问给出肯定答复。而尽管在这幅预言走势图景中有"好笑"的地方，但这轻快还是伴随着一种不舒服的感觉，甚至无法掩盖那怪诞的、扭曲的痛苦表情。对这位刚刮完脸，接受过听诊器检查的顾客所提出的问题——要不要听脑动——是克尔凯郭尔恐惧的回响，即自然科学将日益侵犯人类的尊严和自决。理发师是殷勤的，他的问题似乎是要提供一项服务，但这更让人想到威胁和突击。脑子的搏动不再是个人事务，而是向多事的无生命仪器开放以供检查。在所有这些喜感之下可以觉察到克尔凯郭尔的惊恐，想到精神被降低到机械性时的惊恐。在幽暗的光线中，理发店里的一幕预示着后来关于延长生命最低标准的讨论，最后只剩下脑子微弱的搏动。

在自然科学的进步中，克尔凯郭尔看到了通往专家统治的一系列雏形，将剥夺人们对自己人格的正当权威，全权的专家将剥夺知识较少者在这个问题上的发言权。知识的增加并不必然伴随着更多的正义，下面这条以强调原则性和讽刺场景的交叉为特色的札记中这样说道："自然科学的传播将形成最悲惨的一种鸿沟——单纯地信仰的单纯之人与通过显微镜看世界的博学者和一知半解的人之间的鸿沟。人不敢再像过去那样直言不讳地对所有人讲述那单纯的最高事物，不论他们是黑的还是绿的，脑袋是大还是小：首先要看，他们是否有足够的脑子——来信仰上帝。如果基督会用显微镜，他也要先给使徒们做一下检查。"

克尔凯郭尔在这里反复思考他的自然科学观中的几个核心论题：专家和非专家之间的区别，平等原则的终止，直言的衰减，尤其是，人与基督教的关系变得有赖于专业资质和技术性能力——在这里，克尔凯郭尔再次提到那只能由少数懂行之人加以判断的大脑。自然科学就这样正在剥夺人的单纯选择或者偶然的命运，克尔凯郭尔以先知式的悲观清醒看到，一种"新的文化意识"即将产生，将"自然科学当作宗教"。克尔凯郭尔以同样的力量面对一个平庸和屈从大行其道的未来，将一切责任推给别人、社会或者太小的脑容量："让我们来想象一个有史以来最大的罪犯，再想象那时生理学的鼻梁上架着一副益发光华灿烂的眼镜，于是可以解释这个罪犯之所以会犯罪的原因：这一切都是自然必然性，他的脑容量太小，等等——这个免于起诉开释和基督教给他的审判之间的鲜明对比是多么可怕：他将下地狱，如果不悔过的话。" 409

克尔凯郭尔在这里如此嘲弄那带着越来越光华灿烂眼镜的生理学有能力看到以前隐藏的东西，或许有些令人吃惊。因为他自己就给哥本哈根守望者配了一副类似的眼镜，这样他就可以视察克尔凯郭尔亲身感受到的一系列身心冲突。

"生理学"和"基督教"并列形成的鲜明对照当然在一定程度上是由于克尔凯郭尔准确地发觉，现代自然科学误将解释（forklaring）当作［无罪］开释（frifindelse），或者将诊断当成了审判："生理学将不断扩展，最终将伦理学纳入其中。现在已经有足够的迹象表明一种新的努力：像物理学一样来对待伦理学，这样整个伦理学将成为幻象，而人类的伦理方面将作为统计的平均数来加以处理。……我需要知道的是神经流的离心力和向心力，关于血液循环，关于人在子宫里的微观条件。对我来说伦理学的任务足够了。或者我需要懂得消化作用才能吃饭，或者需要知道神经系统的运作——才能信仰上帝和爱人类？"

克尔凯郭尔并不认为，他需要知道"神经流的离心力和向心力"，实际上他对这些现象也所知甚少。当他运用这些概念时，本身也意味着自然科学在他的语言中发挥的异化作用；由此而产生的恼怒转化为对心不在焉新型科学家的辛辣评论："从事自然科学研究毫无益处。人无助地站在那里，完全不能控制［局面］。科学家马上来用细节分散注意力：现在应该去澳大利亚，登上月球，现在应该钻入地底隧道，现在，撅起屁股——检查肠道寄生虫；现在应该用望远镜了，现在该用显微镜了：活见鬼谁能受得了！"

克尔凯郭尔受不了，所以有上面的抗议。危机和碰撞过程在一八五一年的一条札记中表达得更加尖锐："我的想法是：应该将航向转向生存（det Existentielle），那才是我们必须去的地方。因此，与人们像谈论食物那样吹起来的主导的科学性不能科学地做斗争，而要用讽刺，神性，敬畏上帝的讽刺来进行斗争。"对话的可能性在这里看上去是被义无反顾地放弃了。不能在科学本身的前提下和科学斗争，战斗必须在别处，通过敬畏上帝的讽刺来进行。克尔凯郭尔没有明说究竟要 410
讽刺什么，但在一条早些的札记里可以找到这方面非常具体的内容，即一部"喜剧"的草稿，里面提到："这是智者们赶集的日子，那天他们纷纷搭起各自的货摊；好奇的人群涌来。号角吹响三声；接着是一个开道的走在一辆凯旋战车前面，车上站着伟大的科学家。开道的喊道：'我们将演示一千年之后一位西班牙天文学家何以必然活着，他如何以必然性预言一千年之后将出现一颗新星。此外，这颗星的存在可以通过思辨得到证明，但它是那么遥远，必须经过长时间的论证。这一卓越非凡的展示，女士们，先生们，更因法国国王陛下被说服并将其宣布为他所听到的最卓越非凡成就而更加卓越非凡——还有教皇。'这出戏的结尾可以是一群工人暴动，把货摊洗劫一空，一切都砸成碎片。故事是这样的。一个人发明了一架巨型显微镜，不论是这架显微镜本身，还是通过它看到的东西，都超越了迄今一切卓越非凡的事物。但还有必要建造一件巨型设备；这项工作已经花了六个月，花掉了巨款。还要花三个月才能完工。但是发生了一件事。就在这一天得到消息说中国在同一天（由于许多卓越非凡的创造发明给通信带来惊人的速度）发明出了更高倍数的显微镜，而且很容易制造。结果这架巨型显微镜（还没有完工就）变得一文不值，包工头毁了，工人没有面包吃。"

提醒也许是多余的，这出喜剧一直没有离开克尔凯郭尔的书桌。尽管有特利比尼教授 [1] 式喝道开路的，以及类似的优秀丑角，这出戏的场景质量并不那么抓眼球。不过从另一方面来说，该剧的结尾无论如何不是喜剧性的，而是将该剧转变为一出无产阶级暴动反抗晚期资本主义制度的革命戏剧，于是也在最真实意义上制造了自身的毁灭，甚至连包工头也在经济上毁了。但这出喜剧并不就是革命戏，其中的无产阶级暴乱和革命起义某种程度上在意识形态上中立，而是在揭示，当人类与机器遭遇而产生的异化中的一种未来倾向。克尔凯郭尔想的并不是关于无阶级社会的神话，而是另一个完全不同的故事——巴别塔。发明出"超越迄今一切卓越非凡之物"的"巨型显微镜"，乃是建造通天塔和强行获知事物内部最深层秘密的古老梦想在现时代的实现。"巨型显微镜"是运用高技术偷看上帝底牌的放肆好奇心的象征。

411

克尔凯郭尔关于自然科学的札记提供了许多不同尺寸和倍数的显微镜，指向

---

[1] 特利比尼教授（Professor Tribini），真名为克里斯钦·约恩·尼尔森（Christian Jørgen Nielsen，一九一五～一九七三）的丹麦演员、马戏团丑角，自封"特利比尼教授"，以口才著称，尤其擅长在游行队伍前喝道开路，或者在帐篷门口招徕观众。

一切能想得到的方向。这里，和早先的札记一样表明，他有着复杂的情绪，从真正的兴趣到毫不掩饰的烟雾。新时代所提供的，不仅让过去不可见之物（usynligt）成为可见（synliggørelse），同样使得过去因不可见而可能（sandsynlige）的事物，因变得可见而不再可能（*usandsynliggørelsen*）。例如关于他创造并统治世界、民族和个人生命的上帝。人们不再限于解释世界，人们开始改变世界。

对这些改变贡献最大的始终是自然科学，其最可怕的错误在于，据克尔凯郭尔认为，不愿将自己局限于"植物、动物和星辰"，而要进入精神的领域。他尖刻地写道："眼下大部分以科学（尤其是自然科学）名义葳蕤蓬勃生长的东西根本不是科学，而是放肆的好奇心。一切腐败最终将来自自然科学。许多崇拜者……以为，当各项研究摆上显微镜，就一定是在科学上严肃的。对显微镜愚蠢的迷信，不对，放肆的好奇心借助于显微观察不过是变得更有喜感（comisk）。一个既单纯又深刻的人说：'我用肉眼看不见意识是怎样产生的（bliver til）——是完全恰当的。'但是当一个人用显微镜看了又看，还是什么也没看见：这就有了喜感；当这一切算是严肃的时候，就尤其荒唐可笑。"他在这条札记里继续写道："如果上帝手里提着根棒子走来走去，那些借助于显微镜的严肃观察者可就要倒霉了。上帝会用棒子把自然科学家的虚伪全部敲出来。他们的虚伪在于，声称自然科学会走向上帝。不错，显然是以一种优越的方式走向上帝，但这也恰恰是鲁莽无礼之所在。人们不难说服自己，自然科学家是伪善者。如果对自然科学家说，任何人只需要良心和《路德小教义问答》就够了，他会皱起鼻子不屑一顾。他将让上帝成为一个拒人于千里之外的美人，一个魔鬼的艺术家，不是人人都能懂——停！神性和单纯［的真理］在于：没有人能理解他，最聪明的人和最单纯的人应该同样保持谦卑。"

这就是克尔凯郭尔要捍卫的平等原则，但困难之处显然在于，上帝并不——像霍尔贝格[1]笔下的管家那样——"手里拿着根棒子"走来走去，以维护必要的正义。正相反，上帝是隐蔽的，而可见的只有那吓人的事实，即科学的发展似乎已经具备了自己的法则，即原则上不能承认那些它自己不能超越的界限。克尔凯郭尔所批评的就是这种正在开始的不可逆转的超越界限，但也无济于事。随着岁

412

---

[1] 霍尔贝格（Ludvig Holberg，一六八四～一七五四），挪威－丹麦学者、作家、喜剧作家，北欧早期启蒙思想家，被视为丹麦文学之父，其喜剧作品中的人物成为丹麦语中的原型，如文中提到的管家。

月的流逝，他的客观性逐渐减少，只剩下粗糙的、古怪暴躁的老年人脾气，其实并不奇怪。

新闻界——"国家的抛泥巴机器"

与《海盗船》的冲突使克尔凯郭尔对报纸及其从业者深恶痛绝，"那些意见出租者"，他这样称呼他们。他对叔本华的这个表达方式情有独钟。叔本华完全正确地看到，尽管大部分人避免穿戴租来的衣帽招摇过市，却乐于炫耀从新闻记者处租来的意见："稠人广众自然无所谓有统一的意见——但现在来了！——这一缺失借助于新闻记者而得到弥补，他们靠出租意见为生。"这种古怪的现象却也自有其逻辑："渐渐地，越来越多的人被拖出了全无义务持有意见的纯真状态，而进入应该有意见的'有罪状态'……这些可怜人该怎么办呢？一种意见成为广大公众的必需品，——于是新闻记者通过出租意见提供了帮助。"新闻记者的这种做法使得人们在两个方面变得可笑：先说服他们有"意见"的必要性，然后租给他们一种"尽管质量单薄仍然不妨——作为必需品——来穿戴的意见"。

令人惊讶的是，克尔凯郭尔如此之早就看到新闻界实际上是靠自己创作的故事为生的——"它好像是在报道实际发生的情况，其真实意图却是创造"——结果现实本身变成苍白的虚构："新闻记者想发表一些东西，也许根本没有人想到或感兴趣。那么记者怎么办呢？他用最高的调门写一篇文章，说这是所有人最深刻的需要，等等。他的报纸或许有很大的发行量，于是事情就发动起来了。这篇文章被读到，被议论；另一份报纸也许会写相反的意见；于是形成争论，引起轰动。"

所有这些活动不仅让新闻记者成为"废话羊肚菌"——克尔凯郭尔早在一八三八年就用这个从《尼尔森小姐食谱》中发掘出来的用语来称呼他们——而且也承担了道义责任，因为他们有能力在一夜之间改变人的命运："拿一个年轻姑娘来说，有人连名带姓地说她上个礼拜日得到了一件新裙装。这里面并没有最尖刻的恶意——她还是被捉弄了。每一个私人，或者作为私人，根本不应该在全国性报纸上点名。"这个例子是那么羞羞答答欲言又止，也许不容易看出问题所在，但是问题在那里。即便这样一个广告的内容在伦理上中立，但广而告之这件事本身就构成对私人的侵犯。克尔凯郭尔越来越清楚地看到，随着媒体将人民改造为"公众"，因为将自主权和影响力混为一谈，会造成个人权威的日渐丧失。他毫不怀疑这种新的公众结构会产生更加灾难性的后果。很简单，这将成为"丹麦的致命伤口：狭隘性、人对同类的恐惧、飞短流长、诽谤，以及坚持信念坦率直言的缺席……家庭生活中的刺探，家里的窥视。简言之，一切以取悦可敬的公众为能事"。

新闻界对这种腐败应承担相当的责任，克尔凯郭尔没有表现出一秒钟的犹疑："悲哀呀，悲哀，我为每日新闻而感到悲哀！如果基督现在降临世界，我敢肯定，他不会瞄准主教之流，——而是瞄准新闻记者。"如果基督不干，克尔凯郭尔一定肯干——瞄准。"天上的神知道，我的心灵对嗜血陌生，"他在一八四九年写道，"但是，我愿以上帝的名义承担责任发布命令：开枪！我一旦带着最惶惑的意识确定，枪管前没有任何一个别人，嗯，没有任何生灵，只有一个新闻记者的时候。"难怪，当克尔凯郭尔想到编辑吉约瓦特时感到"不可思议，我居然有过一个记者朋友"。

关于新闻界，克尔凯郭尔或许没有说出什么别人没说过的东西，但他是在他们之前说的。他对同时代的批评是如此不合时宜，以至于他的观点要到很久以后才得到认可。下面就是一个奇异的例子："设想有人发明了一种仪器，一个方便的小小话筒，它的功能强大，发出的声音全国都能听到：警方难道不会出于害怕全社会被搅得发疯而禁止使用它吗？人们就是以同样理由禁止使用火枪的。"差不多在克尔凯郭尔写下这些话的同时，卡尔·马克思宣称无产阶级时代正在到来，并宣判宗教是人们的精神鸦片。克尔凯郭尔会表示同意，只是要补充说，未来的人们不会组织起来积极行动，相反会成为一批分散的，被麻醉的，将一切容易的和鄙俗的事物视若神明的媒体无产阶级。

这种倾向表现为，个体的声音消失在时代的滔滔不绝的众声喧哗（snaksomhed）之中。人们既不说话也不保持沉默。他们所做的介乎二者之间，他们聊天（Snakker）。"在对应于公众的私下-公开的众声喧哗中，这种聊天取消了私下和公开之间的区别。因为公众就是对最私人事情感兴趣的公开性。"与这些匿名聊天相联系，无处不在的"喉舌"对克尔凯郭尔来说乃是最吓人的现代象征。在描述未来时代卫星环绕地球大气层运行的视听混杂恐怖远景时，克尔凯郭尔表现出惊人的预见性："正如公众是纯粹的抽象，人类的话语最终也是这样，它将不再是说话，而是渐渐成为一种客观性反思释放到大气层的东西，一种抽象的声音，它使得人类语言成为多余，就像机器使得工人成为多余一样。在德国已经有恋人手册，事情最终会变成，恋人们双双坐着匿名交谈。"

克尔凯郭尔在这里发觉的征兆是，那声音，他理解自己作为谦恭的喉舌所传

414

送的上帝的声音，将会在现代喉舌非人格化的喧嚣中冲淡。这就是他的同时代——未来批判中最深刻的主题。这忧虑是有理由的，我们时代巨大的声光化电已经描绘了超出愿望的清晰，让克尔凯郭尔恐惧的不仅是假冒伪劣的猖獗泛滥，还是永恒地平线和激烈决绝可能性的消失，人类真正规定性的消失。一八四五年的一个春日，他用下面的古怪场景来举例说明这一点："你站在变容之山上[1]，但遭到有限世界的小小障碍——欠莱店、鞋匠和裁缝的小账拖住了你，总之，你留在尘世，变形（Forvandlingen）没有在你身上发生，而变容之山则变成了粪堆。"

克尔凯郭尔显然并不相信，他对同时代的批评会被听见，更不要说被接受。"我认为，"他让攀登者在《非学术的结论性附笔》中写道，"直言不讳要约束所处的时代，就像是一位乘客试图抓住前面的座位来停下马车。……不行，唯一的方法是下车约束自己。"

乘坐着一辆新型公共马车——就说是"北极星"吧——克尔凯郭尔在这里指出了一个他本人和后来的每一个社会批评者都会面对的困境：表达对媒体的批评，如欲使这批评获得必要的穿透力，就必须通过媒体。所以，如果想走出这困境，克尔凯郭尔的建议是，下车，回到自己。也就是说，坚守任性的媒体仍然承认留给个人、地方、谈话和沉默的那一点点自由："上帝的真正意图是，人应该和他的邻居分别谈话，至多和几个对门儿谈话。人并不比这更伟大。每一世代中都会有少数几个出类拔萃的成熟者，为了让自己的声音被听见而运用媒体这样强大的传播手段。然而很快每一个人，尤其是当所有可怜的二流角色也在运用这样的手段来传播空洞无物的废话时，是怎样的不成比例呀！"

旅行就是写作——反之亦然

差不多每人都做过，时间有长短，收获有大小，但他们都——除了克尔凯郭尔——旅行过。画家们为了光线、气味和声音南下意大利、土耳其和希腊；知识分子奔向德国、法国的图书馆和大学；还有一些人到的地方再远不过，彼得·威廉·隆德为了化石和巨蚁丘到巴西，保尔·马丁·穆勒在中国作诗思念丹麦黑面包。最后是克尔凯郭尔捉弄的安徒生，因为他宁愿"飞身跳上马车环游欧洲，而

---

[1]　典出耶稣显圣容的事迹。《新约》记载耶稣在高山上改变容貌并且发光，见《马太福音》17：1–9，《马可福音》9：2–8，《路加福音》9：28–36，《彼得后书》1：16–18。

不肯审视心灵的历史"，他真的见多识广——顺便说一句，他的见识也包括心灵的历史——他一共在本国边界之外度过了十年。

铁路是那个时代的伟大建筑项目，十九世纪三十年代起在英国创建，很快就在欧洲大陆传开，使年轻一代有可能到他们的父辈只能满足于梦想和诗化的国度去旅行。克尔凯郭尔从来没有见过柏林以南的那部分世界，所以只能通过阅读来了解他所尊敬的精神祖先苏格拉底生活过的希腊。他在一八三七年十二月的一个上午，在札记中起草的一篇小说纲要，很讽刺地成为他那散文式乏味现实的写照："我打算写一篇小说，里面讲有一个人，每天经过东街上的雕塑店都要脱帽肃立，口中念念有词：哦，你美妙的希腊大自然，我为什么不能生活在你极盛时代的天空之下？"这里所说的雕塑家是朱塞佩·巴苏格里，他在东街上的展室——在托瓦尔森博物馆一八四八年开馆之前——是哥本哈根人能获得雕塑观念的少数公开场所之一。所以不需要动身，可以用其他方法想象南下，如同年，即一八三七年五月里发生的那样，一个富有梦想的大学生在窗台上做了一个小小的实验："真奇怪，我们这里平常没有的蓝紫意大利色调，可以在一个晴朗的夜晚从窗户看出去得到，如果面前摆一支蜡烛的话。"

其实克尔凯郭尔有很多机会以学术性的严谨来规划自己的考察。他有相当丰富的地学参考资料，包括卡·费·维兰的《世界简明通用图集》[1]；他也是格·弗·冯奥伦堡落地地球仪的骄傲主人；镶挂轴的弗·威·斯特莱特的《欧洲地图》[2]；宏伟的涂漆丹麦全图，也镶在挂轴上；他还有一张雅·亨·曼萨的《西兰岛东北部地图》，贴在一幅帆布上，随时可以卷起来装进旅行箱，如果要到——例如吉勒莱去的话。

克尔凯郭尔提醒自己要约束远行的愿望：在最深层的意义上并没有理由去旅行，因为当他到达目的地之后往往诗情澎湃不能自已，根本无心将异国风光摄入眼帘，而是暂时将自己封闭在旅馆房间里，"有那么一点忧郁地……投入巨大的文学创作之中"。一八四一年的第一次柏林之行是这个通则的小小例外，但随后的几次旅行在札记中几乎不见踪迹。与《海盗船》争执期间，他在一八四六年五月初出发做第四次也是最后一次柏林之行，在那里逗留几个礼拜，其间起草了十二篇

一八三七年
416

---

[1]　德文：Compendiöser allgemainer Atlas der ganzen Erde。
[2]　德文：Charte von Europa。

关于创世神学的草稿，但这些在哥本哈根也完全可以写。

当时的无数旅行路线都不过是逃避自我的惶惑之途，唯美者 A 就早已为此乐不可支："厌倦了乡村生活的人，旅行进京；厌倦了本国，旅行到外国；厌倦了欧洲[1] 旅行去美国，如此等等。他们迷失在从一颗星到另一颗星无穷旅行的狂热期望之中。"都不过是空中楼阁。还有出发旅行之前的种种实际考虑，更不要说几乎每一种不方便，包括与旅伴的不自愿"物理"接触，不得不与之分享舱房和车厢的尴尬。于是，当坚定的康斯坦丁打算进行一次"发现之旅"，以确认"重复的可能性及其意义"时，他乘坐火轮船到达施特拉尔松德，转乘"快邮马车"驶向柏林，继续描述道："懂行的人们关于轿车里哪个座位最舒服有不同意见，我的观点如下：整个这件事都苦不堪言。上次我得到了一个车厢内前排靠边的座位（有人认为这是极好的位子），然后就在三十六个钟头里跟身边的旅客一起摇晃，当我到达汉堡的时候，不仅失去了理智，而且失掉了腿。我们，坐在车厢里的六个人，在三十六个钟头里揉成了一团。我这才明白莫勒人在一起坐久了，找不到自己的腿是怎么回事[2]。"

克尔凯郭尔从未想到过，一次妥善的出国旅行将有益于他的艺术，从而让他未来的读者获益。

"空气浴"

一八四七年八月二日，克尔凯郭尔将《爱的作为》手稿杀青付印。当他在写作全书十部分当中的第八部分时是那么疲倦，曾考虑出门到柏林旅行，但因为害怕失去恰当的写作状态而克服了这向往："我坚持着。感谢上帝，成功了。哦，人们讥讽和嘲笑我的工作，而我则感谢上帝让我成功。拿走我的其他一切东西，最好的仍然是创造性的，感谢上帝，坚不可摧的幸福观念：上帝就是爱。不管多少次看上去凄凉惨淡，我仍然鼓起有爱心的人的一切奇思妙想，对自己说：可见上帝每时每刻与我同在。"

第二天，旅行的愿望就复活了，目的地是比较克制有度的什切青，可他再

---

[1] 德文：Europamüde。
[2] 莫勒（Mol）是日德兰半岛上丹麦第二大城市奥尔胡斯东南的传统农业区。从奥尔胡斯城里人的观点来看，莫勒人单纯而愚蠢，由此而形成了"莫勒人故事"；而从农民观点出发嘲笑城里人的则是"奥尔胡斯故事"。

次克服了这冲动。克尔凯郭尔哆嗦着对自己说："我的整个体质，我的一切身体习惯都和二十三度高温的暑热作对——这种天气里我几乎不能在正午时分乘车出行——我感觉静坐不动要好得多。为什么要在这个季节里来到尘土飞扬的沙漠，让不可忍受的烈日照在身上？我在船上总是睡不着，结果第二天很累，为什么要拿睡眠开玩笑，而且在一个陌生的地方，气温总是要高十度？"

克尔凯郭尔是不收拾行装的真正艺术大师。他在札记中振振有词地列举了显而易见漏洞百出的各种借口。第一，现在离父亲的忌日八月九日已经不到一个礼拜了——所以到什切青去不合适。第二，他正在和书商瑞策尔谈判，商讨出售剩余作品事宜——"而我也知道他是多么粗枝大叶，我若是做出了坏样子，晚安！"第三，他正在等一个人，新市老宅的可能买主。尽管"偶尔飞掉"是个不错的主意，但是与其"被迫旅行"不如在丹麦小小地度假，他可以发发懒，读点书，"让头脑休息"。他的暑期功课可能包括一本新买的约·路·乌辛的《南国风光》，其中描写了君士坦丁堡（今伊斯坦布尔）和色萨利的情况。毕竟，读书也是行路。

于是他决定留在哥本哈根，但是到了八月十四日又被柏林迷住并抱怨自己的优柔寡断："我一旦把自己抛上马车或者轮船甲板，就是做出了一个决定。而否定性决定总是远比肯定的难。"父亲的忌日作为磨磨蹭蹭的理由已经消失，和瑞策尔谈判也不再那么重要。最后只剩下那个等人来看房子的借口，可那人又一直没来，在这种情况下既不可忍受又很方便："我的理想主义饱受难以言表的折磨，懒散、优柔寡断和废话就像是实际生活中的秘密。一个人失约，或者做了错事，或者浪费我的时间，诸如此类的事情都在折磨我。我宁可做点事情，抄写之类最不足道的工作，只要定下心来就能做好，做准确。但这种讨厌的不确定性实在可怕。"说这是以己度人并不怎么离谱。

两天以后，克尔凯郭尔挣脱了自己的"不确定性"。他留在家里，并于次日将《爱的作为》的完稿付印。然而他在要不要远行上的犹豫不决应该受到惩罚，于是他制定并实行了一项特别自律，后来证明非常有效的疗程："为了确保我自己不再因那些阻止我旅行的，准备好出发的废话而产生任何形式的不快，我已经——带着通常的自我怀疑——开始一个我肯定会非常讨厌的洗浴疗程。"先计划去柏林，然后是什切青，再后来是丹麦短期度假，全都不了了之，最后以一次悔悟性洗浴疗法告终。

418

陌生的七万英寻必须等待。空灵的精神施行"空气浴"，他这样称呼那些轻微颠簸的乘马车出行——仅在一八四七年内这样的出行就足足有三十七次。乘马车兜风不需要那些打点行装的琐碎，只要在小圣灵街上和马车夫索伦·雷森预订时间即可。此人专门为富裕顾客服务，也被称作"学术马车夫"。行程的终点可能是北西兰岛的一个地方，和平宫或者腓特烈堡，高兴的话也安排二日游，不过雷森通常到附近的新霍尔特、林碧、卢德谷、鹿苑、贝拉维海滩、冬宫、富通，以及别的有好小馆的地方。

419　　秘书莱文有时也随同出行。关于这些短途旅行的情景，他留下了由一连串气喘吁吁的破折号截断和联系起来的如下记述："北西兰岛驾车游要神速进行：'空气浴'对他有益。——马车准时到来，而他自己对时间的关注也到了令人迷惑的程度——于是我们出发——我们来到和平堡——车夫跑进旅店，只说了一声：博士——一切就都启动了——克尔凯郭尔走进来，用他那小声道了早安——转身出门走进树林——我们回来的时候会得到端上来的汤和鸡或鸭——然后克尔凯郭尔掏出十塔勒说：我的小姑娘，请你给大家付钱——就匆匆回家——车夫为得到的五塔勒小费而喜笑颜开——出游的时候他是那么和蔼，那么专注，妙趣横生，思潮如涌。有一次我说：'上次出游真好，可惜太短了点，我想再去一次。''行！'克尔凯郭尔说，'看那里还有没有车。'可是车都出去了。'那么你明天——某个点来吧。'第二天我去了。'今天不行。'——'但是那乐趣，我那么高兴地盼着的。''哦，您已经得到了全部乐趣。享受在想象之中，您昨天晚上高兴，您做了美梦，您今天上午来这里的路上高兴；您得到了足够的乐趣。'"

傍晚，当他们远征归来时，仆人们已经将整个公寓彻底换过空气，壁炉生起火。"克尔凯郭尔在房间里走来走去，挥舞着手绢查看温度计，"因为室温应该保持在列氏十三又四分之三度，相当于摄氏十七度——"天晓得他们怎么做到的，但室温总是对的。"开始工作之前，克尔凯郭尔和莱文各拿一瓶古龙水，将那昂贵的香水滴到火炉上，香气充溢在整个房间，气氛才算完全正确——对益信词来说！

"非此与即彼"

一八四七年十月三日，礼拜日，克尔凯郭尔的这次出行是前往林碧，更准确地说是到无忧宫，去觐见克里斯钦八世国王。这是这个全国最有权势的人第三次召见这位优异天才的臣民谈话。克尔凯郭尔有些畏葸不前。他试图称病推托，但国王坚持不改初衷，而且，受到国王召见没有谢绝之理。现在克尔凯郭尔比较熟悉这一整套礼仪了，当他三月中第一次谒见国王时弄得一团糟。他紧张地在前厅等了很久才得到召见，慌忙中在完全不对的时刻行鞠躬礼，他三次表示要离去，直到国王温和地责备他说有的是时间，他才明白自己错了。觐见将近结束时克尔凯郭尔也不能恰当地去吻国王伸出的手，只好再次别扭地鞠躬。 420

　　这次克尔凯郭尔带去一本《爱的作为》，并且以恰当的谦恭献给了国王，国王看了一眼目录就抓住了全书的精妙结构："你要爱，你要爱邻人，你要爱邻人。"在上次谈话时国王表示过，克尔凯郭尔对他来说太深奥了。克尔凯郭尔就此做出了不幸的友善回答："陛下自然没有时间读书，而我也不是为您写的。"国王对这种活泼不羁大为惊讶，为了弥补这笨拙，克尔凯郭尔朗读了一段优美易懂的段落，关于爱即良心的那一段，其中非常恰当地提到了一位国王。于是皆大欢喜。

　　朗诵结束后国王把话题转入他的统治，想听取克尔凯郭尔关于国王角色的意见。这次克尔凯郭尔学乖了，先问他是否可以直说，得到了国王的首肯。"于是我对他说，他受个人才华的诱惑［而说得太多做得太多］，国王在这方面应该像女人一样，隐藏自己的才华，仅担任家中女主人。"克尔凯郭尔的意思是说，国王接见的人太多太滥，从而处在和高官们的扭曲关系之中，他们不能容忍，或多或少是国王偶然召见的人所施加的影响。国王应该理解，如果感到需要对每一个臣民负责，就不能像国王那样来统治。他也应该记着，每一个受到召见的人都在四处散布关于见驾的胡说八道。

　　国王听了克尔凯郭尔的高见并未龙颜大悦，于是问他理想的统治应该是什么样子。克尔凯郭尔不想重复已经说过的话，而是很快就表明，他的观点比国王本人更加国王："首先，他最好其貌不扬；其次，他应该闭目塞听，或者至少装作闭目塞听，因为这样能避免很多麻烦。……最后，国王的话不能太多，但要有一句口头禅，在每一个场合都说，结果等于什么都没说。"国王对这段叙述倒是龙心大悦。克尔凯郭尔补充道，此外国王还应该记住不时生生病，以唤起同情。国王听 421 到这里爆发出调皮的大笑说："啊哈，难怪您要称病，原来是想让自己更有趣。"

　　克尔凯郭尔正打算评论国王的反应迅捷，旁边一扇门开了，国王消失了片刻，手挽着王后卡洛琳娜·阿梅莲一同回来。她貌不惊人，克尔凯郭尔认为，几乎不修边幅，但这当然不能让他免于以传统认为是错误的方式鞠躬如仪。更糟糕的是，当国王骄傲地展示他那本《爱的作为》时，克尔凯郭尔陷入了尴尬，因为没有给王后也带一本来。他就此请求原谅，但是国王只是很和蔼地回答说，他和妻子一定能想出办法合看同一本。王后也想表示其和善，紧张得微微颤抖着说，她早就认识克尔凯郭尔。一天她看见他沿着城墙散步——对了，不止这些，尽管看不太懂，她还是看了一部分他的"非此和即彼"。

哦，大错特错！非此和即彼，像是个女裁缝说的话，克尔凯郭尔想道，他同时也发觉，国王正拼命地试图捕捉他的目光。经过一个像小号永恒一样长的尴尬停顿，国王回过神来，问他的文学盲妻子，尤丽安娜王太后会不会开始着急，不知她到哪里去了。王后只是毫无表情地应了一声，就以最快的速度离开了她的夫君和那位天才。

不过总体上来说觐见给克尔凯郭尔造成的效果颇佳，他甚至用一种"探亲"式口吻来述说这些经历。然而这些会见给国王留下什么印象则无从得知，我们查看他的日记时，发现里面充斥着出猎时打下的大量公鹿、野兔、狐狸和母鹿的记录。在一八四七年十月三日，礼拜日那天，国王记下到教堂去听拜克讲道，然后接见了"觐见者"，最后骑马到鹿苑。可见克尔凯郭尔就夹杂在无区别的"觐见者"当中，这恐怕不会让他高兴，就像他因国王偏好明斯特、马腾森、保利的布道而恼火一样。可国王不是普通人，而克里斯钦八世也不是普通国王。他机智聪明，知识丰富，还有一定的应对急智。当克尔凯郭尔在第一次对话时抱怨自己是"小镇上的天才"时，国王回答说，他实在大可不必抱怨，因为这样他就可以为单一者（den enkelte）做更多事！

这位国王的聪明智慧同时也造成一种让克尔凯郭尔不安的张力。以前他从未见过一个年长者如此热情洋溢，激情在国王心中像年轻女子一样汹涌澎湃："相对于智能和精神，他有一种享乐主义。……克里斯钦八世的天赋优异，但是因为缺少相应比例的道德支持，他迷失在伟大的智力之中。"最后这句话是克尔凯郭尔的洁本，言下之意是国王不满足于卡洛琳娜·阿梅莲，于是制造了一大批皇家私生子并为此而良心不安。所以，克尔凯郭尔下面这段话肯定是对的："任何女人，哪怕是最才华横溢的女人也不能真正控制他。一方面他太聪明，另一方面他多少有着男人的迷信，以为男人比女人聪明。"从另一方面来看，如果一位懂得怎样让自己显得有趣的，狡猾的耶稣会士在南欧的晴空下遇到这位国王，他就能轻而易举地哄骗丹麦的克里斯钦，那真是白日见鬼了。

现在站在国王面前的克尔凯郭尔，既不是耶稣会士也不是鬼魂，但也不完全是普通人，无论如何很懂得如何从国王处得到好处。他用难以掩饰的得意记下，那些在《海盗船》余波中对他幸灾乐祸的名人们，在得知他与绝对君主过从甚密之后会改变态度。此外——我们从一个从句中了解到——克尔凯郭尔试图通过这些觐见而获得可能的"正式职位"。在他们的第二次谈话中，国王曾热忱地提到索湖，并问克尔凯郭尔是否有意在那个研究所担任一个受尊敬的职位。这并不合克尔凯郭尔的心意，索湖离市中心太远，此外那里还有卡斯滕·豪赤和其他皮·路·穆勒的阴险同情者，所以必须回避。他从报纸上读到，国王这天清晨曾外出钓鱼，于是他用一个小小的比喻答道，"除了普通的鱼线之外，渔夫还会用一种特别的细线，有时会钓到最好的大鱼。——我就是这样的一根细线"。

于是国王放下索湖话题，带着隐蔽的慷慨询问克尔凯郭尔是否有旅行的计划。没有，一点也没有，克尔凯郭尔回答道，但如果要出门的话，最可能的是到柏林去一趟。"您在那里一定有许多有趣的熟人"，国王宽厚地说道。"没有，陛下，我在柏林完全与世隔绝，最努力地工作。"国王显然没有理会这回答，"那么您也可以到上斯莫洛姆[1]去一趟"，他为自己的幽默而爆发出开心的大笑。"不会的，陛下，不论我匿名到上斯莫洛姆还是下斯莫洛姆去，都瞒不过四十万人。"在克尔凯郭尔方面有一点嘲讽的意思，但国王显然已经放弃了投资这位古怪的小小博士的打算，所以只是回答道，"是啊，是啊"。

出于改换话题的需要，国王问了一点关于谢林的哲学，克尔凯郭尔迅速给他做了一个概括的介绍。谢林与此前黑格尔哲学主导的普鲁士宫廷的关系，国王当然也知道，所以克尔凯郭尔很快地回答道："谢林就像处在已经拥塞满了死水的莱茵河口，他作为普鲁士宫廷的优秀人才不断地失血。"因为他们在谈的是先知先觉，国王认为很合适"把谈话引向共产主义，他显然为此而忧虑和害怕"。克尔凯郭尔认为，看不出这即将到来的运动将触及国王们："这将是阶级与阶级之间的斗争，但敌对各方都需要和君主有良好的关系。这是古代问题的再次出现，所以不难看出，国王某种意义上置身事外。这就像是一座房子里地下室住户和一楼住户之间的冲突，以及他们和二楼住户的冲突，等等，但他们不会攻击房东。"在一系列关于必须永远直接面对"群众"进行斗争，将其当作"女人"来对待的策略性评论之后，克尔凯郭尔以下面的话结束这篇即兴演讲：时代所真正需要的，不过

423

[1]　上／下斯莫洛姆（Smørum Ovre/ Nedre），哥本哈根西北的两个乡间小村庄。

是"教育"，因为在大国很容易导致的"暴力"在丹麦只不过是"调皮捣蛋"。他当然是对的，国王看上去平静了一些，并赞扬这位宫廷哲学家精神圆满的智慧言辞，克尔凯郭尔抓住机会打出王牌："陛下可以从我身上看到刚才所说是对的，因为对我来说一切来自良好的教育，归根结底来自我的父亲。"

克尔凯郭尔在十月里的觐见成为最后一次。克里斯钦八世在三个月后驾崩。他也受过良好的教育，不慎在一八四八年元月里冒着严寒登上"女武神号"护卫舰，向即将出发前往远东的船员告别。国王在上船的路上走热了，就摘掉帽子向船员发表演说。但因为他原来已有不适，着凉引起重感冒。御医试图通过放血治疗，却引起了血液中毒感染，于元月二十一日崩逝，享年六十一岁。次日，其子腓特烈七世宣布即位。此人从很年轻的时候就开始酗酒，并逐渐发展成一个货真价实的精神变态者。他完全没有自制力，参加一切宴饮，多次在射击场上荣获射鸟冠军。他曾以亲民姿态借给大学生一艘军舰，供他们航行到斯德哥尔摩。他不能在人们试图插空给他安排的任何一个王侯婚姻中安静下来，最后爱上一个前芭蕾舞演员路易丝·拉斯穆森。她在摇钻街上以经营一家女帽店为生，橱窗里陈列着一个机器蜡人，现在突然要勉为其难地扮演丹娜女伯爵的角色。

雷吉娜·施莱格尔

克尔凯郭尔于一八四七年十一月三日再次前往林碧，这次却与国王无关，而只是为了从哥本哈根躲开。因为这一天雷吉娜·奥尔森将和弗里德里克·施莱格尔在克里斯钦港的救世主教堂举行婚礼。这样就确定无疑地打破了克尔凯郭尔认为在二人之间存在的协议。"我以一种奇怪的惺惺相惜将诗人的这句话当成我生命中一部分痛苦的格言／你命令，雷吉娜，我不得不再次领略那难以言表的痛苦[1]。"克尔凯郭尔套用诗人维吉尔在《埃涅阿斯纪》里的话在札记中写道。他以辛辣，而不是解脱继续写道："这个姑娘已经给我制造了足够的麻烦。现在她——没有死——而是即将幸福地结婚了。六年前的今天我这样说——被宣布为一切卑鄙恶棍中之最卑鄙者。奇怪。"

一个多月前，九月二十九日，克尔凯郭尔出版了《爱的作为》，其中描写了"贪求病"现象，这个词在他的词汇里指羡慕或嫉妒。"直接性的爱可以自行转变，

---

[1] 拉丁文：Infandum me jubes Regina renovare dolorem。

它会通过自燃而成为贪求病……贪求者并不恨爱的对象，远远不是，但他在互相的爱之火焰上烧灼自己，来净化他的爱。贪求者拦截，几乎是恳求所爱者的每一道爱之光，但他将所有这些光收集在自己贪求之爱的烧瓶中，慢慢地燃尽了。"人们可能会认为，这段话乃是基于克尔凯郭尔本人的痛苦经历，然而当他在两年后再次接触到"和她的关系"时，惊异于自己对雷吉娜和"他"，另一个人的"客观性"："施莱格尔肯定是个值得爱的人，实际上我相信她和他在一起会幸福的；但这个姑娘是一件他不知怎样演奏的乐器，她有声音，[只有]我才懂得怎样把这声音调出来。"可见克尔凯郭尔并没有理由"贪求"，他曾直言不讳，他丝毫不在意雷吉娜的结婚，"我只关心她是否能快乐，她的生活能否美好。"出于同样的理由，他也不能完全从和雷吉娜的感情中解脱出来，他关于感情生活辩证法的札记非常形象地说明了这一点："到此为止。这一次。"

425

雷吉娜嫁得很好。弗利茨——亲近的人这样称呼他——生于一八一七年元月二十二日，比雷吉娜早一天庆祝生日，她生于一八二二年元月二十三日。所以，几乎可以说他们是星相命定的一对。雷吉娜的丈夫是海关兼商业总署办公室主任的儿子，一八三三年毕业于大都会学校，一八三八年获得法学硕士学位。从此走上了为政府服务的飞升之路：他在一八四二年进入海关兼商业总署实习，一八四七年升任书记官。次年被任命为"殖民署总长"，相当于现在的财政部办公室主任，后来他还可以用大哥本哈根市长和枢密顾问的头衔来美化自己。他不仅是职业外交家，而且有外交家的天性，善解人意地，忠实地从克尔凯郭尔打断的地方继续爱下去。订婚期间他和雷吉娜轮换着诵读克尔凯郭尔的作品，热爱文学的弗利茨不会对其伟大视而不见。一八七五年时，他去拜访某个监察官奥特森，看到墙上并排挂着格隆德维和克尔凯郭尔的肖像，就说："在格隆德维的影响消失之后很久，克尔凯郭尔的影响还会活着。"他也是个懂艺术的行家，身后留下宝贵的蚀刻和雕刻版画藏品，以及前面提到的门类齐全的藏书。

施莱格尔差不多处处与克尔凯郭尔相反，他稳定、和谐、健康而耐心，是天生的丈夫，活脱一个威廉法官的化身——也许更乏味一些。作为《爱的作为》中"贪求"讨论的一部分，克尔凯郭尔描写了，习惯会怎样潜入爱情，使其失去"其勇气、喜悦、愿望、创意，其鲜活的生命"。字里行间的意思是，存在着习惯减弱婚姻生活中爱恋强度的危险。克尔凯郭尔继续戏剧化地写道："有一种以狡猾著称的动物，专门偷袭睡着的人。当它吸血的时候向睡着的人喷出一口凉爽的气，让他睡得更熟。习惯就是这样——或者更糟。因为这种动物在睡着的人当中寻找猎获物，却不能给醒着的人催眠。然而习惯却能。习惯悄悄地接近一个人，哄他入睡，一边在他睡着时吸吮他的血，一边向他吹送凉爽的风，让他睡得更熟。这就是习惯。"

而克尔凯郭尔对雷吉娜的爱从来没有变成这种催人欲睡的琐碎。所以在城里什么地方遇见他，体验几秒钟平和的弗里茨永远不能完全理解的东西，对雷吉娜是有好处的。

"民众－政府是真实的地狱图景"

这应该属于命运的恶作剧，当克尔凯郭尔写作《爱的作为》时，在克尔凯郭尔五岁生日那天降临人世的卡尔·马克思正坐在布鲁塞尔和弗里德里希·恩格斯一同写作《共产党宣言》。其后续影响，众所周知，略大于克尔凯郭尔的设想，即他安慰国王说的，只不过是底层住户之间的一点家务纠纷。《共产党宣言》发表于一八四八年二月，丹麦文版于五年后出版，但克尔凯郭尔从来没有读过，因此，当他写到共产主义的时候究竟是怎么想的，并不是很清楚。不过无可怀疑的是，他不赞成，尤其是他总体上就不喜欢他称之为"削平"（Nivelleringen）的那种导向一八四九年民主的政治过程。

"国家（Staten）走向终结，一切都颠三倒四拿大顶"，这是在短短的几年里天翻地覆，将世世代代认为几乎永恒的有效性，将优先事项翻跟头一样颠来倒去的形象描绘。有关给定情况下的事实，将交付数字之类的偶然性来决定，其中每个人的一票都和其他人的一票等值，过去认为是岂有此理的一切，在今天都成为理所当然。把克尔凯郭尔说成一个愚昧的中世纪人，想到暴动造反就起鸡皮疙瘩，只有开明专制让他放心，并不需要很高的艺术。相似地，将他表现为对社会底层哪怕是最合理的改善要求也漠不关心的反民主的反动派也是轻而易举之事，因为他，作为智力和经济上的优越者自有宗教的内心性。如果我们的关心到此为止，那么可以援引攀登者在《非学术的结论性附笔》中的一段话。他在赞美了良治国家里的自由状态之后继续说道："君主制是所有政府形式之中最好的，它比任何其他形式都更偏好并保护个人私下的宁静想象，以及天真的愚蠢。只有民主，才会让积极参与成为每个人应尽的义务，我们时代的各种协会和全体大会就经常让人想到这一点。一个人统治，没有我们其他人的事，是暴政吗？不，这不是。但当人人都想统治的时候才是暴政。"从一八四八年的一条札记可以看出，克尔凯郭尔和攀登者的意见完全一致："在所有的暴政当中，民众的政府最折磨人，最没有精神，是一切伟大崇高事物的末日。暴君无论如何只是一个单独的人，他一般来说有思想，即便是最不合理的思想。……但是在一个民众的政府里，是'平等'在统治。占据克尔凯郭尔心思的是，诸如我的胡子是否跟他的一样，我是否跟他在同一时间去鹿苑，我是否跟他以及别人完全一样。等等。……民众–政府是真实的地狱图景。"

427

无疑，克尔凯郭尔对拂晓时分的民主持批评态度，但这并不意味着，他简单地宁要老的不要新的，宁要专制不要民主，宁要整齐划一不要自立自决。这样的两极对立过于简单，完全没有抓住他那里正在形成的替代方案的激进性。

这一点突出表现在《文评一篇》当中。这部作品发表在一八四六年三月三十日，在其五十页的篇幅中赞扬居伦堡夫人的中篇小说《两个时代》，并不断地穿插回顾她的另一部作品《日常生活故事》，但克尔凯郭尔并不止步于此，而是对他的时代也做了评论。事情看上去并不完全是蔷薇色的。不错，他确实言之凿凿地保证，他对这篇小说的评论"不会增加原作中没有的东西"，然而人人都可以清楚地看到，他连篇累牍地将自己的观点读进了居伦堡夫人的文本。当作者在收到《文评一篇》后表达感谢时也说，"与这本充满深刻、明了、诙谐幽默观察的书相比较，我的小说显得不过是供诗人写作一出完整戏剧的素材"。

居伦堡夫人的谦逊是可爱的，也是得体的，因为她的这篇小说确实算不上杰作，而引起克尔凯郭尔兴趣的，也并不是其文学水平，而是这篇小说的时代背景：十八世纪九十年代激情充沛的革命和十九世纪四十年代胆怯的明智（forstandighed）。尽管有着那么多的喧嚣与缺陷，居伦堡夫人确定无疑地还是更倾向于前一个时代，克尔凯郭尔也是如此，因为他是这样总结两个时代之间的区别的："总的来说，与一个激情充沛的时代相比较，关于一个没有激情的反思时代可以这样说：赢得了广度，却失去了深度。"

说这个时代没有激情作为一个否定性的判断，赋予《文评一篇》论战的搏动。所以并不奇怪，或多或少漫画化了的、谨小慎微的平庸布尔乔亚从始至终都是抨击的对象，因为他不冷不热，总是在不紧不慢地绕行："厌倦了空想的紧张烦劳，此刻时代休憩在全然的懒散之中。其状态就像一个在黎明前睡觉的人：伟大的梦想，慵懒，然后找一个机智聪明的借口赖在床上不起身。"

428 　　这个心满意足地平躺着的懒散布尔乔亚乃是垂直维度崩溃的象征，先前坚不可摧的权威，宗教的和政治的，都被摧毁了，现在到处都是中心。与革命时代的公开宣称有意识地反抗一切既定的权威相反，理性时代的特点是逐渐抽空各种制度的合法性和各种象征的实质性内容："人们并不想废除君主制，绝不，但打算一点一点地将其转变为一个想象，于是他们就可以放心地向国王欢呼万岁！……人们保留整个基督教术语系统，但上下其手散布这样的观念：其实并不值得认真对待。"这段话几乎让人认为，早在后现代成为时髦之前，克尔凯郭尔对其时代的诊断就是后现代的。

　　他是最先看到这些问题者之一：一切怎样越来越变成戏剧化的布景，表面化的俗套，"幻景"。社会不再由个人和根据社会等级（socialt hierarki）划分的群体组成，而是成为无差别的"群众"（masse）和"公众"（Publikum），克尔凯郭尔以可怕的前瞻性将其称为"一切权力（Magter）中最危险、最无意义的"。最危险，是因为只要有人喊一声"前进"它就会前进；最无意义，是因为它做梦也不会想到对任何事情提出疑问，从而使得它的力量（magt）几乎和它的匿名性成正比。

　　克尔凯郭尔关于公众作为"削平大师"的分析精彩地描写了大众心理学的机制，同时也揭示了自马克思以来占据了语言中牢固位置的现象，即异化（fremmedgørelse）现象。克尔凯郭尔的分析也包括了一系列经济和物质因素，但是这些都从未与实用政治相联系，从未设立进行任何哪怕是类似社会或经济改革的目标。无论如何，在一八四六年没有。成为自我是一个个人项目，而非集体事务，因此物质前提并没有决定性意义。

　　作为从君主专制（enevælde）到民主制度开始过渡的后果，同时也是原有的对更高权威的敬畏，为担心与众不同、落在平均水平之外的恐惧所取代的转变。过去，个人的身份很大程度上是由他在社会金字塔上的位置所决定的，社会渣滓们从金字塔的底层仰视，通过巨大的层级结构看到越来越高权威的人士，并在国王达到顶峰，他类似尘世间的上帝，所以国王是上帝的恩惠。

　　这座金字塔崩塌后，人们留在一个扁平的、动荡不安的真空之中，他们开始
429 互相比较和竞争。因此，削平并没有导向人人平等，而是导向乖戾的狭隘性，导向一切人对一切人的斗争："关系变成了一个问题，所涉各方不是相互关联，而是像在游戏中那样相互提防。"于是因循守旧取代了权威的位置，尊重变成了嫉妒，原有的敬畏上帝变成了敬畏人。克尔凯郭尔用一个物理公式来解释这个过程："封

闭的空气总是会变成毒气。"

英雄主义是怎样失去代表性品格的，克尔凯郭尔用一幅对折画，分别描绘激情时代和明智时代的同一场景来形象地加以说明。一件名叫"一切人的愿望"的宝物放在远处的薄冰上，任何人去取它都要冒生命危险，但是英雄敢做其他人不敢的事，他在众人屏息静气的围观中急速前去。克尔凯郭尔就人群的反应评论道："……[他们]为英雄的冒险决定而担心害怕，他们会为他的毁灭而哀伤；他们会神化他，如果他取得了宝物。"克尔凯郭尔重复讲述这个场景，但原来的屏息静气的人群换成了屏息静气的公众，他们理智地计算这样一个勇敢行动能有多大的收益："他们愿意前去，他们在安全地带用知识来评估滑冰者的技能，他可以滑到接近冰面边缘的地方……然后返回。在滑冰者当中应该有一个特别有本事的人，他会在接近冰面边缘处再次做出冒险冲刺的姿态，于是围观者惊叫道：'天哪，他疯了，他冒生命的危险。'但是请看，他的技艺高超，他能准确地在冰面的边缘返回，即他还是安全的，生命危险还尚未开始。[围观者]完全像剧院里的观众一样喝彩，向他欢呼，然后带着伟大的英雄艺术家回家，为他举办豪华的宴席。明智占据统治地位到了这样的程度，它将任务本身转变成了不真实的艺术任务，将现实变成了剧场。"

激情的英雄得到荣誉，因为他，只有他敢于做别人不敢的事；而明智的英雄得到欢呼，因为他懂得如何假装危险的严重性，于是将"受激励的勇敢壮举转化成艺术表演"。这样一种扭曲的转化受到欢迎是因为：首先，集体自欺比对单一者的嫉妒易于忍受；其次，削平摧毁了英雄过去的代表功能，即他能"提高'如何做人'的思想"。

430

"这就是宗教性的观念"

在关于时代状况的分析中，克尔凯郭尔不允许自己有一丝半点的天真。他将削平作为一个事实来加以承认，毫无重建原有秩序的幻想。所以，更令人惊讶的是，他在某种程度上认可削平。坚不可摧的权威和机构的消解本身固然是灾难，因为它们的缺席启动了一种古怪的社会性无所适从，但这消解同时也承载着新的可能性，即单一者从每一种建制性束缚，尤其是教会的束缚中解放出来，可以直接与上帝相关。在典型的社会心理学悲观主义和宗教愿景之间的曲折中，克尔凯郭尔是这样说的："没有一个时代会停止对削平的疑虑，这个时代，现时代也同样不能。……这疑虑只能通过个人在其个体性的分离中赢得宗教性的无畏，才能停止。"

这一点既是克尔凯郭尔的噩梦，同时也是他吊诡的期望。异化促使个人与社会分离，让他独自面对自己的宗教成长。个人不应由他人，由上级权威机构来代表，而是由他自己来代表，即做自己（være sig selv），而这样做现在不再有各种不同机构组成的安全网的支撑："削平本身变成了负责教育的严厉教官。而那从这教育中学得最多，改变得最大者，并不会成为出类拔萃的英雄，杰出人士，削平阻碍这一点……他只成为一个本质上完全意义上平等的个人。这就是宗教性的观念。"削平也使得个人面对激烈的选择：若非在"抽象无限性的眩晕中"失落，就是在"宗教本质的无限性"中获得拯救。只要以"进步"为标志的现代发展，那些"获得拯救的单一者赢得了宗教性的特殊重量，他们从上帝手中直接获得了本质性"。

然而，克尔凯郭尔吊诡的期望，一种民主化宗教性的前提是在无区别中引入区别。必须有人让时代注意到其状况，而这一点只有通过向时代展示完全不同的东西来实现。这种区别在《文评一篇》的后半部分得到阐发，他近乎神秘地写道："只有通过一个痛苦的行动，那未知者才敢于帮助推动削平的过程，他还会通过这同一个痛苦的行动来审判所用的工具。他并不敢直接战胜削平，因为当他在权威的方向上行动时，将会是他的终结，但是他讲战胜那痛苦，并以此再次表达他的生存法则，那不是统治、管理、领导，而是在痛苦中服务，间接地帮助。"

431

人们肯定会问，那么这样一个"痛苦的行动"究竟是什么？一个如此矛盾重重的"痛苦的行动"如何能推动削平，并在同一个行动中审判它？没有进一步说明，但是渐渐变得明显的是，那"痛苦的行动"在克尔凯郭尔或多或少是殉难的隐喻释义！在文本的深处揭示出一个精妙的对称：与激情时代相对应的是英雄，与无激情时代相对应的是反英雄，即殉教者。英雄的过人之处在于他的强力意志，而殉教者的标志则在于他的无力意志（vilje til afmagt）——值得注意的是，一种追求无力的意志，作为意志并不弱于英雄的意志。因此这样的一种意志也能够容纳克尔凯郭尔所说的"灾难的力量"，即，如果一个殉教者突然出现在人群中，对社会的自我理解将是一场灾难。

克尔凯郭尔无意在《文评一篇》中深入发掘这个主题，但他也在关于痛苦行动的句子后面加上句号之前，在新的一段前面重复那著名的匿名写作实践做一个鬼脸，说整个这件事不过是"恶作剧"，其意义大致相当于"玩九柱戏，或者打木桶里的猫[1]"。然而这也不是一个可有可无的实验，他在一八四九年以精神抖擞的自我意识写道："真正值得注意的是，读到《关于两个时代的文评一篇》接近结尾处关于未来的描写时，想一想这些多么快就在两年以后的一八四八年完全实现了。"他在《我作为作家的观点》中也写下了类似这篇文评结尾部分的话，即这痛苦的行动所具有的决定性意义。

所以人们不禁要问，一八四八年究竟发生了什么。

"十万喊喊喳喳的非人"

"第一幕。两只狗开始互相撕咬。这件事引起了巨大的轰动；难以置信的大量脑袋挤在窗口看；在此期间一切工作都停顿了；一切都丢下了。第二幕。两位女士从这场争斗最近处的两座房子的街门里上。这两位女士看样子是两条狗的主人。其中一位声称，是另一位的狗先开始撕咬的。对此女士们怒不可遏，她们也开始互打。更多的我没有看到，不过很容易继续。于是，第三幕。两个男人上。他们分别是两位女士的丈夫。其中一位声称，是另一位的老婆先动手的。对此这两个男人怒不可遏，他们也开始打架。然后可以设想，更多的男人和女人参加进来——现在演化为欧洲战争。起因是，谁先动手。您看，这是二级战争的公式。一级战争就是战争，而二级战争的起因是争论谁先开始了战争。"

432

克尔凯郭尔在一八四八年八月初的一天里把这出三幕小戏寄给了散步同伴雅·劳·安·科勒鲁普－罗森维格。狗咬狗，克尔凯郭尔亲身见证的触目惊心图景，在双重意义上构成了他对遍布欧洲的政治动荡不以为然的态度。他在同一封信里，以幽默的傲慢，轻描淡写地坦率承认自己对现实政治的一无所知："不，政治不是我的事；追随政治，即便是国内政治，如今对我而言也不可能。"

然而这同一个克尔凯郭尔，在一八四八年八月玩笑地将这一切称为狗咬狗的他，在五个月之前却很难从中看出任何喜感。同年三月二十七日，礼拜一，他在札记中写道："我就坐在这里。外边一切都在运动，国家民族（Nationaliteten）回荡在一切之中，每个人都在谈论牺牲生命和流血，也许真的愿意这样做，但是在全能的公众意见支持下。我就这样坐在一间静室里（可能我很快就会被揭发为不

---

[1] 丹麦旧俗，封斋节期间将猫装进木桶里轮流击打，据说将猫打死可以避免瘟疫。

关心国家大事），我只知道一种危险：宗教性的。但是无人关心此事——也没有人知道我心里在想什么。我的生活现在就是这样。总是被误解。在痛苦中我得不到理解——我遭到仇视。"

几个礼拜之前的三月十一日，举行了所谓"卡西诺大会"，因为会是在阿梅莲街上新建的卡西诺剧院召开的，两千三百人买票入场，在大厅里听取谨慎的亨·尼·克劳森和才华横溢的奥拉·雷曼演讲，在自由宪法之下石勒苏益格如何与丹麦密不可分。次日晚间在北街的跑马场上还有更加激动人心的事情，勤奋的年轻手工业工人，社会主义者，以及真正造反的无产阶级举行集会，听取包括哥尔德施密特在内的共和派人士演说，高呼自由、平等、博爱，以及——最不能忘记的——普选。三月二十日，自由派领袖人物在《祖国》编辑部集会并制订了斗争计划：在当天晚上召开市民代表紧急会议，签署一份"请愿书"，要求解散现政府，并于次日知会昏聩无能的腓特烈七世国王。此外，还要再召开一次"卡西诺大会"来通过一项决议，要求制定一份自由的丹麦－石勒苏益格宪法。奥拉·雷曼起草了这份划时代的"请愿书"，明确无误地以革命来威胁即位不过几个月的国王："我们恳求陛下，切勿将国家驱入绝望的自助！"

433

第二天，三月二十一日，礼拜二，人们从清早就上了街。将近一万人已经聚集在克里斯钦堡王宫前。差不多同样数量的人们还聚集在新市广场上，那里市政厅的大门在中午十二点为市民代表大会主席劳·尼·维特打开，他宣布，市政府也支持政府改革的要求。人群中爆发出一阵欢呼，并开始向摇钻街前进，他们六人一排，手挽手走到克里斯钦堡。维特作为代表团发言人入宫呈递请愿书。人群静静的，等待的时间长得像是永恒，但是维特终于出来了，他的长发在风中飘动，宣布国王的答复："政府解散了！"只有站得最近的人才听到了他微弱的声音，但是当他们明白发生了什么事，立即爆发出欢呼："国王万岁！"——随即广场上所有的人和附近街道上的人也都欢呼起来。国王并没有出来到阳台上接受臣民的欢呼。王宫前的广场很快就空了，很多人跟随维特回到市政厅，他要在那里再次宣布国王的答复。然后维特就和往常一样走了，到证券交易所去一个钟头，再到国家银行去处理行长的日常工作。那天晚上他在奥斯特餐厅进餐。于是那天就没有更多的革命，很难有更平静的事情了！

次日，三月二十二日，组成了临时的"三月政府"，君主专制事实上已经由立宪统治取代。他们提议请神学家迪·戈·蒙罗德来负责教会与教育事务。此人正在洛兰岛上的牧师公寓里发奋翻译《一千零一夜》，但他马上把这一切丢到脑后，前去京城走马上任，如今他是"文化部长"了。

克尔凯郭尔可能从他在新市二号住所的窗户里观察到拥挤的人群，但他足够聪明地没有出门。广受民众热爱的格隆德维也没有出门，他本来对这进展是有贡献的，却一直留在摇钻路和克那桥街交角处的公寓里。——大部分有所建树的知识分子都留在家里没有上街。克尔凯郭尔一整天都听见喧闹，这让他不安，并写道："每一个借助于十万，或一万，或一千个嘈杂、咆哮、抱怨的呼喊者而发生的运动或变革（一切都像肚皮里的响动和空气）都恰恰是不真实的，是假货，是一个退步。对上帝来说这里发生的一切都不过是混乱，也许根本不是，也许是魔鬼。……一个平庸的统治者就是宪法，远胜于从十万喊喊喳喳的非人得出这个抽象。"当反叛于三月二十三日在荷尔施泰因爆发时，克尔凯郭尔及时看到其中的联系："不幸的是，新政府为了保持权力需要一场战争，需要一切可能的手段来煽动民族感情。"他由此发挥出自己的世界史观并做出足以将黑格尔从坟墓里坐起来的判断："归根结底，整个世界史都不过是废话。人们完全取消了行动。……人们进攻巴黎的宫殿，一个不知道自己要什么的不确定人群，没有确定的思想。于是国王逃遁——于是咸与共和。废话。"

434

一天晚上，克尔凯郭尔和自由主义运动的头脑人物之一安·弗·采尔尼谈话并对他说，法兰西共和国的产生完全出于偶然——"就像在舞会高潮中订婚，并不知道自己做了什么"。采尔尼表示，他"非常"理解克尔凯郭尔的话，但是第二天他本人就以完全相同的方式成为"国民制宪大会"的成员——同时还成为有自己办公室的战争部长！这让克尔凯郭尔厌恶政治家。整个情况让他想到混乱的家庭关系："就像一家人，父母无法让孩子听话——于是父母说：好吧，现在你们来发布命令，我们来听。而因倾听之物得到父母尊重，短时间内还真的不错。"但只在很短时间内，很快骚动再次蔓延到四面八方。"不，教育，教育才是这个世界所需要的。这是我一直在说的；这也是我对克里斯钦八世说的。而这也是人们认为最肤浅不足道的。"

"……也许营地上会响起警报——而我会成为受虐待的牺牲品"

在这动荡不安的几个礼拜里，克尔凯郭尔在看《基督教演讲录》的校样。他在三月六日将手稿付印，那时还是很平静，毫无危险，但很快就出现了一切政治混乱，他在三月二十七日的札记中这样写道："目前我又一次担心，让这些基督教演讲，尤其是第三部分出版所要承担的责任。在完全不同情况下写的东西，在目前情况下让人读到，实际上对我是有危险的。但是我没有别的选择。这是治理者为我所做的安排。"《基督教演讲录》于四月二十六日出版，而当他在同年十一月为《我作为作家的观点》杀青时回顾"最近几个月里天翻地覆的世界历史事件"时提到如下："这次灾难中我在看一本以前所写的书的校样。……我经历了丝毫不需要修正或修改的胜利。这胜利在于，我以前所写的，现在读来会远比写作时理解得深刻。"人们不禁要问，他到底是什么意思？

这里的要点在于，克尔凯郭尔在考虑基督教演讲词的一种传记解读，一种将写成的作品与克尔凯郭尔这个人联系起来的解读。正是这个想法，既让他产生了胜利的感觉，又让他无限担忧。这种人生与写作之间的密切联系（公开发表就是向公众确认自己就是写成的那个样子）迫使他考虑，究竟应该写得从轻还是加重。一开始他把任务看作"尽可能轻描淡写"，但在下一条札记中他又表达了正相反的观点："不，不，不，不，我差点未能欣赏主在第三部分加上的我正需要的。然而问题在于，我想聪明一点，自己安排一下。……没有第三部分《基督教演讲录》未免过于温和，那不是我的真实性格，我的性格反正已经足够温和了。"

可见是《基督教演讲录》的第三部分让他担心。这一部分包括七篇结构精美的演讲，不时带有可见的虔信派踪迹（pietistisk signatur），最令他担心的应该是第二篇，因为克尔凯郭尔在这篇中强调基督徒应该对世界转过背去到这样的程度，甚至国家大事也要让路。这一点表现在圣彼得的范例中，每一个基督徒都应该效法的范例："他背弃了父亲的信仰，从而背弃了他所属的民族，祖国，所有最强有力的纽带联系起来的爱。因为他现在不再属于任何民族，他只属于主耶稣。……在对基督的爱或者对世界的恨中他舍弃了一切，他的地位、生计、亲戚、朋友、人的语言、对父母的爱、祖国之爱。"

危险就在这里，因为这篇演讲词中对民族事业的否定性规定有将其作者推上第一线的风险。克尔凯郭尔也害怕，出版会带来灾难性的后果，许多事情已经在预示这一点。《基督教演讲录》出版前将近一个月，克尔凯郭尔将其解释为一个有意义的迹象，即他"碰巧"读到明斯特的一篇布道词——"看，那是：关于尼哥德慕"。尼哥德慕是法利赛人，他不敢在白天去见耶稣，于是在夜色的掩护下去求

教 [1]，在克尔凯郭尔眼里，尼哥德慕是胆小怯弱的别名。所以，可怕的是，当他两 436
天之后"阅读我的路德布道集旁边的布道词时"，翻到的又是尼哥德慕。忽略这
两个明确无误的信号将是鲁莽的行动，因为它们只能意味着克尔凯郭尔必须发表
《基督教演讲录》，于是他就把手稿付印了，尽管吓得发抖："也许没有人会读我的
《基督教演讲录》——也许营地上会响起警报——而我会成为受虐待的牺牲品。也
许。哦，这样一种可能性真不容易承担。"

克尔凯郭尔的隐喻是军事的，但是没有发生多少营地上拉响警报的情况。这
主要是因为一个安静的小小事实：《基督教演讲录》只有很少几个读者，初版两百
本当中的一半留在作者那里，直到他毫不血腥地平静死去。很显然，关于这些演
讲录的效果的设想完全不成比例，而克尔凯郭尔本人在他比较清醒的时刻也会看
到这一点。"也许在我的恐惧中有相当的疑病症，"他这样写道，但马上补充道，
"当然这和当前的事情无关，不论是正面还是负面的。"他在这里是对的。因为并
不是克尔凯郭尔的悲喜剧激情和实际的危险之间不成比例的关系，而是文本的前
提和他自己的生存结论之间的关系，才是要点所在。于是他一点一点地把自己写
进殉教者的角色，这个角色对他有双重的意义。

因此不必花费时间来探求，克尔凯郭尔恰恰是在革命——这几乎是大多数和
人群的缩影——期间看到了"那单一者"的范畴，并加以确认和生效，因为这样
一个范畴不仅是为每一个有意自我实现者而设的普遍原则。不仅如此。如果说，
"那单一者"的范畴突然在历史的旋涡中变成了关键的尖点，那是因为只有通过这
个范畴的发明者，通过克尔凯郭尔，那旋涡才能够停止转动。这当然看上去像是
循环论证得出的结论，但是无论如何这就是克尔凯郭尔达到结论的方式——也不
再将自己卷入世界历史的旋涡。

"您期待一个暴君，而我则期待一个殉教者"

这句话见于克尔凯郭尔和前面提到过的科勒鲁普－罗森维格的通信，他是法
学史教授，保守派政府高官，保守到了近乎枯燥的程度。两人的信标志着贵族式
的排他性默契，混合着经典作品的典故和引文、亲热的短语和其他很多诸如此类。
如果有人想上一课克尔凯郭尔性格特点引论，很适合从这里开始。汉斯·布罗希 437

---

[1] 《新约·约翰福音》3：1—21。

纳也曾迷惑于克尔凯郭尔如何看待此人，因为在布罗希纳，此人"相当枯燥，并在很多方面很狭隘"。但当他问起时，克尔凯郭尔强调此人的一般教养。克尔凯郭尔总的来说"非常欣赏老一代人，他们保留着旧时代的人情味和精致的本质，而在年轻一代则付阙如"。

抛开所有这一切不谈，这些信件也是非常有趣的，因为克尔凯郭尔在信中非常坦率地总结了他对二月至三月再到六月革命的观点，并与之联系发展出了一种"涡流理论"。他在一八四八年八月的信中是这么说的："您一定会认可我的观点，将全欧洲的发展视为一个巨大的怀疑或者旋涡。旋涡追求什么？一个能让它停止的固定之点（所以您看，我在括弧中说，我寻求'那单一者'）。"克尔凯郭尔对当时发生的众多事件的描述并没有丰富的政治细节，而是瞄准"那单一者"作为能够制止时代的疯狂旋涡的人物。这只有在一个处在运动之外的非政治的点才能实现："所以在我看来整个欧洲的混乱只有宗教能够加以制止；我相信，就像当年发生的奇妙之事一样，宗教改革看上去应该是一次宗教运动，原来竟然是政治的：那么我们时代的运动，看上去不过是政治的，突然会变成宗教的，或者被迫成为宗教性的。"

很奇怪，这样一个观点克尔凯郭尔是在信中表达的，这封信本来是随兴所至的玩弄智力而已，而科勒鲁普－罗森维格可能也把"涡流理论"当作一个有些费解的博学玩笑。后来同一主题的各种变奏清楚地表明，他并不是这样想的。克尔凯郭尔感到会有一个翻转使这一点明显，即一个表面上的政治运动，其最深层乃是受到压抑的宗教渴望。这翻转的或多或少是不言而喻的前提仍然是出现一个采取行动的人物。克尔凯郭尔在这个关联中提到苏格拉底，他固然未能制止政治旋涡，但他制止了类似的东西，即一个"诡辩的旋涡"。而当死亡是他的计划得以实现的最重要因素时，制止的后果让他丧了命："死去的苏格拉底制止了旋涡，这是活着的苏格拉底做不到的；然而活着的苏格拉底聪明地懂得，只有一个死人才能胜利，一个牺牲，而他则有必须为之献出全部生命的伦理理解。"

克尔凯郭尔似乎领会了同样的道理。他认为，只有一个死人才能够胜利。于是他在这封信里——尽管是间接地——向他稳重的散步同伴传递了这个信息，后者显然没有完全明白。所以克尔凯郭尔必须在下一封信里说得直白一些。科勒鲁普－罗森维格表达了对法国六月革命期间的独裁式领袖人物让－巴布蒂斯塔·卡文雅克的信任，此人曾指挥三万士兵和卫兵杀了八千工人。克尔凯郭尔这样回复道："您期待一个暴君，而我则期待一个殉教者。"这里表达得再直接不过——除非克尔凯郭尔再补充，如果真要出现这样的殉教者，他期待的就是自己。

换句话说，在殉教者论述的字里行间绝不仅仅是学术兴趣，相反，而是最真实意义上的严峻的严肃性。殉教才是那具有实现乌托邦力量的"痛苦的行动"。一八四八年十月，克尔凯郭尔在撰写《伦理－宗教论文集》的前言，赋予当时的局势独特的沉重："灾难……将帮助我得到比迄今为止更好的理解，或者更加激情澎湃的误解。问题不在于一院制、两院制还是十院制，不在于委员会的设立和部长的提名。……治理者已经失去了耐心……问题是宗教的，一个基督教问题……如果我们能再次获得永恒，在每一瞬间对其展望，其严肃性和福祉，其解脱；如果每一个单一者能再次获得永恒：那就不再需要流血。……时代将（只是现时代远为激情和暴力，因为现在的诡辩是暴力和有形的）在很多方面让人回想起苏格拉底的时代；但毫无让人联想到苏格拉底的人和事。"

如果这段话是预言式的，其实现则在很大程度上取决于预言者。他意识到，当有人能承担起使永恒重返时间的任务时，一个新的时代才能开始。而这样一个重返不能无暴力地发生："重获永恒需要流血，但是另一种流血，不是那种成千上万被屠杀者的血，而是更宝贵的血，那些单一者的——殉教者的血，这些崇高的死者成就了任何活人让成千上万人倒下所不能成就的，这些崇高的死者本人生前也不能成就，而只能作为死者成就：迫使喧嚣的乌合之众服从，恰恰是这喧嚣的乌合之众在不服从中获准杀死那殉教者。"

上帝痛恨金字塔

在街头人潮涌动时静坐家中阅读校样的人，不止克尔凯郭尔一个。汉·莱·马腾森也正在将重要作品送出门。关于此事他在一八八二年回顾道："在一八四八年的骚动中我有一间安静的书房，远离世界历史的喧嚣，将思绪引向其他领域：校阅我的教义学，现在杀青可以付印了。"

引人注目的是，马腾森与克尔凯郭尔不同，他完全没有将自己的处境与当时的政治骚动联系起来，而是相反远离世界的喧嚣从事他安静的工作。在作品与现实、作者与任务之间没有克尔凯郭尔和他的《基督教演讲录》那样的直接联系。克尔凯郭尔并没有从事任何值得一提的活动，参与那个时代冲突的实际事务，而马腾森的高度政治社会敏感则令人惊讶，那并不是他的社会地位所能直接提供的。

439

他是一颗事业的彗星，成年后一直在保守派和教会圈子里怡然自得，那里不认可时代的民主倾向，反感议会政治，厌恶妇女解放。

当马腾森在回忆录中回顾一八四八年的事件时引用一个熟人对政治反叛"朴实无华，却也不乏幽默"的评论："这是又一次新的剧烈呕吐；在我们社会的构造中，每过一段时间就会恶心，必须吐出来。"马腾森还坚定不移地相信，革命总是"人类社会的异常状态"，他还用激烈的言辞指责似乎迷惑了革命群众的"魔鬼力量"。

所以，马腾森的手没有沾上街垒战的泥土和血，但是他清醒地意识到"这次古怪的革命不仅是政治的，而且是社会的"。这个观点他在一八七四年出版的《社会主义与基督教》一书中做了发挥，并融入了一八七八年的《社会伦理学》一书。彼时一八四八年的事件已经是三十年前的前尘往事，在马腾森看来，他本人"那时就有一个感觉，如果看不到事情的社会方面，实际上也就没有懂得整个局势。我不得不想到弗朗茨·冯·巴德尔[1]多年前谈到无产阶级，谈到富人和穷人之间扭曲的关系。我不得不想到他的话，我们现今的社会文化就像……金字塔，尖端上有少数获益者，而其广阔的基础是由无限广大的穷人和需要帮助的无助的人们构成的"。

马腾森在《社会主义与基督教》一书中引用了德国社会民主党的创办者费迪南·拉萨尔，以及弗里德里希·恩格斯和卡尔·马克思的话，而马腾森对这些政治思想家的同情影响到他在回顾一八四八年诸事件时的用语："社会问题是关于富人与穷人，关于劳动与资本，关于社会的苦难，关于人生的现世物品更加平均公正的分配。正是这个问题的发酵、混乱和不明朗在底层搅动了二月革命。"几乎像是飘扬在未来工人头上的旗帜标语，马腾森继续写道："自由主义要个人主义，社会主义要的是社会和团结。"甚嚣尘上的自由主义在马腾森眼里不过是另一种形式的利己主义，伪装成意识形态的贪婪："越来越明显的是，自由主义将消解社会，将其变成纯粹个人及其个人利益，而在大部分人那里不过是金钱利益；社会主义，在其真正意义的理解中，将社会紧密地团结起来，个人将服从社会。即便自由主义目前占有权力，还是不难看出，社会主义将有未来。"

马腾森并不能理解克尔凯郭尔究竟为什么喜欢在街头和普通人谈话，但他却

---

[1] 弗朗茨·冯·巴德尔（Franz von Baader，一七六五～一八四一），德国天主教哲学家、神学家和矿业工程师。

能专业地将这些意识形态用语运用自如。然而从另一方面来说，克尔凯郭尔的政治概念也不能说是得到了充分分化——社会主义和自由主义的区别在一八四六年时尚不清晰，社会主义和共产主义之间也难以区别。他因此从未僵化在某种意识形态之中，从而对传统的政治光谱保持着有远见的灵活性，他可以毫不费力地从完全无政府状态跳跃到马基雅维利式的坚定。马腾森将时代的"社会文化"比作金字塔，享有特权者占据了金字塔的顶端，一无所有的穷人组成了广大的基础。克尔凯郭尔一行马克思也没看过就写出了类似的话，他和马腾森一样运用金字塔的形象："人是'社会动物'，他相信：组织的力量。于是属人的观念是这样：让我们大家全都联合起来——如果可能，地球上的一切王国和国家——金字塔形的社团就这样组成了，它越搭越高，顶端上有一位超王。——他必须被视为近乎上帝……对基督教来说，情况则正相反。正是这样一位超王，处在距离上帝最远处，就像总体上来说上帝高度反对金字塔。/ 一个被鄙视者，遭到人类的厌恶，一个微不足道的、被抛弃的可怜虫，一个弃儿：这才是——根据基督教——上帝所选择的、离他最近的。/ 他痛恨金字塔。……因上帝是无限的爱，他父性的眼睛不难看出，这个人类金字塔的想法是多么容易就会变成对人类中不幸者、遭忽视者的残酷无情。……于是上帝推翻金字塔，一切崩坍了——一个世代之后人们又开始造金字塔。"

自由，平等和仁慈

441

这样，克尔凯郭尔很早就认识到这新时代，现代，未来不得不与之共生——或者因之而死的一系列问题。"平等的问题，"他在一八四八年写道，"已经进入欧洲的讨论。/ 因此现在每一种旧式暴政（皇帝、国王、贵族、教士，甚至金钱的暴政）都变得无力。/ 但是有一种与平等相应的暴政形式：对人的恐惧（Menneske-Trygt）。"克尔凯郭尔认为自己也卷入了这个过程并果敢地继续抨击道："我国和其他国家的共产主义者为人的权利而战。很好，我也为之而战。但也正因为如此，我全力以赴地反抗对人恐惧的暴政。……共产主义所说的，不过是基督教视为不言而明的，即上帝面前人人平等，因而本质上平等。"或者简而言之："什么是属人性（Menneskelighed）？那就是人的平等（Menneske-Lighed）。不平等是非人的。"

克尔凯郭尔为共产主义、社会主义、自由主义和自己的老式保守主义倾向提供的替代方案激进得无与伦比——仁慈（Barmhjertighed）！他并非无由地指出，

《爱的作为》的第八章第二部分是"关于共产主义"的。某种意义上可以补充说全书都是如此，但有关章节确实是全书中最具体相关的部分，尽管有一个最不具体的标题："仁慈，爱的一种作为，哪怕是在它什么都无法给出并且什么都做不了的时候。"仁慈的真正本质在这一章里树立为"世俗性的这一关于做好事和行善，慷慨和好心奉献，捐赠和捐赠的持久不息的说辞"的对立面，关于最后一点，克尔凯郭尔以其独特的充满爱心的激烈总体上加以拒绝："噢，让各种报纸的写稿人和收税员和街区管理员们去谈论施舍之慷慨并且数啊数啊的；但是让我们绝不要充耳不闻：基督教所说的本质上是仁慈。"这不是意味着，仁慈将取消慷慨奉献的行为，相反："这是理所当然：如果仁慈者有什么东西可给，那么他会非常乐意地给出这东西。"克尔凯郭尔的要点在于，一个人可以是仁慈的，"尽管他没有任何东西可给"。这一点有着极大的重要性，因为"能够是仁慈的"比起"有钱并且因此而能够给予"是一种"远远更大的完美"。或者，更加直言不讳："一个人在怀中（Barm）有着心（Hjerte），由此并不推导出他在口袋里有钱，但前者则肯定是最重要的，并且相对于仁慈而言是决定性的因素。……因为永恒对仁慈有着最敏锐的目光和最深入的理解，但对钱一无所知。"这段话将意识形态的视角拆解了，并随即重建了一种近乎丑闻的直接的神学挑衅，很自然地会触怒一些人。克尔凯郭尔在一段既是愤怒的也会——我们将看到——激起愤怒的小小对话中预先对一些反对意见进行了反驳："'穷人、悲惨的人会死去，因此最重要的事情是得到救助。'不，永恒说，最重要的事情是：仁慈得以实践，或者，这帮助是仁慈的帮助。'给我们钱，给我们收容场所，这是最重要的！'不，永恒说，最重要的是仁慈。一个人死去，在从永恒的角度理解不是不幸，但是，'仁慈得不到实践'则确实是不幸。……哦，在富人回答关于'他是否曾是仁慈的'的问题说'我曾经给穷人们几十万'的时候，我能够想象，永恒会展示出怎样的一张脸。永恒会看着他，诧异地，就仿佛是一个无法理解他在谈论什么东西的人；这样它会再次向他提出这个问题：你是否曾仁慈？"

442

面露困惑的恐怕不只是永恒，读者可能也会困惑，如果不是现在，当克尔凯郭尔继续以神学激进谈论仁慈时，一时间全无仁慈之心："于是这演讲转向你，穷人和悲惨的人！……要仁慈，仁慈地对待富人！记住，这是你的力量所在，而他有钱！……哦！要仁慈！如果富人刻薄而吝啬，即便在钱财上不那么吝啬却言辞刻薄可憎：你还是要对富人仁慈！"

革命的发生会突然重新估价一切基督教确立的价值，而单独个体实践仁慈的行动时，就使一切自由、平等、博爱的政治口号成为多余。仁慈与一种特定的情境，一次具体的相遇，和一种态度相联系，也因此，它永远能坚持对意识形态免疫。出于同样的理由，一个按照基督教教义组织起来的社会对克尔凯郭尔来说是俄国的一座城市，如在一八四八年的一条札记中酣畅淋漓地戏仿描绘的最拙劣的意识形态灾难世界："这个世界的形状像是——我不知道应该拿什么来比较，它将会像一个巨型的基督徒领地[1]，那里也会有关于如何解释这一现象的两个最大可能极端的冲突：共产主义会说，这在此世意义上正确的是，在人与人之间不应有任何区别，财富与艺术和科学与政府等都是罪恶，所有人都应该像工厂里的工人，或者济贫院里的住户一样，穿同样的衣服，在统一时间，以同样的姿势吃同一口大锅里煮出来的同样的饭，等等；虔信主义（Pietismen）会说，在基督教意义上正确的是，人与人之间没有任何区别，我们都应该是兄弟姐妹，应该分享一切，财富、等级、艺术、科学等都是罪恶；所有人都应该像当初在那小城基督徒领地时那样，穿一样的衣服，在指定时间祈祷，抽签结婚，定时上床睡觉，从同一只碗里，根据指定的速度，吃一样的饭食，等等。"

当严格的统一性强加到人们头上，以基督教还是别的名义就无关紧要了，其不自由本身就足以展示其非真理性。

这样人们也很想知道，究竟是些什么活动隐藏在这些重复的"等等等等"背后。

尚存者的证券

一八四七年五月五日，礼拜三："真奇怪，我满了三十四岁。这让我完全弄不懂；我曾经那么肯定会在这个生日之前或者这一天死去，我真的忍不住要想，我的生日记错了，所以我还是会在三十四岁死去。"

克尔凯郭尔用几条札记标记了这个日子，内容包括关于罪过（Synd）与挣扎（anfægtelse），关于死亡，实际的，但尤其是象征的："当我离开她的时候，我选择了死亡——也正因为如此我能够做巨量的工作。她戏仿着喊叫道'我要去死'，而

---

[1] 基督徒领地（Christianfeldt），今日德兰半岛南部的一个严格虔信派社区。主要部分建于一七七三～一八〇〇年间。二〇一五年正式收入联合国世界遗产名录。

我装作人生的快乐刚刚开始。一切都完美合宜：她是女人，我是反讽者。"这段话不容置疑地以突兀的玩世不恭结尾，但是在一个 # 号下面软化了自己的立场："然而原因更深。即促使我离开她的，是我那最深刻的不幸，现在对我自然有另一层完全不同的意义，因为这是我肯定会让她不幸，并谋杀我的良心的原因。所以从那一刻起，悲惨就战胜了我，而不会是别的样子。为了给我对她的行为辩护，我必须不断地提醒自己我基本的不幸。事情就是这样。"寿星在这几行字下面写下了他对年满三十四岁的不解。

死亡在一八四七年并没有来，在双重意义上出乎他的预料：他继承的三万一千三百三十五塔勒中，有一万七千七百六十塔勒投资在皇家债券和火险公司。这些证券他都在一八三九年至一八四七年间一点一点兑现了，他在一八四七年三月二日卖掉了最后一只股票，同年十二月十四日卖掉了最后一张债券。总的来说克尔凯郭尔出售这些证券的收益都不错。保守估计他的利息总收益在六千五百塔勒，但是现在他需要现钱，他需要动用压在新市二号童年旧居上的钱。根据一八三九年的遗产分割安排，两兄弟各得这处房产的一半，由彼得·克里斯钦负责管理，但是他在三年之后到皮特堡去担任牧师，这项任务就移交给了弟弟，后者很快就开始发牢骚。"你知道，接管这个地方让我多么焦心"，他在一八四三年元月中给彼得·克里斯钦的信中写道，并在同一场合告知兄长，他已经说服他们的姐夫，商人约翰·克里斯钦·隆德来接管这处房产——"直到他尽快将其出售"。这是两兄弟第一次提到这种可能性，但是索伦·奥比如此厌倦与这处房产相关的种种耗费心力的琐碎，恨不得把它"白送掉，只要别再让我来管这事"。但这不等于说他对这件事的商业方面一无所知："这地方真的非常不错，不容否认；交到妥当的人手里能赚一小笔。"

五个月之后，一八四三年五月三日，他赚到了这笔钱当中的一部分。令人惊讶的是，他买下了彼得·克里斯钦的那一半产权，从而成为克家老宅的唯一房产主。通过这次交易，彼得·克里斯钦得到一千五百塔勒的现金和七千塔勒的首付，余款年付百分之四。这处房产在一八四七年年底投放出售，交易在圣诞节前夕完成。合同草签前两天彼得·克里斯钦被告知事情的进展。弟弟反复强调，哥哥应该对这件事满意。"天晓得，这段时间里我被生意经弄得昏头涨脑，我是那么容易迂腐，"他解释道，并且以并不迂腐的糊涂继续写道，"我甚至不记得你的首付是怎样安排的；无论如何，这里的区别都不过是手续问题。"不能肯定彼得·克里斯钦是否能同意。他可能认为下一句话是典型的匆忙，索伦·奥比写的是"很"而不是"是否"："所以，交付回程邮班让我知道你很满意。"

借助于克拉夫特律师的努力，这处房产移交给了克里斯琴娜·伊丽莎白·布陶。她是一位股票经纪人的遗孀，故而十分股实。房产的售价总计两万两千塔勒，其中一万塔勒现款支付，其余以每年百分之四分别付给索伦·奥比和彼得·克里斯钦五千和七千塔勒。这样，弟弟在拥有这处房产的四年里收入颇丰，据他自己估计有两千二百塔勒。没有资料说明彼得·克里斯钦怎么看待这次交易中自己的收益，但是在两兄弟在为卖房子事宜见面后不久，索伦·奥比在札记中写下了关于彼得·克里斯钦真正尖酸刻薄的话，他的"狭隘和嫉妒"得到如此强调，难免让人认为，彼得·克里斯钦有可能说了这位经济上过于手脚麻利的弟弟几句。彼得·克里斯钦据称在这次交易中损失了一千塔勒。

这不是两兄弟之间的第一次金钱来往。节俭的哥哥有时候看上去像是个无息贷款处。一八三九年三月二十六日，索伦·奥比借了三百塔勒，彼得·克里斯钦在账本上记下："给我的弟弟索伦·奥比·克尔凯郭尔叁佰圆整，将从其一半房产之今年收益份额中扣除偿还。"到十月二十日所借款目下降到了一百五十塔勒，但到十二月十三日又上升到四百五十塔勒，彼得·克里斯钦记录道："作为归还总计四百五十塔勒的债务，他在本月十四日交给我三张火险总公司的股票，我兑现了每张一百五十塔勒。"这位唯美派债务人显然无钱买回这三张股票，彼得·克里斯钦于是在一八四〇年九月中卖掉这些股票，并把售价中超过四百五十塔勒的部分交给索伦·奥比。根据彼得·克里斯钦的账本记载，索伦·奥比在这年早些时候，元月二十日借了二百塔勒，在二月二十六日又借了双倍于此的数目，后者仅是为偿还债权人向这位开支浩大的花花公子催讨的部分欠款。两兄弟在一八四一年和一八四二年间也有类似交易，但后来好像停止了。从一八四三年到一八四八年，索伦·奥比可以从国家银行提款，他通常将证券放在那里做抵押。

445

书中钱

新的"死期"[1]也在克尔凯郭尔的另一个家——写作中引起突然改变。一八

---

[1] 原文"deadline"在这里是双关。Deadline 本是作家经常接触的截稿期，在这里指克氏没有按照预期在三十四岁前死去，需要重新安排生活。

四七年四月底，国务委员克里斯钦·默尔拜克想买一本《非此即彼》送给他的德国朋友做礼物。让他大为吃惊的是，这本书竟然脱销了，而这一点，如他对作者说的，肯定是"我们时代文学史上一个值得研究的现象"。克尔凯郭尔的第一反应是愤怒地大摇其头，默尔拜克竟然会如此无知：《非此即彼》的第一版早在一八四四年十二月就已脱销，瑞策尔随后建议作者再出一个新版，这是他原则上反对的。因此默尔拜克不应该开始研究什么文学史现象，而应该学习艰深的反向辩证法，他肯定会遇到困难的："人类面对这种辩证法就像狗学习直立行走：一会儿成功了，但马上又回到四脚落地。"默尔拜克实际上属于四脚落地的一员，因为他没有想到，克尔凯郭尔竟然会为了观念的缘故而做出不允许《非此即彼》重印这样违逆自己的事情。不过克尔凯郭尔还是给默尔拜克送去一本自己的《非此即彼》，这本书当然不再是崭新的，但毕竟聊胜于无。如果默尔拜克想要一本"全新的"，但请直言不妨。于是克尔凯郭尔将"以一个恭顺精灵的速度执行这指示"。可见克尔凯郭尔乐于为了观念的缘故而违逆自己，却不愿违逆国务委员。

一八四七年八月初，也就是在那著名的三十四岁生日之后，克尔凯郭尔开始——跨越一切关于原则的声明——和瑞策尔商量尚未售出的其他作品，并且用下面的半承诺结束一封信："至于《非此即彼》，将留待今后商讨。"克尔凯郭尔显然不再完全拒绝出新版的想法。然而瑞策尔必须抓紧一点，因为在这个月底克尔凯郭尔与书商菲利普森进行的同一商谈已经很深入了，他在八月二十三日根据两人的谈话给克尔凯郭尔发出一份预算清单附带印刷商比亚科·伦诺的报价。菲利普森设想，新版《非此即彼》应该印制一千本，将近初版的两倍，这样零售价就可以降低一塔勒甚至更多。印刷和纸张的费用，应付给伦诺九百四十八塔勒六十斯基令，外加装订和广告费，克尔凯郭尔总计可得五百塔勒，其中四百塔勒在一八四九年元月一日支付，余下的一百塔勒在书全部售出后支付。

克尔凯郭尔却不能接受这个提议，他想要七百塔勒。对此，菲利普森在八月二十八日有些困惑地回信。他和这位雄辩的作者交谈时可能忘掉了一切算计和诸如此类的无聊玩意儿，但还是带着生意上的精明强干："尊敬的博士先生！您有充分理由对我的摇摆不定报以微笑。和您在一起时我忘掉了一切算计，仅只看到听着《非此即彼》的作者，对从您唇间涌出的不绝言辞唯唯诺诺。直到我回到办公室，才在这里开始做我的预算。再次最精确地计算了我的费用和一切风险后，不得不回到本月二十三日的原方案，也只能在同样条件下接手《非此即彼》的再版。"可以理解，菲利普森的这个五百塔勒印一千本的提议不能让克尔凯郭尔大喜过望，当年他自己担任出版人，第一版的五百二十五本，他就挣了一千塔勒左右。于是他在两天之后对菲利普森的提议做出否定回应："尊敬的先生！鉴于您不愿如我所愿地行事，您就得不到《非此即彼》的出版。事情就这样定了。"

现在克尔凯郭尔转向瑞策尔，他在一封没有日期的信中表示接受五百五十塔勒，印七百五十本的提议。这相当于七百三十三塔勒，印一千本，这条件显然优于菲利普森的提议。瑞策尔于是准备好随即付款，"四九年六月十一日偿付三百塔勒，余下的二百五十塔勒将在一八四九年七月底支付"。时间就是金钱，而克尔凯郭尔两者都缺。"因此我接受您关于《非此即彼》的提议而不再多费周折，尽管稿费不多——但国家也本不大，"克尔凯郭尔热情不高地写道，并继续，"恭喜这次交易成功。我认为您做了一笔很好的买卖，您将会看到这次投资带来的好运。如果我当初自己当出版人时没有以那么多方式直接和销售作对，情况会大不一样。"然而，当克尔凯郭尔现在不再跟销售作对了，这次投资应该带来的好运却不足以让《非此即彼》的第二版在克尔凯郭尔的有生之年全部卖完，第三版的必要性直到一八六五年才产生。

不过克尔凯郭尔毕竟在《非此即彼》上赚到的钱比别的书多。第一版的零售价四塔勒七十二斯基令。这七十二斯基令归瑞策尔，所以克尔凯郭尔在第一版上的毛收入总计约两千一百塔勒。从中扣除月六百四十塔勒的纸张和印刷费用，这样数字就落到大约一千四百六十，但这还不是纯收入数，因为克尔凯郭尔还要支付秘书（"我的小秘书克里斯滕森先生"）和校对（吉约瓦特）的工资。这些费用的账单没有留下来，但克尔凯郭尔在别处有记载，他在《非学术的总结性附笔》的校对上花了一百塔勒，这样，如果将《非此即彼》的相应费用估算为一百五十塔勒，应该不会过低，这样作者的净收益当在一千二百塔勒出头。

总的来说，克尔凯郭尔写书能挣到钱，与其说是例外不如说是常规。一八三八年至一八五五年间，他一共发表了四十三部（篇）标题作品，其中三十六部（篇）通过瑞策尔，六部（篇）通过菲利普森，以及一部（篇）通过居伦戴尔。在瑞策尔出版的作品中有十三部属于寄售书，这意味着由克尔凯郭尔本人和比亚科·伦诺签订合同并直接付给他纸张和印刷费用。书在印厂印好后分成合适的批量送交瑞策尔，他通常抽取销售额的百分之二十五，不过《非此即彼》只抽取了百分之十六。

447

克尔凯郭尔就这样和伦诺和瑞策尔保持着业务联系，通过现存的账目可以追踪《非此即彼》《忧惧的概念》《序言集》《想象情境中的三篇讲话》《人生道路诸阶段》《非学术的总结性附笔》《文评一篇》和《各种精神中的益信词》。缺少余下五本寄售书的相关数据，它们是《尚存者手记》《益信词两篇》《恐惧与颤栗》《重复》和《哲学片段》，但还是有足够资料对克尔凯郭尔的收入做出可能性很高的估计。

448　　　将近半数的寄售书是假名的，直到一八四六年克尔凯郭尔承认自己这些书的父亲身份为止，他觉得直接和瑞策尔和伦诺谈判很荒唐，于是让延·芬·吉约瓦特担任谈判的中间人。所以可以看到是他，而不是克尔凯郭尔的名字登记在伦诺的账本上，就像也是吉约瓦特在瑞策尔那里付钱出版假名作品，如果售出的话也是他去取钱。因此，一八四五年五月十一日，他在下列证明文件上签字："谨以生命和死亡的名义起誓，索·奥·克尔凯郭尔博士先生有权向我索取从书商瑞策尔先生处……所得书籍销售收入，在我死亡情况下［瑞策尔先生］有义务向克尔凯郭尔先生支付所得款项。"

这个累赘的运作在一八四七年停止了；克尔凯郭尔在这年夏天直接与瑞策尔谈判所余寄售书事宜。双方在八月里达成协议，瑞策尔以一千二百塔勒的价格获得《恐惧与颤栗》《重复》《哲学片段》《忧惧的概念》《序言集》《想象情境中的三篇讲话》《人生道路诸阶段》《非学术的总结性附笔》和《文评一篇》的库存所有权。瑞策尔还交付了一八四七年《益信词》的相关费用，那是克尔凯郭尔自费印刷的。这笔钱，克尔凯郭尔得到了二百二十五塔勒，这是他的第一笔正常版税，从那以后他就成为普通条件下收取版税的作家：每本书出版前他将第一次印刷的版权卖给瑞策尔，但他永远保留后续各次印刷的版权。每次重印前他都要签署新的合同并获得新的版税。

根据克尔凯郭尔在谈判之前发给瑞策尔的已出版寄售书清单，一八四七年七月时的状况如下：

书名	已售出（单位：本）	尚存（单位：本）
非此即彼（525 本）	脱销	0
恐惧与颤栗（525 本）	321	204
重复（525 本）	272	253

续表

书名	已售出（单位：本）	尚存（单位：本）
哲学片段（525 本）	229	296
忧惧的概念（250 本）	165	85
序言集（525 本）	208	317
想象情境中的三篇讲话（500 本）	181	319
人生道路诸阶段（525 本）	245	280
非学术的总结性附笔（500 本）	119	381
文评一篇（525 本）	131	394

克尔凯郭尔通过出售作品所得，扣除付给瑞策尔的百分之二十五，共三千六百七十四塔勒，加上他在八月将库存所有权转让瑞策尔得到的一千二百塔勒，克尔凯郭尔在这十本寄售书上所得总计四千八百七十四塔勒。从这个数额中要扣除他所付纸张、印刷和装订费用，寄售书共花费约两千二百塔勒；还要扣除他的广告、一些赠阅书，以及秘书和校对费用，后两项最贵，约需五百塔勒。这样，克尔凯郭尔从在瑞策尔处寄售的作品中总计所得约两千塔勒。

《尚存者手记》也在瑞策尔处寄售，但没有列入这份清单。关于这部作品的资料很少，但从一份一八五〇年三月三十日的文件上可知，从一八三九年六月到一八五〇年三月售出一百二十一本，克尔凯郭尔挣了将近四十三塔勒。这笔钱于一八五〇年四月付给克尔凯郭尔，他很可能用来支付了纸张和印刷费用。一八四五年五月二十四日转让给菲利普森的七十八本《益信词两篇》库存，也以同样的方式收支相抵。

在菲利普森处出版寄售的六本书，情况大同小异，只是规模略小。其中包括一八四三年至一八四四年间出版的《益信词》小册子和一八四一年出版的《论反讽概念》。关于克氏博士论文的经济情况，只知道单本售价一塔勒四十八斯基令，印数、销售额和付给菲利普森的预付款数额的资料都付阙如。克尔凯郭尔本人提供的资料很精确，却不详细，他说："出版这本书我花了一百八十二塔勒四马克八斯基令"。如果菲利普森收取零售总额的百分之二十五预付款，那么要销售一百六十三本，就能抵消克尔凯郭尔所花的费用。这个估计并非不现实，因为克氏的答辩曾轰动一时。然而，一八五二年的一则包括初版《益信词十六篇》的小广告却

449

表明，彼时《论反讽概念》还可以买到，也就是说尚未售完。

一八四三年至一八四四年间克尔凯郭尔共发表了十八篇益信词，分为六本小册子出版。第一本于一八四三年五月十六日由瑞策尔出版，其余五本小册子当菲利普森在一八四五年购入库存时得到转让，这样，十八篇益信词中的两篇由瑞策尔出售，其余十六篇由菲利普森出售。他在一八四五年五月二十九日以《益信词十八篇》出版。财务记录表明，扣除广告和佣金，截至一八四五年一月一日，克尔凯郭尔在菲利普森处获得二百二十四塔勒一马克四斯基令。这样无论如何足以覆盖克尔凯郭尔的纸张和印刷费用的大部分。尽管他出版博士论文略有损失，但还是通过演讲词赚回一百塔勒，可见他并不缺少商业头脑。在与菲利普森签署的

450　　合同上，他明确保留了自己的产权："第一版一旦销售完毕，此书的产权随即回归本人。"

唯一在居伦戴尔处出版的作品是一八四九年的《伦理–宗教短论两篇》，在路易斯·克雷恩处印刷。印数照例是五百二十五本，纸张和印刷费用略超过五十三塔勒，售价三马克，居伦戴尔收取销售额的百分之二十五。这本书卖得不好，到一八五二年只卖掉七十四本，那么根据通常的费用比例，克尔凯郭尔得到二十一塔勒。瑞策尔在一八五二年购入此书的库存，但因账目不完整，克尔凯郭尔的收入也就无从得知。估计不算丰厚，但他也不太可能在《伦理–宗教短论两篇》上赔钱。

总的来说克尔凯郭尔写书赚了些钱，版权收入净得两千八百三十五塔勒，稿费收入约两千塔勒，总计约四千八百三十五塔勒。这个数目不算很大，但为了比较不妨指出，哥本哈根海关检察署的科长，年薪为六百塔勒，如果开支合理，每年四百塔勒可以养家。流动工匠的年薪是二百塔勒，但雇主提供食宿；住家女佣在食宿之外每年有三十塔勒工资。如果她想买双新鞋，就不得不从预算中挤出三塔勒，所以，她很长时间里穿着旧鞋。

450

"年复一年的自费"

尽管克尔凯郭尔赚到的钱不多，但还是与他自己反复声称的赔钱写书正相反。苏格拉底教学不收钱，克尔凯郭尔想效仿他，在多处地方将自己的稿费描写为"相当于苏格拉底"。在《序言集》中有这样典型的一段："一个丹麦作家不仅要有精神、能力和其他诸如此类被认为合意的品质，他还必须有钱，首先必须有一种

非同寻常的品质：满足于付出时间、勤奋——和金钱，而得到的只是忘恩负义。"

这抱怨经常在他的作品中出现，越来越与讽刺丹麦文学界相联系——如他在《关于我的写作生涯》开篇所说："当一个国家是小国，一切都成比例地缩小。文学也是如此；于是稿费和相关的一切都只不过无关紧要……这样，如果有人具备写作的才能，而他又足够幸运地有一些财富，于是他成为作家，几乎是自费作家。"

451

这样的宣称不由自主地给人留下印象，克尔凯郭尔的写作生涯似乎是非营利活动，最终甚至得不偿失。埃米尔·波厄森和汉斯·布罗希纳很早就给这种印象推波助澜，不过尤其是亨丽耶特·隆德和她的同父异母弟弟弗里德里克·特勒而斯·隆德，和他们的父亲法律顾问兼国家银行部门总管亨利克·费迪南·隆德，或多或少不由自主地成为巨大财务神话的编造者。克尔凯郭尔死后五天，这位银行家就在给儿子威廉的信里告知："如果有人说他身后留下巨额财产，就让他们去说吧。但真相是这样，他的钱财一部分用于写作，一部分用于生活开支，还有一部分用于资助穷人，他在世时这样处置钱财，结果除了藏书之类别的什么也没留下。"

克尔凯郭尔将相当部分的财产用于他的著作的出版很早就显得像是事实，而札记中的一些含混记录则似乎在证实这一点。《海盗船》攻击开始之后，这位遭到嘲笑的作者写道："不容否认，像我所在的哥本哈根这样的一座小城需要教化。竭尽全力工作到近乎绝望的程度，带着灵魂的苦痛和内心生活的许多痛苦，花钱来出版——结果毫不夸张的只有不到十人认真读完。"同年又以同样的口气，很不友好地回忆起哥尔德施密特和皮·路·穆勒："稿费，即便是那些成名作家，时下在丹麦文学界也所得十分菲薄，然而另一方面，那付给文学混账的小费却颇为可观。如今一个文人越是可鄙就越能赚钱。"同年，他还用那特有的五味俱全的反讽写道："所以一面是：荣誉、声望，金钱收益——和错误的意见；另一面是羞辱，排斥，金钱损失——和正确的意见。这样想，教人怎能不乐观，如果他以前还不乐观的话！"

当克尔凯郭尔涉及这个话题的时候，在发表作品中行文潇洒，而且总的来说相当优雅，在札记中却近乎正相反，他抱怨自己的窘迫，同时又要坚持不抱怨的原则："丹麦是一个小国，一个真正的作家在这里赚不到钱；我还没开始写就早已知道这点；我从来没有就此抱怨过，将来也不会抱怨——即便令人痛心的是，如果我生活在一个大一点的国家，在我不得不付钱当作家的这段时间里早就赚到相当的财富了。"同年，一八四八年，他的苏格拉底病症似乎又犯了："我忧心忡忡地省思，我到底能否真的通过工作挣钱，或许确保一个固定的收入，这是现在能安慰我的——我忧心忡忡地省思，因为我足以明白，在同一瞬间我作为作家的活动和我的一般活动受到了损害，我在推动严肃性的一个微不足道的定义，被看作一个严肃的人——挣钱，被很多人读，得到引用，为什么？因为我变得严肃了，部分原因是我现在挣钱了。"克尔凯郭尔现在进入稿费时期，一八四八年是丰产之年，也是丰收之年，根据他和瑞策尔签订的合同，他得到一千零二十塔勒的进项，这个事实或许可以部分地解释他突然的犹疑。然而这持续了不久，苏格拉底式的危机就过去了："《结论性附笔》难道不是一个很大的成就，足够三个教授来做的了。然而其作者是一个没有正式职位，似乎也不想要职位的人；书中没有沉重的章节——所以什么也不是。/ 这本书在丹麦出版。任何地方都没有提到这本书。也许卖掉了五十本，包括校对的费用（一百塔勒），出版这本书我花了四五百塔勒，加上我的时间和辛苦。"克尔凯郭尔在这里没有提到，《附笔》实际上得到了详细评论，尽管是皮·路·穆勒的恶毒评论。

苦涩无疑是还在那里并将持续下去，将自己分裂为多个作者的需要也在增长，这数目在一八五〇年达到了十："不错，我可以分裂自己成为十个人，于是成为需要的品种，今天是这位作家，明天是另一位，各有一点。/ 我抛出的那几篇短文就足以在丹麦建立一桩辉煌的事业，一桩不能让我赚到大钱的事业。……关于我着装的一个词，印成铅字就会被成千上万的人传诵，年复一年，日复一日，不会被遗忘。"或者，用他自己在一八五一年所给出的重点："不论过去还是现在我都一事无成；但是我献身于那昂贵的，金钱上也太过昂贵的乐趣——在丹麦当作家。"

可以轻而易举地给同一话题补充大同小异的其他例证，不过也有纠正，或至少修正这总体印象的札记，例如下面这条写于一八五〇年的："年复一年我忍受着自费，有时能收入一点钱，就用于支付费用，所以也就没有赚到钱。"这里说的收支平衡大体上和通常很细心的希本就此事的说法一致："出版卷帙浩繁的作品一定在很长时间里花掉不少钱。但是最后他也得到了相当的版税。"

然而克尔凯郭尔的收入从来没有在任何时候足以应付他的生活开支，所以，当他声称，他"花钱当作家"时，并不十分离谱——如果接受他的特殊前提的话：如果他在一年里收到五百塔勒稿费，但将两千塔勒用于生活开销，他就花了一千五百塔勒来出书。

尽管从经济的角度来看这份账单很不完备，但是从心理学角度来看却是充足的证据。克尔凯郭尔开始是一个富有的青年，他不折不扣发疯一样工作，为了完全献身于写作而承受着被剥夺的痛苦，眼睁睁看着财富逐年减少。钱不是用在写作出版上了吗？他不是"免费维护着一个作家的生存"吗？他不是"好到为丹麦奉献了一个自费作家"吗？他归根结底不是"勤奋紧张地工作到赤贫"吗？很难用不一样的话来说服他，而写作收入的区区五千塔勒将够应付他的开支还是在应付之外略有结余也区别不大。因为这些钱只够克尔凯郭尔生活两到三年！而他作为作家工作了整整十七年，写成的书平均收入不到三百塔勒一年，在某些时期甚至不够他付房租的。

克尔凯郭尔的财务状况无法细究，在保存下来的账目中有太多空白和黑洞，但还是可以相当保险地给出粗线条的大致下限：克尔凯郭尔在一八三九年继承的财产计三万一千三百三十五塔勒；证券的利息收入约六千五百塔勒；写作收入约五千塔勒；出售房产所得两千二百塔勒；总计四万五千零三十五塔勒，到他在一八五五年死时基本花光。留下的只有他的家具衣物、藏书、地窖里的三十瓶酒和瑞策尔那里的五百九十九塔勒应付款。钱在十七年间消失了，克尔凯郭尔平均每年花掉两千六百塔勒。

钱都到哪里去了？回答很简单，克尔凯郭尔的私人开支浩大。存留下来的账单用明确无误的语言讲述着一个奢华公子的生活故事。账单来自书店、装订店、各种制帽店、埃尔斯戈和施密特丝绸服装店、裁缝库尼策和给他的特制靴子换底并配上弹性软木跟的鞋匠索尔福宝。还有来自各种手艺人的账单以及理发师艾尔斯特朗的五张收据，"理发伺候"。"伺候"这个词让想象力飞舞，其实不过是当时一项并非罕见的业务，即理发师到顾客家上门服务。于是顾客克尔凯郭尔在一八五〇年至一八五一年间为这项服务付了四塔勒。在这捆账单中引人注目的是十五张多少有些深奥莫测的各种协会、学会和俱乐部的会员费收据："艺术协会"，克尔凯郭尔花了区区二塔勒银币现付就在一八五〇年成为其第二〇一号成员，于是自动参加"艺术品抽奖"，并在一八五五年二月三日赢得一幅伊丽莎白·耶利嘉·鲍曼的油画《意大利女人和她的孩子》。他把画转送给了姐夫亨利克·费迪南·隆德，附言道："我写的字你一个也不看，特此奖励。"私人读书会"雅典人之家"的会费三塔勒银币现付。并不奇怪，克尔凯郭尔是"丹麦文学促进会"的

454

成员，但令人费解的是，迟至一八五〇年，他已经在经常抱怨钱紧的时候，却花了整整四塔勒成为"园艺促进会"的成员。小心地翻动这些书写着优雅字体的整齐单据，会发现他在一八五〇年十月二十六日——白纸黑字写着——"慷慨贡献"三塔勒而成为"一八四三年成立的妇女联合会"成员。人们不禁要自问，他的最后两个会员资格究竟是一种慈善行为，还是在表达微妙的反讽？

比较容易理解的是"音乐家协会"的会员身份，克尔凯郭尔在这家协会成立过程中还扮演过一个令人啼笑皆非的角色。一八三六年三月五日，在皇家剧院为作曲家克·恩·弗·威赛的六十二岁生日举行过庆祝演出之后，一些观众聚集在学生会，决定成立音乐家协会，其宗旨之一是推动丹麦作曲事业的发展。据医生兼业余音乐家罗尔克说，到一八三六年三月十六日已经有了至少一百四十一个成员。于是罗尔克和爱德华·科林坐下来起草这个群体未来活动的章程。两位先生为了确保他们的章程经过深思熟虑，就去找一个"其辩证之敏锐完全信得过"的"熟人"克尔凯郭尔。于是，这三位先生在一天晚上齐集罗尔克的公寓，一杯酒落肚，这位年轻的辩证法家拿出了他起草的章程："索伦·克尔凯郭尔看上去对待这件事十分认真，开始讨论细节。但是很快，他的辩证破坏能力就从两位立法者手中夺取了权力，他们根本想不到找来的这位哲学家会从他们的章程里找出那些结果。他们头昏脑涨地离开了他们的顾问。"

克尔凯郭尔本人是最先承认自己奢靡的。在一条有着戏剧化标题《审判我自己》的札记中是这么说的："我靡费，上帝知道，我愿意承认并忏悔我的罪过。……我的靡费本质上是和我的创作力相联系的，我将其理解为我唯一的可能性，从另一方面来说，上帝给我的生命以这样的意义，也是无可言喻的恩惠。这样，挥霍掉的一切都是为了保持我的创作状态。如果我正相反，能做到节俭将更加让上帝喜悦或者更加像真的基督徒：现在我懂了；但我当初既不明白，也不相信我能够做到。然而也表明，每当我被一种昂贵的消遣捉住，我都转向上帝，向他祈求，我的青春明白，这是可以做的。我祈求上帝，我真的非常喜欢这样的出游，把这件事留给他。"这至少是关于钱的明白文字，看上去二者相得益彰："不挥霍，我永远不可能在实际发生的那样的规模上工作；因为我的挥霍始终仅仅是根据我的巨量工作来计算的。"

心胸狭隘的后人沉湎于鄙视这些昂贵的习惯，但只是因为在吝啬的判断中，克尔凯郭尔应该实行这些人自己敬谢不敏的禁欲主义。

第四部

一八四八年

为那思想而挥霍

"荆棘街拐角上的一间公寓空了出来，我从这个地方完工的那一刻就爱上了它。"让克尔凯郭尔心动的是皮匠师傅格莱姆在荆棘街和玫瑰堡街拐角上的新房子，晚期古典派风格，四层楼高，五开间，完工后于一八四七年夏天可供入住。

克尔凯郭尔曾承诺在一八四八年复活节迁出新市老宅"二楼南半部分"的套间。他在这段时间里计划停止写作——"不动声色地习惯于停止写作的想法"——将出售父亲老屋所得两千二百塔勒的一部分用来出国旅行两年，然后找一个［牧师］职位。"但是接着我就想到：你要出国去旅行，但是为什么？为了中断写作得到一些休息。但是你难道没有从经验中得知，你从未像在外国那样富有创作力吗？你将在与世隔绝中生活，两年后带着堆积如山的手稿归来。"于是他将一部分钱买了皇家债券和火险公司的股票，并在一八四八年元月底签下租房合同，那是一套华丽的公寓，四扇窗户面对玫瑰堡街，六扇面对荆棘街。他在四月中迁入，每年需付房租二百九十五塔勒。

克尔凯郭尔吃得很考究。他喜欢的菜品是鸭子，咖喱的或者暴腌的，鹅，也460是暴腌的，普通方法烤制，或者鹅脯配菠菜或芸豆、鸽子和鲑鱼。克尔凯郭尔博士与为其供餐的安德森夫人于一八四七年四月六日至一八四八年四月二十一日期间的合约显示，克尔凯郭尔在一八四七年十一月吃了四次烤鸭，两次鲑鱼，四次咸羊肉和其他一些比较普通的菜品。他在午餐和晚餐时都要喝肉汤，例如他在一461八四七年八月的二十九天里都喝了肉汤，其中二十二天每天两次。从一八四七年五月到一八四八年三月底，他在伙食上共花费了二百六十九塔勒四马克六斯基令——啤酒、葡萄酒、咖啡和点心宵夜尚不计在内。难怪有时和他一起进餐的以色列·莱文认为，克尔凯郭尔的"生活方式耗费惊人"。

住处附近其他人的生活却大异其趣。在公共海滩[1]和玫瑰堡街的拐角上，正对克尔凯郭尔公寓的地方，就是所谓"破衣烂衫堡"，里面住着杂七杂八绝望的穷人，受施舍者和其他可怜人，正式登记在册的有六十三人。城中各处散落着约十处这样的收容所，仅名号就说明其丑陋："地狱""水坑""雷雨云""受诅咒的打炮房""虱子俱乐部""厕所""虫害为患的小屋""杂物间""奴隶码头""清道夫的房子"。花几个斯基令就可以在楼梯或阁楼上过夜，阁楼上拉着几根齐胸高的绳子，可以把手臂搭在上面站着睡觉，尽可能睡好。"破衣烂衫堡"因在一八五〇年三月底起火而闻名全国，阿道夫·冯·瑞克写的《破衣烂衫堡的火》登在街头小报上，其中有合唱歌曲《朱莉娅，朱莉娅，快快跳》。一个月之后，这个地方对门儿的天才迁出了他那五间半房间的大公寓。

"我几乎从不外出做客，在家里也有一条必须绝对遵守的戒律——无条件地不接待来访，除非是需要帮助的穷人。"克尔凯郭尔在一八四八年夏天迁入新居后不久在《我著述活动之观点》中这样写道。作为"破衣烂衫堡"的对门儿住户，有不少需要施舍的。根据仆人阿纳斯勤勉地记录的一八四七年元月二日至一八四八年四月二十八日的家用收支账本，可以看到仅一八四七年内就进行了至少二百七十一次捐赠——共计三十一塔勒两马克四斯基令。看上去有一个固定的小小受惠人群，阿纳斯根据三个标准付钱：一马克、八斯基令和四斯基令。每礼拜四来的手摇风琴手得到的最多：一马克。那贫苦的妇人通常得到一马克。瘸子必须感谢得到八斯基令，而那老头不得不满足于一半。除了这些固定来人还有些一次性的来客，通常是在礼拜六。此后期间的类似账簿没有留下来，但可以想见，对门的住客不时会整好破衣烂衫，过街来恳切拜访那有钱人。

462　　从大账来看这些救济都是小菜一碟。这样，如果汉斯·布罗希纳关于克尔凯郭尔将大部分财富用于救济是对的，那么克尔凯郭尔没有做别的事，把时间都花在到处散发小钱上了。例如慈善开支就不能和克尔凯郭尔当时就出名的乘马车出游的费用相比。根据小圣灵巷马车行的车夫雷森的月结算收据，克尔凯郭尔在一八五〇年仅乘车一项就花费了一百三十二塔勒。

---

[1]　公共海滩（Aabenraa），以日德兰半岛南部地名命名的街名。

"哥本哈根是一座很脏的城市"

出游自然是为了散心激发灵感，但也因为克尔凯郭尔需要离开令人气闷的哥本哈根，尤其是玫瑰堡街，其诗意的名字与皮匠师傅格莱姆在夹墙之间摊晒的新剥兽皮散发的甜腻腻酸气形成鲜明对比。整个夏天，敞开的阳沟里流淌着皮革厂产出的黏糊糊废水，令人作呕的臭气飘荡在街上，钻进人的鼻子。不久克尔凯郭尔的怪脾气就又犯了："我住的地方那个皮匠整个夏天都用恶臭来折磨我。许多，许多次，我不得不正式动用精神力量，以免被烦恼折磨得生病。"如果克尔凯郭尔曾希望从玫瑰堡街九号搬到七号就能躲开臭气，那么他会悲哀地失望。因为玫瑰堡街是这座城市的皮革厂集中的地方！

克尔凯郭尔的反应强烈，但并不过分，他也远不是唯一有此感受的人。"哥本哈根是一座很脏的城市，"赫纳曼医生在一八四七年写道，"每一个人从乡间走进城门都会马上被恶劣的空气所击倒。"城墙还是两个世纪前克里斯钦四世规划的那样，但人口增长了六倍。地产主们弹冠相庆，哪怕是最小的一片空地也都盖上了房子，在老旧房子上面加盖新层，地窖、仓库、木棚，甚至鸡窝都被改建为住宅。任卫生部长并负责京城卫生的医生霍普当然对这一切痛心疾首，并且呼吁相关立法，但人还是越来越多，法律也无能为力，哥本哈根人学会了在城墙圈里见缝插针越挤越紧。

哥本哈根是一颗真正的细菌炸弹，但是无人认真对待那些警告。城墙内仍然允许饲养动物，人们也就充分加以利用。一八四〇年在哥本哈根注册在案的计有两千七百七十七匹马、一千四百五十头牛和七百三十九口猪，以及不计其数的母鸡。玫瑰园街上的烧酒商人卡道韦斯刚改建了一处可养二十头牛的牛栏，用烧酒过程中生产的营养丰富的副产品来喂它们，但是牛们制造的副产品却没有用处，于是他决定安装一根导管将它直接输送进阳沟。这个动物园里有多少只狗，谁也不清楚，但大多数是无主的野狗，过着危险的生活，尤其是，如果它们胆敢爬上城墙，就会遭遇所谓"城墙枪手"，即专职将每一位四条腿的无产阶级成员无害化的人。很典型地，出于公共卫生的目的或者说鉴于公共卫生的缺位，城里雇了一个人，年薪一百塔勒，专职负责清除广场上和大街小巷里的腐臭之物。这座城市的肮脏是如此触目惊心，公共厕所如此缺乏，神学教授亨·尼·克劳森在《丹麦人民报》上愤怒地说，现在哥本哈根的大街小巷随处可见"不知羞耻的丑行"。这

463

464

篇文章给卫生委员会留下印象，作为实验性质的措施一八五二年在城堡岛 [1] 修建了几个厕所，但它们实在太小，俗称"尿罐"。

当玫瑰堡街上的皮匠们每天四五次把脏水倒进阳沟，臭烘烘的水就慢慢流向腓特烈堡路，穿过煤市，沿着肉市街，跨过步行街到达高桥广场，最后飞溅着流进环绕城堡岛的运河。城里共有长达近八十公里，总面积三千平方米的阳沟，但是因为坡度不够，臭水难得能到达阳沟的出口，而是缓缓地渗入地下。此外，城里的房子下面还有声名狼藉的水窖，供积存突然而至的雷阵雨水或者上升的地下水。水窖必须定期排空，彼时也散发臭气。

关于厕所可以专门写更为精妙的一章。城中的厕所是根据陈旧的窖坑系统建造的，粪便被集中在大型地窖或地面上的大坑里，容积可供多次加载——这样，每年只要清空一到两次就可以了。掏粪由值夜人来做，顾名思义，值夜人只能在夜间清理厕所，并且要遵循严格的规章。这些规章不断地遭到违反——一八五四年的一份警方报告称，有些值夜人举止失当，竟然驱赶着满载的粪车飞奔！厕所的内容物驶过科尼博尔桥，穿过克里斯钦港，然后来到阿马厄岛上建于一七七七年使用至今的垃圾坑。

值夜人索薪甚高，于是人们经常寻找其他办法来清除粪便，譬如倒进阳沟或者地窖了事。如果住在运河或护城河附近，怎么办几乎是不言而喻的。环绕玫瑰宫的护城河，距离克尔凯郭尔玫瑰堡街上的公寓只有几箭之遥，渐渐变成了四方形的垃圾坑，卫兵营房里的所有粪便脏水，还有司令官府邸牛圈里的粪便脏水，都直接流到这里。

空气自然不会好，但这还不是最糟糕的。最糟糕的是：污水下沉接触到饮用水。饮用水是通过长长的木制导管引入城里的，通常埋在地下几米处。最好的水叫作"喷泉水"——尽管它根本不喷，和别的水一样要提上楼去——是从城外恩姆德鲁普湖引来的，普通的"泵水"则取自城里的湖。当水经过了那么长的路程终于到达终点，质量已经急剧下降。在路程的中途某个地方导管经常会腐朽，而且经常就在某个渗漏的厕所下水道附近，有时候上下水管道还会交错。和水一起喷出死鱼，或是活的水蛭、蝌蚪和鳗鱼，都并不罕见。如果动物们卡在水泵的机关里，就必须叫"供水视察员"，彼时的管道工前来处理。夏天里水总是温吞吞

[1] 城堡岛 (Slotsholmen)，哥本哈根最早的城堡遗址所在地，曾为王宫，今议会所在地。

的，人们必须置办过滤设备和冷却设备，让那著名的"半冷不热鳗鱼汤"勉强可以饮用。

一八四二年时水质特别差，人们向"供水委员会"投诉，但惊骇的公民们却被泼了一瓢透心凉的冰水，供水委员会宣布："水的令人厌恶特征起到了警示其使用的作用。"同年在宽街附近发生了伤寒疫情，但是直到几年后，挖掘出地下陈旧的管道时才找到这次传染病局部肆虐的原因：输水管道上有个拳头大的洞，正在弗里德里克医院太平间排放污水的管道下面。

弗里德里克医院是当时不多见的可以恰当沐浴的地方，可因为要收费，实际上只有富人才能洗澡。赫纳曼医生直言不讳，"不洁的倾向，或至少是对清洁的关心不足，乃是本市大部分居民的特点"。在公寓里备办自用浴缸，必须准备提水上楼，当然只有很少人愿意这样做，结果浴缸很容易就成为摆设。有创意的多米尼克·卡波齐则是例外，他在一八四一年申请到了许可证，"借助于可搬运的澡盆为有意在家沐浴者提供井水浴、海水浴、冷热水浴以及硫黄和草药浴服务"。几年以后市政府也认可了太子街上制帽商费勒贝的请愿书，准许他利用制作丝绸帽子蒸汽设备的余热开设一家蒸汽浴室。不知道克尔凯郭尔在一八四七年写完《爱的作为》之后洗的那个他说"很讨厌"的澡是不是在这里，但是有可能。 466

卫生条件差是当时的高死亡率的一部分原因，如冯格尔教授在一八五三年霍乱爆发前不久进行的调查统计所显示的。他的数字表明，从一八四〇年到一八四四年的五年间，哥本哈根人的平均预期寿命男性为三十四岁，女性为三十八岁；而在城外乡间男人和女人的平均预期寿命都超过五十岁。所以毫无疑问，哥本哈根无益于敏感的心灵，更不要说虚弱的身体。

还有一些事也有必要进行精神动员。克尔凯郭尔在一八四九年回顾道："我在租荆棘街上公寓时的考虑是在那里住上半年，静静地思考人生，然后找一个职位。／然而混乱突然接踵而至。在几个月里我的情况是或许会一觉醒来已经一无所有，不折不扣的金钱窘迫。我感到很是艰难。"石勒苏益格－荷尔施泰因战争[1]引起金融市场波动，克尔凯郭尔的皇家债券损失了将近七百塔勒，这次投资让他痛悔不已，

---

[1] 指"第一次石勒苏益格－荷尔施泰因战争"，发生于一八四八年至一八五一年间，又称"三年战争"，是丹麦与德国就交界处两公国归属而发生的第一轮军事冲突。普鲁士和瑞典也有卷入，以丹麦胜利告终。第二次冲突史称"第二次石勒苏益格－荷尔施泰因战争"，于一八六四年爆发，以丹麦失败告终。

称作"我做的最蠢之事",并将其视为一次真正的教训。政府关于征收所得税的计划也在破坏他的心境。幸好是一场虚惊。他在一八五〇年第三季度的税单上总计——我说你写下来——五塔勒,那是谁也跑不了的所谓"牧师—执事—敲钟人的钱"。

战争爆发同时还意味着他的管家阿纳斯被征召入伍——"他们把阿纳斯抢走了",他在札记中很不高兴地写道。"他实际上是我的身体",克尔凯郭尔一天对汉斯·布罗希纳说。阿纳斯绝不仅仅是个有用的"百搭",他还有着雄心壮志,有朝一日要当警官。他曾在一八四七年九月要求其主人写一封推荐信,得到如下证明:"申请人自一八四四年五月起为我服务,从那时起完全满足我的哪怕是最挑剔的要求,他的每一个方面都值得真诚强力的推荐。他不喝酒,有道德,总是头脑清醒,无条件值得信赖,习惯于沉默,有一定程度的智力,足以信托他相当的自主行事。他对我是如此不可或缺,我真心为他的服务而喜悦。这是我所能想到和给出的最佳推荐。"克尔凯郭尔的推荐信或许让人了解推荐人,超过被推荐人,但他认为阿纳斯很好也是真的,"阿纳斯,特别让我开心,因为……"这条札记没有写完,后来还涂掉了,这残缺难免引人遐想连篇。谢天谢地,他从战场平安归来,但是克尔凯郭尔担心他会听到关于主人的坏话。

在这诸多不如意中后来又加上斯特鲁布的问题。他是个冰岛木匠,克尔凯郭尔本来"信任他超过任何人。他是从父亲那里继承来的,我认识他已有二十年,在他身上可以看到那种健康、强壮、有力的工人"。但是天哪,他变成了什么样!斯特鲁布变得"糊涂,因为他想得太多"。思考烧坏了斯特鲁布的头脑,他变得既"自以为是"又"暴躁"。一天克尔凯郭尔回到家,无比惊骇地发现有人动了他的书桌并且翻看了红木匣子里的私人文件。一直没有查出究竟是谁干的,也许是他自己出门前忘了关书桌,但是斯特鲁布受到怀疑,因为他的精神高度紧张并且说要"改革全世界"。这很不好,尤其是会成为"一个让新闻界大做文章的轰动事件"。斯特鲁布住进了弗里德里克医院,主治医师赛利曼·梅厄尔·特利尔主持他的治疗,高烧很快就退了,斯特鲁布可以重新开始工作。"我要再次为我的木匠向您表示感谢,"克尔凯郭尔后来致信特利尔,"他又恢复了二十五年间因之享有名誉的那些良好品行,一个有生命和灵魂的工人,一个思考自己工作的工人,而不是误将思考当成自己工作的工人。"

467

致死的病症

关于生活和作品之间有距离的一个醒目警示已经在这里——在那太过昂贵的公寓里，值此战争的危险千钧一发之际，在尖锐的喧嚣盈耳、皮匠作坊发出的臭气冲鼻条件下——克尔凯郭尔写出了自认为是"最好的作品"。

早在一八四八年二月，他就在两个巨大的"注意"标题下起草了一本新作的大纲，书名将是"根治，基督教医学的思考"。这本精神医学书将分为"两部分"，"致死的病症"和"根治"，但是这概要在后来的几个月里被修改了，同年五月十三日他写了一份关于正在进行的工作"报告"："这本书有一个困难；它过于辩证，过于严格，以至于不适合修辞的、激励的、扣人心弦的风格。书名应该表示这是一篇演讲，标题是抒情性的。"克尔凯郭尔补充道，这本书也许根本不应该出版，但是它无论如何给了他一个"极好的构架"，为他将来在撰写益信词时导航。然后，他在札记的页边空白处写下了一种致死病症的特点："第一，/ 隐蔽性。/ 不仅是患有此症的人……想隐藏它。不，可怕的是，它隐蔽到了连患者自己也不知道的程度。/ 第二，普遍性。每一种其他病症都受到限制，气候、年龄等等 [而这种病症则不然]。/ 第三，持久性，贯穿一切时代——直到永恒。/ 第四，它的位置在哪里？在自我之中。/ 不自知有一个自我的绝望；知道有一个自我，绝望于不想要是自我，或者绝望于想要成为自我。"

这些是克尔凯郭尔最早写下的描述绝望（fortvivlelsen）作为人类基本处境的几句话，有些类似他四年前所写的忧惧（angst）。"极好的构架"他想的是这本书的序幕，以令人头晕目眩的辩证节奏将人定义为一个综合："人是精神。但是什么是精神？精神是自我。但什么是自我？自我是一个'使自己与自己发生关系'的关系；或者，它处在'这关系使自己与自己发生关系'的这个关系中；自我不是这关系，而是'这关系使自己与自己发生关系'。人是一个无限性和有限性、那现世的和那永恒的、自由和必然的综合，简之，一个综合。一个综合是一个两者之间的关系。以这样的方式考虑，人尚未是自我。"

这个"极好的构架"压缩得如此紧凑，以至于其本身就足以令人绝望，不过《致死的病症》其他地方读起来却很轻松，不像《忧惧的概念》或多或少近乎不堪卒读，《致死的病症》居然费心未忘记读者。类似地，此书也处处尽其所能地提醒读者，作者不仅在生存意义上，也在实体意义上的存在。《致死的疾病》就是这样

468

395

一本书，它是自我的综合中各种成分之间的平衡，就像这部作品的诞生处——玫瑰堡街上那座古典派房屋各部分之间的和谐一样重要。

克尔凯郭尔关于晚近多层建筑的知识在《忧惧的概念》中已有表达。他写到关于心理学观察者总是向心理学家提供顺手的材料，"就像在设备良好的房屋里无须下楼到街上去取水一样，水是高压泵到楼上的"。再如"前攀登者"[1]，这位新的假名作者自称是一个现代大城市里的人，他反复运用装饰性假门的隐喻，来表示自我之不可接近和神秘的领域——"这整个关于自我的问题在更深刻的意义上成为他灵魂背景上的一道装饰性假门，门的里面空无一物。"——在宏大视野中的自我再次作为房屋出现，自我作为我－房屋："如果我们设想一幢房子，由地下室、厅层和二楼构成，居住者们以这样的方式居住进来或者被这样地安置：在每层的居民之间有着或者被考虑安排了一种层次区别；而如果我们把'是人'与一幢这样的房子做比较的话，那么很抱歉，这样一种可悲而可笑的情形恰恰是大多数人的情形：他们在他们自己的房子里宁可住地下室。每一个人都是'灵魂－肉体的'综合并且天生有着'精神'的禀赋，这是个建筑；但是他宁愿住地下室，这就是说，他宁愿住在感官的领域中。并且，他不仅仅是喜欢住地下室，而且他对于'住地下室'爱到这样的程度，以至于如果有人建议他去住那空着的等着他住进去的上层好房间（因为那毕竟就是他自己正在住的房子），他就会火冒三丈。"

"将上帝诗化为略微不同于上帝之所是"

尽管克尔凯郭尔本人常住的是华丽的上层好房间，但他清楚地知道地下室住户的下行魔性动力，绝望的多种形式之一。《致死的病症》囊括了一系列详细诊断，针对人不愿成为自我，宁可成为其他可能的一切，唯独不是成功的自我，但或许实际上完全不是自己，一个无名之人，如"别人"，"模仿"，"从众，一个数字"。前攀登者把这种需要称为绝望，将其定义为"罪"，并将其作为此书第二部分的标题："罪是：在上帝面前，或者带着关于上帝的观念绝望地不想是自己，或者绝望地想要是自己。"

在这同一部分里，前攀登者引入了"朝向宗教方向的诗人存在"，并就此解释道，这样一种存在从基督教的角度理解"都是罪，这罪是：以'作诗'来代

---

[1] 拉丁文：Anti-Climacus。

替'存在'，以通过幻想去使得自己与'善'和'真'发生关系，来代替'善'和'真'，亦即，在存在的意义上努力追求'善'和'真'"。这些在克尔凯郭尔的著作中都曾听到，但前攀登者给自己的诊断补充了一些戏剧性的深化："我们在这里所谈论的这种'诗人存在'在这一点上与绝望有区别：他带着'上帝'观念……一个这样的诗人能够具有一种极深的宗教渴望，并且那关于上帝的观念也被一同添加在他的绝望之中。他爱上帝超过一切——在他秘密的剧痛中上帝是他唯一的安慰，然而他热爱这剧痛，他不想放弃这剧痛。他也想要在上帝面前'是他自己'，但在一个自我受煎熬的固定点上就不行，在这个固定点上他是绝望地不想'是他自己'；他希望着'永恒'会来拿走它。"

470

克尔凯郭尔在关于安徒生的书中写道，"作者将他自己绘入了场景，就像风景画家有时喜欢做的那样"，而这种自我描绘也能在这里找到。尽管并不是第一次，克尔凯郭尔允许自己在一部假名作品中勇敢现身（他允许自己这样做，因为作品是假名的，于是直接将读者的视线从真正的作者身上引开），但他还是非同寻常的轻率：克尔凯郭尔不仅是暗示，他的上帝观念可能是一种防卫机制，他用以保护其忧郁症和他所珍爱而不愿放弃的自我封闭，因为这样他就必须也放弃写作，他的艺术。前攀登者进而代表克尔凯郭尔承认："然而他还是继续保持着使自己去与上帝发生关系，并且这是他唯一的至福；'没有上帝'对于他是最大的恐怖，'这足以使人为之绝望'；然而他却在根本上允许自己，也许是无意识地，去将上帝诗化为略微不同于上帝之所是，更多地像一个温柔的父亲，一个过于迁就孩子每一个愿望的父亲。如同一个人曾在爱情之中变得不幸，并且因此成为诗人，他欣悦地赞美爱情的幸福：以这种方式，他成为一个宗教性的诗人。"

很显然，并不是克尔凯郭尔所写的内容，而是写作这个事实，促使他将"诗人"用于自己。这位诗人"也许是无意识地"加以诗化的那个神，是那个准许他保持那痛苦，即艺术家无可言喻的、永不衰竭的源泉。不过这诗人也并非完全无意识，诗人实际上是在审视自己的行动，"他朦胧地理解那向他提出的要求是让他放手摆脱开这剧痛"，也就是说，"让他信仰着在这剧痛之下谦卑自己，并且将之接受为属于自我的一部分"。而这种谦卑地接受痛苦是诗人无法做到的，他无法做到是因为他不想要做到："信仰着去把它拿过来却是他所无法做到的，就是说，他在最终的意义上不想要这样做，或者说，他的自我在这里终结于朦胧性。"

或许这幅自画像也就在这样的朦胧里告终，在分析中克尔凯郭尔如上所述和他描绘的诗人拉开一定的距离，肖像画家的自我理解要比被画的肖像更全面。当然这并不是说，克尔凯郭尔在一八四八年就已经摆脱了全部魔性，不过他看穿其密谋游戏的目光变得更加敏锐，并将宗教诗人的困境置入心理学的公式："他的冲突其实是这方面的问题：他是那被呼唤的人吗？那肉中的刺是他应当被用于非凡大业的表现吗？他所已经成为的这种非凡者在上帝面前是不是适宜得体？或者，那肉中的刺是不是他为了达到那普遍的人性而应当谦卑接受的东西？"

471 　　到目前为止，克尔凯郭尔选择了追随第一种解释，但现在他看上去要怀疑这样做是否合理。只要他可以把痛苦解释成一种遗传和环境造成的身心冲突，他在著述中利用忧郁症的服务就是可以辩护的，然而，对宗教诗人的分析却揭示了这做法的可疑。忧郁症也可以理解为绝望，所以是一种自作自受的痛苦。

　　值得注意的是，当克尔凯郭尔书写接近他自己的生存问题时，不仅有精确的心理学，而且运用强烈的、宗教性自我阐释，其中上帝不再起到忧郁症的保护者作用：忧郁症是对善的忧惧（angst for det gode），忧郁症是不信，因为忧郁症是一种自我痴迷的自我仇恨；忧郁症归根究底是罪，怀疑罪之救赎的罪。写作在先前曾被用来通过创作某些有益之物来减轻负罪感，克尔凯郭尔痛苦，但也需要减轻痛苦以保持创作力，现在他通过《致死的病症》阐明了他在一个这样的诗人心理学背后神学上可疑的动机——那就是，他现在明白了，将上帝诗化为略微不同于上帝之所是。

　　一条写在与《致死的病症》平行的札记表明了这两种立场，新的和老的。他开始是这样写的："我必须更好地理解我的忧郁症。它到目前为止休憩在最深的底层，借助于巨大的精神努力将其压制在那里。可以肯定，我通过工作而有益于他人，并得到上帝的认可，并在每一个方面帮助我。我一而再，再而三地感谢，他赐予我的，无限超过我的期待。"克尔凯郭尔于是首先从一个纯粹心理学观点来审视自己：他通过写作成功地和人生的痛苦保持相当的距离，写作是为了消遣，忘记自我，无限地低于自我，而作品则是对开纸张上一项艰巨的转移，一个规模宏大的置换。上帝通过保护忧郁症来加以认可。"但是现在上帝的愿望不同了，"克尔凯郭尔在札记中继续写道，"我内心有所触动，标志着一次变形。……所以我现在要保持平静，绝不过于紧张地工作，不紧张，不开始写新书，而是回到我自己，真正和上帝一同思考我的忧郁症，就在此时此地。这样我的忧郁症消除了，基督教更接近我。到目前为止我一直用智力劳动来对付忧郁症，和它远离——现在我必须看到……自己忘掉它，不是转移注意力，不是和它保持距离，而是在上帝那里。……这样自己学会敢于在宽恕中忘掉它。"

这里给出了立场，或者更正确地说是放弃了辩护的立场，克尔凯郭尔在这里几乎接受了《致死的病症》中的挑战：对自己澄明。忧郁症无疑是一种痛苦，但它不仅是一种心身关系的异常，还是一种必须加以放弃的绝望。克尔凯郭尔将弃绝他所拥有的心爱之物而死。然后他将相信，他的忧郁症和绝望都得到了宽恕。 472

真的。

"永恒的诗篇"

"此刻我不知道是否能把我写的一本书卖得脱销，但是可以肯定，在我的脾气开始变坏之前做到了这一点。"一条关于书的质量和销量之间不幸的扭曲关系的长札记开始是这样说的：书越好，读的人越少。克尔凯郭尔很清楚需要做些什么："说这个那个人一些好话，只是一位作家把书卖出去要做的事情的一半或十分之一：然后书就脱销了。"如果是住在克里斯钦港的那位优雅的皇家剧院院长约·路·海贝格，如果是他出版益信词，就会跑得像长了腿一样快。这本书会出版金边豪华版，扎上银丝带，以便挂在一切并无精神生活的布尔乔亚之家的圣诞树上："全城都充满了煞有介事的气氛；络绎不绝的车马驶向这位教授表示祝贺，多日里拥挤不动……车辚辚，马萧萧，驶过科尼博尔桥。海贝格教授受之无愧！"

写下这几行文字的几个月之后，一八四七年十一月初，克尔凯郭尔想出了一个征订的主意。"订阅，根据我探明的情况，有以下好处。"他以乐观的语调写道。这种安排一方面让读者分期付款，会促进大部头的书得到阅读，另一方面也在读者和作者之间形成一种平静的密切关系。克尔凯郭尔于是决定散发如下征订广告："欣闻拙著致单一者之益信词蒙众多单一者的厚爱，鄙人甚乐于与读者诸君，甚或更多单一者相会。特在未来将此种益信作品供分期订阅。……自本年七月一日起，鄙人将在／益信读本／之总标题下分四次出版总计六印张，最多不超过八印张。……索·克尔凯郭尔启。一八四八年元月。"作为特别优惠，克尔凯郭尔向他的读者展示前景，"每一册都有抒情或辩证段落，可以作为独立作品来读。" 473

这些都毫无效果，不过在一八四八年四月底响起了广告词的回声。当时克尔凯郭尔正在写作《田野里的百合和空中的飞鸟》，记录下："关于百合和飞鸟的演讲。"克尔凯郭尔所阐发的经文乃是《马太福音》6：24–34。这是克尔凯郭尔最珍爱的经文之一，此前曾多次加以阐发，尤其是在一八四七年三月十三日出版的《各种精神中的益信词》，以及一八四八年四月二十六日出版的《基督教演讲录》的第一部分。然而这次有所不同："在这些演讲中将——阐发诗（Poesie）与基督教的冲突。基督教如何在一种意义上，与诗（渴望的，魔法的，麻醉的，将人生的现实转变为东方之梦，像一个年轻姑娘想在沙发上躺一整天让自己迷醉）相比较，是散文（Prosa）——却恰恰是永恒的诗篇。"显然，自然描绘将比以前有更多的"诗意色彩和着色"，不是为了让审美优胜，而是为了使"诗性"在文体中得到发挥。"当诗要真正登场时（不是一个阴沉迟钝牧师的空谈），应该穿上节日的盛装。"

在其副标题为《虔敬演讲三篇》中的第一篇里，克尔凯郭尔着重阐发了诗与基督教之间的冲突。"诗人是永恒的孩子，但缺少永恒的严肃性。当他想着飞鸟和百合，他流泪了；一切让他流泪的，他在流泪中得到安慰，一个愿望产生了，带着这愿望的雄辩：哦，愿我是那飞鸟，儿时在图画书上看到的那飞鸟；哦，愿我是田野上的一朵花，母亲花园中的那朵。"诗人是感伤的，他在过去得到安慰，渴望着回到最遥远过去的直接性。"但是如果你拿着福音书对他说：这是严肃的，这真的是严肃的，那鸟儿真的是你的老师，那么诗人一定会笑——"他一定会笑，因为福音书上的话对他来说是诗的平方，太美而不可能是真的，太奇妙而不可能是现实——"但是福音书敢于命令那诗人，他必须像那飞鸟。而福音书是那样严肃，哪怕是诗人的最难以抵抗的创造发明都不能使它微笑"。

主题分别为沉默、服从和喜悦的这三篇演讲肯定显示了一切诗意的辉煌和语言的雄辩——最好情况下——所能产生的魅力。人人都能看出它们穿着"节日的盛装"，但疑问或许也会随之产生：克尔凯郭尔如何能成功地让诗"登场"。这三篇演讲的语调是无忧无虑的浅吟低唱，节奏平和，精神饱满，受到永恒的温柔触摸，它伸展着，联结着这些演讲的主题："什么是喜悦，或者让喜悦充溢？其实，就是做当下的自己；但是真实中的当下，就是这个'今天'，而在今天，其实就是今天。而在同样程度上更加真实，你就是今天，在同样程度上你越是自己完全当下在今天，在同样程度上不幸的明天不是你的。喜悦是当下的时光，带着全部的强调：这当下的时光（den nærværende Tid）。所以，上帝是赐福，他作为永恒说道：'今天，那作为永恒和无限的人在今天的当下向自己展现。'所以百合和飞鸟是喜悦的，因为它们通过沉默和无条件的服从完全是它们自己，在当下的今天完全向自己展现。……于是，你诞生（blev til），你存在（er til），你'今天'获得了为存在的所需；你进入存在，你成为一个人；你会看到，想一想，你能看见，你能听到，你能嗅到，你能品尝，你能感觉；太阳照耀着你——为了你的缘故，当太阳疲倦了的时候，月亮开始照耀，看到星辰点燃；当冬天来临，整个大自然装扮自己，伪装成一个陌生人——为了让你喜悦；春天来了，鸟儿成群飞来——为了让你快乐；绿色的树叶发芽，森林茂盛得如此美丽，像是亭亭玉立的新娘——为了让你快乐；秋天来了，鸟儿飞去，并不是为了让自己尊贵，不，那是为了不让你伤怀，森林藏起盛装，为了下一次的缘故，为了下次能让你快乐。"

克尔凯郭尔就是这样来写他用右手递给读者的作品。离心最近的那只手。

出版，还是不出？

"再也没有什么比消极决定更可怕的了，我被它折磨得精疲力竭。"克尔凯郭尔在一八四八年初夏发着牢骚。当时他正要出版《危机和一位女演员生活中的一次危机》，但也只是正要出版。除了决心（和季节！）之外，他又一次经历了那"突然而至的反思暴风雪，差点要了我的命"。出版，还是不出？——这是个问题，克尔凯郭尔完全茫然不知所措，这本身就是荒唐的："这样的事情完全不对，一桩本身毫无意义的事情，经过考虑会突然滑入可怕的现实。这是反思生了病的征兆。当这样的事情发生的时候，必须采取行动，以拯救生命。"

这桩"毫无意义的事情"指克尔凯郭尔很久以前，在一八四七年年初写了一部作品，当时海贝格夫人在隐退十九年（！）之后复出，在莎士比亚的著名悲剧中扮演朱丽叶，现在海报也早已摘掉。而现在，到了一八四八年的夏天，克尔凯郭尔的《危机》还没有出手，他很想发表，但又感到它太审美了一点，所以会引起一位作家生活中的宗教危机。他首先列出了一些正面理由：他愿意取悦海贝格夫人，同时"刺激一下"她的丈夫，对其说一些真话。其次考虑到编辑吉约瓦特曾经如此诚恳地向他约稿。最后，克尔凯郭尔知道，通过发表《危机》或许可以抵消一种观点的影响，即他在很长时间里只出版宗教作品，他成了"圣人"，"一本正经"。"这是一个很重要的正面理由。但是反面理由说话了。我现在如此果决地走进基督教，就此表达得那么严格和严肃，肯定有人会受到影响。听到我在副刊上写一个女演员，对这些人来说几乎是一种冒犯。而实际上我也对这样的事情负有责任。……此外，眼下我也没有印好的现成宗教作品，可以同一天出版。所

475

以不应该发表。我的情况很严重，一个小小的饮食错误都会造成不可弥补的损害。"在这条札记的结尾克尔凯郭尔写上"注意"，然后撕掉一页，这经常是一个温和的中等危机表征；札记的余下部分颤抖而简短："……给吉约瓦特——由它去吧，下午我病得那么厉害——天哪！我宁可写一个印张也不想发表一页。"

然而，克尔凯郭尔在三条札记之后改变了决定："不，不，这篇小文要发表。"吉约瓦特又催过一次，这一定是"治理者的暗示"，而当克尔凯郭尔可以"在上帝面前"为自己写这篇文章辩护，他也可以允许自己将其发表，尤其是，如果作为一个虔诚的欺骗保留原有的写作年代。

于是事情就这样了。一八四八年七月二十四日至二十七日，《危机和一位女演员生活中的一次危机》作为系列文章分四次在《祖国》上发表，署名"间于和间于"[1]。克尔凯郭尔可以松一口气："万幸，我总算把这件事办了。嘘！我竟然需要让人这样催，居然在忧郁的反思中浮肿成这个样子。所以我也未能逃脱应办之事。如果不办，我会千倍地后悔。"他现在坚信不疑，如果在发表"那篇小文"之前死去，人们一定会"胡说八道，以我们时代可怕的轻浮概念混乱，说我是个使徒。伟大的上帝啊，我未能做到有利于维持基督教传统，我差点毁了它"。和经常发生的一样，克尔凯郭尔关于同时代人对他的文学家政的兴趣的感觉有些偏差。于是，在几条札记之后猛烈抨击拉斯姆斯·尼尔森，说他未将《危机》理解为一个反向的间接信息，显然是让旁观者遭受了无妄之灾。

当我们读到这篇几乎要了作者命的二十页短文，很难看到有什么审美震撼力。因为，就像克尔凯郭尔当年评论居伦堡夫人作品是借机展开对同时代的批评，他也在评海贝格夫人的《危机》中作为批评——永远不会缺少的——时代之愚蠢的一个缘起。克尔凯郭尔对《危机》一文很满意，并就此文是否会有朝一日作为单行本出版解释道，"还是保持假名，但是东西要献给海贝格教授"。献词如下："献给 / 约·路·海贝格教授先生 / 丹麦的美学家 / 一位卑微的美学家 / 作者"。

这篇献词停留在倏忽之间的想法，但是克尔凯郭尔在一八五一年发表的《关于我的著述活动》中正式承认了《危机》的"父亲身份"，并给海贝格夫人送去一本，附信中称她为《危机》的真正读者。随后海贝格先生将这封信在《哥本哈根邮报》上发表，并附文《贡献于了解克尔凯郭尔的戏剧观知识》。他在结束其推荐

---

[1] 拉丁文：Inter et Inter。

文章时称，此文值得一读的理由包括"充满鄙视地驳斥了那些颟顸戏剧评论家的审美浅薄和道德低下"。

这些来自美学导师和竞争对手的认可确实将温暖克尔凯郭尔的心，可惜错过了一个邮班：文章发表时，克尔凯郭尔已经在一个半月之前去世了。

我著述活动之观点

同时代人不理解他，克尔凯郭尔对此深信不疑，但后世或许会的。"我在死后才会得到理解，"一八四八年他在札记中写道，但是在同一年里克尔凯郭尔也写道，"这样做肯定是正确的：一次性给予同时代人一个确定的，而不是重叠的印象，我认为自己怎样，我想做什么，等等。"

一位用真名和假名反复声称与自己著作中的相当部分无关的作家，竟然害怕遭到误解，或许令人震惊，但这恐惧却始终在那里。这大概是克尔凯郭尔，尽管不合于他的所有私人优先原则，尽管对公众有着深刻的怀疑，还是愿意公开表明自己的原因之一。例如，一八四七年早春，他想到"举办一个由十二次讲座组成的小型课程：传达的辩证法"。这些讲座应该伴随着十二次相应的讲座，关于"恋情（Elskov）、友谊和爱（Kjerlighed）"。五月中，他开始着手准备，一切都在按部就班地进行，但是突然，他明白自己完全不"适合举行演讲"。他给出的理由如下："我习惯于精雕细琢；我的风格和表达的丰茂，每一行都经过透彻的反思，对我来说是至关重要的。如果我要举行演讲，肯定会像写其他东西一样，照章宣读：我不愿意。用任何其他方式来做都不能让我自己满意。/ 目前，通过开设一门小小的课程来支持我的努力，为我的观念开创更广的接受，等等，当然是完全正确的。由它去吧。我的观念会得到接受。"不久他就决定搁置演讲准备，重拾中断的《爱的作为》写作。

尽管如此，那要求还是再次浮现了。过了不到一年，克尔凯郭尔又想发表演讲，他甚至起草了一份致潜在有兴趣者的"请柬"，值得全文照录，如下：

> 敬启者拟举办一小型课程，以系列演讲介绍鄙人全部著作活动之组织原则，及其在古代参照下与当前时代之关系。
> 听众当以对拙著有充分了解之神学毕业生和高年级大学生为主。不在此列者敬请勿做非分之想是盼。此外尚需明言在先，听取讲座绝非享受，而系

477

劳作，切望勿生误会为荷。鄙意此劳作将无异于其他较深程度之课程，由瞬间或缺乏耐心立场观之，时或枯燥，特此敬告听众诸君，勿谓言之不预。倘若鄙人侥幸得到理解，听者诸君将从前所未有之艰难人生中获益。故此，无意敦促诸君应邀前来。

因鄙意欲与诸君形成座谈会之关系，报名者满十人时即开讲，至多不超过二十人。

学费五塔勒，报名从速。

报名人数超过二十的风险不会太大。天晓得有谁愿意掏五块大洋，得不到任何乐趣，只有辛苦做工，还是枯燥的工作，在最幸运的情况下把人生弄得更加艰难呢？这门考虑中的课程停留在考虑，但这并不意味着，克尔凯郭尔放弃了公开表达著述活动的计划。一八四八年八月底他在札记中写道："现在我看到可以写一部短小精悍的，尽可能严肃的作品，介绍此前的著述生涯，这对过渡到下一阶段是必要的。而为什么现在看到我能够这样做？正是因为现在我明白了直接信息与基督教决定性因素之间的关系。"说到做到：在杀青《致死的病症》和写作《基督教的训练》的同时，他写作《我著述活动之观点》，并在一八四八年十一月底"结束了"。

这部作品在自传和文学遗嘱之间徘徊，其实都不是，因为就其文体而言是一条变色龙。除许多其他事项之外，这部作品是一篇纲领性宣言，旨在向读者介绍如何恰当地阅读他的著作。"那么尝试一下；尝试着假定作者为审美的，以此来解释整个著述活动"，听上去很诱人，但是，人们很快就明白，这是要尽最大努力来抵抗的诱惑之一。克尔凯郭尔向读者提供的并不是多种可能的解读之一，而是一切解读中最不可能的一种。相反，如果读者"尝试着假定，这是一位宗教作者，那么他就会看到，一步一步若合符节"。可见，这位作者若不是宗教的就是审美的。其他可能性——例如这位作者（及其活动）应该是伦理的——没有一处提到。

作为纲领性宣言，《观点》不愿和此前的克尔凯郭尔著作做同样的解读，它是这些文本的文本，元文本。《观点》因此应该与其副标题一致——"一个直接的传达，向历史报告"——但言简意赅并非《观点》的最强项。相反，它在根本上难以收尾，甚至"结语"也不是最后的话，而是随后"结论"的序幕，而这"结论"也还不是结尾，因为后面跟着"笔记二则"，开启了一篇新的"序言"，后面跟了许多话和一个新的"附笔"，其真正的附笔是另一个"附笔"，恳切地请求："还有

478

一句话。"所以，克尔凯郭尔在《观点》约莫中途的某处让自己写道，"所有这些可以一言以蔽之"，既是症状也是戏仿。"所有这些"绝不能一言以蔽之。

《观点》本身的观点看上去很简单："那么这本小书的内容如下：我作为作家，其实不论现在还是过去都是宗教作家，我的全部著述活动都与基督教相关，与'成为基督徒'的问题相关。……我在这里所写的是为了定位和确认，并非辩护或道歉。"克尔凯郭尔也乐于对其著作的规整表述保持客观和清醒，但没过多久这部作品就戏剧性地摇摆着滑向克尔凯郭尔竭力加以避免的"道歉"方向。"看上去作者本人的一个简单保证在这方面就绰绰有余；他当然最清楚什么是什么。然而我不能就文学作品做出多少保证，我习惯于和自己的文学作品保持完全客观的关系"，他以权威的姿态做出这样的原则性宣示。然后——仅仅两页之后！——克尔凯郭尔又信誓旦旦地写道："事情是这样的。《非此即彼》严格讲是在一所修道院里写的，我保证……我保证，《非此即彼》的作者为自己而以修道院的精确度每日定时阅读益信作品，他在恐惧和更多颤栗中思考自己的责任。在这方面他尤其想着（哦，奇怪！）《诱惑者日记》。" ⁴⁷⁹

将近四年前，在克尔凯郭尔还没想到要写《观点》的时候，攀登者约翰尼斯曾做出如下断言："众所周知，最正直诚实的人在成为盘问对象和盘问者强迫性想法的对象时很快就会陷入自相矛盾，因为准确性需要有邪恶的良心不断提醒，不会在自己的谎言中自相矛盾的本事，是只为道德堕落的狡猾罪犯保留的。"如果攀登者有机会用他内行的目光扫视一下《观点》，检查其不准确和自相矛盾，他大概不会把克尔凯郭尔描述为一个道德堕落的罪犯，因为这种人说话没有自相矛盾，而人们却不能这样说克尔凯郭尔。然而攀登者是否会认真坚持其反题，将克尔凯郭尔描述为他在实践中遇到的最正直诚实的人，也显得十分可疑。

随着讲述的推移，克尔凯郭尔渐渐地将客观性论证束之高阁，最后恳求着宣布："真正的解释将由真诚地寻求的人找到。"这样阐释的条件换成了道德的，读者被威逼着转为决定性因素。即现在变成了是由读者的"严肃性"来确保这表达的可信性，这意味着，归根结底这种"严肃性"不过是心照不宣地认同克尔凯郭尔虚构可疑策略的另一种说法而已。所以并不奇怪，对读者表明了充分的信任，或者——如果愿意——这种非反思的天真无辜，如诱惑者约翰尼斯当初假设考尔德丽娅的，与克尔凯郭尔假设其读者的非批评的严肃性，有着可疑的相似性。例如下面微带色情的呼吁："有朝一日我的爱人来了，他会很容易看到，当初我被视为反讽的，我的反讽绝不是可敬的有教养公众所理解的那样，那是——……他会看到，那反讽在于，这位审美作家，在他那世俗的外表之下隐藏着那宗教作家……我的爱人会看到，一切都严丝合缝，分毫不差。"

谁是克尔凯郭尔的爱人？是读者，是那将虚构当作非虚构，而且看不出克尔凯郭尔在这里并没有再生产自己的行动，而恰恰是在生产一种自称是事实的文本行为的读者。

只有这样才能让一切严丝合缝，分毫不差。

"什么是这支笔做不到的……"

《观点》却也并非仅止有意无意地（最后：自我指控的！）为其著述做出一种确定的宗教性解读而进行"道歉"，这部作品还提供了比较轻松、抒情的段落，包括一篇华美的颂歌，赞美用笔在纸上劳作以及那让这种手工艺得以实现的神秘力量。克尔凯郭尔就此写道："在写作（produktiviteren）中不会发生即便是一丝一毫的延误；需要用的东西总是就在手边，可随时取用。整个过程在某种意义上是不间断的按部就班，好像我没有干别的，只是每天从一本印好的书里抄写特定的一段似的。"这是一个"单纯的责任"，克尔凯郭尔本人"生活得像一个办公室里的抄写员"。

很显然，克尔凯郭尔的"办公室"是"无趣"的隐喻，是一个负责和守时的部门。我们并不知道，克尔凯郭尔如此勤奋地抄的是一本什么书，但也很明显不太可能是普通的抄写活动或者简单的剽窃。当克尔凯郭尔抄写的时候，他同时在做别的事情，很多事情。但是做什么事情？如果是指这一文本，那么他的书写与之的关系竟然是抄写？

这些问题抄写员克尔凯郭尔在《观点》第三章里，以"治理者在我著作中的作用"为题做出了极具原创性的回答。他认为谈论自己"有些尴尬"，但这尴尬还是可以克服的，下文可以正确地称之为克尔凯郭尔的忏悔录，所以值得占一些篇幅："什么是这支笔做不到的，当涉及大胆、热情和到达疯狂边缘的狂热！而现在我要讲我和上帝的关系；关于每天在我的祈祷中重复的，感谢他为我所做的无以言表之事，无限地超过我的期待；……当我现在必须开口说此事，一种诗人的急迫在我心灵中觉醒。我愿，比那喊出'我的王国换一匹马'的国王 [1] 更加果决地，

---

[1]　典出莎士比亚历史剧《理查三世》。

以他所没有的，得到赐福的果决，献出一切，包括我的生命，来找到对思想来说比爱人（den Elskende）找到心爱的人（den Elskede）[1] 更幸福的'表达'，这样我就可以让这表达停留在嘴唇上死去。看，我所得到的，思想就像童话花园里的果实一样旖旎诱人，如此丰富、温暖、内在的表达，我心中如此感恩的需要，冷却那灼热的渴望——我就像有一支生翅的笔，嗯，即便有十支这样的笔，也赶不上那供给我的丰盈。但当我持笔在手，一时却无法移动，就像人们说的迈不开步一样；在这种状态下，相关的事连一行也没有落到纸上。我好像听见一个声音对我说：愚蠢的家伙，步入歧途了，他难道不知道，服从上帝比公羊的油脂更美 [2]？把这件事当作强制劳作来做。于是我完全平静下来，此后我慢慢运笔，几乎是小心翼翼地写下每一个字母。如果一时间诗人的激情在我心中再次觉醒，我就会听到一个声音，像是老师对一个学童说：握好你的笔，用心写好每一个字母。于是我就照着做了，不敢不听，我那样小心地书写每一个字、每一行，几乎不知道下一个字、下一行写什么。而当我事后通读的时候，感到一种完全不同的满意。因为即便在这个那个地方有闪光的表达一掠而过，落到纸上的却是别的东西，不是诗人或思想者的激情，而是敬畏上帝，对我来说就是崇拜上帝。"

　　文本本身就展示了它想表达的东西。它寻找其独特性必须用引号加以保护的"那表达"，但是它却发现"那表达"，一个井喷似的隐喻使得克尔凯郭尔的忏悔成为关于宗教性的审美文本。字句漂浮不定，好像真的是用"生了翅膀的笔"写成的。这样的笔或许有十支之多，跟随着"诗人的激情"飘荡。然而实际上又恰恰不是这种情况。这个文本曾两次用耳朵倾听一个"声音"，纠正克尔凯郭尔的不当之处，并命令他——像个学童似的——"规规矩矩"握好那任性的笔，"用心"写好每一个字，他就用"慢下来的笔"做到了。这样，是"声音"决定克尔凯郭尔的文本，就像"治理者"在治理文本那样。通过在这个棱镜下（重）读和（重）写其文本，克尔凯郭尔才能够将"那审美生产"的性质描述为"一次必要的排空"（Udtømmelse），并就此在一个对话片段中述说，"宗教性怎样容忍这排空，并不断地催促着，似乎在说：你是不是快完了？"克尔凯郭尔什么时候对这个问询做出正面回答，文本对此沉默，但是显然对他反复提出这个问询，而克尔凯郭尔终于

---

[1]　前者为主动，后者为被动，二者的区别参阅柏拉图《会饮篇》。
[2]　《旧约·利未记》3；6–17。

决定，"为满足宗教性而成为一个宗教作家"。

克尔凯郭尔的忏悔文本对每一位弗洛伊德派美食家来说都是珍馐佳馔，他把诊断书直接端到他们面前，将自己的"上帝关系"描写为其不幸人生中唯一幸福的"爱情故事"。在划定宗教性的领域，在与审美相区别的尝试中，他将神性关系审美化了，尤其令人震惊的是，他抹去了艺术经验中的一切典型特点，将上帝变成"为了保护我免受丰盈思想侵害而每日加以呼唤"的"缪斯"。他解释说，他能"坐下来不间断地写，夜以继日，日以继夜，因为有足够的思想。如果真的这样做我就会垮掉。哦，饮食方面稍不经心对我都是致命的"。

以坚韧不拔的毅力在一千零一夜里书写。山鲁佐德王妃通过讲故事推迟自己的刑期，克尔凯郭尔则通过写作来推迟自己的色情欲望——与此同时，上帝作为（另一个）父亲监督着儿子"排空"自己的无法控制的欲望，所以一次又一次地要求那精液四射的笔要"守规矩"。

"——但这样，我却就不能说：我"

写作《观点》期间，克尔凯郭尔经历了一次可怕的体验。他认识到，他实际上根本不是著作的真正作者，毋宁是共同作者或者一种捉刀者[1]，因此并不能发表关于这些作品内在内容的权威性意见。他无法理解自己的经验，他也没有想到，这种共同-写作有可能来自语言本身。语言，总是大于写作者，而仅通过语法规则就将写作者控制在特定的轨道之上，或许进而指挥他进入特定的方向。克尔凯郭尔还没有想到，写作过程本身会激活写作者无意识当中的力量，他会惊讶地看到自己接触到通常被有效地抑制下去的主题。克尔凯郭尔将他的经验解释为宗教性的，将其写作活动中的这部分异样经验描写为"治理者的作用"，但是这种解释并没有穷尽："如果我简单地说，我从一开始的那个瞬间起就对整个著作活动的全部辩证结构具备了总体看法，……那就是对上帝的否定和不诚实。"或许可以补充：也是对读者的否定和不诚实。克尔凯郭尔继续写道："不，我必须坦率地说：我弄不懂整个这件事情，正因为我连这件事最微不足道的部分也十分明白，但是我不懂的是，我现在竟然明白了，当然绝不是说，我一开始就理解得那么准确——但我确实是那个一步一步反思过来的人。"

---

[1] 英文：Ghost writer。

初看上去，关于"治理者在写作中的作用"的观念像是狂妄自大，但是深 483
入观察——和思考——得出的结论却几乎正相反，乃是一种自主权受限制的经
验。克尔凯郭尔不仅是那个书写的人，他同时还是那个——正是在这里他缺少那
个词——被书写的人。当他写作，或者在他所写的作品之中，他都被写成了自己：
他的著作是一部波澜壮阔的小说，其中文本本身与作者处在一个助产或救赎的关
系之中。

克尔凯郭尔获得的经验难以用语言来表达，因为这经验恰恰关乎语言的诸种
条件本身。所以，他选择用道德术语来把握，即"教养"（opdrage），这个可分动
词的被动式和分离形式"提升"（drages op）有着物理或物质的特点，接近"被书
写"（skrives）这个词。克尔凯郭尔解释道，这要"尽可能无条件的确定……治理
者提升了我，而这教养反映在写作的过程中。某种意义上，前面所说的整个审美
写作是一种欺骗，并不完全对；因为这种表达在意识方面承认得太多了一点。然
而也不是完全不对，因为我从一开始就知道我得到了提升"。

如果将目光转向克尔凯郭尔关于《观点》的札记就会发现，他关于写作过程
中的有意识和无意识活动之间关系的反思，时而将写作主体减半，时而加倍：文
本中的"我"因而并不简单地等同于重读已写成文字的"我"，这个"我"又不
同于那个在反思着身份（identitet）之缺位的"我"。在这样的一条札记中，读者
克尔凯郭尔报告了他对刚刚看到的写作者克尔凯郭尔关于同名作家之报告的印象：
"《我著述活动之观点》不应该出版，不，不！——（一）这一点是决定性的（我考
虑过的其他一切有关谋生的危险都毫不重要）：我不能完全真实地表达自己。即便
是最初的一稿（我写的时候完全没有想到要出版）也未能充分强调对我最主要的一
点：我是一个悔悟者，这是对我最深刻的解释。但是当我拿起手稿考虑出版时，我
必须做一些小小的改动，毕竟，出版的话（悔悟）强调得太重了。……——（二）
我不能说，我的著述活动是简单的牺牲奉献。不错，我从童年起就难以言表地不快
乐，但是在这一点上我也必须承认，上帝给我的出路，让我成为作家是如此充盈
着，充盈着乐趣。这样，我被牺牲掉了，但我的著述活动并不是牺牲，而是我无
条件地乐于继续的活动。但我在这一点上也不能完全坦诚，因为我不能在印成的
书上谈论我的痛苦和悲惨——于是真正最突出的就成为乐趣。"

《观点》留下了一个遭到极端边缘化的主体，他失望地看到那"最主要的一 484
点"在文本中间消失了。这样一个边缘化可以——不折不扣地——在一条长而窄

的边批上读到，属于克尔凯郭尔为题为《他从天上将一切拿去》的演讲所写的点评所钉的两张"补丁"之一。在补丁的一侧，以《关于已完成作品和我自己》为题，写着："出版这部关于著述生涯的作品的困难现在是，将来还会是，我实际用过，却不自知或者不完全自知；现在我才理解了并看到这整体——但这样，我却就不能说：我。"

这里，"治理者"并没有被包括在过程之中。克尔凯郭尔用过，被用于并被彻底写入"创作过程"的克尔凯郭尔，在此刻回顾以往时，却不能说：我。当他回首自己的人生，他看到的却不是生活，他看到的是文本，堆积如山的文本。而由一种吊诡的逻辑所展示的，权威的缺席如何推动虚构，而在其他情况下不愿意冒"扑朔迷离的诗性混乱"之危险的同一个克尔凯郭尔，考虑以沉默的约翰尼斯的名义出版《观点》！然而他也很快认识到，"这样就完全不是这本书了。这本书的关键之点恰恰是我的个人声明"。尽管一本自传出于某些原因最好以作者本人的名义出版，关于假名出版的想法还是再次出现了。克尔凯郭尔于是为《观点》撰写了一篇"序言"，署名某个"A-O"，他尝试以下面的话来结束这支离破碎的努力：
485 "我现在敢于做这次诗性的冒险。作者以第一人称说话；但是请记住这位作者并不是克博士，而是我的诗性创造。——我不得不请求博士先生原谅，我是如此鲁莽，竟然在他的鼻子底下对他进行诗化的理解或将其诗化。但是道歉……也就到此为止。因为在其他方面我完全诗性地将自己从他的束缚中解放出来。尽管他会宣布，我的理解在一些地方其实不对；但不能说这理解诗性上非真。结论也可以反过来：所以，克博士并未符合或认识到什么是诗性的正确。"

一份直截了当向历史报告的努力就这样为修辞游戏所取代，这当然是辩证的，但与此同时也是解构性的，因为，通过双重使用恶作剧的实际非真和诗意真实，泯灭了"A-O"和"克博士"之间的每一区别。那异想天开的逻辑，沉溺于一个翻转镜像的"结论"，最后还是让虚构说了算。正是在这个意义上，克尔凯郭尔保持了始终一贯，他在结束《观点》时"让另一个人，我的诗人说话"，诗人在这部作品的最后几页里说："该作者所受到的殉教苦难，可以简略地这样说：他因为小镇上的天才而受苦。他为能力、勤奋、无私、牺牲、思想等等所设立的绝对性规定标准，远远高出同时代人的平均水平，因而把价格抬得太高……他所建造的辩证结构，其单独部分已经成为作品，不属于任何人，更不属于他自己；如果一定要属于谁，那就是属于治理者。"

　　这样克尔凯郭尔就不能以自己的名义授权"著述的整体",而是将授权分散到各处,本该是"直接传达"和"向历史报告"的《观点》就变得完全不直接,成为彼此竞争的多种观点的报告。所以,克尔凯郭尔在一八四九年五月间写作了一个大幅度缩短的版本,但他也还是没有鼓起勇气出版。直到两年以后,一八五一年八月七日,以《关于我的著述活动》的书名出版。《观点》的原稿被交付彼得·克里斯钦·克尔凯郭尔编辑后于一八五九年作为遗稿出版,此后手稿可能溜进了主教府里凶猛的柴灶之一,反正是找不到了。《日报》上刊登的一篇评论并没有被《观点》作者的可信度所折服:"我们当然并不认为,他有意撒谎,但我们认为,他,如很常见的那样,误将后验的(Aposterioriske)混同于先验的(Aprioriske),当他完成了著述后回顾以往,发现在作品之间可以建造某种一致性……我们确定的意见是,出于宗教目的的审美作品不仅是不完全真实的,而且是完全不真实的。"艾琳娜·博伊森也没有被说服,她简短地嗤之以鼻道:"在自传中……他要塑造出一个形象,好像他的所作所为都是为了向人们传播福音;然而,他生命的第一部分并非如此。他不尊敬父母,所以在国内诸事不顺。" 486

　　一八四八年在写作方面丰产,而在出版方面则属于歉收的一年,只有《基督教演讲录》和《危机》挣脱了克尔凯郭尔的优柔寡断得以出版。到年底时克尔凯郭尔有了四份完成的手稿供付印:《伦理-宗教短论两篇》从一八四七年十二月起就在吃灰,后来收入《伦理-宗教论集》,克尔凯郭尔在一八四八年十月为其撰写了前言和后记。《致死的病症》在一八四八年五月中完稿。《我著述活动之观点》在一八四八年十一月中完稿。最后还有《基督教的训练》,克尔凯郭尔在一八四八年十二月给它画上句号。这些文稿印成书后共计五百多页。

　　十二月中时克尔凯郭尔考虑将一部分材料以《完成作品集》为题出版,但是在苦思冥想一段时间后放弃了这个打算。为了让自己和优柔寡断之间的关系可以忍受,他不得不抓住死亡做借口:"我的力量,即我的体力在减弱,我的健康在可怕地衰退:我恐怕活不到自己来出版这些已经写好的,真正有决定性意义的东西了。"

　　除此之外,还有九月初写的题为《最高牧师》和《法利赛人与税吏》的演讲录草稿;校订《菲斯特先生扮演的斯基皮奥船长》,署名普罗库勒[1],并在一八四

---

[1]　拉丁文:Procul,意为"远""距离"。

八年十二月誊清。他还打算在《不要让心灵在哀伤中沉沦》的总标题下写"几篇演讲"，是关于从人的角度来说"最美和最高贵的绝望形式"，即"不幸的爱，哀悼爱人之死，为不能在世上找到恰当位置而悲伤"，所有这些"诗人"所钟爱的，但是被"基督教"称之为罪过。还有一篇题为《武装的中立》的文章，以及，不要忘了，札记：他在五月十五日结束了记事4，同日开始写记事5，在七月十六日写满，放到一边，开始写记事6，在八月二十一日被记事7取代，到十一月二十六日止，记事8用到该年结束。

所有这些都留在克尔凯郭尔的书桌抽屉里，装在锡盒子和粗麻布口袋里，等待着好一点的时代。

自行管理身后名

"歌德的《我的生活》[1]无非是才华横溢地为失误辩护"，克尔凯郭尔在一八四四年恶意地写道，并继续喷射苦涩的胆汁。"没有一处实现了那观念；但他却有本事为一切（年轻姑娘、恋爱的想法、基督教等等）找到借口，他以为"，克尔凯郭尔还在页边空白处补充道，歌德只是"在程度上不同于罪犯，他将罪过诗化，'通过作诗消除罪过'"。

如果歌德的自传是"为错误辩护"，读者也不禁要问，克尔凯郭尔的《我著述活动之观点》原则上是否也会受到同样的指控。他确实不曾"为一切找借口"，相反却对很多事情三缄其口（例如和雷吉娜的关系就被冷冷地称为"那件事"，挤在小小的括弧里），但沉默也是一种为失误辩护。克尔凯郭尔也没有简单地通过作诗和罪过拉开距离，有时他还明显地寓于其中，但是，自传这种文体与生俱来的逃避倾向，或迟或早会落入这种原则上从人生退后三步的"道歉"。最后，克尔凯郭尔并不是他指控歌德的那种"罪犯"，但他也确实尽最大可能避免给偶然留下机会，并且尽同样大的努力将深思熟虑的角度呈现给未来的传记作者。通过《观点》或多或少宣布的目的是：形塑章节和控制讲述，后世不仅要接受，而且最好能重复和继续书写。这样，既明显又令人担心的是，当克尔凯郭尔通过写作《观点》奠定克尔凯郭尔研究的基础时，是以虚构的文献，一种文献的虚构开始的。

例如，这种虚构的文献表现在，当他在《观点》的第二章里说明他的个人

---

[1] 德文：Aus meinem Leben。

"生存特征与作品的本质特征相一致"，并在这里回顾《附笔》出版前他必须采取的措施："我很快认识到……与此相关的个人生存必须加以改变。我也用自己的眼睛看到必须做什么，在一个小小的环境里，以最便捷的方式，我看到治理者在招手，帮助我在这个方向上采取决定性的行动。"这个如此方便地来到的小小环境是《海盗船》的登场及其在哥本哈根居民中造成的影响，因为这里是"一大群公众，手挽手，好脾气[1]地逼得我发疯，怎样的反讽！"同时代疯狂生长的反讽将克尔凯郭尔置于尴尬的境地，他不能利用反讽——这只会被解释为一种"新发明最调皮捣蛋的反讽形式"——所以他只能反过来让自己成为"所有人反讽的对象"。

488

克尔凯郭尔的叙述将现实中发生的高度复杂的历史事件大大加以简化，以至于漂浮在伪造和戏仿之间某个地方，但也使虚构向各方膨胀，这个印象在克尔凯郭尔自称全权掌控此事时得到加强："我现在已经打算好，从辩证的观点来看重启间接传达的时机已经到来。我现在全力以赴写宗教作品，我还是敢于将这些庸众俗事当作否定性的支持，它们将提供充分的冷却，以免宗教性创作变得过于直接，或者让我过于直接地贴近宗教性。而那些不能阻止的，那些近乎骚扰的，我自愿地迎上前去，投身进去，一种疯狂……啊，不错，再说一次，啊，不错，因为从辩证的观点来看这恰恰是基督教的自我否定——"自我肯定并没有在克尔凯郭尔的基督教自我否定中遭到否定，那自我否定，采用那许多屏蔽的隐喻——"戏装""装饰品""套装"，简直和一次华丽的戏剧性自我推销毫无二致。

这种倾向在札记中也非常明显。一方面，克尔凯郭尔长期以来所擅长写作的那些零散的自传性草稿，随着岁月流逝而逐渐收紧，它们被重复得如此经常，其艺术性大有以陈词滥调告终的危险，某些地方在心理学上也近乎媚俗。另一方面，自画像失去了细节和深度，他这个角色的轮廓却日渐清晰。克尔凯郭尔不断地将自己说成是一个处在能够看到许多被别人所忽略的决定性现象位置的边缘人物。这个角色被赋予的社会地位经常远低于克尔凯郭尔自己，例如他自称间谍——然后立即将这个角色和关于罪与罚的观念联系起来，而当他写到自己的时候会几乎强迫性地出现："我说的关于自己的话是真实的：我像一个为最高者服务的间谍。警察也用间谍。被选中的并不总是那些行得端立得正的人，正相反，是聪明狡猾

---

[1] 拉丁文：bona caritate。

的犯罪分子，警察要利用他们的能力，同时有意识地用他们的过去[1]来勒索他们。哦，上帝也这样利用罪人。但警察并不想让间谍们改邪归正。这是上帝的事。当上帝出于仁慈利用这样一个人时，上帝也教育和改进他。"

克尔凯郭尔自己的过去[2]，或迄今的生活是他自我表达中的一个常设装置，据称——不无调皮地——指向读者永远不得其门而入的犯罪环境。"在他一切都是内心的活动。他讲的放荡青年时代，关于青春的罪过等等之类，都只能是指'思想之罪'。"以色列·莱文坚持说，理由是，只要考察一下克尔凯郭尔的"成长环境就足以消除任何关于他放荡的想法"。莱文远远不是真相的见证人，但是莱文正确地指出年长后的克尔凯郭尔倾向于将他自己的过去描写成光怪陆离、放荡不羁的感官性，好像是一个穿着花哨，经常到哥本哈根的妓院去胡作非为的酒色之徒。这幅自画像并无历史根据，但是对克尔凯郭尔为后世提供[自己的形象蒙上的]辩证薄暮却很重要。他本人用下面的复杂方法来解释这复杂情况："我承认，在开始我的著述活动时处在有利地位：我被看作某种近乎流氓恶棍的东西，但是有一个才华横溢的脑袋，部分是沙龙英雄，真正的时代宠儿。……但是这里藏匿着那间谍——人们都没有留心到。一个人以放荡不羁的酒色之徒，一个沙龙英雄开始，很多年以后变成了一个——圣人：这抓不住人。但是一个忏悔者，一个某种意义上为了谨慎起见穿着沙龙英雄伪装的悔罪布道者：却不完全是人们所习惯的。"

克尔凯郭尔的独出心裁令人不得不服，一个伪装成"沙龙英雄"的"悔罪布道者"确实少见，但同时也要指出，克尔凯郭尔在《论反讽概念》中强调过一种相应的，在修道院的与世隔绝和性欲扩张之间的摇摆，乃是浪漫反讽者的典型特征："在他前往修道院的路上顺便拜访维纳斯山；在前往维纳斯山的路上顺便在修道院里祈祷。"

可见，当克尔凯郭尔为自己做传，描述其宗教性发展的时候，并不介意再利用那些他在其他情况下归类为审美性的材料。

"父亲死了——于是我在他的位置得到另一个父亲"

在这些复杂的自我表达中，欺骗和自欺等量齐观，彼此争斗得精疲力竭，但

---

[1]　拉丁文：vita ante acta。

[2]　同上。

间或也有更直言不讳的札记，例如童年创伤经验的重现，但是以变形的形式。痛苦并没有消失，但是已经减退了许多，克尔凯郭尔能够勉强用笔和纸来诉说，那最关键的部分还是环绕在沉默之中："想到我生命的幽暗背景从一开始就存在，实在是可怕。父亲将忧惧充满我的心灵，他自己可怕的忧郁，还有许多我在这里不能写下的事情。我对基督教也有这样的忧惧，然而我还是受到强烈的吸引。" 490

这条札记以错综复杂的变体在札记中重复出现，读者需要动员起超凡的善良愿望才能超出这想法：将创伤付诸写作一定对克尔凯郭尔具有疗救的效果，他只有在札记中倾诉。而恰恰是他通过写作来终结创伤经验这个事实，自然很容易引导后世人们专注于创伤本身的范围，而不是克尔凯郭尔通过一行又一行的写作而逐渐拉开的距离。从一八四八年初夏的一条札记中可以感觉到，克尔凯郭尔是怎样相当突然地［和创伤］拉开了距离："但父亲的死对我来说也是一件可怕的震撼之事，所以我从来没有和人谈起过。我一生的前半部分总体上笼罩着最黑暗的忧郁和最深刻悲惨的迷雾，所以我当时是那个样子并不奇怪。但所有这一切都是我的秘密。"

克尔凯郭尔如此经常地向读者公开表示有所隐瞒，人们的反应几乎会是顺从地听天由命。他愿意，又不愿意，他的忏悔以同情的冷漠，一种永远的"甘心的不情愿"[1]为标志。这条札记又继续道："这也许不会给别人留下这样深的印象；但我的想象力，尤其在早年，它还没有转向其他任务的时候。"句子到这里结束了，但又并未真的结束，至少还缺一个动词，克尔凯郭尔匆匆离去，因为他的书写进入了一个危险的领域，艺术与现实，诗与真，在那里殊死搏斗。只要在这个方向上再多写十个词就会暴露他文学匪徒的本来面目：他不得不抢劫自己的过去，因为多年来一直没有别的主题、别的地方对他的艺术创作具有必要的吸引力。克尔凯郭尔省略了这个词，回到他那著名的公式："这样原始的忧郁，哀伤如此丰厚的嫁妆和最深刻意义上的悲哀，一个由忧郁的老人养育的孩子——而他以与生俱来的高超技巧欺骗了所有人，好像我就是生命和欢乐本身——这样天上的主就会帮助我。"

克尔凯郭尔对这位因误解的关怀而毒害了他生活的忧郁老人的矛盾态度，在世界文学中是独一无二的——甚至卡夫卡也不能妖魔化自己到相应的程度——我

---

[1]　拉丁文：nolens volens。

491 们无形中落入父亲的错误：他压迫儿子的性冲动，造成身心冲突；由于过分严厉的教育，这些羞辱让儿子吊诡地自欺欺人地崇拜他，想象自己爱他，因为儿子害怕承认自己的恨；各种不满意的感觉，可以追溯到那些夸张的道德和智力期待，儿子必须兑现，替父亲兑现；父亲基于被迫害狂不懈地监视儿子的行为，这被迫害狂后来反转出现在儿子的观念中，其任务是揭露别人，反讽，乃是出于被迫的矫揉造作和被禁止的攻击性，而后者通过幽暗的渠道与雷吉娜遭遇的悲惨对待相联系，随后表现在让同时代人为他的殉道产生负疚感而遭到惩罚。

要延长、加宽、深化这张有效摧残儿童教育方法的列表非常容易，还可以用札记中白纸黑字上令人不寒而栗的童年场景列出特别附录。不过在这里只要列举几个就够了："然而我还是要感谢父亲，从始至终的一切。他恳求我，当他以一如既往的忧郁，忧郁地望着我时说：你一定要爱耶稣基督。"这不是一条美好的札记，还因为儿子在引用父亲时无保留的赞同而额外凶险不祥。这种情况与其说是例外倒不如说是常规。几条札记之后，他又一次提起那件已经过了十几年的事，当那彻底世俗的儿子说出有害的话，说"神偷"也有可能改恶从善时，父亲的评论。"父亲对我说的话都是对的。'有些罪过，人只能借助于极端的神性才能获救。'从人的角度来说，我有负于父亲一切。他以一切方式让我尽可能的不快乐，让我的青春成为无可比拟的折磨，使得我在内心深处感到基督教近乎冒犯。或者是我确实感到冒犯，但出于尊重决定永远不对任何人提起一个字，出于对父亲的爱，我将基督教设想为尽可能真实的，与基督教界（Christenheden）所宣称的关于基督教（Christendom）的那些废话相反；我的父亲毕竟是最慈爱的父亲，我的内心想望着他，从晨至昏，无日无之。"

写下这些话的是一个父亲的儿子，一个受到伤害的儿子，但他也做了错事。当然问题在于，尤其是后来的心理学让这个问题难以回避：成年的儿子能够避免将尘世父亲的品质投射到天上父亲的身上吗？答案当然不会是简单的，但令人惊

492 讶的是，克尔凯郭尔在若干处有意识地摧毁了每一种关于这类投射的猜想。"我毫不夸张地与上帝同在，就像和父亲生活在一起"，他在一条札记中写道，这里无疑存在着投射。但是在同一则札记里的几页之后，却陡然变色："父亲死了——于是我在他的位置得到另一个父亲：天上的神——我发现，我的第一个父亲其实是继父，而且仅在非真实的意义上是我的第一个父亲。"

尤其值得注意的是结尾部分。即克尔凯郭尔在这里对父亲进行了反抗：米凯

尔·皮特森·克尔凯郭尔证明自己是"继父",所以必须让位给真正的父亲,那天上的父亲,上帝。正是在这样的认识中,儿子终于克服困难对那纺织品商人做到了以往无法做到的——宽恕了他。

克尔凯郭尔关于替代的思想大致形成在写作《致死的病症》期间,这促使他再次思考罪过的宽恕问题。"我要不断地接近,更接近罪之宽恕的教义",一八四八年他在一张未装订的纸上写道,开启了这个他最密切关注主题的长长系列。在"关于罪的宽恕"标题下,一则高度反思,同时也冷静清醒的独白跃然纸上:"困难在于,信仰者应该返回哪一个直接性(Umiddelbarhed),或者,什么才是作为这信仰之结果的直接性?它怎样和通常称之为直接性者相联系? / 相信罪之宽恕是一个悖论(Paradox),荒诞的(det Absurde),等等,等等。我说的不是这个,而是其他。 / 我也设想一个有着巨大信仰勇气的人真正相信,上帝忘记了他的罪——一种或许在每个世代里不到十个人才有的勇气。这种疯狂的勇气,在获得了一个成熟的上帝观念,进而相信上帝,就会完全忘掉。 / 但我要假设这样一种勇气。那又怎么样?所以现在一切都忘掉了,他已经成为一个新人。但是否真的没有留下任何痕迹,也就是说:一个人是否可能从此像青年一样无忧无虑地生活?不可能! ……一个相信罪之宽恕的人怎么可能变得足够年轻而落入情色之网?"

关于第一个和第二个直接性之关系的反思引导克尔凯郭尔进入生存的中心:"这里是我自己的困难。我是由一个老人极其严格地训导进入基督教的,所以我的生活混乱得可怕,所以我被置于想不到的冲突之中,往少里说是这样。直到现在,我三十五岁了,也许才借助于沉重的痛苦和苦涩的悔恨,充分懂得了弃世而死(Afdøenthed fra verden),才能够恰当地说,在相信罪之宽恕中找到了我的整个人生和幸福。但是说实话,尽管我在精神上比以往任何时候都强壮,但去爱上一个女人之类,我已经太老了。"

粗看上去,读者会不禁以为克尔凯郭尔的保留是出于他作为出色的心理学家了解自己和自身局限性,或者来自他的神学中的弱点,不能宽恕一切。对克尔凯郭尔来说,那第二个兼具要求和赐福的直接性恰恰是另一种直接性,所以那处在第二个直接性之中的人,也成为另一个人:"那真正体验过并继续体验着相信罪之宽恕的人会变成另一个人,一切都被忘却——但在他身上发生的却不同于孩子,在得到宽恕后本质上还是同一个孩子。不,他变得永恒地更老;因为他现在变成

493

了精神，整个直接性及其自私，其自私的依赖世界和依赖自己，都失掉了。他现在从属人的观点来说老了，无比苍老，但是从永恒的观点来说非常年轻。"

这使人恢复青春的永恒日益包围着克尔凯郭尔，他在一则又一则札记中试图留下记录，他知道这尝试会失败，因为体验上帝之爱恰恰是无法形容的。从外加以观察，这些札记的特点在于既是极其私人的又同时是完全公开的，但只有玩世不恭的人才会怀疑其情感的真挚："多么美妙，我被神的爱所压倒了——天哪！我终于明白，没有什么比我的一再祈祷更加真实，上帝将允许我随心所欲地做任何事，他不会生我的气，因为我不断地感谢他，感谢他为我做了，并且在继续做那许多难以言表的、从来不敢祈望之事。在嘲笑的包围中，日复一日地受人的，特别是我内心狭隘性的折磨，我在家中不知别事，或者在我内心深处除了感谢，再感谢上帝还有其他；因为我懂得，他为我所做的非言语所能形容……他让我在宁静的孤独中对他哭泣，一次又一次哭出我的痛苦，在得知他的关怀时得到赐福的安慰——同时他给予这痛苦的人生一种意义，几乎难以承受，给我的一切作品以幸福快乐、力量和智慧……信仰是反思之后的直接性。作为诗人和思想家，我在幻想的媒介中创作一切，同时生活在断念（Resignation）之中。现在生活向我走来，或者是我自己在走近自我，走向自我。"

494

"我被视为一种英国人，一个半疯的怪人"

生活越走近克尔凯郭尔，他和另一种生活——社会生活、别人的生活的距离却越来越远。《海盗船》事件的余波还远没有平息，看上去会逆一切自然法则而动，与时俱增地形成一股威胁他，随时要把他卷走的浪潮："我在哥本哈根其实是被这样对待的。我被视为一种英国人，一个半疯的怪人，我们所有人，从最高贵的人到街头流浪儿，都以为可以逗一逗。我的著述活动，那惊人的高产，那我认为可以移动巨石的内在热情，其单个部分——更不要说总体——在同时代作家无人可比；这种著述活动被看作是一种类似钓鱼的爱好或消遣。我在评论家那里得不到一个字的支持。小先知们在修道院之类的地方做愚蠢的演讲来抢劫我，但提我的名字？那没有必要。"

这愤怒，却也并非毫无欢欣的愤怒，在克尔凯郭尔的晚期札记中反复出现。其数量之大，克尔凯郭尔用在攻击同一主题上的精力之多，如排山倒海般势不可挡，令人难以完全摆脱这样的怀疑：始于治疗，而终于纯粹的自我暗示。这里最好能听到克尔凯郭尔用自己的声音来读这些札记，其重音和节奏将赋予这些字句非常宝贵的阐释价值。听不到声音，单纯从文字上来看，这些反应经常完全不成比例。一八四六年三月六日的那期《海盗船》上开了一点愚蠢的玩笑，说克尔凯郭尔不会屈尊对任何人脱帽——典出《附笔》序言中一个迷人的辩证扭曲——让克尔凯郭尔大为光火："这是巨大的令人作呕的粗鲁。一个假名人物的一句台词（攀登者关于脱帽的话），一个（本身精彩的）幽默的人在一本只有很少人知道其存在的大书的短短序言中的一句小小幽默台词：这段台词被抽出上下文，印在一份庸众杂志上（让全国人民读——因为在丹麦人人都是庸众，这可以从人人看庸众杂志得到证明），给人的印象是我（索·克尔凯郭尔）说了这句话，对哥本哈根的真实居民说了这句话。这句话是为每一个啤酒酿造者、酒保、泥瓦匠等等之类写的，为学童等等之类写的，为了确保他们能认得我，还为我画了像。现在人人都对我生气——因为我出于骄傲拒绝给他们脱帽。不朽的诸神啊！[1] 一个能发生这种事情的地方不是国家，而是小镇子，一个道德堕落的小镇。——迟至今日（两年以后），有人声称，我在那本书（他当然没有读过）的序言里说过这句话。"

495

不朽的诸神啊 [2]！人们可能会奇怪，克尔凯郭尔竟然愿意屈尊为随便一个什么人顺口说的关于一顶帽子的话如此小题大做。一方面是他一直没有消除《海盗船》事件的影响，另一方面是他完全不能让自己忽略它。保尔·马丁·穆勒说他是那么"彻底的能争好辩"，以至于"完全不可接受"，他兴高采烈地在札记中抄下这段话，作为他拿论辩枪扫射几乎一切活动靶子的许可证。

出人意料的是，克尔凯郭尔和"庸众"之间的关系让人联想到那个对他越来越封闭的，他用来指称哥本哈根的知识集团或文化宗派的"小圈子"。"要是当初从一开始就给我作为作家的应得待遇，"他在一八四八年叹息道，"我就可以有机会用另一种方式来谈论自己；人们很容易看出，我远远不是傲慢的。"海贝格就是早年忽略克尔凯郭尔需要得到承认的人之一，相反他选择了拇指朝下，或者无论如何至少是倾斜的角度。克尔凯郭尔无法从这居高临下的对待中复原，在软弱的时刻——他有不少——沉浸在狂野而繁茂的文学成功幻想之中："此外，通过做牺牲经历了最痛苦的忧郁症，在承受了世界上一切可能的虐待之后，上帝的意志突

---

[1]　拉丁文：Pro dii immortales!
[2]　同上。

然让我在这世上成功，也并非完全不可能。"

上帝的意志并没有惠顾克尔凯郭尔，随着那些集团的巩固，他沮丧地看到，自己不仅被忽略了，而且成为一个狡诈阴谋的牺牲品，为此他决定——在治理者的帮助下——采取一系列策略行动，粉碎各集团成员眼里他的形象。关于这个想法他详细地加以记录："我的策略始终是分化瓦解那些集团。回顾以往，我看到治理者怎样帮助了我。大圈子是：明斯特、海贝格、马腾森之流——因为明斯特也在里面，即便他从来没有堕落到公开承认的程度。这些圈子要通过消极抵抗来摧毁我。如果一切顺利，我将绝对敬重明斯特。无法散布流言蜚语，会让这个圈子恼火。随着时间推移，海贝格变得越来越不灵光，进而他会看到，他错了，我根本不想做美学家，也许他还会多少感到冤枉了我……于是我选择他的母亲，来加以推崇。这足以让小圈子恼火，因为他们是社会栋梁。现在轮到他的太太——谨慎起见对马腾森施加一点小小的巫术，小圈子不会太舒服。"

这条札记还有下文，但在这里已经需要一些点评：当克尔凯郭尔写到，他推崇海贝格的母亲，他想的是自己在《文评一篇》中关于居伦堡夫人的赞美之词；海贝格的"太太"，克尔凯郭尔指的当然是约翰娜·路易丝（她不会喜欢被称为海某人的太太），他在《危机和一个女演员生活中的危机》里把她吹上了天，这部作品顺利进入海宅；最后是"对马腾森施加一点小小的巫术"这几个字指同一篇文章，《危机》中一段攻击性文字运用了文字游戏，"高级宫廷牧师"同时也担任"市牧师"，或更正确的"市高级宫廷牧师"，所有这些据克尔凯郭尔说都是"暗指马腾森"。

为了颠覆哥本哈根的"集团"总体，克尔凯郭尔与明斯特、海贝格和马腾森都难以容忍的格隆德维建立起策略性关系。"这样我成功地和他保持着一种高调的来往，这在很大程度上会让那集团恼火。"克尔凯郭尔感到他可以将这捣乱行动再继续一段时间，但他反躬自省："然而弄清其中错综复杂的关系是一件没完没了的工作。不错，我为阴谋而生；但在这游戏中有一种力量，以神秘古怪的方式在帮助我。"如果能逼《海盗船》的两位船长手挽手走跳板[1]，这策略的胜利就完满了，但在这里克尔凯郭尔不得不三思而后庆祝胜利。"也是在和这个集团的关系中：我

---

[1] 走跳板，海盗处死俘虏的一种办法，把俘虏蒙住眼睛，然后逼使他在一块伸出船舷外的跳板上前进，掉落海中。

把皮·路·穆勒和哥尔德施密特算计在一块儿"，话是这么说，但克尔凯郭尔在页边空白处补充的一行是如此明显地修正了这"算计"，简直让人怀疑是否实有其事："在某种程度上成功并非完全不可能。"

十九世纪三十年代被近卫军除名的克尔凯郭尔有可能会成为一名优秀的军事战略家，但在和"小圈子"的关系中他的计划纯属浪费时间精力，因为根本观察不到他精心策划的战斗。小圈子的成员中无人在十九世纪四十年代末提到过他。人们在格隆德维的信件中一无所获，明斯特的也是如此。在马腾森那里也找不到克尔凯郭尔的踪迹，后来才出现。海贝格夫妇那里也没有，尽管约翰·路德维希的书架上放着《非此即彼》《重复》和《序言集》等。如果克尔凯郭尔期望海贝格会传播他致居伦堡夫人的欢乐赞歌，他也需要修正这期望，因为在约翰·路德维希的私人文件里没有一字一句涉及《文评一篇》，连一个逗号也没有。在约翰娜·路易丝那里倒是有一点材料，她后来在回忆录中回顾了整个时期，但还是几乎在琐事部分，几句话提到克尔凯郭尔关于她复出扮演朱丽叶的分析。而在人们可能会期待克尔凯郭尔出现的几处，她的描述中却引人注目地付之阙如——例如在很长的关于《海盗船》的一章里，她愤怒地写道，这种"以邻居为代价的丑闻"如何会成为"当时的常规"，并继续写道："这种新式的私人攻击引起了巨大的骚动，并给这份刊物带来了可观的销量。所有尚未成为他们攻击对象的人觉得该刊有趣极了，直到他们自己遭到攻击，才发现该刊原来是如此臭名昭著，令人发指。"考虑到克尔凯郭尔经常将自己"跳进《海盗船》"解释为与海贝格站在一起的抗议，而他自认为的英雄行为竟然在这里被交付沉默，几乎令人痛苦。

我们无法避免得出这个令人沮丧的结论：克尔凯郭尔分化瓦解"集团"的尝试主要是在他自己的脑袋里，那些被攻击者丝毫没有被那攻击所触动。根据这些历史事实，人们不由自主地会想一想，他关于遭受《海盗船》无限迫害和虐待的描写，会不会也是类似的构造，这种构造对克尔凯郭尔确实有不可估量的意义，但和现实只有最低限度的联系。

497

421

一八四九年

几番献词和一次回绝

其实，克尔凯郭尔和丹麦文学舞台的关系远不是像他在最苍凉时刻所描写的那样单一。这表现在，《非此即彼》于一八四九年五月十四日再版，《田野百合与空中飞鸟》同日面世的时候，一组精选的"国内诗人"每人收到了一本："我认为这是我的责任；现在也可以做到了；因为不可能为支持这本书而形成一个小圈子——这本书已经老了，危机已经过去。"然而这本书还是以怡然隐士的名义发送给诗人们的。

《非此即彼》的再版使克尔凯郭尔处于强制性反思的折磨之中，不仅在他和这部作品的书名之间的反讽关系中，而且在他和菲利普森以及瑞策尔讨价还价时的坚定不移形成鲜明对比。他早就明确表示，再版必须伴随着一部宗教作品，就像当初在一八四三年那样，初版的《非此即彼》是和《益信词两篇》同时于五月十六日出版的。不过现在情况变了，克尔凯郭尔本身也变了："从那以后我获得了宗教作家的品格；我怎么能若无其事地不做解释呢。"所以他考虑过让《伦理－宗教论集》一同出版，但在二月十九日更倾向于采用《笔记三则》（属于《观点》）来起这个作用——"这个主意很吸引我"——在四月里又改变主意，让从三月开始写作的三篇宗教演讲《田野百合与空中飞鸟》和《非此即彼》第二版一同出版。

五月中，也就是《非此即彼》的感谢信纷至沓来的时候，信差交给他一张瑞典女作家菲特丽卡·布莱梅尔的便条。她从一八四八年秋天起就一直在哥本哈根，为写一本关于北欧生活的书搜集材料。这位四十八岁的女作家仅在十二年前去斯德哥尔摩的路上见过安徒生一面，此外就两眼一抹黑，谁也不认识。但她成功地在很短时间内就和丹麦的科学文化名人建立了联系，如汉斯·克里斯钦·奥斯特、卡斯滕·豪赤、格隆德维、波诺维利、约·彼·埃·哈特曼、伯·塞·英格曼（她到索湖去拜访过），还有卡洛琳娜·阿梅莲（就是那位读过"非此和即彼"

的王后），最后，但并非不重要，得到宫廷牧师马腾森的热情接待。居留哥本哈根期间她经常去马腾森家中拜访，成为刚写完的《教义学》校样的第一个读者。马腾森后来回忆过"那些愉快的夜晚，她走进我的房间，谈到书中哪些地方让她获益——她认为我在精神意义上足以构建一座大教堂"。不过布莱梅尔也有"怀疑和困惑"，尤其是不能同意罪的意识，但马腾森是耐心的："于是我们就罪和恩典谈了几次。"

在转道英国前往美国之前，这位人气很高的女作家试图安排一次和克尔凯郭尔的会见。她自称"和您一样的隐士"给怡然隐士投了一封情词恳切的信——"一方面为有幸拜读大作如饮甘露表示谢意，另一方面为与先生就'人生诸阶段'进行切磋"，最后表示愿意在礼拜四，耶稣升天节礼拜结束后能采访这位博士。克尔凯郭尔显然拖着没有回复这请求，因为几天后她又再次邀请，不过这次是写给"神学硕士索伦·克尔凯郭尔先生，旧市场"，地址错了，因为从一八四八年四月起上述硕士就住在玫瑰堡街。当克尔凯郭尔终于振作起来回复，他显然不喜欢这种随便和人称兄道弟的"隐士"。"我的希望是，我不要被误会；如果遭到误会，将让我非常痛苦；但即便是这种情况，我还是不能接受这次邀请。"回信的一份草稿上是这样开始的，而无数次的涂改表露了克尔凯郭尔的烦躁。在寻找一种能给回绝增添辩证韵律而不可得之后，他还是想办法写道，实际上并不是那位"闻名欧洲的瑞典女作家"鲁莽地自荐。"不是，我更懂得什么是鲁莽，我鲁莽地要求您自己做出判断——我敢于以最极端的鲁莽，谢绝您的提议。"

很快就会知道，拒绝菲特丽卡·布莱梅尔的邀请，确实是鲁莽，太过鲁莽。

马腾森的教义学

当克尔凯郭尔坐在七月的暑热中汗流浃背地校阅《致死的病症》时，马腾森的《基督教教义》出版了。这本书的出现并没有让对它的非凡期待落空。《飞翔邮报》上刊登的评论将其称为"也许是我们的神学文学创作出的最有意义的作品"。评论者认为，这部作品将"赐福于"神学领域，以及"由时代精神所承载的晚近否定性思辨有意无意地赢得了入口，并侵蚀了信仰墙基"的其他领域。明斯特也欣喜万分，给以这部作品"巨大的同情和注意"，并将其应用于自己的教义学研究之中。

《基督教教义》还超出了专业研究的狭小圈子，尽管第一次印刷就已经大大

500

超过通常这类书籍的印数，还是不得不在同年再印一次——这让克尔凯郭尔可以理解地十分恼火，他的《致死的疾病》销量可怜，而且无人评论。马腾森活着看到丹麦文版印了四次，而且《教义》还胜利地冲出国门横扫欧洲，他看到此书被翻译为瑞典文、英文、法文和德文，并在德国印了七次。据马腾森晚年所说，这部作品也在天主教和希腊正教教会里得到宣讲。"也许是为了反驳，"马腾森承认，但他又补充道，"但无论如何他们表现出了尊重。"

501　　马腾森成功了，自从十年前在大学获得教职后就一直成功，没有别的。当时普遍认为，马腾森将开创一个新的时代，而明斯特则很快就会过气，被黑格尔体系推到一边。为了避免出现这样的情况，明斯特作为大学教务委员会的成员，促使马腾森在一八四○年成为特聘神学教授。不久明斯特又推荐他进入科学协会，那是极大的荣誉。当有人窃窃私语，这个勤奋严肃的人感到有布道需要时，明斯特就在一八四五年让他成为宫廷牧师。工作量是每六个礼拜日布道一次，可每当他布道时，城堡教堂里就挤满了哥本哈根的趋炎附势之徒，而克尔凯郭尔则总是另外找地方去做礼拜。明斯特还设法提名年仅三十九岁的马腾森成为国旗骑士。所有这些来自明斯特的奖掖一定会得到回报——在马腾森的教义中明斯特被提高到权威的地位，并且最经常得到援引。结果，这本《教义》很长时间内是主教府里的固定晚间阅读材料，而马腾森也更经常得到邀请。

　　克尔凯郭尔和所有这一切保持着或多或少的距离，他痛恨马腾森的幸运，尤其痛恨是明斯特给了他这幸运，公开让马腾森成为自己的被保护人和宠儿。他的反应充满厌恶："做一个马腾森这样的傻瓜实在可怕：布基督教之道……为高贵者，为那些只知道跟着高贵者跑的傻瓜们。怎样的讽刺！马腾森是牧师，所以他当然也是那导师，我主耶稣基督，为俗世所唾弃者的使徒……马腾森若不是俗得可怕（这样小小的头衔和一点地位对他竟然如此重要）就是十足的愚蠢。我认为更可能是后者。"克尔凯郭尔认为自己受到排挤，遭到拒绝，受到侮辱，他对马腾森教义作品的评价也就可想而知。"当整个生存都在崩溃时，当每个人都能够，也不得不看到，所有这些数以百万计的基督徒都在装腔作势，基督教毋宁已经从世界上消失时：马腾森闭门造车安排了一个教义体系。"他的最初反应是这样。关于这个体系本身也不过如此："真可笑！我们现在谈论体系与学术性（Videnskabe-lighed），以及学术性，等等，——最后出来的是体系。仁慈的上帝和天父！我的哪怕是最流行作品中的概念也比他更严格地加以定义，我的假名约·攀登者在概念定义上要严格七倍！"

尽管克尔凯郭尔的眼光锐利，不曾放过马腾森论证中哪怕是最小的瑕疵，但是没有什么比教义学者自己的生活方式与他的教义之间差距的细节，更让克尔凯郭尔笔管中的墨汁沸腾。何以如此，解释很简单："基督教总体上倾向于现实性，倾向于成为现实，这是它真正与其实质相联系的唯一中介。……马腾森也谈论基督教必须是人生，真实的人生——现在开始令人欣慰的——我们心中一个真正、真实的人生，一个完全真正、真实的人生，不应该通过幻觉与基督教相联系。很好。但现在马腾森自己的生存（Existents）有什么表达呢？……表达了，他——老实说——从人人都是基督徒的弥天大谎中获益；因为所有和宫廷牧师在一起的高贵者们，骑士们，宴会上的名人们，本质上都将自己和一个幻觉联系在一起，即我们都是基督徒。"这样一种幻觉的默契揭示了，"明斯特真正腐蚀了马腾森"，后者采用了这位主教既舒服又能得利的范畴：平和。"这平和是什么意思？它的意思是说，人能够确保社会中最受尊敬的地位之一，并具备更受尊敬的前景。它让人随心所欲地停在原地不动，真正享受人生。所以，人必须有平和。这化妆成基督教而出现。"总而言之："他都是在胡说八道。"

克尔凯郭尔的不适感似乎在这里已经达到高峰，但是当他读到教义学的第二百三十四节，关于"救赎的秩序"一节时，恶心程度益发提高了。马腾森在这里写道："个人只能在属于同一个王国的许多不同神授能力（Charisma）之间爱的交换中才能发展自己的神授能力。不是通过自私病态的方法作为'单一者'（Enkelt）生活而成圣（Helliggjørelse）。"克尔凯郭尔感到被打中了太阳穴。"看样子马腾森说的单一者的病态自私人生是针对我的"，他这样记录下，但并不止步于此，而是回应道："基督教所理解的健康完全不同于世俗。世俗人所理解的健康：告别无限性的努力，精于有限性的目标，尽快找到一份油水肥厚的差事，用天鹅绒遮盖肚皮，生活在高贵的人们中间。"马腾森的太太海伦娜·马蒂尔德·赫斯在婚后九年，于一八四七年九月去世；他在一八四八年十一月又与薇尔吉妮·亨丽耶特·康斯坦斯·彼朵拉斯结婚。克尔凯郭尔很清楚这些，所以他继续写道："……除此之外，此人还要结两次婚：在世俗人看来他就健康，甚至可以证明他非常健康，而此人在伦理学里却教训人说二婚不值得提倡。"——马腾森确实在一八四一年出版的《道德哲学体系大纲》第八十四页上这样说过。当一个人可以这样恣意给自己的道德原则打折扣，那么人人都可以理直气壮地说别人病态，克尔凯郭尔

502

503

恨得牙痒痒,这样辩证地结束:"这样看来我真的是一个病人——一个自私自利的人。/ 为思想而委屈自己,丧失了一部分自私的动物性健康来做自己等等,在基督教看来恰恰是健康的表征。"

诸如此类的事情是自认为健康的马腾森所不能理解的。应该庆幸,克尔凯郭尔的狂躁攻击性阅读只浏览了《教义学》的前言。因为马腾森获得金质奖章的讥诮直指那些"感觉不到进行连贯性思考的冲动,而满足于冥思断想、妙语警句、忽发奇想和灵光一闪的人们"。

这恶毒是指向克尔凯郭尔的。他本人也掌握这种打击的艺术,尤其是善于向这个世界上众多的马腾森供应下述打击:他们一辈子的成绩单上都是优异[1],但是令人遗憾地忘记了什么是真正要紧的:"神学文凭上标着'优异',在此之上还是所有'优异者'当中最优秀者,站在教养(dannelse)的时代顶峰,由一个恰当进行过灵魂忏悔的人读古老的神学作品之——学会厌恶你的一切作为神学知识的知识,学会厌恶这种礼拜天的宗教空话,这种学位论文废话。"

504

雅典人之家的一个礼拜天

克尔凯郭尔对马腾森拙劣作品的恼火得到拉斯姆斯·尼尔森的同情。他是哲学教授,在一八四九年七月二十日告知他"亲爱的博士先生",他现在收到了"体系",指前一天出版的马腾森教义学。这本书应该加以研究——并加以伏击。结果在一八四九年十月十五日以一篇详细评论,更正确地说是一本小书的形式出来了,书名是《索伦·克尔凯郭尔博士的"攀登者约翰尼斯"和汉·马腾森博士的"基督教教义"》。

马腾森在回忆录中坦率承认,尼尔森的批评完全出乎他的意料。此前尼尔森"表现得友好而富有同情,甚至把我当作朋友",因此马腾森也把他当作一个"才华横溢的同行,一个志同道合者"。马腾森还在《教义》出版之前让尼尔森看了部分章节,得到了他的全力赞许。"现在他宣布《教义》是一部完全失败的作品。"马腾森并不怀疑尼尔森转向的原因,那原因自然是,他那"易变的精神被索伦·克尔凯郭尔所压倒了",实际上尼尔森受影响到了这样的程度,他在"醉梦中甚至不是从难得以真面目示人的克尔凯郭尔本人那里借思想,而是从他的面具之

---

[1] 拉丁文:egregie。

一，假名'攀登者约翰尼斯'那里借。这依赖性是如此巨大，他甚至不试着将这面具的语言——那是以幽默和嘲讽的机智形式——改写成教育性的演说，而是直接将这些句子拿来当作教条"。

不管马腾森和克尔凯郭尔在其他问题上有多少不同意见，他们还是联合起来，为尼尔森不敏感地将假名作品当作权威性教义而恼火。马腾森于是讲述了一个礼拜天的下午，他散步到克里斯钦港，在那里遇到克尔凯郭尔，陪他沿着克里斯钦港的城墙散步，就丹麦文学的糟糕状况谈了很长时间，当然免不了《海盗船》，在马腾森看来克尔凯郭尔太经常提到这码子事儿。回家路上这两位先生在东街六十八号，私人图书馆雅典人之家的门前停住脚步。马腾森示意克尔凯郭尔，他们应该分手了，但克尔凯郭尔跟着他进去。"而在这里——几乎是不言而喻地——开始谈到我和拉斯姆斯·尼尔森的争论。我对尼尔森的行为中不能认可的部分表达了无保留的愤怒，尤其是他扭曲地、错误地、不合适地利用克尔凯郭尔的攀登者约翰尼斯，粗暴地将文句从作品的上下文当中抽取出来，赋予其教义的意义和运用。"克尔凯郭尔没有对马腾森表示异议，也丝毫没有为尼尔森辩护。相反，他还批评"我的教义前言中的一些表达方式，他认为应该删除"。马腾森在这里指的可能是他的《教义周知》的前言，他专门为反驳拉斯姆斯·尼尔森而写的，其中提到克尔凯郭尔的著作作为"冗长的文学"——他强调了至少两次——他"完全不予考虑"。

不消说克尔凯郭尔不会喜欢这个，但那个礼拜天下午在雅典人之家他并没有面对面和马腾森争论。马腾森甚至清楚地记得，克尔凯郭尔说无论如何他们之间的不同意见属于"基督教内部的分歧"，马腾森感到这话里有一种"和解"的意味，"基督教内部的分歧"一定是可以消除的，所以他要求克尔凯郭尔做"进一步的发挥"。克尔凯郭尔于是解释道，他的观点是，"不应该强调保罗的罪与恩典之对立，因为大多数人还没有成熟到接受的程度，而应该追求彻底利用雅各书"。这听上去很可能，因为克尔凯郭尔恰恰是一再回到这封书简中关于不仅要做言辞的"听者"而且要做"行动者"的训诫。马腾森完全可以跟上克尔凯郭尔的思路，但不想"争辩"，坦率地说，"因为，如果这里需要争辩，那么肯定还有其他，更大的问题需要争辩"。当马腾森回顾以往时清楚地意识到，他那天显然失去了一个接近克尔凯郭尔的机会，然而他也承认，"我是那么不能认可他那实验性的、自我封闭的性格，我认为有接触到他性格之内不真实成分的危险，因此我没有更接近他

505

的需要。……我不能信任他而只好坚持这样的观点：每个人都必须在自己的湖上行船"。

拉斯姆斯·尼尔森

拉斯姆斯·尼尔森是克尔凯郭尔这几年的札记中出现的一个新名字。克尔凯郭尔和他更私人的联系也是新的，可以追溯到一八四八年初夏在街头的相遇。他们以相反的方向分别走在两边的人行道上，没有更富象征意义的了，克尔凯郭尔向尼尔森招手让他过来谈谈，然后请他来私人做客。尤其是最后一点给尼尔森留下了压倒性印象，他知道这位博士在请人做客方面多么小心谨慎。克尔凯郭尔对这件事的回顾也表明，他被自己的好客感动了："他大概以为要敲敲我的门，我打开一条缝让他进去，或者连这也没有：实际上双扇门敞开，请他步入。远远超过期待。"

那天他们说了些什么不得而知，但这次会见就算比较成功，因为克尔凯郭尔不久以后谈到尼尔森可作为"出版遗稿"的最佳候选人。"倘若我明天死去，就无人评论我的一生"，据克尔凯郭尔自己说，在乘车前往荷尔施霍尔姆的途中突然喃喃地说出了声，他开始考虑收个学生，或许甚至是一个可以分享秘密的知心朋友。这个人的类型他也毫不迟疑："我不需要指手画脚的人，不论他是在布道坛上挥舞手臂，还是在大学讲坛上挥舞手指，而是一个愿意冒险用他全部的个人生存来表达，来教诲的人。一个讲师有十七样东西需要考虑，他要谋生，他要结婚，他要受到尊敬，他要满足时代的要求，等等。"

尼尔森不属于最能指手画脚的人，此外他不仅是讲师，而且是教授，还受封骑士，在所有这一切之上，已婚。最后这一点在克尔凯郭尔眼里大大拉低了他的总体价值，但尼尔森还是现在城墙以内最不坏的一位。这一定是克尔凯郭尔做此安排的原因。他对这位在一八四一年四月接替保尔·马丁·穆勒的教授职位的哲学教授的尊敬一直很有限。希本在克尔凯郭尔成功地进行了学位答辩之后不久鼓励他在大学申请一个哲学讲师的职位，克尔凯郭尔回答道，那么他要求几年的准备时间。"哦！您怎么能想象他们会以这样的条件雇你？"希本不解地问。"那么我就会像拉斯姆斯·尼尔森那样，"克尔凯郭尔反驳道，"不做准备就去就职。"希本生气了，说："您总是跟尼尔森过不去。"这并不全错。一八三九年，尼尔森在《哥本哈根邮报》上刊登了一份征订广告，他打算在冬天出版《基督教道德大纲》。克尔凯郭尔在一篇报纸文章《公开忏悔录》里讽刺尼尔森一直没有实现的计划，他写道："时代正在努力走向体系。尼尔森教授已经发表了逻辑学的二十一节，构成逻辑学的第一部分，而逻辑学又是无所不包的《百科全书》之第一部分，书的封面上好像这样示意，但没有进一步说明书的篇幅，或许是为了避免把人吓着，因为有人竟敢把一本无限长的书了结了。"

事情没有变得更好。尼尔森在一八四一年至一八四四年间出版了四本小册子《思辨逻辑大纲》，并在前言中将这部作品称为"哲学方法论片段"，这倒是实话实说，因为此书一直没有写完，而且毫不夸张地是在一句话的中间打断的。这个不自觉的片段化让克尔凯郭尔乐不可支，他的《序言集》里出现了一位承诺要写作"体系"的"B.B. 先生"——克尔凯郭尔在原稿中写的是"拉·尼尔森教授"。同年他还把尼尔森叫作"系统化的教书匠"，用意不太友好，所以很容易理解，尼尔森很快就开始努力避开这个克尔凯郭尔，公开要求不参与对其学位论文的评审。

尼尔森早年被黑格尔主义拘住了，打算将神学和哲学统一起来，但当他看到克尔凯郭尔的《附笔》提出主观性即真理的命题时，他就将自己从客观性观念中解放出来。尼尔森采纳了这个命题，几乎有些过分，因为他在《入门》一书中宣布："人生是主观的，永恒真实的人生是绝对主观的，意志是主观的，那永恒无条件的意志是绝对主观。所以客观性作为客观性不是真实的。"所以客观性作为客观性不是真实的。"无可怀疑，克尔凯郭尔在这里得到了一个徒弟，这个徒弟，用师傅自己的话来说"倾向于把我忽悠到非同寻常的最高领域"，而克尔凯郭尔也不得不承认，其中没准儿还真有"一点恭维的意思"。

这两个人不约而同在礼拜四一起散了几次步之后，克尔凯郭尔就开始怀疑，尼尔森是不是可以托付秘密的恰当人选，更让他担心的是，保密总是包含着背叛的危险，他的笔尖带着偏执的苗头写道："我必须用警察的眼睛盯住他。"他用《危机和一个女演员生活中的危机》出版当作测试尼尔森辩证能力的试金石。如果记得，克尔凯郭尔自己在这件事上是怎样反反复复考虑再三，就料到尼尔森势必考砸，而且砸了一个狠的："他不断地声称，他的理解是将审美的当作诱饵和伪装。他还坚持说，一切都取决于当下。"到这里为止就算还不错，接着就坏了："那篇短文他一定读过了，但好像完全没有引起他的注意……所以在这方面存在误会；他大概永远不会成为一个理想的辩证法家。还有更多，天哪！看样子他只有很薄弱的宗教基础，也许一点也没有。"

收徒弟并不容易，一开始他们不懂正在发生的事，像尼尔森现在这样；然后他们会太好学，连胳膊带腿一起偷走，这同一个尼尔森也是这样。

509　　尼尔森也不容易。在一八四八年七月中，即他们初次真正见面谈话之后几个月的笔记上，克尔凯郭尔给出了一个实践反讽的例证，显然是受到和尼尔森见面的启发："人们普遍不明白……什么是让自己表现出一个性格……我用反讽试过。我曾对一个人说过，我总是随身带着反讽。然后呢，然后我们就相互理解了，我敞开了自己。但是当我在同一时刻表现出性格，他又困惑不解了。在同一瞬间，每一个直接传达被切断了，我的整个形体、目光、言辞全部打上了问号。现在他说：啊，这是反讽。他自然等待着我会说：是又不是，一部分直接表达了我的意思。但此刻我表现为那个性格，我只能努力保持真实。现在他不可能确认那是不是反讽——而这恰恰就是反讽。"在这样一条札记中，我们几乎能看到尼尔森的目光在绝望中游移不定。

然而情况在不知不觉中成为反讽，本来应该成为助手，或许继承人的尼尔森，很快就在各方面成为一个问题。在接下来的几个月里，克尔凯郭尔不得不忍受那笨拙的"抄写员"，他读那些假名作品如此深入，每隔一刻他就会不自觉地谈到出自克尔凯郭尔笔下的形象和观点。克尔凯郭尔显然看到了情况将向何处去："现在尼尔森或许会用他实质上有负于我的材料掀起一场轰动。"

克尔凯郭尔并不很确定。一八四八年八月二十三日和二十四日之间的夜里，他没有为尼尔森祈祷，但马上后悔了，认为这是一桩"可怕的罪过"，所以再次带他进入"上帝的关系"。一旦有人进入这个关系，他从经验知道，就几乎无法让他们再出去。当年雷吉娜的情况也是一样，她成为让他更清楚自己使命的一个机缘。

510　　现在上帝用了另一个人，一个男人，尼尔森："需要提升的人是我，为达此目的一个人被用来将我拉进上帝－关系。"尼尔森不是目的，而是克尔凯郭尔接近自己目的的手段："在转向的地方我总是需要一个人。他对我来说成为当年那个小姑娘的角色，但在小得多的程度上。"和雷吉娜的关系是情感的，和尼尔森的关系是原则的。区别就这么多。然而相同之处在于，尽管克尔凯郭尔在两次情况下都很早就看出这关系并没有前途，他都让对方来结束联系。

这个过程可以从一八四九年克尔凯郭尔和尼尔森之间相对频繁的通信中看出。尼尔森教授的特权包括在北郊林碧和涌泉溪之间一处风景如画的地方度长长的暑假，他从那里和住在臭烘烘城里的散步伙伴通信。不久，克尔凯郭尔的信中就凸显出疑虑。例如他寄给尼尔森一本新出版的《致死的病症》，尼尔森马上读了，并于七月二十八日表示由衷的感谢："亲爱的博士先生！谢谢您的短简，非常感谢您的书，万分感谢书的内容。"然后尼尔森提出了一些关于攀登者和前攀登者之间关系的反思，他认为，二者有许多相同点，例如他们关于"冒犯"（forargelsen）的规定性。克尔凯郭尔八月四日的信由于无可解释的原因在邮寄过程中丢失了，但他又那么富有前瞻性地抄写了副本，其中对尼尔森是这么说的："怎样的一个反高潮呀，一位逻辑教授理应如此吗？您为'书的内容'千恩万谢，为书本身感谢少一点，最少的感谢送给短简。——您一定忘了，我只是出版者，所以，当您给我写信的时候高潮的顺序应该反过来。"所以，克尔凯郭尔的异议是这样的：他只是本书的出版者，这样尼尔森应该恰当地最少感谢书的内容，多感谢一些书本身，最多的感谢给那封短简；因为只有短简才真是克尔凯郭尔写的！

尼尔森不会为这种哲学的纠正而开心，但他并未丧失幽默感。他在八月十日装出自我反讽向师父报告道："眼前灵光一闪，我做出了重大发现！我在前信中评论道，攀登者和前攀登者殊途同归，在冒犯中相遇。那是仓促做出的评论……不对，现在我得到了一种完全不同的理解。要点在绝望之中。……我立即向您报告，一方面为了让您看到，我是多么用功地读这些作品，另一方面也为了让您知道，涉及做发现时我并不迟钝。"

克尔凯郭尔不想在信里讨论上述"发现"，但如果"有机会口头表达，我将乐于就这新发现与先前的发现，以及我给那本《致死的病症》附上的短简之间的可疑关系做出解释。"在札记里他完全不同地直截了当："拉·尼尔森现在在八月十日的短简中发现，攀登者与前攀登者之间的共同点是绝望……在先前的短简中拉·尼尔森认为，共同点是冒犯。那是远为接近正确的理解，而他的新发现则完全是一次反高潮。"

八月二十八日，尼尔森从林碧地方的威德曼面包店致信克尔凯郭尔，通知他，根据要求他问了旅店和城里的其他面包店，但是都徒劳无功，克尔凯郭尔八月四日的短简像是石沉大海一样渺无踪迹。"至于我的两大发现，我的看法仍然是，我或许会通过一个第三因素让两者和谐起来。我希望，能有幸在聆听您的口头表达时做到。所以，请允许我预期并暂时将自己当作那三大发明的骑士。"克尔凯郭尔显然不想理会这位骑士预期中的日益混乱的奇思异想，他在一封没有日期的信里要求他到林碧的邮局去问那封丢失的短简，克尔凯郭尔的仆人可能忘记了贴邮票。"如果您找到这封信，请帮我一个大忙，不要打开，原信寄回。我的信里有某些方

511

法，我不想让人打乱顺序来读。"整件事听上去都怪怪的，可尼尔森还是好心地赶到邮局去查问，但还是无功而返。他不得不遗憾地如实告知那位博士，而后者却以一种恼怒让尼尔森明白，他不想继续通信了："我一直有些迷信，从我八月四日的短简丢失的那一刻起，我就真的对通信绝望了。"

这封丢失的信——克尔凯郭尔甚至在家中还保留了一份底稿——竟然会引起这么大的关注，以其悲哀的方式证明，这两位先生实际上要和对方说的话是多么少。奇怪而又典型地，他们唯一能同意的是实际上最明智的做法，就是什么也不做。于是，当尼尔森在九月里抱怨说，他因病仍然留在乡间，养病期间工作得很少，此外"望着大自然和面包师的母鸡"，克尔凯郭尔回信说，关于"面包师的母鸡"，他完全同意"有机会的时候理应不让这样的观察对象逃脱。这样一个'宁静时分'显然远远比用基督教来愚弄人的'宁静时分'好处要大得多"。

"在一位思想家那里消除悖论——你就得到一位教授"，克尔凯郭尔在一八四九年夏末写道。尼尔森并没有为他提供修改这措辞的机会。过了一段时间，尼尔森在九月二十日回到城里，他用一封短简让克尔凯郭尔知道此事："回来了。您的拉·尼。"此后一段时间里没有通信，几乎让人猜想，他们恢复了礼拜四的散步，以及引向最终中断的谈话。

菲特丽卡·布莱梅尔的成绩单

如果思想家克尔凯郭尔和哲学家尼尔森在礼拜四散步时没有别的话可说，女作家菲特丽卡·布莱梅尔的新作《北欧生活》出版，其丹麦文译本在一八四九年九月十二日面世，显然是一个话题。这本四十四页的小书几乎没有开始就已经结束，也并非令人难忘。这本书若不是描绘并评价了一系列哥本哈根城墙圈以内知名人士的行止，大概会近乎悄无声息。布莱梅尔的书就这样成为给一个芜杂群体开出的成绩单，这帮人后来被贴上同一个标签：丹麦黄金时代。

这本书的开篇热情洋溢地描绘了一幅丹麦人乐于见到的图景："这是一个友善、壮美的岛国，一个田野上绿浪翻滚的国度。这里没有崇山峻岭、悬崖峭壁，只有肥沃的平原和美丽的森林从海面升起。"布莱梅尔的成绩单也是一张国民性格的成绩单，人们从中得知："丹麦人诗意、浪漫、幽默。他们热爱传奇、英雄史诗、恋歌、智慧和风趣。他们有深刻的宗教感。"这是理所应当的，布莱梅尔知道她在写什么。这些寒暄之后，她深入到丹麦，也是这张成绩单的中心——哥本哈根："哥本哈根的丹麦人，或者说哥本哈根人，并不像一般丹麦人那么和善，他有时不惜以心为代价来崇尚头脑。他喜欢批评；他总是很快就看到邻人的不幸和失败……然而友善的微笑总是在手边，而手也随时准备伸出去和解。丹麦人不知道邪恶和歹毒；他厌恶仇恨。"这样，哥本哈根人毕竟"在外来者看来是充满活力的、情绪高昂的、饶有生趣的、高度令人舒服和可爱的人，敞开心怀、乐于助人和善解人意"。

布莱梅尔以这样高扬的风格来到哥本哈根的知识界，她用令人震惊的最高级形容词，相当随意的顺序，描绘了一系列小型肖像："在世纪的黎明，明斯特和格隆德维出现在教会，带着精神的火焰、语言的力量，宣讲宗教那古老而永远年轻的教义；明斯特是学者，明晰而和谐；格隆德维（一个火山式的性格）有着古老预言家的精神和力量。"接着赞美亨利克·赫尔茨"诗的魔力"，能将"一种高远的严肃性贯穿于诗作之中"。同样的赞美也适用于卡斯滕·豪赤，"一种热忱的天性"在其诗作中将"科学和诗意统一起来"。帕拉丹·穆勒，《亚当》的作者，也得到最高分，因为他是一个"可贵的轻快和完美诗篇中的深刻思想者"。克里斯钦·温特歌颂其"祖国的田园风光的诗篇是如此生动新鲜，丹麦人几乎可以从中辨认出新鲜干草的气息"。然后才轮到约·路·海贝格，谈论他的口气有些冷淡，因为他是布莱梅尔不怎么喜欢的批评家，因为她难以接受"文学中的最高法庭，除非此前此后已经在人们活着的心中成形"。

在插入这段感慨之后布莱梅尔重又变得热情而温柔，以平稳的风格讲述，几乎像是童话的，一朵"单纯，不事张扬的花"，一天在嫩绿色的小岛上开放。"有人在保护它。太阳爱这朵花，照耀着它。它的枝叶伸展，得到神奇的美丽颜色和形状，长上翅膀，脱离了大地母亲而飞翔——飞遍世界！人们到处在谈论它倾听它，大人和孩子，老人和青年，博学的和目不识丁的，在宫廷和茅草房，人们在倾听的时候很快就会觉得有趣，受到感动……在这个有教养的世界里谁没有听到过汉·克·安徒生的'给孩子们的童话'？"这段话写得非常体贴，真正达到了抚慰安徒生虚荣心的作用：他是一个"神童"，在童话中找到了"他的原创性和不朽"。

经过斯汀·斯汀森·布利歇和居伦堡夫人，布莱梅尔开始讨论"其他门类的艺术"，代表人物有雕塑家托瓦尔森、耶雷浩和比森，画家马斯特拉德、嵩内、斯高戈和盖尔特纳，作曲家哈特曼、伦施和盖德，最后是语言学家拉斯科和默尔拜克。到这里读者已经有点喘不过气来了，但还要听一点关于学术天空上"闪亮的双子星",奥斯特兄弟,法学家阿纳斯·桑德伊和自然科学家,发现电磁理论的汉斯·克里斯钦。那描写是如此感人,只有对相关领域一无所知的人才写得出来。

然后终于轮到介绍该国的哲学思想。布莱梅尔有些不确定地将图切·罗特作为第一个哲学家,但很快就转向希本,他那狂风暴雨般的青年时代显然比他后来发展出的哲学更让她感兴趣。他后面跟着的一个"最高意义上的播种者"——非马腾森莫属。他通过"生动的言辞和他的哲学著作(在瑞典和在丹麦一样受到高度尊敬),为教会中的宗教生活新发展和对其本质的深刻理解传播种子"。布莱梅尔不知疲倦地赞美她的"播种者":"这些丰富天才的思想以非凡的明晰和坚定,能够在语言中表达最深刻的思辨理论文句,他的表达方式中的有趣和原创性使他成为一位广受欢迎的作家。我们期待他的主要作品——《教义学》,并不是仅为学者而写。神学让自己通俗易懂,正得其时。我主在一千八百年前正是这样做的。"至少是最后一句话足以表明,马腾森给布莱梅尔的单独授课并不完全成功!

从高扬地将马腾森和基督相提并论开始,布莱梅尔一头扎进了另一个勇敢的比较:"当精神丰富的马腾森从他的中心立场将光芒照亮生存的整个领域,人生的一切现象时,索伦·克尔凯郭尔却像圣西米恩[1]一样孤零零地居于高柱之上,眼睛一动不动地盯着一个点。他用显微镜观察着这个点,他彻底研究这个点的最微小原子,审视它转瞬即逝的运动,最内在的变化,他就这个点发表演讲,写了又写,无数印张。对他来说一切都在这一点之中。但这个点是——人的心灵;于是他无休止地让这个变化中的心灵反映在永恒和不变之中……于是他在累人的辩证漫游中述说着神性的事物,于是他在这轻松愉快的哥本哈根赢得了数量可观的粉丝,尤其是女士们。心灵的哲学一定让她们亲近。关于写作这些东西的哲学家,人们的说法不一,有好有坏,还有——怪。这个写作'那单一者'的人离群索居,不可接近,归根结底谁也不认识他。白天,人们看见他几个钟头几个钟头地在哥本哈根最热闹的街上,在人群中走来走去,夜里,据说他独自的住所灯火通明。他之所以如此,与其说是由于富有和独立,不如说是出于多病易怒的品格,他有时甚至为太阳不肯按照他期望的方向照射而不快。而他经常写的一些转变恰恰发生在他自己身上,引导着他从疑心生病的'非此即彼'通过'忧惧与颤栗'到达

[1] 圣西米恩(Saint Simeon Stylites,约三八八~四五九),禁欲主义圣人,因在(今叙利亚境内)阿勒颇附近一根高柱上的小小平台生活了三十七年而名留青史。

光辉的顶点，在那里滔滔不绝地用'受难的福音''爱的作为''内心生活的秘密'教训人。索·克尔凯郭尔属于那种北欧自古以来就存在的少数深度内向性格的人（瑞典比丹麦多），对着同声相应、同气相求的人述说胸怀中的斯芬克斯，那宁静、神秘、强大无比的心灵。"然后布莱梅尔转入政治话题。

"忧惧与颤栗"——就像王后当年说的"非此和即彼"一样愚蠢。说克尔凯郭尔因布莱梅尔给他画的像而扬扬得意当然会是错误的，他很快就看透了她的深层动机："布莱梅尔现在开心了，她通过下判断来取悦丹麦。这里自然回响着有关人士对她说的那些话。在马腾森那里最能看出来，他和她保持着很多联系。"克尔凯郭尔在页边空白处补充道："她在这里生活了很长时间，和名流们有过身体接触；她也想和我有身体接触，但我有美德。"札记正文继续着："她那么客气地写信邀请我谈话。现在我几乎后悔没有用最早想到的话来回答了，就这几个字：不，非常感谢，我不跳舞。但无论如何，我拒绝了她的邀请而没有去。于是人们看到白纸黑字，此人'不可接近'。或许是受马腾森的影响，菲特丽卡把我写成了心理学家而已，并给我提供了一个重要的女士读者群。这真是荒诞不经，可笑之极，我怎么会被看成为女士写作的作家？这是因为马腾森。他肯定会感觉到，他在大学里走了下坡路。拉斯姆斯·尼尔森和更年轻的一代读到，我为女士而写，一定会感到非常滑稽。"

克尔凯郭尔无法摆脱那不快，这一年的晚些时候还在发牢骚，他为写作而做出的那些牺牲："在菲特丽卡那里我是那么多病易怒，即便是太阳不按照我的愿望照耀也会生气。——伪善的老姑娘，不务正业的漫游者，算你狠！这个解释将把不同的圈子联合起来，它们其实并无不同。一边是马腾森、保利、海贝格等等，另一边是哥尔德施密特、皮·路·穆勒……都加在一起就是一个美好的世界，只有克尔凯郭尔博士是那么多病易怒，他甚至会因为太阳不肯按照他的愿望照耀而生气。"

无论如何，布莱梅尔的太阳没有按照他的愿望照耀。而这也足以让他生气。

克尔凯郭尔的梦

除了这些外部的不顺之外，自己的烦恼也来了，尤其是那些随着岁月流逝逐渐变得相当可观的手稿，在克尔凯郭尔的书房里堆积如山。他终于决定，搁置《我著述活动之观点》，出版《致死的病症》。"我是这样难言地需要做出这样一个

515

决定；这些手稿堆在那里，每一个幸福的日子里都在想着出版，这里改一个词，那里改一个字，真让我紧张得可怕。"

516　　让克尔凯郭尔惊讶的是，印刷厂老板比亚科·伦诺刚和他达成协议，第二天就上门来索取手稿，那天他刚得知，雷吉娜的父亲，枢密顾问特基尔德·奥尔森在六月二十五日和二十六日之间的夜里去世了："这件事给我留下了强烈的印象；如果我在写信给印厂老板之前得知此事，就会因此而推迟出版事宜。"

　　克尔凯郭尔最后一次见到这位枢密顾问是在将近一年以前。一八四八年八月底的时候，对雷吉娜的思念又以不可抗拒的急迫出现，克尔凯郭尔"再次想起了她的事情"，但同时也提醒自己，他什么也不能为她做，不管他多么想："如果她知道了真实的前因后果会发疯的。"随后，在八月二十六日，他受一种不确定的冲动驱使，来到北郊和平宫地方，住进奥勒·寇尔德开的"大饭店"。克尔凯郭尔无可解释地快乐，又有些迷茫，他就要见到奥尔森一家了，他们通常的夏末时分住在和平宫一带。当他到达的时候，没有看见什么人。于是他沿着平常走的路线，拐到船长路，那条长长的笔直的路，从和平宫城堡起，一路下坡走到艾斯罗姆湖边的船长屋。克尔凯郭尔在那里和一个名叫托马斯的水手谈了一会儿。托马斯正确地注意到，这位博士今年是第一次来到这里。克尔凯郭尔装作漫不经心地问，枢密顾问奥尔森今年是不是常来这里，托马斯回答说只在复活节那天来过。于是克尔凯郭尔回到"大饭店"，取消了住宿登记，可是正当他坐下吃饭的时候，一个人从窗外走过，抓住了他的目光：枢密顾问奥尔森！

　　克尔凯郭尔很想跟枢密顾问谈谈，如果可能还跟他和解，但是嘴里塞满东西不行！没等他吞下嘴里的东西，放下餐巾，顾问早已消失得无影无踪。克尔凯郭尔东张西望，开始有些着急，因为他很快就要返回哥本哈根了。于是他决定沿着船长路去找，这样有可能会遇到顾问先生，但他对自己保证，只试一次。而他，克尔凯郭尔有着那么多强烈感情的老顾问，真的站在那里："我向他走去，说：'奥尔森顾问，日安！让我们谈谈。'他脱帽致礼，但用手推开我说：'我不想和您谈。'天哪，泪水充满他的眼眶，他是用一种令人窒息的激情说出这句话的。我向他走去，但他突然飞快地跑起来，他跑得那么快，我想追也追不上。但我还是说了出来，让他听见：'那我要让您为不听我说话负责！'"

517　　当时克尔凯郭尔三十五岁，枢密顾问是六十四岁，但他还是跑得飞快令克尔凯郭尔追赶不上。现在，一年以后，他死了，克尔凯郭尔没有来得及对这个自己如此尊敬的人说出想说的话，其出于忧郁的爱有负于他的女儿。克尔凯郭尔曾一度考虑将"作品献给枢密顾问奥尔森"，但一直没有做到，而现在这个想法更没有意义了。一八四九年六月二十七日和二十八日之间的夜间，克尔凯郭尔睡得不好，并做了一个奇怪的梦。他平常从不写下自己的梦，而这一次也是在几个月之后才写进札记。他不记得，他在梦中是对自己说话，还是另一个人对他说话，他只记得那些话，但他还是不清楚，究竟是谁说的："我记得那些话：看，他现在想要自己的末日。但我不能确定地说，是因为我，不愿意把手稿送去印厂，采取一个与她有关的步骤，还是相反，是我在坚持把手稿送去印厂。我还记得那句话：当然不用担心（但我不能准确地记得，这里说的是你还是我），奥尔森顾问已经死了。我能记住这句话，但不能肯定代词：你——还是我——可以等待八天。我记得那台词：他以为他是谁啊？"

接下来的那段时间里克尔凯郭尔试图找到这对话式独白的意义，但直到八月七日才明白，"那天夜里的对话"是他的"明智，而不是较好的自我，试图阻止我"。他还对这个梦做了一个很有良心却不特别合乎逻辑的分析，"发言与回应"。但他仍然不能肯定，"究竟是我的骄傲不顾警示一往无前（看，他现在想要自己的末日），还是正相反，是我的明智在阻止我，让我等待八天，于是一切都恢复正常，而这将成为我的末日"。可以理解，梦的意义是撕心裂肺的痛苦："我感到像是要死去的痛苦，真可怕。"

当他在第二天早晨醒来的时候，感到十分迷茫，处在一种"不确定的畏惧"之中。和印刷商的协议已经达成，他害怕，"在为要不要出版的问题挣扎了那么长时间之后"突然匆匆取消这本书，会让他成为"一个纯粹的废物"；他将"势必在印刷厂造成行为方面的不良印象"。他的处境进退维谷。一方面"发生了一些事把我拖回去"，另一方面他就在这几天里读了法国神秘主义作家芬乃伦和他的德国精神知己，宗教作家特尔斯忒根的作品，给他造成了强烈的影响，尤其是芬乃伦的话，如果上帝有更多的期待，对这个人是可怕的。所以不能排除这样的可能性，即目前的处境是一次考验，克尔凯郭尔想道，上帝恫吓一个人，并不总是意味着，上帝以此阻止这个人去做他害怕的事，可怕之处也会是要做事——"他将受到惊吓，为了学会在恐惧与颤栗中去做这件事"。

518

在这种不安中他渐渐明白，如果《致死的病症》要出版，那一定是以假名。事情就这样办了。六月二十八日开始排版。在此过程中出现了"和瑞策尔的破事儿"，让克尔凯郭尔"极其不耐烦"，他差点撤回手稿，放在一边留待日后有机会和其他手稿一起以真名出版。现在还来得及，封面还没有排印，所以作者的名字也还没有决定。但当克尔凯郭尔来到伦诺出版社却得知书已经基本印好，封面上的作者是前攀登者，出版者克尔凯郭尔。"当事情这么难办的时候必须自助助人"，他后来在札记中解释道，还说他在手稿中删去了那些"谈论我自己和我在写作活动中的事例，一个诗意人物（一个假名）不能说的事情；只留下适合诗性人格的几笔"。这样克尔凯郭尔又可以松一口气，想明白，回顾以往："我必须道歉并指责自己，此前一些地方这札记所记录的是我在试图推崇自己，上帝会宽恕我。我迄今一直是个诗人，绝对不超过，试图走出我的限制是一个绝望的斗争。……所以，现在《致死的病症》要假名出版，我自己做编辑。标签为'宗教感化'（til Opbyggelse）超出了我的范畴——'陶冶'（opbyggelig）的诗性范畴。假名叫前攀登者约翰尼斯（Johannes Anticlimacus）与自称不是基督徒的攀登者（Climacus）相对，前攀登者是另一个极端：非同寻常的基督徒——但愿我能努力成为一个单纯的基督徒就好了。"

一八四九年七月三十日，在《地址报》第一百七十六号上刊登了《致死的病症——通向陶冶和觉醒的基督教心理学阐述》的广告。这本书共一百三十六页，外加七页目录和引言，前攀登者著，出版者是一个悄悄躲在索·克尔凯郭尔背后的人。或者是正相反？无论如何，那个奇怪的梦揭示了，克尔凯郭尔和他的假名们是如何紧密联系在一起，但也可以看作是为后世关于克尔凯郭尔必须假名发表作品原因的，经常是高度抽象的理论做出了一个反讽的注释。这一次是不同因素的偶然凑集：一个突然的死亡事件，一次骚动不安的梦和一个时间比日程表上预计的更为充裕的排字工人。

给施莱格尔先生和太太的密信

一八四九年七月一日——枢密顾问死后的那个礼拜日——雷吉娜和全家在圣灵教堂里。克尔凯郭尔也在那里。他通常总是在布道结束后立即离开，而雷吉娜一般要多坐一会儿，但是那个礼拜日，她，还有她的丈夫，都在牧师科尔托夫的"阿门"之后很快就走了："她还设法做到了，当我走过圣歌队席下面时我们几乎相遇。她也许在等着我应该先打招呼。然而我管住了眼睛。……也许我这些日子里跟印刷厂的废话竟然是好事；因为不然我也许会走上前去采取一个步骤——与我迄今所理解的正相反，她父亲是我唯一愿意和敢于接触的人。她的想法或许正相反，她或许认为，正是因为他横亘在那里，阻止我采取任何接近她的步骤。/ 天晓得，从人的角度来说，我是多么需要对她温柔；但是我不敢。在许多方面也好像是治理者要阻止这个，也许是因为知道后果。"科尔托夫下一次布道的时候，七月二十二日，克尔凯郭尔又在圣灵教堂里，但那个礼拜日雷吉娜没有来。

圣灵教堂并不是他们相遇的唯一地点，他们还经常在王宫教堂见面，他在那里有固定位子，而她则坐在附近不远的地方。一八五〇年元月里的一天又重复发生了异常情况：雷吉娜在布道结束后马上起身离去，于是碰上了克尔凯郭尔。他在札记中记下这次的情景，包括为数不多的外观自画像之一："在教堂门外她转过身来看见了我。她站在向左的弯路上，我像通常一样向右，因为我想穿过拱廊。我的头自然有些向右偏。在转弯的时候我颔首示意或许比通常稍微明显一点。然后我就继续走路，她也走了。事后我很自责，或者更准确地说是陷入了惶惑不安，这个动作会被她感觉到并理解为招手到我这里来。她大概并没有发觉，不论哪一种情况都必须由她来决定，是否愿意和我说话。这样我的首要问题就变成，她是否能得到施莱格尔的准许。"

他们在许多地方相遇，他们俩。在同一条一八五〇年元月的札记中，克尔凯 520 郭尔记录下，他和雷吉娜在一个多月里几乎"每天见面，或者隔天见两次"。他继续写道："我像通常一样沿着城墙散步。她现在也沿着城墙散步。她有时和考尔内丽娅一起来，有时独自一人，总是同一条路上独自返回，这样就能遇到我两次。/ 肯定不可能是完全偶然。"这很难说是偶然，就像让克尔凯郭尔感到内疚的，鬼使神差笔下一滑，把雷吉娜的姐姐考尔内丽娅写成考尔德丽娅一样。此外克尔凯郭尔还坚信，如果雷吉娜想和他说话，这里有"很多机会"。他还相应地肯定，雷吉娜有足够的勇气接近他，"当年，我们的关系终止以后，她和施莱格尔订婚期间，她都用一个小小的模仿电报的姿势向我召唤一个暗示，她得到了"。至于施莱格尔，克尔凯郭尔完全相信，"我不会亏待他的；因为我只感兴趣他的认可。在和她的关系中只有最少，最少的不端[1]：啊！仁慈的主啊，这种情况下人们并不认识我"。

然而施莱格尔很了解克尔凯郭尔，他也知道不端这个词，拉丁文 *nefas* 的真实意义是指违背神圣律令的行为，丑闻，这个概念也表示私通。根本谈不上，克

---

[1] 拉丁文：nefas。下同。

尔凯郭尔担保，但众所周知私通有许多等级，而一个"小小的模仿电报的姿势"也完全不像克尔凯郭尔愿意承认的那么纯真无辜。

一八四九年八月二十四日，他开始写一本特别的札记，标题是《我和"她"的关系》，其中提供了一个相对完整的、一定程度上比较准确的关于订婚的历史过程，构成了后世就此事进行阐释的基础。尽管这些札记是作为向历史报告而考虑和写作的，所以是为后世的，却同时也在克尔凯郭尔心中唤起了和雷吉娜谈谈的情感冲动，他已经快八年没有听到她的声音了。但听她的声音需要得到施莱格尔的"批准"，否则他有行为不端的危险。

于是，三个月之后，一八四九年十一月十九日，办公室主任施莱格尔收到了他一辈子见到的最怪异的一封信。更正确地说是两封信。和那位什么怡然隐士热衷于中国套盒一样，克尔凯郭尔在一封信里放了另一封密封的信，恭请主任大人转交给雷吉娜，"那单一者"，她应该独自、完全独自去了解这封信的内容。这封给施莱格尔的信的准确措辞无从知晓，但一系列简短草稿最后成为下面这个样子：

521　　钧鉴：

　　　　　所附之信是我（索·克尔凯郭尔）给——您太太的。现在请您自行决定愿意交给她与否。我当然不能为试图接近她而自我辩护，至少现在不能，她是您的，所以我宁愿避免利用这些年来出现或被提供的机会。我的意见是，确认她和我关系的一点小小的消息将对她有益。如果这不是您的意见，敬请将原信退还不要启封，但请告知她此事。这一令我感到负有宗教责任的步骤，宁可采取书面的形式，乃是出于担心，我的鲜明个性曾一度造成过于强烈的影响，或再次以这样那样的形式造成打扰。——我有幸等等。

主任大人显然并不认为，关于信的作者和主任夫人的关系的消息会有益于任何目的，所以将信原封退还。他实在没有任何可怪罪的地方。他不仅按照信的作者公开表达的愿望行事，他还有一切可能的理由而愤怒：那封信非常辩证曲折但还是明确无误地表述了，他的妻子在这些年里向信的作者提供了机会，那鲜明个性已经一度造成了严重骚扰。可不是吗？！

可以理解，施莱格尔并没有受诱惑加入那间接消息传播的服务；更加可以理解的是，克尔凯郭尔心里的那些感情星群是如此近乎怪诞。在那封信的一份草稿里这样说："如果回答是肯定的，我将预先规定一些条件，万一您没有机会自己来规定。如果我们之间的交换意见要书面进行，我规定，未经您先行阅读我的信不得到达她的手中；同样地，我也看不到她的信，除非有您的签名表示已经读过。如果意见交换口头进行，那么我要规定，每次谈话都必须有您在场。"

人们当然会问，克尔凯郭尔到底是怎么想的。难道他真以为，主任大人会坐下来审读他的信，并且——相应地——在雷吉娜或许会写给克尔凯郭尔的信上签字？设想施莱格尔会见证他的前任竞争对手和现任妻子之间的谈话，那是再荒唐不过了。这两个人能谈什么？世界上没有这样的话题，他们不得不没完没了地兜圈子，客厅很快就静得能听见针落地。一句话，施莱格尔谢绝敞开大门将克尔凯郭尔作为柏拉图式的家庭朋友来接待，是完全可以理解的。

但是克尔凯郭尔不理解。两天以后，十一月二十一日，那密封信退回来的时候，他尖刻地写下，"钧座"附了一封"道德化的愤怒书信"，克尔凯郭尔没有看完就将它填进身边的熊熊炉火。他后来这样谈到施莱格尔，他"勃然大怒，断然拒绝以任何形式'容忍别人插进他和他的妻子之间'"。 522

所以我们无从知晓施莱格尔那封愤怒的信里究竟说了些什么。我们也无从知晓，克尔凯郭尔打算告诉雷吉娜什么"消息"，她现在得救了，还是——也许——上当了。这件事还是存留了一些信的草稿，其中最后一稿的内容可能离那封密信不远，也许还离克尔凯郭尔通常从札记中删除的亲密知心话不远。然而，如果想嗅出他们关系的唯一明确解释，那肯定会失望的，因为信是这样写的："当初我很残忍，这是真的；为什么？这个你不知道。我一直保持沉默，很显然：只有上帝知道我受了怎样的痛苦——愿上帝赐福，即便现在我说还是太早！我不能结婚，即便你现在仍然自由，我不能。然而你爱过我，我也爱过你；我受惠于你太多——而你现在结婚了：那么我向你提议我所能够，敢于，应该提议的：和解。"克尔凯郭尔在这里先写了"我的爱，也就是友谊"，默示着"和解"，这显然太激烈了，所以他缩短了这句话，成为"我的友谊"，但这仍然太过情感化，于是改成了类似合同术语的"和解"。克尔凯郭尔继续写道："我采用书信的形式，为了不让你吃惊或不知所措。我的个性或许曾一度产生了过于强烈的影响；但不会再次发生。看在天上的上帝分上，请认真考虑，你是否敢于卷入此事，在这种情况下你是否愿意立即和我谈话或者先通信。／如果你的回答为否——那么，请你，为了一个更美好的世界，记住我曾经采取这一步骤。

> 无论如何，都是
> 从始至终
> 真诚和完全奉献的索·克。"

这条有些延长的落款像是冻结在形式主义里面，但实际上几乎正相反，那亲密，那精心选择的措辞，都是略有变化地重复米凯尔·皮特森·克尔凯郭尔在一八三五年写给索伦·奥比的信的落款，后者正住在北郊吉勒莱寻找自我，如果可能。现在，这么多年之后，他除去嘴唇的封条给一个他无法摆脱的已婚妇人写了一封密封的信，为在和她的关系中找到自我，如果可能。从上面的底稿可以看出，他怎样系统化地试图将想到雷吉娜时笔下涌出的近乎肉体性的感官性抹去。在长达几页的初稿上就这样写道："谢谢，哦，谢谢；感谢所受惠于你的一切；感谢那段时间，你是我的；感谢你的童心，我从中学到那么多，你是我迷人的老师，你是我可爱的老师。你是可爱的百合花，你是我的老师，你是轻灵的飞鸟，你是我的老师。"人们想必还记得，克尔凯郭尔在别处提出，他只有两个老师：基督和苏格拉底，因此雷吉娜不必感到吃亏。

密封信事件清楚地表明，克尔凯郭尔在解除婚约之后的整整八年里几乎是在迷恋着雷吉娜，但也害怕她的天性，她的激情，她的身体。一次又一次，即便是以略微隐蔽的形式，也能在克尔凯郭尔的札记中找到雷吉娜充满性爱能量的形象。例如他在那封密封信的一份草稿中写到对雷吉娜的思念："你是我心爱的，唯一心爱的，你是我最爱的，我不得不离开你，即便你那既不能也不愿理解的热情让我有些伤心。"后来，他在另一份草稿中又写道："出于同样理由我也打算，如果你愿意和我谈话，给你一个非常严肃的教训，因为你当初在激情中越过了某些界限。"

什么界限，我们不禁好奇地要问。而在下面这个陈述背后又是些什么经验事实："关于'她'，我和以往一样，随时准备好并愿意，如果可能只是更加强烈而深刻地，乐于做一切让她快乐，给她以鼓舞。但是我仍然害怕她的激情。我是她婚姻的保障。如果她明白了我的真实处境，就会突然对婚姻产生厌恶——天哪！我太了解她了。"克尔凯郭尔太了解的究竟是什么，那么了解以至于不愿让读者知道？他为什么要害怕，雷吉娜会"对婚姻产生厌恶"？真相会不会是，克尔凯郭尔不得不写作威廉法官那关于婚姻之审美有效性的冗长辩护来说服不信神的，骚动不宁的雷吉娜，婚姻制度毕竟是有意义的？

她那深不可测的激情是克尔凯郭尔札记中反复出现的主题，背后一定有混合着深刻而狂暴的恐怖经验。"也许，"他在一八四九年写道，"整个婚姻都不过是面具，她比先前更加激情充沛地依赖我。在这种情况下一切都失去了。我很清楚，她一旦得到我会怎样做。"这不是一个诱惑者在说话，而是一个被诱惑者在害怕，诱惑将再次重复，并比第一次更加猛烈："让我们来设想一下，激情再次被点燃，我们得到另一种烈度的那个老故事，设想她挣脱婚姻的缰绳，在绝望中不顾一切地扑向我，她要离婚，要我跟她结婚，不消说更加可怕。"

524

在这里我们敢于设想，克尔凯郭尔操的这些心最好留到更坏的时期，用于更好的目的。期待雷吉娜会突然和弗里茨离婚，抛弃那无微不至地关心她，挽救了她的名誉，为她提供物质保障的弗里茨，只能是一种高度紧张产生的幻象。不过从另一方面来看，克尔凯郭尔自认为可能产生后果的那些想法，还是值得注意的，因为它们看上去——很认真地——确认了性别角色的经典规则已经逆转：雷吉娜精力充沛，积极主动，是另一个唐璜，而索伦·奥比则慌忙逃避，感到被追赶，像另一个赛琳娜，既想要又不想要——"更加可怕"。

"下次再来"

他已经在前厅里坐了很长时间，但明斯特主教让他等着。这并不是第一次。三个月之前——一八四九年六月初的一天里——他也像这样坐着，而当他终于获准进去，明斯特焦躁地来回踱着步，对着空气反复说"亲爱的朋友"。这古怪的情景让他想起一年半以前的同样一幕，他来拜访这位主教，听取主教对《爱的作为》的意见，他收到这本书也有些日子了，上面还写满了夸张的赞美和深情的献词。但当他刚踏进门，明斯特就尖锐地问："您想要什么？"他确实有所求，而且还不少，但不能在这种情况下提出。

他想和明斯特谈的包括牧师学校的一份工作。早在一八四九年三月他就提到过此事，但那次拜访实际上首先是一次考验，看他到底能不能战胜自己去申请这份工作："如果有人给我这个机会，大概不能让我感兴趣。"后来他又试过一次，但没有见到主教大人。克尔凯郭尔在离开主教府时甚至带着混合了解放和恼怒的

443

525 古怪感觉，拿不定主意的人的典型表现。他还去拜访过迈德维，教会和教育部长，但也没有见到。于是过了一段时间他又去找明斯特。他宁愿让克尔凯郭尔到那胡椒生长的地方去[1]，于是给他找了一个边远乡村的牧师位置。"您看，当您一进入实际生活，那肯定会消失。""什么会消失？"克尔凯郭尔问。"理想性"，明斯特回答道，毫无反讽的意思。

　　这句话让克尔凯郭尔很窘，但某种意义上他和那"受到高度尊敬的老人"目标一致，只是他想根据愿望"调门高一点"。这也是那天，六月二十五日礼拜一，他想在主教府指出的重点，但他的音乐隐喻散落成了不和谐音。当明斯特终于现身时，他再一次表演那冷漠的哑剧，像机械玩具一样重复"亲爱的朋友至少六七次"，一边主教派头十足地拍着他当年施过坚信礼的人的肩膀。"下次再来"，他说。那口气是一种迎和拒的古怪结合，推动气愤的克尔凯郭尔退出，走下楼梯，直到回家坐在写字台前，他才平静下来，让蘸饱毒汁的笔行走在札记的纸面上。

　　明斯特经常会遭到这种待遇，但近年来这些毒汁贮罐之间的距离越来越短，明斯特也就因此而得到了那可疑的荣幸——克尔凯郭尔提到过的同时代人当中最经常提到的人。明斯特的身后名声也在一定程度上——足以把他吓坏——取决于他和克尔凯郭尔的关系。克尔凯郭尔并不满足于仅将雷吉娜一个人带入历史。

　　不过明斯特有自己的历史。在行政责任，耗费时间的巡查，无数组织的委员会会议，在所有这些的间隙他居然成功地写出了自己的回忆录，很清醒地命名为《我的生活报告》。他花了将近一年时间写这本书，前言的日期为一八四六年二月二日，到一八四七年元月二十一日落下最后一个句号。随后他就将手稿束之高阁，直到一八五二年九月十三日再拿出来，将其中笔调过于忧郁的地方略微修改一下，回忆录的写作就此结束。而回忆录的面世则要到这位主教的儿子弗里德里克·尤金在父亲死后整理文件时意外发现了这份文稿，于是加上简短的前言和后记，于一八五四年四月中出版。

　　明斯特也是在克尔凯郭尔更频繁地拜访他期间开始并结束其自传的。这像是一个恶意的反讽，他在札记中记述他们谈话开始的关于明斯特的历史，不仅和明斯特本人的记述大异其趣，而且被后世不加批判地接受，从克尔凯郭尔的角度来看明斯特，而从来不从明斯特的角度来看克尔凯郭尔。

---

[1]　意指让他走得远远的。胡椒原产地印度、越南、巴西等远离丹麦，故有此说。

这种情况让我们看不到这两个人之间如此明显的相似性。

"当我看着明斯特"

538

这个位高权重的人，在把克尔凯郭尔晾在前厅里久等的时候，一点没有想到是在为损害身后名声的灾难做贡献。这两个人，门里的年老神职人员和门外的天才小人物之间有着明显的分歧。其中最显著的分歧之一是，对明斯特来说基督教是伟大的安慰，而对克尔凯郭尔来说基督教则是一切属人和文化价值的丑恶逆转，是与世界的永久冲突。这些分歧固然十分触目，而相同相似之处也是如此，这两个人的命运简直是平行交错的：两人都带着严厉父亲的深刻印记，两人都处在聪明能干主导一切的哥哥阴影之下，很多年之后才和哥哥拉开距离；两人都敏感到了娇弱的边缘，总是为狂野的、不可能的爱所燃烧；两人都知道那孤独的地狱，都从来不快乐，一个谈论他内心的黑暗，另一个大谈自己的忧郁症；他们都经常感到被误解、被孤立；两人都在早年立下雄心壮志，都有不可抑制的写作冲动；两人都有贵族的禀赋，那种徘徊在尊贵的气质与疑神疑鬼之间、在沉到底的自卑感和比天高的自尊之间的奇怪平衡；他们都厌恶和鄙视当时发生的政治反叛，都忠于国王和保守，明斯特属于右翼的右翼，克尔凯郭尔属于右翼的左翼；他们都反感、近乎敌视格隆德维及其喋喋不休的通俗版格隆德维主义，两人都对黑格尔，以及哥本哈根文化精英中盛行的思辨哲学不屑一顾。

539

尽管有着所有这些相似之处，他们两人只是——无论如何到一八四六年为止——从远距离小心翼翼地互相跟随着。明斯特读过《恐惧与颤栗》，第一次结集的《益信词》（他称赞过），以及一八四五年出版的《情境讲话集》——这让他联想到自己的早期布道词，因此也赢得了他的赞赏。豪赤在一八四七年十二月十七日致明斯特的信中感谢收到的布道词，豪赤刚看完"克尔凯郭尔的益信词，我是带着极大的兴趣来读的。这些文章会更加优秀，如果其中没有那么多辩证的蜘蛛网，而有您那种高贵单纯的话"。克尔凯郭尔是否将自己的早期作品送给明斯特，还是主教大人自己买来看的，我们不得而知，但在存留下来的藏书上有克尔凯郭尔献词的计有《附笔》《爱的作为》《田野百合与空中飞鸟》和《致死的病症》："献给 / 尊敬的主教 / 阁下 / 明斯特先生 / 丹麦国旗骑士和丹麦国旗协会成员 / 诚惶诚恐 / 作者。"这些献词几乎是定型的一再重复。即便是加上一点勇敢的反讽，也还是不失尊敬。克尔凯郭尔在第六篇《序言集》中第一次公开谈到明斯特，主教因其益信词而得到感谢。同类的问候也在《附笔》中出现三次，他的别号"Kts公司"，同样的公司在《观点》中因将《恐惧与颤栗》理解为"一部特殊种类的美学作品"也受到赞扬。

外部事务就这么多了。内心方面的不睦，也已经有一段时间，特别是和《海盗船》之间发生纠纷之后。他们并没有谈论这件事，但明斯特为此甚至不肯费举小拇指之劳，让克尔凯郭尔深感失望。一八四六年三月六日，《海盗船》把这位主教牵扯进去取乐，说克尔凯郭尔既不让人骂也不让人夸——除了明斯特，此人获得了"夸他的垄断地位"。此外，明斯特为《福音基督教赞美诗》所写的后记一经问世，就遭到同一杂志的粗暴对待，但明斯特宁可装聋作哑不予理会。

让克尔凯郭尔感到失望的不仅与《海盗船》相关。明斯特为他的未来绘制的蓝图，显然也和他的愿望不符。早在一八四六年十一月五日，札记中就有如下记述："明斯特主教建议我担任乡村牧师，他显然并不理解我。我肯定很愿意做乡村牧师，但我们的前提大不相同。他假设，我会以这样那样的方式沿着这条道路继续前进，我毕竟想成为个人物，分歧正是在这里，我想尽可能不成为什么人物，这是我忧郁的想法。"而这一开始像是明斯特方面的误解，渐渐显示为一种谋略。一八四七年元月二十日："尽管明斯特对我有一定好意，在他的内心深处或许有着比他愿意承认的更大好意，但是很明显他把我视为一个可疑的，甚至是危险的人。所以他想让我到乡下去。"克尔凯郭尔继续写道，在他意识的背景上总是有个地方在祈愿，他有朝一日会成为乡村牧师，但是，京城里日渐混乱的情形——文学的、社会的和政治的——迫切需要一个"卓越非凡的人"，"现在的问题是，在这个王国里这样一个人物舍我其谁"。

在随后的几个月里，克尔凯郭尔坚持这个立场，并把它加工成为一个原则。他在一八四八年夏这样写道："重叠（Reduplikationen）是真正基督教的……从基督教的观点出发要持续地提问：不仅是一个人所说的话是否在基督教意义上为真。而且：他是怎样说的。／这样，一个人身穿绫罗绸缎，佩戴星章绶带，说道：真理必须忍受诱惑的痛苦，等等之类，这种情况下产生的只有一个审美的性质。……如果这个身穿绫罗绸缎的人说，'记住，你不知道那个为真理而受苦的时候何时到来'，说完就痛哭流涕（因为他自欺欺人地想象为一个殉教者）。但听者却会想：让风吹去吧。"这种弄虚作假并不仅是城市现象："礼拜日，在乡间宁静的田园风光中，一位可敬的牧师画着十字指天发誓地说，世界如何迫害基督徒

（包括这位可敬的牧师），那么很容易看出，这是一位施障眼法的大师，他在乡村的安全中，在尊敬他的农夫人等的环绕中，自欺欺人地说受到迫害，借此来奉承自己的虚荣心。不对，哥们儿，这也是一出喜剧。认真对待的话就努力争取到京城去，在大舞台上表演。"

这个遭到严词训斥的乡下"哥们儿"，很大程度上就是克尔凯郭尔本人，就像他的将城市比作大舞台的隐喻，所批评的中心人物乃是明斯特。此人在札记中遭到连篇累牍的批判，说他在自欺和戏剧化自我推销之间摇摆，结果是他的思想在更广范围内戏剧化。在一八四八年初夏的一条札记当中，主教大人那过去坚不可摧的轮廓已经在克尔凯郭尔的眼前开始消解："整个这件事都让我无以言表地痛苦。当我看着明斯特——哦，他看上去就是严肃性本身，这高妙的外形[1]总是那么让我难以忘怀——然而我宁愿以轻浮的幻想家自许，如果有朝一日我必须这样行事。"

明斯特的外形，他那几乎令人生畏的形象，也给克尔凯郭尔之外的人留下了深刻印象。例如亨·尼·克劳森教授就在其回忆录中写道："我在罗马的一两个红衣主教那里碰到了类似组合：精雕细琢的社交口气，夸张而自以为是的牧师派头。"拉斯姆斯·尼尔森也有同感："在明斯特主教的人格和性格中有某种东西会恰到好处地唤起敬畏，尊敬他这个老人。"但是没有人像克尔凯郭尔那样，让明斯特活动中的审美方面成为一个神学问题。他就能说，一看就能量出明斯特和理念之间的距离："每一个基督的追随者都应该尽可能生存地（existentielt）表达这相同的品格，谦卑和蔑视与做基督徒不可分离。基督之道应该得到传布，但始终应该生存地加以呈现。传布基督之道一旦能赢得哪怕是最微小的现世利益，沼泽里就有猫头鹰[2]。"

这样的"猫头鹰"在大教堂里有不少，因为明斯特肯定通过布道活动得到了世俗利益。当他于一八三五年五月三日迁入主教府的时候，收到了一套"华美的家具，包括沙发和十把靠椅"，精美可爱的垫套是由受他主持坚信礼的女性和其他友人绣制的；同一场合里赫·威·比森为他雕刻的大理石胸像揭幕，这位已经得

---

[1] 德文：Erscheinung。下同。
[2] 丹麦成语，指不妥，有阴谋或秘密。沼泽通常不是猫头鹰栖息的地方，所以当猫头鹰出现在沼泽里会引起疑问。

到如此慷慨馈赠的主教还得到了一张价值一千塔勒的债券，供其建立一个以他命名的奖学金。

明斯特既不是苦行僧也不是殉教者，但从另一方面来说，他也没有神学上的理由为此而道歉。虽然，跟奥伦施莱尔一起和明斯特打牌（他偏爱翁博[1]）的阿·桑·奥斯特称主教府里的日常生活方式"简朴"，但这并不妨碍明斯特举行名流云集的豪华宴会，譬如当友人彼·卡·弗·冯·绍尔顿送给他一只西印度群岛产的乌龟的时候。这样的宴会"未免奢侈了一点"，如一位客人在享用了丰盛的美味后所说。年长的词典编纂家克里斯钦·默尔拜克曾在一八五三年十二月应邀出席了一次这样的宴会，事后在给儿子的信里提到，他享用了一次"尽善尽美的晚宴，至少四道如果不是五道真正精美的菜品上到我面前"。

克尔凯郭尔从来没有被请去参加过这种奢靡的晚宴，他只能听说，并在札记中连篇累牍地想象人们在主教府里的感受。"现在是，例如，在枢密院顾问 H 家里举行甲鱼汤宴会——主教也在场。"他在同一条札记中将这同一位"主教"，教会的最高首领，先在文火上灸过，再浇上辣调味汁上桌。克尔凯郭尔给虚伪打上了清晰的戏剧化印记："茱莉和范妮是枢密院顾问的女儿，她们在谈论那酒席……茱莉说：相信我，主教来参加这样的宴会一定是很大的负担和困难，他宁可生活在赤贫中——你听了他礼拜日的布道吗？范妮（她和明斯特的太太同名）确实听了，所以她双倍的快乐，"主教屈尊光临，和我们，还有乌龟在一起"。茱莉和范妮充满了宗教奉献精神，哦，主教真是了不起。克尔凯郭尔总结道："现在乌龟浇上了完全独特开胃的浓汁——那滋味一定盖世无双。"

克尔凯郭尔懂得欣赏考究的餐饮，他的洞察也不是双重道德标准，只许自己大吃大喝却不准明斯特享用美酒佳肴。明斯特不会成为一个更好的基督徒，如果他不喝甲鱼汤和陈年佳酿，只啃干面包，喝半冷不热的水。克尔凯郭尔批评的要点在于指出加倍享乐的虚伪，表现在，早晨起来在布道中赞美贫穷，晚上坐享甲鱼汤——不仅如此，还要让周围的人认为，他宁可不要！

从这种虚伪引起的反感中还推导出一种忧虑，那就是世俗性的理直气壮，文化的无往而不胜。甲鱼宴的故事实际上是一个历史之胜利的故事，有教养的文化最终战胜基督教的故事。这里正是克尔凯郭尔将精细雕琢的明斯特置于其中的环

---

[1] 翁博（l'hombre），起源于西班牙的一种三人玩的四十张牌戏。

境："他的伟大在于歌德式的个人高超大师技巧。所以他也就保持着一定的尊严。但他的生活并不真正表达什么。……对明斯特来说，在市场上布道乃是不可思议之事，并且是最不可能之事。然而在教堂里布道有某种近乎异教和剧场的地方，路德激烈地主张不应该在教堂里布道，是正确的。/ 在异教，剧场是拜神的地方——而在基督教，教堂普遍变成了剧院。何以如此？是这样的：人们发现每礼拜在幻想中与最高者（det Høieste）交流一次很舒服，并非毫无乐趣。仅此而已。这在丹麦实际上已经成为布道的常规。于是，即便在最笨拙的布道中也存在着这种艺术性的距离。" 543

最客气地说，克尔凯郭尔叙述的特点也是不温和，但是将明斯特放在离有教养文化的精致首领歌德近、距基督教粗壮的改革者路德远的位置，则远远不能算错。所以核心概念是教养（dannelse），而在有教养的人当中，克尔凯郭尔是第一个系统化地努力穷尽这个概念的原始内容并将其充满新的否定性内容的人。教养不复是自我那复杂的生成过程描述，不复是那单一者自己的自然能力与周遭文化之间保持和谐的个人化，不是，克尔凯郭尔将教养与那些有着得体举止和良好品位的精英联系起来，给这个概念植入一定的趋炎附势性质，给予它一些虚假的可疑气味，从此再没有摆脱："明斯特主教对基督教的贡献其实是，通过卓越的个性、教养，他在优秀者和最优秀圈子里的优势，发展出那更趋时或更庄严的章程——基督教是比较深刻和严肃的人们（对有关人士是怎样的恭维呀！），有教养的人（多么舒服！）所不可或缺的。"

基督教在这里被弄成了沙龙里的优雅和理所当然之事，这样也就被剥夺了激进性及其令人不快的性质，那正是基督教的阿拉法和俄梅戛 [1]。如果"基督教就是教养"，那么"做基督徒大致就是一个自然人在最快乐的时刻所祈愿的"，也就是说，"距离救世主必须在世上所受的苦难和肉体受难的要求十万八千里"。克尔凯郭尔在得出结论时没有表现出任何迟疑："明斯特的宗教性大致是这样：人本质上像一个可敬的异教徒一样生活，让自己的生活舒适而美好，享受诸种便利——但除此之外也忏悔，承认自己距离实现那最高的十分遥远。他真的是将这忏悔视为

---

[1] 阿拉法（alpha/α/A）和俄梅戛（omega/ω/Ω）分别是希腊字母的首字和尾字。典出《新约·启示录》，天主和耶稣分别在第一章与第二十二章以阿拉法和俄梅戛自称，借此说明自己既是受造物的开头也是一切的终末。

基督教。这是一个价廉物美版的基督教，做这样的忏悔并不难。"

这样的一个"忏悔"（Tilstaaelse）中有矫饰的成分，它和克尔凯郭尔本人，尤其是他的鹦鹉学舌者提出的"承认"（Indrømmelse）并无不同，后者是在晚年克尔凯郭尔的基督教要求变得太不近人情时所持的一个可能的自我辩护立场。因此这种东西是"价廉物美版的基督教"，并无济于事。而这种原则上夹着尾巴的软性基督教、女性化宗教性的真正替代则充满着一种近乎凄厉的激进性："作为基督徒是既不多也不少，绝对不多不少就是做殉教者，每一个基督徒，即真正的基督徒都是殉教者。……事情是这样的。成为基督徒乃是［参加］上帝举行的考试。也正因为如此，在任何时代都一样（纪元一年和一八四八年）而且都同样很难成为基督徒。这样，让我们再次在高贵的基督徒意义上得到衣衫破旧的牧师，穿着寒酸的穷人，被蔑视的人，所有人都嘲笑、讽刺、朝他吐唾沫的人。我希望并相信，借上帝的帮助我能够实现无畏地布道，即便在我登上讲道坛时有人朝我脸上吐唾沫。但是，如果我穿缀丝带和星章的天鹅绒法衣——提到基督的名字，那么我将羞愧而死。"

这情景是戏剧化的，这样的札记几乎在沸腾。引人注目的是，真正的牧师以直接可辨认性为特点，他们破旧的衣衫和贫穷的外表，与身穿丝绒袍、说着无须承担责任的可敬废话者形成鲜明对比："哦，哇，哇，在十万做牧师谋生的人当中，没人不通过布道将人们固定在废话上。"或者更加无耻："所以，时下的布道词本质上绝对是谎言。牧师们就像自己不会游泳的体育教练在教人游泳，站在浮桥上喊：划水，轻轻划！"

克尔凯郭尔并不怀疑运动的方向："然而，基督教的信息最终将是'见证'，助产术不会是最终的形式。"信息仅间接发送，而信息也隐藏在假名的戏装里的那个时代看样子早已成为过去。"基督教在每一瞬间都需要一个人无条件地、无所顾忌地说出基督教"，听上去像是那些留下的格言之一。不应该怀疑，那提出挑战的人，本身也生存地卷入其中，但他也了解自己的局限。克尔凯郭尔补充道："为了基督的缘故去杀一个人，在很多方面（其实是那唯一的疗救之术）基督教会从这种经验中得益，因为这样能让人们睁开眼睛，并确认什么是基督教。但在这方面我没有体力，或许也没有那种勇气，所以我终归是一个辩证家，在思想的方向和内心性方面可以做很多事，也可以有一个唤醒作用，但不会是在一个并非有意为辩证（Dialektiske）而准备的场合。"

殉教将是这样一个非辩证的场合。死亡与辩证性相反，是不可逆转的。

伦理 – 宗教短论两篇 545

辩证思考与戏剧性行动之间的冲突，是一八四九年五月十九日发表的，在《伦理 – 宗教短论两篇》总标题下其中一篇的主题。有关论文的标题是《一个人是否获准为真理而死？》，另一篇论文的标题是《论天才与使徒的区别》。这两篇论文分别是一八四八年出版的《伦理 – 宗教论集》中的第三篇和第六篇，这本论集还收录《论阿德勒》里的六个可用章节。克尔凯郭尔曾考虑将其余论文——除了第五篇《关于阿德勒的一篇》——以《伦理 – 宗教短论三篇》为名出版，但这个计划如前所述没有实现。

第二篇论文取自《论阿德勒》，未作很多修改，而第一篇则单独重新写过，直到一八四七年年底才完成。在定稿中，克尔凯郭尔给后世留下了一则短短的、给人深刻印象的信息："注意：本书的誊清应该倍加小心，我幸运地在八个小时内写完了它。如此精心而勤奋的工作值得感谢。"《短论》的篇幅为小开张八十五页，印数是通常的五百二十五本。这份手稿的排印设计接近居伦堡夫人的书，因为克尔凯郭尔在付排的手稿上给排印工以下指示："版式同《日常生活故事》，但字体略小，间距略小。"在这张便条的最后，他要求"六本用仿羊羔皮纸"。

这两篇短论是某个"H.H."撰写的。他是一位意志坚定的绅士，克尔凯郭尔笔下其他人物那种充满活力的快乐在他身上一点影儿也不见。在这篇短论的草稿上，克尔凯郭尔一度误将"轻浮花哨"（Lapserie）这个词放进他嘴里，但很快就后悔了，加上这句话："注意。这段台词的语调过于粗俗。"换句话说，H.H. 标志着论题的严肃性，因而他也就没有期待会有很大的读者群；他在那长达——我说你写下来——一行半的序言里说，本文"可能只有神学家感兴趣"。

H.H. 在这一点上是对的。他决心加以处理的论题是如此特殊，即便在神学家当中也只有很少人，归根结底大概只有一个人感兴趣，那就是克尔凯郭尔本人。他不是使徒，但还是或者正因为如此才会有兴趣了解，一个天才是否获准为真理 546 而死的种种解释。不把有关问题的提出与克尔凯郭尔相联系，最起码要求相当的故意缺乏想象力，和《基督教的训练》一样，这两篇《短论》本该以克尔凯郭尔的真名发表。但在最后一刻他选择了 H. H. 这两个字母，一个个人标记，而不能算是新的笔名。他为这种安排给出了辩证的理由："这本 H.H. 的小书是完全正确的。人不能简单地采取这样一个困难的立场，同时又完全负责任。于是玩一个小小的花招，让同时代人成为伙伴。如果有人撞上这本书，他一定会大声惊呼——而他是对的，因为这是一本极端古怪的小书。但这大声惊呼的人也很怪，现在我是另一个人了。所以这本小书必须出版：若不是用我的名字来尽最大可能加强，就是像现在实际发生的那样。"以 H.H. 名义出版的这本书首先是为了消除误解，认为克尔凯郭尔自认为殉教者，其次作为一种经过深思熟虑的可能性，让别人来扮演克尔凯郭尔的角色。

这样，作者显然对他的《短论》抱有期待，称它们为"打开我全部作品最大可能性的钥匙"更是如此。一本这样的重要小说克尔凯郭尔自然愿意赋予特殊地位："《伦理－宗教短论两篇》不属于我的著述，它们不是其中的一个元素而是一种观点。如果著述要停止，必须设计一个停止的点。作品的内容也显然要有那真实的高度：一个殉教者，一个使徒——和一个天才。但只要在这两篇论文中有关于我自己的内容，那么就要声明：我是一个天才——不是使徒，不是殉教者。"

克尔凯郭尔的谦虚自有他独特的方式。

无力意志

"一个人是否有权为真理而死？"这个问题采取对两个问题进行反思的形式。第一个问题是，基督如何能出于对人类的爱而牺牲自己的生命，并以此将杀害他的罪加诸人类；第二个问题是，一个人出于对基督的爱是否有权做基督之事。对第一个问题的回答既简单又同样吊诡，基督恰恰是以其赎罪之死宽恕了处死他的人们。

回答第二个问题要远为困难，因为在其深层意义上承担着一个立场的选择，
547 "一个人在和其他人的关系中，可以在多大程度上绝对占有真理？"换句话说，能不能说某人有掌握真理的特权？初看上去克尔凯郭尔最可能倾向于否定地回答这个问题，他也曾考虑以下面这个"小小的幽默，虚晃一枪来结尾"："至于这个问题所涉及的事情是否会让这个人烦恼或者已经让此人烦恼，我的回答很容易：哦，上帝，不会。一个人无权做这件事！"

然而出于许多理由他放弃了这个"虚晃一枪的结尾"，但也回到那主要的问题，一个人压抑他关于基督教的非基督教的知识，是否比让别人因杀人而招致的罪更加严重？克尔凯郭尔让 H.H. 对这个问题做出了否定的回答：罪过（Synden）

适用于任何人，所以，一个单一者并不享有对他人的主权（suverænitet）。问题好像就这样解决了，但 H.H. 必须以同样的口气来问，那么"觉醒"从何而来，"当人们不敢使用那唯一真实的觉醒手段的话"。H.H. 不肯放弃："这有着与基督的衍生关系：当一个人是基督徒并与异教徒相关时，他难道不是在绝对真理中与他们相关的吗？他们之间的区别是绝对的，而被杀则是这种绝对区别的绝对表达——在我的思想中这是不容否定的。"

　　H.H. 以这个略有些跳跃的论证进行了一次视角的转换，据说是出于某些克尔凯郭尔不让读者轻易知道的反思。"我可以在这里说，就像在《恐惧与颤栗》中那样，大部分人根本不懂我在说什么"，当他深入这部作品的概念时叹息道。可见他写下的文字有回避一般大众的深刻个人性质。在这里提到《恐惧与颤栗》，也还出于其他理由而值得注意。H.H. 对牺牲主题的反思可以解读为《恐惧与颤栗》中所表达的旧约牺牲主题的新约变体。可以感到，视野在这里转换了一次，因为现在的问题是被牺牲者让自己牺牲的权利，而不是像以前那样，关乎奉献者牺牲别人的权利。

　　我们不能肯定地知道 H.H. 在这方面发生了什么事，但他论文的副标题值得注意。写在封面上的"一个孤独者的遗物"字样，似乎在暗示，论文中进行理论探讨的问题，H.H. 以实践来回答了——他自己的殉教！论文中尤其是"C"部指向这个方向，因为这里说道："在这愚蠢时代的许多可笑之事当中这或许是最可笑的，我经常读到这种表达方式，作为智慧写下的，也听到有人赞美它恰如其分：在我们时代甚至不可能成为殉教者，我们时代甚至没有杀人的力量。您错了！[1]不是时代应该有力量去杀人，或者让他成为殉教者；而是这殉教者，这未来的殉教者，应该有力量给时代以激情，在这里是苦涩的激情，来把他杀死。"如我们所知道的，有迹象表明这次挑衅成功，殉教成为现实：H.H. 死了。

　　然而时代却并没有注意到。当这两篇短论终于在七月二十一日，礼拜六在《丹麦教会时报》上得到评论，却是短而负面的。评论家认为，两篇文章一定是一位"非常年轻的，读过克尔凯郭尔博士作品的作者"写的。"好，什么批评家！"克尔凯郭尔摇着头评论道，但当他的气消了一点，就考虑是否要写篇文章为"那个'年轻人'辩护"，通过宣布他，克尔凯郭尔"以很不寻常的兴趣看了这本小

548

---

[1]　德文：Sie irren sich!

书"，确实，也许他应该更直截了当地说："年轻朋友，继续写下去，您绝对是那个我愿意加以信任，来取代我的人。"克尔凯郭尔也许会喜欢这个小小的"娱乐"，但他还是决定采取若无其事的态度。也不能完全排除，整个这件事都是"那位评论家的小小假动作，为了骗我到光滑的冰面上去［摔跟头］"。但事情并不是那样。

第二年情况并没有改善，关于这本书的评论登在《新神学时报》的 B 栏：《信仰与道德理论》。评论是这么说的，这位"不知名作者的表现，像是克尔凯郭尔博士的信徒和模仿者"。在这位批评家看来，第一篇论文中的主题是用"冗长的句子"来处理的、非常有利于推销的说法。然而，这部作品也见证了"思想的深度广度和逻辑的清晰"，批评家继续说道，"人们或许会只是期待，这些能力能以更自然的方式，应用在更有成果的主题之上"。批评家为达此目的而写的十二短行，到此结束。

一方面，克尔凯郭尔或许可以免于遭受这身份混淆的喜剧的侮辱，如果他以真名署名的话。另一方面，现在损失既然已经造成，他就不需要公开身份了。但他还是忍不住要写一篇长文，大发雷霆，抱怨他的作品从来没有在《新神学时报》上得到过评论，但却只是每隔一段时间就向读者宣告"一条通知，编辑部没有收到免费样书"。克尔凯郭尔在这里结束，当"编辑部没有得到免费样书，他们也就不评论这本书"。他还继续写了很多，但结果是把这次发作的结果放进"书桌中间那个抽屉"。如果有人认为，他这是又一次过度反应，那么只要把《新神学时报》向前翻一页。《致死的病症》得到的对待恰如克尔凯郭尔描写的：给出这本书最必要的书目资料和售价"一塔勒"。如此而已。甚至该书的页数也懒得标明。

549 除了这些毫无才气的评论，对 H. H.《短论》的唯一反应是，当克尔凯郭尔终于获准进门后，明斯特暧昧不明地喃喃低语"亲爱的朋友六到七次"。这就是 H.H.《短论》引起的"轩然大波"。这当然很不够，但可以理解，如果没有其他原因，那么就是因为 H.H. 要采取的行动，如果有意义，那就必须在文本之外发生，在现实世界，或许在阿迈厄广场中心。

说"我"的腹语术

"作家－活动"在增长，"作家"与"活动"之间的距离却在缩小。克尔凯郭尔渐渐看到，他是怎样与作品密不可分，作品已成为他自己的"教养"和"发展"——如《观点》中所说。

到目前为止，包括 H.H. 在内的文本人物们都是作为"角色"出现的，他们在这个意义上起着代替克尔凯郭尔的作用，即当他自己不能承担这样的角色时，他就让一个诗性"角色"来代替。而他却越来越将这种措施视为对生存上自我实现要求的一种逃避，他在许多从未发表的演讲稿当中的第一篇，一八四七年起草的关于间接信息的演讲稿上将其称为"借口"："我也许需要为这些演讲稿上使用'我'的方式找一个借口。……对我的思想方式而言，这是我的弱点和不完美之处……我没有足够的勇气使用自己的'我'。现代的不幸之一恰恰在于取消了那个'我'，个人的我。也正因为如此，那真正的伦理－宗教信息似乎从世界上消失了。因为伦理－宗教真理本质上与人格（Personlighed）相关，只能从一个自我传播到另一个自我。在这里，信息一旦成为客观的，真理就成为谬误（Usandhed）。人格应该是我们的目标。所以我认为我的优异之处在于，通过让诗意创作的人物在人生的现实中（我的假名们），说：'我'，有贡献于让同时代人有可能再次习惯于听到一个'我'，一个个人的'我'（不是那幻想的纯'我'及其腹语术）说话。"

伦理和宗教的真理只让自己经由个人传递，所以克尔凯郭尔让他的假名人物在"人生的现实"中说"我"。到这里为止一切都很好。然而他自己的对策是一个明显的现代反应，因为那假名人物在其中说"我"的"现实"恰恰并不是"现实"，而是文本。试图通过使用假名恢复"自我"的应有权利所以应该正确地视为自相矛盾的做法，其结果必然会导致更多"腹语术"。所以，克尔凯郭尔若要成功地重建主体性（subjektiviteten），那真实的"自我"，那么他本人就必须踏入假名"角色"的位置。 550

这是逐渐发生的，但是在一八四七年初夏的一天，克尔凯郭尔却接到了一个相反的命令，让他扮演一种密探，以为更高事业服务："正当我打算废除哥本哈根的独裁的时候，一个扮演新角色的命令来了：受迫害者。我将努力演好。人们说，在我们的时代受迫害不会成功。现在我们来看；但我可以肯定，当我成功了的时候，人们会说，这是他自己的错——而对我们的时代提出异议的同一批人，在说人甚至不会遭到迫害。哦，人的愚蠢，你是多么非人！"

声音是 H.H. 的，但手是克尔凯郭尔的。这样的分工在十九世纪四十年代末起的札记中有很多，其中那些假名人物充当各种机构，克尔凯郭尔用来比照自己，有时处于其上，有时处于其下。"就像瓜达尔基维尔河，"他写道，再次运用他在一八三九年用过的隐喻，"在有些地方扎入地下，在那里伸展：用我的名字，陶冶性的。有些比较低的（审美的），是假名的，有些比较高的也是假名的，因为我的人格并没有相应的高度。"不论把克尔凯郭尔放在这条河的哪一段上，假名［的运用］都是出于个人理由而非出于助产术（maieutisk）的动机；这里的关键不在读者，而在克尔凯郭尔。这一点在给《基督教的训练》的一条评论中变得非常明显，他将作品与作者的关系归纳如下："在这部作品中理想性（Idealitetens）提出的挑战是如此之高，其中包含了对我的生存的判断……所以由一个假名运用诗性自由来言说，他什么都敢说，一切都如其所是地说。"

克尔凯郭尔一而再，再而三地调整其作品，这样作品就能尽可能准确地与他的立场一致。以本名出版的作品会在最后一秒钟，有时在校样上，改成假名出版。《基督教的训练》原来的副标题是"给同时代人的善意报告。索·克尔凯郭尔著"，最后在封面上出现的却是前攀登者，因为克尔凯郭尔自己的"生存"并不能符合这部作品中的激进基督教要求。"注意，不能用，这本书是一个假名写的，这里我却像是作者"，当克尔凯郭尔为假名出版而修改这部作品时，很典型地这样写道。而作者始终是他，不管有多少次取消授权的修改，他一再就有关权威的问题，非常权威地声称自己并不具备权威："注意，注意，注意。我有疑病症的怪癖。今天我拿出最新作品，看看是不是说得太多了。而我看见那里已经写着：无权威的诗性。"

殉教的诗人：诗人的殉教

当人们奋力通过克尔凯郭尔那数以百计的、偏执地徘徊在暴力与牺牲之上的札记时，有时会感到他的工作是将自己封闭起来，与现实毫无关系，不仅和那高扬的彼岸现实无关，也和法律现实无关。自从《宪法》在一八四九年通过之后，宗教方面已经相当宽容，公民们可以根据自己的信念崇拜上帝——只要不损害良风美俗和公共秩序即可！

然而这并不等于在克尔凯郭尔的忧思和现实之间的关系不相匹配，现实是要点所在，但克尔凯郭尔得出的个人结论乃是出于文本的理由：他想实现的写作，其基本思想是深刻地、有些地方是幽暗不明地与牺牲观念相联系。这一点在一八四九年四月底到五月初的一批札记中有所表达："注意。注意。注意。注意。忧郁症和宗教性会多么奇怪地相互交织……我确实看到了这种前进一步的可能性，现在系统地继续一步一步向前驶去，带着被杀可能性的念头。目标和一切都是正确的……冲突也是正确的：屈服于借助嫉妒心的庸众。……这表明，基督教界需要这样一次觉醒，所以我没有一秒钟的怀疑，或者更正确地说我绝对相信。……而这，从人的角度来讲，将成为我一生所能达到的极限：我明白。……而我的生命将发生那已经发生的转折——更不要说殉教——并没有发生在我的任何一个同时代人身上。狡猾地策划阴谋的人是我——而根据我的策略，同时代人们在事情发生之前将会毫无觉察。……但这里对人们也是不公平的。人们还只是孩子，所以，让他们根据这个标准成为有罪也是不公正的，就像不允这样来对待自己一样。/ 于是我对自己的生命做最后一次审视。我转过身去，回到我自己和我的由来：我本质上毕竟是一个诗人。"

如果说，忧郁症和宗教性会奇怪地相互交织在一起，而克尔凯郭尔和 H.H. 的纠缠则相当直截了当。因为，如我们所看到的，克尔凯郭尔在这里表达为个人的问题，与 H.H. 在其论文中所提出的问题几乎一字不差。在以别人的名义出版的作品和以自己的名义写作的札记之间，边界是移动的、开放的。语调也是一样的，那充满焦虑的，发自内心的，有时是悲剧性激情的语调是一样的，就像两份文本背后的人原本是一个。克尔凯郭尔看到，殉教乃是助产方法的必须，但是和 H.H. 的情况一样，关于那些知道殉教将带来负罪感的人的考虑是如此沉重，克尔凯郭尔不得不放弃了原有计划，重拾"诗人"的角色。他写在上面引述的那条札记旁边的另一条，日期为四月二十五日的札记中洋溢着这个决定带来的解脱感："哦，感谢上帝，现在我理解了自己……作为作家我从上帝手中接受的只有谦卑……这就是：我千万不敢在现实中表达，那我根据自己树立的标准，将我自己当作理想的那些东西。我在这方面必须承认，我在方向上首先是诗人和思想者。……这也是（我以前也注意到，但不如现在明确）我所有前提条件的误解；这是一个或许永远不能完成的、超人的任务：以我的身形，我的想象力，我在诗意创作中所感觉的，也愿意在生存意义上如此。通常情况下英雄或伦理人物先来，然后是诗人；我想兼而有之，我同时需要"诗人的宁静，与人生的距离和思想者的平静，与此同时我还想在现实性（Virkelighieden）当中做那被诗化和被思考之人。……我似乎理解，这世界或丹麦需要一个殉教者。我已经结束了一切写作，真的想过，是否可能通过被杀死来以最决定性的方式来支持这些作品。/ 这里有误会，或者这里就是我应该伤害自己的地方：我过去做不到。/ 现在一切各就各位。……我仍然是那个在作为基督徒理想关系中的不幸恋人，所以我仍然

552

是它的诗人。这谦卑我将永远不会忘记……我没有力量做为真理而死的真理见证 (Sandhedsvidne)。此外我的天性也不适合如此。"

克尔凯郭尔在这里谦卑地承认的，是前攀登者等人徒劳地试图迫使"基督教"做的：他坦白，他不是——用一个后来引起极大注意力的表达方式来说——什么"真理的见证"。在这种情况下，与理想的距离是通过一种特殊情况拉开：诗人克尔凯郭尔没有能力实现神学家克尔凯郭尔既不能实行也不能视若无睹的那些理想。殉教的诗人不会为诗人的殉教让路。然后，作为他无力感的出路，克尔凯郭尔指出了其思想的超人方面。他不大会拒绝这想法：在这个拒绝被解释为"治理者"要求克尔凯郭尔继续做殉教的诗人之前，通过自己的殉教来让作品的最大要求得到生存的支持。这样一切应该又（被放）对了位置。

然而事情完全不是那么容易，早在五月四日情况就逆转了："事情是这样的，我曾经想那么聪明得可怕……我应该为我的未来提供保障，然后坐在遥远的地方——吟诗作赋。哦，呸！不，上帝会照管一切。而这样一个'诗人'其实不是时代所需要的……所以我痛苦得那么可怕。这是我的惩罚。我痛苦，因为我不愿束缚自己，而是放纵自己，从那决定性的之前退缩了。/ 这就是说我可能在某些作品中将自己放得太高之类对我的心灵十分陌生的所有疑病症废话的由来。……现在，这两篇论文：人是否获准为真理而死？关于天才与使徒的区别，但是匿名。……如果我让这个'瞬间'过去，那么全部作品的要点和立场都失去了，那么第二版的《非此即彼》将压倒一切。/ 但是我曾经想扮演主人，自己治理，用疑病症发作在上帝面前自我辩护。"

和前两条札记一样，这里也描写了克尔凯郭尔在承认了计划失败后所感到的解脱感——"哦，呸！"——但是他在十条札记之前作为忧郁－疑病症加以拒绝的东西，现在作为上帝的要求被恭迎踏入他的性格。因而克尔凯郭尔对自己成为"治理者"的恐惧也是有原因的，因为在这些札记当中同一个"治理者"的尺寸异常灵活，并非无由地和克尔凯郭尔一样优柔寡断，所以既可以这样，也可以那样来解释。但是如果他没有弄错"全部作品的要点"，那么他就必须在生存上重复 H.H. 的文本殉教；即只有这样，作品才能达到其"明显和实际的高度"。前进！前进！前进！这是运动的方向，而克尔凯郭尔知道这个："哦，呸，呸，我确实是因为害怕危险，因为疑病症，因为不信神，我所想做的远远少于我的禀赋。好像只是对真理行骗……就足以使我更加卑贱。看来我就这样卑贱。哦，疑病症，哦，疑病症！前景看上去暗淡；而我还是那样平静。／这个生日让我难以忘怀！"

这是思想大师殉教者的三十六岁生日！他用彻底的羞愧和坦白欺骗了真理来庆祝这个日子。作为这新立场的标志，他将这两篇《短论》交给编辑吉约瓦特，由他将手稿秘密送到居伦戴尔出版社。克尔凯郭尔将这次行动视为果断和决定性的，他现在只欠来自庸众的物理对抗，因为现在这样的对抗当然是必要的，如果要发生一次殉教的话。实在是应该有这么一次，因为"只有一种对基督教的持久理解……成为殉教者。"

554

我们必须让克尔凯郭尔去。自从与《海盗船》发生致命冲突以来，他一直以薄面皮的英雄主义做顽强的斗争，到一八四七年他才将自己那瘦弱的学者形象绘入哥本哈根的街景之中："当城中的庸众敲击我的帽子时（这一天也许并不遥远），就是我胜利的那天。"这里的条件是，他戴高帽子，从理想的观点来看是他的不幸。他的时代发生了很多事，唯独没有那决定性的：庸众嘲笑他，精英嫉妒他，读他作品的人越来越少；但是没有人，绝对无人想到来敲他的帽子，让他去死。毕竟，人们已经不再以宗教信仰的理由来处决人。如果他们是天才，就更加不会。

克尔凯郭尔从而必须习惯于接受又一个悖论：做一个没有殉教（martyrium）的殉教者（martyr）。也许，他落入这个悖论并不那么吊诡，因为他肯定是世界史上第一个将关于殉教的论文印到仿羔皮纸上的人——那种厚重、光滑、像羊羔皮一样的纸，又叫"小牛皮纸"。

并标上相应的价格。

"狂喜博士"

一八四八年早春，大概在五月中，克尔凯郭尔将他那诗人之笔蘸饱墨水写道："设想一个落入情网的人；他日复一日地谈论恋爱的幸福。但是如果有人因而指望他能给出三个理由来证明他的爱，甚或为之辩护：他肯定会把这看成是失心疯的建议；或者他更厉害一点，就会对那个提议的人说：啊哈，你不知道什么是恋爱，你可能还有点相信我也没有爱上。"或者带着鲜花也带着血说："绝对之事存在的唯一真正表达方式是成为其殉教者或为其殉教。与绝对恋情（Elskov）的关系也是如此。"

所以，这并不是明智的冷静计算，不是关于头脑清醒，而是关于激情，欢天喜地，关于实际上意味着发狂忘形的迷狂欣喜。克尔凯郭尔在一八三九年年初开始读学位时开玩笑地，但也带几分严肃地在札记上署名"索·克，前狂喜博士"，并非无由。

555　　十年之后发生的事情很可能让他为这签名而恼火。在马腾森的教义学出版后喧闹的赞扬声中，彼得·克里斯钦卷入了一场辩论，并得罪了自己的弟弟。一八四九年十月三十日，彼得·克里斯钦出席在罗斯基勒举行的牧师会议。他本意是评论一些反叛的石勒苏益格牧师发表的声明，但他却比较了"近年文学中的两朵奇葩，索·克尔凯郭尔博士的名著和马腾森教授的教义学以及其他教义学作品"。这是一次即兴发挥，所以彼得·克里斯钦一开始就请与会者原谅，"我要对诸位讲一些昨天晚上忽然想到的东西，我准备得比较匆忙"。

　　在马腾森教授和克尔凯郭尔博士之间进行比较，有很多理由说是勇敢的，但彼得·克里斯钦一不做，二不休，直言不讳：教授代表"清明的理智"，而上述博士则是信仰的纯粹主观性理解的传人，信仰在他那里近乎"狂喜"。他引用《新约·哥林多后书》5：13 中说"我们若果癫狂，是为神；若果谨守，是为你们"。——而且通过《恐惧与颤栗》和《附笔》的引文，哥哥指出弟弟如何被"激情的力量"所攫住到这样的程度，他避免卷入任何不足以成其为"需要最大能量紧张努力"的事物。这也可以解释，他为什么要提出"独立于令人信服证据的信仰"，而坚持"信仰在战斗中受到考验，在危险中增强"。因此，他接下去在一种机智中这样说道："时不时地他还是愿意冷静下来，尤其是当血冲上头，思想以令人眩晕的速度在其中旋转，从思辨的主桅杆跃入七万英寻的深水中游泳的时候。"

　　彼得·克里斯钦在同一场合还保证，他并不反对有一个"狂喜的修道士弟弟"，也并非对这些著作的优点视若无睹，尽管目前对他的影响是负面的——他还是能把它转化为正面："阅读这些作品一个钟头产生的效果和以前淋浴在这方面对我身体的影响几乎相同。一时间我内心的生命好像喘不过气来，然后我再次深深地、自由地在信仰的新鲜空气中畅快呼吸。而思想的自由军团回到他们作为人生仆人的从属地位，而头脑也重新满足于作为头脑而不是整个的人。"如果愿意，有很多方法可以拐弯抹角地说索伦·奥比有太多智力和太小的身体——而这也是彼得·克里斯钦在文体中的尝试。而当他现在谈论不成比例的事物和巴洛克式的扭曲事物时，他不能不指出那伴随着弟弟寻找"那单一者"努力中的有些滑稽的

556　　悖论之一："即他似乎在概念上找到追随者，赞赏他关于贴近人生而不是理论的指导，仅仅是赞赏——随后不去做，而是书写。我们现在已经发现了持有这种奇妙

观点的人们，他们将人生对理论的抗议变成一种新的理论。"于是，拉斯姆斯·尼尔森、彼·米·斯提灵、马格努斯·埃里克松和 H.H. 都收到了友好的问候——第一位和最后一位甚至被点了名！

索伦·奥比并没有发觉这次攻击，直到一八四九年十二月初，彼得·克里斯钦去看望他时才听到。彼得·克里斯钦还让他了解，他的枪弹特别落到拉斯姆斯·尼尔森和"某个 H.H."写的一本古怪的小书上，他并不认识那背后的真实作者。索伦·奥比不得不冷静地说："H.H. 就是我。"彼得·克里斯钦自然大吃一惊，但在尴尬地停顿了一会儿之后两兄弟还是略微谈了一下这本书。"然后彼得说：嗯，现在没有什么值得我们再谈的了；我要先把演讲稿写出来。于是他写演讲稿。"

于是他就写演讲稿，更准确地说是演讲的内容摘要。他必须赶快写，如果这篇讲稿要按计划刊登在十二月十六日出版的下一期《丹麦教会时报》上的话。索伦·奥比很快读到了这篇摘要，深感痛苦，他随即写信给彼得·克里斯钦告知。他不想细说，只是在整体上坚持，如果绝对要将他和马腾森相提并论，那么在这样的比较中应该提到，他，克尔凯郭尔作为作家"根据非同寻常的标准做出了牺牲"，而马腾森"根据非同寻常的标准获得了利益"。接着还要提醒人们，马腾森"毫无创见，但是允许自己把全部德国学术拿来据为己有"。最后是那关于狂喜的名言，若不是完全删去就是做大幅度修改，让它至多不过是相当于"我的几个假名"，在任何情况下都不得用于"宗教感化演讲的作者"克尔凯郭尔。这封信没有日期，大概从来没有发出。他一度打算向《丹麦教会时报》提出的抗议也没有发出。在这封信里，克尔凯郭尔要求人们切勿将他和他的假名们混为一谈，正如那位评论家——"那位以能力超群而闻名的格隆德维派牧师，神学博士克尔凯郭尔"——所做的那样。语调是压低的，学术性的，几乎冷静的。

这几个形容词却很难应用到同时期的一篇长草稿，标题是《克尔凯郭尔博士在上次牧师会议上的半个钟头演讲》。这是对格隆德维派快乐的粗鲁戏仿：会上还剩下半个钟头，克尔凯郭尔博士将其充塞了题材广泛的观察；他盯着教会史看，发现有两条道路，狂喜的和冷静的。索伦·奥比继续写道，"其实还有第三条：饶舌的道路，路上行人远比前两条多，其实这条路是从始至终贯穿教会史和世界史的阳关大道"。彼得·克里斯钦正是走在这条饶舌的阳关道上，而一个尚未得到答案的问题是：他是否"因这次会上和其他地方的社交欢快而受损，他是否因习惯

557

于专注这些轻松而感恩图报的小任务而被宠坏,我们这个时代钟爱欣赏这些,追求糖果和美味,嫉妒真正的能力,仇视严肃性和严格性"。

别人可能把这些都叫作茶杯里的风波,而克尔凯郭尔却在后来的几个礼拜里从中激起了一场真正的台风,威胁着要吞噬一切,包括很大一部分的清明理智。"迂腐""笨蛋""废话调解员""垂涎三尺"只是用来骂彼得·克里斯钦的话当中选出的一小部分,他被控"牢骚满腹""胆怯""肤浅""平庸""怯懦""犯罪""饶舌""粗制滥造""文学盗窃犯"和"假作诚恳"。与最后一项相联系,索伦·奥比写道:"我也有一颗心。我努力保持这颗心,所以要努力将其保存在恰当的地方,我不能让它一会儿在嘴唇上,一会儿在裤子里,却永远不在恰当的地方,我不会把诚恳混同于聊天和废话。"也许正是克里斯钦裤子下边出了毛病,他的太太病了,残了,或者有其他情况,但无论如何确实是出了问题,于是索伦·奥比推断,彼得·克里斯钦实际上需要的只是一点消遣:"他一直有些迂腐;近来相当缺少创意;现在看起来几乎是灵光在他眼前一闪,他要给平庸、无意义和诚恳当吹鼓手来试运气。真的,他需要消遣;我能够理解他厌倦了在乡间陪生病太太的生活——但是这样一个消遣!……他的脑袋很好使,有很多造诣,但他消融在无所事事的东游西荡之中,什么都要参加。"

在大发雷霆的中途,索伦·奥比身手矫健地将批评转为对他有利,因为他突然想到,人们指控他的恰恰是时代所需要的:"现时代的不幸和根本缺陷在于:明智(Forstandighed)。而它所需要的恰恰是狂喜(det Extatiske)。这就要求我的——我敢说——出类拔萃的谨慎和狡猾来让时代上当。"或者,如他在平安夜前几天所写的,这个伤口尚未愈合的人反思,将圣保罗的那段话分别应用到他本人和马腾森"制造的混乱"上:"马腾森-彼得(克里斯钦·克尔凯郭尔)的明智(besindighed)概念在一定程度上是个布尔乔亚概念,是懒惰自满的非宗教概念。……因为平庸、现世交易等等,恰恰是其中的主导因素。"与马腾森相比较,圣保罗一定是代表总体的狂喜,但是克尔凯郭尔在任何情况下都在提醒自己,他不是圣保罗,仅运用假名这个事实就足以超出狂喜之外,指向明智的深思熟虑方向。幸好他和格隆德维谈过,后者"在谈到彼得时语带讥诮",因为在他看来那次演讲在最深刻的意义上不过是一次人人可做的、无须负责的认可等等 [1]。格隆德维

---

[1] 拉丁文:pro et cetera。

的话当然起到一点点安慰作用，但是对广大听众，那无名的"数字"却毫无影响，他们对细微之处只有最低限度的感觉，他们的心理感受和驳船底一样平坦："这个哥哥，数字说，一点也不像弟弟那么古怪冷漠，他不骄傲也不高傲，他可爱而诚恳，一个严肃的人。"

总而言之，罗斯基勒牧师会上的一幕为法利赛人提供了近乎最佳的条件："看，情况就变成这样：一个兄弟默默地，听从上帝，在平静中努力工作，做出一切牺牲，而被另一个兄弟轻率地拿去，准备了半个钟头就以过人的深刻姿态大谈特谈时代特点。"更多的胆汁为是谁说而喷涌："我哥哥的狭隘和嫉妒就是我的家庭唯一为我做的事。他就知道免费拿我写的书。我栽到《海盗船》上，他就满意了，因为他发现我身上发生的一切都是上帝的惩罚。滥用上帝的名义可以有很多方式。"写于这一时期的回顾也同样地愤怒，这条札记部分地借助于那浪子的比喻："彼得在内心深处一直认为他比我好，多少把我看作一个浪子兄弟。在这一点上他是对的。他一直比我更加正直。他和父亲的关系，例如，就是一个正直儿子的——而我则经常是应该责备的。但是，哦，彼得从来没有像我那样爱过父亲。彼得从来没有为父亲［之死］而哀伤，更不要说像我那样哀伤。彼得也早就忘却了父亲，而我则每日都在思念他，自从一八三八年八月九日以来绝对每日，我要一直思念他，直到在彼岸幸福重逢。我的所有关系就是这样。"索伦·奥比以全部的苦涩结束这条札记："等我一死，他就会潜身出现，他是——我哥哥，以兄弟之情参与过我的努力，他完全了解我，等等。"

两兄弟之间的关系在一八四九年以后更加冷淡了。彼得·克里斯钦的日记中记载了一则小事，作为兄弟关系恶化的微观而痛苦的里程碑。一八四九年六月，彼得·克里斯钦将他的双马车"改装成单马篷车"，以便让他那喜怒无常的妻子能出门呼吸些新鲜空气，看看皮特堡之外的地方。日记继续道："索伦和我们一起出去，但次日清早就回城去了。"他显然不愿意和脾气古怪的嫂嫂、靠不住的哥哥同乘"单马篷车"兜风，除非绝对必要。

算来一八四九年是糟糕的一年，就像一八四六年是恐怖之年[1]，只能刺激克尔凯郭尔的牺牲品－殉教者感觉：布莱梅尔的成绩单，与拉斯姆斯·尼尔森的纠葛，明斯特傲慢而古怪的行为，马腾森的《教义学》继续畅销，克尔凯郭尔自己的出版

---

[1]　拉丁文：annus horribilis。

问题和经济困难，枢密院顾问奥尔森的死，试图接近施莱格尔先生和他的太太失败后痛苦的失望，最后——就在这一年快过完的时候——彼得·克里斯钦的可恶演讲。

抑郁的十二月里，克尔凯郭尔引用以赞美诗闻名的诗人布罗尔松的诗行——"当空气仍然圆满／在冬雪的严寒中"——加上自己的评论："当冬天的严寒来临，人不愿出门的时候——人生的全部问题摆在面前，问题在于是否要出门走进严寒！"

克尔凯郭尔没有走出去；他也几乎走不动："我是那么虚弱，哪怕是最微不足道的事情也要动用精神力量来应付。"

一八五〇年

不告别的八种方式

　　夏天里和拉斯姆斯·尼尔森的通信意味着一八四九年余下时间里要继续礼拜四的固定散步仪式，但是这位教授在一八五〇年元月十七日不得不取消约会："鉴于有幸收到最可敬的感冒命令，所以不得不接受几天的软禁。"二月二十二日尼尔森再次受阻不能和克尔凯郭尔一同散步，但没有给出原因，只说"实在尴尬!"——他在四月四日再次取消约会，但在四月十一日那个礼拜四终于成行。

　　这次散步不太愉快。克尔凯郭尔直言不讳，在他看来尼尔森最近出版的三本书与其说是出于客观原因而表达主题，毋宁说是为了将注意力吸引到作者身上。此外，他继续说道，尼尔森和马腾森的论战是一个错误，与自己无关，但一定是出于尼尔森与这位神学教授同事之间的个人恩怨，他夺去了尼尔森在科学协会的成员位置。最后，他还告诉尼尔森，后者的剽窃已经到了令人尴尬的程度，他们这些年里的谈话，直接就被印出来。尼尔森抗议说，克尔凯郭尔对他不公正，但他得到的回答是，如果是这种情况，那么得到克尔凯郭尔而不是别人的不公正对待，并不是最糟糕的。但这无助于事："他有些生气，更准确地说是有些着急。然而我改换话题，开始谈其他事情，我们友好地[1]走回家去。"

　　一个礼拜之后，四月十八日，克尔凯郭尔打算在散步时重新提起这个话题，但除非尼尔森能"理性对待并接受真理"，此外"做些评论之类的事情"而不要写大部头的书。就在尼尔森应该出现的时候，一个信差给克尔凯郭尔送来一封信："亲爱的博士先生! 目前情况下我首先必须取消和您的礼拜四散步，并请求您今天不要等我。当情况改观，我有幸重拾此乐时，将遣信垂询，您是否方便。/ 您的拉·尼。"

---

[1]　拉丁文：in bona caritate。

561　　　反应立即来了："这封信的意图大概是再次逼我让步——他滥用了我的疑病症，此外他就是要为写作寻找灵感。"从克尔凯郭尔最后回信之前起草的七份草稿上，可以明显地感觉到，他并不怎么相信尼尔森缺席的理由——那关于"情况"的废话。草稿的前四稿越来越短，大致都是这样开篇的："真奇怪！昨天和前天我都担心，因为情况关系（我在搬家时着了凉，每天都在等着生病）今天不得不送信给您取消约会——于是今天接到您的便签，从中看到，您'因为情况关系'等等。"克尔凯郭尔并不想追究尼尔森所说的"情况"究竟是什么，但是对他来说，至关重要的是强调尼尔森完全没有正当理由中断联系——仅仅因为他被轻轻冲撞了一下。如克尔凯郭尔所论证的："如果在你我之间存在一种关系，我认为有义务根据我的标准来衡量一次；我也认为（你我之间存在关系的话），我没有多少值得特别感谢您的。"

　　　这恐怕不是重建关系的最好方式。克尔凯郭尔也没有发出这封信，而是用下面的话重新起草："在我和您谈话的这些年里，我们的关系大致如下。关于您的每一次公开表现（您的作品），我都以最确定的方式对您说过，从我的观点出发碍难苟同，并解释过何以如此，而您本人所表达的，足以让我认为已经得到了理解。此外，您私下所说的话迥然不同于您的公开表达。然而您总是在说，一部作品会完全不同。所以我一直在耐心等待。／然而现在必须结束了。我必须在此 ——完全没有任何愤怒形式地——中止这个以一种希望开始的关系，这希望我也不曾在此刻无望地加以放弃。／也就是说：我不能再和您定时散步。如果命运或上天让我们相逢，则完全不同，那么我将乐于和您交谈，就像和许多别人交谈一样。"

　　　然而克尔凯郭尔对这样写还是不满意，于是又起草了口气更友好温和的一稿。他很遗憾，尼尔森的最后一封信夺走了"我做自己的机会，而且让我承受着不合本意的负担"，但他也坦率承认，在他们最后一次谈话中引入他所关心的话题时——"有点笨拙，也许有所冒犯"——他这样说的前提是他们下礼拜四还要见面，从中断的地方继续开始。克尔凯郭尔却很快就封上了这个小小的口子，他说尼尔森最后的便签"荒唐"，并开始详细解释怎样才能把它写得更为贴切。

562　　　这一稿也还是不行，克尔凯郭尔改了又改，于是——在七稿中最短的最后一稿中——为礼拜四信上的突然中断而遗憾，现在，这中断被更外交地归结为一个"误会"。克尔凯郭尔注意到，他也不愿意将会面定得太局促——"还是兴致所至为好，我也不难碰到"。草稿结尾——这是最后一稿——是这样令人惊异："我提议……明天老时间老地方见面，看看我们的地位。"克尔凯郭尔在信稿上注明已发出，什么时间我们不知道，只有"礼拜二"。尼尔森的回信也没有日期，只有"礼拜四"，他写道："亲爱的博士先生！让我谢谢您，让我谢谢您，愿意教我。我马上就来——悄悄地；因为我注意到，在您那里一定要安静，才能听清楚您说的话。/您的拉·尼尔森。"

在这脆弱的和解中几乎有着爱恋的甜蜜，但当这两个人四月三十日，礼拜三，在约定地点见面时，亲密感蒸发了。"我对他说，我希望这关系更自由些"，札记作者干巴巴地说。因而变成这样："好，事情就这样了。我对他没有怨恨，一点也没有，我很愿意再接触他，尽管这对我几乎没有好处，因为他的感性稳健和我的疑虑重重彼此很不适应。/他成长了，但副教授还是深植在他内心。"在后来几年的札记中，克尔凯郭尔经常回到"尼尔森这档子事儿"，他这样称呼这问题，但他对这段关系的发展和终结的述说并没有随着时间的流逝而变化。他一再地说，他和尼尔森建立关系，因为他将其视为自己的宗教义务，但尼尔森让他失望，很快暴露出其盗窃癖倾向，对假名作品和他们礼拜四散步的谈话都是如此，此外，散步时他还让克尔凯郭尔忍受那些无关紧要的闲话。这样，克尔凯郭尔并没有从这位哲学教授那里得到什么好处，他"太呆板，太脸厚，太受克里斯钦八世时代的腐蚀"。不过从一八五二年二月到六月间的一些短信来看，他们的联系并没有完全终止，尼尔森在信中表示抱歉，他不良于行——而在这些信当中的第二封，他的落款不再是以前那样的"您的拉·尼尔森"，而只是"友好的拉·尼尔森"。

克尔凯郭尔的草稿中也有一份正式的与尼尔森绝交书。那是一篇长文，标题是《公审》，其间攀登者约翰尼斯也代表自己和其他假名出庭做证，反对"神学博士，哲学教授拉·尼尔森先生，丹麦国旗骑士"。我们不得不希望，这标题是带着自嘲，舌尖顶腮帮子写的，更要特别庆幸这篇文章留在书桌抽屉里。同样令人尴尬的是一篇题为《拉·尼尔森教授独立无双》的文章，副标题是神秘兮兮的"一幅大半身像"，意味着一个很奇特的比喻："描绘一个独眼人，若是从他有眼睛的一面来画，就不会有人想到他并没有两只眼睛；而当一个人的膝盖以下被遮盖起来，遮盖的是底座，那么看上去尼尔森教授就独立无双"，然而这并不是真的，他站在克尔凯郭尔和假名们的肩膀上，所以他的"独立无双是一种欺骗"。在一篇写于一八五三年年初的所谓"文学修订文"的第二版中，似乎给他们的未来关系最

563

终画上了句号："现在达到了这一点：如果我现在，比方说，死了，我最不希望被当作我的真正解释者的就是这位尼教授。"

因此给克尔凯郭尔做学生就是他的事。或者，更准确地说，根本就不是谁的事。克尔凯郭尔是那么小心翼翼地做克尔凯郭尔，他根本不能忍受被一个信徒所复制的想法，信徒就是潜在的小偷，就像"小秘书克里斯滕森"那次的情况一样，偷偷摸摸地东翻西找，在报纸上涂写非法借来的克尔凯郭尔表达方式。几年以后，当格莱穆尔·托格里姆松·汤姆森为其论文《论拜伦勋爵》做答辩时，文学顺手牵羊又出现了："格莱穆尔·汤姆森一定很有学问；从他在论文中引用的许多作品可以看出，但是从这篇论文中也可以看出他需要读更多的书，例如，《恐惧与颤栗》《忧惧》《非此即彼》，他都没有引用。"即便在最亲近的家人当中也有一个盗窃癖患者。因此，当彼得·克里斯钦开始写作并编辑教会刊物《从皮特堡继续前进》时，他的弟弟确认了自己的恐惧，即彼得·克里斯钦"借用我的东西"，让索伦·奥比恼火的是，只有他注意到了这一点，因为彼得·克里斯钦理所当然地被视为格隆德维派。"他们吝啬、令人作呕地对待我，对我犯下了国家罪行，同时代人犯下的叛国罪"，克尔凯郭尔一八四八年在札记中写道。没有人能理解他，他或多或少成为一个多余的人。与此同时其他作家抢劫他，将抢来的东西发表在这样那样的文章里，得到评论和赞扬，人们做梦也不会想到提起这些思想的来源："我的名字从来没有人提起。在所有活着的作家当中我是唯一无足轻重的、唯一不引领新方向的——因为别人做了。"

别人之一是马格努斯·埃里克松。他于一八五〇年三月在一部作品中展现出高明的技巧，这本书有个典型的冰岛式长书名：《信仰是一个"借助于荒诞"的悖论吗？一个在沉默的约翰尼斯所著〈恐惧与颤栗〉中提出，借助于信仰骑士的秘密信息，为犹太人、基督徒和穆斯林的共同宗教感化而回答的问题，前述信仰骑士提奥菲鲁斯·尼古拉斯兄弟著》。克尔凯郭尔正确地发掘出，埃里克松如何在标题上就借助他的风格制造了糟糕的媚俗："看，当笨拙者表达对艺术的意见时会产生什么结果。……天哪，生活在这样狭隘的环境中是多么凄惨，没有人能真正欣赏一部深刻的、精心创作的艺术作品。/我花费了日日辛劳、艰辛的努力、几乎失眠的论辩毅力所创作的，将所有线索恰当地置于这部精巧的作品之中——对别人都不存在。我不过是被等同于我的假名们。"

564

乔迁之喜

一八五〇年四月十八日，克尔凯郭尔离开了玫瑰堡街上那套昂贵的公寓，在北街安顿下来。他一八四〇年年初也在北街住过，不过这次是在街另一侧的三十五号，而他也不得不凑合着住进这套五间房间加厨房、佣人房间、过道、储藏间和其他附属设施的公寓。年租金是二百八十塔勒。他没有时间去看房子，于是交给仆人斯特鲁布去办，尽管在主任医师赛利曼·梅厄尔·特利尔的"指导帮助下"算是看过了，但并不理想。克尔凯郭尔还是想和往常一样住好楼层二楼，但是斯特鲁布发现二楼那套公寓"实在一无是处"，因此克尔凯郭尔不得不住进三楼。这件事很快就显露出可怕的后果。

"我的家现在就是这样！"——他在迁入后不久写道，"去年夏天在皮匠师傅那里受到恶臭那无以言表的折磨。今年夏天不敢再冒一次险了，而且总的来说也太贵。现在住的地方下午要受强烈阳光反射的折磨，一开始我甚至害怕会被照瞎了。"尽管克尔凯郭尔总是住在街上朝阳的一侧，但他要用窗帘、百叶窗、遮阳篷来阻挡阳光。他是这些物品的大型消费者，他的私人物品拍卖清单上洋洋大观，开列着"卷帘""镂空窗帘""带衬里的印花棉布窗帘""带黑色天鹅绒装饰的波纹窗帘""卷帘与配件"，红色、绿色或条纹的。有时候克尔凯郭尔干脆让人把窗户涂满色。但在北街却无济于事，公寓所在的楼层太高，下午的阳光无情。再有就是，楼上房客，更准确地说是房客的房客，让灾难圆满："在我现在住的北街房子里，楼上有一个房客，他完全可以说是一个安静的房客，即他一整天都不在家。不幸的是他养了一条整天在家的狗。它躺在敞开的窗口，对一切都感兴趣。只要有一个路人打喷嚏的声音稍微大一点，它马上叫起来并且继续叫很长时间——如果有一个马车夫赶车走过抽一鞭子，它叫起来；别的狗叫，它也跟着叫——于是，街上发生的任何最微不足道之事我都借助于此狗而得到个第二版。"实在是糟糕极了，克尔凯郭尔也毫不怀疑："这些外部事物和这间公寓一样让我闷闷不乐。"

青年时代的朋友埃米尔也搬家了，但不像克尔凯郭尔似的在街上移动了几百米拐弯就是，而是去了日德兰半岛东部的霍森斯。他在一八四九年十月底被任命为那里的副牧师和医院牧师。他在一八五〇年三月七日致信克尔凯郭尔，讲述了一点新的、有些郁闷的情况。这里不是一只小小的哈巴狗在捣乱，而是一整片

"骠马大市"就在他的窗下，还有"从晨至昏川流不息的人群从房中穿过"。所以并不奇怪，他已经感到需要度假了。他最近失去了慈爱的母亲，老父跌了一跤后卧病在床，在所有这一切之外，这位年轻的副牧师忙得不像基督徒："礼拜天我穿着法衣从早上九点忙到晚上七点半，先是忏悔，教区牧师布道后是圣餐式，然后我要在医院布道，再后到主教堂去晚祷……在医院的教堂里我有一群古怪的信众，几个循规蹈矩的老太太，几个半疯和酒鬼，通常还有伯爵家的几个成员……以及几个城里人。忏悔讲道给我留下的印象比任何人都深。"他的同事是一个脾气暴躁而难以接近的牧师，把绝大部分枯燥的案头工作都交给波厄森。即便如此，他仍然肯定"为当上牧师而快乐和感恩"。牧师在那年代仍然是一种使命。

克尔凯郭尔在最后一封信中写道，如果波厄森碰到什么他能帮助解决的困难，只管说话。波厄森于是请克尔凯郭尔去探望他卧病的父亲，然后向他的未婚妻路易丝·索菲·卡洛琳娜·霍尔特曼转达问候，这位孤独的副牧师等坚信礼结束后将随即到哥本哈根去接她。他真的"非常喜欢她，每天都在为她而骄傲，为她写给我的每一封信而越来越高兴；你没有在我之前认识她真是一个损失"。这最后一行里略有一点胜利后的挑衅，一点针锋相对的报复，一个更有力的话题呼之欲出，那是联想到这两个朋友之间过去的通信。当年克尔凯郭尔南下柏林时，曾从那里遥控指挥波厄森在哥本哈根东奔西走，为那更高的恋爱服务。一天之后波厄森恢
566 复了冷静谨慎，补充道："能告诉我怎样写好布道词的秘密吗？好好生活！亲爱的朋友，为一切美好事物而感恩！尽快满足那三个愿望！"

波厄森的恳求显然没有立即在克尔凯郭尔那里产生效果，直到一个月之后的四月十二日他才找到时间写信给"尊敬的埃·波厄森副牧师先生"，他有评论后者难以辨认字迹的传统——"那根本不是字母，是极薄纸上的小点点，要用显微镜来读才行"。克尔凯郭尔不得不让波厄森的三个愿望中的两个落空：路易丝，他偶然在街上碰到过，他直截了当地告诉她，未婚夫让他去看她，但他决定不去；那病中老父，克尔凯郭尔也不能去探望，因为上次见面已经是那么久以前，所以"需要一个契机让我重新开始"。然而他很愿意就寻找布道好题目的艺术给波厄森一点指导，即这样的题目不是坐着能找到的："你需要将生活的这方面进行合理安排。你要给自己留出至少每天半个钟头来随意阅读《新约》或者一部宗教作品；当你走路散步的时候，让你的思想随意飘荡，观察四周环境，尝试着找到些什么东西。应该这样来安排你的家务。"这建议是好心的，也肯定很有效果，只要窗外

没有整个"骡马大市"的嘶鸣喧嚣。

几个礼拜之后的四月二十九日，波厄森回信了，他显然已经和生命中的路易丝重逢："亲爱的朋友！请于礼拜三（五月一日）下午六时（或七时）光临圣母教堂参加我的婚礼。我不能亲自登门邀请，因为我得了重感冒，必须设法尽快摆脱它。/ 请回复，如果你能来，将让我们极为高兴。/ 你的埃米尔·波厄森。"不容否认这是一个相当混乱的邀请，而克尔凯郭尔也没有出现在婚礼宾客当中。他很方便地也得了自己的感冒，于是有了合法的借口。如我们所知，拉斯姆斯·尼尔森也鼻塞声重地走来走去。那个夏天空气中一定有什么东西专门和思虑重重的神学家作对。或者，他们也许都过敏。

新婚夫妇忙着度蜜月之类事情的时候，克尔凯郭尔稀里糊涂满了三十七岁。几天以后，但却标明日期是五月五日，一个半空的小小问候到达，那是现住在欧登塞的亨利克·隆德发来的。就这些。克尔凯郭尔本人到救世主教堂去参加晚祷来庆祝这个日子。那是一个名叫克莱蒙森的硕士在布道。年轻的克莱蒙森那天讲的肯定算不上神学经典，克尔凯郭尔称他的布道"单纯"，但从另一面来看，他补充道，布道本来就应该这样朴素无华、平易近人。幸好，作为给这位做礼拜的人的生日礼物 [1]，在布道者背后隐藏着一种"高度诗意的美"。克莱蒙森那天布道的主题是"福音书中从圣父出发，复归于圣父的人生"，于是和通常一样谈到"人生作为一条道路。再后来是关于圣父将他的儿子送往世间的隐喻，非常美。然后放弃了这隐喻而回到现实，我们和上帝的关系。他说道：'当死亡的时刻来临，行装放到一边，手杖折断——孩子走向父亲。'精彩！我敢打赌克莱蒙森是完全无意识地说出来的，如果他想过就可能会说：灵魂或者理想化 / 美化的人或者诸如此类。但是他没有，却用了'孩子'，大师手笔"。

克尔凯郭尔是敏锐的，但还是有一些东西或许逃避了他的分析——逃避，因为那涉及他自己。他让那走向父亲的孩子形象炫得眼花缭乱，有可能是由于一种突然的似曾相识之感 [2]，他自己多年以前作为孩子走向他世俗的父亲，他无论如何一直深爱着的父亲。

---

[1] 法文：cadeau。
[2] 法文：deja-vu。

基督教的训练

这样一个孩子也出现在克尔凯郭尔这几个礼拜里正在收尾的手稿里。这份手稿静静地躺在那里等待杀青已经快两年了——标题为《来吧，所有劳作而承载着重担的人们，我将让你们休憩》的初稿日期为一八四八年四月。一八五〇年六月四日，克尔凯郭尔决定将其以假名出版，并提醒自己，这部作品的三个部分"必须从头到尾看一遍，我这个人，我的名字等不要出现，像第三部分那样的情况"。第三部分包括七篇演讲，其中第一篇基本上和克尔凯郭尔一八四八年九月一日在圣母教堂，忏悔和领圣餐之间所做的布道内容一致。所以克尔凯郭尔必须以前攀登者的名义在文本中加了一条解释性脚注："本演讲系克尔凯郭尔博士在圣母教堂发表……因为本书的书名实际上来自那次演讲，特征得其同意在此刊印。"把这叫作一个复杂精致的策略，还是假名写作崩溃的先兆，是一个个人品味问题，不过在八月初进行了编辑之后，排版和校阅就进行得飞快。一八五〇年九月二十七日，《地址报》宣布前攀登者所著《基督教的训练》第一、二、三号出版，由索·克尔凯郭尔出版。

568　　第三号中的第三篇以祈祷开始："我主耶稣基督！一个人会感到被众多不同的东西所吸引，但是有一样东西人永远不会自然受到吸引，那就是苦难和屈辱。这个，我们人类要尽可能远远地逃开，在任何情况下我们都只会被迫进入这样的境地。但是你，我们的拯救者和救赎者，不愿意强迫任何人，最不愿意强迫人去获得一个人的最高荣誉，即应该像你一样；然而你在屈辱中的形象却生动地站在我们面前，唤醒我们，说服我们，我们感到受吸引而走向谦卑中的你，吸引我们愿意像谦卑中的你，你来自天国，而将所有人都吸引向你。"

这祈祷不仅是祈祷。它也还包含着策略因素，文本本身被利用来战胜当自然人遭遇苦难和屈辱时的抗拒。文本想要战胜这样一种抗拒，它通过让苦难和屈辱不仅"生动"和"唤醒"而且"有说服力"的隐喻，让读者以此而受到吸引，见屈辱而思齐焉。与此相应，文本本身持续地指向读者的目光，迫使其观看文本所可见化的。"这幅图景不能感动你吗？"展示了救世主受辱的可怖场面后这样呼吁道。"所以，再看看他，这受辱者！这图景带来的效果，难道不能感动你，以某种方式像他那样吗……？"

这样一种形象的描写的任务是感动读者，不是落泪或其他滥情的感动，而是离开文本，在文本本身之外采取行动。这行动就是读者得出自己的真正结论。文本以催眠术的形式说道："忘掉，如果可能，你所知道的关于他的一切，迫使你离开你所习惯的，或许是迟钝的了解他的方式：让你好像是第一次听到他受辱的故事。"如果这个姿态未能达到预期效果，文本乐于效劳："……现在，让我们以另一种形式来帮助自己，让一个孩子来帮助我们，一个孩子……第一次听到这个故事，让我们来看，将产生什么效果，如果我们讲得还不错的话。"

接着进行了下面的实验，即当一幅图景出现在恰当的时间、地点时所能导致的熟悉与陌生之间的激烈冲突。给孩子看各种不同的图片——一幅拿破仑的，一幅威廉·退尔的，等等——每一幅都附带生动有趣的解释。当这个孩子正带着"无法形容的欢快"，目光从一幅画跳到另一幅的时候，他突然看到一幅，"有意插在其中的，表现钉死在十字架上的受难图片"。孩子一开始看不懂这幅画，但被紧紧地抓住了，当他得知，这是一次处决时，这画面就完全占据了孩子的视野，他变得"焦虑和害怕成年人，这世界，和他自己"，忘掉了关于其他图片的一切，"就像民歌中所唱的，转过身去，这幅画是如此不同"。

现在当这幅画（billedet）奋力在其他画之前占据首要位置，从而完全具体地使自己成为榜样（for-billede）时，叙述者必须解释这"榜样"的特殊宗教意义。前攀登者指导道："看，现在就是那瞬间；如果你还没有给那个孩子留下强烈的印象，那么现在告诉他，这个崇高的人，从天上将所有人吸引向他。告诉他，这个崇高的人就是钉死在十字架上的那个人。告诉那个孩子，他就是爱，他出于爱来到这个世界，化身为一个贫苦的仆人，只为一个目的活着：爱和帮助人们，尤其是所有那些生病的人和悲伤的人、受苦的人和不幸的人。告诉孩子，那个人的生活是什么样的，那和他接近的几个人当中有一个怎样出卖了他，另外几个不承认认识他，所有其他人嘲笑他侮辱他，直到最后把他钉上十字架——像这幅画上一样……讲给那个孩子听，真正生动地，就像你自己以前从来没有听到过这个故事，或者从来没有对别人讲过一样；告诉他，整个故事都是你自己编的，不要忘记任何一点流传下来的细节，只是在讲的时候要忘掉，这个故事是流传下来的。"

看着这张血腥的图片，孩子失去"时间和地点"的感觉到这样的程度，他完全忘记了，这件事本身，钉十字架，发生在"一千八百多年以前"。因此，几乎被催眠术置入同时性，这个孩子开始奇怪，上帝为什么不介入，阻止这爱的死亡，而当这［死亡］不可避免地发生时，给这孩子留下强烈的印象，从此"只想、只

569

说武器和战争——因为这个孩子决定，当他长大以后，要亲手杀死这些不信神的恶人，他们竟然如此对待一个充满爱心的人"。然而后来发生的事情并不是这样的："当他长大，成熟了，并不会忘记童年的印象，但他的理解会有不同。他不再想打人；因为，他说，那样我就不像那个受辱的人，他不但不打人，即便挨打也不还手。不，他只期望一件事，受苦，像他一样在世上受苦。"

这个故事继续讲下去，讲到被钉十字架的早期"图景"一直抓住孩子的眼睛从来没有放松，而且随之发展出了他的生活观："现在，这个年轻人通过想象力让自己接近那图景，或者说，他的想象力让那图景接近他；他爱上了这幅图……他无法摆脱，甚至在睡眠中也不能够，这幅让他失眠的图。"这个年轻人越看，他自570己就越发可见："……人们在他身上看见，他的眼睛对周遭事物视若无睹，仅只搜寻着那图像；他像梦游一样行走，但他完全清醒，他的眼睛里可以看到火和火焰；他像个陌生人一样走着，然而他像是在家里，因为他通过想象力永远在家里和那幅他愿意效仿的画在一起。"

这必然使他与这个世界的关系充满苦难，前攀登者对此毫不怀疑，而这也恰是他的要点："在某种意义上，这个年轻人的想象力欺骗了他，但是真的，如果他自己愿意，这欺骗对他并没有害处，而是将他骗进了真理，通过欺骗让他走近上帝。……不错，他也许会在一瞬间害怕，现在在观望一下；但是摆脱那图像？不，他不能说服自己这样做。从另一方面来说，摆脱痛苦，他也不能，如果他不能说服自己来摆脱那图像……于是他不摆脱那图像，坚毅地走进他那被引向的痛苦。……他自己也变成了他所爱的那完美的图像，而想象力对他的欺骗并没有超过治理者所做的。"

尽管欺骗在这里被植入一个狡猾的辩证法，前攀登者毕竟还是会觉察到，讲述的过程如何突然令人不安地变成了诱惑故事，所以他在讲述中插入了一段权威性的评论："如果那统治着人们生命的力量是一种诱惑性力量，那么在此时此刻它就会嘲笑那年轻人说：看，他现在被抓住了。"但是它并没有这样做，因为"那统治着人们生命的力量是爱"。这当然是一种陶冶性的思想，但是严格来说并没有任何保证，那淡化了诱惑危险的文本本身不具备诱惑的力量，也许实行诱惑最有效的方法就是通过否认这诱惑。

而恰恰是基督的形象或他的审美重现鼓舞着那年轻人跟随和模仿基督这一点，明显地表现出审美（图像）怎样在宗教性（榜样）中起到的积极作用。因此在图像（billede）和榜样（forbillede）之间只有一前缀之差，也并非无由。断言克尔凯郭尔在这里向我们提交了一种微型宗教自传，也无须冒很大风险。一八四九年，当他在写作《我著述活动之观点》浓缩版，题为《流水账》的作品时，补充了一张"附页"，其中说："我还是孩子的时候就被告知，尽可能崇高地：'群氓'朝基督吐唾沫，那是真的。……这件事我深深地藏在心底……朝基督吐唾沫，而那又是真的——即便我忘记一切，也永远不会忘记，就像我到现在也没有忘记，小时候人们对我说的话，和那些给孩子留下的印象。"

我们当然不能确定地知道，这个故事是否来自索伦的童年旧居，但有不少事情在支持这一点。即便在长大成人以后，当他在一家五金店的橱窗里突然看到在廉价的业余"纽伦堡图画"之间悬挂着的耶稣受难像时，还是会吓得发抖。

571

"和神圣玩亵渎神灵的游戏"

一八五〇年十月二十二日，克尔凯郭尔特地准备好去拜会明斯特。头一天，他和主教的女婿育斯特·保利谈过，他描述了《基督教的训练》怎样让老主教大发雷霆。"这本书让我非常生气，"明斯特走进客厅时这样说，"这是和神圣玩亵渎神灵的游戏。"当保利问他，在克尔凯郭尔来访时对他说是不是更好，明斯特回答道："好，他肯定会来看我，到时候我跟他说。"保利关于主教府一幕的摘要让克尔凯郭尔瘫痪了片刻，但随即几乎兴高采烈了。现在他不再需要拿牧师学校做借口去拜访明斯特，或者委屈自己观看主教那高深莫测的古怪表演，他可以长驱直入要求留下，根据可敬的权威者如明斯特的要求——接受训诫。

于是他在次日就去登门拜访明斯特。随着岁月流逝，克尔凯郭尔渐渐习惯了主教接待他时那炉火纯青的"贵族式主控权"——先加以拒绝随即接受。于是他在家中准备好一番话，反复练习着直到走进大门："保利牧师昨天告诉我，您有意要见我，就我最新的一本书进行训诫。一旦得知，我立即前来拜访您，但愿您将此视为我一贯向您表达的敬意的最新形式。"克尔凯郭尔自认为这个开场白十分成功："情境安排得很得体，没有任何暴躁或讽刺的情况发生，二者我认为都属不敬。"

然而克尔凯郭尔完全失算了。通常令人仰之弥高的明斯特，这天完全不想训诫他，而只是平淡地说，每只鸟儿都用自己的喙来唱。接着克尔凯郭尔就要饱一顿老拳！明斯特补充道，这本书一无是处，尤其是其第一部分是攻击马腾森，第二部分是攻击明斯特本人。后一点指书中的这一重要观点，即基督教不应该成为遥远"观察"的对象，正相反，基督教观察我们，看我们是否根据教诲行事。不论人怎样转来转去都还是会被"观察"，明斯特认为如此，对此克尔凯郭尔不想评论——"出于不想进入生存领域的担心，我还是用一些普通的例证解释了我的想法"。明斯特还是一口咬定，关于"观察"的那些段落是针对他本人。他也有一切可能的理由感到受冒犯。毕竟，一八三三年初版，到一八五五年已经第四次印刷，当时最流行的灵修书——《对基督教信仰理论的观察》的封面上印着的作者姓名是雅各布·彼得·明斯特！

尽管"观察"这个词无可争议地将论战的锋芒指向明斯特，克尔凯郭尔并不想公开承认他怪罪这位年迈主教的生存不受自己的学说影响。如果要他说出对明斯特真心诚意的看法，他会说他是"无品"（karakterløs），因为这是在克尔凯郭尔这一时期愤怒地开列的主教恶行录上最经常反复出现的一个谓词。一个只说不做，从来不把布道时所说的话付诸行动的人，是谓"无品"。克尔凯郭尔在这个错误关系上反复兜圈子，首先是基于一种特定的圣经解读，但也是出于对任何形式假虔诚的普遍厌恶。而这，又足以让他在恶意的创造发明中发狂："尽管我通常被视为仇恨机器，我还是真心祈望，有人能发明这样的机器（一种八音盒，可以挂在布道坛上），可以摇上去发表引人入胜的提升精神布道词。每个教区都装一部。这样至少可以避免丑闻，因为说了不做的布道机器并非丑闻。"

克尔凯郭尔对自己发明的这部盖世无双的机器十分得意，在页边空白处写使用说明，这部便利的设备可以由教堂司事来操作，他将受训学会伴随着礼拜天的罐头装布道词做必要的"手势"——这就是说，司事要定时擤鼻涕，擦汗，一句话，"按照他平时看到牧师的举动行事"。克尔凯郭尔这样结尾："听八音盒这样说一定非常有趣：'即便所有人离去，我也要保持基督教的信仰，那温和的学说，安慰并治愈一切悲痛，给欢乐以恰当的风味。这是我内心最深处的信念。等等。'"八音盒无须负责的饶舌是对明斯特布道艺术的完美戏仿，和尊敬的主教阁下玩的渎神游戏。

白痴之神——和他的同时代人

于是，在明斯特看来，《训练》的第二部分是针对他的，而第一部分的长篇批判性台词则是相应地针对马腾森的。这当然是一种比较刻板的观察，但马腾森无论如何也读了这本书，并在一封日期为一八五〇年十一月二十六日，致路

德维希·古德的信里表达了他的判断。后者也从自己的方面感到此书的破坏性
（nedbrudt）超过建设性（opbygget）。"我完全同意您关于克尔凯郭尔那本书的观
点，"马腾森写道，"他的论证是直接和直截的信息——依赖各种诡辩和文字游戏。
很少有人会注意到其论战性质。此外，这本书还使得主教现在完全放弃了克尔凯
郭尔的写作活动；书中关于教会布道的无耻表述自然令他十分愤慨。这些表述中
当然不是全无道理，但我认为对教会的这样一种批评在任何意义上都不是改良性
的，不如称之为梅菲斯托菲勒斯式的批评，其中总会有一些道理。"

马腾森这封信和往常一样是用冰凌写的，但他也正确地看到了一些东西。即
《训练》是一本激进而勇敢的书，有些地方的讽刺到了亵渎神灵的地步，所以并
非没有梅菲斯托菲勒斯，即魔鬼成分。前攀登者不仅开始严厉地批评适合"欢呼
'乌拉'胜过称颂'阿门'"的"没完没了的礼拜天废话"，他也同样——用他的
话来说——"情不自禁地"写到基督。肯定可以这样说。一系列毕德麦雅时期的
戴眼镜布尔乔亚也在书中得到了发言时间，评论这个自称上帝的怪人——耶稣。
嘲讽的言辞连篇累牍地伴随着他，文本几乎将唾沫吐在他脸上[1]，这个耶稣，白痴
之神，如果不会别的，至少能证明，"我们时代的诗人们做出了怎样正确的决定，
当他们总是让善与真由一个半疯的人，或者一个傻得不登大雅之堂的人来代表"。

明智的市民对耶稣的奇迹将信将疑，但完全不懂，耶稣怎么会"如此愚蠢，
如此冥顽不灵，对人性一无所知，如此软弱，或者如此和蔼可亲，或者别的随便
什么，他的行为几乎将善意强加于人们！……他……一定知道，我用不到一半的
聪明就可以直截了当地告诉他，这样不能在世上出人头地——除非，蔑视智力，
诚实地立志成为傻瓜，甚或在诚实上走得那么远，宁可被杀死"。另一位谨慎的市
民对这怀疑极表赞成，他装着关心这梦想家未来的样子问道："他的生活不过是完
全的狂想……像这样生活至多只能在青年时代过几年。但他已经超过三十岁。而
他根本什么也不是。……他为自己的前程做了些什么？没有。他有固定职位吗？
没有。他有什么前途呢？没有。就提一个简单的问题：当他老了以后怎么办？他
怎样度过那漫长的冬夜，他甚至连牌都不会打。"

难怪牧师也不能为这个顽固的人祝福。作为蛊惑者他是几乎感人的诚实，这
牧师认为，所以他的判断也温和了一些："其诚实在于，试图冒充那被期待者却像

574

---

[1] "他们要戏弄他，吐唾沫在他脸上，鞭打他，杀害他。"——《新约·马可福音》10：34。

他所做的那样尽可能不像——这是城市，就像一个人要制造伪钞，却做得那样糟糕，每一个对此略有所知的人都能立即看出来。"牧师精于人情世故，他知道一个真正的神应该怎样表现和行动："所以真正的被期待者看上去完全不同，他将作为最光华灿烂的花期和既定秩序的最高发展而来临。"

然后轮到哲学家。他当然看不到体系的迹象，也完全不能容忍这位梦想家着魔似的自大狂："一个人想做上帝是一种如此可怕，或者更确切地说，如此疯狂的虚荣心，真是闻所未闻啊，将纯粹主观性和绝对否定推到如此极端的形式，也真是见所未见。他没有学说，没有体系，他基本上一无所知，他反复述说或略有改变的不过是一些格言、警句和几个寓言，用这些来妖言惑众……如果这个得了失心疯的人，一个单独者是上帝，那么随之而来的逻辑结果必然是要崇拜这个人；再也想不出比这更大的哲学兽交了。"

接着是实用主义政治家结合时政评论加入："眼前这个人是一种权力，不容否认，自然要忽略他是上帝的幻想。这样的事情不妨一劳永逸地作为一种私人爱好谈谈……他愿意为国而战吗？要不他的目标是共产主义革命？他要共和国，还是君主国？他支持哪个政党，反对哪个？要不他想和所有党派搞好关系，或者跟所有党派作对？跟他搞在一起？——不，不，这是我最不愿意的事。"

还有一些人在这次毒舌会饮中发言，但他们颂扬的不是女性而是愚蠢[1]，所以极自然地，最后的发言者是一位讽刺家："这个想法基本上是个无价之宝，对我们所有人都有好处：一个单独的人，和我们大家完全一样的人，说他就是上帝。如果这不是对人类的仁慈，我不知道还有什么是仁爱，或者慈善。……他还活着，为人类制造这个想法是多么非凡的发明！明天我将宣布，我，区区在下就是上帝。这是可以想象得到的最荒唐可笑之事；喜感永远在矛盾中，而在这里就是最大的矛盾……：一个和我们大家完全一样的人，穿戴得比平均水平糟糕因而是一个穿得很差的人，几乎……可以归入济贫范围以内的人——他就是神。"

前攀登者（Anti-Climacus）并不是敌基督（Anti-Krist），可在亵渎神灵的讽刺方面，敌基督也未必比他做得更好；或者更坏，如果你愿意这样说的话。无论如何，要点在于，这个文本将同时代人当作神的同时代人。而神也和这文本同时。即，前攀登者不满足于将中上层市民带到［公元］三〇年前后拿撒勒的大街小巷，

[1] 《人生道路诸阶段》第一部分"酒中真言"的题目是颂扬女性。

他也把他的白痴之神置于一八四八年的哥本哈根，"阿玛厄广场上，一片平日的繁忙生活之中"。他这样做是为了向读者提出以下问题："如果你不能忍受同时代性，不能忍受在现实中看到这幅景象，你不能出去走到街上——看到上帝在这可怕的境遇之中，而这却是你要五体投地崇拜他的条件：那么你本质上就不是基督徒。"

"为什么要遮遮掩掩？"

578

在同一场传播到远在日德兰半岛霍森斯的波厄森那里的关于公证结婚的广泛辩论中，格隆德维派人士安·哥·鲁戴尔巴赫发表了一篇作品，其中包括公布以下内容："其实，当今之时教会最深刻和最高的利益恰恰在于……从那些人们正确地将其称为惯常的国家基督教当中解脱出来。"他还就此补充道："我们近日的最优秀者索伦·克尔凯郭尔试图加以强调，给人留下深刻印象的，也在于此，如路德所说：让所有愿意听的人听见。"

不仅有幸与路德相提并论，而且这恭维出自鲁戴尔巴赫之口，尤其让克尔凯郭尔受宠若惊。他并不掩饰这一点，一八五一年元月三十一日在《祖国》发表题为《从鲁戴尔巴赫博士关于本人的一句话说起》的回应文章。"鲁博士有着惊人的渊博学识，就我所知是丹麦最有学问的人"，他这样写道，并自谦称"学问和'学术'方面十分可怜，只会为处理家事背九九表而已"。这大概可以称作一种高阶的撒娇。不过克尔凯郭尔也承认，他"痛恨惯常基督教"，尽管惯常基督教有多种不同的形式："没有别的供选择，只有在不同种类的惯常基督教之间选择：一种是世俗的轻率，无忧无虑地生活在自认基督徒的幻觉之中，对什么是基督教毫无印象；另一种惯常基督教见于教派、觉醒者、超正统派、结党营私者——当情况糟糕到这个样子，我无条件选择前一种。"

579

所以，当事关从国家解放教会的时候，他坚决不赞成，他从来没有"为'教会的'解放而战，就像不曾为格陵兰贸易、妇女、犹太人，以及其他任何解放进行过斗争一样"。克尔凯郭尔非常注重将他的主张与一切外在的机构组织清晰地分开，他的主张是内在的而非外在的："为此，我诚实地运用我蒙恩获得的能力勤奋工作，并以一些牺牲，努力将基督教内在化于我，以及别人，如果他们愿意受影响的话。但也正因为我从一开始就理解到，基督教是内心性，而基督教的内在化则是我的任务：所以，我怀着最大的焦虑全神贯注地看着，不让一段话，一个标点，一行文字，一个词，一个字，一个字母，指向改变外部环境的建议。"

克尔凯郭尔调集起来强化其观点的这支同义词的小小军队，还伴随着一个发奖的承诺，"谁要是能在这许多书中找出一个倾向于改变外部环境的计划，或者仅仅是这样计划的暗示，或者只是一些即便最近视的人也能从最长距离以最远的方式看到这些项目相像之处的东西"，就能得奖。这些捶胸顿足指天发誓大有与目标背道而驰的危险，揭示出给鲁戴尔巴赫的回应实际所包含的，也是竭尽全力试图隐藏的可疑之处，却由这篇文章的简短附言变得明显。他是这样说的："……我仅止——而且是诗性地——在'那单一者'内在化的方向上对既定秩序给出了人们称之为'生存矫正剂'的东西……在《使徒行传》中我们读到这些话：应该服从上帝胜过服从人。因之也就存在这样的情况，即既定秩序的性质令基督徒不应该身处其中，因此不能说基督教对眼前外部环境漠不关心。"

众所周知，会有这样的情况，最重要的蹒跚地出现在脚注里或者一股脑儿倾倒在附笔里。而这篇附笔就属于这样的情况。对那种总是自称将隐蔽的内心性当作其生存矫正剂的基督教界，克尔凯郭尔发展出了巨大的不信任，因此将他置入和他本人在讲话中为内心性之不可通约性辩护而产生的模棱两可的关系中。令人惊异的是，他在一八五一年仍然需要为早年的立场辩护，但没有完全成功——措辞会泄露机密。

在《训练》的封面上确实邀请读者"觉醒和获取内心性"，但这个邀请在这部作品中部分地收回了。和其他作品一样，《训练》实际上也是对那个时代的宗教内心化的批判。因此，格隆德维在某处评论了这部作品，究竟是"在训练中将基督教内在化（Indøvelse），还是将基督教付诸实践（Udøvelse）"，评论几乎是精彩的。他以此抓住了构成本书特点的生存实践和重叠式（reduplikation）的要求，与总是不可见的内心性之间的尖锐矛盾："这里我们有既定基督教界的概念。在既定基督教界中我们都是真正的基督徒，但这是在隐藏的内心性之中。外部世界和我作为基督徒的生存毫无关系，因而我作为基督徒的生存是无法衡量的。……那为什么要遮遮掩掩？……哦，自然是因为我害怕，如果人们知道了我在什么程度上是真正的基督徒，那么我就将得到超量的荣誉和尊敬；我是个太过真正的基督徒而不愿得到荣誉和尊敬，因为我是一名真正的基督徒。看，所以我把这藏在内心性之中……所有人都是真基督徒——但是在隐蔽的内心性之中。"

一种新的内心性观就这样以讽刺漫画的形式正式登台。人因太过是基督徒而不能表现实际上多么基督徒，于是随之将基督教"隐藏在内心最深处——也许藏得那么好，那里根本没有"。换句话说，问题在于，基督教界遭遇了一次"做基督徒的完全舞台转换"，因为人们放弃了一切"外部性"，将"做基督徒留给内心性"，这意味着"我们所有人的一次了账，这是了账，我们都是基督徒，和我们都是人类完全一样"。

前攀登者考虑过有关问题，怎样来揭露那种伪装虔诚内心空虚式的内心性，并且开列了使用策略的完全目录，供人选择相对简单的模式："……难道不应该打破这神秘，让它更明显一些，却无须做那'知道人心的'[1]？啊，应该；那怎么办呢？很简单，让一个人在基督教界向基督忏悔。他绝不判断任何一个人，远远不是；但是很多人会通过怎样判断他而揭示自己。"

如果我们忽略，整个这件事未必像初看上去那么容易，那么这个行动就取决于一个相当直接的信息，它将直接揭露在"基督教界"生存的真相——或许更准确地说是假象。如果有人要提出异议，说这种对基督忏悔自从圣安斯加尔[2]将基督教引入北欧以来每个礼拜天都在做，那么就没有抓住要点。即对基督忏悔意味着等同于做一个"模仿者，但不是那种衣冠齐楚，能为公司赚钱的模仿者，而让基督在很久很久以前吃一点苦头；不对，作为模仿者，你的生活要尽可能像他的，尽一个人的生活的最大可能"。所以，时代需要的并不是明斯特、马腾森、格隆德维和其他神职店主，相反是需要一个"见证人，一个举报人，一个间谍，或者随便什么名字，总之是一个无条件服从的人，通过无条件服从，通过追随，受难，死亡，来动摇那既定秩序"。

不需要精读这份职位描述就足以看出，这里征召的是一个殉教者。如果还有一点怀疑，这文本乐于提供更多资讯："凡是将无条件性树立为标准的，其本身即是[3]牺牲。"所以，这一点不必有更多怀疑。而更可疑的却自然是，是否有人会考虑应召，因为，尽管前攀登者的想法足够精明，还是白璧微瑕：在生活中加以实行的唯一方式是导致死亡。

问题还不仅在于，不知谁该加以处决；同样也不知道由谁来当这个刽子手。在下面这段对话中可以清楚地看到："'多么不近情理，'我听见有人说，'不近情

581

---

[1] 《新约·使徒行传》15：8。

[2] 安斯加尔又称圣安斯加尔（Saint Ansgar，八〇一～八六五），汉堡－不莱梅地区的主教，奉命将基督教传入北欧，因此被称为"北欧使徒"。

[3] 拉丁文：eo ipso。

理，而且不可能，我们大家都去做殉教者；如果我们大家都去殉教，都被杀死，那么由谁来杀我们呢……？'"前攀登者不得不承认，这样来设定问题将使这次行动很快陷入自相矛盾，但是，他反驳道，这并不等于一个人不能独自殉教。说得对，但如果连一个应召前去殉教的人也没有，还是不能算解决了问题。前攀登者本人表示敬谢不敏，他用一些暧昧的话说，他只不过是"纯粹形式上知道关于生存－秘密的事情"，所以事实上并没有将行动付诸实施的义务。

接下来怎么办呢？没有了。至少是，考虑到《训练》第一部分结束时的那番道理，就没有了。话是这么说的："所有这些都是什么意思？意思是说，每一个人，在宁静的内心性中面对上帝时，应该谦卑，也就是说做一个最严格意义上的基督徒，应该虔诚地向上帝忏悔，他所在的位置，这样他或许仍然值得接受那对每一个不完美者，即每一个人，所提供的恩惠。然后就没有更进一步的了；然后他顺便照料他的工作，以此为乐；爱他的妻子，以此为乐，培育他的孩子们成为 快乐的孩子，爱人们，享受生活。如果对他还有什么进一步的要求，上帝会让他 理解，并在这种情况下继续帮助他。"这个"承认"的思想也见于克尔凯郭尔一八四九年六月为《训练》所写的卷首题词，但从来没有用到："因之我感到自己不够强大有力来效仿你，为你或你的事业而死；我只能满足于崇拜你感谢你，因你愿为我而死。"

所以到目前为止就到此为止。由于承认这种可能性的存在，人们可以像威廉法官那样，以开明的虚假意识继续生活下去。若非平庸，即是殉教——这个故事告诉我们。所以，最重要的是这个道理让人想起虚伪之类非常不道德的东西，《训练》从始至终都描写了一个漫长的边缘化运动。所有那些关于见证人和间谍，或者现在叫作殉教的狡猾计划，大概这单独个人的内心承认都不足以取消，而这些计划都已经在人生中存在那么长的时间，尤其不可能，所以这过程需要一个特殊的中断，如果这些计划现在被《训练》中的道理所取消。

它们也不会被取消。因为，当读者和贤惠的太太，教养良好的孩子在世上有一个平静愉快的积极生活时，克尔凯郭尔继续批判内心性作为虚伪的藏身处。这迫使他进行大范围的、有时是成问题的辩护面对路德证明自己的神学立场的正当性。而路德恰恰是将"最高的精神原则确立为内心性"，而这个原则在克尔凯郭尔看来"因而有可能是危险的，我们会陷入最低，最低水平的异教"。

克尔凯郭尔与他的宗教改革同行的争执，涉及信仰与作为（gerninger）之间的关系，所以尤其就内心性的地位提出了一系列问题，在现代世俗化世界中，当基督教不再是一切市民价值概念的令人反感的逆转，而是不可见地隐匿在个人心中——大部分人毋宁是遗忘在那里！"路德发明了基督教应该给人以安慰的观念，"克尔凯郭尔在一八五四年反叛地写道，他也提出了不给人安慰的替代方案，"如果《新约》将决定，什么是真正的基督徒，那么……宁静地做真正基督徒将像安静地发射炮弹一样不可能。"

一八五一年

"关于哥尔德施密特那句话是致命的"

克尔凯郭尔很明白，他的《训练》已经越界，于是想象着，明斯特也许会"在布道词中小小地训诫他一顿板子"。但是他错了。主教选择了另一种策略。他在关于公证婚姻的讨论中，于一八五一年三月中发表了一篇五十页的文章，《关于丹麦教会情况谈判的补充贡献》，他给文中数次提到的克尔凯郭尔寄去一份。克尔凯郭尔随即读了这篇文章，看到自己被描述为"那位优秀作家"。这个应该就算不错。不过也有不那么好的地方，就是明斯特在几行之前引用了哥尔德施密特，不错，是一句完全间接的题外话，但还是引用了他："这些欢快的登台亮相者（Fremtoninger）——用我们最有才华的作者之一的话来说——在谈判中表现出……""登台亮相"这个词在丹麦文中是新的，所以明斯特将其归功于发明者，没有点名，只是将其称为"我们最有才华的作者之一"。

小事一桩，也许确实是，但小事并非总是不值一提，而哥尔德施密特也并非等闲之辈，他曾经是《海盗船》的编辑呀。他在一八四六年十月将这份杂志卖掉之后，出发做了一次延迟的游学，归来后从一八四七年十二月起编辑出版《南北》杂志。他试图将以前的罪过一扫而空，但是这份杂志的发刊词给克尔凯郭尔的最强烈印象是一个"真心悔改的人"，除此之外却并不知道他要做什么："靠可鄙的厚脸皮保护的捣蛋鬼哥尔德施密特和那个尴尬的小小哥尔德施密特之间的区别真是不可思议。就像看到一个在舞厅酒馆独领风骚的人站在上流社会的聚会上摆弄他的领结。"一朝是坏蛋，永远是坏蛋，克尔凯郭尔对此深信不疑："哥尔德施密特——一度充当可鄙的工具，现在道貌岸然，德高望重！一度是笑柄和小丑，——现在成了正人君子！一度藏在坏蛋的面具背后，为群氓冲锋陷阵，—— 现在成了贵族，高尚而又高尚的贵族，和男爵们和伯爵们平起平坐——尽管有了这些变形，他本质上还是一样。"

　　克尔凯郭尔并不知道，他在这里是生平第一次也是最后一次与皮·路·穆勒意见一致。穆勒在出国前不久遇到哥尔德施密特，讽刺过他的机会主义。犹太人哥尔德施密特在《南北》创刊号上热烈颂扬基督教的历史成就，穆勒在极其恶劣的心境中讽刺地祝贺哥尔德施密特说，他有朝一日会被主教明斯特所援引，甚至可能被册封为圣徒，信众将涌向那埋葬着他显然如此富有基督教精神的忠骨会堂去朝拜。穆勒为哥尔德施密特放弃《海盗船》暴跳如雷，认为那是背叛他自己，因为他丝毫没有在公众生活中正面肯定的天然倾向——"腐蚀性的犹太天性要求仇恨，而我的力量也在仇恨之中"，据哥尔德施密特回忆道，尽管穆勒避免了"庸俗的仇犹措辞"，两人也就勉强做到未出恶声的绝交。

　　明斯特一八五一年对哥尔德施密特的认可，让穆勒一八四八年的预言应验了，但在克尔凯郭尔眼里这也是一次精心策划的挑衅，因为这相当于默认当年《海盗船》对他施加的那些粗暴对待。"登台亮相"这个词也不那么精彩！明斯特完全可以用"现象"，如果他愿意的话，但是他没有，他写下了"登台亮相"，而他这样做仅只是为了将这两个老敌人捏在同一句话里。

　　那著名的和哥尔德施密特相关的札记随即大量出现；它不无道理地指出，明斯特的文章开始了"第二次《海盗船》事件"。克尔凯郭尔也毫不怀疑明斯特这句话会带来的后果，对人而言的和神学上的："关于哥尔德施密特的那句话是致命的。一、它不幸使人得以窥见明斯特的恶劣一面。二、它提供了对明斯特不利的事实，如果我要发动攻击的话。他整个人有些接近世俗，我早就看到……但这个事实背叛了一切。"

　　经过几个礼拜的密集反思，克尔凯郭尔在一八五一年五月二日，明斯特主教出发进行年度巡回视察之前，和他进行了一次谈话。他们首先谈了一点时下的政治情况，然后克尔凯郭尔提到了运用前攀登者的策略，否则他将无法批评鲁戴尔巴赫，明斯特表示同意。克尔凯郭尔重复强调，不论明斯特怎样看待《训练》，此书过去和现在都是为既定秩序辩护。到这里，克尔凯郭尔突然将话题转向明斯特的文章，直截了当地说，他以前没有就此表示感谢是因为文章里有他不能接受的内容，即关于哥尔德施密特的。主教大人有些困惑不解，他试图抚平事态，向克尔凯郭尔解释道，"优秀"远比"有才华"更加精致。

　　克尔凯郭尔进而认为，这样一个赞颂只能被理解为主教为哥尔德施密特的行为加盖认可公章，并提醒明斯特道，他有敌人，他们或许会利用这不慎。他一再

585

重复对明斯特名声的担心以及所有可能的损害——不要忘记，哥尔德施密特是一个"训练有素的阴险偷袭者"。明斯特应该期待来自哥尔德施密特方面的收回，就像他自己就应该收回一样，现在明斯特赞扬了他，他应该后悔作为编辑的过去。"然后我对他说，年轻人对老年人这样说话，可能被认为不合情理，然而您却允许我，所以我愿意给您一项建议：在我的一些方面您是不赞成的，如果您想打我一顿就打吧，打吧，我受得了，我一定不会让您受苦，并尽一切努力不让您的名声因此而受损。我关心的只是您的名声。"克尔凯郭尔急于让明斯特明了这一点，他躬身在桌子上，在桌面上用手写下了这些话，让明斯特不再有怀疑同时也确保，主教大人能有空说话，证明他听懂了克尔凯郭尔的话。好像克尔凯郭尔在对自己说话，似乎明斯特是他的影子，他的分身。

"此外，谈话发挥了我从父亲那里得来的，对他的全部热诚"，克尔凯郭尔这样结束。克尔凯郭尔还，非常例外地，和明斯特稍微谈了一点明斯特的家庭以及他的女儿即将举行的婚礼。当克尔凯郭尔谈到未来的拜访时，明斯特通常很会自抬身价，但是那天完全不同，他非常开放地说，欢迎克尔凯郭尔随时来访。他们以最友好的方式分手，克尔凯郭尔写道："我的热诚当然属于他，然而我若是在印刷品上诉说我对他多么投入，则将无济于事，也永远不会被理解。"爱一个人不是这样的。

但是克尔凯郭尔在这条札记对面的页边空白处补充的几句话却表明，这热诚已经开始消退。他在这里重新考虑，明斯特是否故意"用与哥尔德施密特相提并论来羞辱我"。在谈话的时候，克尔凯郭尔坚持要明斯特迫使哥尔德施密特收回"他过去的行止"，明斯特只是说，那他必须首先把哥尔德施密特的作品全部通读一遍。是啊，可哥尔德施密特的书并不是问题所在，克尔凯郭尔几乎想喊了，他针对的根本不是这些书，他针对的是那环境，哥尔德施密特当了六年《海盗船》的编辑，在这个位置上为克尔凯郭尔遭受的社会性损害出力。当明斯特大谈读哥尔德施密特的全部作品时，他若不是完全天真，就是用假装同情来品尝权力滋味的犬儒。任何第三种可能性都没有进入克尔凯郭尔的思想视野，他对整个局面的评估是戏剧性的："也许明斯特算计着，我太软弱，不可能独自攻击整个既定秩序。但是等着瞧……我没那么软弱……我能做到，我要把马腾森和保利都争取到我这一面来。"被拒绝的热诚仍然保留着激情并转化为仇恨："现在情况已经明朗，我必须将明斯特主教视为最危险、最强有力的对手。"

　　克尔凯郭尔再次造访主教府是在一八五一年八月九日。此前不久明斯特刚回到家，他在巡视中所形成的印象是国内有些地方的教会和牧师情况堪忧。克尔凯郭尔给他送去的《礼拜五圣餐仪式上的演讲两篇》和《关于我的著述活动》，这两本书都是在八月七日，也就是两天前出版的，所以他做了这样活泼的开场白："欢迎巡视归来；尊敬的阁下想必也巡视到了我，那送给您的两本小书。"这番话大胆得近乎调皮，但明斯特确实巡视过了——不是克尔凯郭尔预想中的《演讲两篇》而是《关于我的著述活动》。"不错，有一根线贯穿其中，"他评论道，"但是后来织在了一起，您自己也不再说了。"克尔凯郭尔回答道，值得特别注意的是，他在所有这些年里的所有作品中都贯穿着"致力于一件事，我的笔从来没有转过向"。明斯特不表赞成，《文评一篇》或许足以成为一次这样的转向，但克尔凯郭尔不想评论，因为转向产生的环境已经在《关于我的著述活动》中报告过了。"我的印象是，这本小书给明斯特的印象太深，非言语所能形容。"

　　尽管赞扬的话不多，气氛还是非常良好，明斯特"快乐而满意"，时机再合适不过了，克尔凯郭尔真的盼望着和他谈话，"因为今天是我父亲的忌日，我愿这天一切顺利"。他告诉了明斯特，后者看上去有些不知所措，但谈话还是"极其友好"而且"并非没有感动"。不过，克尔凯郭尔还是忍不住说了"几句话，我碍难同意他的新书中关于哥尔德施密特的话，我不能不说，当我对他表达了那么多的热忱的时候。／然后我们就分别，他和往常一样说'再会，亲爱的朋友'"。

　　这次谈话，即便不是最后一次，也是克尔凯郭尔详细记载的最后一次。他在一条写于一八五二年中，标题为《可能与明斯特发生的冲突》"的札记中说，不管有多少分歧"都［向明斯特］奉献出一种他根本想不到的疑病症式激情"。说得再好不过了——"一种疑病症式的激情"！

　　这样一种矛盾的激情在某种程度上是双方的。主教夫人范妮厌烦了克尔凯郭尔的经常登门，她建议丈夫不要接待这位不速之客，但是丈夫回答道："啊，要接待的，让我出去见他——也许他是唯一真正喜欢我的人。"明斯特可以感觉到和克尔凯郭尔之间深刻的联系，而在克尔凯郭尔的一面，即便是在最累人的见面之后还是会不倦地唱他的副歌："我当然爱明斯特主教，我唯一的愿望就是尽一切努力来提高他的声望；因为我敬佩过他，而且，从人的观点来看，仍然敬佩他；每次我为他做了一点什么，都会想到我的父亲，我想他会高兴的。"

　　一八五五年六月二十九日的一条札记——《关于我和明斯特主教关系的一些

历史资料》——提供了一个浓缩版本："去年里我几乎没有见过他。/ 倒数第二次和他谈话是在新年后不久，他走到前厅来，有其他职员在场，他说不能跟我谈话，太忙，眼睛不好。/ 我最后一次和他谈话是在初夏时分。那是一次少见的兴高采烈的谈话，很长；他破例送我到前厅，还在和我说话。当我离开时对自己说'这是最后一次'，也就真的成为最后一次。"

这最后两次会见的时间不可能确定——"新年后不久"既可能是一八五二年的新年也可能是一八五三年的，"初夏时分"也是一样。那次"少见的兴高采烈的谈话"内容是什么，克尔凯郭尔也没有提，但或许正因为如此，可以估计他让明斯特预感到那已在札记中积累多时的攻击，但公开的攻击要等到明斯特死后才正式开始。尽管有可能绝交他还是继续听明斯特布道，他的每一次布道——除了一八五三年十二月二十六日在王宫教堂，他的最后一次。并不是因为他病了或者有别的事，而是因为那天他在圣灵教堂听埃·维·科尔托夫讲道，他想要"打破来自父亲的传统"。

在他们的谈话中明斯特经常说，决定性的因素并不在于谁有最强大的力量，而在于谁能坚持最久。关于这一点克尔凯郭尔基本上是同意的。他也并不怀疑这场战斗的吊诡结果："……我是对的（jeg har Ret），人人内心深处都知道——明斯特主教也知道。我没有得到公正对待（jeg ikke faaer Ret），我们大家都知道——我也知道。"

克尔凯郭尔在城防教堂

588

在拜访明斯特和神学反思的空隙中发生了一件不大不小的事，它几乎是夸张地表明了在克尔凯郭尔的原则和个人之间、他所推崇的理想和他的体质性现实之间的距离。他曾在圣母教堂的礼拜五礼拜仪式上进行了几次布道，现在——一八五一年五月十八日，礼拜日——他要在城防教堂布道。他曾考虑过这一次要朗读明斯特的一篇布道词，以表明"宗教感化不同于好奇心的兴趣"，并且在开场白中说几句"英国的朗读布道词习惯的好处（因为即兴演讲容易产生迷醉的效果并迷醉他本人），而朗读另一个人的布道词的好处更在于，演讲人得到提醒，这也是向他布道。我还准备就明斯特布道词对我本人的感化意义讲几句话，那意义是从父亲处继承来的"。

不过他放弃了这个想法，而决定基于"我的第一篇经文，心爱的《雅各书》

第一章"来布道。这篇经文是关于一切美善的恩赐和完备的赏赐都是从上头来的，从众光之父那里降下来的；在他并没有改变，也没有转动的影儿。克尔凯郭尔将这段经文作为一八四三年的《益信词两篇》当中第二篇的基础，也是同年出版的《益信词四篇》中第二篇和第三篇的基础，所以他将这段经文称为"第一篇"并非无由。而他将这段经文称为"心爱的"，则是指这段经文在订婚期间的特殊意义。此外，他也承认——"我坦白"——当他选择《雅各书》中的这些诗篇作为那个礼拜天在城防教堂的布道词时，"想着'她'"，所以他还带着微茫的希望，也许那天雷吉娜会在教堂里——"如果听我讲道会让她高兴"。当他在一八五五年九月三日以《上帝之不变性》为题出版这篇布道词时，那简短前言的日期为五月五日，作者的生日，实际上是这次布道的日期。但是在初稿上，克尔凯郭尔讲述了另一个故事，明白无误地依恋着雷吉娜："我可以把这段经文称作我的初恋——总是要回到那里。"

雷吉娜在信众中的想法并不能让写布道词容易："我原来已经在受一切可能的劳损折磨，就像每次需要运用我的体质人格一样。"布道前的那天早晨，他向上帝祈祷，让他的体内诞生新的元素，这个念头缠绕着他，就像做父母的养育孩子，带他们去行坚信礼，这即将到来的礼拜仪式也是一种坚信礼，天上的父引领他前去的坚信礼。

次日，这位三十八岁的布道者如此虚弱不堪，他向自己承诺再也不登上布道坛："进行得还可以，但我的声音太小，人们抱怨听不见。……礼拜一我是那么精疲力竭，真可怕……于是我真的病了。"那个礼拜日在城防教堂里听布道的人之一，后来自己也成为牧师的作家彼得·克里斯钦·扎勒对克尔凯郭尔的声音丝毫没有不满，相反："听到他布道的人都不会忘记他那极其微弱，然而奇妙地富有表情的声音。我从来没有听到过这样的声音，能通过抑扬顿挫表达出如此精微丰富的层次。"

礼拜仪式刚结束的时候克尔凯郭尔也感觉良好，情绪近乎高昂，但是在夏天里再准备和举行几次布道的计划对他来说并不现实，他看到，这类事情"需要花费异常多的时间"。他考虑或许会即兴[1]布道，即脱稿演说，这样他不仅能节省时间，而且有可能将重点绝对放到生存问题上。然而，他越用力推动这个想法就越

589

---

[1]　拉丁文：ex tempore。

虚弱:"于是我的理解不同了。我又一次想要超越我的界限。现在我休憩在这个想法上:'我的恩典够你用的 [1]。'我的任务是内心化。"

粉丝来信

菲特丽卡·布莱梅尔称克尔凯郭尔为"女士-作家",他对之轻蔑地嗤之以鼻,但是当人们读到他在城防教堂布道后收到的来信,不禁会承认她说的有些道理。原来打算对雷吉娜说的情色措辞,也在别人那里起了作用。于是就有一封日期为五月二十一日,署名"依依小姐"的信,她自称是一个"心怀感激的读者和听者"。"听说您对年轻人客气而友善,宽容对待他们的冒失,所以我愿意跟您说说心里话",依依小姐如此自白,于是向收信人讲述她的生活故事。在轻浮的时风影响下,她长期忽略上帝,很快就证明这是件很糟糕的事情。于是她"在祈祷中寻求安慰",但还是不能感到上帝在倾听。她到教堂去,但却不能将精神集中到牧师的布道之上,就像以前在哲学作品中不能得到灵魂的安宁一样。"我怀着深深的敬意读过《非此即彼》,因为买不起,我设法借来看了您的一部分作品;我借到了一八四八年出版的《基督教演讲集》,并不是我想要的,但还是看了——无论怎样感谢您都不过分——我在书中找到了生命的源泉,它从此没有再让我失望。"依依小姐就此发挥了相当长,然后转入正题:"上个礼拜天您名列城堡教堂的布道牧师。我义无反顾地前去,并且没有失望。那不是我经常听到的、没听完就忘掉的那种布道之一。不,从那丰富、热情的心灵涌出的话语,令人恐惧,但同时也得到陶冶和慰藉,深入内心永不忘怀,负载着永恒的、赐福的果实。"依依小姐请求克尔凯郭尔改换一下公告的方式,不要只简单地自称"神学毕业生",如能做到,她会将其视为"来自一个蒙上帝赐予一切精神财富的人的爱之礼物"。从依依的要求来看,她并没有读《地址报》,因为上面的布道牧师列表中清楚地写着,一八五一年五月十七日,复活节后第四个礼拜日:"城堡教堂,索·克尔凯郭尔博士先生,九时半。"

还有另一位女粉丝的来信,也是五月二十一日收到的。这是一位"丝馥小姐",她密密麻麻写了四页,热情洋溢地赞颂克尔凯郭尔,他几乎未曾经验过类似的赞美。她首先请求原谅,作为"女子"竟擅自执笔——设若她是一个"能思考

590

---

[1] 《新约·哥林多后书》12:9。

和写作更加流畅的男子"，则将公开发表"关于您的文章，而不必私下打搅"。而她还是前来联络，乃是因为要"向您表达个人的谢意，而与他人无关"，但她也承诺，这将是第一次也是最后一次写信，"敬请在读过后随即烧毁——这样您将几乎感觉不到信的存在"。她在城堡教堂的那天是难忘的。"对我来说那一天是陶冶的节日，我相信，很多人也有同感，"她写道，并用了一个意味深长的隐喻，"杯子里的水满了会溢出来；而当可怜的心满了的时候，可又该怎么办呢？它若不是碎裂，就是像杯子里的水那样溢出来。这就是我的心现在所做的，因为，真的，我正在毫无恐惧与颤栗地接近那非同寻常之事：将我的笔落到纸上，向您——一个非凡的人——表示感谢！尽管您严格禁止，为受惠于您的那无限财富。……关于我所知道的，我不会让您或我自己陷入太久，您将会视其为浪费时间和最大的肤浅，但是若不对您说出您绝对举世无双，我死不瞑目。我很清楚地知道，您所做的从某种意义上来说，不外乎通过您所掌握的语言和思想将人置于恰当的位置，让他的眼光锐利，拓宽他的视野，让他的灵魂喜悦。而这些，您宣称并非您的新发明，而是始终存在的——自然是来自永恒的——永恒真理；尽管如此，在您之前从来没有人向我宣布过这些真理，让我听到它们，也就是说用我灵魂的耳朵听到，留在我这里，为我所永远占有——这样我肯定能获准对唤醒和丰富了我思想的您心怀感激！……再有就是那神奇的反讽，它使您如此无以言表的优越，对我产生了近乎迷醉的作用……我曾经以为，我知道什么是笑，在一八四三年之前也知道，但是我错了，直到在那年读了《非此即彼》才明白，什么是发自内心深处的笑；用心，我理解您说的一切都是这个意思。请不要以为我从这些书中只学到了笑，不是的，相信我，我一次又一次地在这些书中觉醒，更加清楚地看待自己，并明白了我的任务是什么……但是努力改变与生俱来的性格并非易事——我希望，您也会承认……如果您认为，我已经说出了想对您说的话的二十分之一，那么您错了，但是为格式起见必须结束。谨此在快乐和感恩中，作为您的热忱女性读者之一落款——女读者丝·馥。"

一八五一年 591

不到两个月之后的七月十二日，又一封女性仰慕者的信来到。她的名字叫帕特罗内拉·罗斯。她是一个聋人，为保尔·马丁·穆勒的父亲做了几年管家之后决定到法斯特岛上的修道院去。写信的时候她正在探望克尔凯郭尔的邻居——她做步兵队长的兄弟，她希望能借一本《基督教演讲录》或者"您的其他不需急于归还的作品"。她也想和克尔凯郭尔谈谈，她还记得年轻时见过他的哥哥和现已去世多年的第一位嫂嫂。"我通过试笔来度过孤独时光"，她对克尔凯郭尔倾诉道，她已经写了"几个短篇乡村故事"，在希本教授的帮助下出版。希本起的书名是《写给单纯读者的故事》，但遗憾的是他忽发奇想，用糟糕的化名——挺住——"爱心小姐"来代替她美丽的名字来发表。除此之外，还有许多印刷错误偷偷溜进最后的版本，不过，如果克尔凯郭尔不介意这半冷不热的推荐而仍然有兴趣看这本"小书"的话，这位耳聋的修女很乐于送他一本。最近她读了几页克尔凯郭尔的《低位的忧心》，在她心中遇到了正确的读者："感谢您，好心的博士，为您照亮同类者暗淡人生的每一束光芒。"她在一封一八五一年十一月五日致希本的信里说，她仍然以阅读克尔凯郭尔为乐——如果碰上对她太复杂的地方，就将书放到一边，缝补袜子！

还有伊莉娅·菲比格，女权主义者马蒂尔德·菲比格的姐姐，也曾写信给克尔凯郭尔。那是在十一月底，她非常谦恭地请克尔凯郭尔看看她写的几部剧本，她送到皇家剧院却遭到了拒绝。她直言不讳地承认，她的智力不足以理解克尔凯郭尔。她没有看就将他的一本书撂过一边，却自我安慰道，他一定很容易理解别人，如果别人如此难以理解他的话。她还要求克尔凯郭尔读完手稿后连同回信寄给"本地邮局"的一个神秘代号"S. S. M. 第五十四号"，邮差会从那里根据菲比格的指示将这保密邮件继续递送。这一切都如石沉大海。克尔凯郭尔始终没有时间读稿，就我们所知，更没有时间回信。当他们再次相遇时，已经太晚了，即那要到一八五五年年底，在弗里德里克医院，伊莉娅·菲比格作为护士照料着垂死的克尔凯郭尔。

不过这些文学请愿书倒不都来自女性。"一个您完全不认识的人自作主张给您——尊贵的先生写信"，一封没有日期的信是这样写的，其中一位匿名男士请求克尔凯郭尔在有空的时候审读随信附上的手稿，并最好能附上一篇推荐性前言。"出于各种理由，我愿在与出版有关的事务上保持最严格的匿名"，信中粗鲁地说。建议克尔凯郭尔绝对不要试图侦查发信人的姓名身份而只是将回信连同手稿装在密封的包里尽快送到"北墙街二百一十九号，二楼，楼梯对面"，最好在十二点到十三点之间。最恭顺的签名卡·瑞——有可能是年轻的卡·弗·托·瑞策尔，克尔凯郭尔的出版人的儿子，那个神秘兮兮的地址正是他的。

这些热情洋溢的，有时是天真的来信或许令人忍俊不禁，但对这位三十八岁的布道者兼作家索伦·克尔凯郭尔却未必如此。

还有一些人没有机会和克尔凯郭尔联系，于是不得不满足于将他们的感激之情写在日记里留给后人。画家约·汤·隆拜就在一八四七年十月三十一日写道："当我的心情压抑，几乎为即将发生的事情而颤抖的时候，我在索伦·克尔凯郭尔的最新作品——《爱的作为》中得到安慰。"一年以后隆拜在石勒苏益格战争中阵亡，一颗流弹射中他的嘴巴，从后脑穿过。

给雷吉娜的献词

"现在印出来了。哦，我感到如此无可解释、难以言表的快乐、安慰、自信和不知所措。/ 无限的爱！我这些日子里受了那么多苦，那么多，哦，但还是回来了。我再次理解了我的使命，但是以更高的效力；尽管我错过十七次——无限的爱还是以其仁慈使一切成为最好的。"这是克尔凯郭尔对他的手稿——《关于我的著述活动》以及《礼拜五圣餐仪式上的演讲两篇》最终出版的反应。

《演讲两篇》的前言包含一段后来经常被引用的话："一个逐渐进步的著述活动，以'非此即彼'开始，在圣坛的底座寻找其决定性的止息点，作者对他本人的不完美和罪过有着最清醒的意识，绝不自称真理的见证，而只是一个异乎寻常的诗人和思想家，'没有权威'，也没有带来任何新的东西。"这个小小的词"真理的见证"，指向四年后发生的事情。 593

著述生涯似乎就这样正式结束了。克尔凯郭尔决定将全部作品献给雷吉娜，但是献词究竟应该写在《关于我的著述活动》，还是《演讲两篇》里，却在很长时间里是一个痛苦的、没有答案的问题。他最后决定选择后者，于是出发航行在一个献词可能性的小小海洋——七万英寻的绝望之上。

"献给一个未命名的人，/ 其姓名现在还必须隐瞒 / 但历史有朝一日会命名，/ 而且，不论要等待很久还是不久，/ 就像我生命的长度一样。/ 等等。"

或者也许：

献词 *

*) 由于环境关系，这篇献词 / 尚且不能加上名字；但一定会的 / 现在就有这个位置。

或者更好：

　　　　谨将这部作品，一位作家的著述，/ 某种程度上属于她的，献给雷·施 / 完全属于她的 / 作者。

或者，这样：

　　　　谨以这本小书将 / 整个著述生涯 / 如同其开端时那样 / 献给 / 一个同时代人，/ 其姓名还不能提及，但 / 历史将命名，——不论是长期还是短期——/ 和我的名字一样长久。

克尔凯郭尔还要继续斟酌很长时间，但突然出现的最后的版本：

　　　　谨以这本小书将 / 整个著述生涯 / 如同其开端时那样 / 献给 / 一个 / 其姓名还不能提及的人。

594　　　克尔凯郭尔通常将他作品的献词本装订为黑色金边闪光纸封面或者白色云纹绸面，但是为雷吉娜的是最豪华的，和《附笔》一样印在厚重的仿羊皮纸上，装订为棕色天鹅绒封面，在封面和书脊上有精美的金色装饰图案。

　　雷吉娜却从来没有收到这份礼物。这本书被丢在那只没有搁板的红木柜里面。

神学村里的傻子

　　《演讲两篇》和《关于我的著述活动》，两本书都在出版当日在《飞翔邮报》上得到评论。这位将作者恭维为"高度优秀"的匿名评论者或许有理由得出结论，克尔凯郭尔"现在认为其著述活动本质上已经结束"。然而却并不是这样："真滑稽！我一定有个朋友，一个赞助人，他的兴趣在于，或许久已在于，我很快就会停止这见鬼的写作！"克尔凯郭尔的情绪也没有变得好一点，他在几天以后"完全偶然地"发现这篇评论在《菲因岛报》上全文转载，只有一点小小的区别，"'高度优秀'这个词被删掉了"。

　　将近一个月之后，九月十六日的《飞翔邮报》上又刊登了一篇关于克尔凯郭尔的文章，署名"四六五一"的先生几乎在建议读者不要买《关于我的著述活动》

这本书。克尔凯郭尔的评论是："唯一我认为值得注意的……是那署名：四六五一。它既给人深刻印象，有说服力，也是压倒性的。如果发生可怕的事情，再来一个署名七八九、六九一的，我就压碎了。"

到十月底，克尔凯郭尔的口气完全变了，变得充满希望："现在我的星辰在丹麦升起。一本特别的小书出版了，一篇评论。"然而很快就清楚了，克尔凯郭尔是在反讽，而且有一切可能的理由来反讽。这想象中欢呼的起因是，几个礼拜之前出版了一本小书，《论索·克尔凯郭尔博士的著述活动——一位乡村牧师的观察》。这位乡村牧师名叫路德维希·古德，他是马腾森的密友，一个不祥之兆。克尔凯郭尔也没有喜出望外。不错，古德经常运用文雅的措辞，称克尔凯郭尔为杰出的、高贵的、别具一格的作家，他"几乎在挥霍着恭维我作为作家的形容词"，但是古德总体上采取一种居高临下的傲慢态度来对待克氏作品，并因一系列的误解而获罪。克尔凯郭尔就此进行了如此详细广泛的评论，他的评论突然就变成了五十页的文稿！

首先，这位乡村牧师——如他本人早在第五页就承认了的——没有系统地阅 ⁵⁹⁵读这些作品，所以他这本小书的书名，往最轻里说也有误导作用。其次，他未能在假名作品和真名作品之间加以区分，于是也就无法欣赏全部作品中那精心打造的辩证法："不难看到，一个人会希望，像人们所说的，在文学中找点乐子，他只需要从'诱惑者'，从攀登者约翰尼斯，从我本人，等等，东拼西凑出这样的引文大杂烩，印成好像都是我的话，揭示其中的矛盾，给人造成这样驳杂的印象，好像作者是个疯子，乌拉！"这是一个后世在"解构"旗帜下实行过的演习。再次，古德认定，克尔凯郭尔看重直接信息胜过间接的。关于这一点，克尔凯郭尔——非常直接的——用近乎尼采的权威口气表示反对："间接信息是最高的信息。但实际上只存在于超人的范畴之中。所以我从来不敢在真名作品中加以使用。"最后，荒唐的是，这位乡村牧师——如果他是真的，克尔凯郭尔多次表示怀疑——出版了一部匿名的论战作品："这位乡村牧师在书中一个地方匿名站出来，面对真名实姓的我——通过一篇慷慨激昂的演说激烈辩论！客观性！——反对隐藏。看，这是胡说八道。我不想跟胡说八道打交道。正是这种客观性胡说八道，我在与之做不懈的斗争。所有这些为了主张而匿名的吹嘘等等，所有这些一度流行的标语口号都又回来了。"

说完这些，他想着应该把这件事说得相对好懂一些，即便一个眼界狭小的乡村牧师也能领会。和以前经常发生的一样，他一稿又一稿地添上句子，让无用的修辞随着咄咄逼人的悲情而不成比例地增加。所以他在几页纸上将部分原稿压缩成一个新的版本。他在这里为进一步的有关谈话提出了"几个条件"，乡村牧师首先应该修改那本小书的书名，其次应该准确给出，他读过克尔凯郭尔的哪几本书，最后公开自己的身份。克尔凯郭尔结束道："我敢说，我是宽容而自愿的，但是我有一个愿望：那就是要有意义、秩序和一点斯文——否则我不想卷入。"这几句话也一直没有达到那指定的接收者那里。

著述生涯的结束还要等待：《自省——向当前时代推荐》出版，时在一八五一年九月十日——即雷吉娜接受克尔凯郭尔求婚的十一周年纪念日。克尔凯郭尔在一八五〇年五月产生了写这本书的想法，随后很快写出了手稿。这本书由三篇布道词组成，他曾一度考虑用于讲道，若不是在城堡教堂那次讲道让他完全失去了勇气的话。第一篇布道词有三十八页，用于讲道的话实在太长，需要修改，但另外两篇都是十七页，是更合适的长度。在这本书里他又刺了明斯特一下："请允许我准确地表达我的立场。在我们当中有一位高度可敬的老人，这个教会的最高神职领袖；他，在他的'布道词'中所祈愿者，也是我之所愿，只是调门应该更高一点，这乃是出于我个性的不同，以及时代要求的不同。"

《自省》在读者世界的接受良好，和《礼拜五圣餐仪式上的演讲两篇》一样，享受了非同寻常的待遇，在次年已经第二次印刷。类似的待遇《爱的作为》和《基督教的训练》需要五年才得到，《人生道路诸阶段》等待了十三年，而《恐惧与颤栗》则等待了十四年。

一八五二年

"她像是从石灰窑方向走来"

在哥本哈根搬家通常在四月的第三个礼拜二或者十月的第三个礼拜二。这样家具、佣人和其他必需品就能分别在五月一日和十一月一日就位。人们也喜欢留在某个特定街区以内。安徒生在哥本哈根住过十五个地址，但总是在国王新广场皇家剧院附近，对他来说那是一个中心。克尔凯郭尔则总是在圣母教堂和老主教府附近选择他的住所。

不过在一八五一年四月的搬家日，他却做了一件例外的事情，他搬出城外，在东桥路上一座新落成的大别墅里安置下来。这座别墅濒临美丽的黑堤湖，在今威廉摩斯路与东桥街相交的地方不远。这座别墅（一八九七年拆除）坐落在花园和菜园中间，环境颇有乡村风味，如克里斯滕·克布科一八三六年所作的名画《晨光中的东桥》所示的那样。楼下可住两家人，楼上一家，克尔凯郭尔就迁入楼上，从那里"可以看到美丽的花园和湖水"，如他的外甥卡尔·隆德同年五月中写给彼得·克里斯钦的信中所说。埃米尔·波厄森在那年秋天看望过他几次，写信给家中的路易丝说"索伦·克"住的地方很美，"他还是老样子"。

每天清晨克尔凯郭尔都离开他的房间，出发走将近一公里回城里去。半上午的时候他穿过北门出城，沿着湖滨路或者逍遥路回家。就是在这段路上他经常会遇见从宽街上公寓出来的雷吉娜。相遇时他们都不说话，但是当他们擦肩而过时，这对前未婚夫妻激烈地使用着当初让他们怦然心动的那些肢体语言。这是一种问心无愧的不忠，根据固定的，有时近乎仪式性的规则，建立在总是伴随着精心算计过的动作基础之上。克尔凯郭尔详细地描写这些相遇，几乎到了痛苦的程度，记录了时间、距离、路线的变化、风向，以及天气的总体情况，像是为了确保这相遇总是能够一再重复，这两个沉默的人能永远在这条湖边小路上无声无息地慢慢向对方走来，然后消失在各自的方向上，从不回头。"一八五一年下半年她每天都遇见我，"他在一八五二年五月这样回顾道，"那段时间我在上午十点经长堤回家。时间总是非常准确；[相遇的]地点则逐渐朝石灰窑的方向移动。她好像是从石灰窑走来。/我一步也没有离开行走的路线，总是在城防路转弯，即便有一次她从石灰窑方向几步远的地方走来，我若是不转弯就可以遇到她［但我还是转了弯］。就这样，日复一日。"

随着时间流逝，克尔凯郭尔已经"出名得如此吓人"，清早在城外与"孤身女士"相遇未免引人注目，并产生流言蜚语。他注意到，另外两个人也定时相遇，"我们两人都认识"的人，开始有点过于好奇地看他们。然而他却没有想到，弗里茨会怎么想，他的合法妻子那么早起来，穿上衣服出门去散步；他也没有想到，他自己会怎样反应，如果是弗里茨定时遇见——雷吉娜·克尔凯郭尔！这些他都没有想到，而是允许自己溜进一个小小的自欺，雷吉娜出来散步或许是为了和他达成"谅解"——"这种情况下我当然应该要求她得到丈夫的同意"。尤其是在那次仅只请求纯洁谈话的密封信不幸被退回的桥段之后，克尔凯郭尔应该对自己说，弗里茨绝不会"同意"这些远为亲密的相遇。克尔凯郭尔在某个时刻之后也发觉，这些相遇逐渐越来越不能问心无愧，这从伦理上来说要求采取行动："这样我必须促进改变。"新年的第一天他要选择另一条路："我做到了。在一八五二年元月一日我的路线改了，从北门回家。/然后有一段时间我们没有见面。一天早晨她在湖滨路上碰见我，那里现在是我的固定路线了。第二天我也还是走我通常的路线。她不在那里。为了谨慎起见我改变了随后的路线，走逍遥路，最后回家的路线变得不再确定。"这看来是一个比较有效的方法。"但是发生了什么事？过了一段时间，她早上八点在东门外的路上遇见我，那是我每天早晨去哥本哈根的必由之路。/第二天她不在那里，我还是继续走原来的路线进城，这个不那么容易改变。她经常在那里遇见我，有时也在城墙边，我进城的路上。也许是偶然的，也许。我不懂，她为什么能在那个时间走在那条路上；但是如同我留心一切，我也留心到，刮东风的时候她走那条路。所以有可能是因为她受不了长堤上的东风。然而——刮西风的时候她也来。"

雷吉娜仍然很神秘，她像女神一样走来，不知是从哪里来的，她出现的地方看上去是偶然的，但未必真的如此。她会消失一段时间，然后再度出现，并选择风向，在克尔凯郭尔的决定中制造迷茫。"然后是我的生日。我通常在生日那天出去，但是今年我有点不舒服。所以留在家里，但和通常一样在早晨进城去看医生，

599

我考虑用一点新鲜东西来庆祝生日，我从来没有尝过的，蓖麻油。刚一出门，在小路的人行道上，她遇见我。像最近经常发生的一样，当我看到她的时候忍不住会微笑一下——唉，还有什么意义她没有得到！——她也微笑着颔首致意。我迈出一步，脱帽行礼，继续前进。"这段叙述在很大程度上召唤读者的凝视，将读者带到一个制高点上俯视，过生日的天才如何带着蠕动迟缓的胃对他所爱的，但已不再那么年轻的雷吉娜微笑，她也回报以微笑。然后向前一步，脱帽，继续前进，消失。

接下来的那个礼拜天，五月九日，克尔凯郭尔在王宫教堂做礼拜，由育斯特·保利布道。雷吉娜坐得离克尔凯郭尔站的地方不远。保利在前一年得到了神学博士学位，所以有权自己选择是采用福音书的经文还是书信来布道，那个礼拜天他选择了《雅各书》1：17，关于一切美好的赏赐、完备的恩赐，克尔凯郭尔自己前一年在城防教堂布道的题目。"这些话和她从我这获得的最初的宗教印象联系在一起，这段经文也是我如此重视地加以强调的。其实我不信她还记得，尽管我（从希本处）得知，她读了采用这段经文的一八四三年演讲两篇。"当雷吉娜听到《雅各书》的语词时，她转身"藏在身旁那个人背后"朝克尔凯郭尔的方向看了一眼——看！——那是"受伤的热情"。他故意不看过去。"我漫无目标地直视前方，"但那是吃力的漫无目标，"我承认，我也很受震撼。保利以朗读经文结束。她跌坐下来，而不仅是坐下，我真的有点担心，像我以前也有过的一次那样，因为她的动作是那样充满激情。"

更激烈的还在后面。当保利开始布道，他说，这段经文的话是"植在我们心中的"，他继续说道，如果这些话"从你的心中拔出，人生难道不就失去了一切价值吗？"克尔凯郭尔并不怀疑雷吉娜的反应："这对她一定是高度压倒性的。我一句话也没有和她说；走我的路，不是她的——但是好像有一种更高的力量对她说了我不能说的话。"关于自己的状态他是这样说的："我像是站在燃烧的煤炭上。" 600

几天以后他又遇见雷吉娜，但他没有让自己问候她。他们之间在教堂里的精神恋爱似乎迫使他回到伦理思考："我肯于做任何事情，但如果要做什么，我一定要让她的丈夫居间调停。非此即彼！如果我参与其事，那一定要根据最高的标准，我要让此事人人知道，将她变成一个胜利者，她将为我和她绝交所受的贬损而获得最完整的补偿，而我则将保留严肃斥责她当年狂热的权利。"这听上去很有道理，但是克尔凯郭尔也足够了解克尔凯郭尔，他知道，诸如此类的计划永远不会实现，因为"出于十七个理由不能做"。十七肯定是说少了！

一八五二年九月十日对他们两人来说都是有特殊纪念意义的日子："这样，整整十二年前的今天，我订婚了。'她'自然没有爽约，到场来见我；尽管我在夏天出门要早一些……她还是在昨天和今天早上都在东门口的小路上见到我。"头一天早晨，当他们正要擦肩而过，迷失在彼此的注视之中时，"她突然把目光避开了"。克尔凯郭尔奇怪她为什么这样，但很快就明白了。雷吉娜看见有人在克尔凯郭尔身后骑行，所以把目光转开了。订婚纪念日的见面很好，但也不完全成功："今天她看着我，但没有行礼，也没有和我说话。唉，也许她期待着我先行动。我的上帝，我多么想她做一切。但是我不敢承担那责任；她一定期望于我的。/ 然而今年我真的很想。"也许，不论从哪方面来看，他们见面的受挫都是好事。克尔凯郭尔不必开始"把她打扮起来去见名人"，获取现世的成功，他生命中的"第一优先"不是雷吉娜，他提醒自己，那是上帝，但事情也是辩证的："我和她的订婚和解约其实是和上帝的关系，如果我敢于说，这是我和上帝订婚的神性关系。"

圣诞节在圣母教堂的见面是不同寻常的激越，那天由明斯特主持晚祷。他们以前也在这里的圣诞节礼拜时见过面，但这一年，一八五二年的情况有些神秘。克尔凯郭尔有时会从"邮差"那里收到匿名女性附带小小礼物的来信，他想，这些信中也许会有来自雷吉娜的。那年的平安夜，他突然收到"一件小小的礼物"。"我不知道为什么，但是忽然想到，会不会是她送来的。"有关礼物的性质他没有说，我们只知道它和《各种精神中的益信词》的前言有关，"同样地，如果我没有弄得太错，也和一八四三年的两篇益信词有关"。在这些演讲的前言里克尔凯郭尔都对"我乐于并怀着感激称为读者的那单一者"讲话，而"那单一者"最早就是雷吉娜。在为数不多的存留下来的，克尔凯郭尔在一八五二年圣诞节前和期间收到的信件和便条中，找不到可以和雷吉娜联系起来的东西，但也可能有过某些东西。

当他走进圣母教堂做晚祷的时候，忘掉了那"小小的礼物"，但是当他朝走廊向右转的时候，那里站着雷吉娜。"她站在那里，并没有走动，她站着，显然是在等人，不管是在等谁。我看着她。她随即朝我要经过的边门走去。这次见面有些奇怪，那么轻率。她从我身边走过，拐进门里，我挪动了一下身子，这可以仅是让路，但也可以算是半个问候。她转身很快地移动了一下。但是她如果想说话已经没有机会了，因为我已经站在教堂里。我找到常坐的那个位子坐下；但是她坐在远处不时用目光搜寻我，并没有逃过我的眼睛。／也许她在走廊里等的完全是另外一个人，也许是我，也许那小小的礼物是她送的，也许她希望我会和她说话，也许，也许。"

而也许，也许雷吉娜本人，就是克尔凯郭尔那天晚上小小的大礼物，在暧昧的沉默中异常迷人。

最后的公寓

斯特鲁普一家跟着克尔凯郭尔一同搬出城外，但共同的家政好景不长。当斯家的女儿受坚信礼时，克尔凯郭尔送给她一件漂亮的外套、一条披肩，显然还有一些"金饰品"。在坚信礼那天的下午，她全身披挂着这些华丽服饰在花园里大摇大摆地走来走去，而且突然表现出可见的扬扬得意，几乎是挑衅性的展示。克尔凯郭尔一定是从窗户里看到了这一幕，也许是怕人说闲话，反正他决定，木匠一家必须立即搬走到别处去租房子。这决定让那"脑子有毛病的细木工"大吃一惊，他不明白发生了什么事，自然也有些沮丧。这个故事是一位奥尔胡斯牧师施约特讲的，但他没有透露消息来源，所以也就无法指望这个故事有超出传闻趣事的真实性。这个故事有可能是施约特从克尔凯郭尔的仆人，阿纳斯·韦斯特格尔那里听来的。施约特有一次在维堡遇到在那里当警察的阿纳斯。施约特是克尔凯郭尔的热烈崇拜者，他不仅得到一批传记资料，而且确保得到一点遗物，他从韦斯特格尔处买到一顶原属于克尔凯郭尔的帽子——后来施约特就在特殊场合戴着这顶帽子在城里走来走去！

在东桥住了将近一年半之后，克尔凯郭尔于一八五二年十月又迁回城里，在成衣铺街五～六号（今皮匠街三十八号）安顿下来。这座房子后半部分的门牌是富贵街五号，正对着圣母教堂。克尔凯郭尔租这座房子好楼层的三间。房东波利斯太太一开始拿不定主意，因为她听说克尔凯郭尔是出了名的"难对付"，她可不想让这样一位房客入住！不过他还是得到客气的接待，看过房间后他坐在沙发上，用波利斯太太认为很奇怪的目光扫视了一下，然后用他那好听的声音说："很好，我愿意住在这儿。"波利斯太太马上放弃了一切保留，而且作为例外，愿意提供一位家政助理。这份工作给了一个穷苦的鞋匠老婆。她可靠而能干，可惜脑子不太灵活，所以根本听不懂那些不时飘入耳中的反讽和小小的讽刺。克尔凯郭尔在别

602

的方面是一个安静的房客，但是当他开始攻击神职人员时，波利斯太太被"她的房子里容纳的爆破力"吓坏了。幸好她的恐惧渐渐为同情所取代。这同情在克尔凯郭尔离家去弗里德里克医院住院那天达到高峰。当她打开门，克尔凯郭尔正站在她对面，他自己的门口——"他站着，让人扶着。他向她脱帽致意，用那样美好的目光看着她，就像当初赢得了她认可的那目光一样"。

搬进波利斯太太那面积小得多的住所，克尔凯郭尔可能将一部分藏书卖给了各处旧书店，其中包括在一八五〇年六月就把一部分书卖给了阿·哥·所罗门 [1]，得到了六塔勒。克尔凯郭尔总的来说不得不让自己习惯于一种比较简朴的生活，在最后几年里服从姐夫亨利克·费迪南·隆德的财务管理，将他那已经大为缩减的财富分成小份领取。

空间的狭小和经济紧缩让他不舒服，但他很高兴又回到城里，这里，在一切的中心，是他的归属。"我现在住得离圣母教堂那么近，夜里可以听到守卫人的呼喊，他们每一刻钟喊一次。当我有时在夜间醒来——人有时会有兴趣知道是几点钟。……他喊得那么响，提高了嗓音，清楚得好像他就站在我身边，那么响，他几乎会叫醒我，如果我睡着（我不愿意的情况）他喊道：喂，守夜的！他在那样豪迈地运过力之后声音低下去，柔和地说出钟点。就这样从一刻钟到一刻钟，一个钟头到一个钟头。如果我整夜醒着，倾听每一刻钟的呼喊，我知道的只是：喂，守夜的！"

克尔凯郭尔睡觉靠近那教堂，两年以后他将对那里的主教发起批评的风暴。

喂，哥本哈根！

---

[1] 阿姆瑟·哥特萨尔克·所罗门（Amsel Gotteschalk Salomon，一八〇二～一八七八），德裔丹麦出版家、书商和旧书商。

一八五三年

冥界生活故事

"我读了一本书，不得不将其称为一切针对我的论战作品中最怪异者，《冥界传记》。作者是匿名的，但实际上是拉斯姆斯·尼尔森，我能肯定这一点就像我确知这封信的作者一样。"信的作者是马腾森，收信人是古德，日期为一八五三年二月二十一日。"书中被描写成'死后幽灵'的是我，自然没有点名，我却被判决在活着的一生中完全没有为基督做任何贡献，只是在追求自己的名誉……他自己也出现在书中，作为一个'小人物'和我相遇，声称我只是用世俗武器和宗派力量在文学战争中战胜了他。保利、明斯特和其他人也出现在书中（都没有点名）。例如保利为我发表了墓前讲话，等等，等等。……这种可恶之事实在是让人无话可说……我真的为他担心。但愿他有一个朋友，能给他的灵魂一些安宁！"马腾森还说，明斯特不要看这本书，而保利却和马腾森一样看过后把书退还给书商，表示不支持这种无聊之事。"这是可怕的丑闻，我敢于直言不讳，对他最好的是，这本书神不知鬼不觉地消失。……然而我们不得不经历的也实在可怕。他走在克尔凯郭尔式的薄冰之上，他会滑倒摔跤——如果他能避免掉进冰窟窿的话！——任何人也救不了他。克尔凯郭尔自然不是能够或愿意给他指点的人。这一切将伊于胡底？"

所有这些骚动的背景是拉斯姆斯·尼尔森出版了一本名为《冥界生活故事》的书，他是以"瓦特尔·佩因"的笔名出版的。这本不到二百页的书是一种影射小说，其想象力或许大于才华，但是读起来生动有趣，而且——用愤怒的马腾森的话来说——"以不计其数的典故"将论战的锋芒指向哥本哈根的教会和文化生活的方方面面。马腾森本人就是这本书里的无名主角，第一人称讲述者，他在一次感人至深的葬礼上，保利举行"墓前讲话"之后被送进冥界巡游，他腋下夹着自己的《教义学》——"纯粹学说"，眼睛搜寻着新的耶路撒冷。他很快就摆脱了凶猛的毒蛇和蜥蜴，在它们罪恶的脑袋之上挥舞他的教义，"那金色的字母放射出耀眼的光芒"。"回来！"一个不容置疑的声音响起。声音来自一个"穿衬衫戴帽子的淳朴之人"。这个装束古怪的人后来知道就是克尔凯郭尔本人，他在接下来的三章里扮演一个启示录中的人物，敦促马腾森更加头脑清醒，并向他展示一系列主观性真理。"你是什么？"这是他向马腾森提出的最初几个问题之一："最尊敬的！当你看到，我是一个有教义学和基督画像的人，你自己说，我是谁，我是什么。我倒是要问你：你是什么？你是谁？谁给你的权利用这种口气和我说话？"克尔凯郭尔回答道："人啊，看你站在什么地方！"马腾森看到，自己正站在一座狭窄的、摇摇晃晃的桥上，桥下是黑暗的万丈深渊。桥很快就塌了，但他被救起，来到一条山沟里，四面八方都是白色大理石雕像，和他一样手拿书本站在花岗岩石柱顶端——他们是"所有与教会信条有关人士，希腊人、罗马人、加尔文教徒、圣公会的、路德宗的、石化而成，他们叫纯粹学说"。马腾森自己也感觉到正在石化，但他不能肯定对他说话的是一个真正的精神，还是克尔凯郭尔而已。"魔鬼，天使，强权，力量，潜能，你怎么叫自己，我不知道，"他在恐惧和蔑视中呼喊道，"你将判断我，让我作为一块石头站在这石柱上，因为我坚持纯粹学说；这个审判是不公正的。……这些化石也许只有学说，但我既有人生又有学说。"

那声音问马腾森，什么是他生命中最重要的事情，他回答说"是耶稣基督和他教区的事业"，他还应该说明，为基督做了些什么。马腾森说不出来，更不能用一句话说清楚，因为这需要做一次"逻辑严密的宗教感化演讲"才能说清楚，所以他要求时间来写一篇布道词。为了达到这个目的他获准住进一间舒适温馨的书房，里面有圣经和布道词，可是他刚得到必要的用具，一切都消失了，他站在一座花园门口，大门两边都是高高的铁栅栏，一个穿制服的听差出现，开门请他进入花园。"不远处的土台上有一座孤零零的建筑，半是现代别墅，半是修道院。这环境像是晴朗的月夜里看到的，乡间一个可爱的地方。这座房子里面有强光照着。我从窗户里可以清楚地看到一个男人的影子在快速地走来走去，像是在忙着什么事情。"从这段描写中很容易认出克尔凯郭尔在黑堤湖畔的住所。这座美丽的花园被描写为一座真正的迷宫："道路纵横交错，蜿蜒曲折，我们在路上逶迤走了一段时间才到达目的地。"这难道不是描述错综复杂的克尔凯郭尔著作的一个隐喻吗？看上去确实很像。"一种古怪的风格，复杂的童话式构造，"马腾森向那房子走去时想道，"园中错落立着一些高大的树木，树干上缠绕着常春藤和野葡萄藤，修

606

剪得极其不同的树冠罩在灌木丛和矮小植物上面。透过树枝的缝隙无数根细细的光线在舞蹈，露珠在新鲜的青草上闪耀；鲜花遍地盛开，到处飘荡着馥郁的香气；这是我见到的最茂盛的植物。"

我们饱受惊吓的主人公登上螺旋楼梯，来到一间灯火辉煌的大厅，一位图书管理员向他介绍——像在克尔凯郭尔家里一样——"立在门两侧的精雅书橱"，马腾森现在要在一边书橱里的克尔凯郭尔作品和另一边的明斯特作品之间选择。"左边收藏的是一些益信词、忏悔和守斋布道词，依我之见更符合基督教义，但是无条件的主观性"，图书管理员告诉他。"作者的名字我不敢强调，他们都或多或少是匿名的。"右边是一些性质相反的抒情性布道词，鉴于其"客观－神学教会特点，在教区信众中颇受欢迎"。"尊敬的阁下，"图书管理员喊道，"请选择，若非左边，就是右边的书橱。"可以预见地，马腾森选择了右边的书橱，那里根据新旧文献分门别类，于是图书管理员拿出一本在生死两界都引起轰动的小小《墓前演说》，马腾森看到自己的名字赫然出现在封面上！

现在他必须写自己的布道词，图书管理员向他保证，写完后只要拉一下钟绳，教区信众马上就会出现。马腾森正准备向图书管理员道谢，所有的灯光都熄灭了，据图书管理员说，这是因为房子的主人极其守时，他认为一个"真实而聪颖的人格永远有内在的光芒"。在所有这些阻碍之后，马腾森终于开始做他的宗教功课，他的布道词，但很不顺利。他真的认为，一切都已经在那篇他为自己做的优秀"墓前演说"中说过了。他疯狂地在《新约》中翻找，却没有找到任何适合他的地方，整个都太主观了。他在腋下夹着没写完的布道词、基督画像和教义学走进花园，那里浓雾弥漫，像是月光下的荒野："我总是感到，好像身后有人跟着，回头一看，又并没有人。……害怕某事就够不舒服的了；而害怕乌有，则是可怕的。"马腾森指责着自己和那该死的环境——那完全不符他关于恰当比例的观念："一切都离奇古怪、旋转、扭曲、折弯、细碎、变形……有人在捉弄我，我上当了。"他逃到教义学中去查"魔鬼"（Djævelen）的定义，但是被迫得出绝望的结论，目前的情况毋宁是一种"魔法"（Djævelskab）："纯粹的魔鬼是可以摆脱的；而纯粹的魔法却非常狡猾，它会嘲弄一切教义学思辨。进而足见纯粹魔法尤恶于纯粹魔鬼明矣。"马腾森被迫下跪，他跪着忏悔道："我是什么，我为基督做过什么，我都不能说，既不能用几句简单的话说出来，也不能在一篇布道词中说出来；但是我可以说很多的是，主要问题在于我生而客观，受客观性洗礼并客观地死，所以，

607

我谦卑地向你祈求：将我从所有这些主观性赘言中解脱出来！"他穿过敞开的铁艺大门，离开了这座神秘的房子。"我不会回头看；但是我的脊背能感觉到那影子就站在那铁艺门口——鞠躬。"

随后是一段险象环生的时间。马腾森落入大海，被一只"破旧的、没有生命的、肥硕的、散文般乏味的螃蟹"钳子夹住，这个巨型怪物居然胆敢吞噬了他的《教义学》；然后他又被逼着和几个霍都屯人在一起，这些人毫不掩饰地蒸腾出的肉欲让他无可言喻地恶心；最后，他受到一位优雅的"教义问答导师"——有可能是明斯特——最折磨人的审讯。在所有这些之后又经历了一些不同的事情，经受了严格考验的马腾森突然发现置身于一片旷野，他在那里遇见一个男人正在寻找从外套口袋里掉出来的一张裁缝账单。他声称，自己是"一块破布"，所以就是（根据马腾森后来的认定）拉斯姆斯·尼尔森本人。无论如何，马腾森还是和以前一样急着想"在丝管齐鸣中升入天堂耶路撒冷"，他想有个伴儿，只好自己敲敲鼓。"你知道，我是什么吗？"所以他问道。"不知道，凭十字架起誓，我怎么会知道？"尼尔森的回答十分不逊，这让马腾森极其恼火，他完全丧失了理智："现在好好听着，我要对你发出直接信息：我，根据我的观点，是教义的化身，是客观性，牧师精神的核心。"

"破布"尼尔森还是不明白这教义学的骗人把戏，却果断地建议，他们两人应该互相承认："好好理解我。你是一个英雄，我是一块破布，你是一个伟大的英雄，我是一块伟大的破布。你在你的领域伟大，我在我的领域伟大；我们两个伟大的人难道不能彼此承认吗？"马腾森并不为这样的承认辩证法所动，于是尼尔森保证，他每日每时都在努力工作，在最深刻的意义上他有着"发酵的天性"，不错，他承认，"尽管我从未在任何不变的形式中找到安宁，但我仍然在不停顿地寻找内容"。这话说得再明白不过，但尼尔森在痛苦的自我忏悔文体中又前进了一步，他讲道，不管他什么时候写，写什么，"行家都能一眼看出，我是一个乏味的模仿者，每一个文学贩子都恭喜我的模仿才能"。

马腾森被这些忏悔吓坏了，他想知道尼尔森在冥界过得怎样。尼尔森告诉他，死后不久就来到一条"又宽又深的大河边上，我最终必须渡过。可我找不到任何可以让一个人过河的方法，于是我就呼救。对岸站着一个男子……""是那个戴帽子的人吗？"马腾森急切地打断他。但尼尔森不知道，他只记得有人用命令的口气喊道，"灵魂，你是什么？"尼尔森谦恭地答道："主人，我在世上什么也不是，在上帝面前什么也不是。请您开恩帮助我过河。"对岸的男子让尼尔森脱掉衣服跳进河里，他就会得到敞开胸怀的欢迎，但是尼尔森犹豫了，这条河又深又宽，当他把指尖探进河水，火焰跳起来点着了他的手。"于是我抽抽噎噎地哭着请求那人，千万开恩放了我；因为我实在不能，也不敢投身到这样的火海之中。"

马腾森以为这个男子会生气地把尼尔森赶走，然而不然，尼尔森答道，他没有生气，"他在河上搭了一座桥，命令我就这样过去。我照他说的做了，内心满怀感激。但是当我想下跪感谢他的帮助时，他却用强有力的大手将我一把抓住，拿出一只闪闪发光的碗，在河里蘸了一下，将我的双手放到火上烤。……我祈求，我哀号，我指责他，我仰天呼号；但这个强人不为所动。他就这样抓着我，想抓多久就抓多久，最后我不得不请求原谅，于是他放我走了。我的手指通红，但我冻僵了，因为没穿衣服"。

马腾森屏息凝神地听，他想知道尼尔森是否拿回了自己的衣服，尼尔森答道，那个没有名字的人把衣服扔进火的河流里去了。"他没有给你一件旧外套吗？"马腾森审问道。没有，尼尔森答道，他没有把他的外套送给我，他只是——暂时——借给我。"仁慈的上帝啊，那么你也就真的是……"而尼尔森听到了最后的那个词，"一块破布"。

这部小说还要继续翻越文字的山岭，但是让我们在这里打住：《冥界生活故事》并不是天才的艺术作品，不过当我们记住，这是一位哲学教授写的，书中的视觉转换和漂浮朦胧的场景还是相当可观的。这部小说背后的动力有可能是对马腾森的敌意，厌恶他那雕琢的做派、高雅的不自然、矫揉造作、他那对教义体系的可笑迷信。然而，这部小说也是以天真的方式寻求和解与妥协的一次尝试，一次让自己能为马腾森所理解的努力，以求得到尼尔森迫切需要的承认。这部小说绝不是忏悔文学，但还是相当的坦率和大言不惭。很显然，尼尔森感到受压迫，不能解决他所描写的克尔凯郭尔与马腾森之间的冲突。克尔凯郭尔要求过他表现出一种他所不具备的果决，他公开承认他的抄写：他不过是块破布；他把自己包裹在克尔凯郭尔扔给他的外套里，而所有这些还都是借的。——但同时也可以发觉，他对克尔凯郭尔计划的恐惧，那极端的主观性，那魔性维度，以及有些地方不守规矩的攻击。

克尔凯郭尔的肖像，尼尔森后来以演讲草稿的形式进行了补充，他可能准备用在大学举行后来非常受欢迎的、对女生开放的晚间系列讲座上。在一张纸上，

609

以《观念的运动》为题，他写道："索伦·克尔凯郭尔，我们最伟大的基督教思想家"，但又补充道，这同一位先生有着顽固的热望，对悖论的偏好，在神经质的忧郁中想要复活基督教，并鞭策自己成为基督徒（基督的真正模仿者），但他所发现的却是基督教的死亡（只有生命的假象和幻想），甚至他自己也不能成为基督徒。一个诚实的人，把这些毫无保留地说了出来。"

611 **"一天我看到运尸公共马车出城"**

亚洲霍乱在丹麦边境外等待了二十年。它于一八三一年到达柏林、汉堡和荷尔施泰因。丹麦方面采取的预防措施包括责令将从海路到达的人实行隔离，关闭日德兰半岛南部的边界等。在京城成立了一个"特别卫生委员会"，在海军医院和圣母教堂济贫所开设霍乱病房，并且分发关于如何治疗该病症的指导小册子。但是危险过去了，卫生委员会解散了，其他措施也都不了了之。

这种疾病在一八四八年间到达俄国圣彼得堡，然后是芬兰赫尔辛基，在丹麦哥本哈根以南约十公里处的渔港德劳约也发现了一个病例。与哥本哈根隔海相望的瑞典南方城市马尔默和德国北方的吕贝克在一八五〇年发现病例，洛兰岛上的小镇邦德霍尔姆和大贝尔特海峡边的港口考索也发现了零星病例。于是进行了新的动员，原有措施再次拿出来，恢复卫生委员会并在哥本哈根以北的柯蓝朋堡地方设立检疫设备，由勤奋的医生雅尔特林博士负责检疫。但是相关的卫生改革还是成效甚微，即便是最温和的建议，如洒扫院子和清理排水沟，也遭到地产主市民代表反对，他们坚持我行我素。谁也不相信这些措施有什么好处，于是在一八五二年再次撤销了。

612 但是霍乱在一八五三年夏天来了。第一个病例发生在六月十一日，四天以后发生了第一例死亡。在随后的那个礼拜里死去八人，六月二十四日哥本哈根正式宣布为受感染城市。次日，卫生委员会召开会议，决定在城中各处设立有日夜值班的报告中心，公布收到的死亡报告。第一批病例发生在新宿舍及其附近的东部城区。在拥挤的贵族街上有五百十四人染病，其中三百三十一人死去。即便是真正贵族聚居的阿梅莲街也遭到沉重打击，因为这个街区是建造在陈旧的垃圾坑上的，为细菌繁殖提供了最佳条件。

死亡率最高的是住在后院偏房、地下室或阁楼和顶楼的人群。当疫情发生时，总医院的院长赫尔福特上尉没有采取任何别的措施，只订购了二百口棺材。这家医院里已经在极其恶劣的条件下挤满了一千二百名病人。两个礼拜之后传染病进入这家医院，在那里找到了近乎完美的藏身之所。在五个礼拜之内死亡五百三十八人。人们不知道拿这许多尸体怎么办，只好从战争部借来一些帐篷，在陵园内设立临时太平间。在辅助公墓和阿玛厄门外的公墓空地上搭建了专供停尸之用的棚户。通常情况下遗体由专门的灵车从逝者家运送到公墓去。一七一一年的瘟疫后皇家寄宿舍里的一些大学生获得了这项业务的垄断权，但在一八五三年霍乱流行的极端情况下这些"背尸人"完全忙不过来了。汉斯·布罗希纳在一八五三年八月七日的一封信里对行走在哥本哈根看到的触目惊心的场景描写如下："从清晨到深夜，我在一天里的任何时间进城去，都会看到送葬的队伍，我经常在到城门〔北门〕的一小段路上——我住在刚过人工湖的地方——遇到三支不同的送葬队伍。最不可思议的交通工具都用上了：摇摇晃晃的老旧灵车、货车、出租马车、公共马车和运家具的车——不过我还没有看到《哥本哈根邮报》上说的手推车。公墓里也是一切从简。一天我看到运尸公共马车出城，车上装着六具棺木，掘墓人之一打开车门，爬到棺木后面去，把它们像货物一样推出来，他的同伴们嘻嘻哈哈有说有笑地接住……这些棺材都是扁平的，由六块黑乎乎的木板构成，它们钉得那么糟糕，有一块板在卸车时掉了，一个家伙赤手空拳把板子敲回去，就算是功德圆满。"

疫情在进入七月时扩散，并在月底达到高峰，它在整个八月里继续肆虐，九月里仍有零星病例，然后开始缓解，十月十三日记录了最后病例。彼时这传染病已经持续了四个月。这座城市的十三万居民中有七千二百一十九人染病，其中四 612 千七百三十七人死亡。画家克·威·艾克斯贝尔 [1] 就是著名受害者当中的一个。

这次霍乱流行标志着古老的——"舒适温馨"——哥本哈根成为过去。大多数人都清楚地看到，一部分挤在内城的居民必须迁出。于是人们开始拆毁那如画的城墙，让市区建设超出城门以外，新鲜空气也更加畅通地进入城里。不过最重要的是，这次霍乱的流行冷冰冰地提醒人们必须改进卫生条件。这不速之客并没有白来一趟。

---

[1] 克·威·艾克斯贝尔（Christoffer Wilhelm Eckersberg，一七八三～一八五三），丹麦画家，十九世纪上半叶"黄金时代"新古典主义画派的奠基人和领袖人物。

"价格在沙龙里随行就市"

这是"同时代人"概念的一个古怪的纪念，当哥本哈根人像苍蝇一样死去时，克尔凯郭尔正在考虑一个人是否——在给定情况下如何辩护自己为真理而死！尽管霍乱在他住的那个街区并不特别严重，但还是非常吓人，以至于他在札记中只字未提。直到一年以后，一八五四年十月里，他才在"霍乱的意义"标题下解释，这种疾病设法实践了"人是单一者，这是战争或者其他灾难所做不到的，它们让人群聚集；但是瘟疫将人们分裂为单一者，教诲他们——在体能上——是单一者"。

然而，克尔凯郭尔远非对周围社会漠不关心，他在最后一年里发展出了一种——无以名之，姑且叫基督教社会主义吧。令人惊异的是，他的思路某些地方与社会主义如此相像，让人怀疑他暗中研究过这些理论。不过这种怀疑是没有根据的。他的藏书中确实有希本在一八四九年十月出版的《国家与教会的一些观察》，但是他早已放弃了希本——他干脆把自己的老老师称为"傻瓜"——所以他几乎不可能读过这个简短，然而击中要害的批评。希本愿意通过深化社会改革缓解急速民主化和竞争原则的破坏性等负面效果。

不过从另一方面来说，克尔凯郭尔对年轻的社会主义者，作家弗里德里克·德莱尔有一定了解，则并非不可思议。他可以从这些年里常去的雅典人之家图书馆借到德莱尔的作品。无论如何，克尔凯郭尔和德莱尔是那个时代的丹麦精神生活中，从毕德麦雅艺术家的天真和太过乐观的规范设立中脱颖而出的、两个极端特立独行者。如果克尔凯郭尔读过德莱尔一八五二年出版的《精神信仰与自由思想》，他会从中辨认出许多他自己的观点，可以说只不过是镜像。德莱尔从一个自然科学的、实证主义的和社会主义的人性观出发批判宗教，将一系列宗教观念和信条作为无知、迷信和过时正统的表现而加以拒绝。他在该书的引言部分对牧师阶层和神学发动的攻击是克尔凯郭尔的先声："不需要很大的勇气就可以说出，我们很快就会看到人们嘲笑牧师、教授和其他空谈家的角色。笑，是一种强有力的武器，我们很快就会看到，谁笑到最后，谁笑得最好。"他的预言在三年后实现了。德莱尔在针对教会保守主义的论战中指出，基督"在街头和市场上与普通人交谈，教诲他统治阶级之卑劣和那些继承下来的礼拜仪式之无用，并不因此而略减其伟大"。克尔凯郭尔在一八五五年四月间写道："布道不应该在教堂里进行，而应该在大街上，在生活中，在日常生活的现实之中。"

德莱尔将批判的锋芒指向教会的不宽容，但尤其是指向国家教会建制不可避免地导致的社会不公正。因而德莱尔强调，对基督来说首要之事是"社会公正"，因此基督与"资本的压榨"处在敌对关系之中……"富人应该把所有的一切都给穷人"。这样写的人在一八五三年时为数不多，这少数之一就是克尔凯郭尔，他写道："事情很简单。《新约》非常好懂。但我们人类是一些狡猾的窃贼，我们装作不懂……我打开《新约》，我读到：'如果你想完美，那么就卖掉你的一切东西，将钱给穷人，然后跟我走。'仁慈的上帝啊，一切资本家、官员和退休者——几乎全人类，除了乞丐之外——我们都卖了，如果不是为了学术。"即《新约》的学术研究和注释等足以使一切成为问题，从而让每一种激进主张实现的可能性减少。

如果克尔凯郭尔从未读到过德莱尔，那么德莱尔肯定读过克尔凯郭尔。"那个时代并不遥远，"他写道，"牧师们会像罗马占卜官那样，当他们穿着黑色带兜帽的僧袍和皱领——哦，多么有品位的组合！——他们会忍不住相视而笑。"这段小小的有毒格言很可能是受克尔凯郭尔启发，他在《非此即彼》中写过类似的段落。不过，专门批评那些把牧师当饭碗的人却是德莱尔开始的小小转向，而也恰恰是这个细节三年后作为古怪的致谢出现在克尔凯郭尔的作品中："当异教解体时，一些牧师还活着，他们叫占卜官。据说，当一个占卜官见到另一个时会忍不住微笑。/ 在'基督教界'很快就见不到一个牧师，或毋宁说是一个人看到另一个人时不会微笑——我们都是牧师呀。"

与德莱尔的平行可以用很多长段落引文来记录，这本身就表明，克尔凯郭尔的社会政治观自十九世纪四十年代中发生了显著的改变，他原来主要是老式保守派的同情者。如果说，他那时的观点可以服务于为社会压迫辩护，那么从他现在的新观点则可以得出一系列广泛的后果，并以此来揭露他原有理解的片面性和虚伪。不过，不论当初还是现在，那宣布过的与普通人团结一致都没有改变："真的，真的，我一直这么认为；总是让我感到无可言喻的快乐的是，在上帝面前，是女仆就做女仆，和最杰出的天才是同样重要的。这也是我那对淳朴阶级、对普通人近乎夸张的同情来源。所以，让我感到沉重和忧伤的是，人们教他们嘲笑我，从而让他们失去了国内真心爱他们的那个人。/ 不，在受过良好教育的富有阶级，即便不是贵族也算是贵族化的布尔乔亚：必须瞄准他们，这就是价格在沙龙里随行就市。"

这条写于一八四九年的札记是克尔凯郭尔真正开始提高意识形态价格的最初

615

几条札记之一。同年他读了安·哥·鲁戴尔巴赫关于教会宪法的作品，并受到关于无产阶级构成国家机体的威胁那几页的吸引。广泛的贫困来自战争、人口增长和剥削，但是，鲁戴尔巴赫指出，这种悲惨状况的真正原因是，教会失败了，将那些一无所有的人们留给济贫机关和感化机关。所以，在鲁戴尔巴赫看来，除了上面提到的原因之外，"国家教会，及其全部世俗形式的方向，本身都在本质上是现代无产阶级形成的基础"。克尔凯郭尔宣布完全同意，并且强调这本书的"优点"在于表明，"国家教会催生了，或者贡献于催生无产阶级"，但他发现鲁戴尔巴赫在其他方面的诊断不够激进。"这里面默示着多少东西，鲁戴尔巴赫本人似乎没有意识到。"他这样评论道。"将国家建立在一个完全被忽视、回避和他们的一切相似性的底层之上，违反基督教的教义，也是不虔敬的——即便在礼拜日有关于爱'邻人'的感人布道词。"

这又是克尔凯郭尔抓住的、在牧师的滔滔不绝与日常现实之间的矛盾，但这里的批评有了一个不同的物质"底层"。在同一条札记中他注意到，对他而言这是一个"昂贵的发现"——这个隐喻中回响的经济典故不太可能是偶然的：他原来是个地位优越的食利者，有着浩大的私人开支和相对贫乏的社会了解，现在他的财富如此大幅度缩水，以至于他在最暗淡的时刻认为，讨饭棍已经在门外等得不耐烦了。

616　　克尔凯郭尔从而认识到，教会保守主义将基督教用于社会压迫，而教会这样做既使自己有负于社会也是背叛了基督教。即基督教首先不是功成名就者的宗教，而是被侮辱与被损害者的宗教、不法之徒的宗教："如果基督教要和什么人有特别密切的关系，……那么就是和那些痛苦的人、穷人、病人、麻风病人、精神病人等等，罪人、罪犯——看基督教界都为他们做了些什么，将他们从生活中除掉，以免引起麻烦——严肃的基督教界……基督不这样将人们分开；他正是这些人的牧师。……在基督教界（Christenheden）中对基督教（Christendommen）所做的，就像生病的孩子得到一些东西，然后来了几个身强力壮的孩子把那东西夺走。"

对于这种压迫机制的心理学方面克尔凯郭尔也有清醒的认识。明斯特有一篇关于痛苦的布道词，在克尔凯郭尔看来，那与其说是安慰受苦的人们，不如说是对幸运者做出的一次舒适的保证，他这样写道："总的来说这里是供心理学观察的整个领域：人性的自私在同情心掩饰下用权诈来做自我辩护，以免人生的悲惨印象打搅了生活欲望的贪婪。在布道中也多么经常地谈到：穷人远比富人快乐——

在同情心的掩饰下；人们也表达得如此感人，穷人免受财富的负担生活得是多么快乐。这是安慰穷人的演说吗？不，这是最受富人欢迎的转换；因为他们不需要给穷人任何东西。"

社会和宗教的双重欺骗互为前提、互为条件，共同构成了一个幽暗模糊但完全切实可见的辩证领域，迫使克尔凯郭尔修正一系列原有立场。关于提供者的观念（forsynstanken）他在一八五四年这样写道："在有钱有地位的人们那里，经常会发现一点宗教性倾向；他们喜欢谈论相信提供者（Forsyn），相信治理者（Styrelse）……真可爱！但是如果稍微深入分析一下这种虔诚，也许就会被这种残酷和自私吓坏。／当人们在这个世界上有了金钱和地位，他们想把这些世俗的精彩归于上帝来享受，让自己更加重要，或许能成为治理者更多特殊惠顾的对象。啊哈！／进而，人们或许还倾向于自欺欺人地想，为了持久占有这些世俗美事起见，最好还有一个提供者，一个治理者——来保证他们的愿望。啊哈！／而且，幻想一个人在世上所达到的成就乃是治理者的奖赏，是一种恭维，因为他明智而虔诚地运用了他的生命。啊哈！……最后，在这个治理者的存在中甚至还能为人没有为那些痛苦的人做更多来辩护；因为害怕这样会打乱治理者为每个人安排的目的。"

在类似的札记中，在对牧师和基督教界的物质批判背后有着克尔凯郭尔几年后对牧师们的"饭碗"全力展开激烈批判的一部分理论和动力。当他写到"福音的关键之点恰恰在于，福音是为穷人的"的时候，他想的当然不是狭义的经济意义上的穷人，但也不仅是象征或抽象意义上的穷人："'穷人'不能仅仅理解为贫困的人，而应理解为所有受苦的人，不幸的人，悲惨的人，悲伤的人，如残疾人，跛子、麻风病人，中魔的人。／福音为他们而传布，也就是说，福音是为他们的。"

克尔凯郭尔与叔本华

十九世纪中叶，随着个人化的增长而出现了一批悲观主义思想家，他们对理性作为人的管理机制有着最小的信任，相反却强调那些非理性力量，主体的夜间一面，其激情，其欲望的把握。其中之一就是阿图尔·叔本华，克尔凯郭尔在一八五四年五月开始读他的作品，并继续了整个夏天。令人惊奇的是，他居然没有更早就了解这位意气相投的德国思想家。保尔·马丁·穆勒在一八三七年论不朽的论文中提到过他，而克尔凯郭尔精读过这篇论文，但也许他当时被叔本华吓坏了。因为穆勒将叔本华的努力当作"现代泛神论之虚无一面"的例证，他对这位德国思想家嗤之以鼻，以"最直白的表述将他的哲学特征归结为反基督教的和虚无主义的"。

不能确定是否正因为如此，克尔凯郭尔才在一八五四年受到叔本华的吸引，但一个明显的事实是，他已经几乎不再买书了，却在短时间内搜集了几乎所有能找到的叔本华作品和关于他的作品：新出版的《关于叔本华哲学的通信》[1]，两年前出版的《附录与补遗》[2]，克尔凯郭尔做论文答辩那年出版的《伦理学的两个基本问题》[3]，最后，一八三六年出版的《自然界中的意志》[4]。当时年轻的克尔凯郭尔正在运用意志和他自己的好斗天性做斗争。

遍布札记中的详细解释和批评性意见表明，克尔凯郭尔读得最多的——尽管和往常一样跳跃穿插——是一八四四年出版的主要著作《作为意志和表象的世界》[5]，这是克尔凯郭尔真正感兴趣的作品。叔本华试图在这部作品中证明，生存最深刻的本质，乃是一种盲目的、不屈的生命意志或者冲动，它以远远超过人所意识到的范围和程度控制着人。个人的意志源自一种无所不包的生命意志，它不惜一切代价要保存并延续生命，而且慷慨地挥霍个人以保存人类。智力是意志的奴隶，当事后需要合理化时智力可以为意志提供方便的主题（motiver）以供利用，但智力本身对意志的决定毫无影响。这样，意志在和理智的关系中是那强壮的盲人，肩负着明眼的残废。一个人的智力越发达，他的生活就越痛苦，所以，天才永远是不和谐的生物。因为世界惨状的印象乃是来自意志，而不是可以疗救的外部缺陷，所以关键在于安抚生命意志。在叔本华看来，这可以通过献身于无私无欲的审美享受，献身于禁欲和道德自我牺牲来实现。叔本华赞同佛教中旨在摆脱一切欲望的那一派，而波斯版的《奥义书》则成为他的圣经。"我们的意愿本身就是我们的不幸；与那意愿是什么毫无关系。……我们仍然相信，我们所意愿之物可以结束我们的意愿，而实际上我们自己所能做的只有放弃意愿。"如果认识的主体可以从意志的主体中解放出来，献身于无欲望地观照客体，那么主体就在观照

---

[1] 德文：Briefe über die Schopenhauer Philosophie。

[2] 德文：Parerga und Paralipomena。

[3] 德文：Die beiden Grundprobleme der Ethik。下同。

[4] 德文：Ueber den Willen in der Natur。

[5] 德文：Die Welt als Wille und Forstellung。下同。

意志的纯粹客观化，即观念之中而得到安宁。

"奇妙的是我叫索·奥，我们互为逆反关系"，克尔凯郭尔写道，他要和阿图尔·叔本华（Arthur Schopenhauer，缩写为"A. S."）的姓名形成逆反关系就必须将自己限制在"索伦·奥比"（Søren Aaby）名字的缩写（S. A.）。叔本华是一位"意义重大的作家"，他继续写道，"尽管完全不能同意，找到这样一位深深触动我的作家还是十分惊讶"。对克尔凯郭尔来说，居然能发现一位和他一样反黑格尔、反历史主义、反学术和仇视女性的哲学家是奇怪，甚至令人不安的。他们甚至在生平细节上也相似：叔本华的父亲也是一个大商人，他和一个年轻近二十岁的女子结婚，死后留下一大笔财产，供儿子度过漫长的哲学家一生，将他置于——几乎是克尔凯郭尔式的——对死去父亲的感恩负债之中。不过在叔本华的爱情生活中却没有雷吉娜，他只有在威尼斯的一段关系和在德累斯顿的一档子事儿，后者的结果是一个女儿，不幸只活了几个月就夭折了。叔本华一直没有结婚，却不算独居，终其一生和一只接一只的卷毛狗相伴，这些狗共同的名字是"阿特曼"，印地文的"自我"。叔本华和大学的紧张关系也和克尔凯郭尔一样，不同的是他并不满足于在作品中攻击哲学教授。当他受聘于柏林大学的时候，黑格尔正在成功地传播异端邪说，于是他将讲课时间安排在与黑格尔同时，一个学期又一个学期，但听者寥寥。他对世界的看法不属于考试的内容，当然也就引不起学生多少兴趣。叔本华于是开始尝试翻译，将康德翻译成英文，将休谟翻译成德文，他还修改歌德的法文译本，出版意大利文版的布鲁诺，同时配有拉丁译文，但也还是没有多少人买账。不过这些都没有在叔本华的自我感觉上留下多少印象，它永远是膨胀的，并且有着克尔凯郭尔式的特质，几乎是随着外部世界的抵抗而增强。叔本华的书无人问津，大部分都和《作为意志和表象的世界》一样送回造纸厂了事，而此书在作者去世前两年才出了第二版。但是叔本华没有一秒钟怀疑过自己在哲学上的里程碑意义。他写作时的论证带着明显的艺术感觉；他直言不讳地坚持说，与一切先前的哲学——除柏拉图以外——不同，他的哲学就是艺术，而克尔凯郭尔也在叔本华那里发现了他爱莱辛的地方——"风格"。叔本华在修辞中的节奏是因为，他和克尔凯郭尔一样富有乐感；他热爱莫扎特，经常在长笛上为自己吹奏他的歌剧选曲，这种才能或许足以使克尔凯郭尔嫉妒他。

可见 A. S. 和 S. A 之间的相似之处有不少，然而有时太像也不是好事。克尔凯郭尔看到叔本华将记者叫作"意见出租者"时，不由得喜出望外，认为这个说

619

515

法"真的有价值",但随即在页边空白处补充道:"从某个方面来说我发现读叔本华开始近乎不快。我有这样一种难以言表的严重焦虑,生怕用了别人的话却没有承认。但是有时他的表达方式是如此类似,在我夸张的焦虑中也许会把我的说法归于他。"这样的一个愉快的又不快的例子是"吹牛者"(Windbeutel)这个词引起的,"叔本华把这个词运用得真妙",尤其是当他谈到"黑格尔哲学和所有教授哲学"的时候。克尔凯郭尔无可救药地爱上了这个词,用来形容这个"哲学谎言的时代"再贴切不过。他一度羡慕德语,但在经过考虑后为丹麦语中这样词的缺席找到了一个既可爱又可疑的解释:"我们丹麦人没有这个词;这个词所形容的也不是我们丹麦人的特性。在丹麦国民性中其实没有吹牛这样东西。"丹麦人可以松一口气,但是只能松一口,因为克尔凯郭尔接着又说:"然而我们丹麦人有另一个错误,唉,一个相应的错误;丹麦语也有一个词,德语中或许没有,那就是吸气者(Vindsluger)。这个词经常用在马身上,但也可以更普遍地用。/ 于是情况大概就成了这样:一个德国人吹气——一个丹麦人把气息吸进去。德国人和丹麦人长久以来一直保持着这样的相互关系。"A. S 和 S. A. 就这样在对称的镜像中重逢:A. S. 与吹牛扇风作战,S. A. 与抽风吸气作战。

620

而在另一些方面克尔凯郭尔首先坚持的则是他们之间的区别。稍微简单化一点可以这样说,克尔凯郭尔将心理学问题当作伦理学来谈,而叔本华则将伦理学问题当作心理学来谈。对叔本华来说,福祉(saligheden)在于成为客观、纯粹、无利害的沉思;而在克尔凯郭尔看来,则是关于成为主观,将自己与永恒福祉(evige salighed)激情充沛地联系起来。不过,克尔凯郭尔并不特别在意叔本华的抽象立场,他更关心后者的生存实践,他在札记中进行了各种尖锐的批评。叔本华生活中有一段插曲将这个问题表现得尴尬无比。挪威科学院于一八三七年悬赏征集论文,题为:《人类的自由意志能否由自我意识来得到证明?》。叔本华提交了一份论文而得到金奖。就在此事发生前不久,丹麦科学院也就相关问题征文,题目出得很佶屈聱牙,只有希本的脑袋能想出来:《道德哲学的来源与基础在何处可诘究?是在直接意识的德行理念的解释中,抑或是在另一认识根据中?》[1]。叔

---

[1] 此为该问题的拉丁文形式,也是叔本华所概括的,相当简明。而叔本华在同一序言中引述的原问题如下:"道德的起源和基础究竟在何处?也许是在德行的原初理念之中,而这原初理念也许实际上和直接地是在意识,或者是在良心之中?这一原初理念以及由此产生的概念,或许将在以后加以分析,或者道德还有另一个认识根据?"该表述方更加"希本"。参见《叔本华文集》,第87—88页,西宁:青海人民出版社,1996。

本华也回答了这个问题，却没有得奖；不但没有得奖还受到很多批评，因为，根据评审委员会的意见，他不仅误解了题目，犯了许多形式上的错误，而且以一种"极其不恰当和冒犯"的方式谈及一些晚近最伟大的哲学家。叔本华将这两篇有奖征文合在一起，用《伦理学的两个基本问题》的书名加上长篇序言出版。他在序言中讽刺了丹麦科学院那狭隘的判断力。他这样做完全在正当的权利范围内，如果——这是克尔凯郭尔的异议——他在这样做时没有和自己的伦理学处在可笑的错误关系之中的话："然而这并非无可解释。他，才华横溢地代表着如此仇视人类的人生观的他，为得到设在特隆赫姆（仁慈的上帝啊，特隆赫姆）的科学院加冕的桂冠而兴高采烈……而当哥本哈根没有给叔本华加冕另一顶桂冠时，他大吵大闹，出版论文时在前言中一本正经地口诛笔伐。"

克尔凯郭尔的异议直指他对叔本华批判的核心，加倍重复（reduplication）的缺席，理论与实践之间的距离。这一点在他反思叔本华作为"德国之命运"时得到一个独特的戏剧性转折："叔本华真正懂得，在哲学界有一个阶层的人士，以传授哲学谋生……叔本华在这方面无可比拟地粗暴。"到这里为止还算好，但接下去就不客气了："叔本华没有品格，没有伦理品格，没有希腊哲学家的品格，更没有基督教警官的品格。……叔本华怎样生活？他离群索居，偶尔发出一些粗暴的雷声——却无人理睬。看，就是这么回事。"在一个如此享有特权的地位充当悲观主义的代言人，在克尔凯郭尔看来是赤裸裸的智术（sofisme），因为"智术存在于一个人所理解的与其所是之间的距离，那不具备其所理解之品格的人，是为智者（Sophist）"。

克尔凯郭尔远非第一个对叔本华提出这样异议的人。他的回复也很有针对性：道德哲学家所建议的美德不能高于他本人所具备的，这是一种古怪的要求。可以补充说，这或多或少正是克尔凯郭尔所做的，他持续地自称"诗人"[正是出于这个理由]，而他对叔本华之缺少加倍重复的批评，也应该理解为一种替代或间接的自我批评，才真正有意义。此外，叔本华其实在相当程度上遵循了自己制定的苦行规条：一八三三年以来坚持不懈、风雨无阻地在法兰克福郊外的乡间长距离散步，洗冷水澡，生活有规律而准时，活像伊曼努尔·康德——或索伦·克尔凯郭尔。

克尔凯郭尔在死前一年研读的这位叔本华，还有六年好活，与他的丹麦同行相反，他看人生前所未有地光明——一种从晚年的银版照片上的这位愤世嫉俗的男子身上并不易觉察出来的东西。但是在一八四八年多次革命和随之而来的幻灭感，接受他的苦涩信息的时代已经成熟，悲观论者叔本华于是经历了奇怪的成

621

功，而且成功到了让他几乎随之而变成乐观论者的程度。于是在他最后一部作品的最长部分包括了一系列人生智慧的格言警句，为读者提供了"尽可能舒适地度过一生的艺术"的一些小小练习。这恰恰符合好逸恶劳的布尔乔亚的趣味，克尔凯郭尔为之如此愤怒，几乎将札记撕成碎片："毫无疑问，目前德国的情况是这样的——从文学痞子和搬运工、记者和不入流作家围着叔本华转，就不难看出——现在他要被拖上舞台接受掌声和欢呼。我敢拿一百比一打赌，他——他高兴得头重脚轻；他根本想不到要摆脱这些垃圾，他现在高兴了。"所以叔本华只是在外部世界让他不得不如此的时候才是悲观论者，一旦时代对他有利，他的悲观主义随即变成一种风格，他的哲学也上得厅堂，而他对体系的敌意则纳入了体系："于是，他责无旁贷地给禁欲主义之类在体系中分配了位置。……他不无得意地说，他是让禁欲主义在体系中占据位置的第一人。老天爷，这完全是教授口气，我是第一个在体系中给它位置的人。"

622

晚年克尔凯郭尔的一个显著特点就是以传记的方式来阐释叔本华的哲学，他也用同样方式对待过——例如马腾森和明斯特——而他也并不怀疑，叔本华会怎样从他所陷入的谎言中解脱出来："不，这件事情也可以用完全不同的方式来把握。到柏林去，把这些流氓恶棍赶到街头剧场，忍受充当所有人当中最有名的，每一个人都认识的。……我在哥本哈根实践过，当然是在较低程度上。……我还敢于做过另一件事——正因为我一直置于宗教指挥之下——我敢于自愿成为漫画讽刺的对象，遭到低微的和高贵的，全体群氓的嘲笑：一切都是为了破除错觉……但 A.S. 完全不是这样，在这方面他一点也不像 S.A."。

从这个个人视角产生出一个更加原则的问题，它——如下面将说明的——在一个小小的辩证回转之后，以相当个人的形式回到克尔凯郭尔这里："叔本华鄙视基督教，在和印度智慧的比较中嘲笑它。/ 这是他的事情。……我不反对叔本华竭尽全力对着新教尤精于此的'卑鄙乐观主义'大发雷霆，我很高兴地知道，他表明，那完全不是基督教。"克尔凯郭尔在这里和别处一样，对那些公开弃绝基督教的人们极其宽容，但是他必须针对一个特定情况提出抗议，即叔本华将人生等同于痛苦，"这样就取消了基督教"。因为，如果人生本来就已经是痛苦，基督教将失去"那借助否定形式来辨识"的手段，而成为一种"赘言，一种浅薄的观察，胡言乱语，既然人生本是痛苦，那么一种关于做基督徒就是受苦的学说也就成为荒唐可笑的了"。

克尔凯郭尔忧心忡忡地强调叔本华将人生等同于痛苦的错误。无忧无虑的浅薄时代大大受惠于"被忧郁症抹黑"，但人生是快乐的，人生不是痛苦，人生只有在基督教介入时才成为痛苦。克尔凯郭尔在这里呼唤攀登者约翰尼斯，后者早在《附笔》中就制定了"这个原则：基督徒就是受苦"，所以每一种将"扼杀或弃绝人生快乐"的观念都只有在一种情况下才有意义，那就是如果那单一者在与一个外在于他的超越性权威、一个神的关系中，被要求弃绝肉体。

623

尽管存在着区别和不同意见，叔本华的悲观主义还是对克尔凯郭尔产生了推动性作用并加强了他的批判。而他，本来极少为未来神学学生贡献思想的，在遇到叔本华之后做了一个例外："如同人在传染病流行期间嘴里含个东西，如果可能，以免吸进受感染的空气，因之也可以向那些不得不生活在丹麦的无理由（基督教）乐观主义之中的神学大学生们建议：每天摄取小剂量的叔本华伦理学，以保护自己免受这废话的侵害。/ 至于我本人则是另一回事，我受到其他形式的保护。"

"基督教是魔鬼的发明"

克尔凯郭尔肯定没有遭受时代的乐观主义病菌感染的风险，相反，他在这些年里所写的札记中回响着厌世的单调锤击声。他心神萦绕着那些以基督教的名义所行的不人道之事，他频繁引用包括塔西陀在内的对早期基督教的评论，"仇恨一切属人的东西"[1]，几乎成了口头禅。然后克尔凯郭尔继续给出自己的观点："就我所知，一种从不陌生的关于基督教的理解就是：基督教是魔鬼的发明，盘算着借助于幻想让人们不幸。就像蠕虫和鸟类寻找最美好的果实，魔鬼也瞄准那些较为优秀的，有着丰富想象力和情感的人们，借助于幻想将他们诱入歧途，让他们将自己弄得不幸，如果可能也让他人不幸。/ 这种观点至少值得一听。"

肯定值得一听的观点是克尔凯郭尔那关于基督教观的描述，自然生命在那里完全被置于仇恨对象的地位，不容易将神与魔鬼辨别开来。"也可以肯定，"他继续发挥道，"只有在到达高原之上，才是成为基督徒的真正起点，每一步都那样紧张，那样致命地危险，不断地处在'非黑即红'，上帝与魔鬼之间的选择中。"克尔凯郭尔并没有将这些魔鬼主义的雏形发展成一个连贯的主题，而是将锋芒转向他那著名的对头"礼拜日基督教，成百万的基督徒"，典型地由"循规蹈矩、废话

. [1] 拉丁文：odium generis humani。

连篇的殷实市侩"来代表，这样的基督教，"其荒唐程度就像圆塔想装扮成一个年轻的舞者，芳龄十八"。

624 　　比喻是好的，但也是怪诞的，因为其完整的喜剧力量来自毫无共同性的元素之间的碰撞。这是克尔凯郭尔这一时期许多比喻的典型特征，一切都旨在强调基督教与世界、伦理要求与天性之间的距离。每一例的要点都在于非同质性（Uensartetheden），与克尔凯郭尔本人密切相联系。在《我的任务。以及关于我自己》的标题下，一八五四年二月十三日的札记是这样的："基督教之于世界是非同质性、不可通约性、非理性的，而对于人则是直截了当的、无条件的决定性。"这些以前都听到过，也是那些比喻所要表示的，但克尔凯郭尔继续写道："我从早年就一直在遭受一根肉中刺的折磨，这也和罪与罪过的意识相联系；我感到自己的非同质性。这痛苦的折磨，我的这非同质性，我理解为和上帝的关系。"

　　因而，首先是痛苦，人生的受苦，非同质性的感觉；其次，或者更准确地说，随后是与上帝的关系。换句话说，这里并不是和上帝的关系带来痛苦——如克尔凯郭尔针对叔本华所论证的——而是正相反：是痛苦先于和上帝的关系！所以，有理由不只是合理地怀疑，而是克尔凯郭尔将自己的非同质性、他的深度不可通约性，转移给了基督教。问题并不在于人生的快乐必须扼杀或弃绝，问题在于那失败的弃绝，其中那本应扼杀的天性拒绝去死，掉转头以攻击性的姿态面对一切泯灭天性和弃绝的潜在阻力。在这个推演过程中一切普遍有效的权威都失落了，因此也就没有留下任何东西以供矫正那天性泯灭的主体，他只能转向自己："基督教难道不是让我成为一个极端利己主义者，或者将我的利己主义发展得十分异常吗？它难道不是——通过最大恐惧的恫吓——使得他只考虑自己，排他性地关注他的，就全然不顾所有别人可能的弱点和不完美吗？"这个问题站在那里，仰天长啸达一秒钟之久，读者感到愈益增长的压力要将其当作荒诞来加以拒绝，但已经太晚了，因为克尔凯郭尔已经写了："对这个问题的答案只能是：舍此'真理'不能前行。"

　　对此只能说：克尔凯郭尔，晚年克尔凯郭尔舍此不能做其他表现。那异常高度发展的"利己"立场，乃是"主观性即真理"论题极端强化得出的结果。失落的乃是从反题"主观性并非真理"而产生的辩证动力。疯掉的并不是克尔凯郭尔，而是他的神学，恰恰是由于失去这个辩证维度而疯了。

　　通过这失落，克尔凯郭尔终于澄清了他那非同寻常的任务究竟是什么。

第五部

一八五四年

"魔鬼充当真理见证人"

"现在他死了。/如果能在他临终的时候说服他向基督教忏悔，他所代表的并不是基督教，而是经过修正的温和版，那将十分可取，因为他承载着整个时代。……不做这样的忏悔而死去，一切都不同了，现在留下的只有他宣扬基督教已陷入幻觉的讲演。"

这是克尔凯郭尔对明斯特之死的第一个反应。他死得很突然。前一年夏天他还能照例进行巡视。家人注意到他有时"略感不适"，但他在一八五三年十二月二十六日布道时有着非同寻常的力量和激情。无论如何，明斯特的长子记得是这样。其他人的体验有所不同。例如，马腾森在一八五四年元月四日致古德的信中写道："顺便说一句，你知我知，明斯特的情况不好。……越来越可以感觉到，他对这个世界厌倦了。这并不令人惊奇。"不久，明斯特着凉得了一场感冒，看上去很快就好了，但是在元月二十八日，他感到胸疼，不得不卧床休息。疼痛很快消退了，但代之以昏睡，他睡得那么沉，只有最亲近的家人在场时才苏醒。他的力量逐渐消失了。一八五四年元月三十日，礼拜一，清晨六点三刻，这位七十八岁的主教呼出了最后一口气。

同日，《贝林时报》就在头版头条的十字架下刊登了全国各地报纸陆续刊登的讣告中的第一条。"谨此向全国各地沉痛宣告，雅各布·彼得·明斯特，西兰岛主教，丹麦教会的荣耀，基督教信仰的见证，结束了他人生的旅程。"两天以后这同一份报纸刊登了一篇哀歌，署名"奥·邦"——奥拉夫·邦，不知疲倦的诗歌写作者，克尔凯郭尔的医生——他歌颂明斯特是他的时代中独一无二的。更多好意的挽歌在随后的一天见到天日，包括伯·塞·英格曼也调起了七弦琴。同时副主教特利厄也代表哥本哈根神职人员代表大会在《贝林时报》上宣布，"京城和全国其他的神职人员愿为明斯特主教送葬者，请于二月七日，礼拜二，上午九时半整到大学集合，具体教室将在彼标明"。当这个重大日子来临时，葬礼的盛况令人印象深刻。根据《贝林时报》的报道，仪式从早八点开始，神学毕业生和大学生将灵柩从主教府抬出来，穿过广场，进入圣母教堂，停放在圣坛前。如特利厄先前所写的，送葬的人们于"九时半整"在大学集合，所有等级的成员都有代表："国王的代表宫廷大总管、王太后的宫廷总管、王储和其他皇家王子们、各部部长，以及一些外国政府代表参加了送葬队伍。来自城乡各地的数百神职人员前来参加葬礼，包括来自菲因岛、奥尔胡斯、奥尔堡和洛兰－法斯特的主教们，以及本城改良教会的牧师。"当队伍从大学出发，穿过广场来到教堂大门口时，"号角在塔楼上吹响"，神职人员和其他贵宾鱼贯进入"悬挂着黑纱，由壁灯和烛台照亮"的教堂。大学生合唱团唱过由弗里德里克·帕拉丹－米勒作词，约·彼·埃·哈特曼谱曲的颂歌第一部分后，由副主教特利厄发表讲话，描述故主教对民众和教会的意义。然后，育斯特·保利的弟弟，音乐家霍尔格·西蒙·保利指挥合唱团演唱了一首为明斯特本人诗作谱写的歌曲。下面轮到克·托·恩格尔斯托夫特主教和安·哥·鲁戴尔巴赫出场，随后是帕拉丹－米勒颂歌的后半部分，"以合唱的旋律唱出，全体与会者活泼地加入"。仪式的教堂部分到这里就结束了，神学大学生们抬起灵柩走出教堂来到大街上，这时塔楼上的号角再次吹响，一个童声合唱团跟随其后。灵柩在北门抬上灵车。送葬的人们——"大部分乘坐马车"——继续向辅助公墓前进。宫廷牧师保利，逝者的女婿代表家人致"告别词"并主持向灵柩撒土的仪式。

不消说所有这些克尔凯郭尔都没有到场参加，但作为圣母教堂的邻居，他在租住的房间里无法避免听到塔楼上吹响的号角，就像他在《贝林时报》上能够读到这次盛事，并且研究那些在报纸上重新发表的颂歌和其他歌曲的歌词。他还能在同一份报纸的二月十三日号《文学》栏下读到："汉·马腾森博士将其在显灵节后第五个礼拜日在克里斯钦堡王宫教堂所做的布道付印出版；在这篇基于《希伯来书》13：7–8 的文章中，他从布道坛上为已故主教做了美好而宝贵的纪念。"

这篇有关布道词售价十六斯基令，但对克尔凯郭尔来说几乎是无价之宝。演讲本身只不过是一篇美化逝者的夸夸其谈，但马腾森却偏偏不怕费事加上这么一段话："关于他的宝贵回忆充满了我们的心怀，我们的思绪从这个人回到一系列真理的见证人，他们像一条神圣的纽带，从使徒时代贯穿至今。……在这条真理见证人的神圣纽带上也有我们逝去的导师贡献于上帝和天父荣耀的一个环节。"

克尔凯郭尔还没有看完马腾森的布道词就着手写抗议声明，标志着史无前例的一个人的革命开始。不过为了避免卷入明斯特继任者的人选争议，克尔凯郭尔将抗议推迟了。保守派中意马腾森，自由派提出亨·尼·克劳森，而国王腓特烈七世本人则打算任命古典文献学教授约·尼·迈德维，外交部部长克·阿·布鲁梅试图说服他收回成命，因为迈德维并不是神学家。"不错，可有关系吗？"国王回答道，声音里带着等量的惊讶和不满。这句话在更聪明的圈子里传为笑谈。而国王的妻子[1]丹娜女伯爵也另有人选，并不让任命变得容易。最后选择还是落到了马腾森头上。这个振奋人心的好消息由首相阿·桑·奥斯特在王宫教堂的复活节礼拜后亲自告知当事人。同日马腾森在欢呼过后致信古德说："就这样，我现在借助于上帝的指引——因为我在这件事上什么也没有做——我蒙召唤就任这个极其重要的神圣职位。"从那时起到六月五日就任圣职的按手礼，马腾森称之为"主教热"的那段时间里，政治和教会的情况都一团糟，他毫不怀疑："还会有更多危机，因为目前的腐败堕落和非道德化不会停止。我估计，还会继续恶化。"事实证明他的这个估计是完全正确的。

马腾森的按手礼在五旬节，圣灵的盛宴中举行。克尔凯郭尔在此前不久正在思考基督教的获取世俗利益问题，感觉就像吃"抹了糖浆的鱼"一样恶心，而现在他快要吐出来了："真是令人作呕，这些上百万的人在玩基督教，庆祝五旬节——现在我们将有一位主教在五旬节的第二天行按手礼，我相信届时将会称颂'精神'，令人作呕，真可恨。"马腾森获得任命后，克尔凯郭尔完全可以发表他的抗议了，但他继续沉默，原因之一是在新闻界有关于马腾森任命的讨论，克尔凯郭尔不想卷入。在主教葬礼次日就有一些热心的神职人员开始安排为明斯特立纪念碑，他也不想在募捐中横插一杠子。但是，必须补充的是，他的推迟还有其他一些完全不同的动机。阿·桑·奥斯特不仅是首相，从一八五三年四月到一八五四年十二月期间他还是文化部长，兼管教育和教会。如果克尔凯郭尔在这些情况下公开发表他的抗议，有可能被起诉诽谤。所以，最好还是再等待一阵，何况一个强大的反对派正在努力建造一个自由部，并在一八五四年十二月十二日实现了，彼·格·邦担任首相，卡·克·哈尔成为文化部长。这肯定不合保守的马腾森口味，新政府组成后三天，他写信给古德说："现在我们有了个新政府，他们甚至打算为此举行火炬游行走向国王。这是我们到目前为止所经历的最可怕之事，王室

630

[1] 腓特烈七世的第三次婚姻是半正式的，丹娜没有王后头衔，故称妻子。

的尊严现在达到了卖淫的巅峰。"

在这些策略和政治方面的考虑之外还有一个容易被忽略的个人因素。明斯特的《我的生活报告》在一八五四年四月中出版。这是其长子弗里德里克·尤金·明斯特安排的，并好意送给克尔凯郭尔一本。在一份没有日期的便条上克尔凯郭尔对包裹中的附信表示感谢并愿意留下，但书本身却不得不退还。"我和您已故父亲的关系非常特殊"，他在回信中解释道，并强调了尽管彼此有许多同情却仍然存在的分歧。"不论我是否加以运用，都必须保留自由，以表达这些意见而无须考虑其他。"他进而表示不愿对明家欠有哪怕是最低限度的人情债。于是将这本书退还。

然而在克尔凯郭尔稍后时间札记中的一段话表明，他还是或多或少熟悉明斯特《报告》中的内容。他几乎是顺便、充满嘲讽意味地提到，明斯特在其"回忆录"将近结尾的地方表达了作为一个诚实的人步入坟墓的愿望。这其实是这本书结尾的一句话，所以克尔凯郭尔若不是买了这本书，就是从雅典图书馆借来看过。前者不太可能，因为在他身后留下的藏书中并没有这本书。考虑到克尔凯郭尔几乎终其一生怎样强烈地关注明斯特，而竟然对他的回忆录不感兴趣，那就太令人惊讶了。不管他是怎样看到这本书的，发现明斯特在书中没有一页叙述到和他的关系，甚至连一句话，一个字也没有，一定是很可怕的！克尔凯郭尔一家在明斯特的回忆录中根本没有出现，父与子都没有，父亲，那如此敬爱主教的纺织品商人，那两个儿子在二十多年里分别和主教有所交集，尤其是那幼子恰恰是在明斯特写作《报告》的那段时间里经常造访，如前面所说，直到一八五二年九月十三日的拜访。

631 而马腾森却经常被提到，带着那样的热情，一定让克尔凯郭尔感到彻骨的寒意。明斯特直言不讳地写到对马腾森的"爱"，从他们友谊的开始"与年俱增"。

我们无从得知，在克尔凯郭尔对明斯特的爱和明斯特对克尔凯郭尔的完全忘却之间的痛苦不对称，是否促使了公开攻击。但可以肯定的事实是，在那部背信弃义的《报告》出版后的那段时间里，札记中表达出前所未有的对明斯特的攻击。

因而，明斯特带入《报告》的不是克尔凯郭尔，而是马腾森，从而使他成为神职继承人。这同一个马腾森在一八五四年十月二十三日致信古德："终于，我们迁入了主教府，我现在正坐在书桌旁，那是明斯特度过了许多有福岁月的地方。那天我在这里从傍晚坐到深夜，沉浸在这古怪的孤独与静寂之中。"两个月之前，八月二十一日，他的夫人诞下一个"健康而美丽的小女儿"，名叫菲尔吉妮。马腾森夫人产后发作"剧烈痉挛"，随后又发生了"严重的神经衰弱"和"一侧乳房发炎"，但马腾森现在可以松一口气："感谢上帝，真正的危险过去了；我们必须学会耐心。"十一月十二日，主教再次拿起纸笔，他很忙，行政责任从四面八方呼唤他，但他还是对古德承认："您是对的，我现在生活在最美好的时刻之一。"

五个礼拜之后，地狱向他敞开了大门。

"真理见证人是这样被埋葬的"

一八五四年十二月十八日，克尔凯郭尔在《祖国》上发表了他的抗议，题为《明斯特主教是一个"真理的见证人"，"真正的真理见证人之一"——这是否真理？》。这可以说是一个修辞问题。在简短地描述了马腾森的布道词之后，转入真正的真理见证人的真正任务："真理的见证人是这样一个人，他终其一生，不知享受为何物；……真理的见证人是这样一个人，他在贫困中见证真理，在贫困中，在匮乏和屈辱中，如此声名狼藉，遭人憎恨和厌恶，如此遭人讥讽、嘲笑、捉弄——……一个真理的见证人，真正的真理见证人之一是这样一个人，他被鞭笞，被虐待，从一间监狱被拖到另一间，最后——最后的提升是他被接纳为基督教秩序中的优等成员，成为真正的真理见证人之一——最后——因为马腾森教授说的是真正的真理见证人之一——于是，最后被钉上十字架或者砍头或者烧死或者在铁架子上烧烤，他的尸体被刽子手的帮手扔到僻静的角落，不加掩埋——真理见证人是这样被埋葬的！"而明斯特，当然不是这样被埋葬的，相反，实际发生的是不折不扣的"鼓号齐鸣"；其中确实有某种逻辑在，因为明斯特实际上只是"软弱，耽于享乐，他的伟大仅在于是个演说者"。所以结论是："明斯特主教的布道淡化、模糊、隐瞒、省略了某些基督教中最决定性的东西。"

关于明斯特就说这么多。至于马腾森，克尔凯郭尔提出，他那篇悼念词不仅是希望让自己在悼念中与那空出的主教椅子联系起来，而且有自己教会事业策略方面的世俗考虑。这是一个中伤的文字游戏，克尔凯郭尔有可能乐于此道，无论如何在哥本哈根的某些圈子里以此为乐。马腾森的那篇演说也讲了很多跟随的重要性——隐含的，当然是基督——他还反复强调延续（kontinuiteten）的意义："基督的精神永存，尽管它通过不同的工具和礼物"，所以，主"总是每时每刻都用工具装备自己，为了教区的感化"。克尔凯郭尔立即抓住机会将基督的追随者和明斯特职位的继任者之间进行了恶意的联系，他还说马腾森的所作所为无非是"扮演基督教"，就像"孩子扮演士兵"。

632

"引发灾难"

克尔凯郭尔直到最后一分钟都在怀疑，攻击究竟应采取什么形式。他应该从批评马腾森不当使用的"真理见证人"这个词开始，还是先"呐喊"，用一篇短文对参加公开宗教仪式发出警告？考虑的结果是"呐喊"可以等待。克尔凯郭尔也还没有写完准备和这篇文章同时发表的两篇附加文章，于是直到一八五五年五月二十四日才以《不得不说的话》为题发表。然而他也认为，如果先发表这篇文章，预期的灾难性效果将会更加圆满，但是这里还存在一个非常特殊的问题。"如果我的行动伴随着评论，"他在一八五四年十二月间写道，"解释整个项目的丰富精神意图：我将享受巨大的成功——但我的任务却完全失败了。"行动本身"必须看上去像是一种疯狂（若非如此我们将没有激情来启动，点火）"。几天以后，札记中在《灾难》的标题下有了如下戏剧性宣示："怎样才能在精神世界中产生灾难？很简单：通过排除一些中间步骤，通过得出结论而不提供前提条件，通过展示结果而不提这结果从何而来，诸如此类——于是，在采取行动的人和他的同时代人之间的冲突会成为一次灾难。"

在这里我们或许是在面对这次行动最大的战略要点：必须出乎所有人的预料，必须看上去像是真正的疯狂，引起所有价值的完全逆转，简言之，对布尔乔亚的平庸日常乐观主义和牧师们的新教文化自我理解都同样是一场灾难。可以说，克尔凯郭尔总体部署都归在"灾难"的名下。显然，马腾森在所有这一切当中仅只是一个契机，并非攻击的原因。而克尔凯郭尔早在几年前就曾对克·托·恩格尔托夫特教授说过，他将在明斯特死后"吹响号角"。

一条没有日期但可确定是些在十二月十八日文章发表之后，标题为《引发灾难》的札记，勾勒了克尔凯郭尔的策略："不论人们将怎样因我而恐惧，如果他们得知，将怎样感到奇怪：近来完全占据我的是，这是不是上帝的意志，我应该冒一切风险成就一次灾难，哪怕是被逮捕、被判决，如果可能，被处决。在我的心灵中有一种担忧，即我是否会不做这件事，而不永远后悔。……因而我对自己的所作所为深感忧虑，我现在是否能够——如果达到这一步——进监狱，如果可能，被处决，整个的这种斗争会打搅我。"克尔凯郭尔以自己的学术胆识设想了可能发生的最坏灾难，人们也许会对他害怕这种"斗争"的令人不安后果而忍俊不禁，但也不能忽视他对这次行动深思熟虑的现实主义。

札记在几天后结束了，最后一条题为《精神人之死》。最后一本札记——记事36——是一本空白。从这里开始克尔凯郭尔只能在零散的纸张上，自然也在公众场合来追踪。

又一次，在四年的沉默之后。

"克尔凯郭尔先生不是个认真的人"

攻击马腾森的文章产生了巨大的反响，大大小小的人物都行动起来。先忙起来的是小人物。次日，在《日报》上就有署名"A"的文章提出疑问，"虔信如何能对活着的人保持沉默而对逝者说三道四"。十二月二十三日的《哥本哈根邮报》匿名刊登了一首诗，又过了一天即在平安夜当天，人们可以在同一报刊上欣赏到一篇文章，某个"阿斯克勒庇奥斯"[1]声称，克尔凯郭尔一开始富于"原创性"（original），现在要把"这个词的所有字母去走，只留下三个"，即"疯了"（gal）。可以理解地，那被攻击的对象在其札记中建议《哥本哈根邮报》更名为"飞短流长报"。

疯狂的话题持续了半年。因此在某个时候有人建议克尔凯郭尔做一次"离京三十公里的康复旅行"——那是著名的圣汉斯疯人院所在地。十二月二十七日，一个署名"来自北桥的J.L."的人出现在《飞翔邮报》上，他大段大段地引用克尔凯郭尔在《祖国》上的文章，据称将揭露"克尔凯郭尔式的喜剧性哀婉"。J. L. 说克尔凯郭尔那篇犯了众怒的攻击马腾森文章无意识地表露了他"内心最深处的基本品格"，因为他虽然拥有"极高的天赋和丰足的教养"，但他完全缺乏一种东西："严肃性"。J.L. 继续写道："所以一切在他那里都化入作家的精湛技巧，克尔凯郭尔先生是一位无与伦比的捣乱者，才华横溢的作家，以其优异的艺术风格，呈献了前所未见的美学、哲学、神学作品"，然而尽管有这一切，结果仍然是并将是："克尔凯郭尔先生不是个认真的人。"无法确切地知道隐藏在这个缩写名字后面的人是谁，但从此人似乎认识克尔凯郭尔，从他的批评是基于一些语文学观察来判断，都在指向以色列·莱文，克尔凯郭尔的前秘书，现在抓住机会向他所痛恨的前任雇主报复。克尔凯郭尔自然不会去理会这些小打小闹："人们将理解，我不会考虑每一个匿名者，每一个'阿斯克勒庇奥斯'……发表在报纸上，或者一个来

634

---

[1]　阿斯克勒庇奥斯（Asclepius）是古希腊神话中的医神，阿波罗与宁芙女神科罗尼斯之子；另说，其母为琉基佩之女阿尔西诺。

自北桥的严肃的人，以《飞翔邮报》的严肃性教训人们，我没有严肃性。"

　　稍微有点分量的人物之一是拉斯姆斯·尼尔森，他显然听到了一点关于克尔凯郭尔的打算，于是秉夜造访马腾森，建议他给克尔凯郭尔一个承认——或者"让步"，用他的话来说。在一封日期为十二月十五日的致古德信的结尾处，马腾森加上一条附言："昨天晚上十点半，我接待了拉斯姆斯·尼尔森的完全出人意料的尼哥德慕[1]拜访。我从大量可怕废话的包装之下得知的不过是，他为克尔凯郭尔的冒犯而遗憾。关于此事我是否可能对这个家伙做出让步，使他在将来不至为害？（什么话）他抱怨，为基督教而战的各种势力分裂了。末日审判就要到来。……在这全过程中我始终保持着温和平静。我的判断是，他受到内心某种运动的影响，对克尔凯郭尔有不好的看法……如前所说，我尽可能保持平静，避免刺激他。／哦，人都要经历些什么哦！"

　　拉斯姆斯·尼尔森斡旋的努力是徒劳的：马腾森于十二月二十八日在《贝林时报》上发声，指出克尔凯郭尔应用了一个受严格限制的概念，"真理见证人"，它不能简单地等同于最血淋淋意义上的"殉教者"。克尔凯郭尔——"他的基督教既没有教会也没有历史"——似乎是在有意误解一系列基本的事情，其中包括无可否认地"存在着有形迫害之外的痛苦形式"。因而，马腾森继续写道，"一个真理见证人难道不会遭受真正石刑之外的石刑吗？"关于这一点，克尔凯郭尔扪心自问，会认可马腾森——他曾经一度自称"笑的牺牲品"。

　　在这位愤怒的主教看来，克尔凯郭尔的抗议只有两种可能的解释："因而索·克尔凯郭尔博士倘若不是痴迷于一个固定观念，乃至于最终失去了最简单的头脑循环，那么他就是明知并非如此却故意将真理见证人的概念以这样夸张的方式加以定义，因为他又要通过'游戏基督教'制造轰动。但是在这种情况下这种勇敢的游戏应该安排得更精细一些。因为，没有进一步的材料而给予我们的这个前提的简单断言，其于理无据和任意性是如此粗糙显著，以至于反驳它都近乎无聊，而这样一个前提对于训练有素的智者索·克尔凯郭尔博士来说，毕竟有些贫乏。值得担心的是，他那原本过度流畅喷涌的思想，现在开始过度迟滞——或者

---

[1] 尼哥德慕（Nicodemus）是一个法利赛人和犹太公会的成员，他在福音书中共出现了三次：第一次是他在夜间拜访耶稣，听他的教诲（《约翰福音》3：1–21），第二次是他在住棚节期间陈述有关逮捕的律法（《约翰福音》7：45–51），最后一次是在耶稣受难之后，他协助亚利马太的约瑟预备埋葬耶稣（《约翰福音》19：39–42）。

他的思想现在已经开始痴迷。"此外，当克尔凯郭尔指责明斯特对一些"基督教最具决定性的问题"沉默不语时，他应该考虑过，一个"上帝的仆人不仅要警惕，以免对他受命宣讲之事保持沉默，而且同样要警惕，以免讲的多于他所受命宣讲者，包括他应该警惕，所说多于特定精神给予他本人心灵的礼物。明斯特主教始终细心观察着这条黄金法则，是否得到广泛的遵循，当关于基督教生活的高度和深度的扭曲夸张之词泛滥时，例如，关于弃绝，就是这个说话人仅仅从想象得知的，如果可以避免，那么许多益信词和书就不会写出来了"。对一个像明斯特这样的人进行末日审判，"不仅要求有别于和多于索·克尔凯郭尔博士在《祖国》上发表的那篇马虎文章，而且要求有别于和多于冗长的克尔凯郭尔著述总体的东西"。马腾森在这里引述自己，他甚至是在引述自己的引述。早在一八五〇年出版的《教义通论》中，他就傲慢地承认，关于克尔凯郭尔作品，"那汗牛充栋的文献，如前所说，只有有限和零散的知识"。 636

　　马腾森接着转入针对明斯特的"生活与性格"的攻击，很可以理解地对克尔凯郭尔竟然指责明斯特——"丹麦全国最勤奋的人之一"——"耽于享乐"，表示困惑。在这一点上马腾森几乎丧失了彼得·克里斯钦·克尔凯郭尔如此慷慨地赋予他的冷静头脑："确实，这张在《祖国》抛弃的面具肯定将长久保留在我们的公众历史之中，并附加在索·克尔凯郭尔博士的名声之上。但下面的观察似乎也显而易见，但愿索·克尔凯郭尔博士本人不要有朝一日也变成一张游荡在我们中间的面具……莫非索·克尔凯郭尔博士真的以为，我们将继续相信，他认真对待他所宣讲的思想，即真理应该在'生存'中得到表达？"尽管对克尔凯郭尔的作品只有零星了解，马腾森还是理解了一些关键的要点和问题。"我不知道，"他继续写道，"他本人将如何证明这假面舞会的正当性，因为，一位信仰的骑士——以及经常以这样的面目出现的索·克尔凯郭尔博士——也应该在其与人，不论活着还是死去的人的关系中，费心表现出骑士风度。然而我也毫不怀疑，他将对自己的良心证明其行为的正当性，通过这样那样更高天才的道德，也许甚或是足以让任何其他考虑后退的这样那样的宗教要求，为他的行为方式提供远远高于普通的标准。"接着是一个特别深情款款的问候："完全可以肯定的是，一度写过'爱的作为是回忆一个逝者'的索伦·克尔凯郭尔博士，其最近的一篇回忆逝者的演讲将让他以这样一种方式被记住，保护他免于遭受他尽一切努力加以避免的危险：被遗忘。"讨论转向"真理见证人"这个词的意义，不错，但也同时转入了关于谁将在历史上占有什么样的地位和站在未来苍穹中的何处。

还有许许多多诸如此类的话，但最糟糕的确是那短短的从句，马腾森将克尔凯郭尔比作忒耳西忒斯 [1]，荷马史诗中最让人讨厌的人物之一，诗人曾这样描写他："他的两条腿都是弯曲的，一瘸一拐，他的背驼着……头顶上有一撮稀疏的头发。"克尔凯郭尔看懂了这亲切友善的恭维，他非常熟悉《伊利亚特》的第 II 歌。马腾森的文章发表后的次日，那个给克尔凯郭尔收拾屋子的鞋匠老婆发现满地都是撕成碎片的《贝林时报》。同一天晚上舞蹈家奥古斯特·波诺维利在家中举行宴637会，邀请了皇家剧院的同事朋友参加，其中包括弗里德里克·路德维希·霍伊德，他是成功的演员兼导演，但作为克尔凯郭尔的热心读者，就不那么幸运了。"我们度过了快乐时光，"波诺维利在日记中写道，"但是霍伊德为克尔凯郭尔卑鄙地攻击明斯特辩护，让我很不开心。"

然而马腾森主教的谆谆教诲浪费了。克尔凯郭尔博士在十二月三十日的《祖国》上再次提出抗议："设想一个要宣教基督教的人，达到和享受了根据最高标准的一切可能的物质利益和好处，将他设立为真理见证人，神圣链条上的一环，就像谈论一个儿女成群的处女一样荒唐。"有很多事情可以"此外"，克尔凯郭尔很有启发性地解释道，"既是这个又是那个此外还会拉几下小提琴"。但作为"真理见证人"则不同，即那是一个非常"盛气凌人的、一个高度孤僻的规定性"，他不让自己和别人相联系；如果有人还是要去尝试，"那么就不得不以基督教的精确性说：那是真理见证的魔鬼"。

马腾森在一八五五年元月二日给古德的信里说，古德将他针对克尔凯郭尔的文章看作"一记恰如其分的耳光"，让他甚感欣慰。马腾森解释道，出于对明斯特的虔敬，他不得不反驳"这次荒唐的攻击"，尽管他并无意于公开讨论，他给出了理由："这样的一篇文章不能仅仅根据一时的，或许不同寻常的印象来判断，而要根据其后续影响。我说的关于他的话，他已经在第二篇文章中提供了证据，这篇文章比第一篇更加狂热，达到了自大妄想狂的边缘。顺便说一句，我自然不会再就此事写什么。我估计，他有朝一日就此事写一整本书，也并非不可能。"

---

[1] 忒耳西忒斯 (Thersites)，荷马史诗《伊利亚特》中的人物，相貌如正文中所说的丑陋。他是围困特洛伊城的希腊联军中的军官（一说士兵），经常挑剔联军统帅阿伽门农和其他将领的毛病，甚至漫骂，被奥德修斯痛打，后为阿喀琉斯所杀。后世以其名喻指丑恶的诽谤者。

一八五五年

"我宁可去赌钱、酗酒、嫖妓、偷盗、杀人……"

克尔凯郭尔并没有就此事写一本书，不过将各种相关文件搜集起来也很快就能形成一份小册子档案，其中语气从刺耳的甚嚣尘上到清醒的居高临下不等。于是在元月九日的《贝林时报》上刊登了一篇匿名评论延斯·帕拉丹-米勒的《索伦·克尔凯郭尔博士对明斯特主教身后声名的攻击》的长文。文中指出，奥尔堡主教堂的副牧师帕拉丹-米勒令人信服地证明了，克尔凯郭尔所确立的"标准"和他据此进行的"判决"，都是错误的，因之他的异议无非是"徒劳无益地抹黑一个可敬人物的身后名声"。帕拉丹-米勒挑战克尔凯郭尔基于《新约全书》的那些指控，认为后者并不能成立，因为"有些时候这位博士先生比我主基督本人及其使徒还要基督徒"。评论者给克尔凯郭尔的对手们做出如下结论："他们确定而清晰地表明了，索·克尔凯郭尔博士在作品中所强调的基督教之最具决定性者，实际上混入了人性观和属人的创造发明，而他所推荐的基督教，都导致远离教会及其美德，其结局若非自以为是，即是绝望。"借助于一种回溯推理，评论者宣布自己的结论是，"他在《祖国》上发表的两篇文章摧毁了作为宗教感化作家的自己"。

几天以后克尔凯郭尔以"转移话题"为理由拒绝了帕拉丹-米勒的挑战。问题在于明斯特是否是真理见证人。句号。一个广泛的学术讨论只会让这个本身简单明了的问题变成"冗长、博学，引文复引文的神学研究……敬谢不敏了！"在此之前一天，马腾森告诉古德，他认为帕拉丹-米勒的文章"非常出色"，但或许没有集中在"更强的人格方面"，在这里马腾森已经不是在暗示，克尔凯郭尔的古怪心理状态不妨加以渲染用于煽动目的。他进而报告道，据说这同一位先生将要"印制一本厚书"，如果属实，"将不仅造成新的丑闻，而且会造成新的混乱，谎言和欺骗将和各种事实真相混在一起，为许多居心不良的人制造可乘之机"。尽管马腾森感到自己得到"豁免"进一步卷入，但如果情况恶化，他自然也准备好参战：

"这里的任务将恰恰是从教义的立场和他斗争。他的行动方式毫不掩饰其阴险狡诈的、穷凶极恶的伦理经不住任何严肃的分析。最糟糕的是，他变得如此肮脏，跟他打交道变得困难。"西兰岛主教如是说。这样来洗他的已经很干净的双手，人们真的可以在这位自以为是的教会中人身上，发觉那种让克尔凯郭尔像瘟疫一样深恶痛绝的东西。

然而拉斯姆斯·尼尔森不怕卷入。元月十日，他在《祖国》上发表题为《一次善行》的长文，认可克尔凯郭尔抗议将明斯特当作真理见证人的正当性。这样做很勇敢，本身也是一次善行，不过和以前经常发生的那样，尼尔森的勇敢伴随着一种感人的天真。作为自封的斡旋者他责无旁贷地反驳一些关于克尔凯郭尔的流行偏见。例如他远不是像人们认为的那样冷酷而理智，尼尔森向读者保证，接下来的一段精彩插入语非常充分地表明了这两个人的关系："我的印象是，尽管有着一切反思，克尔凯郭尔仍然是一个情感丰富的人。当我读他的作品，当他对我说话时（即便是捉弄我），还是可以感到这个言辞尖刻的瘦弱男子仍然有着温柔的性格和童心。"

尼尔森接着转入更加原则性的问题，即针对克尔凯郭尔"非教会"和他的斗争属于"单方面的私人事务"的观点进行分析批驳。教会的事业不能仅仅借助于外部权威来发展，而是通过远为激进的行动，"让基督的话语生效"："教会不能承受'何为真理见证人'的印象之弱化……克尔凯郭尔，一个反思时代的反思大师，通过对一切形式的精神权诈进行无畏的思想论战，努力加以救治的，正是这种弱化。"尼尔森试图在历史回顾中表明，克尔凯郭尔是怎样徒劳地等待着明斯特的承认："明斯特主教去世了，《我的生活报告》出版了；但是并没有最后的解释，没有一个字，代表教会来消除误解……于是达到了极限。"尼尔森也研读过明斯特的《报告》，显然也很惊讶里面竟然对克尔凯郭尔其人其事只字未提。所以他认为克尔凯郭尔的攻击是完全可以理解的。尼尔森认为，他知道自己在做什么，但他的所作所为乃是"带着难言的痛苦"，即便他把这些事情交付上帝。最后，尼尔森漏出了一句小小的妙语："我相信这一点，因为我不得不如此；我必须将此人抬得这样高，以免将他——压得太低。"

在这些用心良苦却又徒劳无益的和解尝试之后，尼尔森提出自己的"请愿书"，表明他实际上对整个局面是多么不了解：预先假定克尔凯郭尔［发动攻击的］动机既非"自爱自怜"也非"虚荣的统治欲或精神的傲慢"，那么他就要请求马腾森主教允许他，尼尔森，给予克尔凯郭尔所期待的承认："我并不期待，马腾森主教将改变具体观点；我仅只请求主教——不是为了克尔凯郭尔，不是为了我，而是为了教会——将允许这承认，如我所理解的，对相关人士有效。"这是一个令人惊讶不置的建议，而《祖国》的灰衣主教[1] 延·芬·吉约瓦特也悄悄将克尔凯郭尔拉到一边问，本报是否应该刊登更多这类东西，而克尔凯郭尔肯定认为绝对无此必要。实际上他宁可让《祖国》刊登攻击他的文章，从而保持他"作为单一者的分离性"。

尼尔森表达善意的次日，马腾森写信给他的牧师朋友古德，说他不久前到尼尔森处做了一次"回拜"，以表示他"对和解毫无仇恨或勉强"。这次拜访还算比较成功，尼尔森据说不仅赞同而且支持马腾森的观点。他自然还要继续为克尔凯郭尔的"工作"辩护，但马腾森可以得出结论，尼尔森"对其最近的所作所为表示很不赞成。他还是不肯承认那是穷凶极恶，但有可能是这样，克尔凯郭尔现在正站在一个危险的十字路口，他若不能证明自己是这个时代最伟大的人，或则就小于零！"尼尔森应该还提到，他愿意再写一篇文章表达其观点。"我自然没有再说更多，这是一件很微妙的事情，我宁愿听任每个人写他想写的东西，而我保留自己的同样权利。如果他经常来访，会变得不舒服。"

老好人伯·塞·英格曼也不能再掩饰其愤怒，他在元月十五日致信延斯·帕拉丹－米勒，说他的文章恰是"保卫明斯特身后名誉免受我们的雅典智术大师损害"所需要的。英格曼继续写道："至于智者索伦，我从来不相信真理在他手中，他才华横溢地将辩证法运用自如，对我来说一直像是个变戏法的人，他拿真理和基督教玩魔术，让它们从袖底进进出出——与此同时他忽而扮演高柱修士圣西米恩，忽而扮演梅菲斯特菲勒斯——他本人的性格深层其实是空洞的，某种意义上将心灵和理智都出卖给了双份的机智，他甚至没有足够的头脑来掩饰这空洞，于是无边无涯的虚荣和傲慢，以一种无爱的精神以及其他许多惨不忍睹之物每时每刻源源不断地从这空洞中喷涌而出。"同日，也是在元月十五日，《祖国》刊登了副主教特利厄的一篇文章，题为《索伦·克尔凯郭尔博士是否通过反对明斯特主

641

---

[1] 灰衣主教（英文：grey eminence; 法文：éminence grise），指"幕后"运作的决策人或顾问，或具有非官方不公开能力的人。典出"三十年战争"期间法国红衣主教黎塞留（Cardinal Riceliu，一五八五～一六四二）的左右手 François Leclerc du Tremblay（一五七七～一六三八），此人喜穿米灰色袍子，故名。

教之为真理见证人而行了一次善事？》它用谨慎的神学研究分析这次冲突，但还是以站在明斯特一边告终。

尼尔森在发表第一篇论战文章之后将近一个礼拜时发表了第二篇很短的文章，题为《向至尊至敬的马腾森主教提一个问题》。他使出全身解数，试图尽可能外交地让主教大人确认，克尔凯郭尔的抗议是一次善行："您是否以教会的名义认为，我的观点到目前为止作为您的对手仍然得不到回应乃是恰当的，或者您已经裁定，为教会安宁起见应将我的观点作为无稽之谈加以拒绝，从而您的裁定得作为不会犯错和不可撤回的而成立？"尼尔森没有得到答复。不过《贝林时报》却在几天以后刊登了一篇无名 X 的公告，他苦涩而简单地写道："鉴于目前情况下，对一个如此既不合时宜又不合理的问题做出的不论任何答复都无异于火上浇油，或许应该假定，'为和平，为未来起见'，不予做出任何答复。"

谁也不知道躲在这匿名 X 后面的究竟是不是马腾森，但是无论如何他对这件事的发展远远不算高兴。"至于拉·尼尔森，"他在元月十九日致信古德写道，"您现在一定已经读到了他那面目狰狞的文章第二号。这个人实在是品格全无。"十天之后，事情变得——如果可能——更加狰狞。元月二十九日，克尔凯郭尔在《祖国》上宣布，"新主教通过以此种方式为明斯特主教封圣，使得整个基督教既定秩序，从基督教的观点来看，斯文扫地。/ 如果明斯特主教确是真理见证人，那么——即便十足的瞎子也能看到——全国每一个牧师也就都是真理见证人"。接下来克尔凯郭尔在那张牙舞爪的文体中完全乱了方寸："现在我要以强化而不是削弱的方式重复我的异议；我宁可去赌钱、酗酒、嫖妓、偷盗、杀人，也不参加愚弄上帝［的集体活动］；我宁可把白天消磨在保龄球馆台球房，晚间在赌场和化装舞会上，也不参加那种马腾森主教称其为'基督教严肃性'的严肃性；不错，我宁可直截了当地愚弄上帝，登上高山，或者出门来到旷野，和他单独在一起，对他说'你这个愚蠢的上帝，除了让人捉弄没有更好的用处'，宁可这样捉弄他也比另一种方式好，即我煞有介事地装作圣徒，似乎我的生命对基督教只有纯粹的激情和热情，然而可以感到，始终存在着——可诅咒的暧昧！——'此外'还有我现时和现世的利润。"

642　　同日，克尔凯郭尔在一份"副刊"上发表了题为《两位新的真理见证人》的文章，起因是马腾森曾在一八五四年十二月二十六日的布道中挑衅地将两位新主教称为真理见证人，现在这篇布道词出版了。"已故主教有一种隐瞒既定秩序的软弱和虚弱一面的非同寻常才能，"克尔凯郭尔解释道，"新主教马腾森也是一个有天赋的人，他有一种罕见的禀赋，他哪怕是做最微不足道的事情，也会暴露出既定秩序这样那样的弱点。"两位主教的任命是在圣诞节后一日，殉教者圣司提反日[1]，克尔凯郭尔认为"有讽刺意味"，让他怨恨的还有，马腾森借此机会"除其他事项外，指出真理见证人这个词'在今天回响着特别的共鸣'。这当然不容否认——只是这共鸣乃是不和谐音"。

英格曼不得不再次出来安慰遭到攻击的人，于是他在元月二十八日写信给马腾森："智者索伦对明斯特的坟墓所做的不近情理的捣乱，让我非常愤怒。您的反驳是尖锐的，却公正而恰当。"如果英格曼要提出一点异议，那就是马腾森对克尔凯郭尔外貌的攻击，这是要冒风险的，即在"罪有应得的惩罚中让他幻想自己成为殉教者，并在同一幻想中恰恰成为'真理见证人'"。可见并不是出于同情，而是策略考虑，英格曼建议马腾森慎重从事。关于克尔凯郭尔，他继续写道："他是一个空洞的辩证法魔术家，把真理变出来又藏进苦修教士的斗篷，可那实际上是小丑的帽子。在我看来，这是无边无涯的傲慢和虚荣，加上许多别的可怜分分，穿透他自我装点得审美的破衣烂衫伸出来，同时他不断地挖深他自己（也包括他的追随者）和他所宣扬的基督教之间的鸿沟。"

英格曼不仅会写甜腻腻的赞美诗，他还会别的，很多。譬如将真理放进小丑嘴里指向狂人[2]。尼采在将近一个世代之后将他派到稠人广众之中，在光天化日之下打着灯笼跑来跑去，宣布上帝死了。

菲尔吉妮和雷吉娜——失去最宝贵者

当所有这些在进行中的时候，在远离历史的一个小小角落里，古德做了一个女儿爱玛·多萝提娅的父亲。马腾森在二月二日的信中向他祝贺，并就克尔凯郭尔关于两个最新真理见证人的文章加上了几句话："您大概还没有机会读到克尔凯郭尔最近那篇不可思议地狂热、在暴徒式愤怒中写就的文章。这样的文章令人担心他的精神状态。可以确定的是，上帝之国不会这样向我们走来……但愿，大家都让他自去独处，不要卷入他的事情。"

643

---

[1] 司提反（martyren Stephan）是基督教会的首位殉教者，天主教会将圣诞后一日定为圣司提反日。

[2] 德文：der tolle Mensch。

当马腾森在将近两个礼拜之后再次写信时，内容是深刻的个人事务，与这两个不妥协的人之间往复漂移的那许多原则问题形成鲜明对比："在这里向您报告一个悲伤的消息，我们的小菲尔吉妮现在半岁了，昨天死于抽搐和肺炎。我太太为此事极度悲伤。上帝给我们力量来承受此事，背负上帝让我们背的每一个十字架。"

当主教大人在准备葬礼时，掘墓人凿开冰封的冻土，让小棺材可以按照规定降入地面两米以下的时候，克尔凯郭尔的笔喷涌出势不可当的论战文章，那颤抖着的牧师们全都遭到了打击。"由于克尔凯郭尔对明斯特的攻击，我们现正处在一个不愉快的时期，"育斯特·保利在二月中写信给一位熟人道，"像克尔凯郭尔那样利用基督教纯属无事生非。他的虚荣心中有种魔性的东西。一切在他那里都经过精心算计。我早已确定无疑地从他的话里感觉到——早年我们曾一同散步——他自认为是能够在我们中间推动基督教之人，而我则坦率地告诉他我的意见——在他的著述活动中有某种扭曲和危险的东西。"

然而这同一个克尔凯郭尔其实并不能算计一切。三月里施莱格尔夫妇在忙着整理打包他们的家，因为施莱格尔被任命为丹麦属西印度群岛总督，他和夫人将在那里度过三年。出发的那天，三月十七日，雷吉娜匆匆离开宽街上鬼气森森的公寓，进城去散步，希望能遇见她的索伦。好像是治理者施与这两个彼此的生命如此牢不可破地联系在一起的人最后的慷慨，走不多远，她就看到了那个戴着宽檐帽的著名身影。当她走过他时，用那样温柔的、刚刚能听到的声音说："上帝保佑你——愿你一切安好！"克尔凯郭尔几乎惊呆了，但他还是稍稍抬起帽子向过去的爱致意——最后一次。

然后雷吉娜快速奔回宽街上的公寓，好像什么都没有发生。

"很简单：我要的是诚实"

在接下来的五个月里克尔凯郭尔写了将近二十篇文章刊登在《祖国》上，其中一半多发表在十二天之内。对论战来说这是名副其实的地毯式轰炸。而马腾森既缺少同盟军又缺乏弹药，他屡次向古德索取——如他在三月二十一日的信中所说的——和"克尔凯郭尔式人物"作战所需的材料。在同一封信里，这位已经在明斯特的原有辖区内做过首次巡视的主教，还透露了如下情况："我洞悉了许多教会的悲惨情况和环境。从国家教会的角度来判断是既不能够，也不应该容忍的。神职人员当中的许多成员，因为他们的缘故不值得支持任何既定教会机构。／今天我将去拜访克努特伯爵并在那里和一个小小的朋友圈子共进晚餐。"

克尔凯郭尔将感到有趣，不仅为马腾森的抱怨和伯爵家晚宴之间的平滑过渡，而且同样会因为这实际上给了他所宣布过的追求的许可。马腾森用自己的眼睛确认了克尔凯郭尔所朗声批评的：教会的情况很悲惨，国家教会可以批评，牧师们当中的很大部分不值得为之辩护。马腾森如实承认事态，应该得到肯定；但他不在公开场合说，使得他的沉默成为虚伪。

当古德坐在洛兰岛的田园风光中阅读主教来信的时候，《祖国》在三月二十二日出版，上面刊登了克尔凯郭尔非常具体的指示，马腾森应该怎样做："首先，尽最大可能停止所有正式的——出于良好愿望的——谎言，它——出于良好愿望——呼唤并维持这样一种表面现象，即人们所宣传的基督教就是《新约全书》的基督教。……这样情况才会发生逆转，远，远，远离一切幻觉，让真理出现，让语言出现：我们作为新约意义上的基督徒不够资格。"四天之后，三月二十六日，克尔凯郭尔从他上次停止的地方开始："我们国家的宗教情况是：基督教……根本不存在，几乎每一个人都能看得像我一样清楚。我们有，如果愿意看，主教、主持牧师、牧师；有学问的、学富五车的、有才华的、有天赋的、属人意义上善良愿望的，齐声称颂，好，非常好，出奇的好，相当好，冷漠的，糟糕的，但其中没有一个人的品格是新约意义上的基督徒，甚至没有在朝新约意义上的基督徒方向上努力。"马腾森不见得同意克尔凯郭尔的结论，但他们肯定会认可这些前提。

然而谈话并不能持久。两天以后，三月二十八日，又一枚开花弹在贴近主教 645 府的地方落下："一条论纲——只有唯一一条。/ 哦，路德，你有九十五条论纲：真可怕！不过在更深刻的意义上来说，论纲条数越多也就越不那么可怕。事情也就可怕得多：只有一条论纲。/《新约》意义上的基督教根本不存在。这里没有什么可改革的；重要的是用光芒照亮千百年来持续着的，有千百万人（有罪或者无辜的）所犯下的基督教罪行，从而巧妙地在完善基督教的名义下，一点一滴地逐渐将上帝哄骗出了基督教，让基督教成为和《新约》中的基督教正相反对之物。"克尔凯郭尔还利用同一机会坚持说，他既非"改革者"，也非"旁观者"或者"先知"，而只是"罕见的天才警官"。两天以后，三月三十日，克尔凯郭尔再次将批评的锋芒指向宗教，他的直言不讳足以让穿黑袍的牧师统统昏过去："即便是人类站起来反抗上帝，拒绝基督教、对其漠不关心，也远不如这种偷梁换柱似的，通过虚假的传播取消基督教那样危险。"他在次日，三月三十一日发表的文章《我想要什么？》里面发挥了这个思想，并自己给出了如下回答，"很简单：我要的是诚实。……为了这诚实，我愿意冒险。然而我并不是在说：这是为基督教而冒险。假设一下，假设我成为如假包换的牺牲品：我并不是为基督教而牺牲，但因为我要的是诚实"。

马腾森理屈词穷。他受了侮辱，采取守势来应对。他在四月二日致信古德说："克尔凯郭尔又用他源源不断的报纸文章开始了新的一轮丑闻。我没有读那些文章，但是听取了口头摘要。这个人以越来越可怕的方式展示自己。此外我也想到，他这个人，即便完全忽略这件事的道德方面，在纯粹智力方面通过这些狭隘的攻击出卖灵魂，也足以说明他作为一个人完全不自量力。这里表现出他在直接传达信息方面的能力。知道拉斯姆斯·尼尔森现在怎么看他在第一篇文章里提出的那个'非此即彼'，会是很有趣的。但我完全见不到他，也不想见。"

一个礼拜之前，卡斯滕·豪赤在给英格曼的一封信里宣布，完全同意后者"对克尔凯郭尔行为的判决"。英格曼表达了他的愤怒，"这种智术中的肆无忌惮和厚颜无耻在年轻人当中颇有市场，他们认为这种冷酷地玩弄真理是才华横溢"。

646　　当豪赤在六年前感谢克尔凯郭尔送给他一本《非此即彼》时，曾向克尔凯郭尔保证，如果有朝一日坐牢，他肯定是要带着这本书去的。

画家克里斯滕·克布科的姐妹，画家同行康斯坦丁·汉森的妻子玛德琳·汉森写给男爵夫人艾丽瑟·斯坦普的信却完全不同，充满仁爱之心："让我烦恼的是，要不断地听人们贬损克尔凯郭尔，可以这么说，他们勤奋地对他行为中的真理充耳不闻，以便能更清楚地看到他的人性弱点，好像问题是克尔凯郭尔是个什么样的人——而不是：我是基督徒吗？"

"所以，取消假名"

以"真理见证人"的定义开始的争论很快就发展为对整个牧师阶层的全面批评，他们笨拙地将基督教弄得不再和无精神的布尔乔亚生活观有所区别。四月三日的《祖国》刊登了署名"N-n"的文章《给索·克尔凯郭尔博士先生的一点建议》，文章呼吁结束目前这场已经持续了半年的辩论，在 N-n 看来，应该"在一定程度上免于悖论的夸张和惊厥过度"。N-n 进而对克尔凯郭尔将诅咒抛向教会及其成员的恶意高超技巧愤愤不平："基督教任命的侍者所教导和宣讲的一切，都被他放到一边，盖上'反基督教'的印章。"现在是说些建设性话的时候了，这样，如果克尔凯郭尔不愿限于"搅起来，推翻倒，打搅和混淆，制造忧虑和恐惧"，他就应该"向他的同胞们提供一份说明书在手：一份《新约》教义的纯粹、确定简述，在他看来有资格称之为新约的教义简述"。从而，N-n 认为，读者或许能走出"只有花炮和火箭炮照亮的重重迷雾"，因为"在警报和呼喊、攻击和愤怒、电闪和雷鸣之外还一无所成。这不是先知的精神，更不是耶稣和使徒的精神"。

克尔凯郭尔在四月七日做出回应，列出《附笔》《致死的病症》，以及《训练》，请 N-n 过目。最后一本书已经脱销，但目前"正在印刷新版"。几个礼拜之后，格隆德维派主持牧师维克多·布罗赫在《祖国》上发表意见。他饶有兴味地读了 N-n 的文章，宣布同意其表述，但不同意其结论，因为在他看来这件事需要的并不是从神学上进行谈判，而是一次教会的裁决。顺便说一句，如果想认真对待克尔凯郭尔，而不仅仅将这一切当作"挥舞警棍的粗鲁笑话"，那么就必须向他指出他自己的一个自相矛盾，即他本人宣布"绝不是基督徒，却要裁决什么是基督教，什么不是"。克尔凯郭尔不仅自相矛盾，而且"和对其教区承诺了获得永生和战胜黑暗势力的主相冲突……但既然如此他就必须接受，当他高声喧嚷得过分肆无忌惮时，主的教区对他的高声喧嚷充耳不闻，在其他人通过唱赞美诗获得宁静，向他们的主祈祷，阅读圣经，听取上帝之言的布道，并在圣礼中生活时，对他关闭教堂之门"。这是格隆德维派的方法，很快就引起了反弹。

克尔凯郭尔早已不再去教堂，他在三天之后做出回应："主持牧师先生要——如果我不改进——对我施以教会的处罚。但是怎样惩罚？这惩罚是难以设想的严厉，如此严厉，我要请女士们把嗅盐瓶拿在手里，以免在听到时昏厥。如果我不改进，教会的大门将对我关上。真可怕！所以，如果我不改进，我将遭到排除，排除出礼拜日宁静的时刻听取真理见证人们的雄辩，如果不是无价之宝也是超值的雄辩——我，可怜的羔羊，既不会读也不会写，所以，就这样被排除在外，精神凋零了，因被排除出真正可以称为富有营养的，因此可以养活牧师及其家人的东西，而死于饥饿！……可怕呀，可怕的惩罚，可怕的主持牧师！"从那以后布罗赫就不再作声了。

几天之前《日报》上刊登了一篇匿名文章，作者支持克尔凯郭尔批评现时代的半心半意半冷不热。然而，这位匿名人士认为，错并不在教会，而是因为，"基督在我们的家里是个陌生人"，所以他要呼吁"在家灵修（*Huusandagten*），才是

647

我们所缺少的！"到目前为止，克尔凯郭尔不论巨细都做出回应，却唯独没有评论这一深刻的单纯，实际上他在一段时间之前也曾考虑过离这项建议不远的事情。鉴于宗教礼拜只不过是一种"试图愚弄上帝的盛大仪式"，他决定留在家里"礼拜日上午阅读一篇严格的宗教感化作品，并唱几首赞美诗"。这项一个人的礼拜计划可能从未得到实施。克尔凯郭尔后来给他的抗议一个挑衅性的转折，他固定在礼拜日，最好在教堂的钟声敲响，召唤人们去做礼拜的时刻，到雅典图书馆阅览室去。一八五二年五月二十八日，礼拜五，他一生中最后一次领圣餐，是在他父亲的老忏悔牧师阿·尼·卡·施密特那里。克尔凯郭尔说到做到，始终如一。当他的堂婶，堂叔米·阿·克尔凯郭尔的妻子于一八五五年五月二十八日去世时，克尔凯郭尔从丧事承办人处得知，葬礼那天将有车来接他。克尔凯郭尔回复推辞，并在一封信中进行了解释——这也是出自他之手的最后一封信，他已经多年没有"送任何人入土为安，即便是最亲近的家人葬礼也未参加，叔叔知道，哥特街上的婶婶和安德烈哥哥的葬礼我都没有参加，如果我这次例外到场，将会得罪其他人。／所以，亲爱的叔叔，请原谅我。也请您通知丧事承办人，以免因误会而派车来接我"。

克尔凯郭尔有别的事情要做，只好让死人去埋葬死人。五月十日，他在《祖国》上发表了《结果》和《独白》，这两篇文章都苛刻地集中抨击牧师方面的置之不理；在同一场合他进而澄清："我的抗议是针对马腾森主教的诸种幻想，所以我并不是说，牧师们有义务成为真理见证人；不是的，我所强调的是：这块招牌必须摘掉收起来。"六天以后，克尔凯郭尔挂出了自己的招牌。起因是《基督教的训练》第二版出版，他就此做出解释，如果他现在，一八五五年五月十六日，第一次将手稿付印，这本书将不会"由假名出版，而是由我本人，并且删去那重复三次的前言……我早先的想法是，如果要保卫既定秩序，只有一个方法：通过诗性创作（所以由假名出面）对其进行审判……然而现在，我完全说服了自己两点：从基督教的观点来看，既定秩序不可延续，而它的每一天延续都是罪行；而且也不能这样祈求恩典。／所以取消了假名；删掉三次重复的前言，以及第一部分的'道理'：这样，《基督教的训练》从基督教的观点来说，是对既定秩序的攻击"。

随着小册子《该说的就要说》和两篇所谓"附页"在随后一周内的出版，"承认"已不再是一种可能。日期分别为四月九日和十一日的所谓"附页"，最早是写给当时的文化部长卡·克·哈尔的，所以是直截了当的语气。克尔凯郭尔划掉了这些成分，将这篇作品作为正式退出官方基督教会的宣言书加以发表。没有等任何人做出回复，他在五月二十六日又发表了一篇文章，在文中对迄今发生的事件进行了一种摘要总结，并做出了以下直言不讳的判决："马腾森主教的沉默是：（1）从基督教的观点来看无法辩护；（2）可笑的；（3）自作聪明的愚蠢；（4）在不止一个方面可鄙。"

第一波攻击就这样结束了。第二波攻击可以开始，但时间已剩下不多。

瞬　间

"至于说到真理见证人——目前索伦正扣动大枪的扳机，在《祖国》上发射他的枪弹，一篇文章和一种杂志'瞬间'。"汉斯·布罗希纳在一八五五年五月二十九日写信给他多年的友人，时在基尔担任丹麦文教授的克里斯钦·克·弗·默尔拜克。布罗希纳和通常一样消息灵通。五天前出版的这种传单第一期突然开始在近乎亚热带热浪袭击下闷热的哥本哈根流传，并在某些圈子里引起了非同寻常的注意。然而布罗希纳并不认为这种传单会对牧师们产生多少影响；"我们的真理见证人们就像塞瓦斯托波尔的守军[1]，"他将牧师们与那著名的克里米亚军港相比，英国军队试图夺取该港，但在几个月里徒劳无功，"他们只要有饭吃，就别的什么也不管，他们沉默不语，继续研究他们的翁博牌戏和教区税率，牧师们的《旧约全书》和《新约全书》。"

克尔凯郭尔已经很明显地感到不能在《祖国》上继续论战，不错，他和延·芬·吉约瓦特的关系很好，但过重的负担会损害这关系。到现在为止，《祖国》已经把名声和油墨借给了出自克尔凯郭尔之手的二十二篇文章，该刊不应该成为他的官方杂志。"于是，"他在一次小小的回顾中说，"出于许多不同的考虑，我选择开始自行出版一些传单，这样我作为单一者就有了专属机关报。"

不过传单还是花了一段时间才展翅飞翔。首先，在财务方面有些困难。由于克尔凯郭尔必须独自负担出版费用，他不得不动用一八五四年八月二十五日将新市二号老宅的首付卖给姐夫亨·费·隆德所得的五千塔勒中最后所余部分。其次，他担心这份传单会以新闻的悖论告终。从一份写于四月八日的未刊稿上可以看出，"运用日报，同时避免和我的日报观矛盾"对他来说是多么重要，但克尔凯郭尔为

---

[1]　塞瓦斯托波尔（Sebastopol）是克里米亚半岛上的军港。克里米亚战争期间英法联军包围该港将近一年后于一八五五年九月十一日攻陷。布罗希纳写信的五月尚在僵持期间。

了更重要的事情将这些矛盾放在一边。第一期《瞬间》于五月二十四日出版，印数一千份，附带可在出版家卡·安·瑞策尔处订阅的征订广告。七月十九日，克尔凯郭尔要求瑞策尔加印"五百份《瞬间》第二期"。十天之后，他略带胜利感地记录下，《瞬间》的发行量已经大致相当于《祖国》。

650　　尽管克尔凯郭尔坚持作为"单一者"进行论战，他的传单还是打破了一些先前的原则。当希本拿到第一期《瞬间》时，几乎不相信自己昏花的老眼。他不仅有些怀疑，克尔凯郭尔究竟有多少"基督教思想和性格……他肯定有诸如此类的东西"，而且他还惊奇，克尔凯郭尔"在我认识他的全部时间里都痛恨鼓动，可他现在却变成了一个热情的鼓动者"。马腾森也记录了这次逆转："他在这里转向群众，他，以前蔑视群众，只求和单一者平静相遇的他。"不久，克尔凯郭尔本人也开始感觉到信息和媒介、个人抗议和大众传播之间的错误关系。他在八月三十日评估他的实际影响力，他认为他引起的兴趣并没有错，人们读他的作品肯定无疑并没有错，但是他们随后采取的步骤却是不折不扣地走在错误的方向上："下一个礼拜日人们还是照常到教堂去；他们说：克氏说的有道理，看他写的东西有趣极了——整个官方的上帝崇拜仪式其实是愚弄上帝，是亵渎上帝——但我们一旦习惯了这些就无法摆脱，我们并不具备这样的力量。但我们肯定还是会在读他的作品中得到很多乐趣，简直急不可待地找到下一期，了解更多关于这个无疑是非常有趣的刑事案件。"这样一种兴趣自然让克尔凯郭尔感到可悲，它只能确认他关于基督教已经被废除的信念，"我们时代的人们甚至没有我所说的国家宗教，他们对每一种宗教所要求的那种激情陌生而无知，而这种激情，无此便无宗教，更不要说基督教"。

"然后这诗人突然变了"

为了抵御媒体与生俱来的愚蠢惯性，克尔凯郭尔很早就提出并坚持强调，他宁可不操作《瞬间》。他在第一期第一篇文章中引用古老的谚语，"欲望推动成功"，但需要修正，"真正的严肃性实际上出现在这里，一个聪明能干的人，违反自己的愿望受更高力量的迫使接受工作任务的时刻——所以，是以能力抵抗欲望"。克尔凯郭尔推论道，如果冲动与责任这个反转的关系为真，而这关系确是真的，那么他就完全"正确地处在与任务的关系之中：在这瞬间采取行动；因为上帝知道这，我的灵魂中没有比这更抵触的了。/ 作为作家——这给我以愉悦；

我必须诚实地说，我爱上了写作……于是我是这样一个人：他真的毫无在那瞬间 651
采取行动的欲望——或许正是出于这个原因我选择要去做"。

情况非同寻常，克尔凯郭尔承担的角色也是如此。"我所表达过和正在表达的
观点，属于这样的特性，在基督教一千八百年的历史中没有可以与之类比，与之
相应的情境。因之——面对一千八百年的历史——我完全遗世独立。/ 唯一和我
类似的是：苏格拉底；我的任务是苏格拉底式的任务，重新审视什么是基督徒的
定义。"——他以得体的谦逊在一八五五年九月《瞬间》第十期的草稿上这样描述
当时的情况。克尔凯郭尔在同一份草稿上还告知其读者："活着的只有一个人，有
资格提交对我的工作真正的批评：这个人就是我。……唯一偶尔说过关于我的意
义的接近真理的人，是拉·尼尔森教授；但这真理是从私下和我谈话中得到的。"
克尔凯郭尔也丝毫不怀疑他的事业对丹麦历史的意义，尽管只写在札记里："我有
荣与焉的事业，是丹麦有史以来最伟大的事业，这关乎基督教的未来，应该从这
里开始；这个事业是，如果可以这样说，在我的方面以如此热忱、努力、勤奋和
无私所服务的，在丹麦没有任何其他事业在这方面可堪与之相比。"

这事业是无双的、无与伦比的，但当克尔凯郭尔搭建供他表演的舞台时，每
一个人却都能明显地看出，他是从古罗马的斗兽场找来的道具。且看这里："这一
切终于成为一种乐趣，相当于观赏角斗士与野兽搏斗的乐趣，成为公众观战的乐
趣：一个人，他只有精神的力量，而且不惜一切代价拒绝任何其他力量，为宗教，
为牺牲之宗教而战，与一千职业牧师组成的巨大军队作战，他们谢绝精神，却由
衷感激政府发放的工资、头衔和骑士十字勋章。"而当克尔凯郭尔举例说明与《新
约》同在的"人生"时，读者必须有中等严重的想象力缺乏才不会联想到他本人：
"让我来举一个例子。这样的生活就是，比任何负责任的工作者更紧张地工作，然
后投入金钱，一无所获，遭到嘲笑，等等。这样的生活对广大人群来说是一种疯
狂，无论如何让许多人感到陌生，将这样一种生活方式视为陌生。然而真理在于，
这样一种人生才是与《新约》基督教同在的人生。"

克尔凯郭尔的论战是对"既定秩序"的矫正剂，他这样大喊大叫，也经常引 652
起注意，但他几乎在同样程度上沉默不言的，则是这矫正剂也是针对他自己的，
针对他那漫无边际的著作，其假名腹语术也终于转向个人陈述。"当内心性城堡
的大门久已关上，而又终于开启，这扇门不会像装了弹簧的内门一样无声无息"，
他用一个中世纪的隐喻来这样说明。更直接的说明见于六月十六日的《基督如何

审判官方基督教》："我以装扮为诗人开始，狡猾地瞄准我认为与官方基督教一致的那些东西。"这种做法的证明是，人们"把基督教改为诗"，从而取消了"基督的追随者，人们仅仅通过想象力与榜样同在，自己生活在完全不同的范畴之内，这就是和基督教之间的诗意关系"。关于这策略的应用，克尔凯郭尔也可以揭示："这程序是警察的智慧，让涉案之人感到安全，警察则可以借此机会进行更深入的调查。"调查随着时间流逝暴露了那么多，诗人不得不变身："然后这诗人突然变了，他——如果允许我这样说——扔掉吉他，拿出一本书，叫作《我主和救世主耶稣基督的新约全书》。"

这宣言几乎都是些陈词滥调，但完全是认真严肃的，在第七期《瞬间》中有一篇文章，专门处理诗人对于宗教的危险性。这一次的揭示也是由一位"聪明警官"来做的，他装扮成"诗人"，能够潜入该时代的许多面具和服装背后。这出名叫《"诗人"如何成为"人类"之最爱？》的戏通过一系列惊险的辩证运作，将"诗人"作为欺骗者和幻象制造者表现得淋漓尽致。人人爱他，因为他如此善于唤起"想象力"，人们忘掉了他写的是虚构，将虚构混同于现实。在这里，人们可以逮捕这位"聪明警察"，为他犯下的审美罪行，包括充当"诗人"的前科，但因为法律秩序处于暂停状态，我们可以满足于这样一个观点：这批评——也是——或多或少的自我批评。

经常引用的废话一说（pjatte-parole）也应作如是观。"废话"是在《瞬间》第九期中成形的："人类的精明在于窃取了生存（Tilværelsen）的秘密，让它风行，如果想让生活容易（这正是人们想要的），是很容易做到的，只需要不断地让自己作为人变得毫无意义，生活就变得容易了。说废话——你就会看到，一切困难都消失了！说废话，今天持有一种观点，明天另一种，于是你又持有前天的观点，礼拜五又有一个新的，让你自己变成几个人，或者把你的自我包装起来，匿名持有一个观点，实名持有另一个，一个口头的，一个书面的，一个作为公务员，一个作为私人……你就会看到，一切困难都消失了。""废话"属于轻浮的范畴、实验主义不受束缚的飘荡、主体的变形；但也正因为如此，"废话"成为克尔凯郭尔作品的一个隐秘而不自觉的隐喻，仅角色的急速转换，假名作品中迅速扩大的人物画廊，宗教感化演讲中完全不同的精神状态，就近乎提供了范例：一个人如何使自己成为"几个"，包装"自我"，"匿名持有一个观点，实名持有另一个"。

653

扔掉内心性！

克尔凯郭尔进入角色，将一切间接传达形式放到一边，不再容忍内心性——他自己的和文化的——作为退缩的借口。这次行动的性质差不多可以说是内心性的驱魔，已经见之于他所描写的形象和隐喻，经常让一种发炎或病态的"内在性"（Indvorteshed）暴露在外部世界之中。如在《请服一帖催吐剂！》这篇文章中，就将基督教的状况诊断为一种有多种内科症状的疾病，例如"口臭、舌苔重、略有寒战"，针对这些症状医生通常会开出催吐剂的处方。克尔凯郭尔也开出同样的处方："请服一帖催吐剂，走出中间状态。"逐渐加大的剂量将治愈病人，将其置于一种发呆的状态，那些原属于基督教的恐怖将戏剧性地重现："先考虑片刻，基督教是什么，它要求人的是什么，它要求什么样的牺牲……然后让你清楚，完全清楚而切近，接受它却是多么恶心：以这样一种方式生活，这才是基督教的上帝崇拜，在一个宁静的时刻，一个穿戏装的人登台亮相，做出恐怖的姿态，在窒息的啜泣中宣布，永恒中有一笔总账，我们将走向那笔永恒的总账——我们必须这样生活，在那个宁静时刻以外的时间只不过需要将这样那样的常规置之度外，更不要说将涉及升迁的考虑、世俗的好处，或者精英的看法等等置之度外，当然不会有人这样做，布道者自然也不会这样做，如果有人竟然这样做了，当然会遭到惩罚被宣布为疯子的。——设想一下这样生活，而这样活才是基督教的上帝崇拜：现在，催吐剂起作用了吗？"如果这剂药没有产生预期效果，疗程会令人厌恶地继续下去："那么再服一帖！"这种美味小点心的要点、治疗的观念本身，与基督教界内广泛传播的内在性密不可分。"让它起作用；感谢你，仅次于上帝的马腾森主教，给我们这种受益无穷的催吐剂。"

在萨特的世纪成为文化不适感巨大象征的恶心（Kvalmen），在《瞬间》中与一系列病症相联系："现在已经明白了，一个人足以让全城染上霍乱，而一千个做伪证者让整个社会生疮流脓绰绰有余。"一八五三年发生的霍乱在这里被用作对原来如此乐观的自然科学和医学的一个灾难性警示。在另一期《瞬间》里，克尔凯郭尔将他对同时代人的理解比作精神病患的治疗，他们全部被送进一所巨大的医院——读作人民教会——人们在那里都像苍蝇一样死去，只留下克尔凯郭尔，他不受传染，并做出诊断，整座"大楼里都有毒"，而且"密不透风"，因此应该尽快换"新鲜空气"。这篇文章的标题充满临床气息，叫作《医生的诊断书》，而克

654

尔凯郭尔的疗程却不属于最富宗教感化力的："让这堆破烂倒塌吧，让这些店铺和摊点——礼拜日关门法规的除外——也都关闭吧，让这种官方的模棱两可不再可能，让他们没有生意可做，养活这些江湖医生——……让我们重新单纯地崇拜上帝，而不是在豪华大厦里捉弄他，让这重新严肃起来，结束游戏。"

"牧师——这裹在长袍里的废话缩影！"

向国家和官方机构的呼吁主要集中在《瞬间》的最初几期，随后克尔凯郭尔让交流绕过政府机构和神职阶层，转而直接面对普通人，用个人化的口吻和团结的感觉说话："你，普通人！我没有将生活和你的生活隔离开来；你知道这个，我生活在街头，人人都认得我。此外，我没有成为什么人物，也没有任何等级的自私自利：这样，如果我属于什么人，那么我就属于你，你，普通人。"克尔凯郭尔并不要求普通人退出教会，但是要求他们回避教会，并且在总体上与牧师们保持适当的距离："我恳求你看在天上的上帝和一切神圣事物的分上做一件事：躲开牧师们，躲开他们，这些可恶之人的谋生手段就是阻挡你注意到什么才是真正的基督教。"这恳求贯穿了整个论战，因而在第七期《瞬间》中这样说："如果你相信，而你一定是相信的，偷窃、抢劫、哄抢、卖淫、嫖娼、诽谤、贪婪、饕餮等等让上帝反对，那么官方教会及其上帝崇拜就更让他无限厌恶。"

克尔凯郭尔要求并坚持政教分离——国家应付给愿意退职的牧师补偿金——但他同时强调每一个人继续交纳牧师费的重要性，最好交双倍的，以示鄙视——因为对所鄙视的人一定要"不惜一切代价避免钱财争议"。这个替代方案既激进又麻烦："国家应该让一切基督教的布道成为私人行为。"同样地，他的方法也逐渐呈现出全然诽谤的性质："因此，从基督教的观点来看，'牧师'必须加以制止……就像对犹太人喊'耶路撒冷已经陷落'，也应该跟在牧师身后喊'不许偷东西！'直到一个牧师也看不见为止。制止他，他偷窃神圣的东西！"

丹麦的神职人员遭到了空前绝后的系统性迫害。各种指控自天而降，倾泻在这个"神职骗子行业公会"又名"牧师公司"头上，一切有幸将他们寄生的鼻子长长地伸进国库的平庸小人，为了保住职位不择手段的人，甚至，"由政府拿出方案来创立绿奶酪做月亮教"。通过无数典故、小故事、趣闻逸事、闲谈、粗野的暗示，克尔凯郭尔使牧师的金钱关系成为《瞬间》的一个中心论题，如这里所直接点出的："关于教会既定秩序持续存在的问题是一个——金钱问题。"基督教商业化的印象借助于关键词而加强，"神职阶层作为商人等级"，"商业牧师的大型行业公会"，最经常谈到的干脆是那"一千名靠基督教谋生的公务员"——也就是说，靠"销售真理见证谎言的甜腻糖浆"为生。因而牧师的作用就是确保社会反对基督教，就像一位统计学家在提交"一座大城市的人口规模"时可以给出"这座城市所消费的公娼数字"，人们也可以算出国家需要多少"做伪证者（牧师）"以"保卫自己防范基督教"。这是一个国家和牧师双方都能从中获益的秘密条约。作为合作关系的一方，牧师们特别执意于两件事情："（1）人们自称基督徒——这羊群越大越好——以基督徒的名义；（2）然后不让他们知道，什么是真正的基督教。"

克尔凯郭尔从与《海盗船》的冲突中比任何人都更加懂得，将注意力引向 656 外观的讽刺效果，尤其是一件或多或少偶然的服装物品，一长一短的裤腿，或者——牧师的长袍："长袍让人不由自主地想到有什么东西要隐藏；当人要隐匿什么的时候，长袍非常合适——官方基督教有许多需要隐匿的，因为它自始至终都不真实，所以最好隐藏——在长袍里。/ 而长袍——这是女性的服饰。因此让人想到官方基督教的另一个特点：没有阳刚之气，运用狡猾、虚假和谎言作为它的力量。这在官方基督教也是典型的，本身是一种虚假，消费大量的虚假，既是为了隐瞒真理，也是为了隐瞒本身的虚假。"或者用他那毫不留情的准确性来说："牧师——这裹在长袍里的废话缩影！"

克尔凯郭尔为了加强影响力而简化了他的批评；有些地方过分夸张，鼓动胜于论证，他也会货真价实的庸俗，例如在《瞬间》第九期中，他把不少诡辩的空气打进论证，让牧师的兽行超过食人者："（1）食人者是野人；而'牧师'是有学问，有文化的人，这使得他的恶行更令人反感。/（2）食人者吃他的敌人。'牧师'则完全不同。他造成的印象是他把最高的爱奉献给他吃的人们。牧师，正是这个牧师，他是那些荣耀者最忠诚的朋友，'听，只要听一听，他怎样描述他们的痛苦，讲述他们的学说；他难道不应该得到银餐具，骑士十字章，全套绣花靠垫椅，每年多几千塔勒，他，这个荣耀之人，自己感动得潸然泪下，这样就能描述荣耀之人们的痛苦？'"在这幅光怪陆离的场景中间，克尔凯郭尔放了一套绣花靠垫椅，正是明斯特迁入主教府时收到的，显然是一件令人惊异的礼物，城中也很快就流传起闲言碎语。克尔凯郭尔继续写道："牧师惬意地在他的乡间住所安顿下来，升迁的前景在向他招手；他的太太体态丰盈，他的孩子也不遑多让。而所有这一切都是由于：荣耀者的痛苦、救赎、使徒、真理见证人，牧师就借此为生，他就吃这个，在生活的享乐中用来喂老婆孩子。他把这些荣耀之人泡在盐水缸里。他们的呼叫'跟着我，跟着我'徒劳无功。"

最尖刻的挖苦留给某个"神学毕业生路德维希·弗洛姆"[1]，此人被派去在小说"首先是上帝之国"里登场。路德维希·弗洛姆是个有追求的人。"而当人们听说，一个'神学'毕业生追求时，不需要特别生动的想象力就能明白，他追求的是什么，他首先要追求自然是上帝之国。/ 不，然而并不是；他追求的是：一个皇家任命的牧师职位来谋生。"而在达到这一点之前，他必须首先去上预备学校，在那里首先要通过第一和第二两门必修课的考试，在读了四年书之后他首先要通过学位考试。他现在神学毕业了，但这并不意味着他可以开始为基督教工作，不，不，他首先要读半年神学研究院，当这件事办完了，按规定他还要再过八年才能正式开始献身于工作："而现在，我们的故事才将开始。八年过去了，他追求。/ 他的生命到目前为止可以说还不曾和那无条件者发生过任何关联，却突然进入了这样一种关系：他无条件地追求一切东西。填写一张又一张盖好官印的表格，东奔西走，向部长也向门房自荐，一句话，他是一个无条件的侍者。一个最近几年没有见到他的熟人，吃惊地发现他变矮了。可能的解释是他遭遇了明希豪森之狗的命运[2]，一开始是大灰狗，但是跑太多之后变成了腊肠狗。/ 这样过去了三年。我们的神学毕业生在为采取行动或者休息而获得牧师职位进行的如此高度紧张的活动之后真的需要休息，并得到未来妻子的一点照应——然而他首先必须订婚。"他终于得到了那个职位，但是当这任命成为现实的时候他却发现"这使命的收入"比他计算过的少了一百五十塔勒。路德维希几乎绝望了。他立即去又买了一些盖好官印的表格，以便请求部长大人免去他的职务，但是一个熟人阻止了他，于是弗洛姆先生与恶劣的环境和解了。"他接受任命开始履行圣职——礼拜日来到了，他将被介绍给教区信众。干这活儿的院长可不是普通人，他不仅有……公平看待世俗利益的冷静眼光，而且还有看待世界历史的思辨视野，他并没有把这仅留给

657

---

[1] 原文中这个人物的姓 From 意为"虔信"。

[2] 明希豪森男爵（Karl Friedrich Hieronymus, Baron von Münchhausen，一七二〇～一七九七），德国贵族，军人，曾在俄国、土耳其等地驻防。英国作家 Rudolf Erich Raspe 根据其生平事迹演义为《明希豪森男爵奇遇记》（*Baron Muchhausen's narrative of his marvellous Travels and Campaigns in Russia, or The Surprising Adventures of Baron Muchhausen*），一七八五年在伦敦出版，后来又有多种虚构传奇故事问世。"明希豪森男爵的狗"就是其中一个故事。

自己，而是为了教区的进益而与信众们分享。"具有反讽意味的是，院长的经文选自使徒彼得关于放弃一切追随基督的话；接下来轮到弗洛姆先生，奇怪的是，这天的经文是关于首先追求上帝之国那段。"'一次很好的布道，'到场的主教说道，'一次很好的布道，整个关于首先是上帝之国的部分，他强调首先的方式，都产生了恰当的效果。'"

这篇讽刺小说充满了怪异的夸张，所以让人迷惑不解的是，克尔凯郭尔竟然说它是"那么真实，那么真实，那么真实"，几乎作为该篇的主题来加以强调。或许可以这样解释：他不仅看见过哥哥的眼中钉，而且乐于展示它。彼得·克里斯钦于一八五〇年获准辞去其在托斯隆德－伊斯霍伊教区的职位，因为，他在绝对最后一分钟意识到，给出的薪给是错误的，其中可能"什一的酬劳还少了二十桶大麦[1]"。这样一个缺口当然让彼得·克里斯钦手脚冰凉。也不能排除克尔凯郭尔在这里用的是克佛伊德－汉森的典故，他在以"让－皮埃尔"的笔名开始文学生涯前曾在欧登塞担任学校教师，随后在克里斯钦港的救世主教堂申请职位。他也要经历那可怕的事，这份职位的收入少于预期，因此他立即寻求解除职务。不过克佛伊德－汉森和路德维希·弗洛姆一样与命运和解了，随后于一八四九年九月九日由副主教特利厄将这位有些迷茫的候选人安置在其职位上。克尔凯郭尔了解这件事的扭曲过程，在札记中记录下来，他的锋芒所向主要是特利厄而不是克佛伊德－汉森，因为他，特利厄明知克佛伊德－汉森的决定还是选择慷慨陈词，"感人至深地说，当今之世上帝的仆人必须特别考虑：这是生死攸关的事情。是的，我要感恩"。站在克尔凯郭尔的讽刺工作室里的模特儿究竟是彼得·克里斯钦，还是克佛伊德－汉森，并不那么重要，但他们两人肯定都被刺痛了。而克尔凯郭尔也就收到了一巴掌拍俩苍蝇——贪婪牧师——的效果。

他在击落洗礼、坚信礼、婚礼等教会气球时的枪法也同样准确。一个夸张滑稽的完全世俗化的年轻男子，天晓得为什么，想出个主意让他的孩子受洗，克尔凯郭尔建议，与其给孩子戴洗礼帽不如"在那当爹的头上罩一顶睡帽"。从这个"兽性的胡闹：在当孩子的时候头上让一个皇家公务员洒一捧水就成为基督徒"，克尔凯郭尔进而转入坚信礼，它可能是"比洗礼更深刻的胡闹"，因为它显然"提出了在洗礼中缺席的东西：真正的人格"。胡闹的一部分在于年龄与永恒之间关系

658

---

[1] 教徒们缴纳年收入的十分之一称为"什一奉献"，牧师的酬劳称"什一酬劳"。

的不相称："一个十五岁的孩子！如果事情涉及十塔勒，做父亲的会说：不行，我的孩子，不能让你处置，你还太嫩。但是当涉及他的永恒福祉的时候，十五岁的年龄却最合适。"所有这些都是"喜剧"，克尔凯郭尔得出结论，但他还是愿意给欢乐的场景一点贡献，于是设想了这样一种官方规定，今后"所有男性行坚信礼者都必须在教堂内佩戴胡子，当然可以在晚间的家庭庆典上摘掉"。婚礼的特征描写却没有这么喜庆，克尔凯郭尔所建议的《新约》替代方案也没有多少前途——

659 婚礼干脆取消了，因为那年轻人"既恨自己也恨他的爱人"，于是在最后一分钟选择"让她走，为了爱上帝"。并不需要陷入深思就足以发现克尔凯郭尔在这里想的是谁。

　　离这里不远就是对自然生活的总体批判。牧师们，特点为平庸的庞大群体，在这里对人类精神的进步构成特殊威胁，他们不断地自我复制出越来越小的个体，随即聚集起来形成自鸣得意的小小飞地："那得到如此颂扬的基督教家庭生活本身，从基督教的观点来看，是一个谎言。从基督教的观点来看并不存在家庭生活，家庭生活尤其不应被视为基督教最真实的形式，它至多被当作一种放纵得到宽容而已。"而那"得到如此颂扬的基督教儿童教育所包含的无非是给儿童灌输——纯粹的谎言"。全体牧师们——"全体快乐的，生儿育女的，事业心旺盛的牧师行业公会"——必须倾听他们那么难以压抑下去的轰鸣情欲性欲要说的几句话："随着年龄增长，我越来越清楚地认识到，基督教，尤其是新教，尤其在丹麦所陷入的废话，在很大程度上与那些温柔手臂的干扰偏多有关，因而，有必要以基督教的名义期待这些温柔的手臂及其相应的拥有者略微后退一点。"生儿育女及其相关活动与基督教毫无关系，因为"从基督教的观点来看，一个男人和一个女人不能控制他们的欲望，导致另一个人或许要在眼泪谷和刑具上哭泣达七十年之久，甚或永远堕落，乃是最高的自私自利"。

　　总而言之，统而言之，所有这些"神圣恶作剧"就是"胡言乱语的咒文；阿门，阿门，永远的阿门；荣耀属于牧师们！"

上帝之死

　　克尔凯郭尔把历史比作一个"过滤过程"。他把这个比喻颠倒过来，这样历史的滤网并不是除去杂质，而是相反，供毒素生长："观念一经提出，它就进入历史的进程，但这过程不幸并非观念的——荒唐可笑的假设！——净化，观念从来不会比初产生时更纯粹，不是的，这进程包含着不断的返回，折磨它，摧残它，让它变成废话。"这样克尔凯郭尔几乎公开地将他的历史观表述为衰退的历史，它从无意义的废话中获得动力，以虚无告终——很难有比这和黑格尔的内在固有理性历史观更加对立的了！

克尔凯郭尔的激进性尤其植根于他对历史的断然拒绝，在他的视野中历史从来不能澄清观念，却总是在模糊它们，因而基督教随着其传播而被取消。换句话说，他的座右铭是：越多则越少，全体即乌有。正是由于这个不可调和的对立，他可以将历史压缩进一个简单的模式："基督教并没有真正来到世间，它仍然是限于榜样，至多传到了使徒们那里；但他们的宣讲却已经在传播的方向，因而造假从这里已经开始。……〔基督〕则较之远为克制。因此，在三年半里他只赢得了十一个使徒，而在一天里，甚至一个钟头内，一个使徒却能赢得三千个基督的门徒。"

从这种对历史的彻底不信任当中产生了克尔凯郭尔的文化不适感。他将文化的"思路"归结如下："在人们文化方面的各种不同需要当中，在国家努力以尽可能经济舒适的方式向国民提供的各种不同保障当中，例如公共安全、供水、照明、道路、人行道，等等，等等，还有一种彼岸的永恒福祉，这一种需要，国家也愿加以满足——多么慷慨！——而且以尽可能经济舒适的方式。"毋庸赘言，这样一种满足国民宗教需要的服务方式会无可避免地严重影响人们对《新约全书》的理解，"原本是对基督徒的生存指导"现在变成了一种"历史性猎奇，近乎旅行者在某个国家的旅行指南，在这同一个国家里一切都已经完全改变了。这样一本手册对在该国的旅行者并没有多少严肃意义，至多可以提供轻松阅读的乐趣。坐在火车车厢里飞速前进，从手册上读到'这里是恐怖的狼坑，深入地下七万英寻'；或者坐在温馨的餐车里吸着雪茄，读到手册上'此处有劫匪出没，攻击和虐待旅人'；这里有，也就是说这里曾经有过，因为现在——想象当年的情景——现在并没有狼坑，而是铺设了铁路；也没有劫匪，而只有温馨的餐车"。

别人称之为文化的或者文明进步的事物，克尔凯郭尔认为是人类的堕落和精神的终结。"人类就这样退化了，不再有《新约》的基督教那种承载着神性的人们出生。"他在《瞬间》第五期中以谱系式的悲观主义这样写道，并在同一期中将现代人的无精神性严肃地加以展现："精神的人不同于我们之处在于能忍受隔绝，而我们不断地需要'他人'和人群；如果得不到在人群中，和人群的意见一

661　致，等等，对我们来说就意味着死亡和绝望。但《新约》基督教恰恰是预期将自己与这个与世隔绝中的精神的人相联系的。《新约》中的基督教是在恨人类中爱上帝，恨自己从而恨其他人，恨父母，恨妻子儿女，等等，是最痛苦与世隔绝的最强表现。"

这样，在现代人与基督教之间完全不相兼容，人若不是基督徒就是现代的，一个现代基督徒并不存在，除非历史可以暂停，基督和基督教界之间的一千八百年可以抹去："迫害、虐待、流血在任何意义上都没有害处，相反，有好处，相对于根本的伤害：官方基督教，有着无可计量的好处……废除官方基督教，让迫害到来：就在这同一时刻，基督教将再次存在。"从这种反历史主义中也产生了神学上的激进化，其中有些地方让克尔凯郭尔的要求在完全无法兑现和不自觉的喜感两极之间往复摇摆："成为《新约》意义上的基督徒是这样一个激进转变，从纯粹属人的观点来看，如果一个成员成为基督徒，不得不说是一个家庭最沉重的哀伤。"

早在《瞬间》第二期里，克尔凯郭尔就提问："我们真的是基督徒吗——那么什么是上帝？"然后他自己回答道，他是"有史以来最荒唐可笑者"。克尔凯郭尔的自问自答不仅回到他于三月二十八日在《祖国》上提出的命题，基督教并不存在，而且——再次——预示着尼采宣布的上帝之死。这自然并不是一个本体论的判断，而是一个社会－心理学的陈述，将上帝的存在与基督教所具有的社会价值和个人的自我理解的意义或意义的缺位联系在一起。即如果基督教并不存在，上帝就死了，但随之而来的恰恰并不是人摆脱先前禁锢的解放，相反，随之而来的是人之死，精神人之死，然后是人类作为动物的重生："《新约》意义上的基督徒，在向上的方向上不同于人，正如人在向下的方向上不同于动物。"

格隆德维的回击

克尔凯郭尔的攻击增加了教会中人先前早已公开的混乱，一班受到挑衅者的愤怒程度与反对教会者的幸灾乐祸程度相当。马腾森密切注视着事件的进展，并
662　且一直在担心克尔凯郭尔会与格隆德维一翼结成同盟。在《祖国》上刊登的第一篇文章里，克尔凯郭尔就表明，"老格隆德维"可以做证，他一度——作为攻击开始时刻的一种宣示——曾经说过："明斯特主教必须先寿终正寝，在鼓乐声中下葬。"这段话可以意味着和格隆德维相当知心的关系，也许甚至是共谋——格隆德维毕竟也非常显眼地在明斯特的葬礼上缺席！——而马腾森也坚信不疑，克尔凯郭尔

"为了打击对手可以不择手段"。

一八五五年的棕枝主日[1]，马腾森夫人和王宫教堂的牧师保利一同到瓦尔托夫教堂听格隆德维讲道。当他们听完返回时，说他们听了"一整篇反对克尔凯郭尔的布道"，格隆德维多次将他称为"嘲讽者"。格隆德维和克尔凯郭尔一样表示要和"这个世界上的所谓基督教"保持某种距离，因而也和"数以百万计的基督徒，所谓的基督教国家和一切相关事务"保持距离。但是他接着又说，"嘲讽者们喊叫道，所以我们必须——如果我们获准自称基督的使徒——弃绝人世，至少要鞭挞着自己走过人世，并且鞭挞着世界，以公开宣布与我主耶稣基督的名义、信仰和教区为敌，那么我们只好把这些留给嘲讽者们自己"。

马腾森收到这份情报乐不可支。"我太太和保利偶然听到这次布道，两人都高度满意"，他兴高采烈地写信给古德，希望后者有足够的小谋略在读信时将那明显的谎言，"偶然"这个词忽略不计。

克尔凯郭尔是否听到了关于这次布道的流言，或者这仅仅是一次异样的巧合，自然不得而知，但可以肯定的是格隆德维在八月二十三日出版的《瞬间》第六期上遭到了排炮式的猛烈攻击："就拿格隆德维牧师来说吧。……他为之努力奋斗的最高目标就是获准让他本人和那些愿意追随他的人，表达他对基督教的理解。因而，他要除去国家教会套在他脖子上的轭梁；他要反抗，警察力量竟然被用于阻止他在宗教事务上享有的自由。"所有这些都属正当，克尔凯郭尔继续写道，然而不幸仅在于，格隆德维从来没有想到过向基督教中的那些真正"幻象"宣战："不，没有。自由是他和同意他的人们的自由；表达他和同意他的人们所理解的基督教的自由，就是他最高的愿望——于是他就会安静下来，平静地享受此生，属于家庭，在其他方面生活得和其他本质上满足于此世的人一样。不，与基督教原有的激情相比，格隆德维的热忱是半冷不热的信仰无差别论。"

这是一个严重的指控，仅仅三天之后，八月二十三日，礼拜日，格隆德维就在布道时进行了严厉的反击："……不错，有喊声进入我们的耳朵，说我们的基督教和世界上的基督教一样空虚，只有空洞的言辞和教会仪式，有人这样说我们——倾听我主耶稣基督声音的我们，感恩天父，为生命和以天父的独子名义许

663

---

[1] 棕枝主日（Palmesøndag），复活节之前的礼拜日，公教称圣枝主日，标志着圣周的开始，为罗马公教、正教会、圣公宗、信义宗等各派庆祝的节日。据《福音书》记载，耶稣基督于此日骑驴入耶路撒冷，受到民众手持棕榈树枝、欢呼"和散那"，如迎君王般的礼遇。

诺的永生的我们。我们对基督教的了解确实并不比异教徒犹太人更多，但这远远不能吓倒我们，为基督而遭人嘲笑毋宁令我们快乐。"在接下来的一期《瞬间》中没有直接提到格隆德维，但其中有一段关于伪装诚实和虚情假意者的话，或许是在问候瓦尔托夫教区的信众。不论克尔凯郭尔的意图如何，格隆德维总之还是接过挑战，他在《基督教基本原理》中很受伤地提到克尔凯郭尔指控他是"那个强盗窝里最坏的一个"。他在九月十六日的布道中再次批评克尔凯郭尔的攻击："而这些我主耶稣基督的诽谤者，越来越善于掌握他们的艺术，他们进而通过滥用和扭曲基督徒的圣经给这些诽谤以真理的外观，把它叫作'新约'，通过将最严肃正直的基督徒与成千上百万被诱骗威胁受洗而自称基督徒，从而徒有其名的人混为一谈。"克尔凯郭尔不再仅只是一个"耶稣基督的诽谤者"，他现在还和下面这些人同流合污："谎言之父，黑暗君王，死亡的招牌，他当然伪装成光明天使，他让其追随者因表面的清晰和门类齐全的精彩幻觉的混合而迷惑，但还是杀死他们的一切属人品性，引导他们走向最黑暗的地方，那里只有哭泣和咬牙切齿。"

格隆德维的拒绝就这样到达了高峰——再高也难于达到了！他的后续布道词中偶尔会引证《瞬间》上的文章，但也仅此而已。克尔凯郭尔的行动给格隆德维造成了强烈印象，如见于《基督教基本原理》，其第一部分是在克尔凯郭尔最狂野的愤怒期间写成的。于是格隆德维在"新约全书的基督教"部分写到一位"出类拔萃的吹毛求疵者"，他假定"基督教可能的真理"，然而，他继续写道，"如果不想被迫承认这位吹毛求疵者是对的，就必须自行放弃那倒退的思路，即该书，《新约全书》应该是真正基督教自己的源泉、基础或信仰的规则。因为这里是决定胜负的关键，作为基督教学者和牧师的折磨者，吹毛求疵者就必须认错，否则就作为基督教的公开敌人和否认者而存在"。

664

《彼·克·克尔凯郭尔牧师，神学博士，我的哥哥》

克尔凯郭尔和格隆德维之间的对抗让彼得·克里斯钦·克尔凯郭尔特别不快，他是前者的哥哥，但也与后者友善。六月七日他到哥本哈根北郊的根措夫特参加一个婚礼，然后去看望弟弟，弟弟看上去很疲倦。因此他建议弟弟出门去走走，但得到的反应却是："现在是旅行的时候吗？！"显然不是。他也想和索伦·奥比讨论一些"他的努力中在我看来有误导的要点"，但这位反教会战士也不想谈。于是两个卓越的兄弟就分手了，他们分担着，也各自承担着那么多秘密。他们都不知道，再也不会见面。八月里彼得·克里斯钦在哥本哈根住了十天，但他试图和索伦·奥比联络的努力都没有成功。

在彼得·克里斯钦六月和八月两次拜访哥本哈根之间的那段时间里发生了一件事，后来证明是致命的，但他在日记中毫无戏剧性地这样记录着："七月五日在罗斯基勒大会上谈假名（索伦式）文学与理论。"会前人们感觉这些材料恰恰是不该讨论的，但格隆德维派牧师贡尼·布斯克却说服彼得·克里斯钦就"索·克著述活动的若干主要特点"做一次演讲。彼得·克里斯钦全程即兴讲完。当他事后试图将这次演讲尽可能忠实地整理成文时，却变得干巴巴而毫无趣味，其程度和演讲时的生动优雅一样。他的演讲是关于"神学，或者它本身更愿意被称为的，非神学，这是一个近年来在我们祖国的文学中发展出来的假名研究院"。在这个研究院的假名成员身上，他找不到基督教最基本的元素："即作为个人和作为人类真正的生命重生。"由于基督徒生活的真理是在成长、发展和壮大中展现，"从受孕的胚胎成长为成熟的人"，那么就只有两种可能性："这些假名思想家们，已经就生存问题互相交换意见一段时间，他们若非没有注意到这个真理，就是，用他们自己的话来说，有意地掩饰和隐匿这真理。"索伦·克尔凯郭尔的作品之所以会忽略基督教生活真理，乃是因为忽略或者有意的欺骗，第三种解释看上去是不可能的。因而，这种"神秘－苦行文学"，如彼得·克里斯钦给索伦·奥比作品贴的标签，向每一个"愿意获得信仰生活经验"的人发出邀请，但人们实际上获得的，却是"没有安全带在七万英寻深水里游泳"，嗯，人们还得到建议"头先入水"。 665

"头先入水"这句话肯定在与会的格隆德维派当中引起哄堂大笑，他们总的来说在这次更尖锐的论战演说中得到的乐趣比一八四九年十月罗斯基勒牧师大会上更多。彼得·克里斯钦真的情绪高昂，没有理由措辞缓和，在演讲接近结束时他实际上公开宣布和弟弟决裂："不错，基督教并不是抽泣的牧师所说的那样；但由此并不能推出，基督教毋宁是哗众取宠或口吐诅咒的先知想让它成为的样子。"

没有人为这次演讲做记录，但索伦·奥比一定听到有人谈论有关语句，而他也没有加以忽略。七月二十三日，他完成了《彼·克·克尔凯郭尔牧师，神学博士，我的哥哥》的手稿，这是对格隆德维及其轻浮追随者的一次全面攻击。他毫不留情地讽刺自命不凡的牧师大会及其对明斯特的依附，当年明斯特曾把这帮人称作"淡而无味啤酒"——于是产生了一个现成的强有力比喻："常言道，不要靠近酒鬼，因为他身边充斥着烧酒的臭气，而当我接近格隆德维派的作品时也总是有不舒服［改自"讨厌"］的感觉，因为那里总是充斥着一团和睦的臭气；而牧师克尔凯郭尔博士则是排放出较浓重臭气的格隆德维派成员之一。"关于彼得·克里斯钦作为兄长具备关于索伦·奥比特殊知识的谬论，再次遭到驳斥："事情远非如此；牧师克尔凯郭尔博士所接触到的我整个内心宗教生活，关于我想要什么等等，都只是和其他任何人一样通过我的作品而获知的；此外他既不比对这些一无所知的人知道的多，也不更少。"

然后整个故事几乎是强迫性地又重复讲述了一遍：他，索伦·奥比，无私地为丹麦贡献了一位作家，而他为了事业，志愿遭受《海盗船》的攻击，彼得·克里斯钦在这些攻击方面甚至不曾花费举手之劳，相反还借着罗斯基勒大会的机会将弟弟说成是狂喜的代表人物。"然后就到了我攻击马腾森的时候。从那一刻起，我在这个小小的国度里激起了公愤，人们尽最大可能给我盖上印章，一个搅扰逝者地下安宁的恶棍，或者干脆就是个疯子——在报纸上反反复复地说。好心的哥哥在这些情况下一言不发。"所以，关于这位臭气烘烘的哥哥只有一句话可说，那就是，他本质上是个"软骨头"，他进入这个"悲惨的，然而勤奋的格隆德维公司实际上是借助于一些小小的成功和党同伐异，不声不响地获得了［改自"骗到手"］一种不属于他的重要性，如果他能洁身自好，远离所有这一切垃圾，以真正克尔凯郭尔家族的方式单独与上帝同在，势必能在丹麦获得重大的意义"。

或许应该庆幸，这篇小文获准不受打搅地度过了二十六年，才在《克尔凯郭尔遗稿》的最后一卷中发表。然而不那么幸运的是，《遗稿》整理出版期间经常受到越来越痛苦的彼得·克里斯钦的密切关注。这些手稿的编辑整理都是在他的主教府邸中进行的。

"这发生在一个剧场"

通过报纸文章和传单，克尔凯郭尔得以在公众意识中宣示一种力量，自《非此即彼》出版以来从未有过的力量。尽管不容否认这表达方式多少有些尴尬，可说这是一次携雷霆万钧之力的卷土重来并不能说是错误。众多同时代人回忆，那段时间他们在街上遇见他时，他是那样生气勃勃，甚至兴高采烈。"您看，"据说克尔凯郭尔曾对提谷·斯潘透露心声，"现在丹麦有了最伟大的雕塑家托瓦尔森，最伟大的诗人奥伦施莱尔，而我则是最伟大的散文家——丹麦的国运不会长了！"他当然是想开个玩笑，但不仅是玩笑。威廉·别克戴尔也遇到过类似的大言不惭，他回忆起的一段小插曲让他猛然醒悟，"克尔凯郭尔反复对我们大家宣讲，并成为真正基督教见证人标志的'弃世而死'（Afdøen fra Verden）"并不适用于宣称者本人。别克戴尔属于格隆德维派人士，自认也卷入了一场"为教会而战"的斗争。一天，他看见克尔凯郭尔坐在城中最好的餐馆之一摆得很精美的桌旁，"面前是一盘分量可观的主菜，巨大的酒杯中翻滚着泡沫"。克尔凯郭尔认出他，马上喊道："日安，别克戴尔，您看上去气色很好——受迫害的人会发胖。"别克戴尔应声答道："不错，迫害者会瘦下去。"因为尽管"生活方式考究"，克尔凯郭尔还是瘦得"皮包骨头"。

克尔凯郭尔的论战给别克戴尔留下深刻印象，害他产生了一次"不小的灵魂挣扎"，但他还是成功地奋斗"进入光明和快乐"，当他"看到我主耶稣显圣，他站在高山之巅，对着耶路撒冷和那里的罪人们垂泪，在他身旁站着索伦·克尔凯郭尔，嘲笑我们大家，判决我们进入地狱的无底深渊……于是我被无可辩驳的确定性击中，这二位不可能同意，他们之间存在着不可逾越的鸿沟。于是我立即走出了忧郁的思绪"。同样坚定的格隆德维式拒绝也发生在汉斯·罗尔丹那里，他在一八五五年五月四日致信其弟彼得："索伦·克尔凯郭尔大喊大叫基督教会已经消亡，对我来说他就像是一只猫头鹰，尖叫着吓唬世上的异教徒和迷信的孩子；但是基督徒会一笑置之；因为他就像耶路撒冷的鞋匠[1]走到世界的尽头呼喊，基督教会已经消亡了，那么我就会要求准许我走在他后面，说道：'你撒谎，索伦！根据基督和上帝圣灵的见证，你是个伟大的撒谎者！'"彼得·罗尔丹大概会宣布同意兄长的观点。在此之前他曾经和克尔凯郭尔一起散步，后者公然"嘲弄"格隆德维，罗尔丹从此不再与克尔凯郭尔交往，因为他的话触动了罗尔丹作为格隆德维派"最敏感的地方"。

这场论战消耗着身体和财务，但也让肾上腺素快乐地奔流，就像在十二年前写出《非此即彼》时一样。克尔凯郭尔那简洁优雅的文体，讽刺，那些似非而是的挑衅和举重若轻的观点，欢乐，即便是在那些"辛辣而神经质的文章"里，用哥尔德施密特的话来说，其语调还是让人想到《间奏曲》——唯美者 A 在《非此即彼》第一卷里所做自我介绍中最好的几条。在《瞬间》第六期中有一组题为《短而尖》的警句，其中第四条设定的场景是一个机械而荒谬的对话："'使徒保罗

667

---

[1]　即传说中的"流浪的犹太人"。

有官职吗？'没有，使徒保罗没有官职。'那么他用别的办法赚很多钱喽？'不，他没有用别的办法赚钱。'那么他至少总结婚了吧？'没有，他没有结婚。'那么保罗不是一个认真严肃的人？'对，保罗不是一个认真严肃的人。"然而哥尔德施密特却是一个认真严肃的人，他过于认真严肃地对待这警句，他在自己办的《南北》杂志上对克尔凯郭尔指出，保罗是赚钱的，他靠"专门做帐篷"赚钱。这些警句中第二条的形式特别直截了当："在华丽的大教堂里，前面站着那出身高贵的、受到高度尊敬的秘密－最高－宫廷－总监－牧师，世上高贵的、被选中的宠儿，他为一个入选者当中的入选者圈子站出来一步，感人地宣讲着他自选的经文：'上帝选中了世上的卑微者和被侮辱者'——没有人笑。"然后大家都笑了。也许连哥尔德施密特也笑了。

反讽大师就这样又在酉初让笑站在他一边，这——也——是这次论战或多或少有意识的动机之一。在一份题为"我是谁，我想要什么"的写给《瞬间》某一期的草稿中，他做了这样的解释："我将加以运用（从而与我所理解的治理者一致）的力量是——不错，人们会大为惊异，但也正因为如此——那就是：笑！（……）但是当然，这是献给我迄今为止服务的神圣宗教事业——看，那因此而让治理者喜悦，我，因那亵渎的笑而受崇拜，自愿地接受成为——如果人们愿意——笑的牺牲品，这样我的奉献将以神性治理者的最高认可，成为一个讨厌的'刹车'，一个唤醒所有这些无精神性的祸害。"

借助于明显的事后合理化，克尔凯郭尔在这里试图重新安排事实的先后混淆，这样笑的牺牲品可以再次得到崇拜。他给这条札记加上了指向《非此即彼》中"最后的间奏曲"完全是症候性的。这一段是关于那虚荣的唯美者在七重天上，从诸神处得到在青春、美貌和最可爱的女子和许多其他好东西之间进行选择的机会。在短暂的犹豫之后——据他说——"我对众神说道：最尊贵的同时代者，我已经选中了：让笑永远在我这一边。众神一言不发，却齐声大笑起来。于是我认定，我的愿望得到了满足"。

唯美者 A 的这个结论是否正确，当然无法确知，但克尔凯郭尔在论战中努力让一个类似的愿望实现，则似乎无可置疑。人们也不能避免笑——甚至马腾森也可能在他的主教府里牵动微笑肌——但也正因为如此，有人对这次论战是否符合应有的要求也产生了一点怀疑。也许，克尔凯郭尔通过他唤起的笑声不仅让基督教与基督教界之间的错误关系变得可见，而且让这错误关系变得更加可以忍受，

668

因为我们恰恰是通过笑而与它和解？如果是这样，克尔凯郭尔就和他曾让唯美者A讲的那个小丑同命运了："这发生在一个剧场。幕布着火了。小丑走出来通知观众。人们以为是笑话，哈哈大笑起来，热烈鼓掌。他又说了一遍，人们笑得更厉害了。于是我想，世界会在聪明人的哄堂大笑中走向末日，他们认为，那是一个笑话。"

我们以这段插曲为乐，因为我们心照不宣地认为它是虚构，但它并不是。唯美者A的这段间奏乃是建立在一八三六年二月十四日发生在圣彼得堡的真实事件。这次事故导致一些人丧生，因为当小丑跑出来呼喊"着火了，着火了！"的时候没有人认真对待。我们突然为那张皇失措的小丑而悲哀，他有一个令人震惊的发现，观众却只是报以大笑。但如果是小丑本人点的火，是他的错，那么我们的同情马上就会转化为鄙视，转向厌恶。

作为对一个"不要再敲了"匿名建议的回应，克尔凯郭尔在一八五五年四月四日写道，停止敲警钟是不负责任的，只要火还在烧，呼喊就责无旁贷。然而他也继续写道："然而严格说来并不是我在敲钟，是我，为了把幻象和权谋诡计熏出来而点的火。"克尔凯郭尔因而是纵火犯，而作为基督教的纵火犯而合理正当，"因为根据《新约》，基督教就是防火，基督本人说过：'我来要把火丢在地上 [1]。'"于是纵火犯克尔凯郭尔得出结论，"火已经着起来了，肯定会越燃越旺，最好和森林大火相比；因为是在'基督教界'点燃的"。基督教界在燃烧，所以是严重之事，只有无精神的公众才会把克尔凯郭尔的纵火混同于寻常胡闹。

669

这里距离《瞬间》第六期上那颠倒的"火情总监"已经不远，他呼叫着咒骂着命令聚集前来的人群立即闪开，这样火就可以——不是被扑灭，而是能占上风吞噬"这丛林，这一切废话胡说，一切幻象，一切权谋／诡计的堡垒"。对所有这些"体面、亲切、富有同情心、乐于助人的、如此乐于帮助灭火的人们"，"火情总监"运用振聋发聩的言辞："火情总监说——火情总监平常是个非常亲切而又有教养的人；但在起火时他要用人们说的粗糙语言——他说，或者更准确地说，咆哮道：'啊，你们都拿着水桶和水管一齐下地狱去吧。'"

"火情总监"断然反驳了所有"欢欣鼓舞真心诚意的废话公司，他们肯定地知道这是错的，应该有所作为"。这反驳是一个实践中的宗教性批评，与积极虚无主

---

[1] 《新约·路加福音》12：49。

义相像而不易区别。但这反驳也提醒人们克尔凯郭尔的论战在历史上独一无二的地位，并以此根除了未来信徒们以精致的尝试来赋予他的论战——与基督教界的最终决裂——某种易于摆布的性质（medgørlighed），将其解释为间接传达。这话也是对一个半世纪后那些站在那里手拿"湿通条和没有硫黄的火柴棍"的学术助理们和大学缮写员们，克尔凯郭尔学会以及其他不温不火面面俱到俱乐部的成员们说的，这位粗暴无礼的"火情总监"发出毫不留情的拒绝令："这些废话公司必须走开。"

674

第二〇六七号病人

那是一八五五年九月二十五日。克尔凯郭尔拿起笔，蘸饱墨水，在一张纸的上方写道："从基督教观点看此生的命运。"这是他的最后一条札记："此生的命运

675 是：被带到最高度的人生悲苦。/ 那被带到这一高度的人，或者那借助于上帝的帮助而达到这一点的人可以坚持：是上帝出于爱将他带到这一点：从基督教的观点来说，他经受了人生的考验，他已经成熟地面对永恒。/ 我因一次罪行而出生（er blevet til），我的生存违反上帝的意志。这罪行——尽管在一种意义上并不是我的罪行，但让我在上帝眼中仍然是一个罪人——就是：给以生命。惩当其罪：一切生之欲望都被剥夺，被带到最高度的人生悲苦。……上帝想要什么？他想要的是能赞美、敬拜和感谢他的灵魂——天使的买卖。所以上帝环绕着天使。因为这类生物在'基督教'中有众多的军团，只要付十塔勒就能让他们为上帝的荣耀和赞美号叫吹号，这类生物并不能让他喜悦。天使们让他愉快。而比天使的赞美更让他喜悦的是，一个人在生命的最后时刻，当上帝将自己转为纯粹的残酷，以能设想得到的最极端的残酷剥夺他的一切生之欲望时，却能不改初衷地坚信，上帝是爱，上帝做的这些乃是出于爱。一个这样的人就能成为天使。在天堂里他能够赞美上帝；但学徒期，学生时代，也总是最严酷的。就像一个人想要走遍世界去听一个歌者完美的声音，上帝也坐在天上倾听。每当他听到，一个由他带到人生悲苦极端之点的人的赞美时，他都会自言自语：就是这个声音。"

克尔凯郭尔书写这些关于"带到最高度的人生悲苦"的痛苦自传性语句，有着一个特别不可承受的反讽。那是在楚拉发表《诗体书简》整整两天之前。楚拉的诗作肯定不能稍减人生的悲苦，相反，九月最后几个礼拜比平常更加悲惨。月中的一天，克尔凯郭尔坐在沙发上，当他想靠向一边时滑落到地板上，几乎不能

站起来。次日，他在穿裤子时再次跌倒。他并没有头晕、抽搐或头疼，但是当他走路时脚不听话，步子好像小了一点。同时他的腿上有瘙痒、刺痛感并失去知觉，有时他感到腰部放射性疼痛，沿脊椎一路朝下。排尿困难的老毛病也回来了，不是排不出，就是失禁。他的消化系统也出了毛病，但奇怪的是胃口不受影响。他有时也咳嗽；在特别严重的时候会咳出奶油状分泌物，尤其是在开始阶段伴有胸前疼痛，现在分泌物转为浆性透明，有黄色斑点；不再那么疼，只是极其疲倦。当他在九月底出行时，腿支持不住，跌倒在地。他被一辆叫来的马车送回成衣铺街的住处，但情况没有变好。四天之后，十月二日，礼拜二，他来到皇家弗里德里克医院要求检查。

676

检查是由值班的医学毕业生哈罗德·克拉卜做的，根据相关规定也由他来记录病历。克拉卜在这一年刚从学校毕业，并没有很多经验，病史和医疗史清楚地表明——后世之幸——这使得患者对自己的病情比通常情况下做出更多的评估。于是，关于克尔凯郭尔，克拉卜是这样记录的："他不能为目前的病症给出任何特定原因。但他也认为与下面这些因素相关：夏天享用的冰苏打水，光线不足的住所，以及他认为与其衰弱的身体不相称的紧张智力工作。他认为这病症是致命的。他的死，对他运用全部精神力量所从事的事业是必要的，他仅为之工作，他的意图也仅只在此；所以这敏锐的思维与如此单薄的身体相联系。如果他活着，将继续他的宗教斗争，但这会使人们厌倦，相反他的死将保持斗争的力度，以及，如他所认定的，胜利。"

检查完毕，克尔凯郭尔被送到医院的管理办公室，办理自费病人的住院手续。然后转到内科，主治医生赛利曼·梅厄尔·特利尔已经在这里负责主持了十三年。病人被带到前楼的一间单人病房。这家医院共有十四间这样的单人病房，比普通病房的设备要好一些，有柔软的毯子、床、衣橱、镜子、桌子、椅子，以及一个角柜，里面放着细瓷茶具和餐具。面对挪威街（今宽街）的一面窗户装有护窗，减少漏风和噪声。克尔凯郭尔得到"半优质服务"，所谓"半"并不是质的，而是在量上为"优质服务"的一半，且必须通过"特别预订"并付费才能得到。每周七天的午餐都是三十二克白面包、八克黄油和半分升的牛奶。和其他所有病人一样，克尔凯郭尔的病房里也有一架小小的磅秤，供他监控，以防医院工作人员在走廊里偷吃。

克尔凯郭尔的病房在二楼——他通常偏爱的好楼层，谢天谢地。但是走廊的名字他肯定希望是另一个,因为它叫——在所有名字里——"明斯特走廊"!世界上的反讽看样子要在酉初再捉弄克尔凯郭尔一次,而且非常恶毒地,因为人们把这个虚弱的病人安置在五号病房。这间房间在半个多世纪前曾用作儿童室,供主治医生的两个继子——奥勒·希罗尼姆斯和雅各布·彼得·明斯特使用。在这里,两兄弟计划他们的远大前程。

也是在这里,克尔凯郭尔将度过他生命的最后四十一天。

十月四日,礼拜四。双腿肌无力症状加重。病人在扶助下能很好地走动,但独自站立时立即仰面滑倒,两脚朝前,脚跟着地。当他在床上坐起时有些摇晃,最后倒向疼痛的左侧。当他躺下时可以收缩两腿,但不能抬起。检查他的胸,未发现异常,他的脊椎也检查了,也同样未见异常。礼拜四到礼拜五之间的夜间,克尔凯郭尔睡得很不好,经常咳嗽,有痰。此外有腹泻,所以医生为他开了温和止泻剂,兰花根茎制剂[1]。克尔凯郭尔在夜间大部分时间里没有排尿,病历记载着:"他今天一定会经常排尿,也许因为他先前提到的厌恶在别人(看护妇)面前排尿,他几乎不停地想此事。他甚至认为这个问题对他的生活造成了全面影响,使他成为一个怪人。"病历进而记载着,克尔凯郭尔还服用了缬草制剂[2],缬草根茎的萃取物,其作用是镇定神经。病人在什么时候、几次服用这药剂不详,不过在奥拉夫·龙特·邦德所著《治疗手册》上,缬草制剂是用于治疗癫痫的。

克尔凯郭尔住院的事只有很少人知道,于是人们继续写到他好像随时会冲进门来战斗一样,不过到了十月六日,卡斯滕·豪赤写信给英格曼提到他们共同的心爱祸害:"最近这些天索伦·克尔凯郭尔据说是中风了,死亡将是可能的后果;疾病、神经紧张、一种痉挛性烦躁大概也在他那尖刻的负面活动中起了很大作用,他向全世界展示了一张仇恨人类的面孔。"豪赤在同一封信里将克尔凯郭尔称为"尖锐,但冰冷的精神,其言辞像是冰凌",他是一个"假先知",他确实"表现出巨大的才华,但他的心灵是如此空洞,他竟然能直言不讳,这个世界是基督教的与否,其实对他都一样",与此同时他又"高声宣布自己差不多是唯一能看到真正基督教的人,并直言宣布,上帝仇恨人类"。

在随后的一周内克尔凯郭尔的情况恶化了。腿的支撑力进一步减弱,左腿瘫

677

678

---

[1] 拉丁文:infusio saleprod。
[2] 拉丁文:valeriane officinalis。

痪加重。此外发生了背痛。给患者背部涂擦松节油。处方缬草精 [1]，一种更强的神经镇静剂。每次二十五滴，每日四次。处方上开出的"二分之一瓶巴伐利亚啤酒"没多少药效，克尔凯郭尔在次日就谢绝了——出于"宗教信念"，如病历上记录的。于是代之以一种特制花茶，里面有晒干的苜蓿草纤维、洋甘菊和山金车花。每日早晚各服一杯，但因为咳嗽时的小便失禁，这种茶也很快放弃了。"他不断地说快要死了"，医生在十二日，礼拜五这样记载道。几天之前，安徒生通知哈丽耶特·伍尔夫："克尔凯郭尔病得很重，听说整个下半身都瘫痪了，他应该是住在医院里。一个名叫楚拉的神学家写了一首粗野的诗骂他。"

埃米尔·波厄森也听到克尔凯郭尔住院的消息，他从霍森斯赶到哥本哈根，在十四日做了第一次探望，如他在十年后应克尔凯郭尔《遗稿》的编辑汉·彼·巴尔佛德的要求记录的。他在给家中妻子的信里也写下了重逢给他留下的强烈印象，混合着感动和惊异，"我曾在多年里是他的知心朋友，然后分开了，现在，他可能要死了，我来到这里，几乎是做他的忏悔神父"。

——"怎么样？"

——"不好。这是死亡。为我祈祷吧，让它来得快和容易。我很懊丧。……我的肉中有刺，就像圣保罗一样 [2]；我不能进入各种普通的关系，所以我决定，我的任务是不同寻常；我竭尽所能去做了；我是治理者的一件玩具，他把我扔出来，我应该有用处……这也是我和雷吉娜之间关系的障碍；我一度曾经以为，情况可以改变，但是并没有，所以我解除了这个关系……她得到施莱格尔是对的，那是最初的理解，然后我插进去打搅了他们。她因我而遭受了巨大的痛苦。"（他带着柔情和忧伤谈到她）"我曾经担心她会成为家庭教师；幸好她并没有，却成为西印度群岛的总督夫人 [3]。"

——"你可曾生气和怨恨？"

——"没有，但曾经悲伤忧虑和极度愤怒，例如对我哥哥彼得；当他在罗斯基勒演讲后最后一次来找我，我没有见他。他认为，他是哥哥，所以他必须优先。他扮演校长的角色，而我要挨打屁……我写了篇东西骂他，非常刻毒，放在家里

---

[1] 拉丁文：essensia valeriane officinalis。

[2] （保罗说）"又恐怕我因所得的启示甚大，就过于自高，所以有一根刺加在我肉体上。"《新约·哥林多后书》12：7。

[3] 原文"家庭教师"和"总督夫人"是一个词：Gouvernente。

679

书桌的抽屉里。"

——"你是否决定了怎样处理你的手稿？"

——"没有，只能听天由命了。此外，我财务上已经毁了，埋葬了我自己，就将一无所有。"

同一个礼拜日来探望的还有姐夫克里斯钦·隆德，他带来女儿索菲和十五岁的特勒尔斯·弗里德里克。特勒尔斯后来回忆到这个苍白羸弱的病人怎样佝偻着坐在高背靠椅上，带着疲倦而和善的微笑向他们问候。探视者们在医院干净的清冷中略感不适，立即唤醒了克里斯钦·隆德那为人熟知的疑病症。他问克尔凯郭尔怎么样，到底生了什么病，得到的回答很简洁："就是你看到的样子；更多的我也不知道。"这清醒同时传达出不满和不祥，让克里斯钦·隆德几乎失去理智："不对！听着，索伦，你根本没有别的病，就是那驼背的坏习惯。你现在坐的姿势，任何人都会得病。挺直背，站起来，病就好了！我可以告诉你！"克里斯钦·隆德显然发觉，他近乎爆发性的反应无异于伤口撒盐，于是沉默了。索菲低头看着地板，特勒尔斯朝克尔凯郭尔瞥了一眼，两人的目光在无尽的一秒钟内相遇："那一瞥从忧伤中透出温柔的容忍，伴随着一种颠覆性嘲笑和挑逗性的俏皮闪光，以及停顿在一个当下的快乐感觉，我们的目光在快乐的相互理解中融为一体。……那目光像是涵盖了情绪的整个光谱，从学童式的欢快到洞明一切的宽恕。……那目光就像是当一切表达都从他的身体动作，甚至面部表情消失，而空前强有力地集中在他的眼里。他眼中那充满灵性的光辉，给我留下了不可磨灭的印象……作为年龄最小的一个，我最后一个和他握手，我朝他那神奇的眼睛又看了一眼，腼腆而感动地对他说：'再见，早日恢复健康！'"

十月十六日，礼拜二。小便失禁继续，更加频繁。克尔凯郭尔的便秘已经持续三昼夜。多次使用蓖麻油，但现在开出处方灌肠油脂[1]，一种缓泻性灌肠肥皂溶液。有效。夜间有一位看护妇守护他。夜间看护的领导名叫伊莉娅·菲比格，她经常和他谈话，并表达对《自省》一书的热情。"夜里她是看护的监管；白天她监管我，"克尔凯郭尔对波厄森说，并压低声音转述看护妇偷偷告诉他的话，"还有，她为您哭泣。"菲比格在病房里摆上鲜花，但克尔凯郭尔不愿意让花插在水里，把花放进了柜子。"这是花的命运，开放，散发出香气，然后死去"，他对波厄森坦

---

[1] 拉丁文：clysma sebum。

白说，后者大概理解这象征。

十月十八日，礼拜四。克尔凯郭尔非常虚弱，头垂在胸前，双手颤抖。他睡了一会儿，但咳醒了。波厄森又来看望他并问，自己是否能继续收集他的想法。大部分时间还好，克尔凯郭尔回答道，尽管夜间会有些困难。他能平静地向上帝祈祷吗？"可以。于是我首先祈求罪的赦免，一切都会得到宽恕；然后我祈求在死亡的时刻不要绝望……我还祈求我的愿望能得到满足，我一定要提前知道，当死亡来临的时候。"那个礼拜四是一个晴朗的秋日，天高气爽，波厄森忍不住提议，他们应该像过去那样出去一起散步。克尔凯郭尔赞同这个主意，但也没有更多："不错，只有一个障碍，我不能走，不过，还有另一个办法，我能升起；我有过变成天使的感觉，长出翅膀，那当然是会发生的，骑跨在云端歌唱：哈利路亚，哈利路亚，哈利路亚！别的一切都是邪恶的；我并不认为我所说的是邪恶的，但我说这些事为了让邪恶远离于是来到哈利路亚，哈利路亚，哈利路亚。现在每一个傻瓜都会说，但要看是怎么说的。"

——"而这一切都是因为你相信基督以上帝名义的庇护？"

——"是的，当然，还能是别的什么？"

波厄森还想知道，克尔凯郭尔是否愿意更改他最后那些完全脱离现实、过于严苛的声音。

——"你的意思是我应该降低调门，先唤醒人们，然后再安慰他们？为什么要用这个来打搅我！……你根本无法想象，明斯特是怎样一株有毒的植物；你也根本无法想象他所传播的惊人败坏。他是一个庞然大物；需要强大的力量才能把他扳倒，而这样做的人也一定要付出代价。当猎人们出去打野猪的时候会挑选一条狗；他们清楚地知道会发生什么事：野猪被抓住，但付代价的是去捕野猪的狗。我愿意死，这样就能确定地知道，我完成了任务。人们经常宁可听从逝者胜过生者。"当波厄森想知道，克尔凯郭尔是否想由他转达什么，回答是："没有，哦对了，问候所有的人，我非常喜欢他们，都喜欢，告诉他们，我的生命是一次巨大的，不为人知，也无法理解的痛苦；一切看上去都像是骄傲和虚弱，但那并不是。我一点也不比别人好，我说过，从来也没有说过相反的话。"

十月十九日，礼拜五。彼得·克里斯钦从哥本哈根来的客人处得知弟弟病了，在九月"二十七到二十九日之间跌倒"。彼得·克里斯钦的外甥，年轻的医生米凯尔·隆德，几年前曾在弗里德里克医院实习，他在十月七日的信里向大舅舅讲了

681

情况并补充道，小舅舅的病有可能是"脊髓神经感染，双腿瘫痪"。米凯尔的父亲，商人约翰·克里斯钦·隆德在几天后写道，索伦·奥比的情况最好不过"平常"。和他的两个医生儿子，"每天"去探视的亨利克和米凯尔一样，他绝对不乐观，"他命悬一线"。他从上个礼拜日以来就没有再见过索伦·奥比，他后来试图去探视，但被护士拒之门外，她只是说，博士不舒服，不想见人。约·克·隆德又要去医院探视，于是结束了给彼得·克里斯钦的短信："如果你要去看他，那么我担心，不能迟疑太久。"

受到这样的挑战，彼得·克里斯钦从皮特堡赶到哥本哈根。但是当他在十九日礼拜五到了弗里德里克医院时，却被挡驾。垂危的弟弟不想见他。索伦·奥比对那天晚些时候来的波厄森说，彼得·克里斯钦"不能被辩论阻止，只能被行动阻止"。这段插曲让波厄森很不安。

——"你不想领圣餐吗？"

——"想，但不从牧师手里领；从一个外来者手里领。"

——"这很难安排。"

——"那我就不领圣餐而死。"

——"这不对！"

——"这件事不能辩论，我已经做出了我的选择，我已经选择了。牧师们是皇家公务员，皇家公务员与基督教无关。"

——"这不是真的，不合真理也不合现实。"

682　　——"是真的。你看，上帝是至高无上的，但有那么多人想把事情安排得舒服。于是他们把基督教安排成为所有人的，有一千名牧师，于是一国之内谁也不能临死受到祝福而不属于他们。于是他们成为至高无上的，而上帝的至上性却终结了，但他的一切都必须服从。"

这些话还没有说完，克尔凯郭尔就昏昏欲睡，声音微弱下去。从医院回家的路上波厄森真的担心了。如果克尔凯郭尔要一个外来者主持的圣餐，那么一切都颠倒了，因为，波厄森推论道，外来者是个好基督徒，因为他不是牧师。

十月二十日，礼拜六。病情没有变化。给服润肠通便的番泻叶制剂[1]。有效。克尔凯郭尔本人认为是食用黑麦面包的效果。当波厄森到的时候，两位看护妇正

---

[1]　拉丁文：folia sennæ。

在把这个现已衰弱之极的人从一把椅子移到另一把椅子上。克尔凯郭尔的头垂在胸前，说他的病正在临近真正的垂死挣扎。他让波厄森扶起他的头，波厄森就站着，双手扶住他的头。当他表示要走时答应次日再来。

——"好的，"他回答道，"来吧；但不要让任何人知道。其实我们现在就可以互相告别。"

——"上帝保佑你，感谢所有的好！"

——"再见，谢谢你，原谅我让你卷入了原本不必有的那些困难。"

——"再见。现在在上帝的平安中休息，等待我主召唤你；再见！"

十月二十一日，礼拜日。波厄森刚一进门，克尔凯郭尔就让他明白，来得不是时候，但他还是提到了楚拉和马腾森的名字。礼拜一的探视也很短。波厄森提到，克尔凯郭尔应该换一个房间，这样可以从窗口看到花园，但遭到克尔凯郭尔断然拒绝："这样的自欺欺人有什么好处；现在情况不同了，这是自我折磨，诸如此类的想法现在不过是摆摆样子；不要，受苦的时候就要受苦。"

同日波厄森去拜访了牧师科尔托夫，他一度是克尔凯郭尔的牧师，但现在经常和马腾森来往。后来发生的事也给波厄森和马腾森的关系增添了一些暧昧的色彩。他在一八六九年成为奥尔胡斯副主教时写信给正在准备出版克尔凯郭尔遗稿的汉·彼·巴尔佛德："如果在索·克的手稿中有攻击马腾森的，那么我想，将其付印将为马腾森所不乐见；毕竟，索·克本人想公开攻击他的话，则已经印出了。"波厄森去拜访科尔托夫是否打算试图让受伤的马腾森和垂危的克尔凯郭尔和解？他是否，如我们在字里行间感觉到的，试图让克尔凯郭尔修改自己的意见？

如果是这样也为时已晚。克尔凯郭尔感到越来越乏力，在床上可见地塌陷下去。臀部疼痛，一条腿侧面伸出去。脉搏一百次／分。小便失禁。尤其在夜间。咳嗽折磨他，病历记载如下："黏液脓痰，有些带浅红色血液。"波厄森在礼拜二又来了，但他们只谈了一点菲比格小姐的花，克尔凯郭尔就感到很不舒服。同日晚些时候，克尔凯郭尔的姐夫，办公室主任亨利克·费迪南·隆德来到。他听到了彼得·克里斯钦碰壁的事，愿意进行调解并缓和一下。于是他问能否向彼得·克里斯钦转达一个"友好的兄弟问候"，病人不表反对，只是这样一个问候不要和两兄弟之间的"文学争论"联系在一起。礼拜三，克尔凯郭尔曾经把他放在膝盖上给他讲自己新公寓的外甥，现已二十五岁的卡尔·隆德，悲哀地写信给彼得·克里斯钦，讲述他探视那现在变得那么厉害的舅舅的情形："他穿着晨衣

683

569

坐在靠背椅上，身体向前倾，完全不能支撑自己，他的双手颤抖得很厉害，有时咳嗽。我在那里逗留了一段时间，他尤其抱怨虚弱无力，夜里睡不着。……分手的时候我想，他在世上的日子不多了。"

十月二十五日，礼拜四。克尔凯郭尔接受肥皂水灌肠。效果良好。他自己认为，这是因为吃了几个梨子。近午时分，波厄森来了。克尔凯郭尔抱怨说，双手的颤抖现在发展到躯体。波厄森带来了一份格隆德维派人士冯格尔的告别布道词，但克尔凯郭尔只看了一眼就让波厄森退还。波厄森有点生气，他带来的布道词是冯格尔好意的表示，所以不能退回了事。波厄森忽然感到应该帮遭到攻击的格隆德维派们辩护一下。"通过既定秩序达到福祉的道路也应该是可能的"，他抗议道。而克尔凯郭尔只是说："我受不了谈这个，太累人。"于是波厄森换了话题。

684　　——"你原来［公寓里］的卧室空气不好?"

　　——"是的，我一想起来就极为恼火。我确定感到了这个。"

　　——"那你为什么不搬家呢?"

　　——"我太忙顾不上；还有几期《瞬间》要出版，剩下的几百塔勒要用在这个上面；我可以把这事放到一边，拯救自己，或者继续工作到倒下为止；我正确地选择了后者：现在我完了。"

　　——"这么说你把要出的那几期《瞬间》出了?"

　　——"是的!"

　　——"你一生竟然做成了这么多事情。"

　　——"是的，所以我很快乐也很悲伤；因为我不能和任何人分享我的快乐。"

十月二十六日，礼拜五。当波厄森在第二天前来探视时，克尔凯郭尔让看护妇留下；他们只谈了些无关紧要的事情，波厄森甚至没有写下来。接下来的一天情况亦如此。克尔凯郭尔感到"沉重"。窗外是比往常更加熙熙攘攘的人流，生命的声音透入这静谧的医院。"那曾是我如此乐于沉浸其中的"，克尔凯郭尔说。过了一些时候，我们不知道到底是什么时候，波厄森再次进来最后看望他。克尔凯郭尔几乎不能说话，波厄森也没有做记录。随后他回到霍森斯家中的太太和幼子那里，他也还有一个牧师职务要履行。

十一月一至十一日。在十一月的第一个礼拜里人们几次尝试——在夜幕降临时——电击克尔凯郭尔的下肢。效果在这个完全垮掉的人身上相当有限，腿略有颤抖，但克尔凯郭尔本人几乎感觉不到。他的总体情况并没有变化。克尔凯郭尔继续咳嗽，小便失禁，必须定时灌肠。而病人的智力则未受损害。也许正因为如此，人们用一种强力镇静和焦虑缓解药物[1]取代了每日一百滴缬草制剂。这种新药克尔凯郭尔每天服用五十克。

最后一个礼拜里他一言不发地躺着。他被诊断为褥疮，需要湿敷，每天换床单。电疗在继续，在腿部肌肉上略有效果。便秘借助于番泻叶制剂缓解。他的胃口却一直很好。九日，礼拜五的病历记载，克尔凯郭尔躺着不省人事，他不说话，也不吃不喝。大小便失禁。褥疮并没有减轻，但看上去干净了一点。脉搏加快到一百三十次／分，律动不规则。面部发生歪斜，因为他左边的嘴角略微向上提。次日，右边的嘴角也向上提，病人现在发生了双侧面部麻痹，迫使他做出僵硬的微笑。像一个石化的反讽者。疾病现在发展到脑干的最上部，克尔凯郭尔不再能和周围世界交流，虽然他想……抬起他的手臂再放开，就会沉重地落下。他仍然能抬起眼睑，急促而无声地呼吸。咳嗽的能力消失了，急速的呼吸和快速的脉搏显示正在发烧，也许是阻塞性脓痰引起呼吸窘迫和双侧肺炎。他的意识仍然清醒，但完全瘫痪了。约翰·克里斯钦·隆德在九日前来探视，并于次日写信给彼得·克里斯钦，说克尔凯郭尔日子不长了："昨天我去看他，不幸我只能认可看护妇的不祥预后。"隆德继续坚定地说："为防万一起见，我不得不提前问你是否掌有家族墓地的证书，或者你是否知道它在哪里。"

十一月十一日，礼拜日，是克尔凯郭尔的最后一天。他躺着，意识完全消失，处于昏迷状态，脉搏微弱，呼吸沉重而短促。他慢慢地窒息了。就像毒芹汁渐渐到达苏格拉底的心脏。死亡在晚间九时来临。

十二个钟头之后，当冬日惨白的太阳升起的时候，他被推进了医院的太平间。

身后诸事

"医生们并不理解我的病；那是精神性的，而他们现在要用普通的治疗方法。"克尔凯郭尔在最初的一次谈话中对波厄森这样说。但他得到的并不是完全普通的对待，可能是因为他本人反对被切得七零八落，遗体没有被解剖。医学院的一些学生对克尔凯郭尔的决定很不满，他们本想把手伸进他的大脑，以科学的名义慷慨激昂地发表演说，却无从下手。还有一些人也将注意力转向那异于常人的机体。

[1] 拉丁文：*infusum tonico nervina*。

彼得·克里斯钦·扎勒就这样写道："过度紧张的大脑使用有可能损害了脊髓脑膜，从而导致下肢瘫痪。"而保利在克尔凯郭尔死后次日就对一个朋友说："他的病可能是脑软化；是这病要为他的写作负责，还是写作要为这病负责？"

686 　　保利的问题几乎和这大脑一样精彩，但克尔凯郭尔的遗体没有得到解剖，也就没有病理学资料以供回答。克尔凯郭尔的病历和其他六十九个由于各种原因在一八五五年十一月离开内科的病人病历一起装订成册。克尔凯郭尔的病历，很有象征性的，是这册病历的最后部分。第一页上的诊断建议是"半身瘫痪"（Hemiplegia），但划掉了。因为"半身瘫痪"意味着"偏瘫"。最后的诊断是"瘫痪"（Paralysis），即全身瘫痪，但这也只是一个症状描述而不是真正的病因诊断。所以有人在括弧里加上"结核？"。

　　这个问号表明，他们面对的是一种陌生的病症。它看上去像是结核，但却是另一种病，而赛利曼·梅厄尔·特利尔负责的科室应该是最善于诊断的。在一八五五年内就至少有二十八个这种病的患者在那个科室住院。此外特利尔还写作了第一本丹麦文的听诊器教科书——《关于辨识心肺病症的说明》——所以，一种典型的结核病得不到发现的可能性不大。发病过程中也并没有导向梅毒症的迹象，尽管记录中有几处"脊髓损伤"，那是梅毒的症状。肾脏检查结果有"进行性神经功能障碍"，叫作"上行脊柱瘫痪"或者"脱髓鞘多发性神经炎"或者"格林－巴利综合征"，病因还是不明，但过敏性机制被认为起到一定作用。

　　"如果追根问底，"克尔凯郭尔在一八四六年写道，"那么生理学家究竟知道什么，医生又真正知道什么？"不错，他们真的不知道克尔凯郭尔是得什么病死的。他死于"向往永恒"，如他自己在《观点》中所预见的。这当然不是临床上成立的诊断，但也未必是最差的解释。

无处可去的小小遗体

　　彼得·克里斯钦终其一生凡事总要三思而行，所以并不是他，而是《飞翔邮报》和《哥本哈根邮报》最早公布了他弟弟的死讯。这位教会进攻者的讣告是谨慎的，几乎是宽容的。不过在三天后，一八五五年十一月十六日《贝林时报》的上午版上可以读到以下讣告："索伦·奥比·克尔凯郭尔博士在患病六周后于本月十一日礼拜日晚间平静告别尘世，得年四十三岁，谨代表他本人及其家人哀告众人一体周知。兄／彼·克·克尔凯郭尔启。"

在随后的那个礼拜里出现了或大或小的讣告。克尔凯郭尔偏爱的机构,《祖国》刊登了一则简短的,然而完全无批评的通知,关于"丹麦最伟大的宗教作家"。而民族自由派的《日报》则刊登了所有讣告中最美的,尽管并没有讳言克尔凯郭尔的不完善和片面之处,强调他对同时代和后世的重要意义:"索伦·克尔凯郭尔将在丹麦历史,在文学史和教会史上占据一个显要的地位。"从而将他列入丹麦近年来失去的伟大人物的行列,他们是:托瓦尔森、奥斯特和奥伦施莱尔。

此外,这件事也在全国大部分地方引起回响,在大部分地方小报上占据了显要位置。新闻也很快传播到邻国,十一月十六日就到达了瑞典的《晚报》,而挪威人一周之后也从《克里斯蒂安尼亚邮报》上得知。克尔凯郭尔的死讯和他的外甥亨利克·隆德在墓前的抗议都是意识形态鼓动的好材料——《晨邮报》直言不讳地说,"每一个基督徒都有义务致力于推翻这整个[教会]建构,及其享受特权的牧师,或迟或早"。精明的报纸编辑们在这件事上也看到了铸造钱币的机会,他们兜售着诸如"谁将跟随着克尔凯郭尔的脚步?——供他的追随者考虑"和"索伦·克尔凯郭尔最后的时刻"之类的挽歌作品。据说所得利润将用于救助一对有七个孩子需要抚养的贫苦夫妇。

十一月十五日,哥尔德施密特在《南北》上讨论了这桩死讯。他不赞成是上帝的手指在克尔凯郭尔攻击教会的战斗中途阻止了他。"毫无疑问,"哥尔德施密特解释道,"他属于丹麦所产生的最伟大精神之列,但他死得其时;因为他最后的活动开始为他创造的知名度永远无法与他的性格相和谐。现在,他针对牧师和官方教会的最危险作用才正开始。因为不容否认,在他的命运中确实有着殉教的成分。"

如所预期的,格隆德维有着完全不同的看法。他在克尔凯郭尔葬礼那天的布道中眉飞色舞地谈起,悬挂在教堂屋檐下的一根冰凌融化落入地下。格隆德维在这次布道后不久写给牧师霍尔腾的信里提到"索·克之致死的罪过"[1]:一方面,他将"唯一真实的基督教表达为最没有人性的,对人来说太阳底下最不可能之事",从而为异教世界的正当性背书;另一方面,他把每一个不愿意"背弃他的主和他的基督教名"的人贴上撒谎者和伪善者的标签。这样"我也就并不奇怪",格隆德维以自己的感化逻辑得出结论,"死亡让他惊讶,因为只要敌基督的日子还没有来临,

[1] 套用克氏作品《致死的病症》。

那些不自量力玩弄［上帝的］杰作的人都不会有好下场，就像那些假弥赛亚一样"。

克尔凯郭尔生前最后几年住在圣母堂教区。他那些多年来接近明斯特的家人因而认为葬礼自然应该在圣母教堂举行。十一月十五日在亨利克·费迪南·隆德处召开家庭会议，讨论与葬礼相关的实际问题，并试图走出每一个围坐在椭圆形桌旁的人都注意到的困境：如果葬礼尽可能安静低调，将间接羞辱逝者，将他交给历史遗忘；但如果葬礼按照通常形式举行，则会被认为是一种挑衅。到底应该如何安置这具小小的遗体？最后，彼得·克里斯钦一锤定音：葬礼将于十一月十八日，礼拜日，十二点三十分举行。他自己将举行演讲并希望一切尽可能普通。

上午人们就开始涌入教堂。据《贝林时报》报道，"教堂里的人多到挤满"，《祖国》讲述，"那几千人挤满了圣母教堂的每一个角落"，而《晨邮报》则坦率地记录下："教堂里的人太多了。"前两排座位是为家人保留的，拉斯姆斯·尼尔森坐在后面一排，匆忙中吃力地关上座位一侧的小门，很有象征意味地，门被挤得卡住了。安徒生也到场，他后来致信时在维也纳的奥古斯特·波诺维利称，教堂里乱成一团，完全不像葬礼："带着红色或蓝色帽子的女士们进进出出。"他愤怒地写道，他还看见"戴着嚼子的狗"。环绕那鲜花装饰的棺木站着一群面露凶相的男士，街上的普通人，但突然一个大学生组成的方阵突破重围穿过教堂，环绕在棺木周围。

689

负责主持这次葬礼的老副主教伊·克·特利厄对整个安排感到不适，于是"热诚而恳切地"劝说克家人将这次仪式转到弗里德里克医院或者圣灵教堂去。他焦躁地把帽子在头上前后推着，紧张让他平时温和的面容也——和帽子一样——扭曲了，直到彼得·克里斯钦站出来准备在灵前讲话，教堂里才安静下来。

彼得·克里斯钦没有带稿子，照例手里只拿了一张名片，上面写了"几条要点"。结果迟至一八八一年他才试着——基于一份报纸上刊登的不太友好的笨拙摘要——来重建这篇颂词。从这篇重建的讲话中可以看到，彼得·克里斯钦明智地避免了直接与逝者论战，而只是遗憾地表示他本人和其他人未能成功地"以爱的肯定目光和温柔的拥抱"让逝者"被感召或被强迫"在"过度紧张的工作之后"进行那急需的"长时间安静休息"。彼得·克里斯钦的非论战语调在地方报纸《霍尔拜克报》上刊登的摘要得到证实，其中提到，"完全没有触及很可能是那棺木中逝者肉中之刺的宗教论战"。不过空气中还是飘荡着耸动的气息，彼得·克里斯钦刚从葬礼上回到家，那永远过于热心的书商 A.C.D.F.G. 易弗森（不要和

A.B.C.D.E.F. 古德霍布混淆）就不请自到，要求出版这篇演讲词，因为——如他煞有介事地说的——"许多人今天都在我的店里表达了这个愿望"。

圣母教堂里的仪式之后，灵车驶往辅助公墓。人们都很忙，没有人注意到广场上主教府窗口的马腾森。人们要到公墓去，那里很快就聚集了各色人等，他们成群结队地穿过花墙和陵墓，为了能和灵柩同时到达。特利厄刚刚撒完土，人群中站出一个身穿黑色丧服的瘦高青年，他面色苍白，摘下帽子，环顾四周，准备讲话，但这违反规则，于是特利厄提出抗议。但这青年并不理会，而是朝着人群高喊："以上帝的名义。请稍等，先生们，如果你们允许！"十五岁的特勒尔斯·弗里德里克·隆德刚满能参加这次仪式的年龄，突然认出这苍白的青年是表兄亨利克，那个医生，他平时是那么亲切和蔼，不久前刚从巴黎给他写了一封好玩的信，附着一幅素描小铅兵。"这是谁呀？"人们交头接耳，人群中声浪此起彼伏。"我是医学毕业生隆德。"那黑衣青年说。"听他说"，有人喊道，得到另一个人的支持："他还行！让他说话！" 690

于是隆德对在教堂举行这位激烈的教会抨击者的葬礼提出抗议，将逝者"带来这里违反他反复表达的愿望"，所以"在某种意义上是侵犯"。为证明其声言的正确性，他援引了逝者在《祖国》和《瞬间》上刊登的一系列文章，并引用圣约翰《启示录》第三章中关于那等待着每一个人，不论冷热的最后审判 [1]。在宣读了《瞬间》第二期上的短文《我们都是基督徒》之后，他对着人群提问："这个描述不对吗？我们今天难道不是看到和他的言辞相符的事实，所有人都是见证，这个可怜的人，不论他在思想、言辞还是行动上，不论他活着还是死去，都被那'官方教会'作为一个亲爱的成员来埋葬。这在犹太人社群里永远不会发生，甚至也不会在土耳其人和穆斯林当中发生，他们社群中的一个成员，已经如此决绝地离开后，在他死后，没有事先撤销他的话，就被当作这个社群的成员。这是留给'官方基督教'去做的错事。这能是'上帝的真教会'吗？"

演讲结束后，人群中响起掌声。人们站立不动期待着下面的事情，因为一定会发生什么事，但是没有。亨利克·隆德退下。拉斯姆斯·尼尔森大概本来准备发表墓前演讲的，但脸上带着恼火的表情离开了。一个微醉的家伙对他的伙伴说"那么咱们回家吧，克里斯琴！"引起了一点兴奋。于是他们就走了，克里斯琴和

---

[1] 《新约·启示录》3：15。

其他人就回家了。这天在墓地也再没有什么事情。

特勒尔斯·弗里德里克回忆，他跑着离开"那被践踏的墓地"，来到他父亲和彼得·克里斯钦的马车旁。当他进入车厢时才意识到，他已经完全冻僵了。

遗嘱、拍卖和患精神病的传教士

691

葬礼之后，大小日报做出判决，从夸张的谴责到中立的叙述，再到公然的愚蠢。彼得·克里斯钦自然也被提到，但他拒绝就此事发表言说。"在内心的挣扎中我将忽略报纸的观察"，这位经受了痛苦考验的人在日记中写道。他还在一八五五年十二月的一则笔记中预见到未来的黑暗，只是简单的："哀思与孤独。"

其他人不那么哀伤，懂得怎样将他们的无精神性吹胀，注入空洞的激情，从而证明逝者是对的。他曾经预见过，他在死后得到的赞颂将和他生前遭到的鄙视一样多。真真假假的故事很快开始流传。《晨邮报》于是报道，"据说"逝者"留下遗嘱将其巨额财产捐给穷人"，他"最后的愿望"是"不穿任何寿衣，仅穿死时的衣服，再裹一层床单"。他入殓时的唯一"装饰品"是一件"白缎子坎肩儿，上面有一个女人绣的花，由不败的花朵组成的'唯一真实存在'"。菲特丽卡·布莱梅尔从斯德哥尔摩致信安徒生："如上帝所愿，关于索·克尔凯郭尔，我要这样说。我们可以有一种感觉，确保我们听从他的劝导，执行他的使命。"[1] 而安徒生本人则在十一月二十四日的信中告知奥古斯特·波诺维利有关亨利克·隆德在墓前的丑陋表现："他宣布——大意——索伦·克尔凯郭尔退出了我们的社会。"一八五六年二月八日，哈丽耶特·伍尔夫发出克尔凯郭尔事件的最新进展："拉斯姆斯·尼尔森教授开始每周两次的有趣讲座，关于克尔凯郭尔其人其作；听众非常踊跃。"哀悼逝者突然突破了边界，就连一度热衷于讽刺和酒色的哥尔德施密特也缩回蹄子[2]，做出忏悔和如丧考妣的温良姿态："谁要说索·克尔凯郭尔的坏话，都犯下了古人说的羞辱（nefas）罪过。尽管有缺点，这里还是有着不近人情的崇高和感人之处，而在最深刻的意义上则是悲剧性的。……我曾在某个时刻敌意地写他，引起他的愤怒或增加了他的痛苦，这些都超出了任何悔恨的边界。"独缺流

---

[1] 引文原文为瑞典文。

[2] 这里是一个文字游戏。原文 satirisk（讽刺）和 satyrisk（酒色）字形相近，而 satyr 是希腊神话中半人半兽的淫荡之神，故曰"蹄子"。

亡海外的皮·路·穆勒发来悼念信和献在墓前的花圈。

不难理解，马腾森因克尔凯郭尔的身后名声而恼火，于是在临近年底时让古德撰写一篇关于"克尔凯郭尔倾向"的文章，其中不必吝啬"论战之盐"。然而古德不想写，三个礼拜之后马腾森本人也意兴阑珊，因为克尔凯郭尔躺在几腕尺深的地下，蠕虫们已经开始它们的工作。"这里并没有值得一提的东西"，恢复了平静的主教于是在一八五六年二月告诉古德。

关于如何处理世俗财物，克尔凯郭尔并没有留下遗言。葬礼次日，彼得·克里斯钦和以色列·莱文，还有旧书商赫·亨·尤·林格一同来到波利斯太太的公寓，检查逝者的家具和书籍。据莱文回忆，一切都整理得井井有条，好像克尔凯郭尔只是到乡下去小住几天，一点都不像是死了。克尔凯郭尔是否就这样有条不紊地准备好自己的离去？这种可能性不能完全排除，但他家中整齐也可能是因为，哥本哈根遗嘱法庭的代表诺尔戈秘书和亨利克·隆德已在上个礼拜来过，开列出逝者的家具清单。当隆德和诺尔戈踏进公寓时看到的是"散落在各处的许多纸张，大部分是手稿"，他们把这些堆积如山的纸张放进"一张写字台的抽屉，和五斗柜立柜一样贴上法庭的封条"。

所以，当彼得·克里斯钦到来的那天，距离找到钥匙打开那上锁的书桌还有一些日子，但他终于找到两个小小的加封信封。信封上的字迹是同样的："由牧师先生克尔凯郭尔博士／于我死后开启"。两个信封唯一的区别就是火漆封印的颜色，一个是黑的，另一个是红的。彼得·克里斯钦打开那黑色的火漆封，看到了弟弟的如下遗嘱："亲爱的哥哥！我的愿望自然是将身后所遗无条件地由前未婚妻，雷吉娜·施莱格尔夫人来继承。如果她不愿接受，则将其捐献给穷人。／我要表达的愿望是，对我来说订婚所产生的义务与婚姻相同，因而我的遗产将如同曾与她结婚一样，完全由她来继承。／你的弟弟／索·克尔凯郭尔。"这封信上既没有日期也没有年份，但应该是和那封红色火漆封的信一样写于一八五一年八月。后一封信是这样的："'那没有提到的名字有朝一日总会提到'，我的全部作品都是献给我的前未婚妻：雷吉娜·施莱格尔夫人。"莱文记述道，彼得·克里斯钦看完这两封信后不得不找把椅子坐下，休息了几分钟才回过神来。他曾经期望一次和解，哪怕是一两个字，信毕竟是写给他的，但两封信都只涉及雷吉娜，索伦·奥比显然将她当作合法妻子，所以让她成为唯一继承人。彼得·克里斯钦现在的名声也变得可疑了，他要通知圣克罗伊岛上的总督，夫人是重婚犯！

　　很可以理解的，彼得·克里斯钦一开始不想管这事儿，直到几天以后约翰·克里斯钦·隆德公开催他将逝者的遗愿通知施莱格尔夫妇，他才开始考虑写信，并且——终于——写好于十一月二十三日发出。这封信于一八五六年元旦到达圣克罗伊岛。那永远正确的施莱格尔则将日期为元月十四日的回信交付下一班"蒸汽轮邮包"。施莱格尔首先在信中感谢了克家族人就"一桩我们出于多种理由不愿成为公共话题的事情"所表现出的慎重，然后他解释道，他的妻子一开始有些怀疑，有关"遗愿声明"是否包含着最后的愿望，在此情况下她"有义务来加以实现"。然而从丈夫那公事公办的信中来看，雷吉娜已不再有这样的疑惑，因此她请求彼得·克里斯钦以及其他继承人"将上述遗嘱当作不存在处理"。她只想得到一度属于她的"部分信件和逝者住所里的一些零星物品"。遗物中有一包克尔凯郭尔作品是写给她的，浅色装订，考究的金边纸，但她不要求寄去。这一细节是她告诉亨利克·隆德的，而施莱格尔也将"我妻子的决定"通知办理此案的莫格律师。并致崇高的敬意云云。

　　亨利克·隆德于二月二十七日将有关情况通知彼得·克里斯钦，订婚期间的信件和几件与雷吉娜相关的首饰已经"取出并交最近一班船寄给她"。其他物品都要拍卖，隆德继续解释道，书籍、家具和其他物品——"除了他自己的衣物，即外衣，如上装、外套、裤子等，这些最适合送给他的男女仆人，或许斯特鲁布（那个以前侍候过他的木匠）"。隆德还在附言中说，他妹妹索菲那里有"几绺索伦舅舅的头发"。人们把其中的两绺镶在一个镜框里，"这里的几家人愿意共同拥有，因为我们不想将它们分散而贬值"。如果彼得·克里斯钦愿意，余下"部分供您支配"。彼得·克里斯钦显然对这件特殊的头发纪念品有兴趣，因为在三月十日的信中隆德附上了"一扎索伦舅舅的头发"。将近三月底时，商人隆德报告，在逝者的地窖里找到一间"藏有约三十瓶葡萄酒的小仓库"，要安排给彼得·克里斯钦送去，同时送去的还有一部分"索伦的衣服"，不想混在预定于四月二日至三日在东街上举行的公开拍卖会上出售。

694

　　"优质家具和私人物品清单"，小小的拍卖目录封面上这样写着，它将帮助把逝者的家最后拆掉。这份将近三百件物品的清单默默地记录了一个生活过的生命轨迹。列出的物品古怪地随意排列着，几乎像是要根据那它们服务过的精神自行整理：七副眼镜、镶银烟斗、订婚戒指、立式挂衣架、地球仪、可可壶和咖啡壶、盖碗、六捆雪茄、烛台托盘一对、圆柱腿咖啡桌、松木床、马鬃包垫红木椅子、旅行皮箱、盥洗台、架座、无数的百叶窗帘、窗帘、遮阳篷、古龙水一瓶、直尺、镇纸、剪刀、板凳、书桌、办公椅、刺绣坐垫藤椅、涂漆摇椅、乐谱、台钟、衣刷、镀金石膏人像、青铜帆船模型、火钳、吹火筒、气垫、拐杖、马灯、漏斗、温度计、咖啡罐、梯子、淡红色被套、条纹床罩、大枕头、绣花压脚被、圆筒形沙发靠垫、羊毛袜、丝质手帕、黑色丝领结、带领胸衬、羊毛短衬裤、格子晨衣、晨帽、拖鞋、其他帽子、铅桶、黄铜痰盂、双扇屏风、黄漆桌子、花篱、锡扑满、门灯、半圆模具锅、带盖铜布丁模、对开式铁锅、天平和砝码、水桶、斧头、熨斗、装有三磅羽毛的口袋一只。汉斯·布罗希纳称这些家用物品"简朴"，但这次拍卖却净收入一千零四塔勒两马克十五斯基令。彼得·克里斯钦在拍卖会上买的一张红木沙发以二十七塔勒三马克拍板成交，确实有点贵，但到场竞价的约·克·隆德向他担保："新换的卷曲马鬃毛和毛绒面软垫，特别适合必要时坐卧休息。"

　　接下来的一个礼拜里轮到克尔凯郭尔藏书的一锤子买卖。那次拍卖的广告做得特别勤快：从三月的第一个礼拜起，仅《地址报》上就登了十次广告，其中在第一版刊登大幅广告的四月八日是连续三天拍卖的第一天。拍卖在克尔凯郭尔的住所举行，现在家具用品已经移走，但还是很拥挤，因为来的人远远超过预期。书商林格对出价大为震惊，一切都有人肯付"极高的价钱，尤其是他自己的作品，价格达到书店里的两三倍"。克尔凯郭尔的藏书共计两千七百四十八册，卖出一千七百三十塔勒。参加竞价的人包括阿·彼·阿德勒、汉斯·布罗希纳、亨利克·隆德、安德烈·鲁戴尔巴赫、克里斯钦·温特、演员弗里德里克·路德维希·霍伊德和书商林格本人。皇家图书馆也来了人，拿走五十来本书，几乎全部都保留原有装订馆藏。拍卖后过了几个礼拜，农民之友机关报《晨邮报》——可以认为迟了一点——几乎腾出整个头版来报道这次事件。《晨邮报》在连篇累牍地抨击了牧师之后这样说道："然而感谢上帝，这次拍卖……提供了许多重要和令人欣慰的迹象，克尔凯郭尔的生命和痛苦都没有白费，他的言辞穿透了许多心怀，他在生前让许多人睁开眼看到我们教会的颠顶和自我神化中的虚假腐败，他赢得了许多真正的朋友，他们将珍视他和他的作品，并将保留和培育对他的记忆。"

　　这些日子里孜孜矻矻"培育记忆"的人当中有一个名叫摩根斯·亚伯拉罕·瑟莫的。他是一个庸医，有迷人的魅惑力，是个肆无忌惮的剽窃者，宗教变色龙，他那斑驳的背景上包括格隆德维派、福音派、浸信会、基督复临安息日派及其他。他的世俗背景也同样是杂色的。他是古城里伯地方一个海员的儿子，曾

695

在各行各业碰过运气，从木匠到裁缝、办事员、抄写员，从自封的顺势疗法师到哈德斯莱弗监狱灵魂治疗专业的私人教师，他都做过。这人连姓氏都是假的，原本的犹太姓施莫尔（Schomêr，"卫士"），在日德兰半岛口耳相传，以讹传讹，逐渐变成了瑟莫（Sommer，"夏天"）。当克尔凯郭尔发动攻击教会的时候，瑟莫已经高度活跃，而那九期《瞬间》更是给他加柴添火。在克尔凯郭尔那本老实不客气地命名为《人生道路诸阶段》的回忆录里，也将《瞬间》上的文章作为最重要的资料。他和克尔凯郭尔是否有过个人接触并不得而知，据他自己说，在几次通信后曾去登门拜访师傅并表示"景仰"。而克尔凯郭尔听后则对他说："很好，我的朋友！只要坚守《新约》，您就不会走错路。跟着上帝走！"瑟莫继续讲述道："泪水从我的面颊淌下，我的心说道：阿门！"瑟莫在其回忆录的第二版中删去了这个感人的场景，也许是因为那只是一个梦。尽管他不屑于在梦和现实之间做小小的区分，他还是愿意显得可信。

瑟莫自封为克尔凯郭尔的合法继承人，在他无数次的巡回演讲中向全世界宣布，呼吁建立小型"纯粹"克尔凯郭尔教区，与世隔绝并和教会决裂。他的私下纠缠和公开散发小册子，让彼得·克里斯钦·克尔凯郭尔（瑟莫认为他不代表"新约基督教"）不堪其扰，这位主教不得不在一八六六年在奥尔堡举行的一次公开集会上反驳瑟莫的批评。瑟莫的主张与他在十九世纪七十年代初所接受的社会主义严丝合缝滴水不漏。迟至一八八一年他还在继续要求解散议会，政教分离，牧师退休，以及——在这里他真的超前——对啤酒和烟草征收重税，以提高民众的道德水准。他以剽窃者的热忱，试图在副主教保利一八六五年逝世时重复克尔凯郭尔当年对明斯特之所为，但因他与逝者并无个人恩怨，就轮到马腾森的悼词倒霉，瑟莫让他的追随者们在需要"呕吐剂"的时候读这篇悼词。

通过书商林格做中人，瑟莫设法从克尔凯郭尔物品拍卖会上得到了一根属于逝者的手杖。这根手杖跟随着他不倦的传教旅行，走遍丹麦、挪威、瑞典、德国，最后到达美国。在那里他靠画肖像画为生。据他自己估计，共卖出了六十六幅克尔凯郭尔肖像。克尔凯郭尔也就这样由一位货真价实的精神病患者被引介到新大陆。只有在经常发生的拘捕期间瑟莫才能休息和平静，来撰写他的书和小册子。他把自己说成是当代圣保罗，当他计算为克尔凯郭尔旅行还剩下多少个"一千英里"时，这一目标相当于环绕地球整整九圈。不论瑟莫本人还是追随他足迹的儿子，摩根斯·亚伯拉罕·索伦·奥比·克尔凯郭尔·瑟莫，都未能设法实现他们的目标，如今两人都获得了当之无愧的遗忘。瑟莫本人于一九〇一年在贫病交加中精疲力竭地悲惨死去。

瑟莫的传教是最初的，也是迄今最好的例证：重复克尔凯郭尔的论战将无可避免地以剽窃告终。从这一点来说，克尔凯郭尔确实是"瞬间之人"。

无人肯要的文稿

葬礼之后几个礼拜，亨利克·隆德着手整理舅舅的文稿。这位年轻的医生感到出版这些文学遗稿是他的使命，将随后的几个月用在整理这些静静地等待未来的箱子、盒子、口袋、书桌抽屉里的手稿纸卷、文件夹、笔记本、信件、账单和零散的纸条纸片。辛劳的编目工作销蚀了隆德的激情，他在一八五六年十一月二十七日通知彼得·克里斯钦，现在他不得不停止编辑出版工作，因为他得到一份圣约翰岛上的医生职位，与雷吉娜和弗里茨所在的圣克罗伊岛相邻。他建议由埃米尔·波厄森来接手他的工作，但遭波厄森谢绝。于是克尔凯郭尔的文稿就存放在隆德家中，直到一八五八年约翰·克里斯钦·隆德将其寄到奥尔堡的彼得·克里斯钦处。当汉·彼·巴尔佛德在一八六五年看到这些纸箱时，"许多都覆盖着厚厚的一层白毛绿霉，之类"。这些文稿后来命途多舛的程度恰与其戏剧性相同，不过那个故事已经在别处讲过，这里不再重复。

当第一批克尔凯郭尔《遗稿》终于在一八六九年重见天日时，那些尚且健在的人顿感旧事重提的不快。马腾森称出版为"不得体，欠为逝者考虑"，因为此书的出版为"这种深刻敏感性的疾病性质随着时间的推移越来越占据上风"提供了"最为无可辩驳的证明"。马腾森在回忆录中忙于让历史站在自己一边，但他并不怀疑克尔凯郭尔的意义："如果我们将他的全部活动当作一个整体来追问，这丰富的才华和出类拔萃的禀赋，到底成就了些什么？那么回答肯定是：不多。实际上，他在许多心灵中唤起了内心性方面的骚动。然而这许多半真半假的陈述、虚假的悖论和虚假的机智并未能帮助任何灵魂得到平静和安宁……尽管他越来越将自己的使命理解为一种指控天使。"不过，因为马腾森不想显得不近人情，更不想显得不合基督教义，于是他以呼吁为克尔凯郭尔最后的独特表现做一种生理学的解释作结："在不小的程度上可能有助于缓和对他行为判断的，在我看来，正是从他的身体发散出了令人不安的影响。无人能够确定他的理智程度。"

施莱格尔夫妇出于显而易见的原因有兴趣了解克尔凯郭尔札记中关于他们

共同过去的部分。他们刚订婚的时候曾经在傍晚轮流朗读克尔凯郭尔的作品。于是当他的《遗稿》第一卷于一八六九年出版时，弗里茨立即应雷吉娜的要求去买了来。然而重温黄昏朗读，期望很快变成失望，雷吉娜被克尔凯郭尔的札记搅得"心烦意乱"，所以不想再买随后的几卷。

哥尔德施密特也并不特别兴高采烈。克尔凯郭尔关于《海盗船》及其船员的札记在一八七二年出版，为公众提供了一幅那次昔日争端的片面图景。他很快就发觉了他因与《海盗船》的联系而遭到鄙视，就像当年遭到克尔凯郭尔的鄙视那样，于是他感到他个人有必要采取一种去海盗船化的措施。他与编辑汉·彼·巴尔佛德和记者奥托·博尔岑乌斯进行了冗长的通信。该记者在十九世纪七十年代就此事写过一系列出色的，然而倾向性明确的文章，把克尔凯郭尔写成"几乎是头戴光环的圣徒"，而哥尔德施密特则成了流氓恶棍。"终于轮到了，"他在一八七八年三月底写信给博尔岑乌斯，"我自己挨骂，如您带着某种文学乐趣反复抄录重印的那样。对您来说，我被骂得如此'强有力'是一个事实。但您似乎忘记了另一个事实，那就是我还活着，更新这种粗暴会造成伤害。"但博尔岑乌斯和他的读者并不怎么操心这个，哥尔德施密特还是个失败者，无处去申诉那历史的"事实"。随着人们对克尔凯郭尔的兴趣日益增长，哥尔德施密特重新绘制了那个久已逝去的博士的零星印象素描，突然写成一种那毫无恨意的清醒给人深刻印象的悼词："他属于一个伟大的、灿烂辉煌的思想世界，他的内心有这样一个世界，就像在他的头脑中有一座奥林帕斯山，清晰、有福的思想诸神……当他作为这样一个形象站在我面前时，我认识到，面对这样一个人必须将帽子拿在手里给他让路。"

彼得·克里斯钦的悲苦人生

在领略了葬礼前后的种种风光之后，彼得·克里斯钦回到皮特堡，人们一定希望，那如此慷慨地塞满卷曲马鬃的毛绒面沙发必要时会发挥作用，而必要也是经常的。一八五六年十一月十日和十一日之间的夜间——"（索伦的忌日）"——他梦见弟弟对他说，"在一些宗教问题上我是对的"；然后就迷迷糊糊睡去——"在半睡半醒的过渡之后"——他梦见明斯特主教"严厉地审查我，但渐渐缓和了一点，最后批准我在下一个礼拜日布道"。创伤性经验并不那么容易摆脱。

做过这些梦之后两天，他收到文化部长卡·克·哈尔的来信，通知他——经马腾森推荐——被提名担任奥尔堡主教。彼得·克里斯钦来到哥本哈根，十一月十五日之前那个夜里住在商人隆德家，"整整一年前我度过索伦下葬前后那些不眠之夜的同一间客房里"。关于主教职位，他和往常一样拿不定主意。他需要预兆，他曾在《普通祈祷书》里关于拖延的赞美诗 75：3 处发现了原书主人留下的一朵百合，而他将在整整十一个月之后去拜访马腾森，可以看作治理者指引的手指。几个月之后，一八五七年二月二十二日，马腾森在圣母教堂任命他为主教。同日晚间在主教府举行聚会，几天之后轮到皇家忏悔师特利厄设宴招待新任主教。真理见证人们再次聚首。

699

一八五七年三月八日，彼得·克里斯钦的日记报告："……终于在五点钟到达奥尔堡。"在这位新任主教面前还有三十二年，要消磨在这"北日德兰的西伯利亚"，如主教夫人哈丽耶特称呼这个地方；她那没有快乐的生命最后二十年将坐着，半瘫痪地，呆呆地注视着主教府寂静的房间。有时她会喊叫，可能是肾结石在她那苍白瘦弱的体内翻江倒海。本地医生束手无策，只会一次又一次地开出无效的水疗处方。"一个虔诚，可爱的苦命人儿，"艾琳娜·博伊森这样称呼她，"因为病就是她——但她也应该生病——为了让她的丈夫快乐。——真的有这样古怪的人们——我想。他嫉妒一切人。"

儿子保尔也完全步入歧途。他在通过大学预科考试后前往哥本哈根读神学，以优异的成绩毕业，随后就结交了坏朋友，如文学家汉·索·沃斯戈和延·彼·雅克布森等人。他们的激进主义和自然主义生活观与保尔父祖辈的治理者虔信截然不同。他酒色无度，债台高筑，十分可怕。他不肯做牧师，却着力翻译路德维希·费尔巴哈的代表作《基督教的本质》[1]，宣布基督教是一个巨大的幻觉，一个世界历史的误解。当他回到主教府里的家，"充满了苦涩、讽刺、咒骂和笑话"——如他那多病的母亲在一封给彼得·克里斯钦的信中所说，让年老的父母不胜惊骇。这一切在一八七二年夏天达到高峰。彼得·克里斯钦不得不到哥本哈根，和哲学家哈罗德·海佛定一同陪儿子住进西兰岛南部奥林格地方的精神病院，在那里由延森教授诊断为"重度精神分裂症"。一年之后的病历记录着："有时更加情绪低落，焦虑、抱怨、不敢吃饭，神志不清，寻找'法庭'，他要去悔罪，谈论被活埋。"在一次大受打击的精神病院探访之后，彼得·克里斯钦在日记中写道："结果让我很不开心。"

---

[1]　德文：Wesen des Christentums。

保尔住院后不久，彼得·克里斯钦收到亨利克·隆德的信，称他现正在"接受延森教授的治疗"，也在奥林格精神病院，于是彼得·克里斯钦在一段时间里可以一次同时探望两名克尔凯郭尔家族的现存成员。很可以理解地，他在日记中抱怨没有胃口和严重失眠。他做的噩梦也非常可怕，索伦·奥比五十八岁冥寿前几天，他记录下："船员被劫持了，强盗们不让我喝水，迫使我沉默。"两天以后又写道："梦见一群鸦片烟鬼。"

一八七四年冬天，保尔被安置在北西兰岛安尼瑟农庄的亲戚家，可当他听到隔墙有声时就闹着回到主教府，让自己受到孩子般的照顾。一八七六年十二月，他的一个青年时代的朋友写信给延·彼·雅克布森："我又收到了［保尔·］克尔凯郭尔的两封信，其中一封长达十二页。另一封四页的信绝对确定地证明，他狂热地疯了，一切宗教和哲学体系在他可怜的头脑中跳着绝望的康康舞。"几年以后他的情况有所好转，可以接受一份大教堂学校阁楼上的教区图书馆工作。他生命的最后三十五年住在奥尔堡绿街四号，在落下的百叶窗后面写作了五本短歌集，标题有《梅林与魔鬼之子》《家族研究》和《冒犯圣灵的罪过，或遭诅咒之家》。仅这些音韵幼稚的魔鬼诗篇的篇名就在以反叛姿态对家族传统发出呐喊。海佛定也认为，保尔得病的原因在于童年所受到的敌视生命原则的教育。这些原则在上一辈培育出一个天才的叔父，保尔终其一生也未能摆脱他的阴影。保尔曾在少有的清醒时刻之一写道："我叔叔是'非此即彼'，我父亲是'兼而有之'，而我则是'两头落空'。"这就是那位叔父在一八四六年满怀希望，骄傲地称之为"家族传人"的那个人。卡尔·隆德在一八七六年六月二日的信里骄傲地告诉彼得·克里斯钦，他再次当了"舅舅"——这次是一个男孩的，他的名字叫"索伦·奥比·克尔凯郭尔·隆德"，也并不特别令人欢欣鼓舞。

一八七五年圣诞节将临时，彼得·克里斯钦正要准备一次布道，突然感到一阵晕眩，仰面倒地。不过他继续履行职责在济贫院布道。但在三月三日，他正在准备"查阅受难故事的经文"时，突感乏力。整个春天都卧床不起，他"左侧疼痛，靠近心脏的地方，还有胃疼"，并且受到持续的宗教疑虑的严重困扰。同年四月二十三日，他申请辞去主教职务，并非基于疾病，而是因为他感到不配供奉神职。他还在一八七九年退还了皇家勋章绶带，并在一八八四年放弃公民权利。他也不再领圣礼，并在一封写给教区的信里援引《新约·约翰一书》3:15做出解释："凡恨他弟兄的，就是杀人的；你们晓得凡杀人的没有永生存在他里面。"

一八八八年二月一天的夜里，克尔凯郭尔家族特有的、辉煌智力与压迫性虔 701
信的奇异混合，终于松手放开了完全心碎的彼得·克里斯钦·克尔凯郭尔。

今天，在奥尔堡问到他的陵墓时，得到的反应是一片茫然。

陵墓间的女人

然而他那难缠的弟弟却能在后世确保长久的记忆。在一张没有装订的四开纸
上，可能写在一八四六年年初，克尔凯郭尔就详细地给出了自己那块大理石碑在
家族墓地所占位置的装潢计划："那块小石碑（父亲第一位太太的）要移走，后面
的栅栏要合拢。/ 栅栏要整修。栏杆里面那块小石碑的前面要立一个大理石雕十
字架。原来在小石碑上的文字要刻在这里。/ 紧靠这块石雕要树立一块石碑，上
面有父亲和母亲，和家里其他人的名字；当然由父亲决定措辞。和前面这块石碑
相应的另一块石碑也要立起来，刻上现有石板上的文字，字母要小些，提供更多
位置；这块石碑要立在陵墓之上，取代现有的大石头。这块石碑也靠近坟墓。/
整块陵园加以平整，种植细小草皮，仅在四角保留小块泥地，供种植土耳其玫瑰
灌木丛，我觉得是这个名字，非常小的、深红色花朵。/ 在这块石碑（上面写原
来在大石板上的文字，即我死去哥哥姐姐的名字）就留有足够的地方给我：

索伦·奥比，生于一八一三年五月五日，卒于——

这样还有足够的位置刻上一首小诗，用小字母：

> 稍等片刻，
> 我就要胜利，
> 这全部的战斗，
> 瞬间消失，
> 我可以休憩
> 在玫瑰山谷，
> 并不停地，
> 不停地
> 和我的耶稣交谈。

在这些细致周到的指示和混乱的葬礼之间有着可怕的矛盾。然而更令人尴尬 702
的是，过了将近二十年才有人认真着手做些事情。克尔凯郭尔关于陵墓的决定直

到一八六五年才被巴尔佛德发现，但没有人采取任何行动，迟至一八七〇年夏，陆军中尉奥古斯特·沃尔夫以如下请求致信克尔凯郭尔主教："不揣冒昧给您写信是为请求您准许我，为故去令弟的墓上献一块碑铭。每当我站在他的墓前，那萧索的景象都让我痛苦，我无法想象，标上名字会引起任何轰动或令人不快的结果。"尽管中尉强调，这块墓碑将朴素无华——"只有索伦·奥·克尔凯郭尔"字样——还是遭到彼得·克里斯钦的拒绝。他为这拒绝给出了长达几页的模糊理由。过了一段时间，沃尔夫再次致信主教大人，他很外交地解释道，墓前设碑铭纪念这样一种方式"将准确地保持令弟所选择的，如此深刻的自我否定隐蔽性"。也许可以"轻而易举地克服这个困难"，只简单地刻上"那单一者"，如克尔凯郭尔本人在《观点》中所暗示的那种可能性。

这一次，彼得·克里斯钦还是和第一位太太艾丽瑟·玛丽·博伊森死时一样无所作为。于是这位富有企业精神的中尉自掏腰包在克家老宅处为这个著名的丹麦人立了一块记录生卒年的大理石碑铭。彼得·克里斯钦得知此事后在日记中写下的充满怨恨的记录，或许可以解释他给沃尔夫回信中的模糊："我们的老宅上立了块碑铭——索伦的。"

直到四年以后的一八七四年，有人开始在报纸上抱怨，克尔凯郭尔已经隐姓埋名地下躺了将近二十年，眼看要成莫扎特第二，才有人采取行动。富有执行力的约·克·隆德从外甥和外甥女处拿到这项任务。彼得·克里斯钦很典型地随即宣布，愿意承担未来六十年里的维修费用。

如今，随时都有人们从近处远处前来献花，尤其是在这位博士逢十整寿的日子更要由衷地追忆他，但也应该记住他的话："为什么同时代人不能忍受真理见证人，这人一死，人人就都如此敬爱他？这是因为，只要他还活着就可以感到他的存在是一根刺，他迫使人们做出艰难的决定。但一旦他死了，就很容易和他做朋友并赞美他。"

703　施莱格尔夫妇一八六〇年从西印度群岛归来。弗里茨的健康在那里毁了，从此没有再完全恢复。他在一八九六年去世，也埋葬在辅助公墓，离他的前任竞争者不远。当雷吉娜离开阿兰布拉路上的公寓来到夫君的墓前——她反正是在逝者的陵园——会不会悄悄地、不引人注意地也看看克尔凯郭尔的墓？两个男人都活着的时候她就是这样做的——她继续走着。而他，那躺在地下的人曾经告诉她，因为天堂里不能结婚，所以他们三个人可以在那里团聚，弗里茨、索伦和雷吉娜。

缩写与注释

本书原则上尊重克尔凯郭尔的拼写方式，但缩写基本上改变了。这样如 Msk., Rd. 和一系列缩写都完全展开。克尔凯郭尔所用的符号 כ:（名叫"反西格玛"）改写为 dvs.（即）。

斜体字 [1] 用于强调，以及书名、报刊名和外国文字概念等，例如拉丁文字词等。方括弧（[ ]）内为说明。"f." 表示下一页；"ff." 表示下面几页。单引号（''）表示引文中的引文以及概念等的不恰当运用。斜线（/）表示在克尔凯郭尔文字中的换行。

注释注明每一页的段落：因此 1, 1 表示第一页第一段。如果在同一段内多次引用则标明同样数字并根据出现顺序排列。段落编号指引文开始的段落。在注释中运用以下缩写：

SKS   *Søren Kierkegaards Skrifter*（《克尔凯郭尔全集［评注版］》），编辑出版者：Niels Jørgen Cappelørn, Joakim Garff, Jette Knudsen, Johnny Kondrup, Alastair McKinnon og Finn Hauberg Mortensen, bd. 1–55, Kbh. 1997ff。

SV1   *Søren Kierkegaards Samlede Værker*（《克尔凯郭尔全集［第一版］》），编辑出版者：A.B. Drachmann, J.L. Heiberg og H.O. Lange, 1. udg. bd. 1–14, Kbh. 1901–1906。

SV3   *Søren Kierkegaards Samlede værker*（《克尔凯郭尔全集［第三版］》），编辑出版者：P.P. Rohde, 3. udg. bd. 1–20, Kbh. 1962–1964。

B&A   *Breve og Aktstykker vedrørende Søren Kierkegaard*（《克尔凯郭尔书简及相关文件》），编辑出版者：Niels Thulstrup, bd. 1–2, Kbh. 1953–1954。

Bl.art.   *S. Kierkegaards Bladartikler, med Bilag samlede efter Forfatterens* Død, udgivet som Supplement til hans øvrige Skrifter,（《索·克尔凯郭尔的报刊文章，以及作者身后搜集到的其作品补充的附件》），编辑出版者：

---

[1] 中译本中采用仿宋体。

Rasmus Nielsen, Kbh. 1857。

EP   *Af S. Kierkegaards Efterladte Papirer*（《索·克尔凯郭尔遗稿》），编辑出版者：H.P. Barfod og H. Gottsched, bd. I–IX, Kbh. 1869–1881。

B-fort.   »Fortegnelse over de efter *Søren Aabye Kierkegaards* Død forefundne Papirer«（《索伦·奥比·克尔凯郭尔身后发现的文稿目录》）– 1865 (24/2 – 3/11)，登记者：H.P. Barfod. Aalborg。

MARB   *Biskop H. Martensens Breve*（《汉·马腾森主教书简》），丹麦教会史学会出版，Bjørn Kornerup 编，Kbh. 1955, bd. 1。

POSK   Carl Weltzer: *Peter og Søren Kierkegaard*（《彼得与索伦·克尔凯郭尔》），bd. 1–2, Kbh. 1936。

SKOP   Frithiof Brandt og Else Rammel: *Søren Kierkegaard og Pengene*（《索伦·克尔凯郭尔与金钱》），Kbh. 1935。

SKT   *Søren Kierkegaard truffet*（《与索伦·克尔凯郭尔相遇》），编辑出版者：Bruce H. Kirmmse, Kbh. 1996。

SKBU   Sejer Kühle: *Søren Kierkegaard. Barndom og Ungdom*（《索伦·克尔凯郭尔的童年和青少年时代》），Kbh. 1950。

SKU   Valdemar Ammundsen: *Søren Kierkegaards Ungdom. Hans Slægt og hans religiøse Udvikling*（《索伦·克尔凯郭尔的青年时代，他的家族以及他的宗教发展》），Kbh. 1912。

在本书注释中，到《人生道路诸阶段》（含）为止的引文出自《克尔凯郭尔全集（评注版)》，注明相应的卷数和页数，如 SKS 1,123。从《非学术的结论性附笔》（含）开始引文出自《克尔凯郭尔全集（第一版)》。两种情况下都平行注明《克尔凯郭尔全集（第三版)》的卷数和页数。

全书所引克氏札记均引自《索伦·克尔凯郭尔札记》(Søren Kierkegaards Papirer)，由 P.A. Heiberg, V. Kuhr 和 E. Torsting 编辑出版，卷 I–XI，哥本哈根 1909–1948；以及 N. Thulstrup 编辑的扩充版，卷 I–XVI, 哥本哈根，1968–1978。札记注明卷数，分组（A, B 或 C），札记编号有时也注明页数，例如 II A 137, s. 77。

单独的章节是文献参考的单位。多次引用同一作品仅在第一次注明作者名字；随后的引文仅注明书名；多次相关引用同一部作品应用"同上"(ibid) 注明。限于篇幅不得不缩短一系列书名，有时会显得鲁莽，敬请有关作者谅解。

HENVISNINGER TIL INDLEDNINGEN,
SIDERNE XIII-XVII

i,2: MARB, nr. 78, s. 151f.
ii,2: »Protesten«, s. 90
iii,2: POSK, s. 288f.
iii,4: VIII 1 A 175
iv,1: VIII 1 A 424
iv,1: SKT, s. 344
iv,2: SKT, s. 285

HENVISNINGER TIL 1813-1834,
SIDERNE 3-41

3,3: SKU, s. 12 note 1
4,3: SKU, s. 12
5,1: SKBU, s. 12
5,2: SKU, s. 14f.
7,3: Rohde *Gaadefulde Stadier,* s. 110ff.
7,4: Cappelørn »Oprindelighedens Afbrydelse«, s. 9, note 43
7,4: V A 3
8,2: SKT, s. 314
8,2: SKT, s. 20
8,2: SKT, s. 19
8,2: SKT, s. 199
8,3: Tudvad *Homo Nekropolis,* s. 65f.
9,2: V A 2
9,4: »Oprindelighedens Afbrydelse«, s. 4, note 12
10,1: X 1 A 137
10,2: SKU, s. 31
11,2: Christensen *Det centrale i hans Livssyn,* s. 15
11,3: SKBU, s. 29
11,3: II A 238
12,2: SKU, s. 13
12,2: SKT, s. 314
12,2: SKT, s. 214
12,2: V A 93
12,2: SKT, s. 20
12,2: SKU, s. 25ff.
13,1: SKBU, s. 20
13,1: SKBU, s. 19
13,2: IV B 1, s. 106
14,1: SKU, s. 18, noten
14,2: IX A 411
14,2: VIII 1 A 177
14,2: VIII 1 A 663
14,2: SKS 16,58; SV3 18,127
15,1: X 1 A 468
15,3: SKS 3,254; SV3 3,46f.
16,3: Krarup *Borgerdydskolen,* s. 18ff.

17,1: SKT, s. 28
17,2: SKS 6,271; SV3 8,104
17,2: B&A, nr. 107, s. 133
17,2: B&A, nr. 1, s. 29ff.
18,1: SKT, s. 199
18,1: X 1 A 234
18,2: SKT, s. 28
18,2: SKT, s. 25f.
18,3: SKT, s. 27
18,3: SKT, s. 26
19,2: SKT, s. 22f.
20,1: SKT, s. 24
20,1: B&A, nr. 2, s. 31f.
20,1: V B 72,28
21,2: POSK, s. 23
21,3: SKBU, s. 59
21,3: Boisen – *men størst er kærligheden,* s. 90
21,4: POSK, s. 23f.
22,1: »Oprindelighedens Afbrydelse«, s. 5, note 14
22,3: SKU, s. 61ff.
23,3: SKT, s. 201
23,5: POSK, s. 34
24,2: POSK, s. 32
24,2: SKT, s. 32
24,3: *Borgerdydskolen,* s. 38f.
25,2: B&A, nr. IX, s. 7
25,3: POSK, s. 28
25,3: POSK, s. 40
26,2: SKU, s. 81
26,3: I A 54
27,2: SKT, s. 41
27,3: SKT, s. 273
27,3: Weltzer »Stemninger«, s. 391f.
28,1: I A 89
28,1: I A 96
28,1: I A 99
29,3: Bukdahl *Den menige mand,* s. 52
29,3: Weltzer *Grundtvig og Søren Kierkegaard,* s. 40
30,1: *Den menige mand,* s. 45f.
30,2: SKT, s. 338
30,3: POSK, s. 39
31,2: Rørdam *Peter Rørdam,* s. 79
31,2: *Breve til og fra N.F.S. Grundtvig,* s. 261
31,2: POSK, s. 155
31,3: POSK, s. 41
32,1: SKT, s. 155
32,1: II A 542
32,1: Mynster *Meddelelser,* s. 264f.

32,2: SKT, s. 87
32,2: SKS 7,43f.; SV3 9,35f.
33,3: SKT, s. 202f.
33,4: Nielsen *Ind i verdens vrimmel,* s. 24ff.
34,1: SKBU, s. 82
35,1: POSK, s. 49
35,2: *Ind i verdens vrimmel,* s. 53
35,3: ibid. s. 55f.
36,2: POSK, s. 38
36,2: POSK, s. 52f.
36,2: POSK, s. 58
36,2: POSK, s. 60f.
37,1: POSK, s. 59
37,2: jf. *Ind i verdens vrimmel,* s. 63
37,3: ibid. s. 69
37,3: POSK, s. 54
37,4: POSK, s. 64
38,3: *Ind i verdens vrimmel,* s. 95
39,1: ibid. s. 112
39,1: ibid. s. 107
39,2: POSK, s. 69
40,2: POSK, s. 78f.
40,3: SKT, s. 202
40,3: POSK, s. 80
40,3: *Homo Nekropolis,* s. 64
41,2: POSK, s. 81
41,2: POSK, s. 83

HENVISNINGER TIL 1835,
SIDERNE 42-53

42,1: I A 331
42,3: SKT, s. 273
43,1: I A 331
43,2: Heiberg *Prosaiske Skrifter,* bd. 1, s. 435f.
43,2: SKS 14,9
44,2: I A 11
44,2: I A 12
44,3: Nielsen *Ind i verdens vrimmel,* s. 34
45,1: SKT, s. 286
45,2: B&A, nr. 4, s. 37
45,3: SKT, s. 203
45,3: B&A, nr. 5
45,4: B&A, nr. 3, s. 32-37
48,1: I A 67
48,1: I A 69
48,2: I A 63
49,3: I A 64
50,3: I A 68
51,1: I A 65

51,2: Fenger *Kierkegaard-Myter,* s. 104
51,3: I A 75
53,2: I A 84

HENVISNINGER TIL 1836,
SIDERNE 54-91

54,1: Petersen *Kierkegaards polemiske debut,* s. 103
55,2: ibid. s. 29ff.
55,3: I B 2
56,2: SKT, s. 42
56,3: *Kierkegaards polemiske debut,* s. 60ff.
57,2: ibid. s. 75, jf. I B 3
57,2: ibid. s. 70
58,1: *Statsvennen,* nr. 3, 5. marts 1836, s. 9f.
58,1: I B 7
58,2: SKT, s. 30
58,3: B&A, nr. 6, s. 39f.
59,1: *Kierkegaards polemiske debut,* s. 92f.
59,2: ibid. s. 134f.
60,2: I B 6
61,1: SKT, s. 43
62,1: Borup *Johan Ludvig Heiberg,* bd. 2, s. 102
62,3: jf. SKT, s. 297
63,2: Heiberg *Prosaiske Skrifter,* bd. 1, s. 385
63,2: ibid. bd. 1, s. 405
63,2: ibid. bd. 1, s. 398
63,2: ibid. bd. 1, s. 396
63,2: ibid. bd. 1, s. 407
63,3: ibid. bd. 1, s. 417
63,3: ibid. bd. 1, s. 421
63,3: ibid. bd. 1, s. 432
64,1: ibid. bd. 8, s. 456
64,2: ibid. bd. 8, s. 444
64,3: ibid. bd. 8, s. 469
64,4: ibid. bd. 8, s. 476f.
65,2: ibid. bd. 8, s. 480
65,3: ibid. bd. 8, s. 483
65,3: ibid. bd. 8, s. 487f.
66,1: ibid. bd. 8, s. 489f.
66,3: I A 161
67,2: I C 73
67,3: I C 83
67,4: I A 150
67,4: B&A, nr. 3
68,1: II A 29
68,2: I C 66
68,3: I A 72
68,3: I A 104

69,3: I C 107
69,4: II A 54
69,4: SKS 2,95; SV3 2,86f.
70,1: II A 50
70,1: II A 597
70,2: II A 51
71,1: Martensen *Af mit Levnet,* bd. 1, s. 218
71,1: ibid. bd. 1, s. 220
71,1: ibid. bd. 1, s. 225
71,2: ibid. bd. 1, s. 227
71,2: ibid. bd. 2, s. 5ff.
72,2: II A 7
73,1: II B 1-21
73,2: II A 15
73,3: Vogel-Jørgensen *Bevingede Ord,* spalte 539
73,3: I A 220
74,2: II B 3
74,4: II B 1-21
77,3: SKS 7,39; SV3 9,33
78,1: Rosenberg *Rasmus Nielsen,* s. 28
79,1: SKT, s. 332
79,2: Weltzer »Stemninger«, s. 402
79,4: Møller *Efterladte Skrifter,* bd. 3, s. 243
80,2: II A 210
80,3: II A 216
80,4: V B 46
81,2: SKS 7,41; SV3 9,34
81,3: II A 102
81,3: XI 1 A 275 & 276
81,3: SKT, s. 293
82,1: I C 70
82,3: *Efterladte Skrifter,* bd. 3, s. 292
82,3: ibid. s. 313
83,1: ibid. s. 307
83,1: ibid. s. 300
83,2: ibid. s. 298ff.
84,2: ibid. s. 306
84,3: II A 662
84,4: II A 17
85,1: *Efterladte Skrifter,* bd. 2, s. 177-180
85,2: SKS 7,159; SV3 9,144f.
86,2: I A 336
86,3: I A 85
86,3: I A 115
86,3: II A 602
86,3: *Efterladte Skrifter,* bd. 3, s. 171
86,3: II A 752
86,3: II A 639

87,1: II A 633
87,1: II A 655
87,1: II A 666
87,2: II A 185
87,2: I A 162
87,3: SKS 2,294; SV3 2,282
87,4: II A 118
89,1: VIII 1 A 231
89,2: EP, bd. I, s. viii
89,3: *Søren Kierkegaards Papirer,* bd. 1, s. ix
90,3: IV A 85
91,1: SKS 2,300; SV3 2,288

HENVISNINGER TIL 1837,
SIDERNE 92-112

92,1: jf. Skjerne »Kierkegaard og Tobakken«, s. 90ff.
92,1: I A 188
92,1: jf. SKOP, s. 125
93,1: Bech *Københavns Historie,* s. 438
93,3: Kollerød *Min Historie,* s. 195
94,1: I A 179
94,1: I A 271
94,1: I A 272
95,1: B-fort. s. 9
95,2: IV A 105
95,2: I A 166
96,1: II A 20
96,2: jf. Andersen *Kierkegaards store jordrystelser,* s. 63; Fenger *Kierkegaard-Myter,* s. 65
96,3: Bang *Haandbog i Therapien,* s. 409ff.
97,2: II A 604
97,2: I A 75
97,2: SKBU, s. 14
97,2: SKT, s. 21
97,3: II A 18
98,2: II A 20
98,2: VI A 105
98,3: SKS 4,417; SV3 6,200
99,1: SKS 11,223; SV3 15,161
99,1: SKS 4,372; SV3 6,159
99,2: SKS 13,71; SV3 17,86
99,3: *Kierkegaards store jordrystelser,* s. 58
100,2: POSK, s. 94
100,4: POSK, s. 99
100,4: POSK, s. 147
100,5: POSK, s. 101
101,2: POSK, s. 104

101,3: SKT, s. 311f.

102,1: POSEN, s. 106

102,1: Boisen – *men størst er
  kærligheden,* s. 133

102,2: POSK, s. 109ff.

102,3: *– men størst er kærlig-
  heden,* s. 137

102,3: POSK, s. 109f.

103,1: POSK, s. 111

103,3: Tudvad *Homo Nekro-
  polis,* s. 67

103,4: I A 334

103,4: II A 647

103,5: II A 23

103,5: II A 130

103,6: POSK, s. 115f.

104,1: Kjær *Den gådefulde
  familie,* s. 38f.

104,2: Cappelørn »Oprindelig-
  hedens Afbrydelse«, s. 16

104,2: POSK, s. 87

105,2: II A 66

105,2: SKU, s. 122

105,2: SKT, s. 199

105,3: II A 171

105,3: II A 637

106,2: II A 172

106,2: II A 202

106,3: II A 212

106,4: Weltzer »Stemninger«,
  s. 385

107,1: SKT, s. 51

107,2: B&A, nr. 8, s. 40ff.

108,1: »Stemninger«, s. 384

108,1: ibid. s. 418

108,1: B&A, nr. 8, s. 40f.

108,2: »Stemninger«, s. 405

108,3: ibid. s. 409

109,2: SKT, s. 31

109,2: I A 278

109,3: I A 169

109,4: II A 491

110,1: SKS 2,106f.; SV3 2,97f.

110,3: I A 183

110,3: II A 356

111,2: II A 207

112,1: II A 693

112,1: II A 26

HENVISNINGER TIL 1838,
SIDERNE 113-131

113,1: II 679

113,2: SKU, s. 124

113,2: II A 209

113,2: SKT, s. 203

114,1: »Oprindelighedens
  Afbrydelse«, s. 19ff.

114,2: II A 730

114,3: II A 228

115,4: POSK, s. 123

115,5: II A 233

116,2: POSK, s. 127f.

117,1: Tychsen *Anviisning,* s.
  778. Editionsfilolog
  Niels W. Bruun har
  venligst henledt min
  opmærksomhed på den
  spanske flues medicin-
  ske betydning.

117,1: Tudvad *Homo Nekro-
  polis,* s. 62

117,3: POSK, s. 128f.

117,4: II A 243

118,2: II A 244

118,4: II A 805

119,2: II A 802

119,2: II A 803

119,3: EP, bd. 1, s. 3

119,4: II A 683

120,3: *Georg og Edvard Brandes'
  Brevveksling,* bd. 1, s. 373

121,1: Brandes *Søren Kierke-
  gaard,* s. 26

121,2: Kjær *Kierkegaards seks
  optegnelser,* s. 53

121,2: ibid. s. 57f.

122,1: VII 1 A 5

122,1: Barfod *Til Minde om
  Biskop Peter Christian
  Kierkegaard,* s. 13

123,1: I A 325

123,1: II A 230

123,2: IX A 70

123,2: I A 116

123,3: VIII 1 A 100

123,3: SKT, s. 331

123,4: B&A, nr. 149

124,5: Weltzer »Stemninger«,
  s. 413

124,6: Borup *Johan Ludvig
  Heiberg,* bd. 2, s. 174

125,2: Andersen *Mit Livs Even-
  tyr,* bd. 1, s. 204

125,2: SKS, K1, s. 74

125,2: *Breve til Hans Christian
  Andersen,* s. 293f.

126,2: SKT, s. 50

126,3: II A 42

126,4: jf. Sørensen *Digtere og
  Dæmoner,* s. 10

127,1: II A 781

127,2: SKS 1,38; SV3 1,40

127,2: SKS 1,36; SV3 1,39

127,2: II A 739

127,2: SKS 1,39; SV3 1,41

127,2: SKS 1,31; SV3 1,34

128,1: SKS 1,44; SV3 1,46

128,1: SKS 1,48; SV3 1,49

128,1: SKS 1,44; SV3 1,45

128,1: SKS 1,39; SV3 1,41

128,2: SKS 1,43; SV3 1,44

128,2: SKS 1,46; SV3 1,47

128,2: SKBU, s. 127

128,2: SKS 1,43; SV3 1,44

128,3: SKS 1,33; SV3 1,35

128,3: SKS 1,37; SV3 1,39

128,3: SKS 1,32; SV3 1,34f.

129,3: Bonde Jensen *Jeg er kun
  en digter,* s. 56ff.

129,4: II B 3

129,4: II A 690

130,2: III B 1

130,3: *Auktionsprotokol,* 1504-
  1506

130,4: III B 71,2

130,4: V B 180,1

131,2: II A 12

131,2: SKT, s. 286

131,3: VIII 1A 44

HENVISNINGER TIL 1839,
SIDERNE 132-145

132,1: jf. SKOP, s. 58f.

132,2: SKT, s. 147

132,2: II A 497

132,2: II A 576

133,1: II A 823

133,1: II A 328

133,1: II A 540

133,1: SKS 1,36; SV3 1,39

133,1: SKBU, s. 83

133,2: II A 414

133,2: II A 420

133,3: II A 347

134,3: II A 348

135,1: II A 508

135,1: SKBU, s. 132f.

135,2: SKT, s. 299

136,1: I A 340; jf. I A 100

136,2: SKT, s. 297f.

136,3: II A 533

136,3: II A 534

136,3: II A 535

136,4: SKT, s. 298ff.

137,2: POSK, s. 151

137,2: B&A, nr. 14, s. 46f.

138,1: B&A, nr. XI, s. 8, kom-
      mentarbindet, s. 6f.
138,2: SKT, s. 315
138,2: POSK, s. 156
138,2: III A 35
139,1: SKT, s. 314
139,2: III A 50
139,2: Nielsen *Kierkegaard og*
      Aarhus, s. 17f.;
      jf. SKS K19,249ff.
139,3: III A 51
140,2: III A 52
140,2: jf. Nielsen *Kierkegaard*
      og Aarhus, s. 13
140,2: SKT, s. 88
140,3: III A 54
140,3: III A 56
141,2: III A 67
141,3: III A 78
141,4: III A 68
142,3: III A 71
142,4: III A 72
142,4: III A 73
143,3: III A 76
143,3: III A 75
143,3: III A 77
143,4: III A 81
144,1: jf. SKT, s. 325f.
144,2: III A 80
144,3: III A 79
144,3: III A 82
144,3: III A 64

HENVISNINGER TIL 1840,
SIDERNE 149-166

149,1: SKT, s. 84
149,2: SKT, s. 82
149,2: SKT, s. 84f.
150,2: SKT, s. 66
151,2: SKT, s. 82f.
151,3: X 5 A 149
152,1: SKT, s. 292
152,3: SKT, s. 65
152,4: II A 67
153,1: Rørdam *Peter Rørdam*,
      s. 78
153,1: X 5 A 149
153,1: II A 68
153,2: II A 617
153,3: X 5 A 149,3-5
154,1: SKT, s. 66
154,4: B&A, nr. 23
154,4: B&A, nr. 29
155,2: X 5 A 149
155,2: SKT, s. 72

155,4: B&A, nr. 15
156,1: B&A, nr. 17
156,3: B&A, nr. 16
157,2: B&A, nr. 26
157,3: B&A, nr. 27
158,2: IX A 113
158,3: B&A, nr. 38
158,3: III A 122
158,4: B&A, nr. 31
159,3: B&A, nr. 33
159,3: B&A, nr. 29
160,1: B&A, nr. XIV, s. 13-16
160,1: B&A, nr. 36
160,2: B&A, nr. 40
161,1: SKS 6,307; SV3 8,138f.
161,2: X 1 A 667
161,3: X 5 A 149
161,3: SKT, s. 292f.
161,3: SKT, s. 296
161,3: Boisen – *men størst er*
      kærligheden, s. 109
162,1: B&A, nr. 42
162,2: X 5 A 149
163,2: SKT, s. 61
163,3: SKT, s. 204
163,4: SKT, s. 83
163,4: SKT, s. 299
164,2: III A 185
164,2: SKT, s. 73
164,2: VI A 12
164,4: jf. SKS 2,357; SV3
      2,341
165,1: SKS 4,233; SV3 6,28
165,2: III B 39
165,2: IV A 107
165,3: X 1 A 272
166,5: X 5 A 149,25
166,5: XI 3 B 87, s. 133

HENVISNINGER TIL 1841,
SIDERNE 167-170

167,1: VIII 1 A 205
167,2: VIII 1 A 517
167,3: II A 682
168,1: SKS 1,296; SV3 1,273
168,1: VIII 1 A 421, s. 185
168,2: II A 166
168,2: II A 482
168,3: II A 111
169,1: SKT, s. 275
169,2: SKS, K1, s. 131f.
169,3: III B 2
169,3: III B 3
169,3: X 3 A 477
170,1: SKS 1,89; SV3 1,85

170,2: SKS 1,74; SV3 1,72
170,2: SKS 1,116; SV3 1,110
170,3: SKS 1,301; SV3 1,278
170,4: SKS, K1, s. 132-143

HENVISNINGER TIL 1842,
SIDERNE 173-186

173,1: SKS, K1, s. 143ff.
173,3: B&A, nr. 49
174,3: B&A, nr. 7
174,4: B&A, nr. 69
174,5: B&A, nr. 50, s. 75
174,5: B&A, nr. 82, s. 81
175,2: B&A, nr. 54
176,1: B&A, nr. 49
176,2: B&A, nr. 60
176,2: B&A, nr. 62
177,2: B&A, nr. 59
177,2: B&A, nr. 50
177,3: B&A, nr. 68, s. 106
178,1: B&A, nr. 62, s. 96
178,2: B&A, nr. 68
179,2: B&A, nr. 54
179,3: III A 178
179,4: III A 157
180,3: B&A, nr. 49, s. 71
180,3: III A 153
180,3: III A 147
180,5: B&A, nr. 51
181,1: SKT, s. 91
181,2: III A 97
181,2: III A 155
181,3: B&A, nr. 67
182,1: B&A, nr. 58
182,1: B&A, nr. 67
182,1: B&A, nr. 65, s. 100
182,2: B&A, nr. 51
182,3: B&A, nr. 55
182,3: B&A, nr. 61
183,1: III A 179
183,2: B&A, nr. 61, s. 92
183,3: III C 27
183,3: B&A, nr. 69
183,4: Martensen *Af mit Lev-*
      net, bd. 1, s. 148f.
184,2: B&A, nr. 54
184,2: B&A, nr. 60
184,2: B&A, nr. 68
184,2: B&A, nr. 62, s. 95f.
184,3: B&A, nr. 68, s. 107
184,3: B&A, nr. 69
185,1: B&A, nr. 62
185,2: B&A, nr. 69, s. 108
185,3: III C 132, jf. SKS,
      K2-3, s. 38-58

240,2: SKS 2,332; SV3 2,317
240,3: SKS 2,335f.; SV3 2,320f.
241,1: SKS 2,335; SV3 2,320
241,1: SKS 2,424; SV3 2,403
241,2: SKS 2,351; SV3 2,336
241,3: SKS 2,308f.; SV3 2,295
242,1: SKS 2,307; SV3 292-93
242,2: SKS 2,340; SV3 2,325
242,3: SKS 2,343; SV3 2,327
243,2: SKS 2,349f.; SV3 2,334
243,3: SKS 2,360f.; SV3 2,344
243,3: SKS 2,363; SV3 2,347
243,4: SKS 2,369; SV3 2,352
243,5: SKS 2,368; SV3 2,352
244,1: SKS 2,368; SV3 2,351
244,1: SKS 2,374; SV3 2,357
244,2: SKS 2,379; SV3 2,361
244,2: SKS 2,380; SV3 2,363
244,3: SKS 2,399; SV3 2,379f.
244,3: SKS 2,412; SV3 2,392
245,1: SKS 2,426; SV3 2,404
245,2: SKS 2,431; SV3 2,409
245,3: SKS 2,99; SV3 2,287
245,4: SKS 2,432; SV3 2,410
246,2: SKS 2,431; SV3 2,410
246,2: SKS 2,373; SV3 2,356
246,3: SKS 2,56; SV3 2,48
246,4: SKS 2,90; SV3 2,81
246,4: SKS 2,102; SV3 2,93
246,4: SKS 2,131; SV3 2,121
246,4: SKS 2,121; SV3 2,112
247,1: SKS 2,102; SV3 2,93
247,2: SKS 2,111; SV3 2,102
247,4: SKS 2,102; SV3 2,93
248,1: Baudrillard *Forførelse*, s. 104; jf. Dehs »Cordelia, c'est moi«, s. 541ff.
248,2: SKS 2,412; SV3 2,392
248,2: SKS 2,297; SV3 2,285
248,3: X 5 A 149,18, s. 165
248,4: *Intelligensblade*, nr. 24, 1843, s. 285f.
249,2: V B 53,26
249,2: X 1 A 659
250,2: SKS 4,474; SV3 5,203
250,2: SKS 4,472; SV3 5,202
250,3: II A 432
250,3: SKS 4,469f.; SV3 5,199f.
252,1: SKS 4,486f.; SV3 5,216
253,1: *Ny portefeuille*, bd. 2, 1844, spalte 305-312
253,2: *Den Frisindede*, nr. 75, 1844, s. 299
253,2: B&A, nr. 82, s. 121

254,2: SKT, s. 301
254,2: Bl.art. s. 221
254,2: VII 1 A 26
254,3: VI A 84
255,1: VII 2 B 235, s. 83
255,2: IV B 59
255,2: SKT, s. 320
256,2: V A 109
256,3: SKT, s. 286
256,4: Magnussen *Kierkegaard set udefra*, s. 162
256,5: VII 1 B 92
257,2: B&A, nr. 123
257,2: B&A, nr. 127
257,3: B&A, nr. 130
257,4: SKT, s. 286f.
258,2: jf. Magnussen *Kierkegaard set udefra*, s. 165f.
258,3: SKT, s. 284
258,4: SKT, s. 285f.
259,2: SKT, s. 271
259,3: SKT, s. 431f.
260,1: B&A, nr. 98
260,1: B&A, nr. 101
260,1: B&A, nr. 88
260,1: B&A, nr. 92
260,2: B&A, nr. 94
260,2: B&A, nr. 91
260,2: B&A, nr. 18
261,1: B&A, nr. 102
261,1: B&A, nr. 106
261,2: B&A, nr. 74
261,2: SKT, s. 233
261,3: B&A, nr. 149
262,1: B&A, nr. 108
262,2: B&A, nr. 117
262,3: B&A, nr. 150
263,1: B&A, nr. 161
263,2: B&A, nr. 167
264,1: SKT, s. 200
264,2: B&A, nr. 113
264,3: B&A, nr. 196
264,4: SKT, s. 333f.
265,1: B&A, nr. 211
265,2: B&A, nr. 71
265,3: B&A, nr. 85
266,1: B&A, nr. 140 & 141
266,2: SKT, s. 229
266,4: SKT, s. 199

HENVISNINGER TIL 1845, SIDERNE 267-322

267,1: SKS 6,448; SV3 8,275
268,3: Thiele *Af mit Livs Aarbøger*, bd. 2, s. 54f.

269,2: Christensen *København 1840-1857*, s. 384ff.
269,3: SKS 2,401; SV3 2,381
270,1: SKS 6,257; SV3 8,91f.
270,2: III A 154
270,2: SKOP, s. 147
270,3: SKS 14,44
270,3: SKS 6,59; SV3 7,55
271,2: III A 245
271,2: IV A 140
271,3: Møller *Hoved- og Residensstad*, s. 40f.
271,3: VIII 1 A 226
271,3: SKS 2,51; SV3 2,43
271,4: SKS 6,449; SV3 8,276
272,1: VII 1 A 1
272,1: VI A 125
272,2: II A 740
272,3: VI A 29
272,3: VI A 138
273,2: III A 198
273,3: VIII 1 A 621
273,3: VI A 97
273,3: VIII 1 A 677
273,4: II A 127
274,1: SKT, s. 132
274,1: SKT, s. 196
274,1: SKT, s. 163
274,1: III A 221
274,1: Nielsen *Alt blev godt betalt*, s. 39f.
274,2: SKT, s. 231
274,2: VI B 225
274,3: V B 72,22
275,1: SKT, s. 131
275,2: SKT, s. 164
275,2: SKT, s. 133
275,2: SKT, s. 135
275,3: Zeruneith *Den frigjorte*, s. 338ff.
276,2: SKS 1,228; SV3 1,211
276,2: X 2 A 315
276,2: SKT, s. 155f.
277,1: SKS 2,37; SV3 2,31
277,2: SKT, s. 316
277,3: SKT, s. 287
278,2: B&A, nr. 150
278,2: B&A, nr. 195
278,3: XI 1 A 216
278,3: SKT, s. 136
278,3: SKT, s. 272
279,1: SKT, s. 163
279,1: SKT, s. 141
279,2: IX A 298
280,1: X 2 A 48
280,2: SKT, s. 159f.

281,3: Brandes *Søren Kierke-*
gaard, s. 2
281,4: VII 1 A 147
281,5: X 5 A 153
282,1: VII 1 A 155
282,2: X 2 A 7
282,5: Holmgaard *Peter Chri-*
stian Kierkegaard, s. 108
283,1: Weltzer *Grundtvig og*
Søren Kierkegaard, s. 45
283,3: B&A, nr. 116, s. 139f.
283,4: VI B 157
284,2: Møller *Efterladte Skrif-*
ter, bd. 1, s. 199ff.
284,2: SKT, s. 136
284,2: VI B 11, s. 86f.
285,3: SKS 7,46; SV3 9,39
285,3: VI B 29
286,1: VI B 23
286,1: X 4 A 14
286,1: VI B 29, s. 111
286,2: VI B 29, s. 105
286,2: VI B 22, s. 97
287,1: X 3 A 651
287,1: Bukdahl *Den menige*
mand, s. 48
287,2: X 2 A 389
287,2: VI B 29
287,2: VIII 1 A 245
287,3: VI A 73
288,1: XI 3 B 182, s. 300
288,2: II B 235
289,2: IV B 159,7
289,3: VI A 75
289,3: VI A 76
289,4: V A 56
290,2: X 4 A 330
290,2: X 4 A 554
291,1: X 3 A 422
291,2: VI B 182
291,2: SKT, s. 31
292,1: X 1 A 2
292,1: X 2 A 53
292,2: SKT, s. 161ff.
292,2: VIII 1 A 658
292,3: V A 17
293,1: V A 66
293,2: VIII 1 A 487
293,3: VI B 29
294,4: VI A 78
294,4: V A 82
294,4: VI A 79
295,1: *Berlingske Tidende*, nr.
108, den 6. maj 1845,
spalte 3
295,2: SKS 14,65; SV3 18,28ff.

295,2: VII 1 A 24
295,3: VI A 42
296,2: VII 1 A 106
296,3: XI 1 A 214, s. 214-15
296,3: B&A, nr. 62
297,2: VIII 1 A 33-38
298,2: VII 1 A 150
298,2: VI A 17
298,3: SKT, s. 338
299,1: SKS 6,446; SV3 8,273
299,1: SKS 6,450f.; SV3 8,277
300,1: SKS 6,12; SV3 7,10
300,2: SKS 6,81; SV3 7,76
300,2: SKS 6,83; SV3 7,79
301,1: SKS 6,118; SV3 7,113
301,2: SKS 6,177; SV3 8,12
301,2: SKS 6,177ff.; SV3
8,13ff.
302,1: V B 191
302,2: V B 148,6
303,1: SKS 6,369; SV3 8,199
303,2: SKS 6,389f.; SV3
8,218f.
303,2: jf. til de følgende sider
Saggau *Skyldig Ikke-*
Skyldig
303,4: V B 101,13
304,3: V A 33
304,3: SKS 6,187; SV3 8,23
305,1: SKS 6,263; SV3 8,97
305,1: SKS 6,261f.; SV3 8,95
305,2: IV A 65
306,3: SKS 6,217; SV3 8,52
307,3: I A 114
308,1: II A 805
308,4: IV A 110
308,4: SKS 4,376; SV3 6,163
309,2: V A 102
309,3: V A 103
309,3: V A 104
309,3: V A 102
309,3: V A 108
309,4: SKS 6,234; SV3 8,68f.
311,1: XI 1 A 219
311,1: POSK, s. 23
311,2: SKS 6,301f.; SV3 8,133
312,1: SKS 6,303; SV3 8,135f.
313,3: IV A 144
313,4: SKS 4,425f.; SV3
6,206f.
314,1: IV A 78
314,1: VII 1 B 91
314,2: VII 1 B 88, s. 288f.
314,2: V A 99
314,3: VI B 194
315,2: VII 2 B 274,2

315,2: VII 2 B 274,8
315,3: VII 2 B 274,14
315,3: VII 2 B 274,22
316,1: VII 2 B 274,5
316,2: VI B 216
316,2: VII 2 B 274,17
316,2: VII 2 B 274,10
316,2: VII 2 B 274,7
316,2: VI B 227
317,2: VII 2 B 274,12
317,4: B&A, nr. 282, s. 305f.
318,2: B&A, nr. 134, s. 151
318,2: B&A, nr. 135
318,3: SKS 7,169; SV3 9,153
319,2: SKS 4,140; SV3 5,44
319,2: SKS 8,59; SV3 14,57
319,3: VII 1 A 127
320,1: IV A 162
320,2: VIII 2 B 86, s. 171f.
320,2: VIII 2 B 86, s. 186f.
320,2: XI 1 A 62
320,2: XI 1 A 155
320,3: SKS 7,537; SV3 10,256
320,3: SKS 7,331; SV3 10,62
320,3: SKS 7,349; SV3 10,79
321,2: SKS 7,569ff.; SV3
10,285f.
322,2: VIII 1 A 27, s. 18
322,3: IV A 129
322,3: IV A 128

HENVISNINGER TIL 1846,
SIDERNE 325-404

325,2: jf Goldschmidt *Livs*
Erindringer, s. 324
325,2: *Corsaren*, nr. 129
325,2: *Livs Erindringer*, s. 324
325,3: ibid. s. 318f.
326,2: ibid. s. 298
326,4: ibid. s. 237
327,1: *Corsaren*, nr. 1
327,1: jf. Bredsdorff *Gold-*
schmidts »Corsaren«,
s. 31ff.
328,2: *Corsaren*, nr. 27
328,3: *Goldschmidts »Cor-*
saren«, s. 40
328,4: *Corsaren*, nr. 269
328,4: VI B 192
329,1: VI A 74
329,2: *Livs Erindringer*, s. 214f.
330,2: *Corsaren*, nr. 51
330,2: *Livs Erindringer*, s. 280
330,3: ibid. s. 275ff.
331,1: ibid. s. 278f.

331,3: VII 1 A 99, s. 46
331,3: SKT, s. 125
332,1: *Livs Erindringer,* s. 302f.
332,3: ibid. s. 305f.
333,2: ibid. s. 307ff.
333,3: ibid. s. 311
333,3: ibid. s. 315
334,1: ibid. s. 363
334,2: ibid. s. 366
334,3: ibid. s. 373
334,3: VII 1 B 12
334,3: *Livs Erindringer,* s. 371f.
334,4: ibid s. 189ff.
335,3: Brandt *Den unge Søren Kierkegaard,* s. 199
335,3: jf. Fenger *Kierkegaard-Myter,* s. 174
336,2: *Livs Erindringer,* s. 325f.
336,2: *Kierkegaard-Myter,* s. 240.
336,2: *Den unge Søren Kierkegaard,* s. 197
336,3: *Kierkegaard-Myter,* s. 187
337,3: Nielsen *Kierkegaard og Regensen,* s. 94
337,4: *Kierkegaard-Myter,* s. 178
338,1: II A 740
338,2: Møller *Lyriske Digte,* s. 90f., jf. *Kierkegaard-Myter,* s. 184
339,1: *Den unge Søren Kierkegaard,* s. 285
339,1: *Gæa,* s. 175
339,1: SKS 16,71; SV3 18,139
339,3: *Gæa,* s. 175ff.
341,2: *Livs Erindringer,* s. 328f.
342,1: SKS 14,79; SV3 18,31
342,2: SKS 14,84; SV3 18,38
342,3: VII 1 B 5
342,3: VII 1 B 72, s. 262
343,1: VII 1 A 98
343,2: Bl.art. s. 233
343,3: *Livs Erindringer,* s. 414
343,3: VII 1 A 98
343,4: *Livs Erindringer,* s. 423
344,2: *Corsaren,* nr. 276, s. 6f.
345,2: *Livs Erindringer,* s. 426ff.
345,3: *Corsaren,* nr. 277
347,1: SKS 14,87; SV3 18,39ff.
347,2: *Livs Erindringer,* s. 427
347,4: *Corsaren,* nr. 278
348,2: *Corsaren,* nr. 279
348,3: *Corsaren,* nr. 280

348,3: *Corsaren,* nr. 284
348,3: *Corsaren,* nr. 285
348,3: VII 1 B 59
348,4: *Livs Erindringer,* s. 428f.
349,1: *Corsaren,* nr. 285
349,1: *Corsaren,* nr. 289
349,2: *Kierkegaards København,* s. 381ff.; *Corsaren,* nr. 304
350,1: *Kjøbenhavnsposten,* marts 1846, nr. 73 og 74, s. 255-263
351,3: VII 1 B 13, s. 182
352,1: SKS 7,327; SV3 10,58
352,2: XI 3 B 12
352,2: X 1 A 28, s. 20
353,1: VII 1 B 55, s. 232
354,1: VIII 1 A 175
354,3: VII 1 B 29, s. 200
354,3: VII 1 B 19, s. 190
354,3: VII 1 A 147
355,1: VII 1 B 38, s. 215
355,1: VII 1 B 14, s. 184
355,1: VII 1 B 18, s. 190
355,1: VII 1 B 55, s. 235, 241f.
355,1: VII 1 A 147, s. 96
355,2: VII 1 B 13, s. 181ff.
355,3: VII 1 B 18, s. 89
356,1: VII 1 B 49
357,3: VIII 1 A 444
357,4: SKT, s. 114
358,1: SKT, s. 123
358,4: VII 1 A 99
359,1: VII 1 A 169
359,1: VII 1 A 4
359,1: VII 1 A 98
359,2: VII 1 A 169
359,2: VII 1 A 221
359,2: VII 1 A 229
360,1: X 1 A 442
360,1: VII 2 B 235
360,3: VII 1 A 221
360,3: IX A 290
360,3: VIII 1 A 513
360,3: VII 1 A 98
361,1: VIII 1 A 630
361,1: IX A 454
361,1: IX A 158
361,2: VIII 1 A 163
361,2: IX A 64
361,2: VIII 1 A 544
361,2: VIII 1 A 99
361,2: XI 2 A 12
362,1: IX A 64
362,1: VIII A 553
362,2: VIII 1 A 218

362,3: X 1 A 247
362,3: IX A 465
362,3: XI 1 A 12
362,3: X1 A 315, s. 209
362,3: XI 2 A 23
363,1: IX A 435
363,1: X 1 A 120, s. 91
363,2: X 1 A 623, s. 388
363,2: X 3 A 511
363,2: X 2 A 434
363,3: SKT, s. 324
363,3: SKT, s. 101
363,4: XI 2 A 299, s. 306
363,4: X 1 A 40
363,4: IX A 64
364,1: SKT, s. 253
364,2: VIII 1 A 544
364,2: IX A 210
364,3: X 1 A 247
364,4: X 1 A 177
365,1: Hostrup *Erindringer,* s. 142f., 155f.
365,2: SKT, s. 324
365,3: Hostrup *Gjenboerne,* s. 29f.
366,2: SKS 2,47; SV3 2,40
366,3: VII 1 A 154
367,2: *Flyve-Posten,* nr. 283, 6. dec. 1847
367,2: VII 1 A 154
367,2: VIII 1 A 458
367,2: VIII 1 A 654
367,3: X 1 A 177
367,4: Nielsen *Kierkegaard og Regensen,* s. 125
368,2: VIII 1 A 456
368,3: VIII 1 A 162
368,3: VIII 1 A 669
368,4: VIII 1, s. XV
369,1: *Den Frisindede,* nr. 58, 19. maj 1846, s. 250
369,4: *Nyt Aftenblad,* nr. 75 og 76, marts 1846
370,1: *Theologisk Tidsskrift,* 7. maj 1846, bd. 10, s. 182
370,2: IV A 141
370,2: VII 1 B 87
370,2: B&A, nr. 187
371,1: VII 1 B 88-92
372,2: VII 1 B 88
372,3: VII 1 B 92
373,2: IX A 455
373,4: SKT, s. 164
374,1: SKT, s. 330
374,2: *Kierkegaard-Myter,* s. 58
374,2: SKT, s. 125

374,3: SKT, s. 300
374,4: IX A 74
374,4: SKT, s. 319
375,1: X 1 A 658
375,1: III A 151
375,2: B&A, nr. 74
375,2: B&A, nr. 244
375,2: SKT, s. 145f.
375,3: POSK, s. 162
375,3: SKT, s. 71
375,4: VI A 103
376,1: X 5 A 72, s. 77
376,2: VIII 1 A 577
376,2: XI 1 A 268
376,2: XI 1 A 277
376,5: SKS 2,27; SV3 2,23
377,2: SKS 3,202 SV3 3,195
377,3: X 1 A 442
377,3: X 2 A 528
377,4: IX A 72
378,1: VII 1 A 222, s. 146
378,2: VII 1 A 126
378,2: IX A 130
378,2: SKS 16,12; SV3 18,82
378,3: X 2 A 92
379,2: VI A 98
379,3: SKS 4,323; SV3 6,114
379,3: SKS 4,421ff.; SV3 6,203ff.
380,1: SKS 4,423; SV3 6,205
380,2: VII 1 A 186
380,3: B&A, nr. 242
380,4: VII 1 A 126
381,3: VIII 1 A 640
381,3: VIII 1 A 645
382,4: SKS 4,434f.; SV3 6,216
383,2: VIII 1 A 641
383,2: SKS 6,248; SV3 8,82
383,3: X 2 A 619; jf. Ostenfeld *Kierkegaards Psykologi*, s. 14
383,4: SKT, s. 236
384,1: B&A, nr. 11, s. 44f.
384,2: SKT, s. 292
384,2: SKT, s. 332
384,2: SKT, s. 296
384,3: X 1 A 645
384,5: B&A, nr. 83
385,4: Mynster *Nogle Blade*, s. 421f.
385,5: Adler *Nogle Prædikener*, upagineret forord
386,2: SKT, s. 322
386,3: Koch *En flue*, s. 152
387,1: ibid. s. 156

387,2: Watkin *Nutidens Religieuse Forvirring*, s. 13
387,3: *En flue*, s. 178ff,
387,3: ibid. s. 34f.
387,4: VII 2 B 235, s. 99. Hos Adler, s. 23
388,3: *En flue*, s. 138f.
388,3: ibid. s. 153
388,4: VII 2 B 235, s. 129
389,2: VIII 1 A 252
389,2: VII 2 B 235, s. 195
389,2: VIII 1 A 440
389,3: VII 2 B 235, s. 190
389,3: VII 2 B 235, s. 218
389,3: VII 2 B 235, s. 201
389,3: VII 2 B 235, s. 206
389,3: VII 2 B 235, s. 194
389,3: VII 2 B 235, s. 219
390,1: VIII 1 A 264, s. 127
390,1: VIII 1 A 440
390,3: VII 2 B 235, s. 99
390,3: VII 2 B 244, s. 269
391,1: VII 2 B 235, s. 29
391,3: VII 2 B 235, s. 100
392,1: *En flue*, s. 173
392,1: VII 2 B 235, s. 105
392,2: VII 2 B 235, s. 123
392,4: VII 2 B 235, s. 152ff.
392,4: VIII 2 B 7,7, s. 24
392,5: VII 2 B 235, s. 153
393,1: VII 2 B 235, s. 137
393,1: VII 2 B 235, s. 137f.
393,1: VII 2 B 235, s. 143f.
394,2: VII 2 B 235, s. 5
394,2: VII 2 B 235, s. 130
394,3: VII 2 B 235, s. 12
394,3: VII 2 B 235, s. 132f.
394,3: VII 2 B 235, s. 178
394,3: VII 2 B 235, s. 171
395,1: VII 2 B 235, s. 169f.
395,2: VIII 2 B 6, s. 13f.
396,2: VII 2 B 235, s. 86
396,4: VII 2 B 235, s. 160f.
397,3: VII 2 B 235, s. 23
397,3: VII 2 B 235, s. 45f.
397,3: VII 2 B 235, s. 53
397,3: VII 2 B 235, s. 129
397,3: VII 2 B 241,5, s. 262
397,3: VII 2 B 235, s. 197
397,3: VII 2 B 235, s. 196f.
397,4: VII 2 B 235, s. 172
398,2: *Dansk Kirketidende*, 1846, nr. 45 og 46, spalte 729f.
398,3: VII 1 A 150
398,3: jf. *En flue*, s. 200

398,4: VII 2 B 241,12
398,4: VII 2 B 241,15
399,2: VIII 2 B 6, s. 13
399,2: VII 2 B 235, s. 78 & 85
399,2: VII 2 B 235, s. 69 & 71
399,3: B&A, nr. 244
400,1: B&A, nr. 148
400,1: X 1 A 78
400,4: Her og i det følgende står jeg i stor gæld til de banebrydende teorier om Kierkegaard og temporallapsepilepsi, som Leif Bork Hansen og Heidi Hansen har fremlagt i de nedenfor nævnte skrifter.
401,4: Helweg »En Parallel mellem to Profeter«, spalte 646
401,4: Hansen & Hansen »Søren Kierkegaards fænomenologiske beskrivelse af visse karaktertræk tillagt patienter med temporallapsepilepsi (TLE)«, s. 19, note 27
402,1: Hansen & Hansen »Maskineriets intrigante hemmelighed«, s. 128, note 52
402,1: VIII 1 A 424
402,1: X 1 A 645
402,2: SKS 7,82; SV3 9,71
402,2: SKT, s. 295
402,2: SKT, s. 151
402,3: SKT, s. 163
403,1: SKT, s. 288
403,3: *Kierkegaards Hemmelighed*, s. 83
403,4: Bang *Haandbog i Therapien*, s. 45ff.
404,2: ibid. s. 42f.
404,2: IX A 128
404,3: *Haandbog i Therapien*, s. 45f.

Henvisninger til 1847, siderne 405-455

405,2: Christensen *København 1840-1857*, s. 343-367
406,4: SKS 1,225; SV3 1,208
407,1: SKS 7,172; SV3 9,155
407,2: SKS 7,25; SV3 9,19
407,2: SKS 7,422; SV3 10,147

407,3: VII 1 A 189
408,2: VII 1 A 197
408,3: X 4 A 232
408,3: VII 1 A 182
409,4: VII 1 A 200
409,5: X 6 B 150
410,1: VII 1 A 196
411,3: VII 1 A 186
412,2: XI 2 A 58
412,3: VII 2 B 235, s. 58
412,4: II A 762
413,1: IX A 97
413,1: VIII 1 A 183
413,2: X 1 A 258, s. 170
413,2: X 1 A 131, s. 98
413,2: X 1 A 28, s. 20
413,3: IX A 378
414,1: SKS 8,95; SV3 14,91
414,1: SKS 8,99; SV3 14,95
414,2: VI A 101
414,3: SKS 7,152; SV3 9,137
415,1: VIII 1 A 146
415,2: SKS 1,55; SV3 1,56
415,3: II A 200
416,1: II A 625
416,3: IX A 375
416,4: SKS 2,281; SV3 2,269
416,4: SKS 4,27; SV3 5,132
417,3: VIII 1 A 219
417,4: VIII 1 A 227
418,2: VIII 1 A 246
418,3: VIII 1 A 250
419,1: SKT, s. 287f.
420,4: X 1 A 42
421,4: *Kong Christian VIII.s dagbøger*, s. 770
421,4: XI A 41
422,1: X 1 A 42
424,2: VIII 1 A 446
424,2: VIII 1 A 447
424,3: SKS 9,42; SV3 12,40
425,1: X 2 A 83
425,2: SKT, s. 68
425,3: SKS 9,43; SV3 12,41
426,2: X 4 A 551, s. 368
426,2: SKS 7,563; SV3 10, 281
426,2: VIII 1 A 667
427,3: SKS 8,58; SV3 14,55
427,3: B&A, nr. 138, s. 154-157
427,4: SKS 8,93; SV3 14,88
427,5: SKS 8,67; SV3 14,64
428,1: SKS 8,77f.; SV3 14,74
428,2: SKS 8,67; SV3 14,64
428,2: SKS 8,89; SV3 14,85

428,3: SKS 8,87; SV3 14,83
429,1: SKS 8,76; SV3 14,73
429,1: SKS 8,79; SV3 14,75
429,2: SKS 8,70; SV3 14,66f.
430,1: SKS 8,83; SV3 14,79
430,2: SKS 8,85; SV3 14,81
430,2: SKS 8,102; SV3 14,98f.
431,2: SKS 8,77; SV3 14,73
431,3: SKS 8,104; SV3 14,100
431,3: X 2 A 52
431,5: B&A, nr. 184
432,3: VIII 1 A 602
432,4: *København 1840-1857*, s. 453ff.
433,1: *Danmarks Historie*, bd. 11, s. 234
433,4: VIII 1 A 599
434,1: VIII 1 A 609
434,2: VIII 1 A 608
434,2: VIII 1 A 615
432,2: VIII 1 A 616
434,3: VIII 1 A 602
435,1: SKS 16,50; SV3 18,117f.
435,2: VIII 1 A 559
435,2: VIII 1 A 560
435,3: SKS 10,194; SV3 13,176
435,4: VIII 1 A 603
436,1: VIII 1 A 612
436,1: VIII 1 A 617
436,2: VIII 1 A 602
437,1: SKT, s. 333
437,2: B&A, nr. 186, s. 206ff.
438,1: B&A, nr. 188, s. 214
438,2: XI B 10, s. 308f.
438,3: IX B 20, s. 317
438,4: Martensen *Af mit Levnet*, bd. 2, s. 134
439,3: ibid. bd. 2, s. 121f.
439,4: ibid. bd. 2, s. 126f.
439,4: ibid. bd. 2, s. 129f.
439,5: ibid. bd. 2, s. 127ff.
440,2: XI 1 A 330
441,1: VIII 1 A 598
441,1: VIII 1 A 268
441,2: VIII 1 A 299
441,2: SKS 9,312; SV3 12,302
441,2: SKS 9,313ff.; SV3 12,302ff.
442,1: SKS 9,323; SV3 12,312
442,3: IX B 22, s. 320f.
443,4: VIII 1 A 100
443,6: jf. SKOP, s. 72 & 95
444,1: B&A, nr. 73
444,2: jf. SKOP, s. 76
444,2: B&A, nr. 166

444,3: jf. IX A 375
444,3: VIII 1 A 545
444,3: jf. SKOP, s. 76
445,1: SKOP, s. 92
445,2: VIII 1 A 84
446,1: B&A, nr. 169
446,2: B&A, nr. 152
446,3: B&A, nr. 155
446,3: B&A, nr. 156
447,1: B&A, nr. 157
447,1: jf. SKS, K2-3, s. 64
447,2: jf. X 1 A 584
448,1: SKOP, s. 27
448,3: SKOP, s. 30
449,1: jf. SKOP, s. 33f.
449,3: SKS 14,46; SV3 18,16
449,3: jf. SKS, K5, s. 28
450,1: SKOP, s. 44
450,4: V B 85, s. 161
450,5: SKS 13,11; SV3 18,63
451,2: SKT, s. 186
451,3: VII 1 A 98
451,3: VII 1 A 18
451,3: VII 1 B 55
451,4: VIII 1 A 513
451,4: IX A 386
452,1: X 1 A 584
452,2: X 2 A 528
452,2: X 6 B 171
452,3: X 6 B 138
452,3: SKT, s. 295
452,4: jf. SKOP, s. 62
454,1: SKT, s. 235
454,1: jf. *Skriftbilleder*, s. 93f. & s. 165
454,2: SKT, s. 45
454,3: X 2 A 177
455,1: X 2 A 511

HENVISNINGER TIL 1848, SIDERNE 459-496

459,1: XI A 202, jf. IX A 375
459,2: IX A 375
459,3: B&A, nr. 182
460,2: jf. B&A, nr. 183
460,4: jf. Elling & Friis Møller *Byens Hjerte*, s. 33f.
461,1: jf. SKOP, s. 146
461,1: SKT, s. 287
461,3: SKS 16,42; SV3 18,111
461,4: Zahle *Til Erindring*, s. 8
462,1: B&A, nr. 78, s. 117
462,1: POSK, s. 281f.
462,3: X 2 A 10

462,4: Christensen *København 1840-1857*, s. 138
463,2: ibid. s. 135
463,2: ibid. s. 145ff.
464,2: jf. Nørregård-Nielsen *Kongens København*, s. 107
464,2: *Kjøbenhavn 1840-1857*, s. 142
465,2: ibid. s. 164
465,3: ibid. s. 162
465,4: ibid. s. 184f.
466,3: X 2 A 66, s. 52
466,3: IX A 375, s. 218
466,3: jf. X 2 A 10
466,4: IX A 375, s. 218
466,4: SKT, s. 320
466,5: B&A, kommentarbindet, s. 55
467,1: X 3 A 144
467,1: jf. X 2 A 503
467,2: X 3 A 144
467,2: X 1 A 500
467,2: X 3 A 144
467,2: B&A, nr. 192
467,3: IX A 375, s. 218
467,4: VIII 1 A 558
467,4: VIII 1 A 651
468,1: VIII 1 A 652
468,2: SKS 11,129; SV3 15,73
468,4: SKS 4,360; SV3 6,147f.
468,4: SKS 11,171; SV3 15,111
469,1: SKS 11,158f.; SV3 15,99f.
469,2: jf. Nordentoft *Kierkegaards psykologi*, s. 399-412
469,2: SKS 11,151; SV3 15,91
469,2: SKS 11,192; SV3 15,131
470,2: SKS 1,37; SV3 1,39
470,2: SKS 11,192; SV3 15,132
471,3: VIII 1 A 250
472,3: VIII 1 A 84
472,3: VIII 1 A 389
472,4: VIII 2 B 187
472,4: VIII 2 B 188, s. 295
473,2: VIII 1 A 643
473,3: SKS 11,14; SV3 14,133f.
474,1: SKS 11,42; SV3 14,160f.
474,3: IX A 179
475,1: IX 1 A 175
475,1: IX A 180
475,2: IX A 178
475,3: IX A 180

475,3: IX A 189
476,1: jf. IX A 231
476,2: IX A 187
476,3: Bl.art. s. 178
476,5: VIII 1 A 549
476,5: IX A 212
476,6: VII 1 A 82
477,1: VII 1 A 120
477,2: VIII 2 B 186, s. 292f.
477,3: IX A 265
478,1: IX A 293
478,2: SKS 16,20; SV3 18,89
478,3: SKS 16,75; SV3 18,142
478,3: SKS 16,84; SV3 18,149
478,3: SKS 16,104; SV3 18,167ff.
478,3: SKS 16,35; SV3 18,103
478,4: SKS 16,11f.; SV3 18,81f.
478,4: SKS 16,19; SV3 18,87f.
479,1: SKS 16,20; SV3 18,90
479,2: SKS 4,290; SV3 6,84
479,3: SKS 16,20.; SV3 18,88f.
479,3: SKS 16,50f.; SV3 18,118f.
480,3: SKS 16,55; SV3 18,124
480,3: SKS 16,53; SV3 18,122f.
480,4: SKS 16,52f.; SV3 18,120f.
481,2: SKS 16,57; SV3 18,125
481,2: SKS 16,64; SV3 18,132f.
482,1: SKS 16,51; SV3 18,119
482,1: SKS 16,53; SV3 18,122
482,3: SKS 16,55f.; SV3 18,124f.
483,3: X 1 A 78
484,3: X 2 A 393
484,3: X 2 A 89
484,4: X 2 A 106
484,4: X 1 A 78
484,4: X 2 A 171
485,2: SKS 16,75f.; SV3 18,142f.
485,3: Kabell *Kierkegaardstudiet i Norden*, s. 87
486,1: Boisen – *men størst er kærligheden*, s. 109
486,2: McKinnon & Cappelørn »The Period«, s. 139
486,3: IX A 227
486,4: IX A 421
486,4: X 5 B 107
487,1: V A 57

487,3: SKS 16,38; SV3 18,107
487,3: SKS 16,43; SV3 18,113ff.
488,3: IX A 142
488,4: SKT, s. 288
489,1: IX A 155
489,2: SKS 1,320; SV3 1,296
490,1: IX A 411
490,2: IX A 70
491,1: IX A 68
491,2: IX A 71, jf. II A 20
492,1: IX A 65
492,1: IX A 106
492,3: VIII 1 A 647
492,4: VIII 1 A 663
493,2: VIII 1 A 673
493,3: VIII 1 A 650
494,1: IX A 288
494,2: VIII 1 A 505
495,3: IX A 197
495,3: IX A 195
495,4: IX A 206
496,2: SKS 14,103; SV3 14,117
496,2: IX A 229
496,3: IX A 206
496,4: B&A, nr. IX, s. 7
496,4: jf. Bukdahl *Den menige mand*, s. 70

<small>Henvisninger til 1849, siderne 498-559</small>

498,1: X 1 A 402
498,1: B&A, nr. 205
498,1: B&A, nr. 207
498,1: X 1 A 377
498,1: B&A, nr. 206
499,1: X 1 A 74
499,1: X 1 A 115
499,2: Martensen *Af mit Levnet*, bd. 2, s. 135
499,3: B&A, nr. 201
500,1: B&A, nr. 203
500,1: B&A, nr. 204
500,3: Arildsen *H.L. Martensen*, s. 245
500,3: *Af mit Levnet*, bd. 2, s. 78
500,4: ibid. bd. 2, s. 136
501,2: VIII 1 A 277
501,2: X 1 A 553
501,2: X 1 A 556
501,3: X 1 A 573
502,1: X 1 A 606
502,1: X 1 A 556

502,1: *Af mit Levnet*, bd. 2,
    s. 141
502,2: X 1 A 558 & 582
502,2: X 1 A 563
502,2: X 1 A 578
502,3: Martensen *Den christe-*
    lige Dogmatik, s. 407
503,1: X 1 A 619
503,2: *Den christelige Dogma-*
    tik, s. iv
503,3: VIII 1 A 433
504,1: B&A nr. 212
504,2: *Af mit Levnet*, bd. 2,
    s. 137ff.
505,1: Martensen *Dogmatiske*
    Oplysninger, s. 12f.
505,2: *Af mit Levnet*, bd. 2,
    s. 145ff.
505,3: jf. X 6 B 99
505,3: X 3 A 2
506,2: IX A 228
506,2: X 2 A 266
506,2: IX A 554
506,3: SKT, s. 323
506,3: SKS 14,43
507,1: SKS 4,500; SV3 5,229
507,1: V B 96,11
507,1: VI B 40,7
507,2: Jørgensen *Kierkegaards*
    skuffelser, s. 36f.
507,2: X 6 B 99
507,3: X 3 A 12
507,3: IX A 229
507,3: IX A 231
508,1: X 6 B 84
508,1: X 1 A 343
508,1: X 6 B 84
508,2: X 6 B 86
508,3: B&A, nr. 208
508,3: B&A, nr. 209
509,2: IX A 151
509,3: X 1 A 52
509,3: X 1 A 87
509,3: X 1 A 13
509,4: IX A 231
510,1: X 1 A 280
510,2: B&A, nr. 215
510,2: B&A, nr. 219
510,3: B&A, nr. 221
510,4: B&A, nr. 222
511,1: X 1 A 636
511,2: B&A, nr. 223
511,2: B&A, nr. 224
511,2: B&A, nr. 226
511,3: B&A, nr. 227
511,3: B&A, nr. 228

511,4: X 1 A 609
512,1: B&A, nr. 230
512,3: Bremer *Liv i Norden,* s. 8
512,3: ibid. s. 24
512,3: ibid. s. 14
512,4: ibid. s. 20
513,1: ibid. s. 25
513,2: ibid. s. 26f.
513,3: ibid. s. 30f.
513,4: ibid. s. 36f.
515,1: X 1 A 658
515,2: X 2 A 25
515,4: X 4 A 299-302
516,1: X 2 A 177
516,2: IX A 262
517,1: X 1 A 571
517,1: X 4 A 299
517,2: X 4 A 587
517,3: X 4 A 301
517,3: X 1 A 568
518,1: X 4 A 299
518,2: jf. X 2 A 177
518,2: X 4 A 299
518,2: X 1 A 510
519,2: X 1 A 570
519,2: X 3 A 770
520,1: X 3 A 769-771
520,2: X 5 A 148
521,1: B&A, nr. 239
521,3: B&A, nr. 236
522,1: X 2 A 210
522,1: X 3 A 769
522,3: B&A, nr. 239
523,1: B&A, nr. 235
523,2: B&A, nr. 238
523,3: X 1 A 570
523,4: X 3 A 769
524,1: X 2 A 18
524,3: X 1 A 497
524,4: X 1 A 167
525,1: IX A 418
525,2: X B 2, s. 7
525,2: X 1 A 497
526,1: Mynster *Meddelelser,*
    s. 287
526,1: ibid. upagineret fortale
526,2: ibid. s. 5ff.
527,2: ibid. s. 10f.
527,4: ibid. s. 48
528,1: ibid. s. 13
528,1: ibid. s. 38
528,2: ibid. s. 16
528,3: ibid. s. 27
528,3: ibid. s. 41
529,2: ibid. s. 66
529,2: ibid. s. 39

529,2: ibid. s. 67ff.
529,4: ibid. s. 84
530,1: ibid. s. 95
530,2: ibid. s. 116ff.
531,1: ibid. s. 101f.
531,2: ibid. s. 140
531,3: ibid. s. 189
531,4: ibid. s. 104f.
532,2: ibid. s. 130
532,3: ibid. s. 145
532,3: ibid. s. 149
532,4: ibid. s. 152f.
533,2: ibid. s. 157ff.
533,3: ibid. s. 159
534,2: ibid. s. 163f.
534,4: ibid. s. 167
535,1: ibid. s. 171f.
535,3: ibid. s. 177
536,1: ibid. s. 181
536,2: ibid. s. 190f.
536,2: ibid. s. 246
536,3: ibid. s. 180
536,3: ibid. s. 184
536,4: ibid. s. 189
537,2: ibid. s. 196f.
537,3: ibid. s. 213
537,3: ibid. s. 234ff.
538,2: ibid. s. 186f.
539,2: Mynster *Nogle Blade,*
    s. 450
539,2: B&A, s. 339f.
539,2: jf. SKS 4,493; SV3
    5,223f.
539,2: SKS 7,237; SV3 9,219
539,2: SKS 16,28; SV3 18,92
540,1: *Corsaren,* nr. 285
540,1: jf. *Corsaren,* nr. 284
540,2: VII A 169
540,2: VII A 221
540,3: IX 2 A 163
540,3: IX A 163
541,1: IX A 41
541,2: Clausen *Optegnelser,*
    s. 299
541,2: Bl.art. s. 250
541,2: IX A 59
541,3: *Meddelelser,* s. 243
541,4: Jørgensen *Kierkegaard,*
    bd. 5, s. 86f.
542,2: X 4 A 510
542,4: IX A 39
543,2: IX A 83
543,3: VIII 1 A 415
543,3: VIII 1 A 508
543,4: IX A 51
544,2: IX A 347

544,2: XI A 198
544,3: IX A 221
544,3: IX A 165
544,3: IX A 225
545,1: IX B 1, 2 & 4
545,2: VIII 2 B 135
545,2: X 5 B 9
545,3: VIII 2 B 133,11
545,3: SKS 11,53; SV3 15,11
546,1: jf. X 1 A 333, X 2 A
  119, s. 92
546,1: X 1 A 362
546,2: X 1 A 551
546,2: X 1 A 362
546,5: SKS 11,78; SV3 15,34
547,1: X 1 A 306
547,2: SKS 11,88; SV3 15,43ff.
547,3: VIII 1 A 271
547,4: SKS 11,83; SV3 15,39
548,2: *Dansk Kirketidende,*
  1849, bd. 4, sp. 718f.
548,2: X I A 551
548,3: *Nyt Theologisk Tidsskrift,*
  1850, bd. 1, s. 384
548,4: X 5 B 11
548,4: X 5 B 12
548,4: *Nyt Theologisk Tidsskrift,*
  1850, bd. 1, s. 383
549,1: X 1 A 497
549,3: VII 2 B 88, s. 183
550,2: VIII 1 A 153
550,3: X 1 A 510, s. 329
550,3: X 5 B 62, jf. 66; 67
550,4: X 5 B 42,5
550,4: X 5 B 70
550,4: X 1 A 100, s. 79
551,3: X 1 A 280
552,1: X 1 A 281
553,2: X 1 A 302
553,3: X 1 A 518
553,3: X 1 A 351
553,2: X 1 A 309
553,4: jf. X 1 A 302
554,1: IX A 51, s. 29
554,2: VIII 1 A 101
554,5: IX 2 A
554,5: IX A 285
554,6: II A 576
555,1: SKT, s. 352ff.
556,2: X 2 A 280
556,3: B&A, nr. 240, s. 264f.
556,3: X 6 B 131
557,1: X 6 B 130
557,2: X 2 A 286
557,2: X 3 A 650
557,2: X 2 A 415

557,3: X 2 A 286
557,3: X 2 A 273
558,1: jf. X 2 A 286
558,1: X 3 A 38
558,2: IX A 99
558,2: VIII 1 A 545
558,3: POSK, s. 231
559,3: X 2 A 249
559,4: X 2 A 278

Henvisninger til 1850,
siderne 560-582

560,1: B&A, nr. 247, s. 268f.
560,1: B&A, nr. 261, s. 278
560,2: jf. X 6 B 99
560,2: X 3 A 2
560,3: B&A, nr. 252, s. 273
560,4: X 3 A 2
561,1: B&A, nr. 253, s. 273
561,2: B&A, nr. 257
561,3: B&A, nr. 258
562,1: B&A, nr. 259
562,1: B&A, nr. 260
562,2: X 3 A 2
562,2: X 1 A 110
562,2: B&A, nr. 296, s. 325
562,3: X 6 B 88
563,1: X 6 B 89
563,1: X 6 B 102
563,2: VI A 128
563,2: VIII 1 A 545
563,2: VIII 1 A 515
563,2: VIII 1 A 542
564,1: X 2 A 601
564,2: X 4 A 299
564,3: X 3 A 144
564,3: Nielsen *Alt blev godt be-
  talt,* s. 33f.
564,3: X 3 A 94
565,1: X 4 A 301
565,2: B&A, nr. 250, s. 270f.
566,2: B&A, nr. 263
566,3: B&A, nr. 265
566,4: jf. B&A, nr. 266
567,1: X 3 A 30
567,3: VIII 1 A 637-639
567,3: XI 1 A 422
567,3: SKS 12,155; SV3 16,147
567,4: SKS 12,170; SV3 16,162
568,2: SKS 12,174; SV3 16,165
568,2: SKS 12,176; SV3
  16,168f.
569,3: SKS 12,186; SV3 16,178
569,3: SKS 12,179; SV3 16,171

569,4: SKS 12,186ff.; SV3
  16,178ff.
570,4: X 1 A 272
571,1: IX A 395
571,2: X 3 A 563
572,2: X 3 A 794-795
573,1: MARB, s. 14
573,2: SKS 12,49; SV3 16,45
573,2: SKS 12,115; SV3 16,108
573,2: SKS 12,53; SV3 16,49
573,3: SKS 12,57f.; SV3
  16,53f.
574,2: SKS 12,59f.; SV3 16,55
574,3: SKS 12,61f.; SV3
  16,56ff.
575,2: SKS 12,71; SV3 16,66
575,2: SKS 12,77; SV3 16,71
575,3: X 3 A 568
576,1: SKS 12,54
576,2: X 3 A 569
576,2: X 3 A 140
576,4: X 3 A 525
577,2: X 3 A 530
577,3: X 3 A 577
577,4: B&A, nr. 279, s. 302
577,5: jf. B&A, nr. 267,
  s. 283ff.
577,6: B&A, nr. 272
578,3: Rudelbach *Om det bor-
  gerlige Ægteskab,* s. 70
578,4: SKS 14,114; SV3 18,47
579,1: SKS 14,112ff.; SV3
  18,44ff.
579,3: SKS 14,114; SV3 18,47
580,2: Bertelsen *Dialogen,*
  s. 81
580,2: SKS 12,212f.; SV3
  16,202f.
580,3: SKS 12,197; SV3 16,187
580,3: SKS 12,212; SV3 16,201
580,4: SKS 12,215; SV3
  16,206f.
581,1: SKS 12,114; SV3 16,107
581,1: SKS 12,99; SV3 16,93
581,2: SKS 12,72; SV3 16,67
581,3: SKS 12,216; SV3 16,206
581,3: SKS 12,142; SV3 16,134
581,4: SKS 12,79; SV3 16,73
582,1: X 1 A 425
582,3: XI 2 A 305
582,4: XI 1 A 193
582,4: XI 1 A 10

HENVISNINGER TIL 1851,
SIDERNE 583-596

583,1: X 3 A 563
583,1: X 4 A 195
583,1: Mynster *Yderligere Bi-
        drag,* s. 44
583,2: VIII 1 A 655
583,2: X 4 A 167
584,2: Goldschmidt *Livs Erin-
        dringer,* s. 434
584,4: Heiberg *Søren Kierke-
        gaards religiøse Udvik-
        ling,* s. 368
584,4: X 4 A 511
585,2: X 4 A 270
585,4: X 4 A 272
586,1: X 4 A 382
586,1: X 3 A 167
586,2: X 4 A 373
587,1: X 4 A 511
587,2: Jørgensen *Søren Kierke-
        gaard,* bd. 5, s. 86f.
587,2: IX A 85
587,3: XI 2 A 419
587,4: XI 1 A 6 og XI 2 A 419,
        s. 410
587,5: X 3 A 578
588,1: X 4 A 322
588,2: X 4 A 323
588,2: XI 3 B 289
588,3: X 4 A 323
588,3: jf. X 4 A 323
589,1: X 4 A 318 & 323; X 6 B
        33
589,1: SKT, s. 165
589,2: X 4 A 323
589,3: B&A, nr. 277, s. 298f.
590,2: B&A, nr. 278, s. 299f.
591,2: B&A, nr. 280, s. 304f.
591,2: jf. SKT, s. 400
592,1: B&A, nr. 289, s. 313f.
592,2: B&A, nr. 290, s. 314f.
592,4: Lundbye *Tegninger og
        Huletanker,* s. 84
592,5: X 4 A 351
593,1: SKS 12,81; SV3 17,27
593,3: X 5 B 262-264
593,4: SKS 12,80; SV3 17,25
594,3: X 4 A 380
594,4: X 4 A 408
594,5: X 6 B 154, s. 235
595,1: X 6 B 145, s. 202f.
595,1: X 6 B 151,8, s. 229
595,1: X 6 B 159, s. 241
595,2: X 6 B 160

596,1: SKS 13,49; SV3 17,65

HENVISNINGER TIL 1852,
SIDERNE 597-602

597,1: jf. Møller *Hoved- og
        Residensstad,* s. 19
597,2: SKT, s. 206
597,2: SKT, s. 147
598,1: X 4 A 540
600,3: X 5 A 21
601,1: X 5 A 59
601,1: jf. SKS 5,13; SV3 4,13
601,2: X 5 A 59
601,4: POSK, s. 249
602,2: SKT, s. 168f.
602,4: X 5 A 67

HENVISNINGER TIL 1853,
SIDERNE 604-624

604,1: MARB, nr. 31, s. 65f.
605,1: Nielsen *Et Levnetsløb,*
        s. 41
605,1: ibid. s. 46
605,1: ibid. s. 49
605,2: ibid. s. 52f.
606,2: ibid. s. 55
606,3: ibid. s. 60
606,3: ibid. s. 64f.
607,1: ibid. s. 67f.
607,2: ibid. s. 116f.
607,3: ibid. s. 121
607,3: ibid. s. 122f.
608,2: ibid. s. 125ff.
609,2: Weltzer »Kierkegaard
        karrikeret«, s. 163
609,3: MARB, nr. 32, s. 67ff.
610,2: *Fædrelandet,* 5. marts
        1853, nr. 54
610,2: MARB, nr. 32, s. 72
610,3: MARB, nr. 33, s. 74f.
611,2: MARB, nr. 37, s. 84ff.
611,4: jf. Christensen *Køben-
        havn 1840-1857,*
        s. 527-537
613,3: XI 1 A 506
613,4: jf. Nordentoft »Hvad
        siger Brand-Majoren?«
        s. 193ff.
613,4: X 1 A 446
614,1: Dreier *Aandetroen og
        den fri Tænkning,* s. XI
614,1: XI 3 B 120
614,2: X 3 A 34
614,3: *Aandetroen og den fri
        Tænkning,* s. XIII

614,3: SKS 13,258; SV3 19,196
615,1: X 1 A 135
615,2: Rudelbach *Den evange-
        liske Kirkeforfatnings
        Oprindelse,* s. 246
615,2: X 1 A 669
616,1: X 2 A 27
616,3: XI A 267
617,2: X 4 A 578
617,3: Møller *Efterladte Skrif-
        ter,* bd. 2, s. 226f.
618,1: Sørensen *Schopenhauer,*
        s. 32
619,2: XI 2 A 59
619,2: XI 1 A 183
620,2: *Schopenhauer,* s. 90
620,2: XI 1 A 144
620,3: XI 1 A 537
621,3: XI 1 A 144
622,1: XI 1 A 537
622,2: XI 1 A 144
622,3: XI 1 A 181
622,4: XI 1 A 144
623,2: XI 1 A 165
623,3: XI 2 A 31
624,1: X 5 A 89
624,2: XI 1 A 148

HENVISNINGER TIL 1854,
SIDERNE 627-637

627,1: XI 1 A 1
627,2: MARB, s. 101
627,3: Tudvad *Homo Nekropo-
        lis,* s. 71
628,2: Martensen *Prædiken,*
        s. 6
629,2: Scharling »Da Marten-
        sen blev Biskop«, s. 528
629,2: MARB, nr. 54, s. 116
629,3: XI 1 A 278
629,3: XI 1 A 72
630,1: MARB, nr. 64, s. 129
630,2: B&A, nr. 299
630,3: jf. XI 1 A 125, s. 85, jf.
        Mynster *Meddelelser,*
        s. 291
631,1: *Meddelelser,* s. 236
631,3: MARB, nr. 62, s. 127
631,3: MARB, nr. 59, s. 124ff.
631,5: SKS 14,123; SV3 19,9
631,5: SKS 14,125f.; SV3
        19,11f.
632,2: *Prædiken,* s. 12f.
632,2: SKS 14,125; SV3 19,12
632,2: XI 2 A 258

633,1: XI 2 A 263
633,2: SKT, s. 153
633,3: XI 2 A 265
633,4: XI 2 A 279
634,1: *Dagbladet,* nr. 299, 21. dec. 1854
634,1: Bl.art. s. 239
634,1: XI 2 A 411
634,2: Kabell *Kierkegaard-studiet i Norden,* s. 58
634,2: Bl.art. s. 240f.
634,2: SKS 14,133; SV3 19,19
634,3: MARB, nr. 64, s. 131
635,2: Bl.art. s. 243ff.
636,1: Martensen *Dogmatiske Oplysninger,* s. 13
636,2: Bl.art. s. 245ff.
637,1: SKT, s. 148
637,2: SKS 14,130; SV3 19,16
637,2: SKS 14,131; SV3 19,16f.
637,3: MARB, nr. 65, s. 131f.

HENVISNINGER TIL 1855, SIDERNE 638-703

638,1: Bl.art. s. 248f.
638,2: SKS 14,138; SV3 19,23
638,2: MARB, nr. 66, s. 133
639,2: jf. XI 2 A 413
639,2: Bl.art. s. 250f.
640,2: XI 2 A 413
640,3: MARB, nr. 66, s. 133f.
640,4: SKT, s. 149
641,1: *Fædrelandet,* nr. 12, 15. januar 1855
641,2: Bl.art. s. 255 (kursiv slettet)
641,2: MARB, nr. 67, s. 135
641,3: SKS 14,141; SV3 19,25
641,3: SKS 14,143; SV3 19,27
642,1: SKS 14,147ff.; SV3 19,30f.
642,2: SKT, s. 149f.
642,4: MARB, nr. 68, s. 136
643,2: MARB, nr. 69, s. 137
643,3: POSK, s. 253
643,4: SKT, s. 69
644,1: MARB, nr. 67, s. 135
644,1: MARB, nr. 71, s. 140
644,3: SKS 14,159f.; SV3 19,37f.
644,3: SKS 14,163f.; SV3 19,39f.
645,1: SKS 14,169f.; SV3 19,43f.

645,1: SKS 14,175; SV3 19,46
645,1: SKS 14,179ff.; SV3 19,49f.
645,2: MARB, nr. 72, s. 142f.
645,3: SKT, s. 150
646,2: SKT, s. 154
646,3: Bl.art. s. 256ff.
646,4: SKS 14,185; SV3 19,53
646,4: Bl.art. s. 260f.
647,2: SKS 14,197f.; SV3 19,59f.
647,3: Bl.art. s. 263f.
647,3: X 5 A 127
647,3: jf. SKT, s. 166
648,1: Rohde *Gaadefulde Stadier,* s. 115f.
648,2: SKS 14,202f.; SV3 19,64
648,2: SKS 14,213f.; SV3 19,72f.
648,3: SKS 14,217; SV3 19,83
649,1: SKT, s. 342
649,2: XI 2 A 413
649,3: XI 3 B 120
649,3: B&A, nr. 300
649,3: jf. XI 3 B 157, s. 256
650,1: SKT, s. 296
650,1: SKT, s. 280
650,1: SKS 13,314; SV3 19,247
650,2: SKS 13,129f.; SV3 19,91f.
651,1: SKS 13,404f.; SV3 19,319
651,2: SKS 13,407f.; SV3 19,321
651,2: XI 3 B 155
651,3: SKS 13,263f.; SV2 19,200
651,3: SKS 13,313; SV3 19,246
652,1: SKS 13,131; SV3 19,93
652,1: SKS 13,173f.; SV3 19,129f.
652,3: SKS 13,281; SV3 19,216
652,3: SKS 13,380; SV3 19,299f.
653,2: SKS 13,137; SV3 19,99f.
654,2: SKS 13,308; SV3 19,241
654,2: jf. SKS 13,150; SV3 19,108
654,2: SKS 13,205f.; SV3 19,153f.
654,3: SKS 13,411; SV3 19,324ff.
655,2: SKS 13,411; SV3 19,324
655,2: SKS 13,193; SV3 19,147

655,2: SKS 13,386; SV3 19,306
655,3: SKS 13,218; SV3 19,165
655,3: SKS 13,211; SV3 19,159
655,3: SKS 13,196; SV3 19,148
655,3: SKS 13,211; SV3 19,159
655,3: SKS 13,196; SV3 19,148
655,3: SKS 13,135; SV3 19,97
655,3: SKS 13,228; SV3 19,172
655,3: SKS 13,308f.; SV3 19,242
655,3: SKS 13,133; SV3 19,95
656,1: SKS 13,250; SV3 19,190
656,1: SKS 13,236; SV3 19,179
656,2: SKS 13,383f.; SV3 19,303f.
656,3: SKS 13,289f.; SV3 19,223f.
657,2: SKS 13,292; SV3 19,225
658,1: Weltzer »Kierkegaard karrikeret«, s. 173
658,1: X 2 A 55
658,2: SKS 13,287; SV3 19,220
658,2: SKS 13,298; SV3 19,232ff.
659,1: SKS 13,234; SV3 19,177
659,2: SKS 13,308; SV3 19,241
659,2: SKS 13,265; SV3 19,203
659,2: SKS 13,212; SV3 19,159f.
659,2: SKS 13,306; SV3 19,240
659,3: SKS 13,294; SV3 19,227
659,4: SKS 13,273; SV3 19,209
660,1: SKS 13,231; SV3 19,174
660,2: SKS 13,151; SV3 19,109
660,2: SKS 13,165; SV3 19,123
660,3: SKS 13,233f.; SV3 19,176f.
661,2: SKS 13,251; SV3 19,191
661,2: SKS 13,304; SV3 19,237
661,3: SKS 13,163; SV3 19,121
661,3: SKS 13,312; SV3 19,245
662,1: XI 3 A 216
662,1: MARB, nr. 66, s. 133f.
662,2: Lindhardt *Konfronta-tion,* s. 79f.
662,4: SKS 13,261f.; SV3 19,199
663,1: *Konfrontation,* s. 154
663,1: ibid. s. 202
663,1: ibid. s. 161
663,2: Bertelsen *Dialogen,* s. 75f.
664,1: POSK, s. 254f.
664,2: SKT, s. 206
664,2: SKT, s. 361f.
665,1: SKT, s. 366

665,2: XI 3 B 155
666,3: SKT, s. 163
666,3: SKT, s. 156f.
667,1: SKT, s. 154
667,1: Rørdam *Peter Rørdam,*
s. 209
667,2: SKT, s. 157
667,2: SKS 13,258; SV3 19,195
667,2: SKT, s. 159
667,2: SKS 13,257; SV3 19,195
667,3: XI 3 B 53, s. 102
668,2: XI 3 B 55
668,2: SKS 2,52; SV3 2,44
668,3: SKS 2,39; SV3 2,33
669,1: SKS 14,189; SV3 19,54
669,2: SKS 13,270; SV3
19,207f.
670,3: Thurah *Riimbrev,* s. 3
670,5: ibid. s. 9
671,2: ibid. s. 14f.
671,4: ibid. s. 17f.
672,1: ibid. s. 19
672,3: ibid. s. 20f.
672,4: Anonymus *Thura og
Søren Kierkegaard,* s. 7
672,4: *Thura og Søren Kierke-
gaard,* s. 11f.
673,2: »Kierkegaard karrike-
ret«, s. 170
673,3: Thurah *Hvorfor netop
saaledes?* s. 1
673,3: POSK, s. 263
673,4: »Kierkegaard karrike-
ret«, s. 171
674,1: Trojel *Evigheden,* s. 5f.
674,1: ibid. s. 9f.
674,2: ibid. s. 18f.
574,3: XI 2 A 439
676,2: B&A, nr. XX, s. 21
676,3: jf. Mynster *Meddelelser,*
s. 48.
677,3: Kierkegaards sygejour-
nal er gengivet i B&A,
bd. 1, s. 21-24

677,3: Bang *Haandbog i Thera-
pien,* s. 46
677,4: SKT, s. 169ff.
678,2: SKT, s. 174f.
678,3: Samtalerne med Boesen
er gengivet i SKT, s.
175-182
679,2: SKT, s. 259f.
681,2: SKT, s. 206
681,2: SKT, s. 172
683,1: POSK, s. 323
683,2: SKT, s. 173f.
685,1: Søgaard »Sørens sidste
sygdom«, s. 27
685,1: SKT, s. 183
685,4: SKT, s. 176
685,4: SKT, s. 164
685,4: POSK, s. 271
686,2: jf. »Sørens sidste syg-
dom«, s. 27
686,2: SKT, s. 171
686,3: VII 1 A 186
686,3: SKS 16,76; SV3 18,144
686,4: SKT, s. 207
687,1: Arildsen »Protesten«,
s. 81-83
688,2: SKT, s. 185
688,3: *Nordisk Maanedsskrift,*
1877, bd. 2, s. 320
688,4: Tudvad *Homo Nekro-
polis,* s. 81
689,1: *Breve fra Hans Christian
Andersen,* bd. 2, s. 239f.
689,2: »Protesten«, s. 83
689,3: POSK, s. 273f.
689,3: POSK, s. 280
690,1: SKT, s. 190f.
690,3: SKT, s. 263f.
691,1: POSK, s. 284
691,2: *Homo Nekropolis,* s. 83
691,2: SKT, s. 193
691,2: SKT, s. 192
691,2: *Breve fra Hans Christian
Andersen,* bd. 2, s. 255

691,2: SKT, s. 116
691,3: MARB, nr. 79, s. 154
692,1: MARB, nr. 80, s. 155
692,2: jf. SKT, s. 291
692,2: Nielsen *Alt blev godt be-
talt,* s. 7
692,3: B&A, nr. XXI
693,2: SKT, s. 76f.
693,3: POSK, s. 285f.
693,3: POSK, s. 288
694,2: SKT, s. 346
694,2: POSK, s. 289
694,3: *Auktionsprotokol,* s. XX
695,1: *Auktionsprotokol,* s.
XIX-XX
695,2: jf. »Kierkegaard karrike-
ret«, s. 176-185
697,1: Historien kan læses i
Skriftbilleder
697,2: SKT, s. 273
697,2: Martensen *Af mit Lev-
net,* bd. 3, s. 20ff.
697,3: SKT, s. 63
698,1: SKT, s. 119
698,1: SKT, s. 118
698,1: SKT, s. 126f.
698,2: POSK, s. 289f.
699,2: POSK, s. 297
699,2: Boisen – *men størst er
kærligheden,* s. 235
699,3: Ostenfeld *Poul Kierke-
gaard,* s. 50
699,3: POSK, s. 332
700,1: POSK, s. 328
700,3: POSK, s. 338
700,3: SKT, s. 422f.
701,4: B&A, nr. XIX
702,1: POSK, s. 324ff.
702,3: jf. Kjær *Den gådefulde
familie,* s. 46f.
702,4: VII 2 B 235, s. 80
703,1: jf. SKT, s. 64

插图来源

1: Udateret foto. Københavns Bymuseum.

2: Maleri af F.C. Camrath. Udateret. Frederiksborgmuseet.

3: Maleri af F.C. Camrath. Udateret. Frederiksborgmuseet.

4: Tegning af N.C. Kierkegaard. 1838. Frederiksborgmuseet.

5: Foto ca. 1865. Det kgl. Bibliotek.

6: Bakkehuset. Dødsmaske.

7: Tegning af C. Købke. Kobberstiksamlingen.

8: Foto ca. 1870. Københavns Bymuseum.

9: Foto. Det kgl. Bibliotek.

10: Foto ca. 1860. Københavns Bymuseum.

11: Tegning af N.C. Kierkegaard. Foto. Det kgl. Bibliotek.

12: Maleri af Emil Bærentzen. 1840. Københavns Bymuseum.

13: Foto 1890. Københavns Bymuseum.

14: Litografi efter maleri af David Monies. Det kgl. Bibliotek.

15: Maleri af C.A. Jensen. Udsnit. H.C. Andersens Hus.

16: Foto ca. 1860. Københavns Bymuseum.

17: Foto. Det kgl. Bibliotek.

18: Fra Corsaren den 6. marts 1847.

19: Tegning af David Jacobsen 1840'erne. Det kgl. Bibliotek.

20: Foto. Det kgl. Bibliotek.

21: Foto ca. 1860. Københavns Bymuseum.

22: Foto. Det kgl. Bibliotek.

23: Berlingske Tidende, fredag morgen den 20. december 1850.

24: Foto. Det kgl. Bibliotek.

25: Foto. Det kgl. Bibliotek.

26: Litografi. Det kgl. Bibliotek.

27: Litografi efter fotografi. Det kgl. Bibliotek.

28: Foto ca. 1860. Det kgl. Bibliotek.

29: Foto ca. 1875. Det kgl. Bibliotek.

30: Berlingske Tidende, torsdag den 24. maj 1855.

31: Tegning af H.P. Hansen. Det kgl. Bibliotek.

32: Berlingske Tidende, fredag morgen den 16. november 1855.

参考文献

原始文献

Søren Kierkegaards Skrifter, udg. af Niels Jørgen Cappelørn, Joakim Garff, Jette Knudsen, Johnny Kondrup, Alastair McKinnon og Finn Hauberg Mortensen, bd. 1–55, Kbh. 1997ff.

Søren Kierkegaards Samlede Værker, udg. af A.B. Drachmann, J.L. Heiberg og H.O. Lange, 1. udg. bd. 1–14, Kbh. 1901–1906.

Søren Kierkegaards Papirer, udg. af P.A. Heiberg, V. Kuhr og E. Torsting, bd. IXI, Kbh. 1909–1948; 2. forøgede udg. ved N. Thulstrup, bd. I-XVI, Kbh. 1968–1978.

Breve og Aktstykker vedrørende Søren Kierkegaard, udg. af Niels Thulstrup, bd. 1-2, Kbh. 1953–1954.

S. Kierkegaards Bladartikler, med Bilag samlede efter Forfatterens Død, udgivet som Supplement til hans øvrige Skrifter, af Rasmus Nielsen, Kbh. 1857.

Af S. Kierkegaards Efterladte Papirer, udg. af H.P. Barfod og H. Gottsched, bd. I-IX, Kbh. 1869–1881.

»Fortegnelse over de efter *Søren Aabye Kierkegaards* Død forefundne Papirer« –1865 (24/2 – 3/11) optaget af H.P. Barfod. Aalborg«.

Søren Kierkegaard truffet, udg. af Bruce H. Kirmmse, Kbh. 1996.

Index til Søren Kierkegaards Papirer, udarbejdet af Niels Jørgen Cappelørn, bd. 1–3, Kbh. 1975.

Auktionsprotokol over Søren Kierkegaards bogsamling, ved H.P. Rohde, Kbh. 1967.

*

Adler, A.P. *Nogle Prædikener,* Kbh. 1843.

Adresseavisen, nr. 109, 10. maj 1843.

Andersen, H.C. *Mit Livs Eventyr*, udg. af H. Topsøe-Jensen, bd. 1–2, Kbh. 1975.

Andersen, H.C. *Breve fra Hans Christian Andersen*, bd. 1–2, udg. af C. St. A. Bille og Nikolaj Bøgh, Kbh. 1878.

Andersen, H.C. *Breve til Hans Christian Andersen*, udg. af C. St. A. Bille og Nikolaj Bøgh, Kbh. 1877.

Andersen, H.C. *H.C. Andersens Brevveksling med Henriette Hanck. 1830–1846*, ved Svend Larsen, in: *Anderseniana*, bd. X, 2. del, Kbh. 1946.

Anonymus *Søren Kierkegaards sidste Timer*, Kbh. 1855.

Anonymus *Thurah og Søren Kierkegaard. Nogle Bemærkninger af en theologisk Student*, Kbh. 1855.

Bang, Oluf Lundt *Haandbog i Therapien*, Kbh. 1852.

Barfod, H.P. *Til Minde om Biskop Peter Christian Kierkegaard*, Kbh. 1888.

Berlingske Tidende, nr. 108, 6. maj 1845, spalte 3.

Boisen, Eline – *men størst er kærligheden. Eline Boisens erindringer fra midten af forrige århundrede.* Udg. af Anna, Elin, Gudrun og Jutta Bojsen-Møller og Birgitte Haarder, Kbh. 1985.

Borchsenius, Otto *Fra Fyrrerne*, Kbh. 1878.

Bremer, Fredrika *Liv i Norden,* Kbh. 1849.

Christian VIII *Kong Christian VIII.s dagbøger og optegnelser*, udg. af Det Kongelige Danske Selskab for Fædrelandets Historie ved Anders Monrad Møller, IV, 2. del, 1844–1848, Kbh. 1995.

Clausen, H.N. *Optegnelser om mit Levneds og min Tids Historie*, Kbh. 1877.

Dagen, nr. 52, 22. februar 1843.

Dansk Kirketidende (udg. af Fenger og Brandt) nr. 45 og nr. 46, 1846, spalte 729ff. *Dansk Kirketidende*, nr. 52, 1846, spalte 841ff. *Dansk Kirketidende*, 1849, bd. 4, spalte 718f. *Dansk Kirketidende*, nr. 40, 1855, spalte 641–651.

Dreier, Frederik *Aandetroen og den fri Tænkning*, Kbh. 1852.

Flyve-Posten, nr. 283, 6. dec. 1847.

Den Frisindede (udg. af Claudius Rosenhoff) nr. 75, 1844, s. 299f. *Den Frisindede*, nr. 58, 1846, s. 250.

Fædrelandet (udg. af J.F. Giødwad og Carl Ploug) nr. 1228, 1234, 1241, 7. maj, 14. maj og 21. maj 1843. *Fædrelandet*, nr. 1923, 1845. *Fædrelandet*, nr. 54, 5. marts 1853. *Fædrelandet*, nr. 12, 15. januar 1855.

Goldschmidt, M.A. et alii *Corsaren*, 1840-1846, DSL, Kbh. 1981.

Goldschmidt, M.A. *Livs Erindringer og Resultater*, Kbh. 1877.

Grundtvig,N.F.S.*Konfrontation. Grundtvigs prædikener i kirkeåret 1854-55 på baggrund af Kierkegaards angreb på den danske kirke og den 'officielle' kristendom*, udg. af P.G. Lindhardt, Kbh. 1974.

Grundtvig, N.F.S. *Breve til og fra N.F.S. Grundtvig*, bd. 1–2 (udg. af Georg Christensenog-StenerGrundtvig), Kbh.1926.

Heiberg, Johan Ludvig *Prosaiske Skrifter*, bd. 1–11, Kbh. 1861.

Heiberg, Johan Ludvig *Intelligensblade*, nr. 24, 1843, s. 285f.

Heiberg, Johan Ludvig; Borup, Morten *Breve og Aktstykker vedrørende Johan Ludvig Heiberg*, bd. 1–5, Kbh. 1946–1950.

Heiberg, Johanne Luise *Et Liv genoplevet i Erindringen*, Kbh. 1891–1892.

Helweg, Frederik »En Parallel mellem to Profeter«, in: *Dansk Kirketidende*, nr. 40, Kbh. 1855.

Hostrup, Christian *Gjenboerne. Sangspil*, in: *C. Hostrups Komedier*, bd. 1, Kbh. 1876.

Hostrup, Christian *Erindringer fra min Barndom og Ungdom*, Kbh. 1891.

[Th. Kingo] *Den Forordnede KirkePsalme-Bog, med hosføyede Collecter, Epistler og Evangelier og Jesu Christi Lidelses Historie*, Kbh. 1833.

Kjøbenhavnsposten, nr. 73 og 74, marts 1846, s. 255–263.

Kollerød, Ole Pedersen *Min Historie*. Udg. af Else Margrethe Ransy. Foreningen Danmarks Folkeminder [uden år].

L., Th. [Thomas Lange] *Rimbrev til »Defensor fidei« alias Stud. theol. Thurah fra Th. L. Stud. theol.*, Kbh. 1855.

Lund, Henrik *I næste Øieblik – hvad saa? 'En opbyggelig Tale', Samtiden anbefalet til Overveielse*, Kbh. 1855.

Lundbye, Johan Thomas *Tegninger & Huletanker, Johan Thomas Lundbye 1818–1848*, Kbh. 1998.

Martensen, H.L. *Den christelige Dogmatik*, andet oplag, Kbh. 1850.

Martensen, H.L. *Dogmatiske Oplysninger. Et Leilighedsskrift*, Kbh. 1850.

Martensen, H.L. *Prædiken holdt i Christiansborg Slotskirke paa 5te Søndag efter Hellig Tre Konger, Søndagen før Biskop Dr. Mynsters Jordefærd*, Kbh. 1854.

Martensen, H.L. *Af mit Levnet,* bd. 1–3, Kbh. 1882–1883.

Martensen, H.L. *Biskop H. Martensens Breve.* Udg. af Selskabet for Danmarks Kirkehistorie ved Bjørn Kornerup, Kbh. 1955, bd. 1.

Mynster, C.L.N. *Nogle Blade af J.P. Mynster's Liv og Tid*, Kbh. 1875.

Mynster, J.P. *Yderligere Bidrag til Forhandlingerne om de kirkelige Forhold i Danmark*, Kbh. 1851.

Mynster, J.P. *Meddelelser om mit Levnet*, Kbh. 1854.

Møller, P.L. *Lyriske Digte,* Kbh. 1840.

Møller, P.L. »Et Besøg i Sorø«, in: *Kritiske Skizzer fra Aarene 1840–47,* Kbh. 1847.

Møller, P.L. *Gæa, æsthetisk Aarbog. 1846*, Kbh. 1846.

Møller, Poul Martin *Efterladte Skrifter,* bd. 1–3, Kbh. 1839–1843.

Nielsen, Rasmus *Evangelietroen og den moderne Bevidsthed. Forelæsninger over Jesu Liv*, Kbh. 1849.

Nielsen, Rasmus *Et Levnetsløb i Underverdenen* (udg. af Walther Paying), Kbh. 1853.

Nordisk Maanedsskrift for folkelig og kristelig Oplysning, bd. 2, Kbh. 1877, s. 320.

Ny portefeuille (udg. af Georg Carstensen og J.C. Schythe) nr. 13, bd. 2, spalte 305–312, Kbh. 1844.

Nyt Aftenblad (udg. af H. Trojel) nr. 75 og nr. 76, Kbh. 1846.

Nyt Theologisk Tidsskrift (udg. af C.C. Scharling og C.T. Engelstoft) Kbh. 1850, bd. 1, s. 348-384.

Rudelbach, A.G. *Den evangeliske Kirkeforfatnings Oprindelse og Princip, dens Udartning og dens mulige Gjenreisning fornemmelig i Danmark. Et udførligt kirkeretligt og kirkehistorisk Votum for virkelig Religionsfrihed*, Kbh. 1849.

Rudelbach, A.G. *Om det borgerlige Ægteskab. Bidrag til en alsidig, upartisk Bedømmelse af denne Institution, nærmest fra Kirkens Standpunkt*, Kbh. 1851.

Rørdam, H.F. *Peter Rørdam. Blade af hans Levnedsbog og Brevvexling fra 1806 til 1844,*

Kbh. 1891.

Scharling, C.I. »Da Martensen blev Biskop. Samtidige Optegnelser af Professor Carl Emil Scharling«, in: *Kirkehistoriske Samlinger*, 6. række, bd. 5. Kbh. 1945–1947, s. 513–541.

Sibbern, F.C *Meddelelser af Indholdet af et Skrivt fra Aaret 2135,* Kbh. 1858–1872.

Theologisk Tidsskrift (udg. af C.C. Scharling og C.T. Engelstoft) 1843, bd. 7, s. 378ff. *Theologisk Tidsskrift* 1844, bd. 8, s. 191–199. *Theologisk Tidsskrift* 1846, bd. 10, s. 175–182.

Thiele, Just Mathias *Af mit Livs Aarbøger*, bd. 1–2, udg. ved Carl Dumreicher, Kbh. 1917.

Thurah, C.H. *Riimbrev til Johannes Forføreren alias Dr. Søren Kierkegaard*, Kbh. 1855.

Thurah, C.H. *Hvorfor netop saaledes? Præmisserne i Sagen. C.H. Thurah contra Dr. S. Kierkegaard*, Kbh. 1855.

Thurah, C.H. *Mester Jakel. En Dyrehavs-Scene, gjengivet efter Virkeligheden,* Kbh. 1856.

Troels-Lund, Fr. *Bakkehus og Solbjerg*, bd. 3, Kbh. 1922.

Trojel, F.W. *Evigheden, ni Himmelbreve til Dr. Søren Kierkegaard*, Kbh. 1855.

Trojel, F.W. *Evigheden. Nr. 2. Skizze af en theologisk Candidats Sjælekamp før Præstevielsen. Udgivet med hans Tilladelse*, Kbh. 1856.

Tychsen, Nicolay *Theoretisk og practisk Anviisning til Apothekerkunsten*, bd. 1, Kbh. 1804.

Zahle, Peter Christian *Til Erindring om Johan Georg Hamann og Søren Aabye Kierkegaard*, Kbh. 1856.

二手文献

Ammundsen, Valdemar *Søren Kierkegaards Ungdom. Hans Slægt og hans religiøse Udvikling*, Kbh. 1912.

Andersen, K. Bruun *Søren Kierkegaard og kritikeren P.L. Møller*, Kbh. 1950.

Andersen, K. Bruun *Søren Kierkegaards store jordrystelser*, Kbh. 1953.

Arildsen, Skat *H.L. Martensen. Hans Liv, Udvikling og Arbejde*, Kbh. 1932.

Arildsen, Skat »Protest ved Søren Kierkegaards Begravelse« in: *Kierkegaardiana*, VIII, Kbh. 1971.

Baudrillard, Jean *Forførelse*, Århus 1985.

Bech, Svend Cedergreen *Københavns Historie gennem 800 år*, Kbh. 1967.

Bertelsen, Otto *Dialogen mellem Grundtvig og Kierkegaard*, Kbh. 1990.

Bertelsen, Otto *Søren Kierkegaard og de første grundtvigianere*, Kbh. 1996.

Borup, Morten *Johan Ludvig Heiberg*, bd. 1–3, Kbh. 1948.

Brandes, Georg *Søren Kierkegaard. En kritisk Fremstilling i Grundrids,* Kbh. 1877.

Brandes, *Georg og Edv. Brandes' Brevveksling med nordiske Forfattere og Videnskab-smænd*, udg. af Morten Borup, Kbh. 1939.

Brandt, Frithiof *Den unge Søren Kierkegaard,* Kbh. 1929.

Brandt, Frithiof *Syv Kierkegaard Studier*, Kbh. 1962.

Brandt, Frithiof & Rammel, Else *Søren Kierkegaard og Pengene*, Kbh. 1935.

Bredsdorff, Elias *Goldschmidts 'Corsaren'*, Kbh. 1962.

Bukdahl, Jørgen *Søren Kierkegaard og den menige mand*, Kbh. 1961.

Cappelørn, Niels Jørgen »Die ursprüngliche Unterbrechung. Søren Kierkegaard beim Abendmahl im Freitagsgottesdienst der Kopenhagener Frauenkirche« in: *Kierkegaard Studies. Yearbook 1996*, s. 315–388. Citater og henvisninger i *SAK* gælder det danske manuskript med titlen »Oprindelighedens Afbrydelse. Søren Kierkegaard til altergang om fredagen i Vor Frue Kirke i København«

Cappelørn, Niels Jørgen & Garff, Joakim & Kondrup, Johnny *Skriftbilleder. Søren Kierkegaards journaler, notesbøger, hæfter, ark, lapper og strimler*, Kbh. 1996.

Christensen, Villads *Søren Kierkegaards Syn paa Bogen,* Kbh. 1950.

Christensen, Villads *Søren Kierkegaard. Det centrale i hans Livssyn*, Kbh. 1963.

Christensen, Villads *Søren Kierkegaards Motiver til Kirkekampen*, Kbh. 1959.

Christensen, Villads *København 1840–1857*, Kbh. 1912.

Dehs, Jørgen»Cordelia,c'estmoi«, Kierkegaard og Baudrillard, in: *Denne slyngelagtige eftertid*, red. af Finn Frandsen og Ole Morsing, bd. 3, Århus 1995, s. 541–554.

Elling, Christian & Møller, Kai Friis *Byens Hjerte og Digterens,* Kbh. 1947.

Fenger, Henning *Kierkegaard-Myter og Kierkegaard-Kilder*, Odense 1976.

Fenger, Henning *Familjen Heiberg*, Kbh. 1992.

Garff, Joakim *»Den Søvnløse«* Kierkegaard læst æstetisk/biografisk, Kbh. 1995.

Geismar, Eduard *Søren Kierkegaard*, Kbh. 1926.

Hansen, Heidi & Hansen, Leif Bork »Søren Kierkegaards fænomenologiske beskrivelse af visse karaktertræk tillagt patienter med temporallapsepilepsi (TLE)«, in: *agrippa, psykiatriske tekster*, 1986, s. 4–20.

Hansen, Heidi & Hansen, Leif Bork »Maskineriets intrigante hemmelighed«, in: *Kritik*, nr. 83, Kbh. 1988, s. 118–128.

Hansen, Leif Bork »Hegelianeren, præsten og apostlen Adler fra Hasle-Rutsker« in: *Præsteforeningens Blad* 1991/1.

Hansen, Leif Bork *Søren Kierkegaards Hemmelighed og Eksistensdialektik*, Kbh. 1994.

Hansen, Søren Gorm *H.C. Andersen og Søren Kierkegaard i dannelseskulturen*, Kbh. 1976.

Hatting, Carsten E. *Mozart og Danmark*, Kbh. 1991.

Heiberg, P.A. *Søren Kierkegaard i Barndom og Ungdom*, Kbh. 1895.

Heiberg, P.A. *Søren Kierkegaards religiøse Udvikling*, Kbh. 1925.

Holmgaard, Otto *Peter Christian Kierkegaard*, Kbh. 1953.

Holmgaard, Otto *Exstaticus. Søren Kierkegaards sidste Kamp, derunder hans Forhold til Broderen*, Kbh. 1967.

Jensen, Jørgen Bonde *Jeg er kun en digter. Om Søren Kierkegaard som skribent*, Kbh. 1996.

Jørgensen, Carl *Søren Kierkegaard,* bd. 1–5, Kbh. 1964.

Jørgensen, Carl *Søren Kierkegaards Skuffelser*, Kbh. 1967.

Kabell, Aage *Kierkegaardstudiet i Norden*, Kbh. 1948.

Kirmmse, Bruce H. *Søren Kierkegaard truffet*, Kbh. 1996.

Kjær, Grethe *Den gådefulde familie. Historien bag det kierkegaardske familiegravsted*, Kbh. 1981.

Kjær, Grethe *Søren Kierkegaards seks optegnelser om den store jordrystelse,* Kbh. 1983.

Koch, Carl *Søren Kierkegaard og Emil Boesen*, Kbh. 1901.

Koch, Carl Henrik *En flue på Hegels udødelige næse eller om Adolph Peter Adler og om Søren Kierkegaards forhold til ham*, Kbh. 1990.

Kühle, Sejer *Søren Kierkegaard. Barndom og Ungdom*, Kbh. 1950.

Krarup, Per *Søren Kierkegaard og Borgerdydskolen*, Kbh. 1977.

Lindhardt, P.G. *Vækkelse og kirkelige retninger*, Århus 1978.

Magnussen, Rikard *Søren Kierkegaard set udefra*, Kbh. 1942.

McKinnon, Alastair & Cappelørn, Niels Jørgen »The Period of Composition of Kierkegaard's Published Works«, in: *Kierkegaardiana* IX, Kbh. 1974.

Meidell, Frederik: »En Undtagelse«, in: *For Ide og Virkelighed. Et Tidsskrift, udgivet af R. Nielsen, B. Bjørnson og Rud. Schmidt.* Kbh. 1870, bd. 1, s. 43–67.

Møller, A. Egelund *Søren Kierkegaard om sin kjære Hoved-og Residensstad, Kjøbenhavn*, Kbh. 1983.

Møller, Jan Borger *i voldenes København på Frederik den Sjettes og Christian den Ottendes tid*, Kbh. 1978.

Nielsen, Flemming Chr. *Søren Kierkegaard og Aarhus*, Århus 1968.

Nielsen, Flemming Chr. *Ind i verdens vrimmel*, Viborg 1998.

Nielsen, Flemming Chr. *'Alt blev godt betalt'. Auktionen over Søren Kierkegaards indbo*, Viborg 2000.

Nielsen, Svend Aage *Kierkegaard og Regensen*, Kbh. 1965.

Nordentoft, Kresten *Kierkegaards psykologi*, Kbh. 1972.

Nordentoft, Kresten »*Hvad siger Brand-Majoren?*« *Kierkegaards opgør med sin samtid*, Kbh. 1973.

Nørregård-Nielsen, Hans Edvard *Kongens København. En guldaldermosaik*, Kbh. 1994.

Ostenfeld, Ib *Søren Kierkegaards Psykologi*, Kbh. 1972.

Petersen, Teddy *Kierkegaards polemiske debut. Atikler 1834-36 i historisk sammenhæng*, Odense 1977.

Rohde,H.P.*GaadefuldeStadierpaa Kierkegaards Vej*, Kbh. 1974.

Roos, Carl *Goethe og Kierkegaard*, Kbh. 1954.

Rosenberg, P.A. *Rasmus Nielsen. Nordens Filosof*, Kbh. 1903.

Rubow, Paul *Kierkegaard og hans Samtidige*, Kbh. 1950.

Saggau, Carl *Skyldig Ikke-skyldig, Et par kapitler af Michael og Søren Kierkegaards Ungdomsliv*, Kbh. 1958.

Skjerne, Godtfred »Søren Kierkegaard og Tobakken«, in: *Kulturminder*, udg. af Selskabet for Dansk Kulturhistorie, Kbh. 1952.

Skovmand, Roar *Danmarks Historie*, bd. 11. Folkestyrets Fødsel 1830-1870. Kbh. 1964.

Sløk, Johannes *Da Kierkegaard tav. Fra forfatterskab til kirkestorm*, Kbh. 1980.

Staubrand, Jens »Spørgsmålstegnet ved dødsårsagen i Søren Kierkegaards sygejournal«, in: *Dansk medicinhistorisk årbog*, Kbh. 1989–90, s. 142–166.

Søe, N.H. *Søren Kierkegaards Kamp mod Kirken*, Kbh. 1956.

Søgaard, Ib »Sørens sidste sygdom«, in: *Dansk medicinhistorisk årbog*, Kbh. 1991.

Sørensen, Villy *Digtere og Dæmoner*, Kbh. 1965.

Sørensen, Villy *Schopenhauer*, Kbh. 1969.

Tudvad, Peter *Homo Nekropolis, Kierkegaard og kirkegården,* upubliceret arbejdsmappe, Søren Kierkegaard Forskningscenteret, Kbh. 2000.

Tudvad, Peter *Kierkegaards København*, Kbh. 2004.

Vogel-Jørgensen, T. *Bevingede Ord*, Kbh. 1945.

Watkin, Julia *Nutidens Religieuse Forvirring. Bogen om Adler*, Kbh. 1984.

Weltzer, Carl *Peter og Søren Kierkegaard*, bd. 1–2, Kbh. 1936.

Weltzer, Carl »Søren Kierkegaard karrikeret, kopieret og kanoniseret«, in: *Dansk Teologisk Tidsskrift*, 11. årg. Kbh. 1948, s. 105–132; 158–185; 213–226.

Weltzer, Carl *Grundtvig og Søren Kierkegaard*, Kbh. 1952.

Weltzer, Carl »Stemninger og Tilstande i Emil Boesens Ungdomsaar«, in: *Kirkehistoriske Samlinger,* 7. række, Kbh. 1952, s. 379–441.

Zeruneith,Keld *Denfrigjorte,Emil Aarestrup i digtning og samtid. En biografi*, Kbh. 1981.

人名索引

索伦·奥比·克尔凯郭尔、假名作者、神话和圣经人物，以及文学作品中的人物不包括在下面的索引里。条目后的数字表示丹麦文版的页码，也即中译本的页边码。

地名列表

地名尽量采用意译，以保持时代地方色彩，用人名命名者除外。

Adelgade	贵族街
Albæk	埃尔拜克
Alhambravej	阿兰布拉路
Amagerport	阿马厄门
Amagertorv	阿玛厄广场
Amaliegade	阿梅莲街
Amalienborg	阿梅莲堡
Assistens Kirkegård	辅助公墓
Athenæum	雅典图书馆
Badstuestræde	澡堂巷
Bakkehuset (Frederiksberg)	山庄（腓特烈贝格城区内）
Bandholm	邦德霍尔姆
Bellevue	贝拉维（海滩）
Belvedere	贝福戴拉
Bianco Lunos	比亚科·伦诺（印厂／印书馆）
Bispegård	主教府
Blegdamsvej	漂白池路
Borch Kollegium	博尔赫寄宿舍
Borgerdydskolen	公民美德学校
Brandlund	布兰德隆德
Bredgade	宽街

Brogade	桥梁街
Buddinge Mark	布丁根马克
Burmeister	布尔迈斯特（公司）
Børsgade	证券交易所路
Børsgraven	证券交易所壕堑
Casino-Theatret	卡西诺－剧院
Citadels Veien	城防路
Dragør	德劳约
Dyrkøb	富贵街
Elers Kollegium	厄勒斯寄宿舍
Emdrup Sø	恩姆德鲁普湖
Eremitagen	冬宫
Esrom	艾斯罗姆（湖）
Farimagsgade	逍遥街
Farvergade	染坊街
Fortunen	富通
Fredensborg	和平宫
Frederiksberg	腓特烈贝格（城市［区］名）
Frederiksberg have	腓特烈贝格花园
Frederiksberggade	腓特烈贝格路
Frederiksborggade	腓特烈堡路
Frederiksværk	腓特烈工程
Frue Plads	圣母堂广场
Gammel Kongevej	老国王路
Gentofte	根措夫特
Gilleleje	吉勒莱
Gothersgade	哥特街
GribSkov	格里布森林

Grønningen	格林根
Gudenåen	古登溪
Gurre Slot	古尔城堡
Gurre Sø	古尔湖
Hald	哈尔德
Harboør/Harboøre	哈尔伯约
Hasle (Bornholm)	哈斯勒
Hellebæk	海勒拜克
Helligåndskirken	圣灵教堂
Helsingør	赫尔辛格
Helsingørgade	赫尔辛格街
Hillerød	希勒勒
Hirschholm	荷尔施霍尔姆
Holbæk	霍尔拜克
Holmens Kirke	岛上教堂
Horsens	霍森斯
Hunseby	洪赛比
Hvidbergs gæstgiveri	白山客栈
Hørsholm	荷尔霍尔姆
Kalisch Gaard	卡利士公馆
Kallebro-Strand	卡拉桥海滩
Kalvebod Strand	小牛档海滩
Kalvebøderne	牛肉市
Kalø Slot	卡洛城堡
Kastelskirken/Citadelskirken	城防教堂
Klampenborg	柯蓝朋堡
Klareboderne	克拉拉档
Klædeboderne	成衣铺街

Knabrostræde	克纳桥巷
Knabrostræde	克那桥街
Knebel	克内贝尔
Knippelsbro	科尼博尔桥
Koldbæk	科尔拜克
Kongens Have	国王花园
Kongens Nytorv	国王新广场
Korsør	考索
Krapperup Slot	克拉配鲁普城堡（瑞典）
Kronprinsensgade	太子街
Kullen	库伦（瑞典）
Kultorvet	煤市
Købelev	卡博莱弗
Købmagergade	肉市街／肉市大街
Königssträdter Theater	国王街剧院
Ladegaarden	仓房院
Landemærket	地标街
Langeland	朗格兰（岛）
Langelinje	长堤
Lem	莱姆
Lolland	洛兰岛（又译"罗兰岛"，位于波罗的海中，西兰岛西南，属丹麦，面积1243平方公里）
Lyngbye	林碧
Løvdrup	罗德洛普
Løvstræde	落叶街
Metropolitanskolen	大都会学校
Mini's cafe	米尼咖啡馆
Mittelstrasse	中街（柏林）

Mols	莫尔斯
Mølleleje	穆勒莱（瑞典）
Møntergade	铸币街
Nakskov	纳克斯考
Non Mølle	农米勒
Nyboder	新宿舍
Nyholte	新霍尔特
Nytorv	新市（广场）
Nøddebo	坚果屋
Nørregade	北街
Nørreport	北门
Odinshøj	奥丁山
Peblinge Sø	神父湖
Peder Madsens Gang	彼得·迈德森巷
Pedersborg og Kindertofte	皮特堡和庆德托夫特
Peter Hvitfeldsstræde	彼得·维特费尔巷
Philosophgangen	哲学家巷
Pleisch konditori	普莱士茶室
Pustervig	吞吐湾
Päthau	派特豪（酒吧）
Randers	兰德斯
Regensen	皇家寄宿舍
Ringkøbing	灵克宾
Rosenborg Slot	玫瑰宫
Rosenborggade	玫瑰堡街
Rosengaarden	玫瑰园
Rudersdal	卢德谷
Rundetårn	圆塔

Rutsker (Bornholm)	罗彻
Rysensteen Badeanstalt	雷森斯丁公共浴场
Sankt Jørgens Sø	圣乔治湖
Silkegade	丝绸街
Skamlingsbanken	斯加姆林斯班克
Skindergade	皮匠街
Skt. Pederstræde	圣彼得巷
Slotsholmsgade	城堡岛路
Slotskirken	王宫教堂
Smørum/Ovre-Nedre	上 / 下斯莫洛姆
Sorgenfri Slot	无忧宫
Sortebro	黑桥
Sortedam Dossering	黑堤湖滨路
Sortedams Sø	黑堤湖
Sorø	索湖（研究所）
Sparganapani	斯巴加纳帕尼咖啡馆（柏林）
Store Kannikestræde	大法政牧师巷
Stormgade	激战街
Støvringgård Kloster	斯多灵格修道院
Sædding	萨丁
Søborg Sø	湖堡湖
Søllerød	索勒勒
Them	特姆（村）
Thorslunde-Ishøj	托斯隆德－伊斯霍伊
Tibirke	十桦树村
Tiergarten	蒂尔加滕（柏林的公园）
Tisvilde	提斯维勒
Tornebuskegade	荆棘街

Trinitatis Kirke	三一教堂
Tårbæk	涌泉溪
Uldum	乌尔丹姆
Ulfeldsplads	乌菲尔德广场
Ulkegade	乌尔克街
Valby	瓦尔比
Vartorv Hospital/kirke	瓦尔托夫医院／教堂
Vejle	瓦埃勒
Vesterborg	西堡
Vestergade	西街
Vesterport	西门
Viborg	维堡（原苏联境内的同名港口城市也译为"维堡"）
Vimmelskaftet	摇钻路
Vor Frelsers Kirke	救世主教堂
Vores Frue Kierke	圣母教堂
Weidemanns bageri	威德曼面包店
Willemoesgade	威廉摩斯街
Østerbrovejen	东桥路
Østergade	东街
Østerport	东门
Aabenraa	公共海滩

图书在版编目（CIP）数据

克尔凯郭尔传/（丹）尤金姆·加尔夫著；周一云译.—杭州：浙江大学出版社，2019.12（2025.6重印）
ISBN 978-7-308-19473-0

Ⅰ.①克… Ⅱ.①尤… ②周… Ⅲ.①克尔凯郭尔（Kierkegaard，Søren 1813-1855）—传记 Ⅳ.①B534

中国版本图书馆 CIP 数据核字（2019）第 181858 号

克尔凯郭尔传

［丹］尤金姆·加尔夫　著　　周一云　译

责任编辑	王志毅
文字编辑	张兴文
责任校对	杨利军 牟杨茜
装帧设计	周伟伟
出版发行	浙江大学出版社
	（杭州市天目山路148号 邮政编码310007）
	（网址：http:// www.zjupress.com）
排　　版	北京大有艺彩图文设计有限公司
印　　刷	北京中科印刷有限公司
开　　本	710mm×1000mm 1/16
印　　张	43.5
字　　数	784千
印 版 次	2019 年 12 月第 1 版　2025 年 6 月第 3 次印刷
书　　号	ISBN 978-7-308-19473-0
定　　价	168.00元

浙江大学出版社市场运营中心联系方式：（0571）88925591；http://zjdxcbs.tmall.com